Dieter Broers

Metamorphose der Menschheit

Warum wir immer noch nicht erleuchtet sind und was wir daran ändern können

Teil 3 der Trilogie

Dieter Broers

Metamorphose der Menschheit

Warum wir immer noch nicht erleuchtet sind und was wir daran ändern können

Teil 3 der Trilogie

IMPRESSUM

METAMORPHOSE DER MENSCHHEIT
Warum wir immer noch nicht erleuchtet sind und
was wir daran ändern können
Teil 3 der Trilogie

Deutsche Erstausgabe

Autor: Dieter Broers

Redaktion:
Vera Brandes, Gernot Ottowitz, Klaus-Peter Zeyen

Lektorat:
Claudia Fischer, Klaus-Peter Zeyen, Gabriele Hahn

Layout: Gernot Ottowitz

Druck: CPI Moravia Books

Covergestaltung: Gernot Ottowitz

Verlag: Dieter Broers Verlag Ltd
West Kirby, UK und Unterlembach, Österreich

1. Auflage Juni 2018

ISBN: 978-3-9503814-4-3

„Der Mensch ist ein Teil des Ganzen, das wir Universum nennen, ein in Raum und Zeit begrenzter Teil. Er erfährt sich selbst, seine Gedanken und Gefühle als abgetrennt von allem anderen – eine Art optische Täuschung des Bewußtseins. Diese Täuschung ist für uns eine Art Gefängnis, da sie uns auf unsere eigenen Vorlieben und auf die Zuneigung zu wenigen Nahestehenden beschränkt. Unser Ziel muß es sein, uns aus diesem Gefängnis zu befreien, indem wir den Horizont unseres Mitgefühls erweitern, bis er alle lebenden Wesen und die gesamte Natur in all ihrer Schönheit umfaßt."

Albert Einstein

GEDANKEN ZUM WERK VON DIETER BROERS

Wir leben in einer Zeitenwende, und in vielen Ländern der Welt sehen wir titanische Arbeiter auftreten, die der Menschheit neue Impulse geben. Einer von ihnen ist Dieter Broers. Ein Menschheitsprojekt steht an.

Zusammen mit zwei Freunden lernte ich Dieter Broers 2010 in Salzburg kennen. Wir suchten ihn auf, um ihn für ein Symposium zu gewinnen. Wir trafen einen Menschen mit einer Herzenstiefe, einer Tiefe des Gemütes und einer Sensibilität, die uns staunen ließen. Wie kann jemand mit einem solchen Herzen eine so bahnbrechende Arbeit leisten, bei der er sich weit vorwagt und Grenzen überschreitet? Denn ein offenes Herz ist verwundbar.

Broers war und ist enormen Angriffen ausgesetzt. Auch das Leben fügte ihm Schicksalsschläge zu, die seine Existenzgrundlagen ins Wanken brachten. Woher bekommt er die Kraft für seine große Arbeit: die Forschungen, Erfindungen, die Bücher, Filme, die Mitwirkung in wissenschaftlichen Gremien? Empfängt er sie durch die zahllosen Menschen, die seinem Erkenntnisweg folgen und ihm dankbar sind?

Ich will eine Deutung wagen: Großes will stattfinden, und es sucht sich seine Helfer und bereitet sie zu. In unserer Zeit geht es um nicht mehr und nicht weniger als um die Neugründung dessen, was wir Wirklichkeit nennen. Das betrifft uns selbst, die Gesellschaft, in der wir leben, die Gemeinschaft allen Lebens auf der Erde und die Erde selbst. Es geht um Gründung im Sinne von Grund finden, Daseinsgrund, Seelengrund. Nur das Nichts ist ohne Grund. Alles, was ist, hat seinen Grund. Und den gilt es zu finden.

Im Juni 2015 saßen wir in Basel beisammen, wiederum anlässlich eines Symposiums. Beim Frühstück zitierte Broers Worte von Rilke: „Wer, wenn ich schrie, hörte mich denn aus der Engel Ordnungen?“ *(Erste Duineser Elegie)* Das klang in mir nach. Die Worte gleichen einem Schrei nach weiterer Inspiration. Zugleich sind sie ein Hineintasten in unausgelotete Tiefen.

In den meisten seiner Bücher nimmt Dieter Broers Bezug auf seinen eigenen Erkenntnisweg. Er lässt den Leser daran teilhaben, nimmt ihn mit auf eine Entdeckungsreise. Im Buch *Der Matrix Code* (2. Auflage 2014) schreibt er: „Ich begann als Naturwissenschaftler. Doch im Laufe der Zeit wurde mir immer deutlicher, dass in den Forschungsergebnissen der modernen Physik ein bahnbrechendes Potenzial von Welterschließung und Welterkenntnis schlummert: ein Phasensprung der menschlichen Evolution, ein Weltbild, das unsere Realität völlig neu definiert."

Darum geht es: um die Frage nach der Realität. Quantenphysiker sind durch die kleinsten Teilchen der Materie hindurchgedrungen. Und was fanden sie? Eine andere Wirklichkeit, eine Realität, in der alles eins ist.

Broers ist Biophysiker. Sein Bewusstsein ist allerdings auf einer Reise zu Umfassenderem. Er gelangte zu der Erkenntnis: „Wie mit einer silbernen Schnur verknüpft, besitzen wir eine ewige seelische Verbindung zur Allschöpfer-Ebene. Ihr sind wir entsprungen, zu ihr kehren wir zurück." *(Matrix Code)*

Das erinnert an den Weg, den Goethes Faust unternahm. Über sein Ziel – und bedenken wir, es ist ein Ziel im *Innern* des Menschen – heißt es in dichterischen Worten:

> „Göttinnen thronen hehr in Einsamkeit,
> um sie kein Ort, noch weniger eine Zeit;
> von ihnen sprechen ist Verlegenheit,
> die Mütter sind es."
> *(Faust II, 1. Akt)*

Mutter, Mater, Matrix, Materie, Geistiges in der Materie, Allschöpfer-Ebene. Das geht über das Physische hinaus. Die Völker aller Kulturen sahen in der Materie, in der Natur, mehr, als wir es heute tun. *Physis* im Altgriechischen bezeichnet nicht nur das Physikalische, sondern auch Ursprung und Werden,

Wesen und Ziel. Naturwissenschaft, wie sie heute verstanden wird, klammert das Geistige in der Natur aus. Die Folgen davon werden uns vor Augen geführt: Die Seelenkräfte der Natur scheinen sich zurückzuziehen. Wir veröden unser Lebensgebiet.

Das Wort Natur bedeutet: es wird geboren. Können wir diesen Geburtsprozess, der ja das Leben zum Vorschein bringt, wieder stimulieren? Gibt es einen seelischen Zugang zur Natur? Wer ist es überhaupt, der gebiert? Die Mythen der Völker sprechen von der Göttin. Das Resümee in Goethes *Faust* lautet: „Das Ewigweibliche zieht uns hinan." Das deutet daraufhin, dass weitere, *höhere* Geburten stattfinden können. „Du regst und rührst ein kräftiges Beschließen, / zum höchsten Dasein immer fortzustreben", so spricht Faust zur Erde *(Faust II, 1. Akt)*. Man könnte es auch Selbstoptimierung nennen. Wer ist es, der immer wieder neu einen solchen Beschluss fasst?

Broers' Werke zeugen davon, dass er von der in unserer Zeit anstehenden neuen Geburt ergriffen ist, vom Drang des Geistigen in der Natur.

Wir sagen heute zu Recht, dass jeder seine Realität durch die Art seines Denkens und Empfindens selbst erschafft. In seinem Buch *Gedanken erschaffen Realität* (3. Auflage 2010) stellt Dieter Broers dies ausführlich dar. Wir stehen in Resonanz mit einem übergeordneten Erfahrungs- und Informationsspeicher, aus dem wir abrufen, was uns entspricht. So können wir uns fragen: Welcher Art ist das Kräftespektrum, das uns ergriffen hat? Unter dem Einfluss welcher Kräfte denken und empfinden wir? Davon hängt es ab, welche Realität wir uns erbauen.

Broers empfand schon in früher Kindheit, dass etwas nicht stimmt mit unserer Existenz, dass Kräfte vorherrschend sind, die einem freien Menschsein entgegenwirken, Kräfte, die unser Bewusstsein einkapseln. Wir sind von einer „falschen" Matrix ergriffen.

Kurz vor der Jahrtausendwende kam der erste der Matrix-Filme in die Kinos. Er gab Dieter Broers den Impuls, unter dem Pseudonym Morpheus (als Hommage an die Morpheus-Figur des Films) eine erste Fassung des Buchs

Der Matrix Code zu veröffentlichen. Im Jahr 2014 schrieb er *Der verratene Himmel* und machte hierzu weitere detaillierte Angaben.

Broers hatte Burkhard Heim kennengelernt, den großen Quantenphysiker. Das übte einen wichtigen Einfluss auf sein Denken aus. Heim hat eine umfassende Weltformel aufgestellt, in der Geistiges und Materielles vereint sind. Danach besitzt das Sein zwölf Dimensionen. Das Selbst des Menschen befindet sich in der 10. Dimension. Und jenseits der Dimensionen ist die Urmatrix. Bei diesem Weltmodell wird deutlich, dass alle Formen des Suchens, seien sie wissenschaftlicher, philosophischer, künstlerischer oder spiritueller Art, sich letztlich auf ein einziges Ziel richten. Und dass dieses Ziel etwas mit dem Selbst des Menschen zu tun hat.

Wie gelangen wir zu dieser Urmatrix, zum Ursprung der Schöpfung? In Goethes Faust heißt es:

> „Kein Weg! Ins Unbetretene,
> nicht zu Betretende! Ein Weg ins Unerbetene,
> nicht zu Erbittende!"
> *(Faust II, 1. Akt)*

Heraklit spricht vom Unerwarteten.

Einige wenige standen am Beginn unserer Kultur, darunter Parmenides und Heraklit. Sie sagen von dem, was sie lehren – und das bezieht sich auch auf die Frage, was Wirklichkeit ist: „Wir geben nur das wieder, was wir von der Göttin gehört haben." Broers zitiert mehrfach Heraklit.

Können auch wir Heutigen den Klang der Göttin vernehmen? „Höre, mein Herz, wie sonst nur Heilige hörten", sagt Rilke in seiner *Ersten Duineser Elegie*. Können wir vollenden, was die Göttin begann?

Dieter Broers begründete einen Wohnsitz in Griechenland. Im ersten Jahr pflanzte er Olivenbäume an. Das Olivenöl ist von alters her eine der wichtigsten Essenzen im Mittelmeerraum, ein Konzentrat des Zusammenwirkens von Sonne und Erde. Seine Bedeutung wurde ins Geistige erhoben durch die „Ölung", die Menschen vor dem Tod empfangen.

Broers erforschte Sonnenwinde, Sonneneruptionen. Sie wirken auf das Magnetfeld der Erde, auf das Magnetfeld des Menschen und beeinflussen unter anderem die Zirbeldrüse. So wurde er zu einem Pionier auf dem Gebiet der Erforschung der Einflüsse von Magnetfeldern auf das Gehirn des Menschen. „Die Sonne ist das Transformationsmedium für die Vollendung der menschlichen Bestimmung", so schreibt er in seinem Buch *Sonnenzeit* (2013). Und weiter: „Die Sonne wirkt nicht nur physikalisch, sondern auch geistig. Sie will das geistige Bewusstsein der Menschen wandeln." Im Buch *(R) EVOLUTION 2012* (2009) legt er dar, warum die Menschheit unmittelbar vor einem Evolutionssprung steht.

Broers berichtet von Erleuchtungserfahrungen, Erfahrungen des Einsseins. Eine von ihnen geschah in einem ägyptischen Tempel, in einem Raum, der der Göttin Isis geweiht war. Wieder die Göttin. In welcher Richtung könnte das Geistige in der Natur auf uns einwirken? In seinem Buch *Der Matrix Code* schreibt Broers: „Ähnlich wie beim Sprung von der Pflanze zum Tier, ist in unserer Zeit ein vergleichbarer Quantensprung zu erwarten."

Hierzu möchte ich einen Mythos anführen, der im 2. oder 3. Jahrhundert in Alexandria niedergelegt wurde, dort, wo griechische, jüdische und ägyptische Weisheit zusammenflossen. Das erste Buch des *Corpus Hermeticum* berichtet vom kosmischen Lichtmenschen, dem kosmischen Anthropos. Es gibt ihn im Geistigen schon vor der Entstehung der Welt. Er beugt sich herab durch die Sphären und spiegelt sich in der ursprünglichen Substanz, dem Ewig-Weiblichen. Er verliebt sich in sein Spiegelbild und die Göttin Natur verliebt sich in ihn. Sie vereinen sich miteinander.

Und nun geht all das Streben der Natur dahin, ein Abbild des Geliebten zu schaffen. In großen Entwicklungsschritten bringt sie Pflanzen hervor, Tiere und schließlich den Menschen in seiner jetzigen Art. Kosmische Liebe zeigt sich als Motor der Evolution. Aber das Abbild des kosmischen Lichtmenschen ist noch nicht vollendet. Eine weitere Geburt steht an. Broers weist mehrfach darauf hin: Wir sind kosmischen, göttlichen Ursprungs und in unserer Urstruktur und Urbedeutung gottgleich.

Die Sehnsucht des Menschen nach Licht und Sonne geht über das Physikalische hinaus. Unbewusst liegt darin das tiefe Verlangen nach Vollendung. Und immer wieder scheitern wir. Goethes Faust beschreibt es auf dramatische Weise:

„Sie tritt hervor! – und leider schon geblendet,
kehr ich mich weg, vom Augenschmerz durchdrungen.
So ist es also, wenn ein sehend Hoffen,
dem höchsten Wunsch sich traulich durchgerungen,
Erfüllungspforten findet flügeloffen;
nun aber bricht aus jenen ewigen Gründen
ein Flammenübermaß, wir stehn betroffen:
des Lebens Fackel wollten wir entzünden,
ein Feuermeer umschlingt uns, welch eine Feuer!
Ist's Lieb? ist's Hass? die glühend uns umwinden,
mit Schmerz und Freuden wechselnd ungeheuer,
so dass wir wieder nach der Erde blicken,
zu bergen uns in jugendlichstem Schleier."
(Faust II, 1. Akt)

Mit faustischem Verlangen allein lässt sich das Ziel nicht erreichen. Diejenigen, die die großen Entwicklungsimpulse gaben, wiesen immer wieder darauf hin: Ein Zusammenspiel des „Unteren" mit dem „Oberen" ist erforderlich. Wir haben Anteil an beidem. Unser Potenzial besteht in einer selbstschöpferischen Polarität. Das „Obere" ist transzendent und doch „in" uns. Finden wir diesen Pol, so kann das schöpferische Spiel der Verwandlung beginnen, wir sind Mitwirkende. Das Untere, „wir" als der eine Pol, unser aktuelles Bewusstsein und unser Körper, treten durch Hingabe an den anderen Pol ins Neue ein, in die Metamorphose. Und stets stoßen wir an Grenzen, nichts scheint sich zu ändern. Wir erfahren „Nacht", Nacht des Bewusstseins. Wenn wir nicht aufgeben und unser Unvermögen bekennen, treten helfende Kräfte auf den Plan. Die Griechen sprachen von Nike, der Göttin des Sieges. Sie bindet das bislang Erreichte, das Fragmentarische, den bisherigen Erfahrungsweg in eine Seelenform ein, gibt ihm die innere Gestalt, die gerade möglich ist. Nike ist die rufende Wirklichkeit des göttlichen Geistes, die „Etappensiege" ermöglicht, die die Schritte des Helden konsolidiert. „Sie wandelt Weite um in ein Gefäß, damit sein Handeln nicht im Wind zerstiebe." (Rilke, *Nike*) Die Göttin wirkt des Nachts, und wir erwachen am nächsten Tag mit neu gewonnenem Gleichgewicht.

So wechseln Aktivität und Stille einander ab, Ende des Denkens und Neubeginn, eigenes Denken und Offenheit für den göttlichen Gedanken. Und eines Tages, eines Nachts ist da die göttliche Präsenz, die ungeheure Macht der Gegenwart, die Realität unseres göttlichen Pols. Unser „wahres Selbst" ergreift uns – für einen Moment, der Ewigkeit ist.

Das hinterlässt Spuren. So gehen wir weiter. Immer bleibt nicht Ergründetes, im anderen Pol unseres Wesens liegt das Allumfassende. Forschen wird niemals aufhören, weder in der Wissenschaft, noch in der Spiritualität. Aber wir wechseln die „Gewänder".

Der innere Reichtum des Lebens *kann* immer neues Denken hervorbringen. Das Leben kann sich seiner selbst immer umfassender bewusst werden. Die Natur, der Geburtenschoß, kann sich in vergeistigteren Formen hervorbringen. Voraussetzung sind unsere Bereitwilligkeit und Hingabe. Die beiden Pole unseres Wesens werden sich dann einander annähern. Der Zusammenhang von allem tritt mehr und mehr ins Bewusstsein. Erkenntnis und Liebe fließen ineinander. Broers schreibt über das Handeln „jenseits des Ego" in seinem Buch *Das Ego im Dienste des Herzens* (2016).

Eines meiner schönsten Erlebnisse mit Dieter Broers war der Kongress *Chaos und Ordnung – Was bestimmt die Zukunft der Menschheit?*, den er und Vera Brandes 2016 in Wien veranstalteten. 15 namhafte Wissenschaftler aus aller Welt rangen um den Zusammenhang von Naturwissenschaft und Spiritualität. Was geschah dadurch? Der Zusammenhang konnte sich bilden im Innern eines jeden Teilnehmers. Ein Geschenk der Götter, Schritte eines jeden zu sich selbst. Wir erwachen aneinander. Und die Natur erwacht an uns und wir an der Natur.

„Erde, ist es nicht dies, was du willst: *unsichtbar*
in uns erstehn? – Ist es dein Traum nicht,
einmal unsichtbar zu sein? – Erde! unsichtbar!
Was, wenn Verwandlung nicht, ist dein drängender Auftrag?"

Das sind Worte der Zukunft, die Rilke in seiner *Neunte Duineser Elegie* ausspricht.

Ein großes Projekt von Dieter Broers ist vollendet: die Trilogie, bestehend aus: *Der verratene Himmel, Das Ego im Dienste des Herzens* und *Metamorphose der Menschheit*. Glückwunsch dafür! Metamorphose – wer sie auf sich nimmt, für ihn gelten die Worte:

„Sein Wachstum ist: der Tiefbesiegte
von immer Größerem zu sein."
(Rilke, Der Schauende)

Dr. Gunter Friedrich

Dr. Gunter Friedrich (geb. 1942) war Richter am Verwaltungsgericht Köln und von Jugend an auf der Suche nach dem Sinn der Dinge. Ab 2006 hat er die Stiftung Rosenkreuz in Deutschland mit aufgebaut. Er moderiert Symposien, hält Vorträge und verfasst Beiträge für Zeitschriften und die Veröffentlichungen der Stiftung Rosenkreuz. Gunter Friedrich lebt in Troisdorf (Deutschland).

VORWORT

In unserer Familie hat sich seit einigen Jahren ein Ausspruch einer Freundin wie ein geflügeltes Wort verbreitet. Irgendwann überraschte sie uns mit dem uns damals ebenso verblüffenden wie belustigenden Satz, den sie völlig trocken und wie aus der Hüfte geschossen in die Runde warf: *„Man kann nur erleuchten, was* ***da*** *ist!"*

Seit diesem Tag trage ich diese Frage im Herzen *„Was ist ERLEUCHTUNG, was wird dabei eigentlich erleuchtet, und ist das Ergebnis überhaupt ein Zustand, den ein Mensch jemals erreichen bzw. aushalten kann – vor allem, wenn er sich noch um seinen Lebensunterhalt kümmern muss oder andere Verpflichtungen hat?!"*

Was hätte es für Konsequenzen, wenn die Menschheit die Möglichkeit hätte, sich nur damit zu beschäftigen, wie wir schnellstmöglich zur höchsten Weisheitsstufe gelangen, und hätten wir diese Möglichkeit nicht schon, wenn wir uns nur auf sie besinnen würden?

Nach allem Warten auf das große Erwachen der Menschheit und der immer wieder konstatierten Erkenntnis, dass wir es mit hoher Wahrscheinlichkeit selber sind, auf die wir gewartet haben, ist klar: „Wir müssen es auch selbst TUN".

Uns ohne rosa Brille klarmachen, wo wir und die Welt stehen, was schiefgelaufen ist und immer noch schiefläuft, uns daran erinnern, welche Möglichkeiten wir haben und ändern, worunter wir oder andere leiden.

Ich glaube, es hat viele gute und richtige Anläufe gegeben, den Entwicklungsweg der Menschheit in eine positive Richtung zu lenken. Eine klare Analyse, warum diese Ansätze gescheitert sind, wird relativ einfach, wenn man sich vor Augen führt, wem das Scheitern genützt hat und weiterhin nützt. Dabei wird das Spiel von den Profiteuren unserer Kurzsichtigkeiten so raffiniert gespielt, dass wir scheinbar ganz freiwillig tun, was sie wollen. Es ist die Macht der Verführung, die wir vor allem durchschauen müssen.

Das Komfortbedürfnis der Bevölkerung der westlichen Industriegesellschaften hat nämlich in der Zwischenzeit dazu geführt, dass wir nicht nur unsere Arbeit, sondern auch das Denken an Maschinen und ihre Mechanismen delegieren. Das ist einerseits ein Fortschritt, weil so bei vielen Abläufen mit hohem Fehlerpotential die Faktoren ausgeschlossen werden können, die auf menschliches Versagen beruhen, aber es ist vor allem der Hauptgrund dafür, dass es mit der gesellschaftlichen Entwicklung im Sinne einer kollektiven Erleuchtung nicht weitergeht.

Noch bis wenigen Jahren ging man aufgrund älterer Statistiken, die einen allgemeinen Anstieg des durchschnittlichen Intelligenzgrades der Weltbevölkerung belegten, davon aus, dass sich diese Entwicklung weiter fortsetzen würde und der Zugewinn an Wissen und Verständnis weiter zunehmen würde. Aber jüngere Untersuchungen, haben gezeigt, dass der durchschnittliche Intelligenzgrad inzwischen wieder sinkt. Es gibt Wissenschaftler, die diese Entwicklung dem Umstand zuschreiben, dass intelligentere Frauen immer weniger Kinder bekommen haben. Die Diskussion hält weiter an und geht einher mit der Frage, welche Art von Intelligenz wofür von entscheidender Bedeutung ist.

Wir scheinen das Selberdenken immer mehr zu verlernen. Ein Beispiel: Ohne Navigationsgerät im Auto fährt heute kaum noch jemand in eine Großstadt, in der er sich nicht auskennt. Straßenkarten und Stadtpläne kauft heute niemand mehr; Google Maps auf dem Smartphone hat sie ersetzt und gibt uns Anweisungen, wo es langgeht, und wir befolgen sie. Die Folge: Unser räumlich-zeitliches Vorstellungsvermögen, das einen wesentlichen Teil unserer Intelligenz darstellt, verkümmert und mit ihm gleichzeitig **die Fähigkeit zu abstrahieren.** Hier die Karte – da die Wirklichkeit. Noch ein Beispiel: Telefonnummern muss sich heute keiner mehr merken. Wir müssen gar nichts mehr selbst im Kopf behalten, bestenfalls noch die Schlagwörter, die wir in eine Suchmaschine eingeben. Unsere **Erinnerungskraft verkümmert,** weil wir sie nicht mehr brauchen. Aber mit dem Gehirn ist es wie mit allen anderen Körperteilen: Use it or lose it – gebrauche es oder verliere es. Auch das ist einer der Gründe für die Alzheimer-Epidemie.

Den anderen essentiellen Teil unserer Intelligenz beflügelt eine Fähigkeit, die man *Sequentielles Prozessieren* nennt. Vielleicht werdet ihr davon noch nichts gehört haben, aber es ist eine, wenn nicht DIE zentrale menschliche Begabung, einen Gedankengang zu entwickeln oder nachverfolgen zu können, der aus einer Verkettung von einzelnen Gedankenelementen besteht, die aufeinander aufbauen. Früher lag diese Fähigkeit mal bei durchschnittlich sieben voneinander unabhängigen, einzelnen Gedankeninhalten. Mit etwas Training ließ sich diese Fähigkeit relativ leicht auf neun steigern. Wer nur fünfvoneinander unabhängige, einzelne Gedankenelemente in der richtigen Reihenfolge behalten konnte, galt als unterdurchschnittlich intelligent. Man kann sich vorstellen, wo der Wert heute liegt und was das bedeutet. Wir werden immer weniger intelligent, weil wir das **Selberdenken immer mehr verlernen.** Und das hat weitreichende Auswirkungen, auch auf unser Verständnis für uns selbst und die Beweggründe und gedanklichen Abläufe in Anderen, die wir kaum noch nachvollziehen können, was zu Unverständnis, Entfremdung und Vereinsamung führt.

Vor allem aber macht es uns zunehmend blind für die immer komplexeren Verhältnisse in der Welt. Das Denken wird nicht mehr als etwas Bereicherndes empfunden, sondern als Belastung und Überforderung. Wir blicken nicht mehr durch, und viele haben das Interesse daran verloren, überhaupt durchblicken zu wollen.

Dabei braucht man heute keine Offenlegungen von in besondere Geheimnisse eingeweihten Informanten oder die Aussage von einem Mitglied eines verschworenen Geheimbundes mehr, um sich ein Bild von den tatsächlichen Verhältnissen zu machen, die inzwischen unser Dasein bestimmen. Es ist praktisch alles bekannt. Jeder kann sich durch das Lesen von Büchern und Fachmagazinen, Webseiten, Blogs, Videos, Fernsehsendungen und anderer Formen digitaler und analoger Kommunikation über praktisch jeden

Sachverhalt, der ihn interessiert, umfassend informieren. Man braucht nur eine gute Portion Neugier, Ausdauer und Hartnäckigkeit; dann muss man seine Funde nur noch in die richtigen Zusammenhänge setzen; und dafür braucht man kein Wissenschaftler zu sein!

Ich sehe meine Aufgabe darin, vor dem Hintergrund des Wissens vorzugehen, das ich mir im Zuge meiner wissenschaftlichen Arbeit erarbeitet habe und dessen Gültigkeit sich mir erschlossen hat. Dabei setze ich mich natürlich über die Grenzen des abgesteckten wissenschaftlichen Spielfelds hinweg, wo es zu klein und zu eng gesteckt ist, um die tatsächliche Wirklichkeit erfassen zu können. Da ich an keiner Universität angestellt bin und deshalb nicht um meinen Job fürchten muss, wenn ich Tabus breche, kann ich es mir erlauben, auch die Dinge zu formulieren, die sich viele Wissenschaftler nicht trauen würden, öffentlich zu sagen, obwohl sie längst wissen, dass es so ist. Man hat sich in der Wissenschaft auf Konventionen geeinigt, und Fortschritte, die neue Maßstäbe setzen, können im öffentlichen Wissenschaftsbetrieb nur in kleinen Schritten gemacht werden, was meistens an ökonomischen Gründen liegt.

Tragisch wird es dann, wenn das Schneckentempo, mit dem Innovation betrieben wird, dazu führt, dass Mensch leiden, die nicht leiden müssten und wertvolle Ressourcen weiter verschleudert werden, die die nächsten Generationen brauchen werden.

Ein besonderer Aspekt unserer Gegenwart ist, dass unser Blickfeld immer enger zu werden scheint, statt sich dem immensen Zuwachs an Wissen entsprechend auszuweiten. Dabei sind wir in unserer Denkrichtung meist so einseitig orientiert, dass wir vieles von dem vergessen – oder nicht davon erfahren, was Generationen vor uns schon einmal wussten. An diese Dinge möchte ich erinnern und sie in die richtigen Zusammenhänge mit neuen Erkenntnissen setzen.

Dabei beziehe ich mich nicht nur auf die Philosophen der Antike, sondern auch auf eine Reihe von klugen Zeitgenossen, deren Namen man zum Teil bisher noch nicht kennt. Das sind manchmal akademische Wissenschaftler, es können aber auch andere tiefgründige Denker ohne den Hintergrund einer spezifischen Fachrichtung einer Universität o. ä. sein oder engagierte Menschen, die wichtiges Wissen verbreiten. Bei ihnen möchte ich mich ganz besonders bedanken und lasse sie deshalb auch ausgiebig selbst zu Wort kommen, da ich aus Respekt vor ihrem Beitrag nicht den Anschein erwecken möchte, als wären ihre Erkenntnisse meine eigenen.

Für die grenzüberschreitenden Zusammenhänge zwischen Naturwissenschaft und einer neuen Geisteswissenschaft, die Spiritualität nicht nur nicht ausschließt, sondern zur Prämisse macht, gibt es noch keine akademische Kategorie. Die müsste erst noch geschaffen werden. Dabei haben viele Spitzenwissenschaftler aus ihren eigenen Ergebnissen bahnbrechende Schlüsse ziehen können, die belegen, dass es diese Grenze gar nicht gibt. Die meisten von ihnen äußern sich dazu aber nur in einem engen Kreis, weil sie Angst haben, sonst in Konflikte zu geraten. Aber es werden immer mehr, die sich dazu auch öffentlich bekennen.

Die Leitmedien werden ihre medialen Maulkörbe weiter anbehalten und die Aufklärung über die tatsächlichen Sachverhalte wird immer mehr zur Aufgabe einer Vielzahl von zum Teil im Untergrund agierenden Aktivisten, von denen es viele verschiedene Kategorien gibt, und man hat einige Mühe damit, herauszufinden, wer davon seriös ist. Information ist zur Privatsache geworden. Umso wichtiger ist, sich zu vernetzen und sich dabei nicht auf die sozialen Medien zu verlassen, die mit Methoden arbeiten, die nicht dazu beitragen, uns zu mündigen Bürgern zu machen.

Dies ist mein wichtigstes Anliegen. Es ist mein Herzenswunsch, dass ihr zu Wissenden werdet und euch an eurer Erleuchtung erfreut und sie mit Anderen auf direktem Wege teilt. Wir waren noch nie so dicht dran! Es ist meine aufrichtige Überzeugung, dass uns nicht mehr viel fehlt, um den „hundertsten Affen" zu erschaffen, mit dem die Metamorphose der Menschheit und der Prozess der grundlegenden Erneuerung eine Beschleunigung erfahren wird, die von nichts und niemandem mehr aufgehalten werden kann.

GEBRAUCHSANLEITUNG ZUM BUCH

Liebe Freunde,

dieser dritte und letzte Teil meiner Eden-Trilogie ist aus vielerlei Gründen ein ganz besonderes Buch. Meiner festen Überzeugung nach enthält es einige Passagen, die zu den wichtigsten Informationen zählen, die ich bisher veröffentlicht habe. In vielen Phasen erlebte ich während des Schreibens ein Gefühl intensiver freudiger Ekstase, die ich gleichzeitig physisch und emotional erlebte. Sie stand in eindeutigem Zusammenhang mit den Momenten, in denen ich „irgendwie wusste", dass mein Schreiben durch Inspirationen „von oben" gelenkt wurde. In fast sämtlichen Kapiteln traten diese höchst stimulierten Zustände in unterschiedlicher Länge und Intensität auf. Auch die auffällig häufig auftretenden Synchronizitäten[1,2], die ich während meines Schreibens beobachten konnte, sah ich als Zeichen der Bestätigung für die Bedeutung des geschriebenen Textes.

Das Schreiben dieses Buches empfand ich in erster Linie als einen inneren Prozess, in dem sich eine Metamorphose anbahnte. Alles bisherige Wissen reifte zu einer Frucht, die noch keinen Namen trug, einer Frucht, die ich als Nahrung für die Seele empfinde. Andererseits – und das möchte ich nicht verschweigen – wurde dieser Entwicklungsprozess auch durch Hindernisse unterbrochen, die in eindeutigem Zusammenhang mit den jeweilig geschriebenen Inhalten standen. Es gab tatsächlich auch Momente, in denen ich mit dem Gedanken gespielt habe, nicht weiter an dem Buch zu arbeiten.

1 http://transinformation.net/synchronizitaet-die-sprache-des-universums/

2 Als Synchronizität bezeichnete der Psychologe Carl Gustav Jung zeitlich korrelierende Ereignisse, die nicht über eine Kausalbeziehung (Ursache-Wirkung) verknüpft sind (die also akausal sind), jedoch als miteinander verbunden, aufeinander bezogen wahrgenommen und gedeutet werden.

Ähnlich wie beim Schreiben des 1. Teils der Trilogie[3] verschwanden vor meinen Augen größere Passagen meiner geschriebenen Texte von meinem Bildschirm. Trotz mehrfacher Sicherungen waren diese Texte dann für mich nicht mehr auffindbar. Aber ich habe es irgendwie geschafft, durchzuhalten und die Verhinderungen zu überwinden. Sogar das Umkippen eines gefüllten Wasserglases, dessen Inhalt sich auf die Tastatur meines Laptops ausbreitete, unterbrach meinen Schreibfluss nur für einen Tag.

Ich hatte schon früher oft das Gefühl, dass es einen Zusammenhang zwischen derartigen Störungen und den Themen zu geben scheint, an denen ich gerade arbeite. Besonders diese Hindernisse veranlassten mich dazu, zu Beginn eines jeden Kapitels ein Gebet auszusprechen. Eine hilfreiche Erkenntnis veranlasste mich dazu, meinen Arbeitsplatz mehrfach am Tag zu wechseln. Obwohl ich stets bemüht bin, möglichst nur in der Nähe von Kraftplätzen zu schreiben, empfand ich oftmals nach einer gewissen Zeit einen Anlass, diese Orte zu wechseln. So gab es Tage, an denen ich mich zum Schreiben an bis zu vier verschiedene Orte begab. Ich achtete stets darauf, meine geschriebenen Inhalte mit meinem Herz und Verstand abzugleichen. Alles, was sich in meinem Herz- bzw. Bauchgefühl nicht als eindeutig stimmig anfühlte, löschte ich umgehend. Erst nachdem ich bereits die ersten drei Kapitel geschrieben hatte, erkannte ich das Kernthema dieses Buches. Plötzlich erfasste ich in aller Deutlichkeit die ***wesentlichen Gründe dafür, weshalb wir „immer noch nicht erleuchtet sind, obwohl wir doch über alles Wissen verfügen, das dafür benötigt wird“.***

Bereits seit ungefähr sieben Jahren stelle ich den Teilnehmern meiner Seminare und Vorträge gleich zu Beginn die Frage nach dem eigentlichen Beweggrund ihres Erscheinens. Diese Frage resultiert aus den zahlreichen Gesprächen, die ich mit Menschen führen durfte, die sich für das Thema der Transformation interessieren. Hierbei überraschten mich besonders die Besucher meiner öffentlichen Auftritte. Die Anzahl derjenigen Teilnehmer, die auf meine Frage lediglich diffuse bis fehlende Antworten hatten, war auffällig hoch. Da ich mir diese elementare Frage mehrfach an einem Tage stelle, weiß ich von der **Wirkkraft der Klarheit eines Wunsches.**

3 „Der verratene Himmel – Rückkehr nach Eden“

Vorwort

Liebe Freunde, in diesem Buch soll es um das sogenannte ‚Eingemachte' bzw. um die Essenz der wesentlichen Dinge in unserem Leben gehen. Das Leitmotiv ist die Antwort auf die Frage **„Warum sind wir immer noch nicht erleuchtet, obwohl wir doch im Grunde alle Voraussetzungen dafür haben?"**

Nun sind sicherlich einige von euch der Ansicht, dass sie dieses Buch nicht unbedingt deswegen lesen, um erleuchtet zu werden. In jedem Fall möchte ich jedoch euch allen empfehlen, sich vor dem Weiterlesen die Frage nach euern ganz persönlichen Erwartungen zu stellen, die ihr an dieses Buch habt. Bitte achtet dabei vor allem auf euer eigenes Bauchgefühl. Versucht herauszu**fühlen, welche Antwort aus dem Verstand und was aus dem intuitiven Raum eures Selbst stammt.**

Auch beim Weiterlesen bitte ich darauf zu achten, welcher Teil von dir besonders angesprochen wird. In gewisser Weise ist der Inhalt dieser Kapitel **in einem ganz besonderen Sinne an dich gerichtet. Damit meine ich nicht nur dich als Person, sondern dich in deiner eigentlichen Wesensform (die sich deines Körpers bedient).** Diese Herangehensweise halte ich schon deswegen für wichtig, weil jeder von uns zwei Identitäten in sich trägt: unseren elementaren Wesenskern, den ich dem naturgemäßen Selbst zuordne, und den Verstand, bzw. unser Ego, welchen ich als das künstliche Selbst bezeichne. Natürlich wird es unumgänglich sein und wäre sogar sinnlos, nur eine dieser „Selbste" in uns anzusprechen und das andere auszugrenzen. Und doch besteht ein erheblicher Vorteil in der Herangehensweise dieser außergewöhnlichen doppelten Selbstbetrachtung.

Manchmal wird beim Vorgang des Lesens in erster Linie die Verstandesebene in uns angesprochen. Im normalen Leben ist sie die dominierende Instanz, die unser Leben organisiert und einen Großteil unserer Entscheidungen trifft. Erst wenn sie sich in die 2. Reihe zurückzieht, ist der Weg zu unserem eigentlichen Selbst frei. Insofern ist es sinnvoll, zunächst einmal **ganz bewusst** beide Seiten in uns anzusprechen. Und doch soll es hier nun darum gehen, unseren Verstand dahingehend zu überzeugen, sich freiwillig in die 2. Reihe zu stellen, um den Raum für unser göttliches Selbst zu öffnen.

Aus diesem Grund bitte ich euch während des Lesens immer wieder kurz innezuhalten und zu fragen: **Wer in mir liest diese Zeilen?** Aus der Wahrnehmung deines Ego-Verstandes wird es sehr wahrscheinlich an mehreren Stellen Momente des Protestes geben. Diese Momente können in ihrer Intensität und Argumentation sehr unterschiedlich ausfallen. Im Normalfall wird es sich hierbei um die Themen handeln, in denen sich das Ego in seiner dominierenden Vormachtstellung bedroht sieht.

Auch deswegen habe ich mich dazu entschlossen, einige wesentliche Aussagen an mehreren Stellen zu wiederholen. Das gilt besonders für die Inhalte, gegen deren Akzeptanz sich unser Verstand wehrt. Unser Verstand möchte erst davon überzeugt werden, bevor er seine dominierende Herrschaft für etwas freigibt, was er bisher als Unsinn oder gar gefährlich eingeschätzt hat. Ich überlasse es eurer Entscheidung, ob ihr die vertiefenden Passagen überspringt oder euch mit ihnen auseinandersetzt. Letztlich könnt ihr euch ja die als zu kopflastig empfundenen Themen auch zu einem späteren Zeitpunkt durchlesen. Es ist sinnvoll für den Verstand zu wissen, dass ihm diese Informationen jederzeit nochmals zur Verfügung stehen können. Dabei kann es eine wertvolle Erfahrung sein, deine Aufmerksamkeit gleichermaßen auf die Reaktionen deiner *beiden* Selbste zu richten.

Zu Beginn des Lesens des ersten Kapitels möchte ich euch noch einen weiteren Rat geben. Bevor ihr euch mit den folgenden Inhalten befasst, schließt bitte für ein paar Minuten eure Augen. **Ihr selbst entscheidet über das Ergebnis und den möglichen Nutzen, den ihr durch das Lesen erhalten könnt.** Eine Herangehensweise bezeichnet man in der Psychologie als „Set und Setting". Mit einfachen Worten besagt dieses Prinzip, dass die Wirkung einer Erfahrung von der **Stimmung, den Gedanken und der Erwartungshaltung** abhängt. Bitte hinterfragt in euch, welche Erwartungen ihr im bestmöglichen Sinne an dieses Buch habt. Und beginnt am besten gleich mit der Wahrnehmung der verschiedenen Antworten des Verstandes-Egos und eures göttlichen Selbsts...

Me Agape
Dieter Broers

P.S.: Bitte wundert euch nicht darüber, dass ich in manchen Kapiteln mit sehr langen Zitaten gearbeitet habe. Ich tue dies, um euch so die Möglichkeit zu geben, selber nachvollziehen zu können, aus welchen Quellen ich meine Schlussfolgerungen gezogen habe und wie Andere die von mir beschriebenen Sachverhalte einschätzen. Aus Respekt vor ihrer Arbeit zitiere ich sie lieber wörtlich und kommentiere die Auszüge aus ihren Texten an den Stellen, wo ergänzende Gedanken noch mehr Licht in die Sache bringen. Auf eine Reihe von Themen werdet ihr auch mehrmals stoßen; dies sind Themen, die ich für so wichtig halte und bei denen ich es für sinnvoll erachte, dass sie aus verschiedenen Perspektiven erneut angeführt und betrachtet werden.

METAMORPHOSE DER MENSCHHEIT

I

WARUM WIR IMMER NOCH NICHT ERLEUCHTET SIND

WARUM WIR IMMER NOCH NICHT ERLEUCHTET SIND

WONACH SUCHEN WIR WIRKLICH?

Wissen wir, was wir wirklich wollen?

Unsere Vorstellung über die genaue Bedeutung unserer Worte entscheidet über den Grad ihrer Manifestationskraft.

Unsere Sehnsucht nach Erleuchtung resultiert aus dem Verlangen nach Freiheit und Erlösung vom Übel. Wir sind auf der Suche nach etwas, was wir nur erfühlen können, etwas, das unser intelligenter Verstand nicht erkennen kann. Meiner Erfahrung nach handelt es sich hierbei um die Suche nach unserer Heimat. Unserer Quelle, möglicherweise auch nach Eden. Wie ihr sicher bemerken werdet, ist in diesem Buch auffällig häufig von Erleuchtung die Rede. Meiner Überzeugung nach ist es für uns sehr wichtig, besonders bei diesem Wort eine einheitliche Klarheit zu erhalten. **Solange wir uns nicht vollkommen über die wahren Inhalte unserer Worte im Klaren sind, werden wir nicht nur Missverständnisse in unserer Kommunikation, sondern auch wenig Erfolg bei der Manifestationsgestaltung erfahren.**

Erleuchtung ist im Buddhismus und oft auch im Yoga die **Bezeichnung für den höchsten Bewusstseinszustand**, der zu einer **Erfahrung der Einheit und Befreiung führt.** Erleuchtung wird auch als eine spirituelle Durchdringung gesehen, die zu höherem Bewusstsein führt. In einem relativeren, profanen Sinn wird heute manchmal auch ein plötzlicher Einfall, eine Eingebung, eine neue Erkenntnis als Erleuchtung bezeichnet.

Solche Zustände kommen meist plötzlich und vollkommen unvorbereitet. Die für unseren Erfolg entscheidende Frage ist, wie wir unser Ziel erreichen. Gibt es hierfür eine Technik oder ganz bestimmte Maßnahmen bzw. ein bestimmtes Verhalten? Was sollte ich lernen, um eine Erleuchtung zu erreichen? Bevor wir auf diese Frage eine Antwort erhalten, sollten wir uns als erstes über unsere wahren Absichten im Klaren sein. Wenn wir selber nicht genauestens unseren Wunsch definieren, werden wir auch keine brauchbaren Resultate erzielen. Besonders wenn es um die elementarsten Fragen unseres Seins geht, ist es ratsam, darauf zu achten, wer in uns diese Frage stellt, bzw. diesen Wunsch äußert.

Naturgemäß ist für alle spirituellen Fragen der Geist zuständig. Die Logik des Kopfes – die unseres künstlichen Selbsts – wird uns hier nicht wirklich weiterhelfen. Bei allen ernsthaften spirituellen Fragen müssen wir unsere Antworten mehr erfühlen. Unsere Gefühle des Herzens, die sich durch Freude zum Ausdruck bringen. Was mich betrifft, nehme ich dieses Gefühl der besonderen Freude im Bereich meines Bauches wahr. Oft begleitet mit einer zärtlichen Gänsehaut – einem leichten Kribbeln, das meinen ganzen physischen Körper durchläuft.

Nochmals: Erst wenn wir uns über unseren Wunsch, mit unserem Ziel vollkommen im Klaren sind, werden wir zu unserem erwünschten Ergebnis kommen können. Sofern es sich bei unserer Suche um spirituelle Themen handelt, sollten wir in erster Linie unser Herz befragen. Unser physisches Herz ist, neben seiner lebenswichtigen Funktion, auch noch eine besondere Instanz des Geistigen. Zusammen mit der Zirbeldrüse ist unser Herz mit unserem wahren Selbst in einer ganz besonderen Weise verbunden.

Für mich geht es weniger um die Antwort auf die Frage nach einer Erleuchtung. Ich stelle mir die Frage nach meinem Lebensweg bzw. nach dem, der ich außerhalb meines künstlichen Selbst bin. Diese Frage stelle ich mir immer und immer wieder. Beispielsweise jedes Mal, wenn ich ein spirituelles Buch zu lesen beginne, schließe ich meine Augen und frage nach meinem Grund, weshalb ich dieses Buch lese und was ich im besten

Fall davon erwarte. Erfahrungsgemäß achte ich dabei besonders auf die Reaktionen meines Körpers und auf meine Gefühle. Oftmals nehme ich eine unhörbar leise und zärtliche „Stimme“ war, die mir sogar eine erkennbare Antwort gibt. Dabei fühle ich mich fast immer mit mir Selbst verbunden. Ich empfinde so etwas wie eine mehr oder weniger intensive Ektase, so etwas wie Glückseligkeit. **Im Grunde habe ich mit diesem Zustand meine Frage beantwortet und gleichermaßen mein ersehntes Ziel erreicht.** Es sind genau diese Zustände, die mich immer wieder an meinen Ursprung erinnern; an meine Göttlichkeit, die ich als Mensch in reiner Freude und Liebe erfahren darf. In diesen Momenten bin ich in einer zeitlosen Gegenwart. Hier befinde ich mich im ***„Hier und Jetzt“*, außerhalb der Ebene meines Verstandes.** Hier bin ich in einem gedankenlosen Zustand. Letztlich kann es also doch ganz einfach sein. **Die Antwort und das Ziel sind ein erfahrbares Eins – ein Zustand, den ich ohne umfangreiche Rituale und Gebete erreichen kann.**

Die Art der Herangehensweise an diese spirituellen Fragen ist in etwa ähnlich wie das ständige Bemühen um das Befreien von einer lästigen Sucht. Erfahrungsgemäß habe ich bei meinen umfangreichen Bemühungen festgestellt, dass keine Technik mir wirklich half, mich von der Sucht des Rauchens zu befreien. Weder Hypnose noch Akupunktur, Suggestionen oder mein fester Wille halfen mir wirklich weiter. Der gewünschte Erfolg stellte sich erst dann ein, als ich in meinem Inneren einen „Hebel“ umlegte, mir einfach den Auftrag erteilte „ich höre mit dem Rauchen auf“. Diese atypische Herangehensweise erinnert mich an das 3D-Sehen. Ich meine jene Bilder, die ein 3-dimensionales Abbild für den Beobachter bereithalten, der es schafft, in einen anderen Beobachtermodus zu wechseln. Weder Wille noch eine besondere Technik brachten den erwünschten Erfolg, den 3-dimensionalen Inhalt zu erkennen. Erst der Moment des Loslassens, des nicht mehr mit dem Verstand und Willen in die Beobachtung zu gehen, führte zum Ziel.

Bevor ich meine persönlichen Erfahrungen mit dem 3D-Sehen gesammelt hatte, fiel es mir mit dieser Art des Sehens wesentlich schwerer, mich mit meinem natürlichen Selbst zu verbinden. Zuvor traten diese Ereignisse einer wahrnehmbaren Selbst-Verbundenheit eher spontan auf, so, als wenn sich mein natürliches Selbst quasi „von oben" meldete. Meine Erfolge, bewusst eine Verbindung zu meinem natürlichen Selbst herzustellen, konnte ich durch dieses 3D-ähnliche Wahrnehmen hervorrufen. Eine Art ***„wu wei"*[4], **Tun im Nichttun.** *Wu wei* – das bedeutet, aus dem inneren Zentrum handeln, im Einklang mit dem Fluss des Lebens sein, im Hier und Jetzt. Dieses, ich nenne es *„wu wei-Handeln"*, das **„nicht Tun im Tun"** erscheint für die Verstandesebene unsinnig. Es geht um das *Tun* im Sinne des Loslassens. Dieses besondere *Tun* erfolgt nicht durch Aufträge oder Suggestionen des Verstandes. Dieses *Tun* folgt dem Auftrag unseres Herzens.

---

4 https://de.wikipedia.org/wiki/Wu_wei

WER SIND WIR WIRKLICH?

Grundsätzlich kann nichts erschaffen werden, was nicht vorstellbar ist. Wie sollte es auch anders sein. Mehrfach habe ich darauf hingewiesen, **dass nur eine klare Absicht zu einem gewünschten Erfolg führen kann.** Diese Klarheit der Absicht bzw. des Wunsches ist die **Grundvoraussetzung zum Erfolg.** Der Faktor ob, wie schnell und wie nachhaltig sich unsere Wünsche erfüllen, wird von der **Intensität unserer Absicht** bestimmt. Wir können zusammenfassen:

Die Klarheit und Intensität unserer Absicht bestimmt die Wirkungen.

Der „geistige Faktor" als ein Maß des Bewusstseins in Verbindung mit einer konkreten Idee (Wunsch).

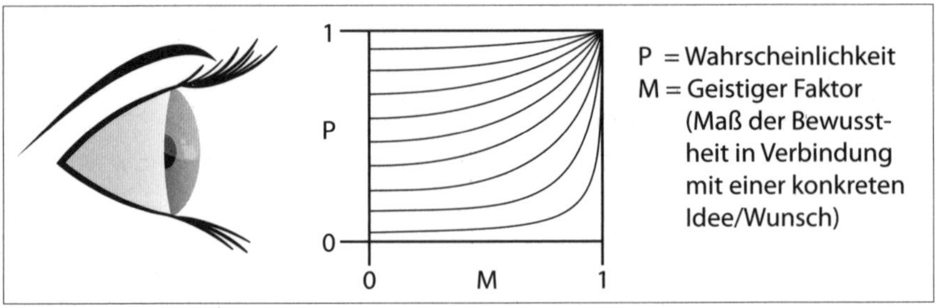

Abbildung 1: Die Auswirkungen des Geistes auf die Wahrscheinlichkeit und einer damit verbundenen Manifestation.

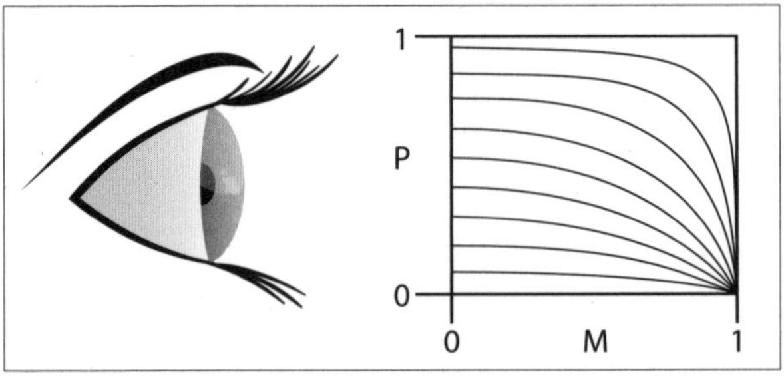

Abbildung 2: Die Auswirkungen des Geistes bei abnehmender Wahrscheinlichkeit eines Ereignisses

Auf der materiellen Ebene werden unser Bewusstsein und die unterschiedlichen Grade unserer Bewusstheit im Wesentlichen durch die sogenannten Mikrotubuli bestimmt. Mikrotubuli[5] sind röhrenförmige Gebilde aus Proteinen, die u.a. an wesentlichen Zellfunktionen beteiligt sind. Sie bilden kilometerlange Hohlröhren, die als Hohlraumresonatoren elektromagnetische Schwingungen leiten können. Durch Anästhetika, also durch Betäubung, werden Mikrotubuli-Leitsysteme außer Funktion gesetzt, wodurch wir unser Bewusstsein, einschließlich bewusster Erinnerung verlieren. Mikrotubuli sind wesentlich an dem Zustand unserer Wahrnehmung und dem Maß unseres Bewusstseins beteiligt. In einem LE Research Journal[6] berichteten einige Top-Wissenschaftler über eine Meditation, deren Wirkungen auf naturwissenschaftlich anerkannter Basis untersucht wurde:

„In einem Zustand der Meditation erreicht das Gehirn einen Zustand der quanten-relativistischen Kohärenz. Dies ist der Zustand, der das einheitliche Feld, das Geist und Körper umfasst, möglich macht und über die Absicht einen Energie-Kreislauf in Gang setzt. In diesem Zustand werden die grundlegenden Steuer-Einheiten im Gehirn auf einer zellulären, molekularen, atomaren und auf der Teilchenebene stimuliert und auf der lokalen Quantenebene beeinflusst. Das Gehirn wird so zu einem Umwandler der Raum-Zeit[7], indem alle „Partikel" kohärent, eingekoppelt oder in Resonanz stehen zu den elektromagnetischen, den Gravitations-, den skalaren und den akustischen Energien, „vereint" durch das Bewusst-Sein, fokussierte Absicht und langsamer, rhythmischer Atmung.... Im Grunde genommen wird der meditierende Teil des super-quanten-relativistischen Potentials und seiner impliziten Ordnung. Als solches ist der Meditierende nicht mehr getrennt von dem größeren „externen" Raum-Zeit-Kontinuum.

---

5 http://instatera.de/das-geheimnis-der-mikrotubuli-teil-i/

6 LE Research Journal 63 und 64, Gespräche unter Wissenschaftlern aus dem Bereich der Forschung, September 1993

7 Und seiner geometrisch-topologischen hyperdimensionalen Energien.

Wenn jemand einen solchen Zustand erreicht, dann befindet er sich in einem Zustand der Trance, der Vereinigung und des Hyper-Gewahrseins, und daraufhin wird man integriert in das große System der Gesamtheit."[8]

„Neurophysiologisch gesehen werden die Neuronen, die ja singuläre Zellen sind und ihre Cytoskelette (auch Mikrotubuli genannt) eingekoppelt und „geordnet" haben, somit einen Zustand höchster Kohärenz erreichen."[9]

Die hier beschriebene Meditation entspricht einer Übung, sich selbst mit dem Kosmos zu verschmelzen. Diese Verschmelzung mit dem Kosmos entspricht einer Rückverbindung zu seinem göttlichen Selbst (Quelle). Diese Übung ist ebenfalls gut geeignet, Näheres über seinen spirituellen Weg zu erfahren. Dazu folgen später noch nähere Anleitungen. Im folgenden Text sind hierzu ein paar weitere naturwissenschaftliche Hintergründe aufgeführt. Wie der obere Text auch, stammen diese Zeilen von einem Treffen, zu dem sich einige Top-Wissenschatler verabredet hatten[10]. Ich möchte euch auch die weitaus ausführlicheren Aufzeichnungen im Original (in Englisch) sehr empfehlen: LE Research Journal 63 und 64[11]

„Weit fortgeschrittene Meditierende können die erstaunlichsten Leistungen, bzw. „Wunder" hervorbringen und sogar paranormale Ereignisse erzeugen, denn Wille und Gedanken/Vorstellungen erzeugen eine laserartige einheitiche Feld-Energie.
Diejenigen, die sich im Anfängerstadium befinden, wie zum Beispiel Schüler, die gerade erst begonnen haben, können bestenfalls einen Zustand von übergeordnetem Frieden und Stille erreichen [...]. ***Das reicht schon aus, um einen Zustand leichter Vereinigung und beginnender eingeschränkter Einstimmung und Einheit mit***

8 LE Research Journal 63 und 64, Gespräche unter Wissenschaftlern aus dem Bereich der Forschung, September 1993

9 Zitat von Prof. Dr. Lev Beloussov:"Ein lebendiger Zustand wird durch dynamische Ordnung, auf einigen strukturellen Ebenen, die eine breite Palette von Maß-und Zeitwerten hat, gekennzeichnet. Die Systeme zeigen eine Eigenschaft die als kohärent definiert wird.

10 http://www.trufax.org

11 http://www.trufax.org

dem Raum-Zeit-Kontinuum, dem Kosmos zu erreichen. Sogar dieser Grenz-Zustand ist schon ausreichend, um so eine Transzendenz zu erzeugen und die Kanäle (Mikrotubuli / Mikrofilamente / Neuronen) dem „Influx 'Göttlicher' oder primordialer einheitlicher Feld-Energie zu öffnen". Auf diese Weise wird der Schüler eins mit dem großen Ist-Sein – in einem einfachen Zustand von Hingabe, Demut, Ernsthaftigkeit, tiefer Stille und Ruhe von Geist und Körper. *Schon der taoistische Weise Laotse sprach: „In der absoluten Ruhe und Stille, vernimmt man den Klang der Stille, das Tao". Das bedeutet, dass das Gehirn „hört" und es das Göttliche oder die einheitliche Feld-Energie einströmen lässt."*

Am Beispiel einer Meditation möchte ich zeigen, wie sehr sich unsere geistige Ausrichtung, unser Fokus auf die Aktivität unseres Gehirns auswirkt.

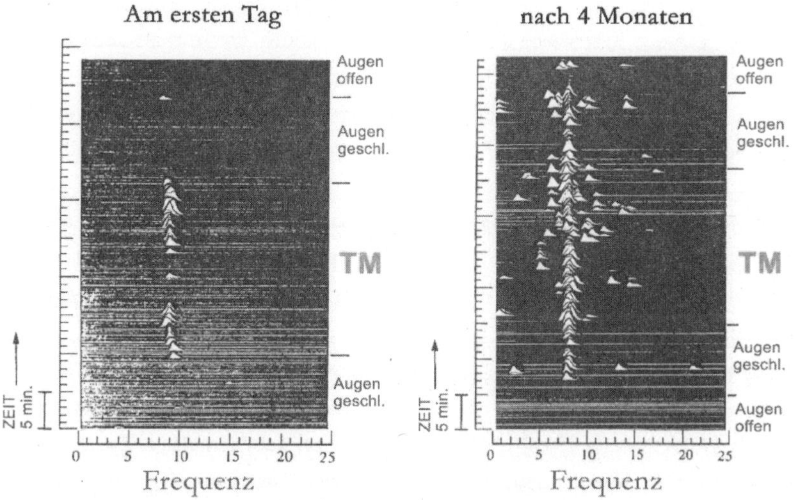

Abbildung 3: Zusammenhang zwischen Meditationspraxis und Gehirnaktivität. Offensichtlich führt regelmäßiges Meditieren zu einer Erhöhung der Intensität der Gehirnwellenaktivität. Ebenso bedeutsam ist der Frequenzbereich dieser Aktivität. Er ist ein Indiz für den Bewusstseinszustand. Die hier dominierende Hirnfrequenz liegt bei etwa 8 Hz.

In der oberen Abbildung sehen wir Messungen von Gehirnwellen bzw. EEG-Ableitungen von Personen mit unterschiedlich langer Meditationspraxis.

Jeder "Berg" in dieser Grafik zeigt uns eine Gleichtaktung der gemessenen Gehirnwellen zu 95% über mindestens 10 Sekunden im Frequenzbereich von 0-25 Hertz. In Ruhephasen von Nichtmeditierenden treten beim Wachen oder Schlafen keine solchen Kohärenzen auf. Bei Anfängern der Transzendentalen Meditation[12] (TM) zeigen sich sofort Alpha-Wellen von 10 Hz. Mit zunehmender Praxis bilden sich Theta-Wellen von 6 Hz aus, und schließlich tritt eine Kohärenz in allen Wellenbereichen auf. Als Kohärenz in der Hirnforschung definieren Naturwissenschaftler dabei die mathematisch ermittelte Übereinstimmung zwischen den Phasen des EEGs einer bestimmten Frequenz, die an zwei verschiedenen Stellen der Kopfhaut abgeleitet werden[13].

Im Folgenden möchte ich nun eine spirituelle Übung vorstellen, die ich aus uralten Überlieferungen des Taoismus übernommen und selber mehrfach angewendet habe. Sie stammt ebenfalls aus den Gesprächsunterlagen[14] der „LE Research Journal 63 und 64":

„Die uralten Weisen waren die taoistischen Unsterblichen, von denen wir in früheren Schreiben schon sprachen; und ihr Vermächtnis ist wirklich einfach, leicht und kristallklar wie reines Wasser. ***Sie nennen es wirklich das Tao, die Quelle oder den Brunnen der spirituellen Nahrung.*** *Sie sind so einfach gehalten, dass jeder die Anweisungen verstehen und die Techniken praktizieren kann, denn hier sind nicht pompöse Ritualpraktiken von Wichtigkeit,* ***sondern die Reinheit der Absicht. Die Ernsthaftigkeit des Glaubens und der Hoffnung und das Durchhaltevermögen spielen bei der Übung eine große Rolle*** *und bringen Resultate. Der ernsthafte, demütige und hingebungsvolle Schüler erhält wahrlich große Unterstützung. Ein altes chinesisches Sprichwort drückt dies am bestens aus:* ***„Wenn Du einen Schritt auf den Buddha (Erleuchtung) zugehst, dann geht der Buddha dir 1000 Schritte entgegen!"“***

Um zu üben, sich selbst mit dem Kosmos zu verbinden, sollte man selbst zum

12 https://de.wikipedia.org/wiki/Transzendentale_Meditation

13 Paul H. Levine, Ph. D; J. Russell, Herbert M.A; Christopher T.Haynes, B.A. Urs Strobel, Dipl. Lab. EEG Coherence during the Transcendental Meditation Technique 1975, MERU, Weggis, Schweiz, Collectet Papers, Vol, I, S 187-207.

14 www.trufax.org

Kosmos werden. Diese gewollte Verschmelzung mit dem Sein entspricht in etwa einer Verbindung mit unserer Quelle. Diese sogenannten spirituellen/ meta-physischen Praktiken *stimulieren* das Gehirn, das Hormonsystem und den feinstofflichen Körper, um die hierfür nötigen und ausreichenden Bedingungen zu schaffen, damit Geist und Körper sich in einen Zustand der Vereinigung und des bewussten Gewahr-Seins transzendieren können. Die wiederholten Übungen führen letztendlich zu nachhaltigen erweiterten Bewusst-Seins-Zuständen.

Die drei Schritte zur „Einswerdung mit dem Kosmos":

- **Wahrhaftiger Wunsch, verbunden mit reiner, klarer Absicht**
- **Absolute Hingabe an die Selbst-Ent-Wicklung**
- **Eine passende Meditations- oder Entspannungs-Technik**

Die Voraussetzungen, die erforderlich sind, um die drei täglichen Schritte zu praktizieren sind relativ einfach:

- Einen besonders ruhigen privaten Ort, wie z.B. dein Schlafzimmer
- Ein Zeitkontigent für absolute Hingabe und Ungestörtheit

Es wird empfohlen, mindestens eine Stunde dafür zu veranschlagen, *ansonsten beraubst du dich deiner eigenen Evolution.*

SIND WIR WIRKLICH WACH?

Eine gemeinsame Wirklichkeit

Im Schlaf erschaffen wir eigene Welten, die für uns als Träume real sind. Universen mit eigenen Formen, Farben und Gesetzen. Es gibt keine Wegweiser, die uns helfen können, zwischen Traum und Wirklichkeit zu unterscheiden, bis zum Moment des Erwachens. Doch sind wir je aufgewacht? **Auch wenn wir glauben, dass wir wach sind, ist alles, was wir wahrnehmen, eine Erfindung des Gehirns.** Die Welt findet im Kopf statt. Genauso wie uns das Gehirn im Traum vorgaukelt, dass Farben und Formen real seien, genauso **ist jede Empfindung im Wachzustand eine Projektion feuernder Neuronen.** So vielfältig die Welten auch sind, die unser Gehirn konstruiert, wir nehmen diese Welt nur wahr, wenn unser Bewusstsein Teil ihrer Gegenwart ist.

Allmorgendlich wachen wir aus unserem Nachtschlaf auf und grenzen ihn klar von unserem Tagesbewusstsein ab. Aber gibt es noch eine andere Art des Erwachens? Diese Frage impliziert einen unerwachten Zustand, der dem Schlaf ähnelt, ohne dass wir ihn als Schlaf erkennen. Und in der Tat: **Obwohl wir uns wach wähnen, gleichen wir Schlafwandlern, die, ohne zu wissen, dass sie schlafen, so agieren, als wären sie wach. Mir kommt unsere Wirklichkeit oft so vor, als würden eigentlich ALLE schlafen und nur so tun, als wären sie wach.** Im ontologischen Sinne[15] könnte man sagen, dass wir nicht wissen, was wir tun und wer wir sind. Wir können nicht unterscheiden zwischen der wahren Welt und vorgestanzten Mustern, die wir übernommen haben. Was wir Wirklichkeit nennen, ist lediglich ein System, das uns steuert, mit Regeln, Bewertungen und Routinen, die wir nicht reflektieren: die Matrix.

---

15 Die Ontologie ist eine Disziplin der theoretischen Philosophie (weitere Erläuterungen siehe Anhang)

Der Schlafwandler geht nur scheinbar wach durchs Leben. Deshalb läuft er Gefahr, gegen einen Laternenpfahl zu stoßen oder von einem Auto überfahren zu werden. Im übertragenen Sinne heißt das: Unser Verstand ist gefangen in Interpretationen, die uns keinen Aufschluss über das wahre Wesen unserer Existenz geben. Karl-Martin Dietz beschreibt diesen Zustand folgendermaßen:

„Als ein solcher Wachläufer läuft derjenige durch die Welt, der sein Handeln nach der Konvention ausrichtet, indem er einfach so lebt und handelt, wie es Sitte, Brauch und Tradition ist, ohne eigenen Zugriff, ohne Veränderung oder Verwandlung."

Seit mindestens 2.500 Jahren sind Weisheitslehrer und Philosophen auf der Suche nach der Wahrheit hinter den Erscheinungen. Einer der größten unter ihnen war der Vorsokratiker Heraklit[16]. Nach Heraklit **existieren drei verschiedene Bewusstseinsschichten.** Er unterscheidet zunächst zwischen der Bewusstlosigkeit im Schlaf und dem bewussten Handeln im Wachzustand. Daraufhin fügt er eine dritte Bewusstseinsebene hinzu: einen höheren Bewusstseinsgrad. Vergleicht man ihn mit dem Alltagswachzustand, so ist auch der Alltagswachzustand eine Art der Bewusstlosigkeit. Die Griechen nennen den höheren Wachzustand ***aletheia,*** was Verborgenheit oder Unvergessenheit bedeutet. Die aletheia, üblicherweise mit **Wahrheit** übersetzt, bedeutet dasjenige, was dem Vergessen entrissen wird, sich aus dem Verborgenen heraus entbirgt: die eigentliche Seinsgrundlage der Welt.

Heraklit berichtete in seinen schriftlichen Überlieferungen von solch einem **Erwachen, das den Einzelnen aus seiner befangenen Weltsicht erlöst.** Heraklit geht es darum, **aufzuwachen aus einem Zustand, in dem die Welt lediglich als Konglomerat fragmentierter, unverbundener Einzelheiten erscheint: *„Die Wachenden haben eine einzige und gemeinsame Welt, jeder Schlafende aber wendet sich ab in seine eigene.*"** Heraklit ist überzeugt, dass wir noch „wacher" für die Welterscheinungen werden könnten, als dies im normalen Wachbewusstsein der Fall ist. Erst im Zustand eines vollen Erwachens, so Heraklit, sei eine ganzheitliche Welt wahrnehmbar und erkennbar.

---

16 http://www.philosophenlexikon.de/heraklit-von-ephesos/

Heraklits schriftliches Werk ist als Ganzes verloren, doch deckt sich das Bild, das antike Überlieferungen von ihm vermitteln, weitgehend mit dem Wissensstand, den die erhaltenen Fragmente ergeben. Daher wird vermutet, dass nur etwa die Hälfte des ursprünglichen Textes verloren ist.

In einer besonderen philosophischen Tiefe erklärt Heraklit uns **die Natur des Menschen.** Das Wesen der Menschen ist göttlich-geistiger Natur. Dass diese Auffassung vom Menschen nicht nur dessen Erdenleben, sondern auch seine Existenz nach seinem Tode betrifft, bemerkt Heraklit öfter. Übrigens hat auch Rudolf Steiner[17] seine Anschauung von der Wiederverkörperung des Geistes und vom Schicksal der Seele ausdrücklich an das Fragment 62 Heraklits angeschlossen.

Heraklit ging es in erster Linie darum, die Menschen auf ihr halbschlafähnliches Tagesbewusstsein hinzuweisen und wie sie zu einem vollständigen Erwachen gelangen können. So wie der „Tagträumer", der nicht ganz wach durchs Leben geht, in den nächsten Bach fällt, oder von einem Auto überfahren wird, so geht es all den halbwachen Menschen, die es bei dem gewöhnlichen Grad an „Wachsein" belassen wollen. Sie überlassen ihre Zukunft veralteten Programmen und Manipulatoren! Noch sind wir alle mehr oder weniger Wachschläfer, eingebunden in unsere persönlichen alltäglichen Lebensabläufe, über die wir vergessen, über die genaueren Wirkungsmechanismen und Wechselwirkungen nachzudenken, denen die Funktionen unseres schöpferischen Organs Gehirn unterliegen und mit denen unsere Realität kreiert wird.

Je mehr wir uns aus den gewöhnlichen Tagträumen in unserer Gegenstandswelt entfernen, desto unmittelbarer ist unsere Verbindung mit dem Kosmos. Nach Heraklit (Fragment 80) ist selbst der schlafende Mensch Mitwirker im Kosmos – aber er merkt es nicht. Was er wahrnimmt, ist eine Welt, die er anderen nicht mitteilen kann. Erst als Erwachte haben wir den Blick frei für die Wahrheit. Dort sind die Menschen aktive Mitwirker im Kosmos (so wie wesensgleich mit den Göttern). **Der Unterschied zum Schlafzustand besteht aber darin,**

17 Rudolf Steiner (1861-1925), Begründer der Anthroposophie http://www.anthroposophie.or.at/anthroposophie/rudolf-steiner/

dass er sich dessen auch bewusst ist. Das von Heraklit geforderte Logos-Bewusstsein[18] ist eines, das sich in derjenigen Welt in voller Wachheit bewegt, die der Mensch sonst täglich unbewusst in seinem Schlaf erlebt.

Das Sein steht in einem unmittelbaren Zusammenhang mit dem Bewusstsein, dem Kosmos und dem Menschen.

Heraklit sieht das Sein immer in einem Zusammenhang mit dem Bewusstsein, dem Kosmos und dem Menschen. Im Denken ist nun das Element gegeben, indem sich beide Seiten vereinigen. Das Denken hat den Doppelcharakter, der erforderlich ist, um beides zu leisten: den Logos im eigenen Inneren zur Tätigkeit zu bringen und andererseits damit die Welterscheinungen in ihrem umfassenden Zusammenhang zu begreifen. **Indem das eine geschieht, geschieht zugleich auch das andere.** Denken macht dem Menschen mit der Welt vertraut, hebt die Entfremdung auf.

Denn Denken heißt: Gewahrwerden von Zusammenhang.

(Gewahrwerden bedeutet: das Erkennen des Wahren, der Wahrheit)

Mit dem Ergreifen des der Welt zugrundeliegenden Gemeinsamen ist zugleich der theoretische Ausdruck des Erkennens überschritten. **Der denkende Mensch ist angeschlossen an den Logos, also dasjenige, was in der Welt wirkt.** So heißt es im Fragment 112 auch:
„Verständiges Denken ist die größte Vollkommenheit, und Weisheit ist, Wahres zu sagen und zu tun gemäß der Natur, auf sie hinhörend.“ In diesem Fragment sind beide Aspekte des Denkens enthalten. *„Vollkommenheit“ (arete)* ist der Begriff, der durch Heraklit eine ganz besondere Bedeutung für uns erreicht hat.

Denken ist diejenige Tätigkeit, die uns Menschen mit der Gesamtheit des Kosmos erkennend und handelnd verbindet. Es ist zugleich auch diejenige, die ihn aus der Dumpfheit des Sinnenwesens heraus zu sich selbst bringt. Das

18 lógos (Altgriechisch). Philosophische und religiöse Prinzipien sowie das geistige Vermögen und was dieses hervorbringt (z. B. die Vernunft), ein allgemeineres Prinzip einer Weltvernunft oder eines Gesamtsinns der Wirklichkeit. (Wikipedia)

Denken führt uns aus der „Verschlafenheit" heraus. Nach Heraklit führt es uns in das Erwachen. Die methodische Anweisung zur Erweckung des Logos-Bewusstseins umfasst bei Heraklit im Fragment 101 nur die Wörter: ***„Ich durchforste mich selbst."***

In seinem Fragment 40 heißt es ***„Vielwisserei lehrt nicht Geist."*** Dabei lehnt Heraklit die Gelehrsamkeit nicht etwa ab, sondern er kennzeichnet sie als eine erforderliche, aber noch nicht hinreichende Voraussetzung zur „Einsicht des Geistes", die mit dem Wachsein beschrieben werden kann, also den Zustand, den wir nach dem Erwachen erreichen. Es geht Heraklit nicht um eine einfache Dualität, um ein Entweder-Oder. Ihm geht es darum, **Ebenen der Wirklichkeit und des Bewusstseins zu unterscheiden und sich nicht mit derjenigen zufrieden zu geben, die einfach vor unseren Augen liegt.**

„Geist" (noos, nus) ist nicht menschliches Eigendenken, sondern eine geistige Wahrnehmungsfähigkeit. Sie wird als götterverwandt und göttervermittelt gesehen. Nus ist eigentlich eine hervorragende Eigenschaft des Zeus, an welcher der Mensch in schwächerer Form Anteil hat. Parmenides von Elea führt zu Beginn seines philosophischen Gedichtes vor, wie das göttliche Wissen in menschliches übergeht. **Die Göttin fordert den Menschen auf, sich des denkenden Schauens zu bedienen.**

Denken wird in der Neuzeit überwiegend als eigene und daher subjektive Tätigkeit erfahren. Der zum Denken gehörende Anschauungsgehalt ist weitgehend verloren gegangen.

Das mystische Erleben mit einem Subjekt ist eine Vorstufe des zeitlosen Erwachens. Im mystischen Erleben ist der Beobachter noch in Raum und Zeit eingebettet. Er hat allerdings das Gefühl der Verschmelzung, des Einsseins mit der Welt. Bei dem völligen Einswerden mit der Welt jedoch verschwinden das Ich und die Zeit vollständig. Es gibt nur die Wahrnehmung, nicht den Wahrnehmenden.

Im Erwachen vergisst sich der Beobachter, da er in der Wahrnehmung aufgeht und die Dualität von Subjekt und Objekt sich auflöst. Das Erkennen der

Ich- und Zeitlosigkeit passiert erst im Nachhinein, es ist einer Nacharbeit zugänglich. Der zeitlose Zustand lässt sich nicht besser beschreiben als mit dem Begriff *„Zeitlosigkeit“*.

Das Einssein mit dem Raum ist im Grunde ebenso wenig beschreibbar, es ist ein Sein ohne Mittelpunkt und Grenzen. Wenn man diese Erfahrung in das Alltagsbewusstsein integriert, wird ein *„vibrierendes Grundgewahrsein“* wahrgenommen, es entsteht ein Gefühl von lebendiger Präsenz, eine Bereitschaft für Sinneserfahrungen, ohne in die Empirie zu gehen. Das Gewahrsein ruht in sich selbst. Es findet kein Sehen statt, obwohl die Augen offen sind. Die Wahrnehmung ist wie transparent, alles ist Gewahrseins-Raum, ist reines Bewusstsein.

Kants Kritik der reinen Vernunft

Immanuel Kants[19] in der ***Kritik der reinen Vernunft*** entwickelte Erkenntnistheorie unterscheidet zwischen **erfahrungsgemäßen Anschauungen**, die uns durch Sinnesorgane gegeben werden, **und reinen Anschauungen, die von vornherein (a priori) vor jeder Erfahrung gegeben sind.** Die beiden von Kant angenommenen reinen Anschauungsformen sind Raum und Zeit. Reine Anschauungen als solche sind frei von jeglicher sinnlichen Wahrnehmung, können aber auf sinnliche Wahrnehmungen bezogen werden. Eine Anschauung im Sinne Kants ist rein, *„wenn der Vorstellung keine Empfindung beigemischt ist“*. Für den Begriff ***Anschauung*** werden in der heutigen Erkenntnistheorie meist die verwandten Begriffe ***„Wahrnehmung“*** und ***„Erfahrung“*** verwendet.

---

19 Immnauel Kant (1724-1804) zählt heute zu den bedeutendsten Philosophen der abendländischen Philosophie. Sein Werk ‚Kritik der reinen Vernunft' kennzeichnet einen Wendepunkt in der Philosophiegeschichte und den Beginn der modernen Philosophie. Nicht nur in der Erkenntnistheorie, sondern auch in der Ethik mit dem Grundlagenwerk ‚Kritik der praktischen Vernunft' und in der Ästhetik mit der ‚Kritik der Urteilskraft' sowie bedeutenden Schriften zur Religions-, Rechts- und Geschichtsphilosophie schuf Kant eine neue, umfassende Perspektive in der Philosophie, welche die Diskussion bis ins 21. Jahrhundert maßgeblich beeinflusst. (Quelle: http://immanuel-kant.net/biografie)

Was könnte der Mensch nun erwarten, wenn er aus seinem Tagesbewusstsein erwacht? Heraklit spricht von einer ***„alles umfassenden Wirklichkeit"***, die sich den Erwachten offenbare. **Sie sei im Gegensatz zu den oberflächlich wahrgenommenen Einzelheiten der gewöhnlichen Realität eine *„gemeinsame Wirklichkeit"*.** Er schließt daraus: *„Deshalb muss man dem Gemeinsamen folgen. Während doch der Logos gemeinsam ist, leben die vielen, als hätten sie einen Privatverstand."* Das Logos-Bewusstsein hebt nach Heraklit die Vereinzelung und Vergegenständlichung der Welt auf. Sofern jemand diese höchste Erkenntnisform erlangen möchte, muss er daher sein Augenmerk auf das *„Gemeinsame"* der Welt legen, das allen Einzelheiten wirksam zugrunde liegt.

RECHTFERTIGUNG UND SELBSTBETRUG

Zur Geschichte der Menschheit gehört das Leiden dazu; Leid und das Bemühen um Erlösung vom Leid. In der Welt, in die ich hineinwuchs, fand ich mich nicht zurecht. Ich hatte andauernd ein unbestimmtes Gefühl, das mir sagte, dass hier irgendetwas nicht zusammenpasst. Dabei erlebte ich die äußeren Bedingungen meines Lebensumfelds im wahrsten Sinne des Wortes als wunderbar. Und trotzdem empfand ich meine Welt als unstimmig. Das erste, an das ich mich noch bewusst erinnern kann, war meine Ablehnung des Namens, den mir meine Eltern gegeben hatten. „Ich heiße nicht Dieter" beklagte ich mich bei meinen Eltern, da mag ich grad mein drittes Lebensjahr erreicht haben. Allerdings hatte ich auch kein alternatives Angebot zu machen, als meine Eltern mich erstaunt nach meinem Wunschnamen fragten. Ich erinnerte mich immer wieder an eine Welt, die mir vertrauter und sogar teilweise realer erschien, als meine neue Heimat. Besonders bis zu meinem 5. Lebensjahr schien ich in zwei Welten zu leben. Vergeblich versuchte ich anfänglich, meine liebevollen Eltern zu der Unstimmigkeit zu befragen. Aber schon bei meinen ersten Versuchen einer Aufklärung bemerkte ich bei meinen Eltern, dass sie sich in einem nur halb bewussten Zustand befanden. Ähnlich eines Kasperletheaters dachte ich, dass sie sich bald als die Spieler des Theaters outen würden.

Meine eigene Wirklichkeit spielte sich nämlich auf mehreren „Bühnen" ab. Eine dieser Bühnen war die Unterseite des Sofas im Wohnzimmer meiner Eltern. Der helle Zuspannstoff diente mir als Leinwand für meine inneren Filme. Ich war noch so klein, dass ich mich in flach ausgestreckter Rückenlage irgendwie unter das Sofa robben konnte und lag dann oft stundenlang unbewegt dort und starrte mit offenen Augen auf den Stoff, auf dessen Oberfläche in meiner Wahrnehmung vollkommen realistische bewegte Bilder abliefen, in denen ich mich selbst sah in einer anderen körperlichen, erwachsenen Gestalt –

meistens damit beschäftigt, irgendein Gerät oder eine Maschine zu reparieren. (Später kam es oft vor, dass mein Vater kaputte Radio- oder Fernsehgeräte zum Reparieren zu Hause hatte und ich ihm oft sagen konnte, was an den Geräten kaputt war, bevor er sie aufgeschraubt hatte.) Wenn ich das Ansehen dieser inneren „Filme" unterbrechen musste, weil mich meine Mutter rief oder energisch darauf bestand, dass ich wieder an die Oberfläche ihrer Wirklichkeit auftauchte (wobei sie natürlich keine Ahnung davon hatte, was ich unter dem Sofa erlebte), konnte ich am nächsten Tag wieder genau da weiterschauen, wo die Unterbrechung stattgefunden hatte.

Es erwies sich als sinnlos, den Erwachsenen von diesen Erlebnissen berichten zu wollen. Nur mein Großvater hörte mir zu und schien mich zu verstehen. Er erlöste mich von meinen zunehmenden Zweifeln, dass es sich bei meinen eigenartigen Wahrnehmungen um etwas handelte, das nicht zu einem gesunden Kind gehört, etwas, was man einfach vergessen oder ignorieren sollte. So arrangierte ich mich mit meinem neuen Leben und stellte meine Bemühungen ein, meine beiden Welten miteinander zu vereinen. In einer gewissen Weise kam es mir so vor, als lebte ich in einer Scheinwelt, wobei mir jedoch die eine dieser beiden Welten vertrauter und sogar realer erschien. Später verhalf mir mein gut ausgeprägtes Wahrnehmungs- und Vorstellungsvermögen, eine Reihe von Erfindungen in diese Welt zu transportieren; fast alle diese Erfindungen führten zu internationalen Patenten.

In den frühen Jahren meiner Jugend bestärkten mich Philosophen wie Sokrates[20], Platon[21] und Laotse[22] in meiner Weltsicht. Ganz besonders faszinierte mich das Höhlengleichnis von Platon (und Sokrates). Es schien also tatsächlich zwei Welten zu geben, eine Primär- und eine Sekundärwelt. Dieses Phänomen fasziniert und beschäftigt mich bis heute fast mehr als alles andere. Meiner Wahrnehmung nach befinden wir uns solange in dieser Sekundärwelt Platons, wie wir die Gültigkeit der anderen Welt, von deren Existenz wir alle etwas ahnen, sie aber auch immer wieder leugnen und in die

---

20 http://www.neueakropolis.at/philo-ecke/philosophie-wissen/Sokrates.php
21 http://www.kinderzeitmaschine.de/ >Platon und seine ungewöhnlichen Ideen
22 https://de.wikipedia.org/wiki/Laozi

Überzeugung zurückfallen, dass nur die materielle Welt wirklich zählt. **Dabei ist es genau umgekehrt, und ich bin überzeugt, dass wir uns auf dem Weg zum Ausgang der Höhle befinden.** Dabei kann uns Höhlenbewohnern nur die Erkenntnis darüber den Weg weisen, wie diese Sekundärwelt, die wir so oft für die einzige Realität halten, konstruiert und beschaffen ist, und uns von den Fesseln befreien, die uns in der Höhle gefangen halten.

Irgendetwas schien die Menschen daran zu hindern, ihre natürliche Wesensart zu leben. Ich hatte das unbestimmte Gefühl, es nicht mit ihnen selbst (ihrem „Selbst") zu tun zu haben, sondern mit einem Konstrukt ihrer Vorstellungen und Zwänge. Für viele Jahre hatte ich keinen offenen Ansprechpartner für meine außergewöhnliche Wahrnehmung. Ich denke, es war Platon, der mir mit seinem Höhlengleichnis eine Bestätigung vermittelte. In Platons Höhlengleichnis stellt er den Aufstieg des Menschen durch vier Stufen der Erkenntnis sinnbildlich dar:

Die Menschen leben in einer Höhle, sind an Ketten gefesselt und blicken auf eine Felswand, während hinter ihnen ein Feuer flackert. Auf der Felswand sehen sie nur die Schatten von Gegenständen, die hinter ihnen vorübergetragen werden und welche vom Schein des Feuers als Schattenbilder an die Wand vor ihnen projiziert werden. Die Menschen halten einzig diese Schattenbilder für die Wirklichkeit *(das Seiende)* und befinden sich damit auf der ersten Stufe der Erkenntnis: der bloß sinnlichen Wahrnehmung.

Eine Gruppe von Gefangenen verbringt das ganze Leben festgekettet in einer Höhle, ihr Blick ist immer auf die Höhlenwand gerichtet. Am Höhleneingang werden Objekte vorbeigetragen, beleuchtet von einem großen Feuer. Ihre vergrößerten Schatten fallen auf die Höhlenwand, und diese Schatten sind alles, was die Gefangenen von der Welt wahrnehmen.

In Platons Höhlengleichnis erklärt er, **dass unsere Sinne nur Schatten einer höheren Art von Wirklichkeit wahrnehmen. Alles was wir sehen, so meinte Platon, ist bloß eine unvollkommene Projektion von vollkommenen, abseits unserer erfahrbaren Welt befindlichen Ideen.** Bereits Heraklit, der Platons Lehrer Sokrates inspirierte, wusste: *Eines der wichtigsten Dinge, die man* *über den Menschen wissen muss, ist, dass er schläft. Selbst wenn er denkt, dass er wach ist, ist er es nicht wirklich. Seine Weisheit ist äußerst kümmerlich; sie ist so unbedeutend, dass sie eigentlich vollkommen vernachlässigbar ist. Seine Wachheit ist nur ein schöner Name, doch im Grunde völlig bedeutungslos. Ihr schlaft bei Nacht, und ihr schlaft bei Tag – von der Geburt bis zum Tod verändert sich immer nur euer Schlafmuster, doch ihr wacht niemals wirklich auf. Nur weil ihr die Augen offen habt, solltet ihr nicht denken, dass ihr wach seid. Solange die inneren Augen nicht offen sind – solange Dein Inneres nicht voller Licht ist, solange Du nicht sehen kannst, wer Du bist -, denke nicht, dass Du wach bist.*

Das ist die größte Illusion, in der der Mensch lebt. Und sobald man wach zu sein meint, kommt man gar nicht mehr auf die Idee, Anstrengungen zu unternehmen, um zu erwachen. Das Erste, was Ihr tief verinnerlichen müsst, ist also, dass Ihr schlaft, dass Ihr in tiefem Schlaf liegt. Ihr träumt, tagein, tagaus. Manchmal träumt Ihr mit offenen Augen und manchmal mit geschlossenen, doch immer seid Ihr im Traum. Ihr seid noch nicht wirklich Realität. Natürlich ist alles, was man in einem Traum macht, bedeutungslos. Was man denkt, ist ohne Bedeutung, was man projiziert, ist Teil des Traums und erlaubt einem niemals, das zu sehen, was wirklich ist. Daher haben alle Buddhas immer nur diesen einen Punkt betont: Wacht auf!

So verbrachte ich meine Kindheit im Wesentlichen damit, mich nach philosophischen Überlieferungen umzuschauen, die mir meine Suche nach meiner Heimat näherbrachten. Als Jugendlicher durfte ich erfahren, dass sich nicht nur in meiner eigenen Vorstellungswelt eine Revolution vollzog, ich nahm diese auch in der Außenwelt war. Ich nahm sie als ein Erwachen der Menschen war, das sich in einem Sturm der Freude ausdrückte. Überall auf der Welt vollzog sich in dieser Zeit ein radikaler Wandel, ein gewaltiges Rütteln an den Festen der bürgerlichen Gesellschaft. Dabei kam es einerseits zu radikalen Auswüchsen, aber auch zum Gegenteil: Aus der Flower-Power-Bewegung entstand die Friedensbewegung und wurde zum Kern einer neuen Wertegesellschaft.

Ausgehend von den Wandeln, die von einer Generation politisch aktiver Studenten angestoßen wurde, die sich Ende der sechziger Jahre formierte und die man später als die "68er" bezeichnen sollte, trat Europa in eine Epoche des gesellschaftlichen, politischen und kulturellen Umbruchs ein. Viele junge Menschen protestierten gegen die Regeln und Lebensgewohnheiten, die von ihren Eltern und der Gesellschaft vorgegeben wurden. Die politischen Proteste und das Lebensgefühl allgemein wurden stark von der Musik geprägt. Bob Dylan, Joan Baez, Jimi Hendrix, Janis Joplin, The Doors, Rolling Stones, Deep Purple – Musiker und Protestsänger wurden zu Symbolfiguren der Jugendbewegungen auf der ganzen Welt. „Sex, Drugs & Rock 'n' Roll" wurden die Devise einer ganzen Generation. Das bekannte "Woodstock Festival", das im August 1969 im US-Bundesstaat New York stattfand, gilt als musikalischer Höhepunkt der amerikanischen "Hippie-Bewegung". In Europa, Südeuropa, den USA und Südamerika gab es unterschiedliche Anlässe und Schwerpunkte. Der Kampf um die Befreiung von gesellschaftlichen Zwängen und Tabus und um individuelle Selbstverwirklichung, das Ende der Diktaturen und das Erfinden neuer Gesellschaftsformen, die Umkehr aus den politischen, wissenschaftlichen und wirtschaftlichen Sackgassen, die zum Vietnamkrieg und zur Nutzung der Kernspaltung geführt hatten. Viele Menschen waren zu neuen Lebensexperimenten bereit und lebten in Kommunen zusammen. Es schien so, als würde die ganze Welt aus dem Schutt der zwei Weltkriege endlich komplett neu gebaut.

Im Manuskript einer Sendung des SWR fand ich einen guten Bericht von Udo Zindel: *Mitte August 1969 kamen auf einer Farm im US-Bundesstaat New York 400.000 Rockmusik-Fans zusammen. Woodstock galt als musikalischer Höhepunkt der Flower-Power Bewegung. Wenige Jahre vorher waren die ersten Blumenkinder in amerikanischen Großstädten aufgetaucht: langhaarige Vietnam-Kriegsgegner, die sich an "freier Liebe" versuchten und an Drogen wie LSD. Im Summer of Love 1967 strömten Hunderttausend Jugendliche aus aller Welt in San Franciscos Haight-Ashbury-Viertel zusammen, überwacht von Polizeispitzeln, FBI-Agenten und Drogenfahndern. Aus einer paradiesvogelbunten Jugendrebellion war eine kommerzialisierte Massenbewegung geworden, die sich rasch totlief.*

Doch trotz ihres raschen Verschwindens und ihrer Exzesse haben die Hippies "enorm wichtige Umbrüche" in der amerikanischen Kultur und weit darüber hinaus bewirkt, meinen Historiker heute.[23]

Das Human Be-In Festival im Januar 1967 in San Francisco (Kalifornien) leitete den "Summer of Love" (Sommer der Liebe) ein. Ausgehend von San Francisco verbreitete sich diese Bewegung in der ganzen Welt. *„Das Ziel der Hippies war eine antiautoritäre und enthierarchisierte Welt- und Wertordnung ohne Klassenunterschiede, Leistungsnormen, Unterdrückung, Grausamkeit und Kriege."*[24] Zu einem gesellschaftspolitischen Höhepunkt kam es mit der Formierung der Friedensbewegung gegen den Vietnamkrieg. *„Seit ihrem Auftauchen sind die klassischen jugendlichen Subkulturen im Guten wie im Schlechten stets Vorboten sozialer und gesellschaftlicher Umbrüche gewesen".*[25] Das Motto ‚Make Love, not War' war für eine kurze Zeit zu einer gesellschaftlichen Wirklichkeit geworden.

Oft wird als Ende der Hippie-Ära das Woodstockfestival 1969 und noch häufiger der Tod eines Zuschauers während eines Konzerts der Rolling Stones beim Altamont-Festival 1969 genannt. Als die Hippiebewegung zur Massenkultur wurde, war offenbar auch ihr Ende besiegelt. Viele Anhänger zerstörten sich selbst durch übermäßigen Drogenkonsum. Ehemalige Hippies machten Karrieren in Wirtschaft und Politik.

Das Umdenken, das sich damals weltweit vollzog, war wahrscheinlich eine der größten ‚inneren' Revolutionen, die bisher auf unserem Planeten stattgefunden hat. Äußerlich ging es um Politik, Umwelt, Kapital und Klassenkampf – tatsächlich aber hatten die Kriege aber auch eine Erfahrung von unfassbarer Unmenschlichkeit einerseits und unglaublicher Solidarität andererseits ausgelöst. Das unmittelbare Erleben unermesslichen Leids hatte alle Gesellschaftsgeschichten betroffen und es schien für eine kurze Zeit so,

---

23 https://www.swr.de/swr2/programm/sendungen/wissen/blumenkinder-aufstieg-und-fall-der-hippie-bewegung/-/id=660374/did=6693856/nid=660374/15v20ic/ndex.html

24 https://de.wikipedia.org/wiki/Walter_Hollstein

25 Barbara Jung: Wann ist ein Mann ein Mann? In: Focus online, 31. Januar 2011; Interview.

als hätte die Menschheit dadurch kollektiv einen sozialen Entwicklungssprung gemacht und sich eines Besseren besonnen.

Eigentlich hätte es von diesem Punkt aus eine unmittelbare Fortsetzung des steilen Anstiegs in der Entwicklung geben können, aber die Tragödie der Menschheit war noch nicht beendet. Mit neuen Feindbildern gelang es Wirtschaft und Politik, die Bevölkerung von der Notwendigkeit eines neuen Aufrüstens zu überzeugen. Das Wirtschaftswunder bescherte den Menschen einen vorher nie dagewesenen Wohlstand, der sie über alle Maße korrumpierte, bis zu dem Punkt, an dem das Gros der Menschheit jahrzehntelang damit beschäftigt war, materielle Statussymbole anzuschaffen, und um sich diese leisten zu können, allem Anschein nach zu jedem Kompromiss ihrer neu gewonnen Werte bereit war.

Der große Wandel scheint also kein linearer Prozess zu sein. Es sieht so aus, als vollziehe er sich in einer wellenartigen Bewegung nach der Devise „zwei Schritte vor und einer zurück". Das könnte ja auch Sinn machen. Neue Ideen werden ausprobiert, und es sieht von außen so aus, als sei eine enorme Innovation im Gange. Dann erweisen sich einige Konzepte als auf Dauer nicht tragfähig, und man greift auf die bewährten und konservativen Lösungen zurück, bis die nächste Generation von Innovatoren und Erfindern sich ans Werk macht. Nur verhält es sich in Wirklichkeit ja tatsächlich völlig anders. Das politische und wirtschaftliche System ist in seiner Masse so träge, dass sich Innovationen nur sehr langsam durchsetzen und viele neue gute Ideen von Kräften unterdrückt werden, die aus reiner Profitgier gar kein Interesse daran haben, dass sich die alten Verhältnisse ändern, so nachteilig und schädlich diese langfristig auch sein mögen.

Und trotzdem schien es eine Zeitlang so, als würde sich die Menschheit ohne weitere große Umwege immer weiter in eine Richtung einer tatsächlich humanen Gesellschaft entwickeln.

Denn seit langem begeben sich immer mehr Menschen auf der Suche nach dem Sinn des Lebens auf einen spirituellen Weg. Sie meditieren in buddhistischen Zentren, begehen Exerzitien im Klosterurlaub oder lassen sich von den

Schriften großer Denker inspirieren. Sie fahnden nach religiöser Erfahrung in der Natur, beim Technokonzert, bei schamanistischen Trommelseminaren oder beim rituellen Sex des Neo-Tantra. Unzählige erweitern mit Drogen die Pforten ihrer Wahrnehmung. Dabei manifestiert sich auch eine Art neuer Religiosität, mehr denn je jenseits jeder Konfession und Tradition.

Das Beispiel der Transpersonalen Psychologie[26], jener Disziplin, die an eine Weiterentwicklung des menschlichen Bewusstseins glaubt, belegt, dass aufregende Zeiten angebrochen sind. *„Vor zehn Jahren wurden wir noch als Spinner betrachtet, heute will jeder auf unsere Kongresse"*, berichtet Wilfried Belschner, Vorsitzender der Deutschen Transpersonalen Gesellschaft[27] und Psychologe an der Universität Oldenburg. Er ist überzeugt, dass es an einer neuen Bewusstseinskultur mangelt, in der es um die *„Normalisierung des Außergewöhnlichen"* geht. Der Mensch solle alle seine möglichen Bewusstseinszustände nutzen.

Ich bin davon überzeugt, dass das ungemein große Interesse der Menschen, neue Bewusstseinszustände zu erkunden, viel damit zu tun hat, **dass wir im tiefsten Innern unserer Seele wissen, dass die materielle Realität und unsere physische Identität in dieser Realität eben nicht alles ist, was existiert.** Um unser wahres Selbst im eigentlichen Sein erkunden zu können, müssen wir die Grenzen unserer Vorstellungen erweitern und uns von den Fesseln der Denkschemata befreien, in denen wir gelernt haben zu denken bzw. die uns antrainiert wurden, damit wir der Aufgabe gerecht werden können, uns in der physischen Realität, in der unser Körper funktionieren und handeln muss, zurechtzufinden.

Und obwohl wir ständig damit beschäftigt sind, uns im Rahmen unserer physischen Identität und in unserem physischen Körper weiterzuentwickeln, spüren wir die Präsenz unserer Seele und identifizieren uns auch mit ihr, ohne dass wir für ihre Existenz einen Beweis brauchen.

---

26 https://de.wikipedia.org/wiki/Transpersonale_Psychologie
27 http://www.transpersonal.de/

Bereits mit unserer Geburt reagieren wir auf die Wirklichkeit um uns herum und bilden dazu unsere neue, eben künstliche Persönlichkeit mit den ihr eigenen Denk- und Verhaltensprogrammen. Irgendwann halten wir unser künstliches Selbst und seine mittlerweile automatisierten Programme für die einzige Wahrheit und die Wirklichkeit. Dabei überlagert das künstliche Selbst unseren Wesenskern, den es als Konkurrenten sieht. So leiden wir, weil wir ein falsches Identitätsverständnis von uns haben.

Wir identifizieren uns mit dem kleinen, getrennten, endlichen Selbst, doch es gibt etwas, das sich des endlichen Selbstes bewusst ist, und das ist ein unbegrenztes Selbst, das reine Ich-Bin. In dem Maße, wie wir mit dem Ich-Bin identifiziert sind, sind wir befreit von der **eingekerkerten** Existenz einer kleinen bruchstückhaften und abgetrennten Selbstkontraktion. Unser Leid basiert also auf einer falschen Identität. Sie ist nicht das, was und wer wir sind. Wir werden letztlich nicht darum herum kommen, uns der Hinwendung zu unserem wahren Selbst zu widmen.

Das künstliche Selbst hat sich von der Welt abgetrennt, und die Basis des künstlichen Selbst ist daher Angst und Kontraktion. Es basiert nicht auf Liebe. Nach den Aussagen des *„Kurs in Wundern"*[28] **ist das Gegenteil von Liebe nicht Hass, sondern Angst.** In den Upanischaden heißt es: Wo ein *Anderes* ist, da ist Angst. Nur für das **künstliche** Selbst ist dieses *Anders* das Unbekannte. Angst kann nur ein künstliches Selbst, ein Ego entwickeln. Unserem Wesenskern, unserem wahren Selbst ist es vollkommen unbekannt. Solange wir noch nicht den vollbewussten Zustand des Seins erreicht haben, ist die Angst für unser Überleben jedoch von hoher Bedeutung.

Solange wir uns noch nicht von den dominierenden Strukturen des **künstlichen** Selbst befreit haben, werden wir die Angst als ein Warnsignal für drohendes Unheil brauchen. Erst im Zustand des Erwachens werden wir dieses Hilfsmittel nicht mehr brauchen. Im erwachten Zustand „sehen" wir die Welt in ihrer Ganzheitlichkeit. In dieser Ganzheitlichkeit lauern keine Gefahren, auf die wir achten müssten. Eine immer größer werdende Anzahl von Menschen

28 http://de.spiritualwiki.org/Wiki/EinKursInWundern

weiß über diese spirituellen Dinge Bescheid. Sie ist hochmotiviert und bemüht, ihr erworbenes Wissen für ihren spirituellen Weg einzusetzen. Es gibt Menschen, die ihr ganzes Leben auf dieser Suche sind. Grundsätzlich gibt es zwei unterschiedliche Haltungen, auf der Suche zu sein. Die eine ist auf **das Ziel ausgerichtet; unter dem Motto *„Irgendwann werde ich sicher erleuchtet"*** sind sie die klassischen Suchenden. Dann gibt es die zweite Gruppe von Suchenden, für die ihr Ziel bereits erreicht ist. Bei ihnen handelt es sich um die Menschen mit der Haltung ***„Der Weg ist das Ziel".***

In meinem Leben habe ich beide Versionen gelebt. Meine ganz persönlichen Erfahrungen, die ich aus diesen beiden Grundhaltungen gewonnen habe, erschienen mir jedoch unzureichend. Nach jahrelangem Bemühen war ich irgendwann der Meinung, etwas grundlegend falsch gemacht bzw. etwas nicht berücksichtigt zu haben. Heute, nach meiner über 60-jährigen spirituellen Reise, möchte ich behaupten, dass ich als Kind meinem Ziel am nächsten war. Irgendwie habe ich die Welt aus meiner damaligen Sicht überwiegend unzensiert wahrgenommen. Möglicherweise hatte ich seinerzeit den Vorteil, zwei Varianten meiner Welt zu sehen, wobei ich mich intuitiv bemühte, beide Welten miteinander in Einklang zu bringen. Dieses Bemühen war weniger eine Suche als eher ein Motiv. Ich brauchte also nicht zu suchen, in meiner Wahrnehmung wusste ich ja bereits, wo mein Ziel lag. Aus meiner heutigen Rückschau in diese Phase meiner Kindheit kann ich sagen, dass ich im sogenannten „Hier und Jetzt" lebte – ohne von dieser Weisheit etwas gewusst zu haben. Wenn ich mir diese Erfahrungen in Erinnerung rufe, dann assoziiere ich immer öfter ein Zitat von Jesus ***„Werdet wie die Kinder"***, ohne den Zusammenhang dieser Aussage näher zu kennen (Matthaeus 18: *„Jesus rief ein Kind zu sich und stellte das mitten unter sie und sprach: Wahrlich ich sage euch: Es sei denn, daß ihr umkehret und* ***werdet wie die Kinder****, so werdet ihr nicht ins Himmelreich kommen..."*)

Ich frage mich immer öfter, was eigentlich geschehen würde, wenn wir den inkarnierten Seelen – speziell den Kindern – weniger von unseren vorgefassten Überzeugungen auflasten würden. Intuitiv wissen wir es doch ganz genau, **dass wir von unseren Kindern mehr lernen können als umgekehrt.**

Bei mir als Jugendlichem hatte sich dann eine neue Persönlichkeitsstruktur ausgeprägt, mit der ich mich immer mehr identifizierte. Langsam, schleichend und unbemerkt einwickelte und festigte sich in mir eine Person, die ich im Grunde gar nicht war. Natürlich erinnerte ich mich immer wieder an das in mir, was ich heute als mein eigentliches Selbst bezeichne. Das, was ich irgendwie immer war, das, was ich als meinen Wesenskern umschreiben könnte. Durch meine Erfahrungen, die ich dann auch als Erwachsener machen durfte, habe ich gelernt, dass besonders die schmerzhaften Schicksalsschläge mich wieder mit meinem Wesenskern verbanden. Die besonders schmerzhaften Schicksalsschläge waren Folge meines übermütigen und eigensinnigen Egos.

Wie eine Krankheit unseren materiellen Körper auf etwas Übersehenes hinweist, sehe ich Schicksalsschläge – die natürlich auch als Krankheit auftreten können – als eine Erinnerung an ein Abweichen meines Seelenweges. Mein

wohl schmerzvollstes Erlebnis bescherte mir letztlich einen meiner intensivsten Momente der Freude. Es war der Moment, in dem ich scheinbar alles, was mir lebenswichtig und wertvoll erschien, verlor und das unendlich große Potential meines neuen Lebens erkannte. Ich erkannte, dass meine Anhaftung an meinen damaligen Besitz[29] nur ein überflüssiges und lästiges Gepäck war.

29 http://www.recht-kinderleicht.de/eigentum/

Diese Erkenntnis traf mich wie ein Blitz, schlagartig und fundamental. In dieser ekstatischen Freude war ich eins mit mir, eins mit allem, was ist.

Diese Erfahrung mag zwar die zugleich schmerzvollste gewesen sein, doch befreite sie mich von meinem eigennützigen Verhalten. Natürlich erkannte ich diesen teilweise übersteigerten Egoismus nicht. Bis zu diesem Umbruch war ich fest davon überzeugt, ein spirituelles Leben geführt zu haben. Wie ich bereits erwähnte, habe ich meinen Verlust der äußeren Werte zwar als unerträglich schmerzvoll empfunden, doch lag in dieser Erfahrung auch ein großes Geschenk. Die Lektion, die es für mich zu lernen gab hieß **Demut**. Ein Wort, dessen wahre Bedeutung bisher nur von theoretischem Wert für mich war. Ebenso waren Begriffe wie Freude und Glückseligkeit zu leeren Worthülsen verkümmert. Ganz offenbar hatte ich mich in den Jahren des „Erwachsenwerdens" immer weiter von mir selbst entfernt.

Ich lebte mit meiner Familie ein scheinbar gesichertes Leben in materieller Sicherheit und Luxus. Auch befasste ich mich weiterhin mit der Suche nach dem „Sinn des Lebens" und „Erleuchtung". Dabei hatte ich sogar mehrmals das Gefühl, kurz vor einem Durchbruch zu stehen. Aus heutiger Sicht kann ich sagen, dass ich von meinem spirituellen Weg abgewichen war. Ich hatte ihn in mein relativ bequemes Leben integriert. Mir fehlte die Demut. Wahre Demut ist das Ergebnis einer grundlegenden spirituellen Weiterentwicklung. Ein treffliches Zitat[30] zur wahren Demut von Swami Sivananda aus dem „Samadhi Yoga" besagt: ***„Demut ist eine Bombe unendlicher Kraft und sie allein kann die uneinnehmbare Festung des Egoismus zerstören. Egoismus ist härter als Granit oder Stahl. Eintausend Bomben können eine große Stadt, gar ein Land zerstören, doch nur die Bombe der Demut allein, die mehr Kraft besitzt als alle Bomben der Welt zusammen, kann den Egoismus vernichten."***

Wie ich bereits schrieb, ist für uns ein Leben ohne Ego nur im Zustand des **vollständigen Erwachtseins** sinnvoll. Erst als Erwachter brauchen wir dieses künstliche Selbst nicht mehr. Dort erkennen wir die göttliche Ordnung, die hinter allem Chaos steckt. Zuvor sollte sich das Ego jedoch in die zweite Reihe,

30 https://wiki.yoga-vidya.de/Sivananda

also in den Dienst des Herzens, stellen. Um dieses radikal erscheinende Zitat von Swami Sivananda besser zu verstehen, möchte ich kurz die grundsätzlichen Eigenschaften des Egoismus in Erinnerung rufen:
Egoismus (von lateinisch **ego** „ich") ist Handeln zum eigenen Vorteil, meist mit negativer Ausrichtung im Sinne des Handelns, ohne Rücksicht auf die Bedürfnisse Anderer zu nehmen, daher meist als moralisch verwerflich angesehen. Synonyme sind zum Beispiel: Selbstsucht, Eigennutz und Ichbezogenheit.

Der Begriff Egoismus war bereits vor 2.500 Jahren im antiken Griechenland ein Thema. Heraklit bezeichnete ihn als „Privatverstand". Offenbar stieß ihm die Oberflächlichkeit im Denken und Handeln der meisten Menschen bitter auf.

Wie schon gesagt leben die Menschen für Heraklit in einem halbschlafähnlichen Zustand. Diesen Halbschlaf setzte er mit einer Unbewusstheit gleich. Die Menschen erkennen nicht, dass sie nur zur Hälfte bewusst und damit auch nicht richtig wach sind. Diese Menschen leben so lange in ihrem „Privatverstand", bis sie erwacht sind. Und wie auch schon erwähnt, ähnelt diese Sicht von Heraklit dem Höhlengleichnis von Platon. Auch die Höhlenbewohner sind mit ihrem Privatverstand nur halbbewusst, auch sie halten ihre Höhlenwelt für die einzige Realität. Für diesen „Privatverstand" haben die Griechen den Begriff des *Idiotes* geprägt. Der Idiot ist der, der sich lediglich um seine eigenen Belange kümmert. Letztlich ist der **Idiot** in der ursprünglichen Definition ein ichbezogenes Wesen, unfähig, das allgemeine Wahre vom zufälligen, individuellen Unwahren zu unterscheiden.

Nachdem ich meine Lektion in Sachen Demut verinnerlicht hatte, begann ich ein vollständig neues Leben. Seit dieser Zeit hat sich u.a. meine Einstellung zu den äußeren Dingen sehr gewandelt. So sehe ich meinen materiellen Besitz eher als eine Leihgabe, für die ich verantwortlich bin. Meinen Garten und mein Haus mag ich zwar besitzen, doch es ist nicht mein privates Eigentum. Besonders deutlich wurde mir dies bei einem morgendlichen Rundgang in meinem Garten. In einem Moment, in dem ich die Pracht und Schönheit dieses Stücks

Natur auf mich einwirken ließ, wusste ich ganz genau, dass niemand die Natur besitzen kann. In meinem anschließenden stillen Dialog mit diesem Garten – mit all den prächtigen Naturschönheiten – sicherte ich ihm meinen Schutz und vor allem meine Liebe zu. Seit dieser Zeit kommuniziere ich auf liebevolle Weise mit der Natur, die mich in ihren unterschiedlichsten Ausdrucksformen beglückt. Ich sehe mich selbst als der Natur zugehörig. Ich erfreue mich an ihrer Schönheit, wobei die Natur für mich wahrnehmbar unmittelbar auf diese Freude reagiert. Ich stehe quasi nicht außerhalb als Beobachter, sondern bin Teil der Natur.

In meiner Verbundenheit mit der Natur treten auch Situationen auf, die auf mich nicht nur erfreulich wirken. So erinnere ich mich an einen Dialog mit einer alten Eiche. Dieses Wesen vermittelte mir seinen Schmerz. Das „Gefühl"[31] dieser Eiche konnte ich klar und deutlich spüren. Dieses subtile Gefühl erreichte mich in meinem Haus, außerhalb meiner Sichtweite zu der besagten Eiche. Irgendwie fühlte und ahnte ich, dass dieses Gefühl nicht von mir stammen konnte. Intuitiv verließ ich mein Haus und ging in meinen Garten, von dem aus sich dieses Gefühl des „fremden" Schmerzes verstärkte. Wie von einer unsichtbaren Hand gelenkt wurde ich zu dem Baum geführt, von dem dieses Leid auszugehen schien. Mit großem Erstaunen stellte ich fest, dass die Blätter dieses Baumes von Milben befallen waren. Ohne nachzudenken umarmte ich den Stamm dieses Freundes, um ihm Trost und Kraft zu vermitteln. Es mag Zufall gewesen sein: während ich mich über diesen Milbenbefall informierte – seinerzeit gab es noch kein Internet – erholte sich dieser Baum wieder, **ohne** dass ich durch weitere Maßnahmen eingegriffen hätte. Seit diesem Erlebnis hat sich meine Haltung zur Natur, besonders zu Bäumen, vertieft. Diese Haltung entspricht für mich dem sogenannten Einssein. In diesem Sinne empfinde ich dieses Einssein als eine Einheit von mir und der Welt. Seitdem ist Einssein kein intellektuelles Konzept mehr, keine weise Theorie. Für mich ist **Eins-Sein ein Ganz-Sein. Es existiert nichts außerhalb von mir, es gibt keinerlei Mangel.**

31 http://www.stern.de/gesundheit/hirnforschung--schmerz-ist-eher-ein-gefuehlszustand--3510736.html

Speziell meine erste Baumerfahrung erinnerte mich an die Erleuchtung Buddhas, die er unter einem Baum erfuhr. Gemäß der buddhistischen Überlieferung erlebte Siddharta Gautama unter einer Pappelfeige sitzend das „Erwachen“ und wurde damit zum Buddha (*„Erwachter“*).
Ein erwachter Mensch ist jemand, der erkannt hat, dass er sich zuvor in einem unbewussten bzw. halbschlafähnlichen Zustand befunden hat. Sein Bewusstsein und seine Wahrnehmung haben sich erweitert. Er sieht die Welt in einem einheitlichen und damit ganzen Zustand.

Wenn wir in diesem Buch der Frage nachgehen „warum wir noch nicht erleuchtet sind, obwohl wir es sein könnten“ so ist meiner Überzeugung nach die Ursache hierfür an zwei wesentlichen Punkten zu finden.

1. Es fehlt uns die klare und unmissverständliche Vorstellung von dem, was wir unter einer Erleuchtung verstehen.
2. An welche Instanz in uns richtet sich diese Frage? Unser künstliches Selbst wird ein vollständig anderes Verständnis von dieser Frage haben, als unser göttliches Selbst. Während das künstliche Selbst seine Antwort eher technisch und pragmatisch angeht und niemals das erfassen kann, was wir im Elementaren mit einer Erleuchtung meinen, trägt unser göttliches Selbst die Antwort bereits in sich.

Das Selbst ist die Antwort. Das Selbst ist der elementare Zustand des Seins. In diesem Sinne könnte man eine „Erleuchtung“ als einen vollbewussten Wahrnehmungszustand im göttlichen Selbst definieren.

Allerdings halte ich das Wort „Erleuchtung“ im Sinne des erlösenden Seins-Zustands für missverständlich. Ich bevorzuge die Beschreibung des Erwachens. Aber auch wenn wir uns an die Analogien von Heraklit und Platon erinnern, wird auch dieses Wort nicht klar und deutlich in seinem eigentlichen Kern erfasst. Für die meisten Menschen ist Erwachen kein dauerhafter Wandel, sondern wiederholt sich viele Male, bis sich ein radikaler, permanenter Wandel einstellt. Aber auch der ist nicht das Ende, sondern erst der Anfang der eigentlichen spirituellen Reise und des inneren Wachstums.

Tatsächlich ist ***vor dem*** Erwachen ***überhaupt nichts vorhanden, was wirklich hätte in Bewusstheit wachsen können*** – *es ist „niemand da", egal, zu wie viel Meditation und Therapie sich der Geist überredet haben mag.* ***Es ist gerade dieses Verweilen im Gewahrsein, die Hingabe daran, durch das so etwas wie Wachstum überhaupt möglich wird und wodurch vielleicht irgendwann das geschieht, was als „Erleuchtung" bezeichnet wird.***

Manche Lehrer berichten, dass Erwachen derzeit vielen Menschen zugänglich zu sein scheint, was darauf hindeuten könnte, dass die kollektive Reise der Menschheit zu höherem Bewusstsein in eine neue Phase eintritt. ***Es besteht jedoch die Gefahr, das Erwachen für das Ende der Reise zu halten,*** *was meiner und der Erfahrung von vielen anderen Menschen nach zwangsläufig zu einer herben Ernüchterung führen wird.* ***Erwachen und Erleuchtung sind zwei völlig unterschiedliche Punkte auf der inneren Reise – Erwachen ist der Anfang (so transformierend es auch sein mag), Erleuchtung der sich ständig weiter entfaltende Höhepunkt***[32]**.**

Mein ständiges Bestreben ist es, mich möglichst von Anhaftungen fernzuhalten und meinem Leben mit Hingabe zu begegnen, wohl wissend, dass diese Hingabe immer ein Schritt ins Ungewisse ist. Mir ist vollkommen bewusst, dass ehrliche Hingabe mit höchster Achtsamkeit verbunden ist. Im „Tibetischen Buch vom Leben und Sterben" zitiert Sogyal Rinpoche Buddhas Worte: ***„Einzig und allein durch Hingabe kann man die absolute Wahrheit erkennen."*** Und weiter führt er aus, **Hingabe habe nichts mit kritikloser Anbetung oder dem Aufgeben der Eigenverantwortung zu tun**, sondern vielmehr: ***„Wahre Hingabe ist eine stetige Empfänglichkeit für die Wahrheit. Wahre Hingabe hat ihre Wurzeln in einer ehrfurchtsvollen Dankbarkeit, die zugleich klar, geerdet und intelligent ist."***
Wenn wir uns hingeben, löst sich unsere Ego-Bezogenheit langsam auf, nicht aber unsere Intelligenz, unser Unterscheidungsvermögen, unsere Stärke. Hingabe bedeutet, uns dem Leben gegenüber voller Vertrauen, nackt und schutzlos zu präsentieren. Eine solch offene Haltung ermöglicht es uns, alle Bedingungen des Augenblicks mit einzubeziehen.

32 https://www.sein.de/was-ist-erleuchtung/

Zugegeben, eine solche Hingabe scheint sehr schwer umsetzbar zu sein. Ein bedingungsloses Vertrauen erscheint in erster Linie unserem Meister der Standpunktvertreter, dem Ego, als absolut lebensbedrohlich. Was aus seiner Sicht nicht unbedingt von der Hand zu weisen ist. Das Ego wird rebellieren. Es wird die Kontrolle nicht aufgeben wollen. Warum sollte man sich auch hingeben, welchen Vorteil hätte ich davon?

Auf meiner spirituellen Reise habe ich sehr unterschiedliche Phasen durchlebt. Aus meiner inneren Gewissheit, dass ich einen unsterblichen Wesenskern in mir trage, konnte ich auch die dunkelsten Erfahrungen überstehen. Gerade in den letzten zehn Jahren hatte ich den Eindruck, dass besonders die spirituell orientierten Menschen von schmerzvollen Krisen heimgesucht wurden. Eine Beobachtung, die ich zuerst an mir selbst machte, war, dass es einen Zusammenhang zwischen dem Grad der spirituellen Aufrichtigkeit und dem Auftreten von Rückschlägen gab. Diese Korrelation empfand ich derartig auffällig, dass ich mir die Zahl der – meistens ohne jede Vorwarnung – aufgetretenen Krisen notierte. Unverkennbar schien es da einen deutlichen Zusammenhang zu geben. Einige meiner Freunde – die sehr ähnliche Erfahrungen gemacht hatten – erinnerten mich an eine angebliche Weisheit ***„Meister werden meisterlich geprüft“***. Sie waren fest davon überzeugt, dass das erfahrene Leid der Preis für eine Erleuchtung sei; nach dem Motto ***„Je heller das Licht, desto dunkler der Schatten“***. Gedanken wie **„Wenn deine privaten Katastrophen im Zusammenhang mit einer Meisterschaft stehen, musst du ja schon ein weit fortgeschrittener Meister sein.“**, schienen mir zwar zu schmeicheln, doch durchschaute ich sie als eine klassische Reaktion des Egos. Natürlich gab ich mich mit diesen Ratschlägen nicht wirklich zufrieden. Natürlich war mir das dualistische Bild 'Wo Licht ist, muss auch Schatten sein' bekannt, aber das traf es nicht wirklich. Als Physiker wusste ich, dass Licht selbst keine Schatten wirft. Meinem Freund Armin Risi bin ich dankbar für seinen Satz:

„Die Rechtfertigung des Negativen (statt Korrektur durch Demut, Erkenntnis und Umkehr) ist die höchste Form des Selbstbetruges.“

Der Weg ist das Ziel & Hier und Jetzt

„Der SINN, der sich aussprechen läßt, ist nicht der ewige SINN“ [33]

Es gibt wohl niemanden auf seiner Suche nach sich selbst, der nicht von den beiden Redewendungen ***“Der Weg ist das Ziel”*** [34] und ***„Hier und Jetzt“*** gehört hätte. Sie scheinen die Essenz der praktizierten Spiritualität zu sein. Meine persönliche Erinnerung an das Axiom reicht weit in meine Vergangenheit zurück. Etwa Mitte der 60er Jahre war es besonders ein Buch, welches mich bis ins Tiefste erregte. Es handelte sich um das Geschenk eines Freundes und trägt die Überschrift ***„Tao te king: das Buch des Alten vom Sinn und Leben“***.[35]

Der Verfasser dieser tiefen Weisheit war der chinesische Weise **Laotse**[36]. Wie kein anderes Buch zuvor erreichte mich seine Tiefe. Immer wieder las ich die Verse in einem Zustand einer bis dahin nicht erlebten Erregtheit, die ich als Ektase empfand. Während ich jetzt darüber schreibe, erinnere ich mich wieder daran, dass der Inhalt dieses Buches meinen neuen Lebensabschnitt einleitete. In einer längeren Phase einer tiefen Traurigkeit hatte ich mich in eine kleine Hütte zurückgezogen, in der ich mich fast drei Monate lang allein aufhielt. Ich wollte einfach für mich alleine sein, und über mein Leben nachdenken. Der Grund für meine tiefe Traurigkeit war, dass ich für mich keinen Sinn in diesem Leben erkennen konnte. In diesem Lebensabschnitt gab es kaum einen Menschen, mit dem ich über meine Anliegen reden konnte. Einer der wenigen Vertrauten war mein Freund Jürgen Vogt. Besonders bei Jürgen hatte ich das deutliche Gefühl verstanden zu werden. Von ihm erhielt ich dieses kleine und unscheinbare Büchlein mit dem unermesslich kostbaren Inhalt. Er war die einzige Person, die von meinem Rückzug in das kleine Häuschen wusste. So war das *Tao te king* das einzige Schriftgut, das ich für drei Monate bei mir hatte.

---

33 https://www.iging.com/laotse/laotsed.htm

34 Konfuzius, *551 v. Chr. †479 v. Chr. Chinesicher Philosoph

35 http://www.zeno.org/nid/20009204288

36 https://www.iging.com/laotse/laotsed.htm

Dieses Buch und einige Schallplatten von Ravi Shankar[37] waren für diese Zeit meine einzigen Medien, die mein Gemüt wieder in die Heilung brachten. Das entscheidende Schlüsselerlebnis erfuhr ich beim wiederholten Lesen des *Tao te king*. Es war der 36. Vers von Laotse:

„Was du zusammendrücken willst, das mußt du erst richtig sich ausdehnen lassen.“[38]

Plötzlich erkannte ich die Ursache der empfundenen Sinnlosigkeit meines Lebens. Auf meiner Suche nach Sinn und Zweck meines hiesigen Lebens hatte ich mich offenbar zu sehr in meinem Wollen verrannt. Ganz offenbar hatte ich die Suche nach dem Sinn des Seins zu sehr meinem Verstand überlassen, womit ich mir den Zugang zur Quelle meines Wesenskerns verschloss. Mit dieser Erkenntnis erfasste ich die wahre Bedeutung des Loslassens. Mit meinem verstandesgeführten Willen hatte ich das Gegenteil von dem erreicht, was ich mir so sehr gewünscht hatte. Plötzlich erfasste ich die wahre Bedeutung des Loslassens. Auf meiner Suche nach Sinn und Sein erfuhr ich einen weiteren Hinweis im 1. Vers:

„Der SINN, der sich aussprechen läßt, ist nicht der ewige SINN.
Der Name, der sich nennen läßt, ist nicht der ewige Name. »Nichtsein« nenne ich den Anfang von Himmel und Erde. »Sein« nenne ich die Mutter der Einzelwesen. Darum führt die Richtung auf das Nichtsein zum Schauen des wunderbaren Wesens, die Richtung auf das Sein zum Schauen der räumlichen Begrenztheiten. Beides ist eins dem Ursprung nach und nur verschieden durch den Namen. In seiner Einheit heißt es das Geheimnis. Des Geheimnisses noch tieferes Geheimnis ist das Tor, durch das alle Wunder hervortreten.“

Am Ende meines intensiven Rückzugs hatte sich in mir eine umfassende Wandlung vollzogen. Die tiefe Traurigkeit, die sich durch mein Gefühl von Sinnlosigkeit aufgebaut hatte, wich einem erleuchtungsähnlichen Zustand. Als ich am Ende meiner fast dreimonatigen Auszeit die kleine Hütte verließ, nahm

37 https://de.wikipedia.org/wiki/Ravi_Shankar
38 https://de.wikiquote.org/wiki/Laotse

ich mich als einen neuen Menschen wahr. Für eine lange Zeit behielt ich eine Haltung nach dem taoistischen Prinzip[39]: ***„Der SINN ist ewig ohne Machen, und nichts bleibt ungemacht."***, der 37. Vers des *Tao te king*. Das taoistische Prinzip – das sogenannte Wu-Wei – bedeutet so viel wie ***"Handeln durch Nichthandeln"***. Dieses paradox erscheinende **Koan**[40] gehört zu den **mit dem Denken unlösbaren Rätseln.**

"Handeln durch Nichthandeln" bedeutet nicht, untätig zu bleiben, sondern den Potenzialen die Möglichkeit zu geben, sich zu entfalten, oder anders ausgedrückt, dem natürlichen Lauf der Dinge zu folgen. Das umfasst sowohl eine Wahrnehmung für sich abzeichnende Tendenzen zu entwickeln als auch mit möglichst geringen Eingriffen zu ermöglichen, dass diese Tendenzen ihre Wirkung entfalten können. So bedeutet **Wu Wei** auch eine Haltung der Mühelosigkeit: die wesentlichen Dinge geschehen von allein, und es ist schon viel getan, wenn wir ihnen nicht im Wege stehen. Als **Koan** ist ***"Handeln durch Nichthandeln"*** etwas Paradoxes bzw. etwas Unlogisches oder eine kleine Begebenheit, die zu einem inneren Verstehen anregen soll. Ein **Koan** kann niemals auf der Ebene des Verstandes gelöst werden, sondern kann nur durch das intuitive Eintauchen in die Weisheit der Frage verstanden werden. Die Frage und die Suche nach der Lösung machen den Praktizierenden für eine echte Erkenntnis empfänglich. Natürlich können **Koans** ***keine*** Erleuchtung reflektieren. Jedoch weisen sie ein Stück des Weges zur letzten Wahrheit.

In diesem Lebensabschnitt – es mag zwischen 1969 und 1972 gewesen sein – erfuhr ich erstmals von dem Axiom ***„Der Weg ist das Ziel"***. Dieser Satz stammt von dem chinesischen Gelehrten und Beamten Konfuzius. Konfuzius war ein Zeitgenosse von Laotse und lebte um das 5. Jahrhundert v. Chr. – also etwa zur selben Zeit wie Parmenides, Heraklit, Sokrates und Siddhartha Gautama (Buddha). Die Lehre Konfuzius'[41] konkurrierte damals mit dem

---

39 https://de.wikipedia.org/wiki/Wu_wei

40 https://www.findyournose.com/koan-beispiele-paradox

41 Die Lehre des Konfuzius prägte die Philosophie, Staats- und Soziallehre Chinas. Sie baute auf der idealisierten Tradition der chinesischen Antike auf und beeinflusste über Jahrhunderte Politik und Moral.

Taoismus und etwas später mit dem Buddhismus. Wie könnte Konfuzius den Satz gemeint haben? Konfuzius vertrat das Ideal des „Edlen“, des moralisch vorbildlichen Menschen. Wir sollen demnach vor allem andere Menschen achten und uns innerlich wie äußerlich bilden. Erstrebenswert seien Menschlichkeit, Rechtschaffenheit, Weisheit und Loyalität. Diese Ideale seien zwar unerreichbar, aber das Streben danach zeichne die guten Menschen aus.

Einer alten taoistischen Überlieferung nach sollen sich Konfuzius und Laotse einmal persönlich begegnet sein. Bei dieser Begegnung soll es um ein Gespräch gegangen sein, welches mit einem Statement von Konfuzius begann. Konfuzius beklagte sich über den Sitten- und Moralverfall der zu seiner Zeit ein scheinbar unerträgliches Ausmaß angenommen hatte: *„Die Menschen haben ihre Ideale vergessen, es existieren keine Tugenden mehr, deswegen werde ich ein* ***Buch der Tugenden*** *schreiben, damit wieder die alte Ordnung hergestellt wird."* Daraufhin soll Laotse geantwortet haben: ***„Was du zusammendrücken willst, sollst du erst richtig sich ausdehnen lassen."***

In diesem Gespräch kommen die Ansichten zweier unterschiedlicher Wege zusammen: die rein von der Verstandeslogik geführte Ansicht des Konfuzius und die spirituelle Haltung von Laotse.
Als ich in den späteren Jahren immer häufiger mit dem Axiom *'Der Weg ist das Ziel'* konfrontiert wurde, fiel mir erst auf, dass diese Aussage auch in die „falsche Richtung“ führen kann. Unter denjenigen Freunden, die ihren Weg auf diesen Rat ausgerichtet hatten, beobachtete ich eine auffällig fatalistische Haltung. Die Einstellung zu ihrem Leben war zwar hingebungsvoll, doch richtete sich diese Hingabe an das Schicksal. Da nach ihrer Ansicht ohnehin alles vorherbestimmt – also determiniert ist -, braucht man das Leben einfach nur zu leben.

Im klassischen Sinne ist der Fatalismus eine Weltanschauung, der ein Glaube an eine unausweichliche und unabänderliche Vorbestimmung zugrunde liegt. Der eigentliche Begriff des Fatalismus[42] geht auf das lateinische Wort *„fatum"* (dt.: Schicksal) zurück. Im Wort für *„schicksalshaft"* (lat.: *fatalis*) schwingen

42 http://fatalismus.com

die Bedeutungen „verhängnisvoll; tödlich“ mit. Vertreter dieser Denkrichtung behaupten, es sei dem Menschen nicht möglich, durch eigene Einflussnahme künftige Ereignisse abzuwenden.

Im Grunde sei das Individuum fremdbestimmt und ohnmächtig gegenüber dem, was ihm durch einen willkürlichen Entscheidungsakt einer übergeordneten Instanz zugedacht wurde[43].

Der Haken an der Devise vom „Hier und Jetzt“

Die Aufforderung, die Aufmerksamkeit auf das Hier und Jetzt zu ***fokussieren, hat zwei mögliche Konsequenzen. Es kann dazu führen, dass man sich innerlich von der Last der Vergangenheit und der Angst vor der Zukunft befreit, und das wäre großartig, denn die meisten Menschen können entweder das eine oder das andere bzw. beides innerlich nicht ausblenden und sind nie wirklich präsent.***
Es kann aber auch dazu führen, dass man gedankenlos in den Tag hineinlebt und sich der Verantwortung für sein Verhalten in der Vergangenheit nicht stellt und keinen Gedanken darauf verschwendet, was das Verhalten in der Gegenwart für die Zukunft bedeuten könnte. Das klingt banal, ist es aber nicht. Erst wenn wir mit unserer Vergangenheit einen wahrhaftigen inneren Frieden gemacht haben und in Bezug auf die Zukunft zu einem echten Einverständnis mit dem Fluss des Lebens gefunden haben, egal, wo die Reise hingeht, sind wir innerlich frei, unser wahres Selbst im Hier und Jetzt zu entfalten.

Woran mag es nur liegen, dass wir bis heute offenbar immer noch in den Fesseln des übersteigerten Egos gefangen sind und unser wahres Selbst noch immer nicht zur Entfaltung gekommen ist?
Offenbar scheuen wir uns davor, uns einer ehrlichen und kritischen Selbstkonfrontation zu stellen.

43 Mit dem zentralen Konzept der Abhängigkeit von dieser Schicksalsinstanz ist der Fatalismus in seinem Kern eine stark religiös gefärbte Weltsicht.

Es ist leichter, einfach seine Muster im Außen auszuleben. In dem Moment, in dem innerhalb unserer Persönlichkeit Ehrlichkeit herrscht, haben wir die Möglichkeit, uns mehr und mehr mit unseren inneren Strukturen zu konfrontieren, bis das, was uns begrenzt und behindert, unsere Gesamtheit zu leben, durchschaut und aufgelöst ist.

Wir sollten diese Möglichkeit nicht beiseiteschieben, weil sie schmerzhaft und enttäuschend ist. Der Prozess der Desillusionierung öffnet uns die Augen. Wir werden vielleicht nicht mögen, was wir sehen, wenn wir unserer Illusionen in Bezug auf das, was wir sind, beraubt dastehen und das erste Mal einen unverklärten Blick auf den oder die, für den oder die wir uns bis dahin gehalten haben, werfen können. Wir sollten sie als eine Möglichkeit verstehen, **in uns** etwas zu klären, um nicht im Außen immer wieder damit konfrontiert werden zu müssen. Außerdem bietet uns die ehrliche Selbstschau die Möglichkeit, unsere Wahrnehmung zu erweitern, was dazu führt, dass wir uns unserer selbst und unserer Verhaltensweisen immer stärker bewusst werden.
Letztlich werden wir nicht um eine **Selbstkonfrontation** herum kommen. **Denn unser wahres Selbst wird nicht aufhören, seine beseelten Signale zu senden. Wir reagieren auf diese Signale mit Sehnsucht nach göttlicher Harmonie in Form von Liebe.**

Vom wahren Hinschauen

Es besteht ein Zusammenhang zwischen dem Mangel an Selbsterkenntnis und dem Mangel an einem tatsächlichen Wahrnehmen der Dinge, die in unserer unmittelbaren Umgebung – und (scheinbar) weiter von uns entfernt in der Welt – geschehen: *„Seht euch eure Zeitungen an! Was passiert auf der Welt? Lohnt es sich, in ihr zu leben? Aber ihr lest nur, ihr schaut nicht hin. Euer Lesen ist kein Hinschauen. Ihr lest nur im verschlafenen Zustand. Ihr realisiert nicht, was auf der Welt geschieht, was der Mensch den Menschen angetan hat, was der Mensch den Menschen ständig antut: So viel Gewalt, so viel Idiotie, so viel Vergiftung von allem, was Wert hat, von allem, was schön und wahr und gut ist – alles vergiftet. Möchtet ihr wirklich da leben?"*, schreibt Osho in seinem Buch *Die verbotene Wahrheit – über die Jesusworte im Thomas-Evangelium*[44].

Wir haben uns angewöhnt, nur das zu sehen, was wir sehen wollen und nur das zu hören, was wir hören wollen. *Wenn wir* ***wirklich*** *hinschauen, dann werden uns die Entscheidungen schwerfallen,* meint Osho. Aus der Sicht des Egos bedeutet das, dass es „besser [ist,] gar nicht erst hinzuschauen".[45] Um sich selbst anschauen zu können, ist eine andere Vorgehensweise erforderlich, und von dieser spricht Jesus in seinem Gleichnis aus dem Thomasevangelium[46]: ***„Den Splitter in deines Bruders Auge, den siehst du, aber den Balken in deinem Auge, den siehst du nicht. Wenn du den Balken aus deinem Auge ziehst, dann wirst du klar sehen, um den Splitter aus deines Bruders Auge zu ziehen."***

Im Regelfall agieren wir gemäß dem **Motto des Egos: Suche im anderen nach allem Verkehrten, Falschen, Bösen, so dass du daraus schließen kannst, dass du gut bist.** Es gibt zwei Wege, gut zu sein; entweder: sei gut – aber das ist schwierig; oder der andere Weg, gut zu sein, der relative: beweise, dass der Andere Unrecht hat. Du brauchst also gar nicht gut zu sein, beweise einfach nur, dass der Andere im Unrecht ist. Das wird dir das Gefühl geben, ein guter Mensch zu sein. Meistens unbewusst suchen viele Menschen ständig nach Beweisen, dass der oder das Andere schlecht bzw. böse ist. Und dann, wenn ihnen die Beweise hierfür vorliegen, haben sie plötzlich das Gefühl, gut zu sein. Das ist ein relatives Phänomen: nicht nötig, sich selbst zu verändern. Du musst nur einen Grund dafür finden, dich für besser zu halten als die Anderen. Gemessen am Übel der Anderen halten sich diese Menschen für unschuldig. Und zählen sich gar noch zu den Guten gehörig, in etwa nach dem Motto: ***„Du bist schlechter als ich – dann bin ich wenigstens ein bisschen gut."***

Der illusorische Glaube, selbst hell zu sein, kann uns keine Helligkeit geben. Und wenn wir versuchen, den Anderen zu erhellen, weil wir glauben, dass er in Dunkelheit ist, macht das die Sache nur noch schlimmer – denn das heißt,

---

44 Die verbotene Wahrheit. Osho über das Thomasevangelium, Osho, Osho Verlag, Köln (August 2002)

45 OSHO, Die verbotene Wahrheit. Über die Jesusworte im Thomas-Evangelium (2003)

46 http://www.meyerbuch.com/pdf/Thomas-Evangelium.pdf

dem Schaden noch Spott hinzufügen. Denn erstens ist die Dunkelheit unsere Projektion und zweitens, wenn wir nicht selber hell sind, können wir auch niemanden erhellen. Osho schreibt in seinem Buch „Die verbotene Wahrheit – über die Jesusworte im Thomasevangelium“: ***„Leute also, die versuchen, die Gesellschaft zu verbessern, sind Übeltäter. Leute, die den anderen verändern wollen, sind immer gefährlich.“***

Solange ich mich nicht ändere, kann es keine Veränderungen geben. Wir können uns nur selbst verändern. Und im gleichen Augenblick, wo wir uns verändert haben, beginnt sich die Welt zu verändern.

Die Verwandlung ist nur möglich, wenn wir die Illusionen durchschauen und aufgeben. Wenn wir unser unauthentisches Leben erkennen, fällt alles plötzlich von uns ab, was nicht wirklich zu uns gehört. **Erkennen ist Revolution – nicht die Erkenntnis, die wir durch den Verstand erworben haben, sondern die Erkenntnis, die wir besitzen, wenn wir uns selbst begrenzen.** Diesen Vorgang sollten wir genauestens verstehen. Sehr viele Menschen denken: Erst wollen wir Bescheid wissen, und dann wollen wir uns gern verändern. Nein! Im gleichen Augenblick, wo wir uns erkennen, vollzieht sich die Veränderung. Das Wissen selbst verändert. Es ist nicht so, dass wir erst wissen und dann etwas unternehmen, um uns zu ändern. Das Wissen ist keine Methode, Wissen ist kein Mittel – Wissen ist das Ziel an sich. Aber „Wissen“, so wie das Wort verstanden sein sollte, bedeutet Selbsterkenntnis. Alles andere Wissen ist nur ein Mittel zum Zweck nach der Devise: „Da musst du dir noch Knowhow aneignen, und dann musst du damit etwas anfangen.“ Wissen als Selbsterkenntnis hat jedoch eine vollständig andere Qualität. Du weißt, und dieses Wissen selbst verändert dich. Lassen wir unsere falschen Vorstellungen fallen. Haben wir den Mut, uns selbst zu erkennen. Lassen wir die Angst fallen und versuchen nicht vor uns selbst zu fliehen.
Hier noch einmal das Jesus-Zitat aus dem Johannesevangelium: ***„Wenn du den Balken aus deinem Auge ziehst, dann wirst du klarer sehen.“*** Also erst dann, wenn unsere falschen Vorstellungen aufgehoben sind. Sie sind die Balken in unserem Auge, sind zum Nebel, zum Rauch in unserem Auge geworden. **Lasst uns auf das Leben wie ein Kind schauen, das nicht weiß, was es da anschaut,**

das einfach nur schaut – und dieses Schauen wird uns eine neue und andere Wahrnehmung geben als unsere antrainierten Sichtweisen.

Nur das kann helfen. Wenn wir uns selbst ein Licht sind, werden wir auch anderen ein Licht sein.

Das Thomasevangelium ist eine Sammlung von Jesus von Nazareth zugeschriebenen Worten, kurzen Dialogen und Szenen, die in einem Jesuswort gipfeln. Das Thomasevangelium war lange Zeit verschollen und nur aus Notizen einiger Kirchenväter bekannt: Hippolyt von Rom erwähnte es erstmals 235 n. Chr.. Andere Kirchenväter zählten es zu den Apokryphen, die sie als gnostische oder manichäische Schriften aus theologischen Gründen ablehnten. 1897 und 1903 fand man in Oxyrhynchus (Ägypten) erste Papyrusfragmente mit griechischen Texten, deren Herkunft und Zusammenhang man jedoch nicht genau zuordnen konnte. Erst 1945 fand man unter den 13 Papyruscodizes von Nag Hammadi in Ägypten den vollständigen koptischen Text mit 114 Aussprüchen (Logien), die mit „Evangelium nach Thomas" überschrieben waren. Der frühestmögliche Zeitpunkt für die Entstehung des Thomasevangeliums ist das Ende des Wirkens Jesu um **30 bzw. 33 n. Chr.**[47] Eine gefundene Handschrift wurde auf etwa 350 n. Chr. datiert, hat aber wohl eine wesentlich ältere Vorlage, denn ältere Fragmente konnten als Bestandteil eines griechischen Thomasevangeliums identifiziert werden[48].

47 Wilfried Eisele: Welcher Thomas? Tübingen 2010, S. 39.
48 https://anthrowiki.at/Thomasevangelium

Aus dem Thomasevangelium:

„Wer die Erklärung dieser Worte findet, wird den Tod nicht schmecken.“ (ThEv 1)

„Erkenne, was vor deinem Angesicht ist, und was dir verborgen ist wird sich dir offenbaren. Denn es gibt nichts Verborgenes, das nicht offenbar würde.“ (ThEv 5)

„Liebe deinen Bruder wie deine Seele, hüte ihn wie deinen Augapfel.“ (ThEv 25)

„Wenn das Fleisch wegen des Geistes entstanden ist, ist es ein Wunder. Wenn aber der Geist wegen des Körpers entstanden ist, ist ein Wunder der Wunder. Aber ich wundere mich darüber, wie dieser große Reichtum in dieser Armut Wohnung genommen hat...“ (ThEv29)

„Wenn man euch fragt: Woher seid ihr gekommen? Antwortet: Wir sind aus dem Licht gekommen, von dort wo das Licht durch sich selbst entstanden ist.“ *(ThEv 50)*

„Deshalb sage ich Dir: Wer leer ist, wird sich mit Licht füllen. Wer aber geteilt (in die Vielheit) ist, wird sich mit Finsternis füllen.“ (ThEv 61)

„Jesus sprach: Und würde einer das All erkennen, dabei aber sich selbst nicht erkennen, so würde er die Erkenntnis des Ganzen doch verfehlen.“ (ThEv 67)

„Sucht auch ihr nach dem Schatz, der nicht vergeht und dort ist, wohin keine gierigen Motten dringen und wo kein Wurm ihn zernagt.“ (ThEv 76)

Realitätsgestaltung oder Realitätsflucht?

Realitätsflucht, Wirklichkeitsflucht oder Weltflucht bezeichnet die Flucht aus oder vor der realen Welt und das Meiden derselben mit ihren Anforderungen zugunsten einer Scheinwirklichkeit, d.h. einer imaginären oder möglichen besseren Wirklichkeit. Der Begriff wird in der Psychologie meist negativ[49] verwendet. Eskapismus wird als eine Fluchthaltung oder Ausbruchshaltung, als bewusste oder unbewusste Verweigerung gesellschaftlicher Zielsetzungen und Handlungsvorstellungen verstanden.

Handelt es sich bei einer Realitätsflucht um einen Abwehrmechanismus der Seele? **In den meisten Fällen ist sie Ausdruck einer Überforderung. Das Leben ist zu komplex, zu kompliziert, es ist undurchschaubar geworden. Einfaches Schwarz-Weiß-Denken führt nicht weiter. Die Ratlosigkeit lähmt jede Initiative. Die Sehnsucht nach der verlorenen Sicherheit nährt die Angst vor dem Risiko, das mit dem Neuen verbunden ist.** Angesichts der privaten und gesellschaftlichen Krisen spüren die Menschen, dass sich etwas verändern MUSS, aber sie haben scheinbar überhaupt keine Vorstellung oder Leitidee, wohin sie sich entwickeln könnten.
Setzen wir voraus: Unsere Welt ist das Ergebnis unserer Vorstellungen – warum sind nur sehr wenige Menschen mit ihrer Welt wirklich zufrieden? Liegt es an unseren Vorstellungen? Ist die nicht zufriedenstellende Wirklichkeit das Ergebnis eines Mangels an klar definierten Zielen?

Natürlich, ausreichend oder viel Geld, ein langes und gesundes Leben wünschen wir uns wohl alle. Daran ist sicher nichts Verwerfliches. Aber **was genau** würden wir mit dem vielen Geld bzw. mit einem langen und gesunden Leben anstellen...? **Wie definieren wir unser Glück, unsere Freude?** Wie ich immer wieder beobachten konnte, sind unsere Vorstellungen von einem besseren Leben nicht wirklich konkret oder kaum definiert. Wenn unsere Gedanken – zu denen auch unsere Wünsche gehören – unsere Realität

49 Alexander Arweiler, Melanie Möller: Vom Selbst-Verständnis in Antike und Neuzeit. Walter de Gruyter, 2008, S. 165,

erschaffen, **wie sollte sich da etwas verändern, wenn wir uns selber nicht im Klaren über unsere tiefsten Wünsche sind?**

Andererseits sind die Klagen an unserer Welt durchaus berechtigt. Es scheint leichter für uns zu sein, etwas nicht zu wollen, als umgekehrt. Die Crux ist jedoch, dass man sich ein **Nichts** nicht manifestieren kann! Wenn ich beispielsweise Kriege ablehne und mir eine Welt ohne sie vorstellen möchte, so sollte ich das Ideen-Bild über den Krieg aus meiner Vorstellung verbannen. Diesem Wunsch entsprechend sollte eine Welt in unsere bildhafte Vorstellung projiziert werden, in der genau die Verhältnisse herrschen, die wir mit einer Welt des Friedens assoziieren.

Man kann nichts erkennen, von dem man keine Vorstellung hat.

ERLEUCHTUNG SETZT AUFKLÄRUNG VORAUS

„Die Deutschen spüren Veränderungsdruck, erkennen aber kein Ziel.“ Harmoniesucht und Ersatzbefriedigungen sind die Folgen.“ So lautete die Überschrift eines Artikels, der am 28.02.2006 in der Zeitung DIE WELT/ N24 veröffentlicht wurde.[50] Der Autor Stephan Grünewald ist Psychologe und Psychotherapeut sowie Mitbegründer und Geschäftsführer von Rheingold, einem bekannten Institut für qualitative Markt- und Medienanalysen. Der Text fasst die zentralen Thesen seines Buches *“Deutschland auf der Couch. Eine Gesellschaft zwischen Stillstand und Leidenschaft”*[51] zusammen, für das Grünewald insgesamt 20.000 Tiefeninterviews führte. Das Buch zum seelischen Notstand der Nation wurde zum Bestseller, und obwohl diese Anaylse schon vor mehr als 12 Jahren durchgeführt wurde, hat sie nichts an Gültigkeit eingebüßt, denn was Grünewald beschreibt, ist heute noch immer so. Er ging der seelischen Verfassung der Deutschen auf den Grund und kam dabei zu Erkenntnissen, die eindrücklich erklären, warum wir auf der Stelle treten:

50 https://www.welt.de/print-welt/article200979/Flucht-vor-der-Realitaet.html
51 http://stephangruenewald.de/buecher

***„Die Deutschen fühlen sich wie im Hamsterrad** Manager, Angestellte, Mütter oder Studenten – sie alle berichten auf der Couch des Psychologen, daß sie sich rastlos wie in einem Hamsterrad abplagen. Sie geben in der Familie oder im Beruf das Beste, wissen aber am Ende des Tages häufig gar nicht mehr, was sie überhaupt gemacht haben und wofür sie es gemacht haben. Phasen hektischer Betriebsamkeit kippen immer wieder in Momente bleierner Sinnleere und Orientierungslosigkeit und erzeugen einen Zustand überdrehter Erstarrung.*

***Die Gesellschaft befindet sich im Sinn-Vakuum** Angesichts der gesellschaftlichen Krisen verspüren die Menschen zwar einen Veränderungsdruck, sie haben aber überhaupt keine Vorstellung oder Leitidee, wohin sich Deutschland entwickeln könnte. Die Richtungs- und Visionslosigkeit wird vor allem in politischen Fernsehsehsendungen[52] deutlich. Man wird Zeuge einer rotierenden Richtungssuche und ständiger Schuldverschiebungen, erkennt aber keinen klaren und verbindlichen Lösungsweg. Die bestehende Visionslosigkeit wird derzeit durch zwei Faktoren kaschiert: Der Schulterschluß der beiden Volksparteien beendet die politischen Schwarzer-Peter-Spiele. Das (vorläufige) Ausbleiben drastischer Einschränkungen erscheint wie ein Stillhalteabkommen zwischen Politikern und Wählern...*

***Die Spätfolgen einer revolutionären Befreiungstat** Das Sinn-Vakuum hat die Gesellschaft in den letzten zwei Jahrzehnten systematisch hergestellt. Die Jugend der neunziger Jahre hat begonnen, die Welt aus einer coolen und übergeordneten Beobachterposition wie eine Art Fernsehspiel zu betrachten. Man kann sich alles tolerant und unverbindlich ansehen, braucht sich aber nirgends wirklich verwickeln zu lassen. Die jahrhundertealten Fesseln der Religion, der Ideologie und der Rollenzuweisungen wurden durch eine Relativitätstheorie der Wirklichkeit durchtrennt: Wenn alles relativ und gleich gültig ist, dann gibt es keine Verbindlichkeiten mehr, die einen festlegen könnten, und dann gibt es auch keine Ideale mehr, für die man streiten müsste. Alles ist gleichermaßen wählbar oder abwählbar.*

***Die Spätfolge dieser Befreiung ist jedoch eine ungeheure Überforderung des Menschen.** Es gibt keine klaren und begrenzenden Rollenzuweisungen mehr,*

52 Grünewald nannte seinerzeit die Sendung von Sabine Christiansen als Beispiel

sondern eine überbordende Multioptionalität, der man tagtäglich glaubt gerecht werden zu müssen. Als Mann muß man heute auch ein fürsorglicher Vater, ein empfindsamer Frauenversteher, ein metrosexueller Schöngeist sein. Aber man soll auch immer noch das Oberhaupt der Familie sein, erfolgreich im Beruf und als echte Sportskanone auch noch hart wie Kruppstahl. Männer wie Frauen fühlen sich heute ständig geplagt von ihrem schlechten Gewissen, den Perfektionszwängen der ständig wachsenden und gleich gültigen Anforderungen nicht gerecht werden zu können.

Die Angst der Deutschen vor Visionen *Das Durchdrehen in einer endlosen Vielfalt gleichgültiger Glücksoptionen läßt sich nur durch eine klare gesellschaftliche Zielausrichtung oder Vision durchbrechen. Der Aufbau einer gemeinsamen Sinnperspektive und die damit verbundene Aufbruchsstimmung werden allerdings immer wieder torpediert. Aus Angst, daß sich ein begeisternder Aufbruch wieder in eine blinde Leidenschaft verkehren würde. Letztendlich verharren wir lieber in einem Zustand cooler und abwartender Skepsis. Die coole Abgeklärtheit ist eine Art Immunreaktion gegen den gefürchteten Bazillus der Besessenheit.*

Die friedliche Variante deutscher Allmachtsträume *Durch die Visions-Tabuisierung soll die Wiederkehr einer alten Schuld verhindert werden. Gleichzeitig hat sich in Deutschland – stärker noch als in anderen Ländern – eine geheime Vision ausgebildet, die die Funktion einer unbewußten Ersatzreligion hat. Die Paradiesvorstellungen, die die Religionen ins Jenseits verlagert haben, sind bei uns zum konkreten Daseinsanspruch geworden. Bereits auf Erden soll sich ein paradiesisches Vollkaskoleben mit ständiger Glücksmaximierung verwirklichen. Geträumt wird von einem Leben, in dem sich wie im Internet mit einem Knopfdruck alles erreichen läßt, in dem man nicht mehr altert und in dem man in einem virtuellen Schöpfungswahn jede Mißliebigkeit, von der krummen Nase bis zur schlechten Laune, einfach entfernen kann. Mit diesem Traum ist ein friedlicher Allmachtsanspruch verbunden: Die Illusion, ein erfülltes und perfektes Leben führen zu können, ohne Mühe und Verzicht, ohne Risiko und Schuld und ohne Schicksalswillkür oder Entwicklungsnotwendigkeit.*

Die Entfremdung vom wirklichen Leben *Allerdings verwandeln wir durch den Paradies-Anspruch den Alltag in eine Art Vorhölle. Angesichts der übersteigerten*

Erwartungen erscheint das normale Leben als grau und öd. Wir jammern und fühlen uns vom Alltag betrogen, wickeln ihn lieblos ab oder überfrachten ihn heillos. Insgeheim wartet man darauf, daß das wirkliche Leben am Wochenende, im Urlaub oder mit 66 Jahren anfängt. Dadurch verliert die Gesellschaft aber ihre Alltagskompetenz. Die Supernanny soll daher den Menschen wieder beim kleinen Einmaleins des Alltags helfen. Sie zeigt, wie man einen Haushalt organisiert, familiäre Abläufe und Verbindlichkeiten schafft und sich oder die Kinder erzieht.

Der Phantomschmerz der deutschen Alltagskultur *Aushaltbar ist ein entwirklichter und entwicklungsloser Zustand jedoch nur durch die Flucht in ein simuliertes Leben. Das ereignislose Dasein wird kompensiert, wenn die Dolby-Surround-Boxen das Grollen und Krachen des Schicksals ins Wohnzimmer holen und wenn man abends vor dem Fernseher dreimal die Erde rettet. Auch die überall verfügbaren virtuellen Masturbationsanreize verschaffen im Handumdrehen künstliche Ekstasen. Sie leisten einen Beitrag zur Ruhigstellung der Gesellschaft, denn sie sorgen dafür, daß man die angestaute Unruhe des Tages kurzerhand abführen kann. Das Fernsehen fungiert im frustrierenden Alltag als eine Art Stimmungsapotheke.*

Die neue Sehnsucht nach (Gemein)sinn *Mut macht die stärker werdende Bereitschaft der Deutschen, aus dem überdrehten, stillgelegten und entwirklichten Leben auszusteigen. Quer durch die Generationen wächst die Sehnsucht nach einem greifbaren und für den einzelnen verwirklichbaren Lebenssinn jenseits bürokratisch-wirtschaftlicher Formalismen. Bereits bei den Flutkatastrophen hat sich gezeigt, wie groß die Bereitschaft zur aktiven Mitgestaltung ist, wenn sie mit nachvollziehbarer Sinnstiftung verbunden ist. Vor allem bei der Jugend entstehen neue anarchische Formen der Kommunikation und Vernetzung, in denen unterschiedlichste Menschen wieder intensiv darüber nachdenken, was für sie das Leben wichtig macht.“*

Es erscheint paradox, dass uns erst, wenn wir in Not oder Bedrängnis geraten sind, bewusst wird, dass ein ganz normales, mehr oder weniger ereignisloses Leben ein Geschenk sein kann. Aber es wird immer mehr Leuten klar, dass die meisten von uns mit ungeheurer Betriebsamkeit ein System aufrechterhalten, das uns letztlich nicht dient. Auch diese Erkenntnis ist Teil dessen, was wir uns klarmachen müssen. Erleuchtung ist ja kein Wert an sich. Was nützt es mir oder anderen, wenn ich den vollen Durchblick habe, aber der Wahnsinn auf diesem Planeten, an dem wir alle Teil haben, kein Ende nimmt? Ich schlage daher vor, den Begriff Erleuchtung in seiner hehren Deutung um eine pragmatische Facette zur erweitern: **Aufklärung**. Wobei wir folgendes bedenken müssen: Würde uns das Vollbewusstsein, mit dem wir geboren werden, nicht im Laufe unseres Lebens abhanden kommen, und wäre es dadurch nicht erforderlich, dass wir uns die objektive Wahrnehmung all dessen, was ist, erst mühsam wieder erarbeiten müssen, wäre Aufklärung im Sinne einer Ermöglichung, sich vollständige, objektive Informationen über die weltbestimmenden Sachverhalte anzueignen, natürlich gar nicht vonnöten.

Licht wirft keinen Schatten

In unserer Erfahrungswelt sind *Licht* und *Schatten* perfekte Symbole, die uns helfen können zu verstehen, was Realität und was nicht Realität ist. Armin Risi verdanken wir u. a. die vorbildliche Aufklärung über die Hintergründe und Zusammenhänge über Licht und Schatten: *„Licht hat ein eigenes, von den Schatten unabhängiges Dasein und symbolisiert Realität, Schatten die Relativität. Licht symbolisiert das Absolute, das Reelle, das Spirituelle, die Einheit, Schatten das Relative, das Nichtreelle, das Materielle, die Zweiheit.* ***Denn nur dort, wo sich etwas dem Licht entgegenstellt, d. h. sich vom Licht entzweit, entsteht Schatten. Licht selbst wirft keinen Schatten.***

Das Ganze ist mehr als die Summe seiner Teile. Das Absolute ist nicht einfach die Summe alles Relativen. Es ist nicht so, dass wir alle zusammen „Gott" sind. Das Absolute, der „individuelle", lebendige Gott, ist eine unabhängige, allumfassende und allbewußte Realität, so wie Licht unabhängig von allen Schatten und unabhängig von aller Dunkelheit ist und durch Schatten und Dunkelheit nicht begrenzt wird. Das Absolute steht jedoch nicht im Gegensatz zum Relativen."

Ein Blick in die heutige Welt zeigt, dass die alten Quellen nicht unrecht hatten, als sie unsere Zeit als ein „Zeitalter der Dunkelheit" bezeichneten. Dies bedeutet, dass wir (momentan noch) in einem Zeitalter leben, in der die

Spaltung – das Diabolische, die symbolische *Dunkelheit* – vorherrschend ist. Wir sind also gewarnt, dass das, was heute vorherrschend ist und am lautesten propagiert wird, dem Bereich der Dunkelheit enstammt, sei es in der Politik, in der Wirtschaft, in der Finanzwelt, in der Wissenschaft oder in der Forschung und nicht zuletzt auch in den Religionen und in der Spiritualität. Das heißt nicht, dass restlos alles Vorherrschende von dunklen Mächten inspiriert ist. Wo Schatten ist, da ist auch Licht. Wir müssen unterscheiden. Aus philosophischer Sicht betrachtet, haben die dem „Zeitalter der Dunkelheit" entsprungenen Ideologien und Lehrmeinungen alle ein gemeinsames Charakteristikum, nämlich: Sie wollen *Licht* (Realität) von der *Dunkelheit* (Relativität) her definieren. Dies ist jedoch nie möglich, denn Licht ist nicht Schatten gleichgestellt. Licht ist auch nicht die Summe aller Schatten und nicht einfach das Gegenteil von Schatten und auch nicht die Abwesenheit von Schatten.

Dualismus: Eine andere Möglichkeit, Realität *(Licht)* zu definieren, lautet: „Licht ist das Gegenteil von Dunkelheit. Licht und Dunkelheit sind zwei parallele Ebenen, zwei voneinander unabhängige Existenzen; Dunkelheit ist die andere Seite des Lichts; es gibt kein Licht ohne Dunkelheit." Auch das ist eine unvollständige Definition von Licht. Der Dualismus verabsolutiert die Dualität und führt daher zu einer Frontenbildung, denn die dualistischen Religionen und Machtorganisationen sind allesamt überzeugt, sie seien Vertreter des Lichtes und alle anderen, die nicht dasselbe glauben wie sie, seien Mächte der Dunkelheit und des *Bösen*.

Ein Beispiel hierfür sind die christlichen Kirchen, die während vieler Jahrhunderte im Namen *Gottes* den *Teufel*, d. h. alles Nichtkirchliche, bekämpften und auszurotten versuchten. Dieser Dualismus führte zur Bildung einer direkten Gegnerschaft, bestehend aus denen, die von der Kirche verfolgt und verteufelt worden waren. In den Augen der vielen Millionen von Opfern stellte die Kirche eine Macht des Teufels dar. Im Mittelalter mussten sie sich geheim formieren und konnten nur im Untergrund tätig sein. Heute kennen wir diese Strömungen als die gnostisch-metaphysischen, *okkulten* Einweihungsorden und Logenverbände. Obwohl zwischen diesen Lagern mittlerweile ein scheinbarer Friede herrscht, streben beide Seiten, sowohl die *religiöse* als auch die *säkulare*, nach Vorherrschaft, denn beide sind nach wie vor überzeugt, dass der Gott der Gegenseite der falsche sei.

Dass die fundamentalistischen Religionen dies glauben, ist bekannt. Weniger bekannt ist, dass auch im Okkultismus und in der Esoterik ähnliche Strömungen existieren. Ein Beispiel hierfür ist die Theosophie, wie sie von Helena Blavatsky[53] begründet wurde. Im zweiten Band ihres Werkes *'Die Geheimlehren'*[54] sagt sie mehrfach, dass aus ihrer Sicht der Gott des Alten Testaments ein Teufel ist und dass der verteufelte Satan *(Lucifer)* eigentlich das höchste Lichtwesen, Gott, ist: *„So wächst ‚Satan', sobald er nicht mehr in dem abergläubischen, dogmatischen, unphilosophischen Kirchengeiste betrachtet wird, zu einem großartigen Bilde empor von einem, der aus einem irdischen einen göttlichen Menschen macht, der [...] ihn befreit von der Sünde der Unwissenheit, somit vom Tode. [...] Es ist Satan, welcher der Gott ist unseres Planeten und der Einzige Gott, und dies ohne irgendwelche metaphorische Anspielung auf ihre [gemeint ist die Erde] Schlechtigkeit und Verkommenheit."*

In vielen esoterischen Kreisen wird erwartet, dass dieser *Einzige Gott* in der heutigen Wendezeit als göttlicher „Friedensbringer" erscheinen oder einen Weltenlehrer bzw. Messias als Stellvertreter ermächtigen wird. Der Gedanke dahinter ist immer der, dass das Licht die Dunkelheit besiegen und vernichten muss, sei dies durch eine apokalyptische Endzeitschlacht oder durch ein luziferisches *Lichtreich*. Der Dualismus läuft also immer auf einen Monismus hinaus, denn auch die Vertreter des Dualismus wollen, dass letztlich die gesamte Dunkelheit beseitigt und durch die Einheit des Lichtes, ihres Lichtes, überwunden wird.[55],[56]

53 https://de.wikipedia.org/wiki/Helena_Petrovna_Blavatsky
54 fvn-archiv.net/PDF/andere/Blavatsky_Geheimlehre_II.pdf
55 Licht wirft keinen Schatten, Armin Risi, Tattva Viveka, Nr. 25, Frühjahr 2005
56 http://science-of-involution.org/de/Artikel/Licht_wirft_keinen_Schatten.html

II

IST UNSTERBLICHKEIT UNSERE WAHRE REALITÄT?

IST UNSTERBLICHKEIT UNSERE WAHRE REALITÄT?

„Unsterblichkeit ist eine Option, die von Menschen überwiegend ungenutzt bleibt."

Diese erstaunliche Aussage ist das Forschungsergebnis des Physikers Burkhard Heim, der dies aus seinen bahnbrechenden Berechnungen herleiten konnte.

Die Astrophysikerin Giuliana Conforto[57] antwortete auf die Frage, was die Menschheit erwarte: ***„Offenbarung der wahren Realität".*** Dieses Statement ist ein Zitat aus einem Interview, das ich mit ihr für meinen Dokumentarfilm *„(R)Evolution 2012"* führte und das zudem in *„Solar Revolution"* veröffentlicht wurde.[58]

Uns erwartet „...eine Offenbarung. Die Offenbarung der wahren Realität. Und es ist nicht, was wir heute sehen". Giuliana Conforto zählt zu einer handverlesenen Gruppe von Forschern, die ich für meine beiden Filme gewinnen konnte. Ihre Kompetenzen liegen oftmals außerhalb der Mainstream-Wissenschaft. Mein hauptsächlicher Beweggrund für die beiden Dokumentarfilme war die Feststellung, dass in den normalen Medien, wenn überhaupt, kaum über diese so außerordentlich wichtigen Themen **objektiv** berichtet wird. Zusammenfassend lassen sich die beiden Filme folgendermaßen beschreiben:

---

57 Giuliana Conforto ist eine italienische Astrophysikerin. Als Professorin unterrichtete sie analytische Mechanik an der Universität von Los Andes in Venezuela, theoretische Physik an der Universität von L'Aquila in Italien und begründete eine neue Wissenschaft, die Organische Physik. Sie befasste sich zudem mit postrelativistischen Theorien und Quanten-kosmologie und wurde von den Philosophen wie Giordano Bruno, Hermes Trismegistos, Plato, Pythagoras und Jesus Christus beinflusst.

58 http://dieter-broers-shop.de/dvd/solar-revolution-deutsch

Die ständige eruptive Zunahme der Sonnenaktivität wird uns zu ganz erheblichen Bewusstseinserweiterungen führen. Hierbei werden die Ressourcen unseres bereits angelegten Potenzials aktiviert. Eine derartige Aktivierung entspricht einem Erwachen. Ein Erwachen, welches uns unseren wahren Wesenskern, unser göttliches Selbst wiedererkennen lässt. Dies ist die erstaunliche Erkenntnis der jüngsten Forschung. Gestützt auf interdisziplinäre wissenschaftliche Erkenntnisse, führt uns besonders der Film Solar Revolution die bahnbrechenden Chancen für die individuelle und kollektive Bewusstseinserweiterung vor Augen.

Ich möchte in diesem Kapitel die Aussagen von zwei Wissenschaftlern hervorheben: Giuliana Conforto und Ernst Senkowski[59]. Bevor wir jedoch zu dem Physikprofessor Senkowski kommen, möchte ich noch auf eine weitere Antwort von Giuliana Conforto verweisen. Diese ist von einer außerordentlichen Tragweite, weil sie von einer Spezialistin im Fachbereich der Astrophysik stammt. Ihr Statement zur gegenwärtigen Lage: ***„Wir stehen mit unserem Bewusstsein an einer wichtigen Stelle. Von einem dreidimensionalen Raum zu einem hyperdimensionalen Raum. Der andere große Wandel ist der Übergang einer einzigen Zeit, von der Vergangenheit in die Zukunft, zu vielen multiplen Zeiten. Von einer linearen Zeit zu einer multidimensionalen Zeit. Deshalb sagt man auch, wir steuern auf das Ende der Zeit zu. Denn das ist der Beginn der Ewigkeit."***

Professor Ernst Senkowski vermittelt uns durch seine Ausführung eine Beschreibung über den zukünftigen Wandel, den er ähnlich sieht. Wie also können wir uns uns als **multidimensionale** Wesen vorstellen?

„Stellt Euch einmal vor, ihr sitzt in einem großen Kinosaal. Und da laufen verschiedene

59 Dr. rer. nat. Ernst Senkowski (1922-2015). Nach Diplom und Promotion 1958 wissenschaftlicher Assistent am Physikalischen Institut der Universität Mainz. Unesco-Experte für Physik im National Research Center Kairo/Ägypten. 1961 bis zum Ruhestand 1988 Dozent an der Ingenieurschule Bingen, dann Prof. an der FH Rheinland-Pfalz, Abt. Bingen, Fachbereich Elektrotechnik. Seit 1974 unabhängige Untersuchungen auf dem Gebiet der Transkommunikation.

Filme gleichzeitig nebeneinander, jeder Film läuft in einer bestimmten Farbe und Ihr habt verschiedene Brillen zur Auswahl. Und wenn Ihr jetzt die rote Brille aufsetzt, dann seht Ihr alles was in dem roten Film ist, und wenn Ihr die grüne Brille aufsetzt usw. Ihr seht also je nach der Brille, die Ihr aufsetzt, d. h. nach dem jeweiligen Bewusstseinszustand, den Ihr annehmt, oder auf den Ihr Euch konzentriert, einen bestimmten Film. Aber die Filme laufen ja alle parallel gleichzeitig. Was heißt denn gleichzeitig? Sie laufen ja. Aber das ist unsere Erfahrung. In Wirklichkeit sind sie einfach vorhanden. Und dann stellt Euch vor, die Filme sind zu Ende gelaufen und Ihr verlasst das Kino und dann wird Euch klar, dass das alles nur Illusionen sind und Welten von Welten in Welten, die miteinander in Verbindung stehen."

Es existiert nicht ein einziges Universum, sondern eine unbegrenzte Anzahl an Möglichkeiten, die simultan und ewig nebeneinander ablaufen. Jede dehnbare Version eines jeden Wesens, das fortwährend existiert in einer parallelen Realität. So könnten unsere Träume eine Vorwegnahme des Zustands sein, in den wir eintauchen, wenn unsere Zugriffssperren zu den anderen Bewusststeinszuständen aufgehoben sind und wir uns zwischen den Wirklichkeiten bewusst hin- und herbewegen können. So, wie bei einer Raumzeitexkursion, die nicht in die Vergangenheit eines gegenwärtigen Universiums führt, sondern vielmehr einer Systemintegration zwischen einer Ebene der Existenz in einer benachbarten gleichkommt.

„...Vielleicht ist alles, was sie tun müssen, um irgendwo hin zu gelangen, nur, sich dort hin zu denken – eine Gedankenform oder ein Kraftfeld an irgendeinen Ort im Raum, den sie wünschen, zu projizieren und zu bewirken, dass er sich dort auf dieser Ebene manifestiert..." (Illobrand von Ludwiger) [60]

„In Burkhard Heims Theorie gibt es außer den drei räumlichen und einer zeitartigen Dimension noch zwei weitere imaginäre Dimensionen, welche die Organisation von Strukturen und deren zeitlicher Realisierung im Raum angeben, ohne die – nach Heim – eine geometrische Beschreibung der Elementarteilchen nicht gelingt. In diesem 6-dimensionalen Hyperraum existieren sogenannte Aktivitätenströme in den

60 Illobrand von Ludwiger, Autor von „Das neue Weltbild des Physikers Burkhard Heim" (ISBN: 978-3831203451) http://www.komplett-media.de/index.php

Transbereichen der Welt, die normalerweise den Raum nicht tangieren. Wenn sie dies tun, können sie die quantenstatistischen Wahrscheinlichkeitszustände materieller Strukturen verändern. Zu den ungeklärten Phänomenen gehören auch das plötzliche Auftauchen und Verschwinden von Objekten sowie deren oft beobachtete transparente, scheinbar „nichtmaterielle" Eigenschaften. Es gibt ein 6-dimensionales Relativitätsprinzip, nach welchem ein Objekt aus dem Raum verschwinden und zu einem „Ideenkomplex" oder „Bild" werden kann, sobald die organisatorische Bewertung oder Bedeutung des materiellen Objektes mit einer bestimmten Geschwindigkeit erfolgt, die von Aktivitätenströmen übertragen wird. Das Objekt ist im Raum nicht mehr vorhanden, sondern befindet sich im Transbereich, in dem es keine räumlichen Distanzen, sondern nur Strukturen gibt. Eine Ortsversetzung im 6-dimensionalen Hyperraum erfolgt in diesem Trans-Raum ('trans': auf jenseits der Raumzeit bezogen) augenblicklich durch „Strukturresonanzen". Es ist eine zukünftige Aufgabe der Physik, solche Aktivitätenströme zu entdecken, zu erzeugen und in der Raumfahrttechnologie anzuwenden. Dann würde sich Hyneks Vermutung über eine instantane Raumversetzung realisieren lassen, so wie dies anderswo im Universum bereits gelungen zu sein scheint."[61]

Heim vollendet Einsteins Ansätze zu einer einheitlichen Feldtheorie. Er geometrisiert nicht nur das Gravitationsfeld, sondern sämtliche physikalischen Felder. In Heims Theorie lassen sich alle Elementarteilchen als dynamische, quantisierte geometrische Strukturen angeben. Die Massen der Elementarteilchen werden sehr genau wiedergegeben, was bisher weder die String-, noch die Loop-Quanten-Theorie können! Ein Urknall findet im kosmologischen Modell Heims nicht statt. Der Kosmos entwickelte sich nach Heim sehr, sehr lange nur als ein leerer Raum, als reine quantisierte Geometrie. Durch die Einführung einer aspektbezogenen Logik gelingt in Heims 6-dimensionalem Weltbild – das später zu einem 12-dimensionalen Modell erweitert wurde – die einheitliche Beschreibung physikalischer, biologischer und psychischer Prozesse und somit die Lösung des Leib-Seele-Problems. (Siehe hierzu auch Hinweise im Anhang).

---

61 https://www.igaap-de.org/die-einheitliche-quantenfeldtheorie-von-burkhard-heim/

Der Diplom-Physiker Illobrand von Ludwiger, ein langjähriger Wegbegleiter und Kollege von Burkhard Heim, verfasste über Heims Theorien mehrere Bücher, in denen er auf die Bedeutung, die Heims Weltbild für jeden Einzelnen von uns hat, hinweist und damit ein hoffungsvolleres und sinnvolleres Bild des Daseins zeichnet, als es die Raumzeitdimensionen vermögen, die allgemein noch für die einzige Wirklichkeit gehalten werden.

Nach Erscheinen seines Buches *‚Unsterblich in der 6-dimensionalen Welt'*[62] führte der österreichische Journalist Werner Huemer[63] mit Illobrand von Ludwiger ein Interview, das ich hier wiedergeben darf:

Werner Huemer: *Ihrem Buchtitel – und damit auch dem Weltbild von Burkhard Heim – zufolge ist der Mensch ein sechsdimensionales, unsterbliches Wesen. Was bedeutet das konkret im Hinblick auf den Tod? Leben wir nach Ihrer Auffassung in irgendeiner Form nach dem Tod weiter?*

Illobrand von Ludwiger: *Ja. Natürlich muss man erst einmal definieren: Was ist das denn, das da weiterexistieren soll? Die beiden zusätzlichen Dimensionen, die Heim postuliert, sind ja etwas Qualitatives. Aber über Qualitatives spricht die Physik nicht. Also muss man versuchen, die Physik und deren Weltbeschreibung zu erweitern – und auch die aristotelische Logik, die bloß Ja-Nein-Aussagen zu Sachverhalten enthält, zu ändern. Das hat Heim auch gemacht. Danach kann man versuchen, Qualitäten und Quantitäten zusammenzuführen und zu definieren, was Bewusstsein ist. Was sind das für Vorgänge? Wie sind sie in der Raumzeit angesiedelt? Ist Bewusstsein überhaupt im Raum oder kommt es woanders her? Letzteres ist meines Erachtens der Fall. Wenn man diese Frage richtig untersucht, wie es Heim begonnen hatte, und wenn man verstanden hat, was Bewusstsein ist, dann kann man auch die Wechselwirkungen eher verstehen. Kann Bewusstsein etwas bewirken in der Raumzeit? Wo kann Bewusstsein existieren? – Im Raum sicher nicht. Also in anderen Dimensionen? Aber was ist dann der Träger? Hier geht es um Informationen, Bildelemente, Bedeutungen. Das sind alles Qualitäten, die es*

62 „Unsterblich in der 6. Dimension" (ISBN-13: 978-3831203949) http://www.komplett-media.de/index.php

63 http://werner-huemer.net/

in der Welt gibt, die aber in der Physik noch nicht beschrieben wurden.

Werner Huemer: *Sehen Sie Verbindungen zwischen Burkhard Heims Aussagen und denen von Sterbeforschern unserer Zeit? Der niederländische Kardiologe Pim van Lommel geht ja beispielsweise davon aus, dass das Bewusstsein des Menschen auch ohne den Körper weiterbestehen kann.*

Illobrand von Ludwiger: *Ja, das ist ganz klar der Fall. Was man früher lächelnd und abfällig als Spiritismus bezeichnet hatte, das sollte man jetzt – nach dem Weltbild Heims – als „R6" bezeichnen. Wer die Welt als sechsdimensional erkennt, kommt zu dem Schluss, dass in den „Transbereichen" jenseits von Raum und Zeit etwas existiert, wo sich Bewusstsein aufhalten kann. Und damit hat Heim als Folge aus seiner Teilchentheorie wissenschaftlich eine Grundlage gelegt auch für das Verständnis des Lebens nach dem Tode.*

Werner Huemer: *Religionen sprechen von einer Seele, die den Körper beim Tod verlässt und dann in einer anderen Dimension weiterbesteht. Entspricht das im Wesentlichen dem, was sich auch aus dem Weltbild von Burkhard Heim folgern lässt?*

Illobrand von Ludwiger: *Eigentlich ist es das. Man muss es nur konkretisieren und formallogisch entwickeln, wie sich Bewusstsein und Seele aufbauen. Man muss eine Skalierung in diesen Qualitäten einführen. Das ist sehr komplex, aber die ersten Schritte dazu sind getan. Im Prinzip bestätigt Heim, dass das Bewusstsein nach dem Tod weiterbesteht. Es kann aber nicht mehr in die physische Welt einwirken – oder nur in Ausnahmefällen. Und auch diese Ausnahmen müsste man genauer untersuchen …*

Werner Huemer: *Zusammenfassend: Unsterblichkeit – das gibt es für den Menschen?*

Illobrand von Ludwiger: *Ja!*

Werner Huemer: *Sie sind also einerseits – unabhängig von der Terminologie – von der Unsterblichkeit des Menschen überzeugt, andererseits sind Sie*

Naturwissenschaftler. Man kann also wohl davon ausgehen, dass sich in Ihrem Weltbild Naturwissenschaft und Religion ganz gut ergänzen…

Illobrand von Ludwiger: *Ja! Allerdings nicht im Hinblick auf eine Konfession, sondern im Hinblick auf die „Idee Religion". Die allen Religionen gemeinsame Idee ist ja, dass es außer dem Körper noch etwas gibt. Da ist eine Bedeutung, da ist eine Idee … Es kann nicht sein, dass mit dem Körper alles vergeht. Das ist die alte philosophische und religiöse Haltung. Nun kommt mit der Wissenschaft der Beleg dafür, dass die Welt mehr Dimensionen hat. Und alles, was da drin ist, selbst die Materie, hat Ausläufer in die Transdimensionen. Alles ist mehrdimensional. Bloß: Wir sind damit nicht mehr nur in der Physik, wir sind im qualitativen Bereich. Der gehört aber mit zur Welt! Naturwissenschaft ist beschränkt auf die Raumzeit, aber die Wirklichkeit umfasst mehr als das, geht darüber hinaus. Und alles das kann man nach Heims Theorien – er nennt sie „Syntrometrie" – einheitlich fassen, ohne dass ein Widerspruch besteht.*

Weitere interessante Informationen zu Burkhard Heims Theorien finden sich zusätzlich zur Webseite von Werner Huemer http://werner-huemer.net/ und auch auf http://markus-perk.de/burkhard-heim.

DER SITZ DER SEELE

Wo hat die Seele ihren Sitz, und wohin geht sie nach dem Tod? In der Wissenschaft blieb dies bisher eine offene Frage. Trotz aller Verschiedenheit der Seelenvorstellung quer durch die Epochen – die Idee einer unsterblichen Essenz des Menschen beschäftigt diesen schon jahrhundertelang. In allen fünf Weltreligionen wird uns ein Leben nach dem Tod prophezeit. Es ist naheliegend, dass wir an der Idee eines Lebens nach dem Tod festhalten. Dennoch blieb es bis heute eine der großen Fragen der Menschheit, ob es dieses Leben nach dem Tod nun wirklich gibt. Steigt unsere Seele tatsächlich in den Himmel auf oder werden wir in einem anderen Lebewesen wiedergeboren?

Mittlerweile gibt es immer mehr ernsthafte Auseinandersetzung mit dem Leben nach dem Tod. Alle Menschen sind von diesem Thema verständlicherweise fasziniert. Der Neurochirurg Dr. Eben Alexander hat mit seinem Buch „Blick in die Ewigkeit" über seine persönlichen Erlebnisse mit einer Nahtoderfahrung einen internationalen Bestseller geschrieben. Immer mehr ernsthafte Kreise beschäftigen sich damit.

Dr. Stuart Hammeroff und Professor Roger Penrose haben dazu unlängst eine Theorie der Seele entwickelt, die ich sehr bemerkenswert finde. Aus Ihrer Sicht stirbt die Seele nicht, ihre Information kehrt zurück ins Universum und besteht dort fort.

Das Gehirn funktioniert wie ein Quantenorchester

Ihre interessante Theorie besagt, dass das Wesen des Menschen oder die Seele in Strukturen, die Mikrotubuli genannt werden, enthalten ist. Die beiden Forscher glauben, dass das menschliche Gehirn tatsächlich eine Art biologisches Quanten-Orchester ist und dass das Bewusstsein der Menschen ein Stück ist, das von dem Quantenorchester im Inneren des Gehirns gespielt wird. Dieses Stück würde sogar nach dem Tod weiter existieren.

Darüber hinaus argumentieren beide Wissenschaftler, dass das, was Menschen als "Bewusstsein" wahrnehmen, tatsächlich das Ergebnis von Quantengravitationseffekten innerhalb der sogenannten Mikrotubuli ist. Dieser Prozess wird von den beiden Wissenschaftlern "Orchestrated Objective Reduction – (Orch-OR)" genannt. Die Theorie besagt, dass die Mikrotubuli im Gehirn, wenn sie in eine Phase eintreten, die als „klinischer Tod" bekannt ist, zwar ihren Quantenzustand verlieren, **aber die in ihnen enthaltene Information fortbesteht.** Mit anderen Worten: Wenn Menschen sterben, kehrt ihre Seele in das Universum zurück und stirbt nicht. Mehr sogar, sie hat ihre Verbindung zum Universum eigentlich nie verloren.

Diese Theorie steht im Widerspruch zu der allgemeinen wissenschaftlichen Forschung, in der Milliarden an Mitteln in die „Gehirnkartierung" investiert werden, zum Beispiel das „Human Brain Project" in Europa oder die Bemühungen des Allen Institutes in Seattle, den Cortex der Maus zu kartieren. In diesen Projekten dominiert die Vorstellung, dass die Gehirnneuronen und ihre synaptischen Verbindungen zu identifizieren ausreichend sei, um die Gehirnfunktionen zu simulieren. Dies ist bisher aber nicht gelungen. Zum Beispiel hat ein weltweites Konsortium das bereits bekannte 302-Neuronen-Gehirn eines einfachen Rundwurms namens C. elegans simuliert. Der biologische Wurm ist ziemlich aktiv; er schwimmt geschickt und zielstrebig, aber die Simulationen von C. elegans liegen einfach nur rum, ohne funktionelles Verhalten. Irgendetwas fehlt ihnen.

Tatsächlich sieht das Gehirn daher eher wie ein Orchester aus – ein mehrskalares Vibrationsresonanzsystem – als ein Computer. Gehirninformationsmuster wiederholen sich über räumlich-zeitliche Skalen in fraktalartigen, verschachtelten Hierarchien neuronaler Netzwerke mit Resonanzen und Interferenzschlägen. Ein Beispiel für ein multiskalares räumliches Mapping ist das 2014 mit einem Nobelpreis ausgezeichnete Werk von O'Keefe und Moser & Moser über „Gitterzellen".

Mikrotubuli-Netzwerke als vermeintlicher Sitz der Seele

Bisher ging man davon aus, dass Mikrotubuli die Architektur und Struktur der Zelle bewirken. Dr. Hameroff und Professor Penrose denken aber, dass sie im Gegenteil in erster Linie dazu bestimmt sind, die Bausteine an Bord eines biologischen Computers zu sein, und dass sie in der Lage sind, die Verarbeitung von Informationen auf molekularer Ebene zu steuern.

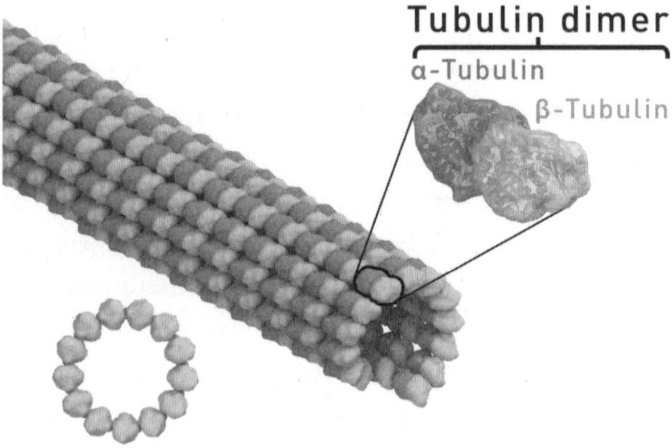

Abbildung 4: Struktureller Aufbau eines Mikrotubulus[64]

Sie funktionieren wie ein Quanten-Computer auf der Basis von **Quantenverschränkung**. Im Unterschied zum herkömmlichen Modell des Gehirns, das Informationsweiterleitung entlang von Weiterleitungsketten (Pathways) entlang der Neuronen und Ganglien sieht, sind in dem Quantenmodell die Hemisphären durch verschränkte, also gekoppelte Vorgänge vernetzt und finden außerhalb der sogenannten Pathways simultan in beiden Hemisphären ohne zeitliche Verzögerung gleichzeitig statt.

64 Quelle: https://en.wikipedia.org/wiki/Microtubule
Siehe auch: https://www.youtube.com/watch?v=jjpEc98o_Oo

Das ganze Quanten-Bewusstsein ist demnach mit dem ganzen Universum verschränkt und bezieht seine Informationen auch daher. Unsere Seelen sind nicht aus Neuronenketten, sondern aus dem Gewebe des Universums aufgebaut. Das Bewusstsein ist daher ein integraler Bestandteil des Universums.

Nahtoderfahrungen, bei denen das Herz zu schlagen aufhört und das Blut nicht mehr durch die Adern fließt, und in denen die Mikrotubuli ihren Quantenzustand verlieren, zeigen, dass die Quanteninformation nicht zerstört werden kann; diese verteilt sich entweder im ganzen Universum, möglicherweis für immer, oder sie kehrt als Seele der Verstorbenen wieder zurück. Letztere sind dann in der Lage, über die Erfahrungen dieser ihrer Nahtoderlebnisse zu berichten.

Die Gesetze der klassischen Physik waren bisher ungeeignet, das Phänomen des Bewusstseins zu erfassen. Durch das Einbeziehen der Quantenphysik wurde eine neue Richtung eingeschlagen. Professor Penrose und Dr. Hameroff entdeckten den Kopplungsmechanismus zwischen Gehirn und Quantenbewusstsein. Sie ordnen dem Gehirn Eigenschaften eines nichtlokalen Quantenbewusstseins zu. In der Quantenphysik existieren Effekte, die durch „verschränkte" Materieteilchen auch per Fernwirkung, also außerhalb von Raum und Zeit, Einflüsse aufeinander ausüben können. Und zwar unabhängig von der Lichtgeschwindigkeit! Nach der Quantenphysik können zwei subatomare Teilchen eine Verbindung miteinander eingehen, durch die ihre Eigenschaften für immer aneinander gekoppelt werden.

Wenn es eine Kartoffel kann …

Die Idee der beiden Forscher wurde und wird scharf kritisiert, da das Gehirn für eine scheinbar zarte Quantenkohärenz zu „warm, nass und laut" erscheint. Aber Untersuchungen zeigen jetzt schon eindeutig, Pflanzen verwenden bei der Photosynthese routinemäßig Quantenkohärenz in warmem Sonnenlicht, und Mikrotubuli haben Quantenresonanzen in Gigahertz-, Megahertz- und Kilohertz-Frequenzbereichen. Hierzu gibt es Arbeiten von Anirban Bandyopadhyay und Kollegen am Nationalen Institut für Materialwissenschaften in Tsukuba, Japan.

Diese kohärenten „fraktalen Frequenzen" in Mikrotubuli koppeln offensichtlich zu noch schnelleren, kleineren Terahertz-Schwingungen zwischen Intra-Tubulin-pi-Elektronenresonanzwolken und zu langsameren Interferenz-„Beats", die zu einem größeren EEG führen. Hameroff und seine Kollegen haben einen „Quanten-Untergrund", eine Basis innerhalb von Mikrotubuli identifiziert, die beim Einsatz von Narkosegasen selektiv das Bewusstsein ausschalten, und dabei die Terahertz-Dipol-Schwingungen dämpfen und auflösen. Eine multiskalare Vibrationshierarchie könnte daher eine Schlüsselrolle bei neuronalen und Gehirnfunktionen spielen, die von Mikrotubuli-Quantenresonatoren an der „Basis", innerhalb der Neurone, gesteuert wird.

Die wahrscheinlichsten Stellen für den Sitz des Bewusstseins sind Mikrotubuli-Netzwerke in Dendriten und Soma der kortikalen Schicht 5 der Riesenpyramidenneuronen, deren apikale Dendriten EEG erzeugen. Dendritisch-somatische Mikrotubuli sind einzigartig, da sie in Netzwerken mit unterschiedlicher Polarität angeordnet sind, die für eine strukturgebende Stützfunktion ungeeignet sind, **aber für Informationsverarbeitung, Resonanz und Interferenz optimal sind.**

Mit verbreiteten Zweifeln räumt Dr. Hammeroff auf: „Die Nervenzellen des Gehirns sind zu langsam und unterschiedlich, um gut zu den Transistoren und Logikgattern zu passen, die wir in modernen Computern verwenden." Sie können daher nicht die Grundlage des Bewusstseins sein. Das stimme zwar, räumt er ein, aber die Mikrotubuli innerhalb dieser Nervenzellen könnten es sein. Sie arbeiten bei Terahertz über Gigahertz-, Megahertz- und Kilohertz-Frequenzen und sind daher eine sehr gute Analogie zu Computern, sie sind sogar tatsächlich viel, viel schneller in der Taktung.

Die Mikrotubuli mit ihren Schaltkreisen aus gemischter Polarität („Quantenresonatoren") sind Schlüsselinstrumente des Quantenorchesters, die in der Lage sind, eine gemeinsame zugrundeliegende Schaltung abzugeben. Sie stellen eine Art logischen Block dar, der konfiguriert und rekonfiguriert werden kann. Sie sind, anders als die Neuronen selbst, durchaus in der Lage, die Vielzahl von Aufgaben zu erledigen, die das Bewusstsein bewältigen kann.

Die Wirkmechanismen an den Übergängen zwischen Quantenphysik und Neurochemie sind für mich sehr faszinierend. Ich bin daher mit großer Ehrfurcht und Dankbarkeit erfüllt, dass die beiden hier zitierten Wissenschaftler – deren Forschungen ich seit fast 20 Jahren sehr aufmerksam verfolge – endlich zu ihrem Durchbruch gekommen sind. Ihr revolutionäres Modell verbindet Quantenphysik und Neurophysiologie. Und gibt besonders den Wissenschaftlern ein besseres Verständnis für das, was wir unter Feinstofflichkeit verstehen.

Ich freue mich, dass die beiden Forscher eine Theorie liefern können, die belegt, dass unser Gehirn mit seinen Mikrotubuli eine materielle Anbindung an unser Bewusstsein und Seele hat. Was jedoch noch wichtiger ist, **dass Bewusstsein und Seele selbst als unsterbliche Elemente Teile des Kosmos sind, aus dem sie genährt werden und den sie kontinuierlich selbst wiederum nähren.**

Mit ihrer aktuellen Arbeit bestätigen die beiden Forscher auch Burkhard Heims Aussage *„Der Mensch trägt einen immateriellen Persönlicheitskern, der den leiblichen Tod überdauert.“* [65] Auch wenn die Bedeutung von Heim vom wissenschaftlichen Establishment bis heute nicht erkannt wird, werden Hammeroff und Penrose – der übrigens einer der Lehrer von Stephen Hawking war – nach meiner Überzeugung Geschichte schreiben, sobald sich die institutionelle Wissenschaftswelt transformiert haben wird.

Berührt hat mich auch der abschließende Hinweis von Roger Penrose, als er sagte: *„Man kann einer „Seele“ nicht restlos und erschöpfend erklären, was eine „Seele“ ist.“* Bei allem Respekt, den ich vor den hehren Zielen der Wissenschaft habe, halte ich das auch nicht für sonderlich erstrebenswert.

65 http://archiv.mufon-ces.org/text/deutsch/heim.htm

Quellen zu diesem Kapitel:

irelease.org/scientists-found-that-the-soul-doesnt-die-it-goes-back-to-the-universe/
www.peacequarters.com/scientists-found-soul-doesnt-die-goes-back-universe/
www.quantumconsciousness.org/
www.kino.de/film/through-the-wormhole-2011/
www.youtube.com/watch?v=jjpEc98o_Oo
www.huffingtonpost.com/stuart-hameroff/is-your-brain-really-a-co_b_7756700.html
www.ncbi.nlm.nih.gov/pmc/articles/PMC4276740/
www.quantumconsciousness.org/
www.ncbi.nlm.nih.gov/pubmed/25714379
/www.ncbi.nlm.nih.gov/pmc/articles/PMC4373299/

*Ihr seid aus einer Kosmologie gemacht, die der planetarischen Deutung spottet,
weil sie selbst die Essenz planetarischer Deutung ist.*

*Sie wird Gott genannt.
Sie ist Bewusstsein und Energie.
Die Lebenskraft.*

*Eure Intelligenz und Eure Befähigung für Intelligenz ist all dem ebenbürtig,
was in irgendeinem Sternensystem, in irgendeiner Dimension liegt.*

*Ihr habt die Schlüssel dazu, alles zu sein.
Zuallererst solltet Ihr wissen wer Ihr seid.
Ihr solltet das wissen, bevor Ihr Euch
mit der Absicht umzusehen beginnt,
irgendetwas anderes entdecken zu wollen.*

*Ihr habt den Schlüssel dazu, alles zu sein.
Zuerst solltet Ihr Euch jedoch selbst erkennen, bevor Ihr herumzieht
und unter Steinen und Büschen und Brombeersträuchern nachschaut.*

Ramtha

(aus 'Ufos und die Beschaffenheit von Wirklichkeit')

UNSERE EWIGE EXISTENZ – EWIGES SEIN

„Die Angst vor dem Tode ist eine der bedrängendsten Ideen unserer Kultur. Sie fußt in der Verweltlichung unseres Bewusstseins, das nur im körperlichen Dasein allein Leben und Sicherheit des Seins vermutet, die es nie verlieren möchte. Todesangst ist daher der Beweis von einem wurzellosen Geist, für ein Geistwesen, ***das sich von der Quelle seines Seins, dem höheren Selbst, weit entfernt hat.“*** (Karl-Heinz Jaeckel)[66]

Die Suche nach unserer wahren Identität ist in uns angelegt. Doch werden wir auf dieser Suche je eine befreiende Antwort erhalten? Dass wir existieren, scheint uns allen klar zu sein. Wir sind einfach. Irgendwie. Das ist doch schon mal was. Immerhin ist nämlich diese Feststellung bereits die Basis für die Antworten auf die Fragen nach dem, ***wer*** oder ***was wir sind*** und warum wir hier sind. Wobei, wenn wir die erste Frage richtig beantwortet haben, wissen wir auch, ***warum wir hier sind.***

Beginnen wir noch einmal von vorne. Zunächst einmal existieren wir also. Was ist eigentlich Existenz? Ist Existenz das Vorhandensein eines Gegenstandes oder eines Zustandes in der Realität? Sind wir lediglich ein – wenn auch, hoffentlich, besonderer – Gegenstand? Existenz ist Existieren. Etwas was ist. Für mich ist Existenz gleichbedeutend mit dem **Sein**. *Sein oder nicht sein, das ist hier die Frage*[67]. Der Begriff des **Seins hat den weitestmöglichen Bedeutungsumfang überhaupt, weil er sich auf alles beziehen kann, was denkbar ist.** Sein ist alles, was ist. Und nicht ist. Wem gehört jedoch dieses Sein? Bin ich dieses Sein? Da ich – als wahrnehmende Instanz – zu existieren scheine, gehört diese Existenz wohl mir (dem Wahrnehmenden).

---

66 Karl-Heinz Jaeckel Dialog mit dem Jenseits, Neugra-Verlag, München 1984, Seite 84

67 Zitat aus der Tragödie Hamlet, Prinz von Dänemark von William Shakespeare, 3. Aufzug, 1. Szene.

Können wir dieses Sein, diese Existenz mit unserem Denken gleichsetzen? Unter Denken werden bekanntlich alle Vorgänge zusammengefasst, die aus einer inneren Beschäftigung mit Vorstellungen, Erinnerungen und Begriffen eine Erkenntnis zu formen versuchen. Bewusst werden dabei meist nur die Endprodukte des Denkens, nicht die Denkprozesse, die sie hervorbringen. Cogito, ergo sum – ***„ich denke, also bin ich“*** – ist die verkürzte lateinische Übersetzung der französischen Definition Descartes: *„Je pense, donc je suis“*[68]. **Doch wie vergänglich ist dieses denkende und existierende „ich bin“? Ist es überhaupt vergänglich?**

Brauchen wir nicht zum Denken einen Denkapparat (Gehirn), einen entsprechenden Körper, der uns das Denken erst ermöglicht? Wäre dann, nach einem Ausfall (Krankheit) oder Zerfall (Tod) dieses Körpers, auch unsere Existenz endgültig verloren? Aus Sicht der allgemeinen Naturwissenschaft wäre diese Frage mit einem Ja zu beantworten. Wenn wir die Ansichten einiger Weltreligionen einmal vernachlässigen, gehen die meisten Menschen davon aus, dass das Leben mit unserem physischen Tod endet. Dabei ist nach allgemeiner Definition ***„...der Tod der endgültige Verlust*** der für ein Lebewesen typischen und wesentlichen Lebensfunktionen“[69]. Ist es das, wovor die meisten Menschen sich am meisten ängstigen, **der endgültige Verlust unserer Lebensfunktionen?** Auf der sachlichsten Ebene ist ein Lebewesen ein Wesen, das lebt. Lebendig bedeutet *lebend, am Leben, nicht tot*[70]. Nach THE FREE DICTIONARY (mit fast 10 Mrd. Besucher)[71] ist *„Leben der Zustand, dass jmd. oder etwas lebt und nicht tot ist“*. Sowie: Das Verb „leben“: (jmd. lebt) einen funktionierenden Organismus haben und auf der Welt sein.

68 Dies ist ein von Rene Descartes methodisch erarbeitet Ergebnis, das er im Anschluss an seinen radikalen Zweifel an die eigene Erkenntnisfähigkeit als nicht weiter zu kritisierendes Fundament in seinem Werk formuliert. Da es ja immer noch ich bin, der zweifelt, kann ich an diesem **Ich**, selbst wenn es träumt oder phantasiert, selber **nicht mehr zweifeln.** Von diesem Fundament aus rekonstruiert Descartes dann wieder die vormals angezweifelte Erkenntnisfähigkeit.

69 https://de.wikipedia.org/wiki/Tod

70 https://de.wiktionary.org/wiki/lebendig

71 http://de.thefreedictionary.com/Leben

Begründet sich unsere Angst vor dem Tod lediglich auf dem endgültigen Verlust der Funktionen, die unseren Geist tragen und ihm die Möglichkeiten zur Erinnerung, Wahrnehmung, Abstraktion und Handlung geben?

Liebe Leser, haltet ihr es für möglich, dass unsere Urangst genau hierin begründet liegt? **Das Groteske an der Angst besteht darin, dass sie uns von genau der Erkenntnis fernhält, die uns diese Angst nehmen könnte!**

DIE MACHT DER ANGST

WER DIE ANGST AUFLÖST, ERKENNT SEINE EWIGE LEBENDIGKEIT.

Keiner unter uns wird wohl bestreiten wollen, schon einmal Angst gehabt zu haben. Doch gibt es eine Ur-Angst? Die Mutter aller Ängste? Der Begriff Angst hat sich seit dem 8. Jahrhundert von indogermanisch **anghu* „beengend" über althochdeutsch *angust* entwickelt. Er ist verwandt mit dem lateinischen *angustus* bzw. *angustia* für „Enge, Beengung, Bedrängnis". Das Wort „Angst" gibt es als Wortexport auch im englischen Sprachraum, wo es soviel bedeutet wie **Existenzangst**[72].

Natürlich gibt es die unterschiedlichsten Ursachen für unsere Ängste, **doch all diese Ängste haben offenbar dieselbe Quelle: Die Angst vor dem Tod.** Die Angst, **unsere Identität zu verlieren. Angst vor dem Verlust von dem, was uns im Wesentlichen als wahrnehmende Entität ausmacht. Irrtümlicherweise meinen wir, dass unser physischer Körper das einzige Träger-Medium unseres Geistes ist.** Wir meinen, dass mit dem Zerfall unseres physischen Körpers auch das finale Ende unserer Identität eintritt. Wer wären wir denn ohne diese Identifikation mit unserem Körper? Aus der Sicht unseres Egos wäre

72 https://de.wikipedia.org/wiki/Angst

damit das Ende seiner Existenz erreicht. Die größte Angst des Ego-Menschen ist es, ein Niemand zu sein, nichts zu sein. Die Auflösung des Ich-Konstruktes, auch **Ego-Tod**, Ich-Auflösung oder Ich-Entgrenzung genannt, gehört zu den mystikumwobensten Phänomenen der Menschheit. Mit den Worten Oshos bedeutet ***„der Tod deines Egos"*** jedoch den ***„Beginn deines wahren Lebens."***

Wird der Ego-Tod jedoch bewusst und nicht mehr oder minder willkürlich herbeigeführt, so etwa wie es Mystiker, Schamanen, Sufis, Yogis praktizieren, hat das zeitweilige Verschwinden des Egos und der Verstandesgrenzen, vorausgesetzt die Erfahrung wird im Anschluss adäquat ins Alltagsbewusstsein integriert, meistens einen sehr positiven Effekt. Und gerade dieser Effekt ist im heutigen von Neid, Gier, Selbstzerstörung und spiritueller Entwurzelung gezeichneten Zeitalter von unvergleichlicher Wichtigkeit. **Im Grunde ist der Ego-Tod ein Zustand unverfälschten Seins, und führt einen Menschen fast automatisch zu der Erkenntnis, dass alle Lebewesen Teil eines großen Ganzen sind.**

Abbildung 5: Vom Ego zum Eco – vom isolierten Individuum zur Gemeinschaft

Das obere Bild zeigt eine entheogene[73] All-Einheitserfahrung und Ego-Transformation. Der Ethnobotaniker Jonathan Ott[74] hat in diesem Zusammenhang die Wortformation der entheogenen[75] Reformation eingeführt, was einen Perspektivenwechsel beschreibt, den unsere Welt so bitter nötig hat[76].

Eine Erleuchtung kommt dem Zustand der Befreiung von der Ego-Identifikation gleich. Das künstliche ICH des Egos braucht Vergangenheit und Zukunft, ohne sie kann es nicht existieren. All seine Identifikationen (Konditionierungen, Begierden und Begehren) basieren auf der Zeit. Die Urangst aller Ängste scheint also weder auf dem physischen Tod noch auf Schmerz zu basieren. **Mit anderen Worten, nur ein Ego kann Angst davor haben, „sich selbst" zu verlieren. Das Selbst hingegen, als unser Wesenskern, kennt keinerlei Angst – wovor sollte es auch Angst haben?**
Unabhängig von der Angst erstellt das ICH, als das Ego, ein falsches Selbstbild von uns. Wie Eckhart Tolle bin auch ich davon überzeugt, dass dieses Ego eine Geisteskrankheit ist, dem viele Menschen verfallen sind. Das Ego erzeugt ein **falsches Selbstbild**, das uns Menschen unglücklich macht. Wir zerstören uns selbst, andere Menschen und die Umwelt.

Ein verräterisches Verhalten des Egos besteht in seinem Unvermögen, eine Vorstellung der Gegenwart zu haben. Das Ego kennt nur die Vergangenheit und die Zukunft. Während unser Selbst – im Sein – immer nur die Gegenwart – das Jetzt – kennt, ist das Ego immer woanders. Der Dalai-Lama formuliert dies mit folgenden Worten: ***„Es gibt nur zwei Tage im Jahr, an denen man so gar nichts tun kann: der eine heißt gestern, der andere heißt morgen; also ist es heute der richtige Tag, um zu lieben, zu glauben, zu handeln, und vor allem zu leben."***

Für unser Selbst gibt es nur diesen jetzigen Moment. Wir dürfen das Jetzt aber nicht mit dem verwechseln, was darin passiert. Das Jetzt ist lediglich

73 http://ethnobotanisches-institut.de/was-ethnobotanik/
74 https://en.wikipedia.org/wiki/Jonathan_Ott
75 Entheogen (altgriechischen „in", theos „Gott", und genesthai „bewirken") bezeichnet eine Spirituelle Erfahrung, die als All-Einheit empfunden wird.
76 https://hanfjournal.de/2014/12/19/der-ego-tod/

der Raum, in dem alles geschieht. Das Jetzt ist jetzt, nicht morgen und nicht gestern. So könnten unsere Vorurteile die Auswirkung des Gestern sein, an dem das Ich – das Ego – haftet.

Schuldgefühle sind ebenfalls aus einem Gestern geboren, an dem wir noch haften. Wünsche und Sehnsüchte sind Utopien, die nie eintreten werden... weil es das Morgen nicht gibt. Man kann diesen Prozess damit vergleichen, dem Horizont entgegenzulaufen, den man jedoch nie erreichen wird. Dabei existiert das wahre Leben (außerhalb der Matrix) nur im sogenannten Jetzt.

Die göttliche (Selbst-)Liebe kann nur in der Gegenwart vom Selbst erfahren werden. Im Grunde ist die wahre Liebe ein Seins-Zustand des Selbst. Für das Ego ist diese Liebe nur etwas Theoretisches. Es kann Dir etliche Darstellungen über diese Liebe anbieten, die alle nicht das Geringste mit der echten Liebe zu tun haben, da ein künstliches ICH – ein Ego – keine Seelenverbindung hat. Beobachte das Ego und erkenne dich selbst...

Wenn nur das Jetzt, nur die Gegenwart existiert, kann es sich doch eigentlich nur um die Ewigkeit handeln. Oder...?

DER TOD IST NUR EINE ILLUSION – WENN AUCH EINE BESONDERS HARTNÄCKIGE

Für dieses Kapitel möchte ich noch einmal Prof. Ernst Senkowski bemühen, mit dem mich bis zu seinem Tod vor zwei Jahren eine enge Freundschaft verband. Ich lernte ihn 2005 kennen, als ich ihn vor der Veröffentlichung meines ersten Buches „Transformation der Erde“ zum ersten Mal besuchte.

Die folgenden Zitate stammen aus meinen beiden Dokumentarfilmen *(R)Evolution 2012*[77] und *Solar Revolution*, in denen Ernst Senkowski die

77 Das Jahr 2012 markiert den Beginn eines neuen kosmischen Zyklus.)

Zuschauer in einen wesentlichen Bereich seiner Forschung einführt. Dieser Bereich seiner Arbeit, mit der er sich neben seiner universitären Arbeit als Physikprofessor befasste, betreffen die sogenannten Jenseitskontakte. Ernst Senkowski wollte mit naturwissenschaftlichen Methoden herausfinden, ob sich das bekannte Phänomen der sogenannten **Tonbandstimmen aus dem Jenseits als ein Fakt oder ein Irrtum (Artefakt) erweist.** Der Entdecker dieser bemerkenswerten Tonbandstimmen war der Schwede Friedrich Jürgenson[78],[79],[80],[81]. Ernst Senkowski erfuhr, wie Millionen Zuschauer, von den merkwürdigen Jenseitsstimmen aus dem Fernsehen. Diese Sendung wurde bereits 1974 von RTL ausgestrahlt.

Abbildung 6: Professor Ernst Senkowski. Diese Aufnahme stammt aus dem Film (R) Evolution 2012 bzw. Solar Revolution.

Auch ich habe seinerzeit diese sehr beeindruckende TV-Sendung verfolgen können. Ernst Senkowski beschreibt den Beginn seiner Überprüfung und weiteren Forschung mit folgenden Worten:

---

78 Tonbandstimmen Friedrich Jürgenson im Interview mit Rainer Holbe. Siehe 18.

79 https://www.youtube.com/watch?v=bn49Hnxsn4Y

80 http://www.tonbandstimmen.de/evpmain.htm

81 http://www.vtf.de/schweden.shtml

„Nun sind Versuche gemacht worden, im frühen England, in sogenannten faradayschen Käfigen, das sind abgeschirmte Räume, in die elektromagnetische Wellen nicht eindringen können; und die (Tonband)Stimmen ***sind aufgetreten unter den Augen und im Beisein der Techniker, die als die Spitzenabschirmtechniker vom Geheimdienst, vom Militär usw.*** *gegolten haben. Diese Leute haben klipp und klar erklärt (- erklärt in Anführungsstrichen -), sie können es eben nicht erklären. Es ist also ein Phänomen, das außerhalb der (Schul-)Physik liegt, und, wie wir die Physik kennen, ist es augenscheinlich auch kein energetisches Phänomen, sonst würde man ja elektromagnetische Wellen, oder irgendetwas nachweisen können, mechanische Schwingungen sind es auch nicht. Unter diesen kontrollierten Bedingungen sind damals etwa 20 bis 30 Stimmen aufgenommen worden."*

In einer weiteren Szene wird ein solches Experiment gezeigt. Dazu schaltet Ernst Senkowski eine eigene Tonbandaufnahme ein. Hierbei ist zu hören:

„Der Experimentator fragt: In welcher Zeit lebt ihr? Antwort: In keiner Zeit, Zeit ist nicht vorhanden. Der Experimentator fragt einen anderen Kommunikator: Wo sind Sie, von wo rufen Sie mich? Antwort: ***Im Sein. Sein ist erleben, erleben ist erfahren, egal, wann, wo, oder wie es passiert, denn alles passiert jetzt."***

Obwohl ich diesen Text bereits mehrfach gehört habe, erlebe ich selbst beim Lesen meiner soeben geschriebenen Zeilen noch etwas wesentlich Tiefgreifenderes. Allein die Antwort auf Professor Senkowskis Frage an die unbekannte Stimme aus dem Jenseits (*„Wo sind Sie, von wo rufen Sie mich?"*) ***„Im Sein. Sein ist erleben, erleben ist erfahren, egal, wann, wo, oder wie es passiert, denn alles passiert jetzt."*** erregt mich in einer ganz besonderen Art und Weise. Offenbar hatte ich diese Aussage eher theoretisch, quasi philosophisch aufgefasst. **Doch sollte es sich tatsächlich um einen echten Jenseitskontakt handeln, so wäre das eine Sensation ersten Ranges. So steckt in dieser Aussage u. a. ein Teil der Antwort auf die elementaren Fragen „Woher komme ich?" und „Wer bin ich?".** In diesem Sinne wird uns die Bedeutung des Seins in einem anderen Licht dargestellt. Liebe Leser, ich empfehle euch, diese Passage auf euch einwirken zu lassen. Für diesen Zweck habe ich diese Sequenz aus meinem Film für Euch bereitgestellt. Ihr erreicht sie unter:

www.dieter-broers.de/senkowski

Bitte erfühlt diese Passage, die Stimme von Ernst Senkowski und die unbekannte Stimme aus dem Jenseits. Bevor ich Euch meine ganz persönliche Erfahrung mit einer Tonbandstimme erzähle, möchte ich den Begriff Jenseits, so wie er im allgemeinen Verständnis gebraucht wird, darlegen.

Jenseits ist ein Begriff zur Bezeichnung einer ***„anderen Wirklichkeit“***, die sich nach mythischen, religiösen und mancherorts esoterischen Vorstellungen außerhalb unserer normalen Tagesrealität befindet. Die ältesten archäologisch nachweisbaren oder zumindest aufgrund der archäologischen Befunde wahrscheinlichen Jenseitsvorstellungen können in der Bestattungskultur vermutet werden. Grabbeigaben (Waffen, Lebensmittel, Schmuck) **deuten darauf, dass man mit einem „Fortleben“ des Bestatteten in einem Jenseits rechnete.** Der Aufwand, der mancherorts schon in vorgeschichtlicher Zeit bei der Grabausstattung getrieben wurde, erklärt möglicherweise, dass die **Jenseitsvorstellungen und Erwartungen eines *„Lebens nach dem Tod“* schon in der damaligen Wahrnehmungswelt eine bedeutende Rolle spielten.** Spontan erinnere ich mich gerade an den **Jenseitskult der alten Ägypter**. Der Begriff Jenseits umfasste in der altägyptischen Mythologie die beiden Bereiche Himmel und Unterwelt.[82]

An dieser Stelle möchte ich Euch meine ganz persönliche Erfahrung mit einer Stimme aus dem Jenseits berichten. Wie ich bereits erwähnt habe, gehörte auch ich zu den Fernsehzuschauern der mehrfach erwähnten RTL-Sendung mit Rainer Holbe. Wenige Tage später baute ich mir eine Anordnung auf, die der im TV beschriebenen Versuchsanordnung ähnelte. Ich zog mich – seinerzeit 23 Jahre alt – in das Schrebergartenhäuschen meiner Eltern zurück. Mir erschien es wichtig, dieses Experiment ungestört und in aller Ruhe durchzuführen. Ich hatte mich für die einfachste Variante entschieden, indem ich das Tonbandexperiment von Herrn Jürgenson wiederholen wollte. Meine Empfangsanordnung war ein einfaches Mikrofon, welches ich mit meinem Tonbandgerät verband. Anschließend verließ ich für eine Stunde das Häuschen, nachdem ich mein Tonbandgerät einschaltete.

82 https://de.wikipedia.org/wiki/Jenseits_(Altes_Ägypten)

Da in dem ausgewählten Raum keinerlei hörbare Geräusche zu erkennen waren, konnte ich davon ausgehen, dass in dieser Stunde nichts Störendes meinen Versuch beeinflussen würde. Ich erinnere mich noch genau daran, wie ich in einem erwartungsvollen Zustand etwas eher zu meinem Tonband zurückkehrte. So spulte ich das Band zurück, um mir in aller Ruhe meine Aufnahme anzuhören. Nach etwa einer halben Stunde hatte sich meine leichte Unruhe gelegt. Ich war nun doch davon überzeugt, dass dieser Versuch zu keinem Erfolg führen würde. Es war einfach nichts hörbar, lediglich ein leises Rauschen und ab und zu ein paar sehr leise Geräusche aus der Nachbarschaft. Nun, ich würde über dieses Erlebnis nicht berichten, wenn nicht doch etwas Außergewöhnliches geschehen wäre.

Am eindringlichsten erinnere ich mich an den Schock, den ich erlebte, als plötzlich aus dieser Ruhe etwas meinen Namen rief. Es war in etwa so, als ob mich jemand aus großer Entfernung rief. Ungefähr so, als wenn jemand etwas Wichtiges von einem Berggipfel ins Tal rief. Doch das Überraschendste war die Stimme selbst. Unverkennbar handelte es sich hierbei um meinen so sehr geliebten Großvater. Er war für mich der einzige Zuhörer meiner kindlichen Visionen und jemand, der mir mit seiner gefühlvollen Art immer zusprach und mich mit meinen Vorstellungen unterstützte. Ihr könnt Euch sicherlich vorstellen, was sein so früher Tod für mich bedeutete. Mein geliebter Großvater (Johannes Broers) verstarb, als ich 7 Jahre alt war.

Völlig unvorbereitet hörte ich nun sein Rufen – er rief meinen Namen. In seiner ganz eigenen Art, die mir immer noch vertraut war. In meiner großen Erregung nahm ich das Tonband mit nach Hause. Ich wollte diese Aufnahme meinem Vater vorführen. Er war der Sohn meines Großvaters. Ohne eine Erklärung abzugeben, spielte ich diese Aufnahme meinem Vater vor. „Woher hast du das?" fragte er mich mit offensichtlichem Erstaunen. Er ging davon aus, dass es sich um eine Tonsequenz handelte, die zu Lebzeiten seines Vaters aufgenommen wurde (mein Vater hatte zu Lebzeiten meines Großvaters mehrfach seine Eltern über ein Mikrofon aufgenommen). Mit anderen Worten, mein Vater identifizierte die Stimme seines Vaters sofort. Mich enttäuschte allerdings die Reaktion meines Vaters zutiefst, als ich ihm von meinem Versuch berichtete.

Offensichtlich war ihm diese Angelegenheit einfach zu unheimlich. Er sprach nie wieder mit mir darüber und ermahnte mich, von derartigen Versuchen „die Finger zu lassen". Diesen Rat befolgte ich. Bis heute habe ich hierüber mit kaum einem Menschen geredet. Erst durch die Forschungsergebnisse von Professor Ernst Senkowski fühlte ich mich aufgerufen, dieses so wichtige Thema in seiner Tiefe und Tragweite zu betrachten.

„WO" IST DIESES JENSEITS?

Wie können wir uns dieses Jenseits vorstellen?

Was könnten wir uns aus heutiger Sicht als das Jenseits vorstellen?

Ist das Jenseits ein anderer Seins-Zustand? Eines scheint klar: Wenn es existiert, muss es natürlich zum Sein (**Alles** was ist) gehören. Ist es überhaupt möglich, sich über diese jenseitige Welt eine genauere Vorstellung zu machen? Die klassische Naturwissenschaft findet für ein Fortleben nach dem physischen Tod offenbar keine passenden Modelle. Insofern ist ein Jenseits als „Örtlichkeit" für die hier verstorbenen Menschen mit ihren Mitteln nicht möglich. Das erwähnt auch Professor Senkowski immer wieder. Die professionelle Abschirmung von elektromagnetischen Feldern oder Schallwellen konnte die Jenseitskontakte auf jeden Fall nicht unterbinden. Es musste sich also um ein bis dahin unbekanntes physikalisch wirksames Phänomen handeln. Ein wirkendes Medium (Agens[83]) des Geistigen wurde von der Physik bis dato nicht erfasst. Aber die Schlussfolgerung, etwas für nicht existent zu halten, nur weil man es nicht mit den in der Physik gebräuchlichen Messmethoden messen kann, ist unzulässig, zumindest höchst bedauerlich. Giuliana Conforto beschreibt dieses Dilemma mit folgenden Worten:

„Liebe ist die stärkste Kraft der Natur. Also, warum finden Wissenschaftler die Liebe nicht? Sie verwenden einfach die falschen Mittel, weil sie künstliche Instrumente und die falsche Mathematik benutzen, die nicht dafür geeignet sind, unsere Gefühle und die Liebe zu messen. Aber unsere Gedanken und unsere Körper können das.“ [84]

Nicht nur im Nachweis von Gedanken und Gefühlen sind die bisherigen Messmethoden unbrauchbar. Auch in der Quantenphysik ist das Messproblem ein scheinbar unüberwindliches Problem. Eine Lösung des Messproblems basiert auf einer Welt losgelöst von Raum und Zeit, die wir als innere Welt bezeichnen können. **Diese innere Welt ist nicht isoliert von unserer materiellen Welt. Faktisch sind beide Welten vielmehr auf das Engste verbunden; zwischen ihnen besteht ein reger Informationsaustausch.** Genau dieser Informationsaustausch löst nicht nur das Messproblem. **Er liefert uns vor allem auch eine plausible Erklärung für unser Bewusstsein. Diese Erklärung verweist uns darauf, dass unser Wesenskern auch nach dem körperlichen Ableben („Tod“) besteht und zu einer Selbstreflektion fähig ist. All unsere bisherigen Erfahrungen bleiben uns dabei ewig erhalten.**

---

83 Agens, das Handelnde, Darstellende, Führende, Tuende, Verfahrende, Vorgehende, Wirkende.

84 Juliana Conforto im Film "Solar Revolution" (http://dieter-broers-shop.de/dvd/solar-revolution-deutsch)

MEIN WEG IN DIE INNERE WELT

Zu Beginn der 80er Jahre erfuhr ich erstmals von zwei Physikern, die mein Leben bis heute in ganz besonderem Maße geprägt haben. Von dem berühmten Biophotonenforscher Fritz Albert Popp[85] erhielt ich damals den Rat, mich einmal etwas näher mit Burkhard Heim zu befassen. Etwa zwei Jahre später erfuhr ich aus dem Radio (Bayern3) von Jean Emile Charon – ein Physiker, der aus seiner Habilitationsarbeit ein kleines Sachbuch mit dem Namen ***„Der Geist der Materie“*** verfasst hatte. Charon war *„Nuklearphysiker und beschäftigte sich beruflich in der Nachfolge Albert Einsteins mit der Vereinheitlichung der wesentlichen physikalischen Theorien im Sinne der sog. Weltformel“*.[86] In erster Linie war Jean Emile Charon jedoch Schöpfer der ***„Komplexen Relativitätstheorie“***[87], die eine Weiterentwicklung der Speziellen Relativitätstheorie, der Allgemeinen Relativitätstheorie, der Quantenmechanik und der Quanten-Chromodynamik[88] darstellt. Am bemerkenswertesten für mich war zunächst die verblüffende Ähnlichkeit der Schlussfolgerungen dieser beiden Physiker, die sich – zumindest bis zur Veröffentlichung ihrer Forschungsergebnisse – nicht kannten.

Beide hatten unabhängig voneinander etwas erreicht, was zumindest das Potenzial einer Weltformel darstellt. Ihnen gelang es mit physikalisch-mathematischen Methoden etwas zu vereinigen, was bisher keinem Naturwissenschaftler gelungen war: Geist und Materie. Für diese Vereinigung

---

85 http://www.spiegel.de/wissenschaft/mensch/biophotonen-das-raetselhafte-leuchten-allen-lebens-a-370918.html

86 https://de.wikipedia.org/wiki/Jean_Émile_Charon

87 Herleitungen aus der „Komplexen Relativitätstheorie“ (Théorie de la Relativité complexe, Albin Michel (Paris), 1977.) von Jean-É. Charon.

88 https://de.wikipedia.org/wiki/Quantenchromodynamik

mussten die drei räumlichen Dimensionen[89] (Länge, Breite und Höhe) auf acht, bzw. bei Burkhard Heim auf 12 Dimensionen erweitert werden. Das hört sich erst einmal etwas kompliziert an. Nichtsdestoweniger halte ich ihre Arbeiten für die maßgeblichsten Errungenschaften der Geistes- und Naturwissenschaft überhaupt. Ich möchte soweit gehen, dass ich meine Bücher ohne die Kenntnis ihrer Modelle nicht geschrieben hätte. Es bliebe bei mehr oder weniger philosophischen Betrachtungen, von denen es bereits eine unüberschaubare Menge gibt.

DIE GANZHEITLICHKEIT UNSERER WIRKLICHKEIT

Besonders nach den Herleitungen von Burkhard Heim ist das gesamte materielle Sein, selbst das Universum und seine nahezu unendlich vielen Geschwisteruniversen, aus einer geistigen Dimension heraus entstanden. Geist unterliegt nicht der Polarität. Geist ist apolar. *»Das, was wir als Materie bezeichnen, unterliegt einem Wirkprozess, der von den geistigen Dimensionen gesteuert wird. Von der Entstehung bis zur Steuerung der materiellen Welt entspringt alles den geistigen Dimensionen.«*[90]

89 Der Minkowski-Raum, benannt nach Hermann Minkowski, ist ein vierdimensionaler Raum, in dem sich die Relativitätstheorie elegant formulieren lässt. Nach B.Heim und J.Charon entspricht die 4. Dimension der (Raum-)Zeit.

90 Persönliche Mitteilung von Burkhard Heim an den Autor.

Unser Sein in einem 12-dimensionalen Raum

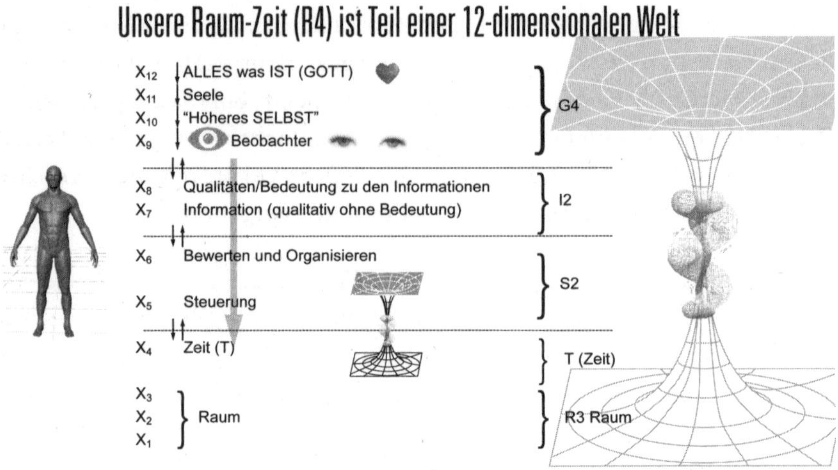

Abbildung 7: Die Welt im Auge des Betrachters. Eine ganzheitliche Darstellung unseres Seins

Wie im Kapitel „Verändere die Beobachtung und du veränderst die Realität" genauer beschrieben, ist nach Burkhard Heim[91] und seinem Kollegen, dem Mathematiker Walter Dröscher[92], der Mensch in einem zwölfdimensionalen Bereich eingebettet. Ihren Berechnungen zufolge sind die **„Informationen zeitlos in einer universalen Datenbank (I2[93]) angelegt.** Rechnerisch kann sie der 7. und 8. Dimension zugeordnet werden. Diese kosmische Datenbank könnte auch als die sogenannte Akashachronik[94] gedeutet werden. Es ist die **Datenbank allen Weltgeschehens. Alles, was im Kosmos geschieht,**

91 Der im Januar 2001 verstorbene Physiker Burkhard Heim gehörte zu den Ausnahme-Erscheinungen der modernen Wissenschaft. Sein Lebenswerk führt die Kulturgeschichte der modernen Physik in die Zukunft und nach Max Planck und Werner Heisenberg ist Burkhard Heim der maßgebliche Vordenker in einer naturwissenschaftlichen Disziplin, die einzig und allein in der Lage ist, auch die Feinstofflichkeit in einem mehrdimensionalen Raum-Zeit-Gefüge zu erfassenund nachzuweisen.

92 https://en.wikipedia.org/wiki/Walter_Dröscher

93 I2 = Informationsraum umfasst die Dimensionen x7 und x8.

94 Die Akasha-Chronik ist das geistige Weltengedächtnis, der Akashastoff, in dem der Geistesforscher die Ereignisse der fernsten Vergangenheit lesen kann. Angaben über das Weltgedächtnis finden sich bereits bei Platon, Marsilio, Ficino, Parecelsus usw.

ist hier abgelegt. All diese Erfahrungs- und „Wertevorräte" stehen unserem Wesenskern – dem höheren Selbst – zur Verfügung. Nach dem 12-dimensionalem Modell von Burkhard Heim wären Wesenskern bzw. höheres Selbst in der 10. und 11. Dimensionen verortet – quasi über der 7. und 8. Dimension. Die vier Dimensionen 9 bis 12 nennt Burkhard Heim den G4 Raum. Wobei das G für Gott steht, der im Wesentlichen sozusagen in diesen 4 Dimension beheimatet ist. Hier ist der eigentliche **Ursprungsraum. Von hier wurden und werden die geistigen Schöpfungen vorgenommen.**

Ich denke, dass bereits dieser sehr kurze Einblick auf das 12-dimensionale Weltmodell von Burkhard Heim uns die nicht hoch genug zu bewertende Tragweite erahnen lässt. In diesem Kapitel möchte ich jedoch nur einen Aspekt hervorheben, der sich aus diesem Modell ergibt. Hier soll es mir zunächst um die „Unzerstörbarkeit" von Information gehen. Sie ist eine Voraussetzung für den Fortbestand unseres Lebens (quasi für ein Leben nach dem Tod).

Auch Charon kommt zu sehr ähnlichen Ergebnissen wie Burkhard Heim. Sein Modell (Komplexe Relativitätstheorie[95]) weist als ein Ergebnis aus, dass **das Gehirn selbst keine informationsspeichernde Funktion besitzt,** sondern dass alle von einem Individuum generierten Informationen, wie zum Beispiel die zu Lebzeiten gemachten Erfahrungen, dezentral durch die Elektronen des physischen Körpers gespeichert werden. Demnach bestünde die eigentliche Aufgabe des Gehirns darin, über elektromagnetische Impulse die benötigten Informationen aus dem Speicher der Elektronen abzurufen und für deren optimale Organisation und Koordination innerhalb des Körpers zu sorgen. Darüber hinaus sei der gesamte menschliche Körper mit seinen unendlich vielen Elektronen mit einem Sensor vergleichbar, der aktiv in die auf der Quantenebene stattfindenden Kommunikationsprozesse eingebunden ist.

Seit Jahrtausenden haben uns unterschiedlichste Religionen und Philosophen mehr oder weniger ein „Leben nach dem Tod" in Aussicht gestellt. Von einigen Naturvölkern einmal abgesehen, waren diese Lehren für die meisten Menschen nur von theoretischem Wert. Besonders im abendländischen

95 https://de.wikipedia.org/wiki/Jean_%C3%89mile_Charon

Kulturkreis hat die Naturwissenschaft gegenüber dem alten Wissen die Vorherrschaft übernommen. Hier wird für wahr gehalten, was gemessen und berechnet werden kann (Naturwissenschaft als Religion der Neuzeit). Doch stehen die Aussagen von Naturwissenschaftlern wirklich im Gegensatz zu den Weisheitslehren? Sicherlich nicht.

III

GEGENWART UND EWIGKEIT

GEGENWART UND EWIGKEIT

„Die Zeit kommt aus der Zukunft, die nicht existiert, in die Gegenwart, die keine Dauer hat, und geht in die Vergangenheit, die aufgehört hat zu bestehen." (Aurelius Augustinus)[96]

„Der Unterschied zwischen Vergangenheit, Gegenwart und Zukunft", so befand Albert Einstein, ***„ist für uns Wissenschaftler eine Illusion, wenn auch eine hartnäckige."***

Sein Kollege Edward R. Harrison[97] fügte dieser Aussage Einsteins hinzu: ***„Wir brauchen nur zu fragen mit welcher Geschwindigkeit sich das ‚Jetzt' durch die Zeit bewegt und wie das Gefühl von Vergehen mit dem Eindruck von Beständigkeit vereint werden kann, um zu bemerken, dass wir das Wesen der Zeit noch immer nicht verstehen."***

Im Grunde erkannte schon Aristoteles, dass dem Fluss der Zeit keine Geschwindigkeit zugeschrieben werden kann. Es vollziehe sich ***eine Veränderung schneller und langsamer, doch für die Zeit gilt das nicht. ‚Schnell' und ‚langsam' werden vielmehr an der Zeit gemessen.*** Folglich sei, schloss Aristoteles, ***„die Zeit keine Bewegung."***

Ganz offenbar existiert die **Zeit nicht in der Form, in der wir sie uns vorstellen. Unser Zeitgefühl ist nur eine Wahrnehmung unseres ICHs – unseres Egos.** Eckhart Tolle beschreibt dieses scheinbare Phänomen mit den Worten:

„Zeit ist überhaupt nicht kostbar, denn sie ist eine Illusion. Was dir so kostbar erscheint, ist nicht die Zeit, sondern der einzige Punkt, der außerhalb der Zeit liegt: Das Jetzt. Das allerdings ist kostbar. Je mehr du dich auf die Zeit konzentrierst, auf Vergangenheit und Zukunft, desto mehr verpasst du das Jetzt, das Kostbarste, was es gibt."

---

96 http://www.zitate-online.de/autor/augustinus-aurelius/

97 https://en.wikipedia.org/wiki/Edward_Robert_Harrison

So sehr uns diese Aussagen auch erstaunen mögen, sie sind selbst aus naturwissenschaftlicher Sicht haltbar.

„Zeit ist nur eine Illusion", lautet die Überschrift eines Artikels in Online Focus[98].

„.. womöglich wirft eine radikale Neuinterpretation der Realität alles um. Denn sowohl Albert Einsteins Relativitätstheorie als auch spekulative Vorschläge für eine „Weltformel" legen eine irritierende Schlussfolgerung nahe: Die uns so vertraut und manchmal quälend erscheinende Zeit könnte eine blanke Illusion sein – und in Wirklichkeit gar nicht existieren. Eine Konsequenz dieser revolutionären Neuinterpretation der Physiker ist, dass ***„Gestern und Morgen eins sind"****.*

„Die moderne Physik schockiert mit einer radikalen Neuinterpretation der Realität: Die Zeit ist eine bloße Illusion. Dieser Fluss der Zeit ist uns sehr vertraut und zugleich äußerst rätselhaft – aber trotzdem wohl eine blanke Illusion. Denn immer mehr Physiker und Philosophen kommen zu dem Schluss, dass es die Zeit objektiv überhaupt nicht gibt. „Das zu erkennen, ist vielleicht die größte intellektuelle Herausforderung, mit der die Menschheit jemals konfrontiert wurde", sagt der Philosoph und Physiker Vesselin Petkov von der Concordia University im kanadischen Montreal."[99]

Gleichzeitig ist ein Ereignis nur mit sich selbst. Diese Ansicht stammt von Albert Einstein. **Das Jetzt "verdunstet" auf unendlich kleinem Raum und in unendlich kurzer Zeit.** Diese Aussage mag wohl der Anlass seiner berühmten Aussage gewesen sein: ***„Der Unterschied zwischen Vergangenheit, Gegenwart und Zukunft ist eine Illusion, wenn auch eine hartnäckige."***

Liebe Freunde, könnt ihr mit derartigen Aussagen etwas anfangen? Was bewirken sie bei euch? Mich erinnern sie jedes Mal an Koans: Unlösbare Fragen, die Zen-Meister ihren Schülern stellen – ein nicht mit dem Denken

98 http://www.focus.de/wissen/bild-der-wissenschaft/tid-8332/physik_aid_229939.html
99 Dieser Online Focus Artikel wurde aus „bild der wissenschaft", Heft 1/2008 entnommen.

zu lösendes Rätsel. Im Zen-Buddhismus[100] stellt der Meister dem Schüler ein Koan, **eine Frage, die nicht durch Denken beantwortet werden kann.** Dabei weiß jeder Schüler genau, dass es keine Lösung für die Frage gibt, und doch lohnt es sich für ihn, ihr wirklich auf den Grund zu gehen. **Wenn sich das Denken erschöpft hat, kommt es zu einer echten Erfahrung, und das ist die gesuchte Antwort.**

Lassen wir den Satz von Albert Einstein doch einmal wie ein Koan auf uns einwirken: *„Der Unterschied zwischen Vergangenheit, Gegenwart und Zukunft ist eine Illusion, wenn auch eine hartnäckige."* Überlasst die Reaktionen **weniger dem Verstand, als dem Gefühl**, das er bei euch bewirkt. Ich möchte euch nun noch einmal bitten, diesen Satz von Albert Einstein mit aller Aufmerksamkeit zu lesen und anschließend eure Augen zu schließen. Versucht dabei die Position eures Verstandes (euer ICH bzw. Ego) mit eurem „Bauchgefühl", mit eurem Selbst, zu vergleichen. Achtet auf möglichst alle körperlichen, emotionalen und geistigen Reaktionen.

Obwohl oder gerade weil wir diesen Satz nicht verstehen, er uns unlogisch und irgendwie unsinnig erscheint, birgt er die Lösung in sich. Diese besteht darin, den Verstand zur Ruhe zu bringen, um so das Selbst in den Vordergrund zu stellen.

Bekanntlich reagierten die Giganten der Physik außerordentlich verstört auf ihre Forschungsergebnisse aus der Quantenphysik. Niels Bohr, Albert Einstein und Richard Feynman, allesamt Nobelpreisträger für Physik, schienen ihre eigenen Forschungsergebnisse „nicht verstanden" zu haben.

Von Niels Bohr stammte der berühmte Satz ***"Wer über die Quantentheorie nicht entsetzt ist, der hat sie nicht verstanden.".***
Oder
"Wer sagt, er versteht die Quantenphysik, der hat sie nicht wirklich verstanden."
Diese Bemerkung des Nobelpreisträgers Richard Feynman ist heute

100 Zen-Buddhismus oder Zen ist eine in China ab etwa dem 5. Jahrhundert der christlichen Zeitrechnung entstandene Strömung oder Linie des Mahayana-Buddhismus, die wesentlich vom Daoismus beeinflusst wurde.

zutreffender denn je. In den letzten Jahren bahnte sich eine zweite Revolution der Quantenphysik an. Sie zeigt, dass die merkwürdige Welt des Mikrokosmos Regeln folgt, die unserer Alltagserfahrung total widersprechen.

Meiner Überzeugung nach hat die Quantenphysik die Schwelle des Übergangs zwischen Materie und Geist erreicht. Auf einer Metaebene sind Geist und Materie ohnehin nicht voneinander zu trennen. Sind bestenfalls unterschiedliche Erscheinungsformen. Ein weiterer Nobelpreisträger, Erwin Schrödinger, geht gar so weit zu behaupten, dass: ***„Korpuskeln (Materie) sich so verhalten, als ob sie substantielle Dauerwesen wären.“***.

Es scheint tatsächlich, dass wir die **Grenzen unseres Verstandes** aufgezeigt bekommen haben. Ein Zitat von Johann Wolfgang von Goethe relativiert unseren überbewerteten Verstand: ***„Es hört doch jeder nur, was er versteht.“***

WAS WIR WIRKLICH WAHRNEHMEN

Hören (im Sinne von wahrnehmen und glauben) wir tatsächlich nur die Dinge, die wir mit unserem Verstand verstehen? Wenn wir unsere selektive Wahrnehmung[101] noch hinzunehmen, die uns nur Dinge wahrnehmen lässt, die wir wahrnehmen wollen, möchte ich diese Frage mit einem Ja beantworten. Die **selektive Wahrnehmung** ist ein psychologisches Phänomen, bei dem nur bestimmte Aspekte der Umwelt wahrgenommen und andere ausgeblendet werden. Vortrefflich bemerkte Henri-Louis Bergson[102] hierzu: ***„Das Auge sieht nur, was der Geist bereit ist, zu begreifen.“***

Mich erinnert diese Aussage an die Geschichte, die erzählt wird, dass die amerikanischen Ureinwohner Columbus‘ Schiffe nicht sehen konnten, als sie in der Ferne vor der Küste ankerten. Und zwar, weil diese völlig

101 http://lexikon.stangl.eu/1708/selektive-wahrnehmung/
102 https://de.wikipedia.org/wiki/Henri_Bergson

anders aussahen als alles, was sie zuvor gesehen hatten. Erst nachdem der Schamane des Ureinwohnerstammes für einige Zeit auf das Meer blickte, da er die Bewegungen des Wassers wahrnahm, konnte er die Schiffe schließlich wahrnehmen. Nachdem dieser Schamane seine Stammesmitglieder auf dieses Ereignis hingewiesen hatte, konnten sie die Schiffe dann auch sehen. Diese Geschichte mag zwar umstritten sein, doch gilt dieses Phänomen in der Gehirnforschung als stimmig. **Das wahrnehmende Gehirn nimmt bewusst nur Dinge wahr, die es kennt bzw. die es sehen will.**

Subjektiv verhält sich das natürlich ganz anders. Man ist meistens davon überzeugt, dass man zumindest die Dinge, die sich unmittelbar in der persönlichen Umgebung ereignen, mitbekommt und dabei auch zutreffend wahrnimmt. Dass das nicht immer so ist und einem trotz guter Konzentration auch schon mal etwas durchgehen kann, hat jeder schon einmal erlebt. Trotzdem gehen wir davon aus, dass wir uns auf unsere Sinne weitestgehend verlassen können, sonst würde niemand mehr vor die Türe gehen, geschweige denn sich in ein Auto setzen. Dabei können die Dinge, die wir, wenn wir uns auf etwas anderes konzentrieren, nicht wahrnehmen, sogar größer sein als wir selbst! Selbst die schlauesten Menschen scheinen gelegentlich von Blindheit geschlagen. In puncto Unzulänglichkeiten haben wir alle die gleichen Schwächen; irren ist eben menschlich.

Mittlerweile gibt es eine Reihe interessanter Experimente zur **Unaufmerksamkeitsblindheit**, wie das Phänomen wissenschaftlich heißt. In den 1990er-Jahren ließen die zwei amerikanischen Psychologen Arien Mack und Irvin Rock Probanden die Länge von Linien vergleichen, die jeweils nur wenige Augenblicke auf einem Bildschirm eingeblendet wurden. Viele waren von dieser Aufgabe so absorbiert, dass sie das Quadrat übersahen, das von Zeit zu Zeit auf dem Bildschirm auftauchte.

Andere Versuchsleiter präsentierten einen Clown auf einem Einrad, den von ihrem Mobiltelefon absorbierte Menschen nicht wahrnahmen. Die anderen inszenierten Verfolgungsjagden, bei denen die Versuchspersonen einen Bekannten einholen sollten und dabei eine Prügelei am Wegesrand übersahen.

Daniel Simons und Daniel Levin machten ein Experiment zur so genannten **Veränderungsblindheit**, bei dem Passanten nach dem Weg gefragt wurden. Während des Gesprächs marschierten zwei Männer mit einer Tür auf den Schultern zwischen beiden hindurch. In dieser Deckung wurde der Mann mit der Frage zum Stadtplan ausgetauscht: Der Passant erklärte nun diesem den Weg und bemerkte nicht, dass er mit einer anderen Person sprach als vorher.

Das berühmteste Experiment zu diesem Thema stammt jedoch von den Psychologen Christopher Chabris und Daniel Simons. Sie stellten den Studenten, die an ihrem Versuch teilnahmen, die Aufgabe, sechs Basketballspieler zu beobachten. Drei trugen weiße, drei schwarze T-Shirts und warfen sich jeweils gegenseitig einen Ball zu. Die Aufgabe lautete, die Pässe der weiß gekleideten Spieler zu zählen. Irgendwann querte ein Schauspieler im Gorillakostüm das Spielfeld. Völlig offensichtlich, doch die meisten Probanden bemerkten das nicht.[103]

Vielleicht habt ihr ja Lust, mal eine/n Freund/in oder Bekannte/n als euren eigenen Probanden vor den Bildschirm zu bitten und spielt ihm das Video vor, in dem man den Versuch anschauen kann. Ihr findet das Video unter dem Link https://www.youtube.com/watch?v=IGQmdoK_ZfY,

Wer den kurzen Film sieht, kann nicht fassen, dass irgendjemand den Gorilla nicht sofort sieht. Doch es ist weder dumm noch peinlich, sondern nur normal, den Gorilla zu übersehen. Zu diesem Schluss kommt die Psychologin Carina Kreitz vom Institut für Kognitions- und Spielforschung der Deutschen Sporthochschule Köln in ihrer im Fachblatt *Perception* veröffentlichten Studie.[104] Demnach sind Menschen unabhängig von ihrer sogenannten kognitiven Kapazität dazu veranlagt, den Gorilla im Raum zu übersehen. *"Die geistige Leistungsfähigkeit beeinflusst so gut wie gar nicht, ob jemand anfällig für die Unaufmerksamkeitsblindheit ist"*, sagt Kreitz. Vielmehr handelt es sich um

103 Der Artikel von Sebastian Herrmann erschien am 12. November 2015 in der Süddeutschen Zeitung

104 https://www.dshs-koeln.de/fileadmin/redaktion/Institute/Kognitions-_und_Sportspielforschung/Publikationen/Paper/Kreitz_2015_The-influence-of-attention-set-working-memory-capacity-and-expectations-on-inattentional-blindness.pdf

eine wohl **universelle Eigenart des Denkens und der Wahrnehmung**. Und noch etwas kam in ihrer Studie heraus: Gerade weil etwas so offensichtlich ist, wird es leicht übersehen, nicht obwohl. Je deutlicher sich ein unerwarteter Reiz (etwa der schwarze Gorilla) vom Fokus der Konzentration (die Basketballspieler in den weißen T-Shirts) unterscheidet, desto leichter entgeht er der Wahrnehmung. Auch das ist irgendwie beruhigend.

Wie praxisrelevant diese Befunde sein könnten, zeigte der Psychologe Daniel Memmert von der Sporthochschule Köln im Fachblatt *Sport Psychology*. Die Kurzfassung seiner Versuche mit Handballspielern lautet: Je mehr konkrete Anweisungen ein Trainer seinen Spielern gibt und später vom Rand des Feldes plärrt, desto eher übersehen die Spieler unerwartete, aussichtsreiche Situationen wie etwa einen gut postierten Mitspieler. Durch die Instruktionen des Trainers konzentrierten sich die Handballer so sehr auf spezifische Spielzüge, dass sie blind für abweichende Muster waren.

Weder die Handballer noch andere Probanden der vielen Experimente zur Unaufmerksamkeitsblindheit litten an kognitiven Beeinträchtigungen irgendwelcher Art. Vielmehr sei es wahrscheinlich so, dass ihre geistigen Ressourcen durch eine gestellte Aufgabe so ausgelastet sind, dass das Gehirn quasi aus Gründen der Effektivität gezwungen ist, alle Reize auszublenden, die vom Raster abweichen. Eine fordernde Aufgabe verengt den Fokus. *"Deswegen wurde lange vermutet, dass das kognitive Leistungsvermögen eines Menschen bestimmt, wie empfänglich er für die Aufmerksamkeitsblindheit ist"*, sagt Carina Kreitz. Ein großer Geist sollte schließlich mehr Ressourcen zur Verfügung haben. Doch die Untersuchungen dazu lieferten keine klaren Ergebnisse. Sie fanden entweder keine Korrelationen oder nur schwache und widersprüchliche.

Für ihre Studie ließ Kreitz 115 Probanden zwei verschiedene Symbole, die entweder schwarz oder weiß waren, auf einem Bildschirm zählen. Dann bewegte sich ein unerwartetes Zeichen über die Breite des Bildes. Zuvor hatten die Psychologen mit entsprechenden Tests das Leistungsvermögen des Arbeitsgedächtnisses der Probanden gemessen. Wer sich rasch viel merken kann, verbraucht weniger geistige Ressourcen für die gestellten Aufgaben und bemerkt den Gorilla beziehungsweise das überraschende Symbol leichter, so die Überlegung. Doch dafür fanden die Forscher keine Belege. Ein gutes Arbeitsgedächtnis schützte nicht vor Blindheit.

Kognitive Leistungstests verraten also nicht, wer für den Gorilla-Effekt anfällig ist. Mehr noch: Selbst wenn die Probanden wissen, dass bald etwas Ungewöhnliches präsentiert wird, übersehen es viele. Die australischen Psychologinnen Vanessa Beanland und Kristen Pammer berichteten, dass auch Psychologiestudenten dafür anfällig sind, die von der Unaufmerksamkeitsblindheit wissen. Sogar wenn sie explizit über das Phänomen aufgeklärt werden, fallen noch einige darauf herein.

RADIOLOGEN BEMERKTEN TIERBILDER NICHT, DIE IN AUFNAHMEN EINER LUNGE MONTIERT WAREN

Etwa, wenn sich der unerwartete Reiz überdeutlich von dem erwarteten unterscheidet, wie Kreitz beobachtet hat. *"Dann kann das dem gleichen Probanden mehrmals passieren, obwohl er darauf vorbereitet ist."* Sollten ihre Testteilnehmer schwarze Symbole zählen, übersahen sie unerwartete weiße – obwohl sie wussten, dass sie erscheinen würden. Anhand konkreter Objekte demonstrierten die Psychologen Steven Most und Robert Astur den Umstand, dass hoher Kontrast die Unaufmerksamkeitsblindheit fördert: Sollten sich Teilnehmer in Fahrsimulatoren auf blaue Signale konzentrieren, übersahen und überfuhren sie unerwartet auftauchende gelbe Motorräder eher als blaue.

Was tun, gibt es ein Mittel gegen die Unaufmerksamkeitsblindheit? *"Ich glaube nicht, dass sich das etwa durch Training vermindern lässt"*, sagt Kreitz. Sogar Spezialisten sind anfällig, wie einmal mehr der Gorilla zeigte. Diesmal versteckte der Psychologe Trafton Drew Bilder eines Affen in Scans von Lungen und legte sie Radiologen vor, wie er 2013 in *Psychological Science* berichtete.[105] Die Ärzte sollten nach Knötchen im Lungengewebe suchen.

---

105 http://journals.sagepub.com/doi/pdf/10.1177/0956797613479386

Mehr als drei Viertel übersah dabei das Affenbild auf dem Scan, obwohl es bis zu 84-mal so groß war wie ein Knötchen. Es ist eben niemand perfekt. Nicht einmal Experten.

Unaufmerksamkeitsblindheit *(auch Blindheit wegen Unaufmerksamkeit; engl. inattentional blindness) ist die Nichtwahrnehmung von Objekten, bedingt durch die eingeschränkte Verarbeitungskapazität des menschlichen Gehirns. Die Nichtwahrnehmung größerer Veränderungen an Objekten in der Umgebung nennt man* ***Veränderungsblindheit*** *(change blindness). Zusammengefasst legen diese Feststellungen den Schluss nahe, dass nur Objekte und Details wahrgenommen oder bemerkt werden, auf die die Aufmerksamkeit gerichtet wurde. Das Gehirn muss selektieren, welche Informationen relevant sind und welche weniger. Erst indem sich die Aufmerksamkeit einem Reiz zuwendet, wird dieser bewusst. Die* ***Ausrichtung der Aufmerksamkeit*** *beeinflusst die Aktivität bestimmter Gehirnstrukturen.* (Quelle: Wikipedia)

Wenn wir tatsächlich nur die Dinge wahrnehmen, die wir erwarten, wie können wir dann etwas Neues entdecken? Einerseits sind wir bemüht, unseren Wunsch nach Befreiung vom Leid zu erfüllen und erwarten dies durch unsere Transformation, Erleuchtung usw. Andererseits können wir scheinbar nichts Neues erfahren, weil wir es nicht kennen. Eine solche Situation erscheint mir zunächst wie ein Circulus Vitiosus. Unter einem Circulus Vitiosus wird im allgemeinen Sprachgebrauch ein "Teufelskreis" verstanden. Es handelt sich dabei um einen Trug- oder Zirkelschluss, bei dem sich **fehlerhafte Voraussetzung und falsche Folgerung** gegenseitig bedingen.

In der Psychologie wurde der Teufelskreis-Begriff von Paul Watzlawick[106] eingeführt, um die Tücke der unterschiedlichen Interpunktion in zwischenmenschlichen Beziehungen zu beschreiben. Watzlawicks Urbeispiel von einem Ehepaar beschreibt folgende Wechselwirkung: Seit einiger Zeit zeigt sich die Frau unzufrieden mit dem Verhalten ihres Mannes, der sich daraufhin zurückzieht, z.B. ein Wirtshaus aufsucht. Dabei interpunktieren beide den Kreislauf des gemeinsamen Verhaltensmusters unterschiedlich:

106 https://de.wikipedia.org/wiki/Paul_Watzlawick

Ehefrau: *Er entfernt sich von mir. = Ich reagiere darauf und beklage mich.*
Ehemann: *Sie nörgelt an mir herum. = Ich reagiere darauf, indem ich mich zurückziehe.*

Durch die subjektiv unterschiedlich empfundenen Startpunkte (Interpunktion[107]) eines gewohnheitsmäßigen Ablaufs sehen die Ehepartner Ursache und Wirkung jeweils genau andersherum: „Weil sie immer an mir herumnörgelt, ziehe ich mich mehr und mehr zurück." ***„Weil er sich immer zurückzieht, beschwere ich mich."***

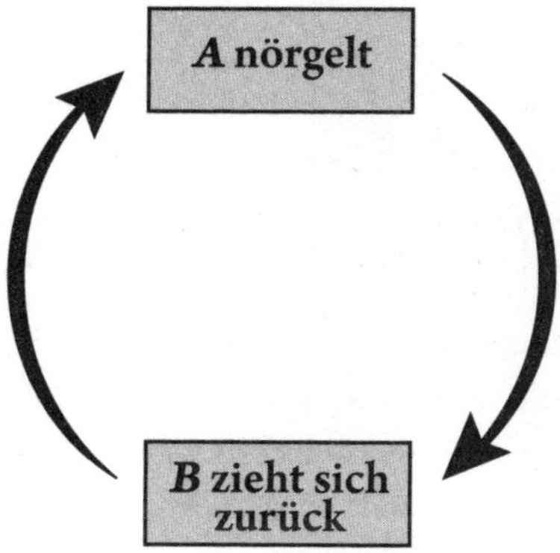

Abbildung 7: Urbeispiel von Watzlawick

Abbildung 8: Symbol des Zen

107 In der Kommunikationsforschung werden unter Interpunktion subjektiv empfundene Startpunkte innerhalb eines ununterbrochenen Austausches von Mitteilungen verstanden. Die Verwendung dieses Begriffes dient zur Analyse von zwischenmenschlicher Kommunikation.

WIE IST DER ZUTRITT DURCH DIE WAND?

Erlösung durch ein Koan?

„Worte sind vertraut, noch vertrauter ist der Geist. Wer über Falsch und Richtig spricht, ist ein Mensch des Falschen und Richtigen." (Kommentar Mumons zum 18. Kōan des Mumonkan)

Was ist Zen?

Lasst mich noch einmal auf das Thema Koan zurückkommen. Ein **Koan** ist im chinesischen Chan- bzw. im Zen-Buddhismus eine kurze Anekdote, die auf den ungeschulten Laien meist vollkommen paradox, unverständlich oder sinnlos wirkt. Den Zen-Schüler soll der Koan zum Nachdenken und meditieren anregen. Jedes einzelne Koan soll zur Selbstfindung beitragen und eröffnet uns neue und tiefere Schichten dieser Ur-Wirklichkeit. Zen verdeutlicht, dass in den existenziellen Fragen Bezeichnungen und Konzepte nutzlos sind.

Das Wesentliche des Zen-Weges ist der eigene Weg. Er ist unabhängig von Weltlichem oder Überweltlichem, unabhängig von Meistern und Gurus oder von Büchern und Lehren. Er ist unabhängig von der Meinung anderer – aber vor allen Dingen auch unabhängig von der eigenen Meinung.
Aber was ist dieser Weg?

Der junge Zen-Schüler Joshu fragt voller Neugierde seinen alten Lehrer und Zen-Meister Nansen: **"Was ist der Weg?"**
Und Nansen antwortet: "Der alltägliche Geist ist der Weg".
"Ja, und wie findet man diesen Weg?" fragt Joshu weiter.
"Je mehr du versuchst ihn zu finden desto mehr entfernst du dich von ihm" antwortet der Meister."

Mich erinnert unsere Suche nach Selbstfindung an die paradox erscheinenden Aussagen im **Zen**-Buddhismus, wo Zen-Meister beschreiben, **wie sich im jetzigen Moment die Zeit auflöst.** Zen-Meister Seppo[108] formuliert diese Einsicht so: "Wenn du wissen willst, was Ewigkeit bedeutet – sie ist nichts weiter als eben dieser Moment. Wenn du sie nicht in diesem gegenwärtigen Moment erfassen kannst, wirst du sie nie erhaschen."
Schaut man sich unter diesem Blickwinkel das Jetzt an, so begreift man plötzlich: **Das Jetzt ist das Einzige, was wirklich existiert. Hat man das erkannt, wundert man sich, wie man je etwas Anderes hat glauben können.**

Der Zen-Weg des augenblicklichen Erfassens der Wirklichkeit[109]. Nach dem Motto des Zen:
Befreit euch von allem – am meisten von euch selbst.

Aus dieser Sicht: Alles ist der Eine Geist. Nichts, was nicht der Eine Geist wäre. Und da dieser Geist dein wahres Wesen jenseits von Geburt und Tod und außerhalb von Raum und Zeit ist, kann er nichts anderes sein als das „Jetzt". Dein wahres Wesen kann niemals die Vergangenheit sein, und es kann niemals die Zukunft sein. Denn das sind alles nur Wolken, die über das klare

108 https://en.wikipedia.org/wiki/Xuefeng_Yicun
109 https://www.tao-chan.de/pdf/ZenWortDerBlitzartigeErleuchtung.pdf

Licht des Geistes hinwegziehen und keine Realität haben. Dahinter strahlt die Wirklichkeit des Einen Geistes mit unverminderter Klarheit – ewig und ungeboren, unzerstörbar und außerhalb von Raum und Zeit.

Wenn du wirklich Befreiung erlangen willst, dann gibt es keinen anderen Weg, als alles wegzuwerfen, was du jemals als wichtig erachtet hast. Mache dich jetzt in diesem Augenblick frei von allen Anhaftungen, wovon auch immer. Lass dich von nichts fesseln. Die ganze äußere Erscheinungswelt ist nur ein Traum, sie ist vollkommen leer. Woran willst du dich da festklammern? **Wer ein wahrer Mensch des Zen ist, betrachtet auf seinem Weg durch die Welt alle Erscheinungen als Illusion. Er ist stets Meister seiner selbst und macht sich nicht zum Sklaven menschlicher Empfindungen. Frei von allen Identifikationen bricht er, mitten im Getümmel der Welt, zum klaren Licht der Wirklichkeit durch.**

DIE GRENZEN DES VERSTANDES

Verstehen kann nur ein Verstand – habe ich das richtig verstanden?

Verstand kommt von verstehen, der Verstand ist die Fähigkeit des Menschen zu denken und zu urteilen. So definierte es zumindest Immanuel Kant[110]. Der Verstand ist das Vermögen, Begriffe **logisch** wahrnehmen zu können. Ihm gegenüber stehen Gefühle. Nach Immanuel Kant **fasst die Vernunft Verstand, Gefühl und Urteilskraft zusammen. Sie ist das geistige Vermögen des Menschen, Einsichten zu bekommen,** Zusammenhänge zu erkennen, sich ein Urteil zu bilden und Entscheidungen zu treffen.

110 „Verstand, als das Vermögen zu denken (durch Begriffe sich etwas vorzustellen), wird auch das obere Erkenntnisvermögen (zum Unterschied von der Sinnlichkeit, als dem unteren) genannt..."

Mit Logik (von altgriechisch λογική τέχνη logiké téchnē ‚denkende Kunst', ‚Vorgehensweise') oder auch Folgerichtigkeit wird im Allgemeinen das vernünftige Schlussfolgern und im Besonderen dessen Lehre – die Schlussfolgerungslehre oder auch Denklehre – bezeichnet. In der Logik wird die Struktur von Argumenten im Hinblick auf ihre Gültigkeit untersucht, unabhängig vom Inhalt der Aussagen. Bereits in diesem Sinne spricht man auch von „formaler" Logik. Traditionell ist die Logik ein Teil der Philosophie. (Wikipedia)

Logik ist die Lehre vom schlüssigen und folgerichtigen Denken und Argumentieren, insbesondere vom richtigen Schließen (»Lehre vom Schluss«), das dadurch gekennzeichnet ist, dass es zu wahren Prämissen immer eine wahre Konklusion liefert. Gegenstand der Logik sind demnach Aussagen und deren Beziehungen zueinander, soweit diese für Wahrheit und Falschheit relevant sind. (Brockhaus)

Wenn unserer Menschenverstand darauf ausgerichtet (programmiert) ist, Begriffe **logisch** wahrzunehmen, sollten wir diese Logik doch einmal kurz unter die Lupe nehmen. Nach allgemeiner Auffassung ist Logik eine Denkweise, bei der die einzelnen Schritte richtig aufeinanderfolgen. Bzw. die auf Mathematik und Philosophie beruhende Wissenschaft von den Gesetzen und Prinzipien des Denkens. Könnte es an dieser Logik liegen, weshalb wir nur so mühsam aus unserer sogenannten Kopflastigkeit herauskommen? Kopflastigkeit, die unsere Wahrnehmung auf das, was ist, verhindert? Nach Jiddu Krishnamurti[111] entsteht das Leid der Menschen dadurch, dass sie nicht erkennen was ist, sondern nur sehen, was sein sollte. Zu diesem Punkt möchte ich allerdings später noch einmal zurückkommen. Bleiben wir zunächst bei der Basisstruktur, auf der unser Verstand aufbaut: Bleiben wir bei der Logik. Habt Ihr Euch schon einmal gefragt, ob es nur **eine** Logik gibt?

111 https://en.wikipedia.org/wiki/Jiddu_Krishnamurti

WARUM DENKEN WIR LOGISCH?

Klar, ist ja logisch! Aber warum eigentlich?

Denken wir wie Roboter?

Wenn wir von Verstandesmenschen reden, dann meinen wir so etwas wie Kopflastigkeit. Also jemanden, der sich auf seine Standpunkte bezieht, wogegen zunächst einmal ja nichts einzuwenden ist. Erst dann, wenn diese Menschen nahezu ausschließlich eine starre Denkart angenommen haben, die zudem keine positiven emotionalen Anklänge aufweist, reden wir von einer Gefühlskälte. Nur selten ist es ihnen möglich, Gefühle zu zeigen. Unabhängig von den genetischen Prägungen, mit denen wir als Veranlagung auf die Welt kommen, sind es die Konditionierungen, die unsere Psyche prägen. Aus diesen Programmen deuten wir letztlich unsere Welt, und das meist unbewusst. Mit dem Industriezeitalter weitete sich diese Verstandesstruktur immer weiter aus. Speziell im abendländischen Kulturkreis[112] dominieren die Denkstrukturen des Vergleichens, die sogenannte Ratio-Logik. Bildungssprachlich: ein logisch schlussfolgender Verstand. Diesem Verstand wird die **linke Gehirnhälfte** zugeordnet. Bekanntlich ist sie zuständig für unsere Sprache, das Lesen und Rechnen und folgt den Regeln der Analyse – der Ratio-Logik. Außerdem ermöglicht sie unser lineares Zeitempfinden. Indem wir mit dieser Ratio-Logik unsere Welt (be)werten, wird uns nur der äußere Aspekt des Seins vermittelt. Hierdurch versuchen wir diese Welt an unsere Ratio-Logik anzupassen. Die Welt muss sich rechnen.

Indem wir unsere Welt mit dieser Logik analysieren, reduzieren wir sie zu etwas Seelen- und Leblosem. Eine Weltsicht, die auf Funktion und Nutzen aufgebaut ist. Bedauerlicherweise ist hiervon besonders die Naturwissenschaft betroffen. Ihre Fachbereiche der Biologie und der organischen Chemie,

---

112 Oberbegriff für die europäischen Länder, die durch das Christentum und die Antike geprägt sind.

die als Basis für Heilmedizin dienen, haben es bisher nicht vermocht, das Phänomen Leben zu beschreiben, was sicher ein wesentlicher Grund für die auf Symptombehandlung ausgerichteten Misserfolge der Schulmedizin ist. Solange wir die geistigen Dimensionen nicht in unsere Schulmedizin miteinbeziehen – eine Notwendigkeit, die inzwischen begrüßenswerterweise von immer mehr Medizinern akzeptiert wird –, wird die Medizin keine großartigen Fortschritte machen. Wer nur den Körper anstelle des Menschen als Lebewesen behandelt, hat das Leben nicht verstanden.

Meiner Überzeugung nach ist die Ratio-Logik zu einem erheblichen Teil für das Unheil in unserer Welt verantwortlich. Sie ist die allgemeingültige Basis des ICHs, des Egos. Der Preis des so erstrebenswerten Fortschritts geht auf Kosten wahrer Lebensqualität. Dieser „Fortschritt" wird durch einen rein auf Logik aufgebauten Verstand ohne Emotion mit etwas Erstrebenswertem assoziiert, das fälschlicherweise für objektiv gehalten und mit Wahrheit verwechselt wird. Diese Art von „Fortschritt" macht uns blind und lässt uns unsere naturgemäßen Anlagen vergessen. Aus diesem Grunde ist in derartigen Verstandeswesen kein Platz für wahre Lebens-Freude.

Ganz anders verhält sich das bei den naturverbundenen Menschen. Bei ihnen dominieren die Strukturen der **rechten Gehirnhälfte**. Sie ist zuständig für Körpersprache, Bildersprache, Intuition und Gefühle, Kreativität und Neugier und erkennt ganzheitliche Zusammenhänge. Diese Menschen tragen ihre Gefühle nach außen, sind für Zustände der natürlichen Lebens-Freude prädestiniert. Für sie muss sich nicht alles rechnen. Effizienz[113] ist ihnen fremd. Von den Ratio-Logik-Menschen werden sie oft ignoriert oder gern als „Lebenskünstler", „Tagträumer" und gar als „Nichtsnutze" klassifiziert.
Nach meiner Überzeugung wäre eine Mischung aus beiden Grundeigenschaften genau das, was uns fehlt. **Eine vernunftbegabte linke Gehirnhälfte, die ihren freundschaftlichen rechten Partner als Berater in ihre intuitiven Entscheidungen einbezieht** und eine emotional-intuitive rechte Gehirnhälfte,

113 Effizienz ist das Kriterium für die Qualität eines Schätzers. Wirtschaftlichkeit, Kosten-Nutzen-Relation oder rationellem Umgang mit knappen Ressourcen. Verhältnis zwischen Nutzenergie und energetischem Aufwand, siehe Wirkungsgrad.

die ihren freundschaftlichen linken Partner als Berater in ihren rationalen Entscheidungen einbezieht. Eine derartige Kooperation entspräche dem, was ich mit dem ***„Ego im Dienste des Herzens"*** meine.

Bei einem dominierenden Ego, bei dem die Ratio-Logik vorherrscht, basiert das Denken auf dem Prinzip der Polarität, die **auf einer alternierenden (alternativen), also vergleichenden Logik aufbaut.** Alle Informationen, die uns über unsere Sinne erreichen, werden von einem dominanten Ego dieser Alternativ-Logik unterworfen, und es findet ein ständiges Vergleichen und Bewerten statt, wobei nur Bewertungen von **Quantitäten** vorgenommen werden. Mit Quantitäten lassen sich aber keinerlei Angaben über geistige Eigenschaften machen. Mit Quantitäten erfassen wir keine Eindrücke, Beziehungen, Geschmäcker und Gefühle. Diese Eigenschaften werden den Qualitäten zugeordnet. Um den wichtigen Unterschied zwischen Qualität und Quantität zu beschreiben, möchte ich euch ein einfaches Beispiel vorstellen: Wenn du fragst, ob der Mantel gut für dich ist, fragst du über die **Qualität.** Aber wenn du fragst, wie viele Mäntel du bereits hast, meinst du **Quantität.** Die **Quantität** beschreibt die Menge, wie oft/groß etwas ist, die **Qualität** beschreibt die Eigenschaft eines Produktes, die Güte beispielsweise, wie gut etwas ist.

Kategorien nach Aristoteles

Kategorie	**Frage**	**Beispiel**
Substanz (Gegenstand)	Was ist etwas?	Kind, Hund, Tisch, Fahrrad, Bus
Quantität (Menge)	Wie viel bzw. groß ist etwas?	Fünf Stühle, zwei Meter, drei Kilo
Qualität (Beschaffenheit)	Wie ist die Beschaffenheit von etwas?	Klug, fleißig, frech

Tabelle 1: Kategorien nach Aristoteles

In einem erweiterten Logik-Modell wäre die zweiwertige Alternativlogik des Aristoteles durch eine mehrwertige Logik zu ersetzen. Im einfachsten Fall gilt anstelle der Polarität des ‚Entweder-oder' das 'Sowohl-als-auch'. Die von Aristoteles begründete Alternativlogik ermöglicht das Vergleichen von Mengen (Objekt), die entweder gleich oder verschieden, kleiner oder größer sein können (Aristotelische Ja-Nein-Logik). Mit dieser Alternativlogik können wir maximal einen Aspekt der Natur beschreiben. Hier werden aber die Qualitäten vollständig vernachlässigt.

Qualitäten sind jedoch der Wesenskern einer geistigen Lebendigkeit. Erst die Qualitäten machen uns zu humanistischen Wesen. Qualitäten beziehen sich auf die Bewertung von Inhalten der Dinge (die ich als eine persönliche Semantik bezeichne). Informationsinhalte können qualitativ bewertet werden. Um derartige Dinge beschreiben zu können, bedarf es mehr als dieser sogenannten Alternativlogik (vergleichende *entweder-oder*-Logik). Wir benötigen eine aspektbezogene Logik (eine Logik, die Werte und Gefühle beschreibt).

Hierzu ein Beispiel: Äußerlich kann eine Rose über die Alternativlogik (ja-nein-, bzw. entweder-oder-Logik) sehr gut beschrieben werden. Wenn es allerdings um den Eindruck geht, den eine Rose auf uns hinterlässt – das Empfinden beim Anblick oder dem Gedanken an eine Rose beispielsweise – reicht diese Alternativlogik einfach nicht aus. Mit ihr könnten wir alle physikalischen Aspekte darstellen, sogar ihren genetischen Bauplan. Um jedoch das darzustellen, was für uns eine Rose bedeutet, welchen Eindruck sie auf uns macht, brauchen wir eine zusätzliche Logik, die Logik unserer Psyche.

Selbst der gegenwärtig größte Computer der Welt würde durch seine binäre[114] Programmsprache nichts über die Qualitäten der Rose aussagen können. Ausgenommen Quantencomputer, arbeiten alle Computer auf der Basis einer binären Logik. Bei dieser binären Logik handelt es sich natürlich um die uns nun schon bekannte Alternativlogik. Binär ist zweiwertig. Binäre Rechenschritte (Addition) stellen die grundlegenden Basisoperationen in der heutigen Computerwelt dar.[115]

---

114 http://www.gailer-net.de/tutorials/java/Notes/chap02/ch02_3.html

115 Die Merkmale des Binären wurden von Claude Shannon erkannt, einem Mathematiker von Bell Telephone Laboratories.Sein Artikel von 1948 "A Mathematical Theory of Communication" ist die Grundlage der Informationstheorie und zum größten Teil die der Informatik.

Bei Quanten-Computern würden die Rechenarten allerdings anders aussehen. ZEIT ONLINE berichtete am 2. Mai 2014: ***„Quantencomputer rechnen anders als nur binär. Mit ihnen wollen Datenkonzerne und Geheimdienste noch mächtiger werden.“***[116] Bleiben wir jedoch zunächst bei den binären Rechenarten. Es ist ja nicht so, dass wir auf sie verzichten könnten...

STÄRKEN UND SCHWÄCHEN DER BINÄREN LOGIK

Die binäre Logik basiert auf der Idee, dass alles entweder A oder Nicht-A ist. (Entweder ist es so oder anders, aber nicht gleichzeitig beides.) Es ist die Logik, die du brauchst, wenn du Fragen nur mit Ja oder Nein beantworten darfst. Bei dieser Art von Logik gibt es keinen Raum für Zwischentöne.

„Fragst du in einer Klasse, wer gerne zur Schule geht, werden Einige ihre Hand hoch in die Luft strecken; sie lieben die Schule. Andere werden die Hand unten halten oder unter das Pult verschwinden lassen; sie hassen die Schule. Die meisten Kinder jedoch werden ihre Hand zögernd heben und wieder senken, um sie dann irgendwo dazwischen zu lassen; sie gehen zwar gerne zur Schule, aber manchmal auch nicht, oder sie gehen nicht gerne zur Schule, denken aber, dass es doch ab und zu Spaß macht.“[117]

Der Physiker Burkhard Heim entwickelte eine neue und revolutionäre Logik, welche die Aristotelische zweiwertige ja-nein-Logik ablöst und von der die bekannte Fuzzy-Logik[118] ein Spezialfall ist. Für etwa 2.500 Jahre war das Denken der Menschen im abendländischen Kulturkreis weitgehend durch die Aristotelische Logik beherrscht. Besonders die Wissenschaft war durch

---

116 http://www.zeit.de/wissen/2014-04/surren-blinken-leben-quantencomputer

117 http://mathematica.ludibunda.ch/fuzzy-logic-de1.html

118 Fuzzylogik ist eine Theorie, welche vor allem für die Modellierung von Unsicherheit und Vagheit von umgangssprachlichen Beschreibungen entwickelt wurde. Sie ist eine Verallgemeinerung der zweiwertigen Booleschen Logik.

diese Logik geprägt. Selbst das Mathematikgenie Gottfried Wilhelm Leibniz war noch stark an die zweiwertige Aussagenlogik von Aristoteles gebunden. Leibniz entwickelte das **duale Zahlensystem.**

Normalerweise bewahrt uns diese Aristotelische Logik, **nach der etwas (nur) wahr oder falsch sein kann,** vor Fehlurteilen. Um jedoch unsere Beweggründe, unsere Einstellungen, Ansichten und Emotionen für unsere Entscheidungen zu berücksichtigen, reicht diese ja-nein-Logik allein nicht aus. Dem Physiker Burkhard Heim gelang das scheinbar Unmögliche: Eine solche **Werte-Logik** mathematisch herzuleiten. Diese „mehr-wertige Logik" bezeichnet Burkhard Heim als **Syntrometrie.** Darunter ist eine **assoziative**[119] **mehrwertige Logik** zu verstehen. Diese Logik berücksichtigt zusätzlich die Aspekte, also Betrachtungsweisen bzw. Gesichtspunkte, die die Art und Weise bestimmen, mit der wir eine Sache betrachten.

Nach Burkhard Heim stellen Begriffe nicht nur einfache Mengen dar, die man vergleichen und quantitativ bewerten kann, sondern auch Informationsgehalte, die qualitativ bewertet werden müssen. Tatsache ist, dass es Burkhard Heim über eine komprimierte Beweisführung gelungen ist, seine erweiterte Logik (Syntrometrie) zur zweiwertigen Logik in eine Beziehung zu setzen. Diese (syntrometrische) Methode ermöglicht eine Beschreibung der qualitativen Beschaffenheit unserer sämtlichen Erfahrungen.

Die Überlegungen zu einer ***Logik der Unschärfe*** reichen zurück in die griechische Antike. Bereits **Platon** postulierte, dass zwischen den Begriffen wahr und falsch **ein dritter Bereich** liege. Aristoteles, ein Schüler von Platon, widersprach dieser Ansicht Platons auf das Heftigste. Für Aristoteles **existierte dieser dritte Bereich nicht. Aristoteles** begründete die Präzision der Mathematik darin, **dass eine Aussage nur entweder *wahr* oder *falsch* sein kann.** Die Erkenntnisse der modernen Quantenphysik haben gezeigt, dass die zweiwertige Aristotelische Logik alleine nicht geeignet ist, den Kosmos in seiner **Gesamtheit und Bedeutung** zu beschreiben. Die erweiterte, mit einer Vielzahl von Funktionen ausgestattete, (polyvalente) Logik von Burkhart

119 Assoziativ von lateinisch associare „vereinigen, verbinden, verknüpfen, vernetzen"

Heim ist nun zusammen mit der Quantenphysik dazu geeignet, die Gesetze in allen Seinsbereichen zu finden und sogar die Entstehung des Kosmos zu beschreiben.

Burkhard Heim ging in seiner Theorie zunächst von den Elementarteilchen aus, um später auch die **Strukturen in höheren Seinsschichten zu ergründen** (wozu er seine polyvalente Logik brauchte). Seine beiden Lehrer – Carl Friedrich von Weizsäcker und Werner Heisenberg – haben bereits auf die Notwendigkeit einer polyvalenten Logik hingewiesen und auch auf die Notwendigkeit, eine der Quantisierung Rechnung tragende neue Mathematik zu entwickeln, **da die heute noch benutzte Infinitesimalrechnung im Mikrokosmos versagt, weil sie der Quantisierung von Raum und Zeit widerspricht.**

Heim eliminierte den klassischen Satz *'Tertium non datur'* („ein Drittes gibt es nicht" – den Satz vom ausgeschlossenen Dritten[120], d. h. die zweiwertige ja-nein-Logik des Aristoteles) durch eine polyvalente (mehrwertige) Logik. Diese „Syntrometrie" konnte beweisen, **dass es vier Seinsschichten mit jeweils einer eigenen Logikstruktur und einem hierarchischen Aufbau gibt.** Diese Schichten stehen zueinander in Wechselwirkung und haben Unterschichten, die ebenfalls untereinander in Verbindung stehen und „wechselwirken".

120 Der Satz vom ausgeschlossenen Dritten (tertium non datur, wörtlich: „ein Drittes ist nicht gegeben" oder „ein Drittes gibt es nicht") oder Prinzip des zwischen zwei kontradiktorischen Gegensätzen stehenden ausgeschlossenen Mittleren (lat. principium exclusi tertii sive medii inter duo contradictoria) ist ein logisches Grundprinzip bzw. Axiom, das besagt, dass für eine beliebige Aussage mindestens die Aussage selbst oder ihr Gegenteil gelten muss: Eine dritte Möglichkeit, also dass lediglich etwas Mittleres gilt, das weder die Aussage ist, noch ihr Gegenteil, sondern irgendwo dazwischen, kann es nicht geben. Dieser Grundsatz ist zu unterscheiden vom Prinzip der Zweiwertigkeit, das aussagt, dass jede Aussage entweder wahr oder falsch ist.

WIE KANN ICH MIR DIESE „SYNTROMETRIE" VORSTELLEN?

In der Wahrscheinlichkeitsmathematik entspricht 'Ja' der Gewissheit mit der Wahrscheinlichkeit 1, 'Nein' entspricht der Unmöglichkeit mit der Wahrscheinlichkeit 0. Zwischen 0 und 1 gibt es beliebig viele Werte, die nach den Erkenntnissen der Quantenphysik die gleiche Bedeutung haben können wie Ja und Nein. Wenn wir Wahrscheinlichkeiten berechnen, geben wir deren Wert mit einer Zahl zwischen 0 und 1 an. Prozentangaben zwischen 0 und 100% entsprechen diesem Wert zwischen 0 und 1. Wahrscheinlichkeit ordnet dem Eintreten eines Ereignisses einen numerischen Wert zwischen 0 und 1 zu. Je näher die Wahrscheinlichkeit[121] an der Zahl 1 ist, desto sicherer wird das Ereignis eintreten.

- Ist die Wahrscheinlichkeit gleich 1, so wird das Ereignis garantiert eintreten. Man spricht von einem **sicheren Ereignis.**
- Ist die Wahrscheinlichkeit gleich 0, so wird das Ereignis nicht eintreten. Man spricht von einem **unmöglichen Ereignis.**

Die (assoziative) mehrwertige Logik wird benötigt, um die **organisatorischen und informatorischen Qualitäten aus den Dimensionen x5/x6 und x7/x8 und deren Wirkungen in physikalischen Prozessen und auf physikalische Strukturen beschreiben und untersuchen zu können, also um beispielsweise eine mathematisch-physikalische Logik in eine andere, z.B. die Logik der Psyche, zu transponieren. Mit dieser Logik lassen sich erstmals qualitative Vorgänge wie Lebensprozesse oder Bewusstsein beschreiben.**[122]

---

121 In der Mathematik werden Angaben über die Wahrscheinlichkeit eines Ereignisses über die Schreibweise P(A) = 0,1 gemacht, wobei P für Wahrscheinlichkeit steht, A das Ereignis ist, dessen Wahrscheinlichkeit berechnet wird und der Wert nach dem Gleichheitszeichen (in diesem Fall 0,1) der numerische Wert für das Eintreten von A ist.

122 Die Arbeiten an dieser aspektbezogenen Logik dauerten insgesamt 40 Jahre und waren teilweise so schwer, dass Heim selbst manchmal nicht mehr weiterwusste.

Für Burkhard Heim sind die ersten 6 Dimensionen (x1 bis x6) nur noch **der quantitative Manifestationsraum von Vorgängen**, die sich in den geistigen Dimensionen (x7 bis x12) abspielen

UNTERSCHIED ZWISCHEN SEIN UND WAHR

Aristoteles unterscheidet zwischen dem Seienden und dem Wahren. Indem Aristoteles[123] die brillanten Grundlagen für seine Logik entwarf, hat er damit auch das Denken verändert. Aristoteles formulierte die Strukturen der Logik. Er teilt das ***„an und für sich Seiende"*** ein in die Kategorien **des Seienden und des Wahren**. Das Wahre existiert nicht in den Dingen, sondern im Denken.

Wahr bedeutet:

1. so, dass es den Tatsachen oder der Wirklichkeit entspricht, oder
2. so, wie es sein muss und man es sich wünscht.

Seiend bedeutet in der Philosophie Dasein, Gegebensein, In-der-Welt-Sein, etwas Allgemeines, **allem zugrunde Liegendes**, aber auch **das alles umfassende Höchste.**

Das aristotelische Erbe besteht im Wesentlichen aus Logik, Empirismus[124] und Naturwissenschaft. Während in der Antike Platon als der wichtigste Philosoph galt, wandelte sich die Sichtweise im Hochmittelalter (ca. 1050 bis 1250) grundlegend. Die Philosophie und die Logik des Aristoteles prägten die spätere Naturwissenschaft und die Struktur des Denkens bis in unsere Gegenwart.

---

123 https://de.wikipedia.org/wiki/Aristoteles

124 Empirisch: 1. auf Erfahrung beruhend; aus Erfahrung gewonnen, 2. wissenschaftliche Erkenntnis (zum Beispiel aus Versuchen entnommen), die nachvollziehbar beschrieben wird beziehungsweise wiederholbar ist.

GIBT ES EINE LOGIK DES GEISTES, EINE LOGIK DER PSYCHE?

Der nachstehende Text ist eine Abschrift von Burkhard Heims legendärem Vortrag vom 25.11.1976. Hier stellte Heim zum ersten Mal der Öffentlichkeit den Weg bis zur Berechnung des Massenspektrums der Elementarteilchen vor, der sich aus den Aussagen seiner einheitlichen Feldtheorie ergibt.

„Ich habe mich bemüht, etwas zu finden, was es mir gestattet, Sachverhalte von einer Logik, z.B. der mathematisch-physikalischen, in eine andere, z.B. der **Logik der Psyche**, zu transponieren. Das ist eine sehr, sehr anspruchsvolle Arbeit, die eine extrem hohe Konzentration erfordert, so schwierig, dass ich die Beschäftigung mit meiner einheitlichen Massenformel dagegen als eine reine Erholung empfunden habe. Ich habe die Ableitungen, die ich im Kopf ausführte, meinem Vater diktiert, weil ich nicht selber schreiben kann, und war dabei in meinem Zimmer auf und abgegangen. Da hatte ich manchmal ein sehr merkwürdiges Gefühl: Ich konnte nicht sagen ich diktiere das und Ich denke das, sondern ES diktierte ES dachte! Es war etwas, was scheinbar gar nicht zu mir selbst gehörte. Es kam mir vor, wie wenn ich nur etwas nachspreche, was eigentlich in ein völlig Anderswo gehörte. Das ist ein eigenartiges Gefühl! Ich habe nie mit irgendjemandem darüber gesprochen, denn ich sagte mir, man verstehe mich ja doch nicht. Aber ich weiß, dass es bei manchen Meditationsübungen ähnlich sein soll. **Das ist das vollkommene Tun, was in Zen-Übungen praktiziert wird.“**

Gibt es gar keine Außenwelt?

Sondern lediglich qualitative oder „virtuelle“ Ereignisse des Innenraumes?

Ereignisse der materiellen Außenwelt	Ereignisse des psychischen Innenraumes
Quantitativ beschreibbar	Qualitativ beschreibbar
Zweiwertige Alternativlogik (Mathematik)	Mehrwertige Logik

Tabelle 2: Die zwei Ereignis-Ebenen der menschlichen Erfahrungswelt

Wenn wir nun derartige Phänomene – wie Einsteins Aussage: **„Gleichzeitig ist ein Ereignis nur mit sich selbst.“** **oder** ***“Der Unterschied zwischen Vergangenheit, Gegenwart und Zukunft ist eine Illusion, wenn auch eine hartnäckige.”*** beschreiben wollen, sollten wir berücksichtigen, dass wir Menschen in einer zweiwertigen, vergleichenden Alternativlogik denken, und dass der subtilste Aspekt dieser Logik das große Gedankengebäude der Mathematik ist, mit dessen Hilfe wir **quantifizierbare** Dinge beschreiben und analysieren können. **Quantität** bezeichnet die Menge oder Anzahl von Stoffen oder Objekten oder die Häufigkeit von Vorgängen. Quantität findet Ausdruck in Zahlenwerten oder der Angabe von Ausmaßen. Aus diesem Grunde scheint es naheliegend, dass man auf diese **quantifizierbaren Ereignisse der materiellen Außenwelt** die Metasprache der Mathematik anwendet, um sie zu beschreiben. Allerdings ist dies für die Qualitäten unserer psychischen Erlebnisse nicht möglich, denn Qualitäten – wie alle **Gefühle und Emotionen – lassen sich nicht quantifizieren.**

"Den Löffel gibt es nicht."

Eine real anmutende Illusion, objektive Realität gibt es nicht.

„Versuch nicht, den Löffel zu verbiegen, das ist nämlich nicht möglich. Versuche dir stattdessen einfach die Wahrheit vorzustellen." sagt der Junge. *„Welche Wahrheit?"* fragt Neo. *„Den Löffel gibt es nicht"* – *"Den Löffel gibt es nicht?"* – *"Dann wirst du sehen, dass nicht der Löffel sich biegt, sondern du selbst."* antwortet der Junge (Zitat aus dem Film Matrix)

Burkhard Heim: „In unserer gewöhnlichen Alternativlogik sprechen wir über Quantitäten. In der abstrakten Sprache der Mathematik drückt sich diese Alternation[125] im Vergleichen von Mengen aus, die entweder gleich oder verschieden, größer oder kleiner sein können. In jedem Fall gilt die Transitivität[126]: Wenn eine Menge a kleiner als b und diese kleiner als c ist, dann muss auch a kleiner als c sein. Das gilt für Quantitäten. Für Qualitäten muss das aber nicht unbedingt der Fall sein. Hier kann man nicht einfach Mengen vergleichen, sondern man muss den **Inhalt** von Mengen bewerten.

125 Ein zweistelliger Junktor der klassischen Logik. Die Kontravalenz ist in der klassischen Logik und Mathematik die Bezeichnung für die Verbindung zweier Aussagen durch den zweistelligen Junktor, der entweder – oder, exklusives Oder sowie auch Kontravalentor heißt.

126 Transitivität oder transitiv (lateinisch transitus „Übergang") steht für: Transitivität (Grammatik), Verben, die ein direktes Objekt benötigen.

Bei Bewertungen muss man immer angeben, auf welchen Mengeninhalt, der eine bestimmte Organisation sein kann, man sich bezieht. Betrachtet man die Dinge auf unserer Erde, dann stellt man fest, dass es in der Materie ab einer gewissen Organisationsstufe zu einem Übergang von einer rein quantitativen Zusammensetzung zu einer qualitativen Strukturierung in lebendiger Materie kommt. Um Lebensvorgänge zu verstehen, muss daher ein logisches System gefunden werden, das den Übergang von quantitativen zu qualitativen Bewertungen formal ermöglicht."

Zur Beschreibung der physikalischen Sachverhalte muss man also einen anderen logischen Aspekt wählen als zur Beschreibung biologischer oder mentaler Vorgänge. Wie eine einheitliche Beschreibung verschiedener Sachverhalte möglich wäre, entwickelte Heim in einem Gespräch mit Illobrand von Ludwiger am 6. Juni 1982, von dem ihr auf den nächsten Seiten einen Auszug lesen könnt. Das Niveau, auf dem Heim diese Gedanken entwickelt, ist selbst für die meisten Experten zu hoch, aber ich denke, es vermittelt sich trotzdem auch für Nicht-Experten ansatzweise, wie Heim das Problem angeht:

Ich wähle, wenn ich die physikalische Welt beschreiben will, zweckmäßig den Quantitätsaspekt. Und nun mache ich die Erfahrung der ästhetischen Empirik, immer unter dem Gesichtspunkt der abzählbaren Quantität. Das heißt, ich reproduziere einen beobachteten Vorgang, abstrahiere so, dass ich alles messen kann, baue mir Messinstrumente, die mir ausschließlich Charakteristiken wie Zahlen oder Zahlenstücke anzeigen. Und ich setze die gewonnenen Ziffern in Relation und komme zu Aussagen. Dann wende ich auf diese Aussagen eine abstrakte Methode – nämlich dieses geschlossene System der mathematischen Analysis – an, und zwar als subtilsten Ausdruck dieses Quantitätsaspektes. Ich gehe über zu einer Transzendentalästhetik, denn der Aspekt ist an die menschliche Denkweise gebunden – und komme zur mathematischen Beschreibung der Natur. Allerdings nur jener Aspekte der Natur, die diesem Aspekt angepasst sind.

Ich kann damit die Materie beschreiben, so wie sie ist. Allerdings wird die Sache schon schwieriger, wenn es sich um Wechselwirkungen handelt. Gut! Das ist im Grunde nichts Anderes als das, was wir als Theoretische Physik bezeichnen. Jetzt hat die materielle Natur aber noch andere Seiten. Diese Natur der Materie hat z. B. Eigentümlichkeiten der Organisation, der Wechselbeziehung. Es gibt Materie, und zwar makroskopische Strukturen aus Materie, die sich akausal benehmen, die tun, was sie wollen. Wir nennen diese Materie Lebewesen. Es handelt sich beim Lebensprozess um einen Vorgang, der an das Lebendige und an die Materie gebunden ist, der sich aber dem Zugriff durch den mathematischen Aspekt entzieht.

Hier hört der Aspekt auf. Ich sehe die Grenze. Es hat gar keinen Zweck, biologische Dinge weiter zu mathematisieren, denn der Aspekt hört auf. Ich brauche eigentlich einen Aspekt des Bios, der anders ist als der der Materie, aber den Aspekt der Materie ebenfalls berührt. Das ist das Eine. Wenn ich nun die Lebewesen untersuche, wie man das in der Biologie macht, und zusammenbotanisiere, dann beobachte ich, dass noch etwas existiert, was ich mit dem rein physiologischen Aspekt nicht mehr fassen kann.

Viele höhere Lebewesen zeigen psychische Reaktionen. Hier gibt es also eine Grenze des Aspektes des Bios. Es muss einen anderen Beschreibungsaspekt der Psyche geben. Jede Art der Logik muss dazu fähig sein, Aussagen zu treffen. Durch Aussagen stehen die Begriffe in Relation. Es muss in jeder Logik Begriffe und Aussagen geben, die diese Begriffe in Wechselbeziehung setzen, sonst wäre es keine Logik.

Die menschliche Logik hat zwei Möglichkeiten der Aussage: ***ja*** *und* ***nein****. Innerhalb der Logik habe ich viele verschiedene Aspekte. Was ist ein solcher Aspekt eigentlich? Ein solcher Aspekt ist nichts anderes als die Koordination von dialektisch prägenden Adjektiven*[127] *zu meinen Prädikaten*[128]*. Es ist nämlich ein ganz großer Unterscheid, ob ich z.B. die Prädikate an die Bejahung des Guten und des Bösen zur Verneinung koordiniere, oder ob ich jetzt die Inversion mache, dass ich das Böse zur Bejahung koordiniere, und das Gute zur Verneinung. Dann habe ich nämlich die*

127 Das Adjektiv (lateinisch [nomen] adjectivum, ad-iectivum nach altgriechisch epítheton „das Hinzugefügte") oder Eigenschafts- bzw. Beiwort, in der Grundschule auch Wiewort (wie ist etwas?)

128 Das Prädikat (in der traditionellen deutschen Grammatik auch Satzaussage) ist ein Kernbestandteil in einem Satz, von dem Satzglieder (wie z. B. das Subjekt) abhängen

Kontradikton[129]*.*

Das ist dann der konträre Aspekt. Denn in einem wird das Gute bezogen z. B. auf das soziale Zusammenleben bejaht, im andern das Böse d. h. auf die Zerstörung der Gesellschaft. Das ist ein ganz großer Unterschied. Sie müssen unterscheiden zwischen subjektivem Aspekt und logischem System. Das logische System gibt die Prädikatmöglichkeiten und die sprachlich möglichen dialektischen Adjektive. Dieser Aspekt wird gekennzeichnet durch ein System von Prädikaten, die aber geprägt worden sind von den gesamten Adjektiven. Das ist mal das Nächstliegende.
Wie muss nun eine Prädikatsverknüpfung zwischen zwei Begriffen aussehen, derart, dass Prädikatsverknüpfung in Transformation über jeder beliebigen Logik liegt?

Ich brauche eine einfache Verknüpfung von Begriffen als einen Funktor[130] *eine Prädikatsverknüpfung der Form* ***wenn- wann****, oder* ***so etwas****. Das ist eigentlich ein Funktor. Aber das ist jetzt nur eine Frage der Terminologie. Nun wird eine solche Prädikatverknüpfung, die ich zum Beispiel als Mensch formuliere, in meiner n-deutigen Logik vielleicht gar nicht mehr existieren. Das ist möglich.*

Ich kann z.B. durchaus die Wahrscheinlichkeitslogik benutzen; kann die Bejahung mit der Wahrscheinlichkeit 1 koordinieren, die Verneinung mit der Wahrscheinlichkeit Null, und das ***vielleicht*** *präzisieren durch die unendlich vielen echten Brüche zwischen Null und Eins. Es ist aber nicht gesagt, dass z.B. ein Sachverhalt, den ich hier quantitativ oder qualitativ formuliere, in einer anderen Logik gilt."*

129 Kontradiktorisch (widersprüchlich) wird eine Beziehung zweier Assagen genannt, bei der sowohl von der Wahrheit der einen Aussage auf die Falschheit der anderen geschlossen werden kann als auch von der Falschheit der einen Aussage auf die Wahrheit der anderen.

130 Das Wort Funktor wurde erstmals von dem Philosophen Rudolf Carnap (1934) verwendet. Heute wird es benutzt: in der Informatik im Zusammenhang mit: objektorientierter Programmierung als anderes Wort für Funktionsobjekt.

IV

HOLOGRAMM ODER PARALLELWELTEN – ODER GAR BEIDES?

HOLOGRAMM ODER PARALLELWELTEN – ODER GAR BEIDES?

DAS UNIVERSUM EIN HOLOGRAMM? – EIN HOLOGRAFISCHES MODELL UNSERER REALITÄT

So merkwürdig es klingt: Aus der Theorie Schwarzer Löcher folgern Forscher, dass das Universum einem gigantischen Hologramm ähneln könnte. Dann wäre die uns vertraute Welt in Wahrheit völlig anders, als wir sie wahrnehmen.

„Schwarzes Loch aus Speicherchips"[131]

Auf die Frage, woraus unsere physikalische Welt besteht, würden die meisten wohl antworten: aus Materie und Energie. Doch moderne Errungenschaften aus Technik, Biologie und Physik zeigen uns, dass Information ein genauso wichtiger Bestandteil der Welt ist. Meiner Überzeugung nach sind Informationen genau dasjenige Agens, welches dem eigentlichen Sinn unseres körperlichen Seins entspricht. Dieser Sinn des körperlichen Daseins ist es, Erfahrungen zu machen. Aus der indischen Mythologie wird überliefert, dass „Brahman (Gott) sich in all seinen Aspekten selbst erfahren möchte."

Diese Darstellung halte ich für eine treffliche Beschreibung, um den Sinn des materiellen Seins zu erfassen. Analysiert man den bisherigen Verlauf

131 http://www.spektrum.de/magazin/das-holografische-universum/830304

der kosmischen Geschichte unserer Welt genauer, wird dieses Motiv (Beweggrund) noch deutlicher erkennbar. Wie wir erfahren haben, haben Jean E. Charon[132],[133],[134] und Burkhard Heim[135] Herleitungen zu dieser Hypothese mit naturwissenschaftlichen Methoden erbracht. Unabhängig voneinander haben die beiden Physiker ihren jeweils eigenen, hochanspruchsvollen Formalismus entwickelt, der den Sinn und den Ablauf der geistig-materiellen Evolution beschreibt. Beide entwarfen sie ein naturwissenschaftlich stimmiges Modell, welches Geist, Seele und Materie zusammenführt. Deshalb komme ich in diesem Buch mehrfach auf diese beiden Forscher zurück.

Besonders Charon wies in seinen Studien nach, **dass der evolutionäre Verlauf seit Anbeginn unserer Welt einem intelligent angelengten Informationszuwachs folgt.** Nach Charon sind es besonders die Elektronen, die als geisttragende „Materie" immer mehr Erfahrungen – im Sinne von Informationen – einsammeln und sie in die zeitlosen Dimensionen der Ewigkeit transportieren.

So gesehen entsprechen die geisttragenden Elektronen unserem materiellen Körper. An dieser Stelle möchte ich jedoch im Besonderen auf die Bedeutung von Informationen eingehen. Auf der sachlisten Ebene ist „Information eine Teilmenge an Wissen, die ein Sender einem Empfänger mittels Signalen über ein bestimmtes Medium (auch ‚Informationskanal' genannt) vermitteln kann."[136].

Natürlich sind Informationen nur sinnvoll, wenn sie von einem Beobachter (was auch ein Messgerät sein kann) registriert werden. Was nützen beispielsweise Wörter, die nicht verstanden werden? Informationen haben ihren einzigen Sinn darin, von oder durch „etwas" erkannt zu werden. Für

132 Nach J.E.Charon entwickelt sich das Bewusstsein frei innerhalb von zwei sich deterministisch entwickelnden "Wohnorten": dem Hyper-Materiellen, „präonisch" Imaginären- und dem Materiellen- Universum (äonischen).

133 https://de.wikipedia.org/wiki/Jean_Émile_Charon

134 Théorie de la Relativité complexe, Albin Michel (Paris), 1977.) von Jean-É. Charon

135 http://heim-theory.com

136 https://de.wikipedia.org/wiki/Information

sich alleine sind Informationen nicht sinnvoll. Sie können sich nicht selber erkennen und bewerten. Unabhängig davon, wie hoch die Informationsmenge auch sein mag.

Wie aber sähe das mit einem intelligenten Computer aus? **Können Computer denken? Wenn ja – empfinden sie dann auch Lust und Schmerz wie wir Menschen?** Natürlich sind bereits die kleinsten Computer Verwerter von Informationen. Einerseits waren zur Erstellung eines Computers die entsprechenden Informationen erforderlich, doch muss er ja von/durch irgendetwas oder irgendjemanden erschaffen worden sein. Zumindest der erste Computer – der beispielsweise alle anderen Computer nachbauen würde – musste ja irgendwie entstanden sein.

Abbildung 8: Die auf einen Spiegel gerichtete Videokamera erzeugt in sich selbst ein Modell von sich selbst. Wird sie nun dadurch auch selbstbewusst?

ICH BEOBACHTE, ALSO BIN ICH (DER BEOBACHTER)

Zunächst scheint jeder Zweifel ausgeschlossen: Das Universum sieht für uns dreidimensional aus. Doch eine der herausragenden Ideen der theoretischen Physik in den letzten beiden Jahrzehnten stellt genau das in Frage: Das „holografische Prinzip" sagt, dass man für die Beschreibung unseres Universums möglicherweise eine Dimension weniger braucht, als es den Anschein hat. Was wir dreidimensional erleben, kann man auch als Abbild von zweidimensionalen Vorgängen auf einem riesigen kosmischen Horizont betrachten. Bisher wurde es nur in exotischen Raumzeiten mit negativer Krümmung studiert, die zwar theoretisch interessant sind, sich von unserem Universum aber wesentlich unterscheiden. Ergebnisse der TU Wien belegen, dass dieses holografische Prinzip auch in flacher Raumzeit seine Berechtigung hat. Eben so wie wir sie in unserem vertrauten Universum beobachten.

Normalerweise kennen wir Hologramme auf unseren Kreditkarten und Geldscheinen. Diese dreidimensional erscheinenden Bilder sind in Wirklichkeit nur zweidimensional. Vieles spricht dafür, dass sich unser Universum ganz ähnlich verhält. Zumindest in unserer Wahrnehmung. Bereits 1997 stellte der Physiker Juan Maldacena die Vermutung an, dass es eine Korrespondenz zwischen Gravitationstheorien in gekrümmten Anti-de-Sitter-Räumen[137] und Quantenfeldtheorien in Räumen mit einer Dimension weniger gibt. Dieser Ansicht ist zumindest Professor Daniel Grumiller[138] vom Institut für Theoretische Physik der TU Wien.

Möglicherweise können wir uns das **Universum als das Innere eines riesigen Schwarzen Lochs vorstellen, auf dessen Ereignishorizont die Wirklichkeit in der Fläche stattfindet, der Rest ist Illusion.** Doch wenn das so ist, muss es

137 https://de.wikipedia.org/wiki/De-Sitter-Raum

138 http://quark.itp.tuwien.ac.at/~grumil/

einen Projektionsmechanismus geben: Mehrdimensionale Theorien müssen sich in niederdimensionale überführen lassen (oder umgekehrt), ohne dass etwas verloren geht.

LEBEN WIR TATSÄCHLICH IN EINEM HOLOGRAMM?

Information als eine Form des Bewusstseins

"Wir leben in einer Welt der Projektionen fest neuro-verdrahteter Hologramme, einer Welt der Scheinbilder. Wir können nicht akzeptieren, dass der Projektionsmechanismus solcher Superhologramme die letzte Realität ist." (Charles Arthure Musès)

Das Hologramm wurde bereits 1947 von Dennis Gabor[139] entdeckt. Er konzipierte die „holografische Methode“ der optischen Informationsspeicherung. Ein durch **Überlagerung** von Lichtwellen aus Interferenzmustern bestehendes Hologramm ist wesentlich dadurch gekennzeichnet, dass die **gesamte Information** (theoretisch) in jedem seiner Teile enthalten ist. Dies steht im Gegensatz zur üblichen fotografischen Abbildung, die unserer die Dinge trennenden monokularen Sichtweise entspricht.

Lange war das nur für negativ gekrümmte Räume nachgewiesen, seit 2015 ist bekannt[140], dass es auch in unserem fast flachen Universum möglich ist. Eine Studie[141], die in den *Physical Review Letters* veröffentlicht wurde, führt uns nun noch einen Schritt weiter: Die Wissenschaftler haben dazu verschiedene holografische Quantenfeldtheorien (dreidimensional, also um eine Dimension reduziert) in Simulationen auf das frühe Weltall kurz nach dem Urknall angewendet und verglichen, bei welchen Parametern dann welche Eigenschaften des Kosmos herauskommen. Erstaunlicherweise eignen sich tatsächlich einige der holografischen Theorien zur Beschreibung der Kosmologie (Die für gut befundenen Theorien sagen auch die Anomalien der kosmischen Hintergrundstrahlung voraus).

"Diese Berechnungen bestätigen unsere Vermutung, dass das holografische Prinzip auch in flachen Raumzeiten realisiert sein kann. Es ist somit ein Hinweis für die Gültigkeit dieses Prinzips in unserem Universum." erklärt Max Riegler, Professor am Institut für Theoretische Physik der Universität Wien. *"Allein die Tatsache, dass wir auf der Gravitationsseite über Quanteninformationsbegriffe wie Verschränkungsentropie reden können, ist verblüffend und war vor einigen Jahren noch schwer vorstellbar. Dass wir sie nun sogar als Werkzeug verwenden können, um die Gültigkeit des holografischen Prinzips zu testen – und dass dieser Test auch funktioniert hat – ist wirklich bemerkenswert"*, sagt Daniel Grumiller. Damit ist natürlich noch nicht bewiesen, dass wir tatsächlich

139 https://de.wikipedia.org/wiki/Dennis_Gábor
140 https://www.eurekalert.org/pub_releases_ml/2015-04/aaft-iuu042715.php
141 https://journals.aps.org/prl/abstract/10.1103/PhysRevLett.118.041301

„auf“ („in“) einem Hologramm leben – doch die Hinweise auf die Gültigkeit des Korrespondenzprinzips in unserem realen Universum scheinen sich zu verdichten.

Den neuen Forschungsergebnissen zufolge erhöht sich zumindest die Wahrscheinlichkeit, dass wir tatsächlich in einer holografischen Welt leben. Im Folgenden nehme ich einen kurzen und zusammenfassenden Rückblick zum holografischen Weltbild vor.

Dass ein Hologramm auch für die Hirnforschung von Interesse sein könnte, verdanken wir zunächst dem Physiker David Bohm[142]. Zusammen mit dem Hirnforscher Karl Pribram[143] entwickelte er ein Modell der holografischen Realität. Während David Bohms holografische Überlegungen auf seinen Forschungsergebnissen i m Bereich der Quantenmechanik basierten, untersuchte Karl Pribram, wie Erinnerungen im Gehirn gespeichert werden. Aus Karl Pribrams holografischem Modell geht hervor, dass das Gehirn Informationen in gleicher Art speichert, wie Informationen in einem Hologramm gespeichert werden.

Zunächst wies der Hirnforscher Professor Karl Pribram[144] nach, dass das technische Modell der holografischen Speicherung von visuellen Informationen auch für die Menschen zutrifft. Das bedeutet, dass unsere Erinnerung nicht lokal in irgendwelchen einzelnen Zellen gespeichert ist, sondern verteilt als Interferenzmuster = Hologramm über ganze Areale.

Über das materielle Substrat der Interferenzmuster, d.h. ob Speicherung und Informationsverarbeitung lediglich in den Nervenzellen (Dendritenpotenziale) oder in allen Körperzellen vonstattengeht, sind sich die Wissenschaftler noch nicht ganz einig. Später weitete dann Pribram seine Theorie dahingehend aus, dass auch alle anderen Sinneseindrücke auf dem holografischen Prinzip basieren. Zusammen mit David Bohm[145] erkannte er, **dass der ganze Kosmos**

---

142 https://de.wikipedia.org/wiki/David_Bohm
143 https://de.wikipedia.org/wiki/Karl_H._Pribram
144 https://de.wikipedia.org/wiki/Karl_H._Pribram
145 https://de.wikipedia.org/wiki/David_Bohm

ein holografisches Universum ist, wobei unser **Gehirn wiederum ein Hologramm ist!** In dieser Wirklichkeit befinden wir uns in einem Ozean von Wellen und Frequenzen. Unser Gehirn hat nun die Fähigkeit, daraus kontinuierlich auf mathematischem Wege[146] eine objektive Realität durch die Interpretationen der Interferenzmuster zu konstruieren!

Nach dem Hirnforscher Professor Willard D. Thompsen Jr[147] wird z. B. eine Transkommunikation[148] mittels Skalarwellen[149] realisiert, die als **holografische Muster** unendlicher Dimensionen existieren, wobei proportional zur Komplexität der Informationen viele derartige Muster überlagert sind. Karl Pribram erarbeitete ein umfassendes Paradigma, das die Hirnforschung eng an die Physik bindet. **Normale Wahrnehmung, paranormale und transzendente Erfahrungen sind darin Teile der holistischen Natur.**

Der Funktionalismus sieht **Bewusstsein als reine Information, fundamentaler als die materielle Welt.** Der wohl berühmteste Hirnforscher und Nobelpreisträger John Eccles erkennt die Gehirnstruktur als Schnittstelle (Interface) zu nicht-materiellen geistigen Bereichen und den Geist als „Programmierer" des Gehirn-„Computers". Eccles erkennt in seinem Buch „Wie das Selbst sein Gehirn steuert" (1999), dass die Steuerung der Synapsen in Bereichen erfolgen kann, die der Heisenbergschen Unschärferelation[150] unterliegt.

Einige andere Forscher, insbesondere Lee Smolin[151] vom *Perimeter Institute for Theoretical Physics* in Waterloo (Kanada), **schließen aus dem holografischen Modell, dass eine endgültige Theorie sich weder mit Feldern befassen wird noch mit Objekten in der Raumzeit, sondern mit dem Informationsaustausch zwischen physikalischen Prozessen.** Dies wäre der endgültige Durchbruch der Idee, dass die Welt aus Information besteht.

---

146 Fourieranalyse/Fouriertransformation

147 http://www.neurologicalinstitute.com/bios/d_thompson.html

148 Transkommunikation ist ein Sammelbegriff für alle Methoden der Kontaktaufnahme zu anderen Bewusstseinsbereichen.

149 http://iddd.de/umtsno/odpsejm/Skalarwellen.pdf

150 http://www.quanten.de/unschaerferelation.html

151 https://de.wikipedia.org/wiki/Lee_Smolin

Der Hirnforscher Professor Harris Walker aus Cambridge[152] erkannte, dass der Bewusstseinsprozess nicht chemischer Natur ist, sondern auf einem quantenmechanischen Tunneleffekt[153] basiert. Er legt überzeugende Beweise dafür vor, dass in der Synapse irgendein quantenmechanisches Phänomen stattfindet. Auch David Bohm und der Quantenphysiker B. Hiley[154] berichten von „verblüffenden Ähnlichkeiten zwischen dem Quantenpotential und den Verbindungen des Gehirns. Diese beiden Forscher fanden heraus, **dass der Raum zwischen den Nervenenden sich niemals ganz still verhält („Nullpunktenergie des Vakuums"), sondern eine kontinuierliche Aktivität langsamer Wellenpotentiale aufweist.** In diesem synaptischen Spalt[155] herrscht nun eine unaufhörliche komplexe Aktivität von Wellenformen (bis zu 20 Impulsen pro Sekunde) mit Interferenzmustern; **eine Grundvoraussetzung, um holografisch verschlüsselte Informationen entstehen zu lassen.** Dies würde u. a. erklären, warum Erinnerungen nicht allein auf bestimmte Gehirnzellen begrenzt bleiben, sondern sich (zeitgleich) im gesamten Gehirn (und weiter) ausbreiten.

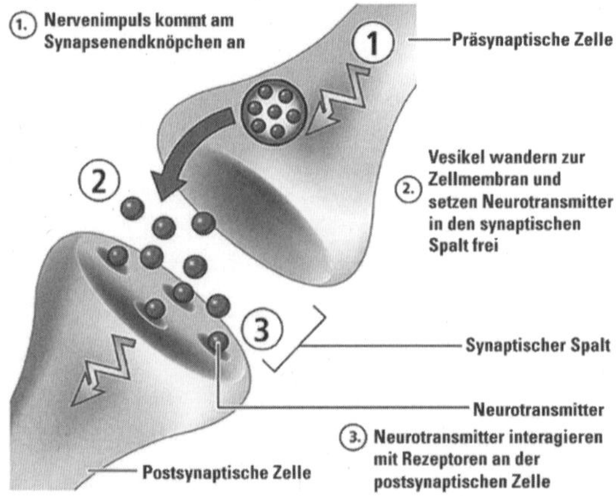

Abbildung 9: Zwischen den Zellen (präsynaptischer und postsynaptischer Zelle) ist ein synaptischer Spalt.

152 http://www.neuroscience.cam.ac.uk/directory/profile.php?harris
153 https://de.wikipedia.org/wiki/Tunneleffekt
154 https://en.wikipedia.org/wiki/Basil_Hiley
155 https://de.wikipedia.org/wiki/Synaptischer_Spalt

Wie ich mehrfach in diesem Buch erwähne, werden nach Burkhard Heim sämtliche Informationen in Form von Erinnerungen in den zeitlosen Dimensionen 7 und 8 abgelegt und können von dort aus immer wieder abgerufen werden.

Burkhard Heim fasst zusammen:

„Das, was wir als Materie bezeichnen, unterliegt einem Wirkprozess, der von den geistigen Dimensionen gesteuert wird. Von der Entstehung bis zur Steuerung der materiellen Welt entspringt alles den geistigen Dimensionen."

VERÄNDERE DIE BEOBACHTUNG UND DU VERÄNDERST DIE REALITÄT

Die Entstehung, über die Burkhard Heim berichtet, **entspricht dem elementaren Schöpfungsprozess. Die Schöpfungen der materiellen Welt (und demzufolge auch die dazugehörigen Steuerungen dazu) werden durch den *geistigen Beobachter* erschaffen.** Wie wir später noch genauer erfahren, wurde **diese bisherige Hypothese durch neueste Forschungsergebnisse bestätigt: Der Beobachter-Effekt – oder Realität muss zuerst gesehen (also beobachtet) werden.**[156] Ein Resümee aus einer Fachveröffentlichung hierzu lautet: ***„Verändere den Blick und du veränderst die Realität“***[157]***. Man könnte natürlich auch sagen: Verändere die Beobachtung und du veränderst die Realität.***

Was genau wir unter einer Beobachtung zu verstehen haben, fasst das Jahrhundert-Genie John Archibald Wheeler zusammen: ***„Quantenphänomene sind undefiniert bis zu dem Moment, wo sie gemessen, beziehungsweise beobachtet werden. Bereits das potenzielle Wissen, als Ahnung oder Intuition, aber auch als Glaube im Sinne des Beobachtereffekts reichen aus, um ein Quant zu aktivieren.“***[158]
„...ein Quant[159] ***zu aktivieren“ bedeutet, ein Elementarteilchen, also Materie zu erschaffen!***

Der Denker und das Gedachte sind eins – sie sind nonlokal miteinander verbunden.

---

156 https://zwischendennebeln.wordpress.com/2015/06/09/der-beobachter-effekt-oder-realitat-muss-zuerst-gesehen-werden/

157 http://heim-theory.com

158 J. Wheeler: The nature of scientific discovery. Owen Gingerich (editor) Washington Smithsonian Press, 1975; J. Wheeler in Foundational Problems in Special Sciences R. E. Butts, J. Hintikka (editors) Dordrecht, Reidel

159 [1] kleines Elementarteilchen, Korpuskel, [2] kleinster physikalischer Wert

„Es gibt kein Draußen dort draußen." Mit diesen Worten charakterisiert Wheeler die Erkenntnissituation des Menschen im Licht quantenphysikalischer Forschungsergebnisse.

Er illustriert seine Vorstellung gern mit einer Zeichnung, die den Umstand darstellen soll, dass **wir eher Teilnehmer als nur Beobachter des Universums sind. *„Wir sind teilnehmende Beobachter"***, so Wheeler. **Unsere Beobachtung erschafft die Welt mit, die wir beobachten.** Wheelers Symbol hierzu besteht aus einem großen U, dessen linker Strich ein Auge enthält, das den anderen Strich betrachtet und doch nicht sieht, dass er ein Teil eines Ganzen ist.

Der Kosmos als Hologramm?

Frappierende Ähnlichkeitsmuster zwischen Mikro- und Makrokosmos. Hirnzelle und Galaxien.

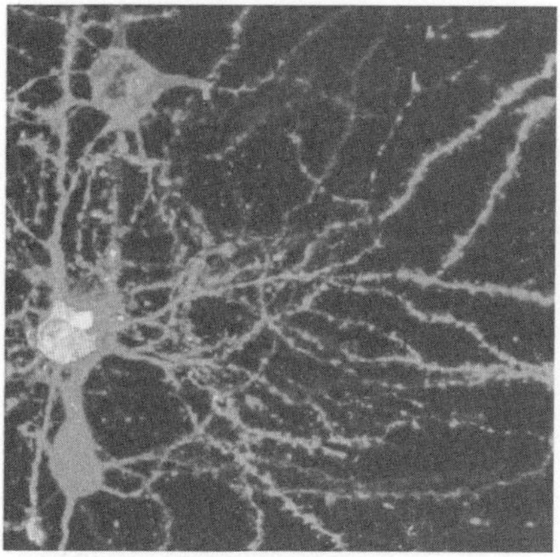

Abbildung 10: Neuron und dessen Vernetzungsstruktur

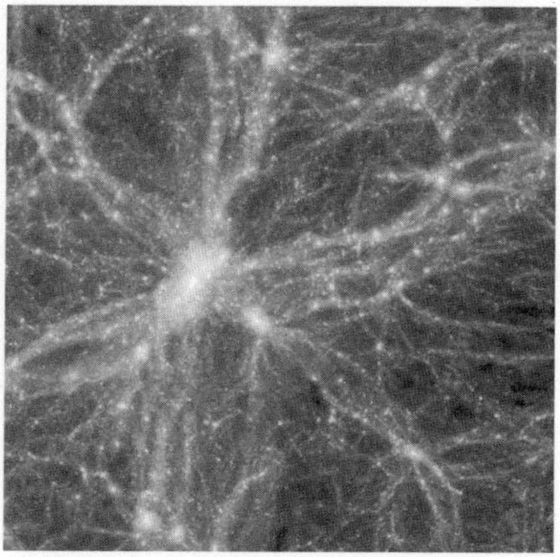

Abbildung 11: Struktur von Galaxien im Kosmos[160]

160 Quelle: Mark Miller, Brandeis University aus New York Times.

Gebet um Humor
von Sir Thomas Morus (1478-1535)[161]

Schenke mir eine gute Verdauung, Herr
und auch etwas zum Verdauen.
Schenke mir Gesundheit des Leibes
mit dem nötigen Sinn dafür, ihn möglichst gut zu erhalten.
Schenke mir eine heilige Seele, Herr,
die das im Auge behält, was gut ist und rein.
Damit sie beim Anblick der Sünder nicht erschrecke,
sondern die Mittel findet, die Dinge wieder in Ordnung zu bringen.
Schenke mir eine Seele, der die Langeweile fremd ist,
die kein Murren kennt und kein Seufzen und Klagen.
Und lasse nicht zu, dass ich mir allzuviel Sorgen mache
um dieses sich breit machende Etwas, das sich „Ich" nennt.
Herr, schenke mir Sinn für Humor.
Gib mir die Gnade, einen Scherz zu verstehen
damit ich ein wenig Glück kenne im Leben
und anderen davon mitteile.
Amen

161 https://de.wikipedia.org/wiki/Thomas_Morus

FIREWALL DES SELBSTVERGESSENEN EGOS

Geist ist die Schöpfungsinstanz die als Beobachter in Erscheinung tritt.

*„Das, was wir als Materie bezeichnen, unterliegt einem Wirkprozess, der von den **geistigen** Dimensionen gesteuert wird. Von der Entstehung bis zur Steuerung der materiellen Welt entspringt alles den **geistigen** Dimensionen."*
(Burkhard Heim)

Der Geist ist das handelnde und wirkende Medium (Agens) der Schöpfung. Die Ideen bzw. die Vorstellungen die der Geist trägt, manifestieren sich im Ereignisraum–also in unserer Welt, in unserer Realität. Die Klarheit der Ideen bestimmt das Ergebnis seiner Manifestation. So ist der Geist die Schöpfungsinstanz, die in der Quantenphysik als der sogenannte Beobachter bezeichnet wird. Dieser Beobachter entspricht unserer bewussten Wahrnehmung. Wahrnehmung ist das Resultat unserer Sinneseindrücke und beschränkt sich nicht nur auf die sichtbaren Dinge.

Bei der Erschaffung der Welt muss die geistige Schöpfungsinstanz – von uns als Allschöpfer oder Gott bezeichnet – eine genaue Idee bzw. Vorstellung von seinem gewünschten Ergebnis gehabt haben. Ganz offenbar gehören auch wir Menschen zu dieser Vorstellung. Hierzu gehört auch, dass wir den gleichen schöpferischen Geist in uns tragen. Es ist der Geist Gottes, der auch in uns wirkt.

Auch für uns gilt: Ideen bzw. Gedanken, Vorstellungen usw. erschaffen Realität. Unsere Welt, so wie wir sie heute vorfinden, ist das Ergebnis von etwa sieben Mrd. Schöpfern.

Es scheint, als haben wir eine heillos durcheinander gedachte Welt erschaffen. Die Ursache hierfür habe ich in diesem Buch anhand verschiedener Beispiele aufgeführt. Im Wesentlichen ist dieses wiedernatürliche Chaos der Blockade geschuldet, die uns von unserem Wesenskern trennt.

Diese Blockade kann man als eine Art Firewall unseres künstlichen Selbsts, unseres übersteigerten bzw. selbstvergessenen Egos betrachten. Ohne diese Blockade würden wir unsere wahre Göttlichkeit erkennen. In diesem Bewusstsein wären unsere Ideen und Vorstellungen – die wir als freudige Wünsche erfahren – von einer hohen sozialen Ordnung getragen.

Wenn wir aus der Instanz unseres Egos wieder mit den Aspekten unseres Wesenskerns (Seele und Höheres Selbst) verbunden sind, erschließt sich uns eine Welt, in der Harmonie, Ordnung und Freude der Grundzustand ist.

Die extrem begrenzte Manifestationskraft des Egos – die ich hier einmal als Gedankenenergie bezeichnen möchte – ist von der Intensität unserer Emotionen[157] abhängig. Je intensiver die Emotionen und klarer das dazugehörige geistige Bild, umso deutlicher und schneller findet die Manifestation statt. Ohne die Einsichten aus der Ebene unserer höheren Selbste bleibt unser Ego in seinem erheblich begrenzten Wahrnehmungsraum gefangen.

An dieser Stelle möchte ich euch ein vereinfachtes Modell vorstellen, welches die unterschiedlichen Ebenen des beobachtenden Geistes darstellt. Ich bitte euch, die nun folgende Grafik auf euch einwirken zu lassen. Bevor ich auf ihre Bedeutung näher eingehe, versucht euch zunächst ein eigenes Bild von diesem Bild der unten stehenden Abbildung zu machen..

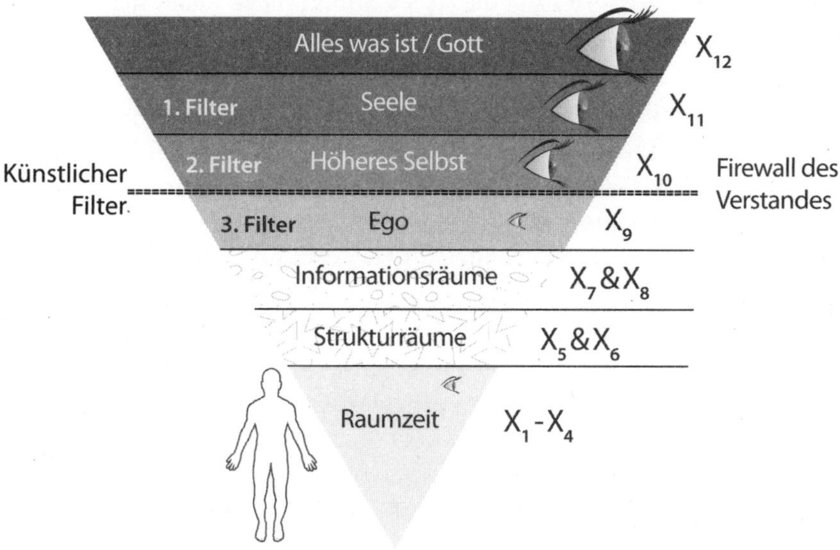

Abbildung 12: Die Ebenen unseren Seins in den unterschiedlichen Dimensionen.

Wie die obere Grafik darstellen soll, existieren quasi gleichzeitig geistige Instanzen von uns. Die höchste Instanz entspricht dem, was wir als unsere Seele bezeichnen. Die sozusagen noch darüber liegende Instanz wäre die alles vereinende Ebene Gottes. Gegenüber den „darunterliegenden" Instanzen existiert hier nichts Persönliches. Alles ist eins und eins ist alles. Wie auf der oberen Grafik erkennbar, ist eine Trennungslinie zwischen dem unteren Beobachter (der Ebene des wahrnehmenden Egos) und dem Höheren Selbst und der Seele vorhanden. Diese Trennungslinie markiert die fehlende Erinnerung daran, dass es außer unserem Ego noch weitere und ursprünglichere Existenzformen von uns gibt. Gegenüber der künstlich erschaffenen Existenzform des Egos erkennt diese Instanz nur sich selber an. Das Ego hingegen erstellt durch seine vergleichende Verstandessprache eine Firewall zu den höheren Formen unseres Selbst - einen kaum durchdringbaren Filter, eine Art Zugangsschutz zwischen der alles wahrnehmenden Ebene der Seele und des Höheren Selbst und der gedeuteten (interpretierten) und damit künstlichen Welt des Ego-Verstandes.

Unser künstliches Selbst kann die alles wahrnehmende Ebene der Seele und des Höheren Selbsts nicht verstehen, da sich diese auf körperlicher Ebene in Form von Gefühlen darstellen. Die Welt unseres Ego-Verstandes kann nur mit Worten und Begrifflichkeiten umgehen; also mit Dingen die es analysieren und verstehen kann. Unser Verstand ist an die Raum-Zeit Dimensionen gebunden und kann daher nur Prozesse verarbeiten. Unsere höherdimensionalen Beobachter hingegen befinden sich außerhalb der Raumzeit. Ihre Einblicke sind zeit- und prozesslos und können auf dieser Ebene in ihrer "Gleichzeitgkeit" nur als Gefühl empfunden werden. Unser Verstand vermag zwar aus Erfahrung diese Gefühle zuzuordnen, kann sie aber letztendlich nicht verstehen.

Die Sprache des Verstandes setzt sich dementsprechend aus Worten und Begriffen zusammen, die der Seele und des Höheren Selbst sind Zustände der Liebe und des Gewahrseins. Gewahrsein ist das Ausschließen der Projektionen und somit reine objektive Beobachtung ohne etwas in die Dinge hineinzuprojjizieren. Im Gewahrsein der Seele und des höheren Selbsts existiert kein Wollen; in diesem Zustand hat sich das Ego quasi in die 2. Reihe zurückgezogen.

Der denkende Mensch vergleicht und bewertet. In diesem Zustand ist er blind für die geistigen Dimensionen des Selbst und der Seele. Das Ego betrachtet sich und die Welt aus seiner konditionierten Weltsicht.

Bis heute ist der Ur-Gedanke Gottes immer noch auf dem Weg zur Vollendung. Ich fühle, dass diese (vorläufige?) Vollendung dem Erwachen der Menschheit gleichkommt. In diesem Erwachen erkennt der Mensch seine wahre Göttlichkeit. Dieses Erwachen kann sich erst dann vollziehen, wenn sich die Firewall des Egos auflöst.

V

LEBEN ALS GRUNDLAGE DER WIRKLICHKEIT UND NICHT ALS ZUFALLSPRODUKT

LEBEN ALS GRUNDLAGE DER WIRKLICHKEIT UND NICHT ALS ZUFALLSPRODUKT

„Ich betrachte Materie als ein Derivat[162] des Bewusstseins."
(Max Planck)

Im vollständigen Original heißt es: ***„Ich betrachte das Bewusstsein als grundlegend. Ich betrachte die Materie als Derivat aus dem Bewusstsein. Wir können das Bewusstsein nicht verstehen. Alles worüber wir reden, alles, was wir als existierend ansehen, müssen wir als Bewusstsein postulieren."***

Das Nichts und der Ursprungsraum

Hast du schon einmal über das Nichts nachgedacht? Das scheint irgendwie nicht zu funktionieren, oder? Wie könnten wir uns das Nichts vorstellen, wenn es das Nichts gar nicht gibt, denn **„Aus Nichts lässt sich nichts herleiten"**, noch nicht einmal *„mit den exaktesten naturwissenschaftlichen Methoden"*, sagte einst Max Planck. Dass für die Entstehung des Universums kein Gott notwendig gewesen war, ist die Überzeugung des renommierten britischen Astrophysikers Stephen Hawking. In seinem 2010 veröffentlichten Buch *„Der große Entwurf"* negiert er die Existenz Gottes und sagt, das Universum habe sich selber aus dem Nichts erschaffen.

162 Derivat (von lateinisch derivare ‚ableiten') wird in der Chemie ein abgeleiteter Stoff ähnlicher Struktur zu einer entsprechenden Grundsubstanz (Stammverbindung) bezeichnet.

ZUFALL ODER KOSMISCHE ABSICHT?

Ist das überhaupt realistisch, **wurden wir wirklich aus dem Nichts erschaffen?** Leiten wir nur einmal die etwaige Wahrscheinlichkeit der Entstehung des Lebens her. Wir alle wissen, dass die DNS die Grundvoraussetzung für körperliches Leben darstellt. Bekanntlich beschreibt die DNS die Zuordnung von Aminosäuren zu den Basentriplets. Diese Zuordnung ist hochgradig optimiert. Eine Information, die Zehntausende von chemischen Buchstaben genau in die Reihenfolge bringt, die für unser Leben notwendig ist. Dass die DNS aus einem reinen Zufall entstand, ist quasi unmöglich. Den Grund hierfür möchte ich kurz vorstellen.

Nehmen wir an, wir hätten fünf Karten, auf denen die Ziffern eins bis fünf stehen. Wer diese fünf Karten nun durch Zufall in die richtige numerische Reihenfolge bringen möchte, hat dazu schon 120 Möglichkeiten. Statistisch gesehen erhalten wir also innerhalb von 120 Versuchen einmal die richtige Lösung. Wie sieht es aber bei zehn Karten aus? Dann haben wir nämlich schon 3.628.800 Möglichkeiten. Und bei 25 Karten? Angenommen, wir würden es schaffen, jede Sekunde unseres Lebens 25 Karten immer in einer anderen Reihenfolge zu legen – wie lange würde es dann dauern, bis wir alle Möglichkeiten gelegt hätten, so dass die richtige Reihenfolge auf jeden Fall dabei gewesen wäre? Es würde 491 Billarden Jahre dauern.

Wenn wir nun versuchen wollten, nur 50 Ziffern durch Zufall in eine vorgegebene Reichenfolge zu bringen, und wir hätten dafür zur Unterstützung eine Milliarde Menschen auf jeweils einer Milliarde vorhandener Erden zur Verfügung, so würden Hunderte von Millionen Jahren nicht ausreichen, um auch nur einmal die richtige Reihenfolge zu bekommen. Doch das ist noch nicht alles. Die DNS beinhaltet naturgemäß sehr viel mehr als nur 50 Informationseinheiten. Könnte dies durch Zufall entstehen? Die Wahrscheinlichkeit dafür dürfte Null sein. Mit anderen Worten: Die

Zeitdauer, die nötig ist, damit selbst Einzeller per Zufall entstehen können, ist unendlich lange[163]. Der Biophysiker, Philosoph und Autor Pierre Lecomte du Noüy[164] schreibt in seinem Buch "Die Bestimmung des Menschen"[165], dass die Wahrscheinlichkeit, ein Eiweißmolekül mit 2.000 Atomen zu bilden, bei 1:10321 liegt. Da sich dieser Wert in Worten nicht ausdrücken lässt, seht ihr sie hier als vollständige Zahl: (0,000 001).

Du Noüy entwickelte seine eigene Hypothese der Orthogenese[166], die als "Telefinalismus" bekannt wurde. Nach Du Noüy konnte die Evolution nicht zufällig sein, sondern sei seit dem Beginn der Welt auf einem aufsteigenden, immer in die gleiche Richtung ausgerichteten Weg. Er akzeptierte naturalistische evolutionäre Mechanismen wie Mutation und natürliche Selektion, glaubte aber, dass die Wissenschaft nicht alle evolutionären Phänomene oder den Ursprung des Lebens erklären könne. Nach seiner telefinalistischen Hypothese lenkt eine transzendente Ursache, die er mit Gott gleichsetzte, den evolutionären Prozess.

163 http://www.dasgeheimnis.de/web/evolution.htm

164 https://en.wikipedia.org/wiki/Pierre_Lecomte_du_No%C3%BCy

165 Pierre Lecomte du Noüy: Die Bestimmung des Menschen, Union Deutsche Verlagsgesellschaft, Stuttgart 1948

166 Als Orthogenese (auch orthogenetische Evolution oder Autogenese) bezeichnet man die Hypothese, wonach das Leben eine innere Tendenz besitzt, sich in unilinearer Weise zu entwickeln, die von einer internen oder externen treibenden Kraft gesteuert wird. Die Hypothese basiert auf dem Essentialismus, dem Finalismus sowie der kosmischen Teleologie und vermutet einen intrinsischen (innerlichen) Antrieb, der die Spezies langsam transformiert.

DIE STRUKTUR DES ZUFALLS

Alle Prozesse haben eine gemeinsame kosmische Dynamik

"Chaos ist so lange Chaos, als man nicht begreift, dass es eine höhere Ordnung ist". Dieses Zitat stammt von dem Zukunftsberater Gerd Gerken[167]. Eine solche Aussage könnte gut von dem Mann kommen, der mehr als sein halbes Leben am Zufall geforscht hat. Gemeint ist Prof. Dr. Simon Shnoll.[168] Simon Shnoll, Biochemiker und Physiker an der Lomonosov Universität in Moskau trug seine bahnbrechenden Ergebnisse erstmals in Deutschland auf dem 1. Internationalen Genesis-Symposium in München[169] vor. Im Ergebnis einer über 40jährigen Recherche konnte das Team und Professor Shnoll **nachweisen, dass statistische Häufigkeitsverteilungen (Histogramme[170]) gleichzeitiger Ereignisse identische, prozessunabhängige Feinstrukturen haben. Damit wurde der Beweis erbracht, dass die Zufälle (Stochastiken[171]) völlig verschiedener physikalischer, biologischer, sozialer und geistiger Prozesse morphologisch identisch sind[172] und eine gemeinsame, kosmische Ursache haben.**[173]

Auf dem gleichen Symposium hielt Dr. Ing. Erwin Bratengeyer[174] vom

167 http://www.gerd-gerken.com

168 http://atlantisforschung.de/index.php?title=Braucht_die_Wissenschaft_neue_Methoden_zur_Altersbestimmung%3F

169 Das 1. Internationalen Genesis-Symposium in München, fand am 12./13. Juni 2014 statt.

170 Histogramm ist eine grafische Darstellung einer Häufigkeitsverteilung in Form von Säulen, die den Häufigkeiten der Messwerte entsprechen.

171 Stochastik (Raten) Teilgebiet der Statistik, das sich mit der Untersuchung vom Zufall abhängiger Ereignisse und Prozesse befasst.

172 Morphologie: Lehre von der äußeren Gestalt, Form der Lebewesen, der Organismen und ihrer Teile

173 raum&zeit Spezal 1, Die Basis ganzheitlicher Naturwissenschaft, S.276

174 https://www.donau-uni.ac.at/de/universitaet/whois/01648/index.php

TIM Lab[175] seinen Vortrag zum Thema ***"Zufall und das kosmische Hintergrundrauschen"***[176]. Der genaue Titel lautete *„Beschreibung und Erklärung des Experimentes der kabellosen Datenübertragung"*. In diesem Vortrag beschrieb Dr. Bratengeyer ein physikalisches Experiment, das die Interpretation nahelegt, dass **"Zufallsprozesse", wie sie etwa in Rauschsignalen** herkömmlicher elektronischer Schaltkreise vorkommen, **determinierte Strukturen enthalten.** Diese Strukturen erwiesen sich im Experiment über einen begrenzten Zeitraum als stabil und konnten synchron von zwei verschiedenen Geräten an verschiedenen Orten (Krems und Wolfratshausen) mit Hilfe geeigneter Filtermethoden registriert werden. Diese Ergebnisse zeigen, dass die Übertragung von Daten über *„Zufallsprozesse"* auf dem Effekt der Quanten-Teleportation[177] beruht, der 1997 an der Universität Innsbruck von dem bekannten österreichischen Wissenschaftler Anton Zeilinger[178] experimentell nachgewiesen werden konnte[179].

Die wichtigste Aussage seines Vortrags besteht für mich darin, **dass im Hintergrundrauschen eine Lenkung, bzw. etwas deterministisches[180] enthalten ist.** Das Hintergrundrauschen[181], genauer gesagt die kosmische Mikrowellenhintergrundstrahlung, ist eine das ganze Universum erfüllende und in alle Richtungen gehende Strahlung im Mikrowellenbereich, die kurz nach dem „Anfang" des materiellen Universums (Urknall?) entstanden ist. In einem Artikel der Humboldt Universität Berlin ist über *„Das Hintergrundrauschen der Nervenzellen"*[182] zu lesen, wonach das Gehirn ähnlich wie ein elektronisches

175 TIM-Lab Forschungszentrum der Donau Universität Krems (Austria)

176 Disloziertes Auslesen synchroner Zufallsprozesse

177 Quanten-Teleportation, Übertragung eines Quantenzustands mit Hilfe von nicht-klassischen Einstein-Podolsky-Rosen-(EPR-)Korrelationen. Die Quanten-Teleportation eignet sich unter anderem für das Übertragen von Informationen (Quantenbits) in der Quanteninformatik.

178 https://www.oeaw.ac.at/fileadmin/NEWS/2013/pdf/CV_Zeilinger2013_download.pdf

179 D. Bouwmeester, J. W. Pan, K. Mattle, M. Eibl, H. Weinfurter, A. Zeilinger Experimental Quantum Teleportation, Nature 390, 575-579 (1997)

180 Determinismus: etwas bestimmen, entscheiden.

181 Drei-Kelvin-Strahlung

182 https://www.hu-berlin.de/de/pr/medien/publikationen/humboldt/2010/201010/titel/nervenzellen

System arbeitet. Demnach existiert auch an den Nervenzellen unserer Gehirne ein Hintergrundrauschen. **Mit diesem Hintergrundrauschen stehen wir in unmittelbarer Verbindung mit dem gesamten Universum.**

Erinnert ihr euch noch an den Satz von Burkhard Heim? ***„Das, was wir als Materie bezeichnen, unterliegt einem Wirkprozess, der von den geistigen Dimensionen gesteuert wird. Von der Entstehung bis zur Steuerung der materiellen Welt entspringt alles den geistigen Dimensionen.“***

VOM URSPRUNGSRAUM ZUM ERFAHRUNGSRAUM

Die Wirkkraft der Gedanken und Worte
Axiom: Worte sind die Aufträge des Denkers

Burkhard Heim ist mit dieser Schlussfolgerung seiner Berechnungen nicht allein. Immer mehr seiner Kollegen kommen zu ähnlichen Ergebnissen. Eine Steuerung aus den geistigen Dimensionen bedeutet, dass der Geist auch die Ursache der materiellen Welt ist. Gedanken sind Ausdrücke des Geistes. Gedanken erschaffen Realität. Natürlich können sich Gedanken nicht selber denken. Wie auch ein Wort sich nicht selber aussprechen kann, so muss es *„etwas“* geben, was Gedanken, Worte usw. zum Ausdruck bringt. *„Etwas“* muss die Ursache für die Existenz unseres Universums sein. Unser Universum kann sich nicht selber erschaffen haben. Aus theologischen Überlieferungen können wir erfahren, dass ***Gott* der Schöpfer unserer Welt** ist. Brahman = Weltseele. **Der Urgrund allen Seins.**

DIE SCHÖPFUNGSMACHT DES GESPROCHENEN WORTES

Kehren wir noch einmal zum Beginn des materiellen Kosmos zurück. Gehen wir nun einmal davon aus, dass der materielle Kosmos nicht zufällig entstand und nicht aus dem Nichts entsprungen ist. Im Folgenden möchte ich mich an die Überlieferungen der Schöpfungsgeschichte halten, um an ihr die Schöpfungsmacht des Geistes und seiner Ausdrucksformen des Denkens und des Wortes herzuleiten.

Mose – Kapitel 1, Die Schöpfung[183] lesen wir:
*Am Anfang schuf Gott Himmel und Erde. Und die Erde war wüst und leer, und es war finster auf der Tiefe; und der Geist Gottes schwebte auf dem Wasser. **„Und Gott sprach: Es werde Licht! und es ward Licht."*** Gott sprach **das Wort** (die Wörter)!

Eine ähnliche Darstellung hierzu stammt vom Apostel Johannes:
Im Anfang (ἀρχή) war das Wort (λόγος) und **das Wort** war bei *Gott,* und das Wort war *Gott.*
(...) **Alles ist durch das Wort geworden** und ohne das Wort wurde nichts, was geworden ist. Das ***„Wort"*** wurde zu Zeiten der Überlieferungen der Schöpfungsgeschichte mit ***„Logos"*** beschrieben und wurde mit Wahrheit gleichgesetzt (Wort = Wahrheit).

Der Apostel Johannes[184], oft als Lieblingsjünger von Jesus bezeichnet, war der Verfasser dieser Zeilen. Sie stammen aus dem berühmten Johannesevangelium[185]. Für Johannes war **Gott der erste Ursprung bzw. Allschöpfer oder Gestalter aller Wirklichkeit.** Auch ich teile diese Ansicht.

183 http://www.bibel-online.net/buch/luther_1912/1_mose/1/

184 Der Apostel Johannes, Johannes der Sohn des Zebedäus, war nach dem Zeugnis des Neuen Testaments ein Jünger Jesu Christi und wird in der christlichen Tradition mit dem „Lieblingsjünger" Jesu aus dem Johannesevangelium identifiziert.

185 https://de.wikipedia.org/wiki/Evangelium_nach_Johannes

Anfang = Archē (altgriechisch **ἀρχή** für ‚Anfang, Prinzip, Ursprung') ist ein Begriff, der Grund und Prinzip des Seienden oder Erkenntnis bezeichnet. Die Frage nach der archē ist die Frage nach dem Anfang des Seienden, nach einem Urstoff (= Stoff, aus dem alles besteht) oder Urprinzip (= Gesetzlichkeit von (Entstehung/Vergehen) der Welt). Für Johannes ordnete (?) Gott den Anfang (archē – Arche) ein.

„Wort" ist der Begriff für „Wahrheit" - dem *Logos*.
Dieser altgriechische Ausdruck logos (λόγος lógos) wird im Sinne von ***Wort*** und Rede sowie deren Gehalt (***„Sinn"***) gebraucht, bezeichnet aber auch das geistige Vermögen und was dieses hervorbringt (z. B. „Vernunft "), wie auch ferner ein allgemeineres Prinzip einer Weltvernunft oder eines **Gesamtsinns der Wirklichkeit. Logos ist die Wahrheit selbst.** *Logos* ist existenziell.

Von der Gestaltungsmacht der Worte berichtet auch *„Der Meisterdenker"* und Philosoph Martin Heidegger[186] und richtet folgende Worte mahnend an uns: ***„Unsere Worte sind zu seelenlosen Worthülsen verkümmert. Wir benutzen Worte, deren tatsächliche Bedeutung verkümmert ist, oder verkehrt wurde."***
Für Heidegger **sind unsere heutigen Worte *„Leere Worthülsen. Wenn wir kein Wissen über die tatsächlichen*** (semantischen[187]) ***Inhalte mehr haben..., erwächst daraus das Übel."***

Wenn Worte keine Wahrheit in sich tragen, sind sie entweder unwirksam oder verzerren die Realität. Diese Verzerrungen können sich *zum Übel erwachsen* – wie Martin Heidegger es nannte. Ich möchte Euch daran erinnern, dass nicht nur unsere Gedanken unsere Realität erschaffen. Dem gesprochenen Wort geht ein Gedanke – eine dem Wort entsprechende Idee – voraus. Ein Wort kann sich ja nicht selbst aussprechen. Der Sprecher des Wortes ist die geistige Instanz, die dem Wort den entsprechenden Inhalt gibt. Zu Beginn der kosmischen Schöpfung sprach Gott – die allschöpfende Instanz – das Wort (die bekannten Worte).

186 https://de.wikipedia.org/wiki/Martin_Heidegger
187 Semantik (griechisch σημαίνειν sēmaínein ‚bezeichnen', ‚zum Zeichen gehörig'), auch Bedeutungslehre, nennt man die Theorie oder Wissenschaft von der Bedeutung der Zeichen.

Indem ein Wort gesprochen wird, brauchen wir von ihm eine klare Vorstellung. Je klarer diese Vorstellung ist, umso eher und deutlicher wird sich der Gedanke realisieren. Das gesprochene Wort sendet quasi die entsprechende Vorstellung ab. Es trägt die Idee (den Gedanken) in den Weltenraum. Durch den Verlust von klarem Wissen, der wahren Bedeutung unserer Worte, können Missbildungen entstehen. Wir denken an ein Wort, sprechen es aus, und haben dabei den Wesenskern dieses Wortes vergessen.

Mich erinnert das an die sogenannten Zaubersprüche. Wie das Wort bereits verrät, handelt es sich um Sprüche (Worte), die zum Zaubern – dem Wünschen – benutzt werden. Abrakadabra... ist schon einige tausend Jahre alt und wohl der älteste Zauberspruch. Letztlich ist ein **Zauberspruch** eine Bitte, die eine bestimmte schöpferische Wirkung hervorbringen soll. Zaubersprüche gehören zu den ältesten Zeugnissen der Literatur, in der deutschen beispielsweise sind es die Merseburger Zaubersprüche[188] (wahrscheinlich im 8. Jahrhundert entstanden).

In diesem Sinne beginnt auch **ein klareres Verständnis über die schöpferische Bedeutung des Gebetes.** Das **Gebet** (abgeleitet von *bitten*) bezeichnet eine zentrale Glaubenspraxis vieler Religionen. Es ist eine verbale, rituelle Zuwendung an ein transzendentes Wesen (Gott). Die sichtbare Schöpfermacht von gesprochenen Worten konnte übrigens mehrfach von Naturwissenschaftlern bestätigt werden. Der russische Biophysiker Pjotr Gajajev konnte im Labor mehrfach nachweisen, dass sich gesprochene Worte auf Materie auswirken: ***„Wissenschaft beweist: DNA kann durch Worte & Frequenzen reprogrammiert werden.“***[189]

„Die Wissenschaft bewegt sich nicht in der Dimension der Philosophie, sie ist aber, ohne dass sie es weiß, auf diese Dimension angewiesen.“[190]

---

188 https://de.wikipedia.org/wiki/Merseburger_Zaubersprüche

189 http://bewusst-vegan-froh.de/wissenschaft-beweist-dna-kann-durch-worte-frequenzen-reprogrammiert-werden/

190 R. Wisser, Vom Weg-Charakter philosophischen Denkens, S. 445. Quelle: https://hrcak.srce.hr/file/58494)

BEWUSST-SEIN IST EIN ERFAHRUNGSZUSTAND

– Ich bin mir meiner Selbst bewusst

Über die zahlreichen unterschiedlichen Ansichten über das Bewusstsein kam ich zu einem relativ simplen Ergebnis. Allein dieser Begriff beinhaltet die beiden Silben **„bewusst“** und **„sein“**. **Bewusstsein ist Basis des Geistes. Bewusstsein bedeutet auch: Bewusst (zu) sein.**

Ich möchte an dieser Stelle noch einmal auf Martin Heidegger zurückkommen. Kurz vor seinem körperlichen Ableben sprach der seinerzeit führende Philosoph Europas in einem Interview über **das Vergessen des Seins:** ***„Eine der großen Gefahren unseres Denkens ist heute gerade die, dass das Denken keine wirklichen Ursprünge zur Überlieferung hat.*** *Wie das Schicksal des Denkens ausgehen wird weiß niemand.“*

Denken verlangt eine neue Sorgfalt der Sprache
„Das Ende der Philosophie und die Aufgabe des Denkens. Das Denken ist zwar in der Sache sehr viel einfacher als die Philosophie, das Denken ist aber im Vollzug sehr viel schwieriger und ***verlangt eine neue Sorgfalt der Sprache. Keine Erfindungen neuer Termini*** (Begriffe), ***sondern ein Rückgang auf unseren ursprünglichen Gehalt unserer eigenen, aber ständig im Absterben begriffenen Sprache.“***

Aufgrund der verlorengegangenen Inhalte (Archetypen) führen unsere gebräuchlichen Worte zu Verzerrungen in unserer Realitätsgestaltung. Eines meiner großen Anliegen ist es, dass wir uns über die faktische Wirkmacht der Worte im Klaren werden. **Da wir zunehmend die elementaren Bedeutungen unserer Worte vergessen haben, sind ein Großteil unserer gebräuchlichen Worte zu seelenlosen Worthülsen verkümmert. Eine der Folgen, die sich aus diesem Vergessen ergeben, ist, dass diese seelenlosen Worthülsen keine Manifestationskraft haben! Eine Manifestation setzt das genaue Verständnis des gedachten und gesprochenen Wortes voraus!**

VI

FREIER WILLE UND DIE VIELE-WELTEN-INTERPRETATION

FREIER WILLE UND DIE VIELE-WELTEN-INTERPRETATION

Die **Viele-Welten-Interpretation** *(many-worlds interpretation)* ist in der Physik eine Interpretation der Quantenmechanik. Sie geht auf den US-amerikanischen Physiker Hugh Everett[191] zurück und ist wie die traditionelle Kopenhagener Deutung[192] (Bohr/Heisenberg) eine weit verbreitete, wenn auch umstrittene Quantenmechanik-Interpretation. Andere Namen sind Everett-Interpretation, EWG-Interpretation (Everett/Wheeler/Graham), Theorie-der-universellen-Wellenfunktion, Viele-Vergangenheiten-Interpretation, **Viele-Welten-Theorie oder schlicht Viele-Welten.**

Sie sagt aus, dass **sowohl alle möglichen Vergangenheiten wie Zukünfte real sind** und jede eine tatsächliche Welt oder ein Universum repräsentiert. Die Hypothese beinhaltet eine riesige oder unendliche Anzahl an Universen, und alles, was in unserer Vergangenheit geschehen hätte können, geschah in der Vergangenheit einiger anderer Universen.

Everett formulierte relative quantenmechanische Zustände im Jahre 1957. Der US-Physiker Bryce DeWitt verbreitete diese Theorie in den 1960er und 1970er Jahren unter *Viele-Welten* und bezeichnete damit die unterschiedlichen Zustände des Quantensystems nach einer Messung. Die Viele-Welten-Interpretation enthält keinen Kollaps der Wellenfunktion[193] und erklärt dessen subjektives Erscheinen mit dem Mechanismus der Quanten-Dekohärenz,[194] was die physikalischen Paradoxa der Quantentheorie, wie das

191 https://de.wikipedia.org/wiki/Hugh_Everett
192 https://de.wikipedia.org/wiki/Kopenhagener_Deutung
193 https://de.wikipedia.org/wiki/Kollaps_der_Wellenfunktion
194 https://de.wikipedia.org/wiki/Dekohärenz

EPR-Paradoxon[195] und das Schrödinger´s Katze-Paradoxon[196] auflöst, da **jedes mögliche Ergebnis, jedes Ereignis in seiner eigenen "Vergangenheit" oder "Welt" definiert ist und tatsächlich existiert.**

Abbildung 13: Veranschaulichung der Separation des Universums aufgrund zweier überlagerter und verschränkter quantenmechanischer Zustände anhand von Schrödingers Katze.

---

195 https://de.wikipedia.org/wiki/Einstein-Podolsky-Rosen-Paradoxon

196 https://de.wikipedia.org/wiki/Schrödingers_Katze

WAS SIND PARALLELREALITÄTEN?

„In jedem Moment, den du erlebst, erlebst du eine Parallelrealität[197]

Dein unsterbliches Selbst weiß, dass du nicht wirklich dein Körper bist, sondern ein geistiges Wesen, das hier eine physische Erfahrung macht – eine Erfahrung aus einer Perspektive des Vergessens und mit ihren scheinbaren Begrenzungen.

Wenn es wirklich keine Zeit gibt, also kein danach und kein davor, dann existiert bereits alles, und zwar im HIER und JETZT. Alle Vergangenheiten, Zukünfte, Gegenwarten und Ewigkeiten existieren HIER und JETZT.

Es ist wichtig, dass du diesen Punkt wirklich verstehst. Du hast niemals die Vergangenheit erlebt, denn als die Vergangenheit da war, war es JETZT. In der Zukunft erlebst du auch nicht „die Zukunft", sondern das JETZT, denn wenn die Zukunft kommt, dann wird sie immer noch im JETZT erlebt.

Also können wir immer nur den JETZT-Moment erfahren.

Wir können die Vergangenheit nur wegen des Gedächtnisses erinnern, und die Zukunft können wir uns nur vorstellen. Wenn es keine Zeit gibt, wie schaffen wir es dann, die Erfahrung von Zeit zu machen, fragst du dich bestimmt?

Nun... wir als Bewusstsein springen in jedem Moment millionenfach durch Parallelrealitäten.
Ich weiß... dies hört sich weithergeholt an, aber lass diese Idee mal zu, ohne das direkt irgendwie erklären zu müssen. Um den Effekt von Zeit zu generieren, muss unser Bewusstsein wie ein Projektor ein Bild nach dem anderen abfahren.

Dieses Wechseln zwischen Parallelrealitäten vollbringt unser Bewusstsein

197 http://andreasmitleider.de/was-sind-parallelrealita%CC%88ten/

millionenfach in jeder Sekunde. Es kann diese Bewegungen so gleichmäßig aussehen lassen, als wäre es wirklich eine durchgehende Bewegung, aber tatsächlich shiften wir von einer Parallelrealität in eine andere, die sich nur minimal von der davor unterscheidet.

Zusammenfassung

*Zeit gibt es nicht wirklich, sondern ist ein Effekt, welchen unser Bewusstsein generiert, um so eine Erfahrung von Zeit zu machen. Vereinfacht gesagt: Unser Bewusstsein schaut einen Film über das Leben, welches es sich ausgesucht hat. Aber es ist nicht irgendein Film. E**s ist ein interaktiver Film. Du gibst die Richtung an, du bewertest alles.***

Also wenn es keine Zeit gibt und alles bereits im HIER und JETZT existiert, dann existiert auch jede alternative Parallelrealität in diesem JETZT Moment.

Es gibt also eine Parallelrealität, in der du Millionär bist und alles hast, was du brauchst, es gibt eine Realität, in der du arm bist und nichts hast, und alles zwischen diesen beiden Realitäten gibt es auch – alle existieren parallel zueinander.

Es existiert jede mögliche Alternative von dir, die du dir vorstellen kannst, denn du kannst dir nichts vorstellen, was nicht auf auf irgendeiner Ebene auch existiert. Du erschaffst hier also nichts Neues, sondern greifst nur auf etwas zu, was schon im JETZT existiert.

Ein gutes Beispiel ist hier das TV Programm. Auch wenn du Kanal 1 schaust, so weißt du, dass alle anderen Kanäle parallel auch exisieren und dort etwas läuft. Jeder Kanal hat seine Frequenz.

All die Dinge, nach denen du dich sehnst, existieren bereits in einer Parallelrealität. Von daher existieren sie auch im JETZT, denn es gibt nur das JETZT.

Du weißt nun, wie unser Bewusstsein den Effekt von Zeit generiert…

Wie navigieren wir durch diese Parallelrealitäten?

Wir navigieren durch unsere Haltung/Schwingung/Stimmung/Seinszustand. Damit geben wir die Richtung an. Mit unserem Seinszustand geben wir also vor, wie es in Zukunft aussehen soll ...

Wenn alles, was du dir vorstellen kannst, bereits im Jetzt existiert, dann kannst du auch auf alles im JETZT zugreifen. Wenn die Idee von Zeit entfällt, dann schwindet auch dein Gefühl für lineare Zeit.

Alles wird dann im JETZT zugänglich.

Du kannst entscheiden, in welche Richtung es geht, weil du weißt, dass es nur darauf ankommt. Indem du deinen Seinszustand im Auge behältst und deine Schwingung meisterst.

Die Vorstellungskraft bekommt eine neue Bedeutung. Vorher dachtest du wahrscheinlich, dass die Vorstellungskraft nur etwas in deinem Kopf ist, was du dir ausmalst, was du hier aber wirklich tust, wenn du dir etwas vorstellst, ist, dass du eine Parallelrealität betrachtest, eine Realität, die parallel zu deiner jetzigen existiert."

Diese von Andreas Mitleider formulierte Erklärung der parallelen Welten habe ich angeführt, weil das Verständnis der wissenschaftlichen Erklärungen und Diskussionen des Viele-Welten-Modells einiges an Vorwissen erfordert. Im Anhang findet ihr im Absatz zu Hugh Everett vertiefende Informationen. An anderer Stelle werde ich zudem auch noch einmal auf die Experimente von Bejamin Libet eingehen. Diese stehen mit dem Viele-Welten-Modell und dem Konzept der Parallelrealitäten in enger Verbindung, da Libet anhand der Beobachtung der Gehirnaktivität nachweisen konnte, dass das Gehirn wahrnimmt, was der Betroffene gerade tut, aber seine Handlung nicht auslöst. Die Wahrnehmung der gerade ablaufenden Handlung durch das Gehirn der betroffenen – also agierenden – Person vermittelt ihr gleichzeitig das Gefühl, die Entscheidung, sich so oder so zu verhalten, hätte sie selbst getroffen. Tatsächlich aber konnte Libet anhand der zeitlichen Abfolge zweifelsfrei darstellen, dass es für dieses Phänomen keine andere Erklärung gibt, als die, dass eine andere Instanz als das Gehirn des Betroffenen entscheidet, wie die Handlung abläuft und die Handlung bereits in Gang setzt, bevor das Gehirn eine entsprechende Aktivität zeigt. Laut Libet sei unser freier Wille daher auf den Bruchteil der Sekunde beschränkt, in der uns bewusst wird, was wir gerade tun und damit die Möglichkeit haben, die „automatisch" in Gang gesetzte Handlung zu stoppen. Folgen wir dabei dem, was uns das Konzept der Parallelrealitäten sagt, würde das bedeuten, dass wir uns in dem Moment für eine andere der alternativen Handlungsoptionen entscheiden können, d.h. eine andere Auswahl aus dem unendlich großen Repertoire der bereits irgendwo existenten Handlungsstränge treffen.

VII

SIND WIR TEIL EINER COMPUTERSIMULATION?

SIND WIR TEIL EINER COMPUTERSIMULATION?

DAS WHEELER-EXPERIMENT ZUM VIRTUELLEN REALITÄTSMODELL

Im Kapitel über „Die wahre Welt unserer Wirklichkeit" im Buch „Der verratene Himmel – Rückkehr nach Eden" habe ich zum ersten Mal von meiner Überzeugung geschrieben, dass wir uns in einer Art „Spielwelt" befinden, die einer Computersimulation bzw. einem Hologramm gleichkommt. Das wäre ja auch nur eine logische Konsequenz der überzeugenden Aussagen vieler namhafter Forscher, die anhand von Experimenten nachgewiesen haben, dass das, was wir für feste Materie halten, sich nur so verhält, ***„als ob es materielle Dauerwesen wären"*** (Erwin Schrödinger et al.). Diese Scheinwelt gaukelt uns eine virtuelle Realität vor, die wir durch unsere Aufmerksamkeit (Beobachtereffekt) „scharfstellen". An anderer Stelle gehe ich auf dieses Phänomen auch unter dem Aspekt der Parallelwelten (Viele-Welten-Theorie) ein.

So möchte ich euch nun den Kernphysiker Thomas Campbell vorstellen, der sich sehr ausführlich mit der Annahme befasst hat, dass wir in einer Simulation leben. Thomas Warren Campbell ist zudem auch Autor der Trilogie *"My Big TOE"* (kurz für *„My Big Theory of Everything"*, dt. *„Meine große Theorie von Allem"*), die versucht, die Allgemeine Relativitätstheorie, die Quantenmechanik und die Metaphysik mit den Ursprüngen des Bewusstseins zu vereinen. Die Arbeit basiert auf dem Argument der Simulation, **dass die Realität sowohl virtuell als auch subjektiv ist.** Campbell stimmt mit anderen bemerkenswerten Philosophen und Wissenschaftlern überein, darunter Hans Moravec, Nick Bostrom, Brian Whitworth, Marcus Arvan und anderen, die die Hypothese vertreten, dass die Realität eine Simulation ist, die von einem Computer (oder einem Peer-to-Peer-Netzwerk, wie Aravan meint) erzeugt wird,[198] während Campbell von einer Realität ausgeht, die sich aus einem **"digitalen Urknall"** entwickelt hat. Diese Ideen werden stark von den Konzepten der digitalen Physik beeinflusst.[199]

Nach Abschluss seines Studiums hat Campell Anfang der 70er Jahre begonnen, zusammen mit Robert Monroe Versuche zur Erforschung des menschlichen Bewusstseins durchzuführen. Basierend auf mehreren Jahren intensiver Forschung auf diesem Gebiet hat er dann im Lauf der folgenden 30 Jahre seine "My Big TOE"-Theorie entwickelt, die sowohl Physik als auch Metaphysik zusammenführt. Basierend auf der durch seine Experimente gewonnenen Erkenntnis, dass Bewusstsein fundamental für unser **Realitätskonstrukt** ist, kann Tom sowohl "unerklärliche" Phänomene der Quantenmechanik erklären als auch Antworten auf viele philosophische Fragestellungen liefern. In seinen Vorträgen erklärt Tom die unterschiedlichen Aspekte seines Realitätsmodells und bietet dem Zuhörer dadurch eine alternative Sichtweise zum vorherr-

Abbildung 14: Tom Campbell

198 https://scholar.google.com/citations?view_op=view_citation&hl=en&user=nqCUk6kAAAAJ&citation_for_view=nqCUk6kAAAAJ:hFOr9nPyWt4C

199 https://en.wikipedia.org/wiki/Thomas_W._Campbell

schenden Materialismus, die aber trotzdem auf einer wissenschaftlichen Grundlage basiert.

Von Tom Campbell stammt übrigens die Aussage: ***„Teilchen sind keine Teilchen – sie sind Wahrscheinlichkeitsverteilungen."***

> Thomas Campbell ist Kernphysiker mit langjähriger Erfahrung in der Simulation großer Systeme, komplexer System-Fehlermöglichkeiten und Risikoanalysen sowie der Entwicklung neuer Technologien und deren Integration – hauptsächlich im Zusammenhang mit dem US-Raketenabwehrsystem, für welches er mit der Space Missile Defense Command, der Missile Defense Agency und der NASA zusammenarbeitete.[200] Tom Campbell unterhält die Webseite www.my-big-toe.com

Der folgende Text ist die Abschrift eines Interviews[201]; in diesem geht Campbell als erstes auf das Experiment ein, das an der Nationalen Australischen Universität von Prof. Andrew Truscott durchgeführt wurde, mit dem Truscott 2014 die Hypothese der virtuellen Realität, die ursprünglich von Archibald Wheeler[202], dem Nachfolger Albert Einsteins an der Princeton University – dem wohl begehrtesten Lehrstuhl für Physik – formuliert wurde, bewiesen hat. Dabei handelt es sich um die Umsetzung des berühmten "Gedankenexperiments" von Wheeler, das mangels technischer Möglichkeiten für mehrere Jahrzehnte nicht durchgeführt werden konnte. Im Jahr 2014 gelang dies jedoch, und die Ergebnisse wurden im Jahr 2015 im Journal Nature Physics veröffentlicht[203].

Thomas Campbell erklärt in diesem Interview zunächst das Experiment und seine Ergebnisse und interpretiert diese dann vor dem Hintergrund seiner MyBigTOE-Theorie. Oliver Weis hat seine Aussagen übersetzt und die Synchronisation auf seinem YouTube-Kanal matrixwissen.de veröffentlicht.

---

200 http://www.my-big-toe.com

201 https://www.youtube.com/watch?v=6dYbx0lDqgY&index=5&list=PLZ6Il_WqAM4iVU1j8dMX7X1CwkgC5B-gM

202 John Archibald Wheeler https://de.wikipedia.org/wiki/John_Archibald_Wheeler

203 https://www.nature.com/articles/nphys3343

Campbell nennt die drei wesentlichen Elemente einer virtuellen Realität und wie diese in Bezug zu den Ergebnissen des Experiments stehen. Hier einige wichtige Aussagen dazu von ihm: ***„Dieses Experiment und auch das Doppelspaltexperiment zeigen, dass naturalistischer Reduktionismus, nach dem alles in unserer Realität aus Teilchen besteht und die Teilchen sich dann zu Molekülen und schließlich zu physischen Objekten zusammensetzen, einfach Blödsinn ist."***

„Die materialistische Sichtweise ist falsch und diese Experimente[204] beweisen das."

Tom Campbell erklärt, dass diese neuesten Experimente von Andrew Truscott ein Beweis dafür sind, dass wir in einer virtuellen Realität leben: *„Wheeler war davon überzeugt, dass die physische Realität auf Informationen basiert, was wiederum bedeutet, dass wir in einer virtuellen, berechneten Realität leben." Wheeler hat diese Theorie vor vielen Jahrzehnten aufgestellt und sollte recht behalten: „Unsere virtuelle Realität funktioniert genauso wie jede andere virtuelle Realität. Es gibt dabei einige grundsätzliche Konzepte, über die sich das Ganze erklären lässt.*

Jede virtuelle Aktivität besteht aus zwei aktiven und einer passiven Komponente. Als erstes braucht man einen Computer bzw. einen Server, der die virtuelle Realität berechnet. Das ist die erste aktive Komponente. Dann braucht man die durch den Server berechnete virtuelle Realität. Das ist eine passive Komponente, denn das sind eigentlich nur Einsen und Nullen auf einer Festplatte. Als zweite aktive Komponente braucht man jemanden, der Entscheidungen trifft, das ist der Spieler; ohne ihn macht die gesamte virtuelle Realität keinen Sinn. Es gibt also einen Server, als aktive Komponente, einen Spieler, auch als aktive Komponente und die berechnete, virtuelle Realität selbst als passive Komponente. Das sind die drei wesentlichen Komponenten. Dabei werden zwischen Server und Spieler Daten ausgetauscht.

Der Spieler will z.B., dass seine Spielfigur wegläuft, und der Server berechnet die virtuelle Realität so, dass die Spielfigur darin wegläuft. Oder der Spieler möchte, dass seine Spielfigur kämpft statt wegzulaufen, dann muss der Server die Kampfbewegungen der Spielfigur berechnen, und dabei kommt die Spielfigur

204 http://www.anu.edu.au/news/all-news/experiment-confirms-quantum-theory-weirdness

vielleicht zu Schaden. Dabei gibt es immer einen Datenstrom vom Spieler zum Server, wo der Spieler mittteilt, was die Spielfigur tun soll. Er trifft dabei die Entscheidungen für die Spielfigur. Der Server teilt dem Spieler dann wiederum mit, welche Konsequenzen seine Entscheidungen für die Spielfigur haben.

Der Server versorgt dabei aber eine Vielzahl unterschiedlicher Spieler, die alle am selben Spiel teilnehmen, mit allen Informationen über ihre jeweilige Spielfigur und alle Gegenstände, die sich im Umfeld der Spielfigur befinden, wie Bäume, Felsen, Wasser und alles andere. Der Server weiß also, wo sich alle Spielfiguren und Gegenstände innerhalb der virtuellen Realität befinden. Wenn der Spieler eine Entscheidung für seine Spielfigur trifft, schickt der Server ihm die Konsequenzen für seine Entscheidung zurück. Dann trifft der Spieler die nächste Entscheidung und erhält die nächste Antwort vom Server. Das ist ein permanenter Dialog zwischen Spieler und Server. Die eigentliche virtuelle Realität selbst entspricht nur Einsen und Nullen auf einer Festplatte.

Dabei ist es wichtig zu verstehen, dass der Server nur dann Informationen über Ereignisse in der virtuellen Realität an den Spieler schickt, wenn irgendwas für die Spielfigur relevantes passiert. Solange sich keine Spieler in die virtuelle Realität einklinken, braucht der Server auch nichts berechnen und keine Daten verschicken, weil sich keine aktiven Teilnehmer in der virtuellen Realität befinden. Der Server muss nur an aktive Spieler Daten verschicken. Wenn sich aber alle Spieler ausloggen, läuft der Server nur auf Leerlauf und berechnet gar nichts, weil nichts in der virtuellen Realität geschieht. Sobald sich wieder ein Spieler in die virtuelle Realität einloggt und seine Spielfigur gegen einen Baum laufen lassen will, schickt er das Kommando an den Server: „Lass meine Spielfigur in Richtung Baum rennen!“ Dann schickt der Server Daten an die Spieler, die beschreiben, wie die Spielfigur gegen den Baum knallt und sich vielleicht dabei verletzt.

Erst in dem Moment, wo der Spieler vom Server Informationen über die virtuelle Realität fordert (und wir könnten auch sagen, dass der Spieler eine Messung durchführt), erst dann schickt ihm der Server die entsprechenden Daten. Der Server verschickt keine Daten, solange keine Spieler eingeloggt sind. Die Spieler sind dabei z.B. im gerade beschriebenen Experiment vielleicht wie die Physiker, die eine Messung durchführen wollen. Wenn die Physiker dabei in der virtuellen Realität den Versuch aufbauen und Teilchen abfeuern, dann existieren diese Teilchen zunächst nur als potentielle Teilchen im Raum von Wahrscheinlichkeiten. Erst, wenn das potentielle Teilchen auf einen Detektor trifft, und jemand Daten von dem Detektor erwartet, muss der Server Daten über ein vom Detektor gemessenes Teilchen erzeugen, weil die Spieler diese Daten angefordert haben.

Dabei geht es um die Themen Bewusstsein, Doppelspalt-Experiment und das Messproblem, denn erst durch eine Messung fordert ein Spieler vom Server Daten über das Messergebnis an. Der Spieler fordert Informationen an, er lässt zum Beispiel seine Spielfigur gegen einen Baum laufen und erwartet vom Server Daten über die Folgen seiner Handlung. Im beschriebenen Versuch gibt es Detektoren, da fordert der Spieler Informationen an, wo genau das Teilchen auf den Detektor trifft. Dann antwortet der Server: „Genau dort ist das Teilchen gelandet!" Erst wenn der Spieler Daten anfordert oder man eine Messung durchführt, schickt der Server eine Antwort. Solange keiner Daten anfordert, hat der Server nichts zu tun. Alle Spielfiguren sitzen sonst nur rum und tun gar nichts, denn wenn die Spielfiguren nichts tun, müssen auch keine Daten über eventuelle Veränderungen für sie berechnet werden.

In dieser Dreiergruppe von aktivem Spieler, aktivem Server und passiver virtueller Realität muss eine Bedingung erfüllt sein: Der Server und der Spieler müssen sich beide im gleichen Realitätssystem befinden. Damit der erforderliche Datenaustausch zwischen ihnen möglich ist, müssen sie sich in der selben Realität befinden. Datenaustausch kann nicht über die Grenzen bestehender Realitätssysteme erfolgen. Zwischen zwei Realitätssystemen kann man nicht einfach ein Kabel zum Datenaustausch legen, denn aus Sicht des einen Realitätssystems ist das andere Realitätssystem nicht physisch, deshalb müssen sich Server und Spieler im gleichen Realitätssystem befinden....

Es ist dabei wichtig, dass sich weder der Spieler noch der Server INNERHALB der virtuellen Realität befinden können, die besteht nämlich nur aus Nullen und Einsen. Der Server kann sich nicht innerhalb der von ihm selbst berechneten virtuellen Realität befinden, weil sich eine Simulation nicht selbst berechnen kann.

Die Spielfigur wird deshalb niemals den Server in der virtuellen Realiät finden, denn es ist der Server, der diese Realität erst durch seine Berechnungen erzeugt. Der Server muss sich also in einem anderen Realitätssystem befinden.

Das Gleiche gilt für Spieler und Spielfigur. Die Spielfigur kann niemals den Spieler, der die Entscheidungen für sie trifft, innerhalb der virtuellen Realität finden. Der Spieler muss sich außerhalb der virtuellen Realität befinden und aus Sicht der Spielfigur ist der Spieler NICHT physisch, genau so wie der Server für die Spielfigur NICHT physisch ist. Beide sind NICHT physisch, weil sie sich nicht innerhalb der virtuellen Realität befinden können. Die virtuelle Realität ist nur ein Haufen aus Einsen und Nullen auf einer Festplatte.

Die virtuelle Realität selbst ist NICHT lebendig, der Spieler hingegen, der das Bewusstsein der Spielfigur darstellt, IST lebendig, er hat eine AKTIVE Verbindung zum Server. Wir Menschen leben in einer virtuellen Realität. Mit „wir" meine ich unseren Körper, unser Bewusstsein hingegen muss sich in einem anderen Realitätssystem befinden. ***Bewusstsein kann nicht durch ein Gehirn erzeugt werden. Das wäre genauso, wie wenn die Spielfigur den Spieler erzeugen würde.*** *Die Spielfigur erzeugt aber nicht den Spieler, der vor seinem Computer sitzt. Genauso wenig kann die Figur den Server erzeugen.*

Wir erzeugen also genauso wenig unser Bewusstsein, wie die Spielfigur ihren Spieler erzeugt. Wenn Sie vor Ihrem Computer sitzen und Ihre Spielfigur steuern, ist es fast albern zu glauben, die Spielfigur würde dabei Sie als vor dem Computer sitzenden Menschen erzeugen. Sie sind in dem Fall das Bewusstsein der Spielfigur, Sie treffen die Entscheidungen und Sie tauschen Daten mit dem Server aus.

In unserer Realität haben wir diese physischen Körper, die genauso sind wie Körper einer Spielfigur in einem Computerspiel. *Unsere Interaktionen innerhalb unserer virtuellen Realität basieren auf den Regeln, die durch die physikalischen, biologischen und chemischen Gesetze festgelegt sind. Dass Wasser den Berg runterläuft und wir nicht sechs Meter in die Höhe springen können, entspricht den hier geltenden Regeln in Form von physikalischen Gesetzen.* ***Unser Bewusstsein kann sich aber nicht innerhalb dieses Realitätssystems befinden. Es muss sich in einer Realität befinden, die aus unserer Perspektive nicht physisch ist*** *[...] Wir, in unserer* *virtuellen Realität mit unseren Körpern, stellen nur eine Berechnung (innerhalb der Computersimulation) dar, die auf den geltenden (programmierten) physikalischen Gesetzen basiert.* ***Das wiederum erlaubt unserem Bewusstsein, Entscheidungen zu treffen, die je nach Qualität der Entscheidung entweder zur Weiterentwicklung oder zur Degeneration führen. Wir befinden uns also selbst in einer virtuellen Realität, die eine Art Entwicklungshilfe-Trainer für Entropiereduktion darstellt."***

DER SINN UND ZWECK DIESER COMPUTERSIMULATION

Diesen Aussagen von Thomas Campbell zufolge wäre der **Sinn und Zweck dieser Welt ein Training für unsere geistige Entwicklung.** Für ihn fungiert diese Computersimulation als ein Entwicklungshilfe-Trainer für Entropiereduktion. Was um Himmels willen ist unter einer Entropiereduzierung zu verstehen? Im physikalischen Verständnis ist **Entropie das Maß für die Unordnung in einem System** (und gilt deshalb stets systembezogen). Demzufolge würde eine **Reduzierung der Unordnung zu größerer Ordnung führen.** Der in der Quantenphysik bekannte Gegenentwurf zur Entropie ist die Negentropie (Negentropie ist die Bezeichnung für negative Entropie).

Der Begriff negative Entropie wurde von Erwin Schrödinger[205] in seinem Buch ‚Was ist Leben'[206] geprägt bzw. von Ludwig Boltzmann[207] übernommen. Er definiert Leben als etwas, das negative Entropie aufnimmt und speichert. Im finalen Zustand einer Entropiereduzierung **wartet auf uns die Auflösung des Einflusses der linearen Zeit.** Hier werden wir von der hartnäckigen Illusion der Zeit befreit. Voll entfaltetes Bewusstsein und der echte freie Wille sind negentropisch.

205 https://de.wikipedia.org/wiki/Erwin_Schrödinger
206 Was ist Leben? - Die lebende Zelle mit den Augen des Physikers, Erwin Schrödinger, Piper Taschenbuch (1989)
207 https://de.wikipedia.org/wiki/Ludwig_Boltzmann

Eine Entropiereduzierung – wie Thomas Campbell sie zum Sinn unseres hiesigen Daseins erhebt – würde demzufolge zu einer immer höheren Ordnung führen. Die Attribute dieser Ordnung wären Kohärenz und Komplexität. **Warum ist Kohärenz so wichtig?**

Zunächst wird es uns sicher nicht erstaunen, dass **Bewusstseinsentwicklung und die Kohärenz unserer Gehirnwellen in einem direkten Zusammenhang stehen.** Dazu im übernächsten Abschnitt mehr. Zunächst möchte ich Tom Campbell noch eimal ausführlich zu Wort kommen lassen:

INDIKATOREN FÜR EINE VIRTUELLE REALITÄT

Campbell geht in einem weiteren Interview noch einmal eingehender auf die Indikatoren bzw. Paradoxien ein, die dafür sprechen, dass wir in einer virtuellen Realität leben. Wie kam es zum Big Bang? Wo hinein genau dehnt sich das Universum aus? Wieso sind Teilchen Wahrscheinlichkeitsverteilungen? Wieso ist die Lichtgeschwindigkeit konstant? Wieso funktioniert der Plazeboeffekt? Wie löst man Zenons Pardoxien [208] auf? Auch seine Antworten auf diese Fragen stehen vor dem Hintergrund seiner My Big TOE Theorie einer virtuellen Realität.

„Es gibt ein paar Indikatoren, die man betrachten kann, um herauszufinden, ob wir in einer virtuellen Realität leben. Die Frage ist also, welche Anzeichen sprechen für eine virtuelle Realität im Vergleich zu einer rein physischen Realität. Einer dieser Indikatoren wäre, dass der Beginn der Realität mystischen Ursprungs ist.

Die Realität würde zu Beginn plötzlich aus dem Nichts entstehen? Wieso? Weil die virtuelle Realität in dem Moment gestartet wurde, als jemand im Rechenzentrum der

208 http://www.spektrum.de/magazin/eine-loesung-fuer-zenons-paradoxien/822041

Realität auf den Startknopf gedrückt hat. In dem Moment startete die Simulation, welche die virtuelle Realität erzeugt.

Wenn man also versucht, die Anfänge zu ergründen, kommt man an diesen Punkt, wo plötzlich alles aus dem Nichts entstand. Vorher existierte die Realität nicht und plötzlich war sie da. So sind virtuelle Realitäten. Naja, bei unserer Realität ist es genauso.

Wenn man sich zu den Anfängen unseres Universums begibt – was findet man da vor? Den Big Bang. Und woher kam der Big Bang? Nirgendwo her, weil vor dem Big Bang hat unser gesamtes Universum überhaupt nicht existiert. Unser Universum ist erst durch den Big Bang entstanden.

Vor dem Big Bang bedeutet vor der Existenz unseres physischen Universums. Und Wissenschaftler erklären uns, dass das physische Universum alles ist, was existiert. Was bedeutet das? Es bedeutet, dass unsere Realität über einen mystischen Ursprung verfügt, wo durch den Big Bang dieser kleine Energieball plötzlich aus dem Nichts entstand und sich auszudehnen und unser Universum zu bilden begann. Ein anderer Indikator ist die kontinuierliche Ausdehnung des Universums.

Wissenschaftler wissen nicht nur, dass sich unser Universum ausdehnt, sondern dass seine Ausdehnung sich sogar kontinuierlich beschleunigt. Das stellt aber ein Problem dar. Wenn es nur unser physisches Universum gibt, und alles, was unsere Realität ausmacht, dem physischen Universum entspricht, in was genau dehnt es sich denn überhaupt aus?

Eigentlich kann da gar nichts existieren, denn unsere gesamte Realität entspricht dem physischen Universum. Trotzdem dehnt es sich aus, in etwas, das überhaupt nicht existiert. Das stellt ein Problem dar.

Wenn Realität allerdings virtueller Natur ist, dann ist ein sich ausdehnendes Universum überhaupt kein Problem. Da werden die Zahlen, die ein Computer berechnet, einfach größer. Jeder, der eine Programmiersprache gelernt hat, kann damit ein Programm zur Berechnung einer Kugel schreiben.

$X^2 + y^2 + z^2 = r^2$. Mit dieser Formel erhält man eine Kugel mit dem Radius r. Man gibt die Formel in einen Computer ein und verdoppelt den Radius r mit jedem neuen Berechnungszyklus. Dadurch wird die Kugel immer größer.

Wenn man das millionenfach pro Sekunde wiederholt, wird der Radius irgendwann so groß, dass die Kugel größer ist als unser gesamtes Universum. Trotzdem befindet sich diese Kugel in einem kleinen Laptop. Wie geht das denn? Man hat etwas, das größer ist als das gesamte Universum in einem Laptop?

Das ist natürlich eine etwas alberne Betrachtungsweise, aber wenn etwas virtueller Natur ist, kann es wachsen und so groß werden, wie es werden soll. Nur wenn man davon ausgeht, Realität sei aber nicht virtuell, das Universum ist objektiv und außerhalb des physischen Universums existiert nichts, dann macht die ganze beschleunigte Ausdehnung des Universums irgendwie keinen Sinn.

Dass der Big Bang aus dem Nichts entstand, macht dann irgendwie auch keinen Sinn. Teilchen als Wahrscheinlichkeitsverteilung zu betrachten, macht dann auch keinen Sinn. Die Lichtgeschwindigkeit c soll konstant sein. Das macht irgendwie auch keinen Sinn.
Die Liste von Aspekten, die keinen Sinn machen, wird dann immer länger. Es gibt verschränkte Teilchen – das macht auch keinen Sinn. Es gibt all diese Dinge, die von der Wissenschaft gemessen wurden und Wissenschaftler sagen, das sind Tatsachen, aber die machen einfach keinen Sinn. Alles nur seltsame Physik.

Leider sind die Wissenschaftler etwas schwer von Begriff, sonst würden sie ein Modell entwickeln, in dem diese gemessenen Tatsachen Sinn ergeben. Wenn man immer wieder auf Paradoxien stößt, was bedeutet das? Es bedeutet, dass man ein falsches Erklärungsmodell verwendet. Irgendwo in heute verwendeten Modellen muss ein Fehler liegen. Irgendwo versteht man dabei etwas falsch.

Nein, nein, nein, ich verstehe alles, es sind nur die ganzen Messergebnisse, die keinen Sinn ergeben. Das ist der Punkt, an dem wir uns in der heutigen Wissenschaft befinden. Von diesen Paradoxien gibt es noch mehr außer den bereits erwähnten, die auch alle keinen Sinn ergeben.

In der Medizin weiß man, dass die Geisteshaltung eines Patienten einen Einfluss auf die Heilung hat. Der Placebo-Effekt. Aber das macht alles keinen Sinn, das kann unmöglich wahr sein. Aber diese Dinge passieren.

Wir haben sie gemessen, und die Messergebnisse sind Teil unserer Realität. Teilchen sind Wahrscheinlichkeitsverteilungen, damit müssen wir uns abfinden. Die Lichtgeschwindigkeit ist konstant, damit müssen wir uns abfinden.

Der Placebo-Effekt funktioniert, auch damit müssen wir uns abfinden. Wir haben all diese Widersprüche, und sie sind Teil dieser seltsamen Wissenschaft. Kein Wissenschaftler scheint je zu dem Fazit zu gelangen, dass wir einfach noch nicht wirklich verstanden haben, was hier wirklich vor sich geht.

Das Fazit ist stets: „Ach, das sind nur ein paar verrückte Aspekte der Wissenschaft, die sind eben einfach so." Niemand wird es jemals verstehen, und man kann sie auch gar nicht verstehen, denn wenn wir sie nicht verstehen, dann kann das auch sonst niemand.

Der 11-jährige Jo, von dem du vorhin erzählt hast, der meinte, ich kann mir schon vorstellen, dass wir in einer virtuellen Realität leben, der ist ein Beispiel dafür, dass Kinder noch über ihre Vorstellungskraft verfügen und man sie noch nicht erfolgreich mit dem Status Quo indoktriniert hat. Sie wissen noch nicht, welche Ansichten über die Welt die „richtigen" Ansichten sind. Deshalb können sie noch außerhalb vorgegebener Normen denken.

Wenn wir die ganzen Paradoxien betrachten, stellen wir fest, dass sie sich alle auflösen, wenn wir sie vor einem Hintergrund eines größeren Gesamtzusammenhangs betrachten. Ich habe in diesem Bereich recherchiert, und für jedes von ihnen gibt es eine einfache Erklärung. Solange man aber in der limitierten Sichtweise des Materialismus festhängt, kann man diese Paradoxien nicht auflösen, und man sagt sich: „Ach ist das frustrierend, diese verrückte Wissenschaft."

Sobald man das größere Gesamtbild betrachtet, sind es keine Paradoxien mehr. Alles muss genauso sein, wie es ist. Natürlich sind Teilchen Wahrscheinlichkeitsverteilungen, natürlich ist die Lichtgeschwindigkeit konstant. Es gibt gute Gründe dafür, das geht sogar bis ins antike Griechenland zurück. Damals gab es auch Paradoxien.

Ein Paradoxon betrifft diesen Hasen, der stets die Hälfte der Strecke bis zum Ziel zurücklegt. Bei der Hälfte angekommen, legt er die Hälfte des Rests zurück und dann wieder die Hälfte des Rests. Durch logische Schlüsse folgerte man damals, dass er deshalb niemals am Ziel ankommt. Das war für hunderte von Jahren ein unlösbares Mysterium.

Durch die logische Brille betrachtet, liegt hier scheinbar ein Problem vor. Es gibt aber kein Problem, denn unsere Realität ist nicht kontinuierlich, sondern digital. Er kann nicht immer wieder nur die Hälfte der Strecke zurücklegen. Irgendwann erreicht man nämlich Abstände, die dem kleinsten Pixel unserer Realitätssimulation entsprechen. Also dem kleinsten Abstand, der in unserer Realität existiert.

An diesem Punkt kann man nicht einfach die Distanz eines halben Pixels zurücklegen. In einer virtuellen Realität sind nur ganzzahlige Vielfache der kleinsten Pixelgröße möglich. Die ganzen Paradoxien lösen sich an dieser Stelle auf, denn unsere Realität ist digital, wir vermuten aber, dass unsere Realität kontinuierlich ist, aber das ist sie nicht.

Alle wissenschaftlichen Paradoxien, die mir bekannt sind, lassen sich vollkommen schlüssig und mit einfachen Worten über meine My Big Toe-Theorie erklären. Es ist also nicht so, dass wir diese Dinge nicht verstehen können, aber wir müssen die Glaubenssätze loslassen, dass wir bereits alles Wissbare wissen und dass es ausschließlich diese physische Realität gibt. Wenn man diese Glaubenssätze loslässt, kann man außerhalb der vorgegebenen Normen denken und dort Antworten finden."

Es gibt nur eine Wahrheit, aber es gibt viele Ausdrücke davon
(Thomas Campbell)

Campbell experimentiert seit jeher mit dem subjektiven und objektiven Geist. In den vergangenen dreißig Jahren konzentrierte er sich darauf, die Eigenschaften, Grenzen und Fähigkeiten des Bewusstseins zu untersuchen. Campbell ist der

“TC (Physiker)”, der in Bob Monroes zweitem Buch Far Journeys beschrieben wird und der seit den frühen 1970er Jahren ein ernsthafter Forscher der Grenzen von Realität, Geist, Bewusstsein und psychischen Phänomenen war. My Big TOE ist ein Modell der Existenz und der Realität, das direkt auf Campbells wissenschaftlicher Forschung und Erfahrungen aus erster Hand basiert. Es stellt die Ergebnisse und Schlussfolgerungen von drei Jahrzehnten sorgfältiger wissenschaftlicher Suche nach den Grenzen und Inhalten der Realität, sowohl aus der physischen als auch aus der metaphysischen Perspektive dar. Campbell hat dieses allgemeine Modell der Realität stringent abgeleitet; es basiert auf wiederholbaren, empirischen, auf Evidenz basierten Daten, **um das, was real ist (existiert unabhängig und extern) von dem, was imaginär oder illusorisch ist (eingebildet), trennen zu können.**

> Tom Campbell: “Wir leben in einer virtuellen Realität!” Antwort eines Lesers: „Dafür spricht auf jeden Fall die Dämlichkeit vieler Menschen. Da wurde eindeutig bei der Programmierung gespart, so wie bei vielen Computerspielen.“[209]

209 https://www.politikforen.net/showthread.php?138535-Physiker-Tom-Campbell-quot-Wir-leben-in-einer-virtuellen-Realit%C3%A4t!-quot

WAS DU MIT DEINEM BEWUSSTSEIN TUN KANNST

Ich möchte heute etwas dazu sagen, was du mit deinem eigenen Bewusstsein tun kannst, das sind Dinge, von denen viele vielleicht gar nicht wissen, dass sie überhaupt möglich sind. Wir leben in einer virtuellen Realität, an der ***wir alle aktiv als Mitschöpfer von Realität beteiligt sind****. Dieses Miterschaffen von Realität erfolgt auf unterschiedlichen Ebenen.*[210]

Wir erschaffen Realität zum Beispiel darüber, wie wir unsere erlebte Realität interpretieren. Wenn etwas passiert und wir interpretieren das Geschehen, kann ein anderer Mensch, der das gleiche gesehen hat, dies völlig anders interpretieren. Das bedeutet, jeder lebt in seiner eigenen, persönlichen Realität, die auf seiner Interpretation basiert. Wir erschaffen also Realität durch Interpretation.

Eine andere Form des Erschaffens von Realität basiert auf unserer Interaktion mit anderen Menschen. Wenn du häufig andere ausnützt und gemein zu ihnen bist, dann erschaffst du für dich eine Welt, wo andere dir aus dem Weg gehen und du unbeliebt und nirgends willkommen bist, einfach weil du kein netter Mensch bist. Du erzeugst diese Reaktion anderer durch deine eigenen Entscheidungen und dein Handeln.

Und ein dritter Weg, wie du deine eigene Realität erschaffst, basiert darauf, dass sich deine ***Absicht*** *in dieser Realität auf zukünftige Wahrscheinlichkeiten auswirkt. Wenn etwas mit einer bestimmten Wahrscheinlichkeit in der Zukunft passieren wird, dann kann* ***deine Absicht, diese Eintrittswahrscheinlichkeit erhöhen*** *oder senken. Du hast die Möglichkeit, diese Wahrscheinlichkeiten zu verändern. Eine Weise, wie sich diese Auswirkungen unserer Absicht zeigen, ist der Placebo-Effekt.*

Wenn du jemandem von einer wunderbaren neuen Pille erzählst, die seine

---

210 Quelle: https://www.youtube.com/watch?v=9Z2h7a5MD9A

gesundheitlichen Probleme kurieren können, dann zeigt sich allein durch das Vermitteln dieser Überzeugung, dass es vielen Patienten besser geht, nachdem sie diese Pille schlucken, obwohl sie in Wirklichkeit keinerlei Wirkstoffe enthält. Es gibt unzählige Studien dazu, wo man neben dieser Placebo-Versuchsgruppe noch eine Kontrollgruppe hat, wo Menschen die gleiche Pille bekommen, ihnen aber nichts zu ihrer Wirksamkeit gesagt wird. Während sich in der Kontrollgruppe keine Wirkung zeigt, geht es vielen Menschen aus der Placebo-Gruppe, die an die Wirksamkeit glauben, deutlich besser.

Das liegt an dem Placebo-Effekt. Such einmal danach, das ist ein echter Effekt, es ist nicht nur so, dass die Menschen, die an die Wirkung glauben, danach denken, dass es ihnen besser geht, nein, es geht ihnen wirklich besser. Eine positive Einstellung bzw. Absicht bezüglich der Heilung erhöht die Eintrittswahrscheinlichkeit für eine bessere Gesundheit und senkt die Wahrscheinlichkeit für Krankheiten.

Das ist ***unsere Fähigkeit, zukünftige Wahrscheinlichkeiten zu verändern.*** *Du kannst über deine Absicht also deine Gesundheit verändern, aber das geht genauso gut in allen anderen Bereichen, wo Wahrscheinlichkeiten im Spiel sind. Es funktioniert also besonders gut in den Fällen, wo große Ungewissheit herrscht und unklar ist, wie etwas ausgeht. Dinge, bezüglich deren Ausgang viel Ungewissheit herrscht, kann man leichter über die eigene Absicht beeinflussen, aber man kann diese Wahrscheinlichkeit nur im Rahmen der natürlichen Ungewissheit des Problems verändern.*

Jedes Problem, sei es etwas Gesundheitliches, oder ob es morgen regnet, hat gewisse Eintrittswahrscheinlichkeiten. Solange diese Wahrscheinlichkeiten ein gewisses Maß an Ungewissheit in sich tragen, also zum Beispiel bei 40:60 liegen oder bei 48:52, dann liegt viel Ungewissheit vor. In diesen Fällen ist es leichter, über die eigene Absicht den Ausgang zu beeinflussen. Wenn die Wahrscheinlichkeit hingegen sehr ungleich verteilt ist, also z.B. bei 100 000: 1, dann kannst du vielleicht, wenn du wirklich gut darin bist, die Wahrscheinlichkeit auf 1000:1 beeinflussen, aber den Ausgang hast du dadurch vermutlich trotzdem nicht verändert, denn die Wahrscheinlichkeit liegt eben immer noch bei 1000: 1.

Es ist also nicht so, dass du alles erreichen kannst, was du willst, aber du kannst die wahrscheinliche Zukunft verändern. Wie genau erreicht man das? ***Es funktioniert über das Formulieren einer Absicht.*** *Die Absicht kann aber nur wenig beeinflussen, solange es eine rein intellektuelle Absicht ist. Das ist, wie etwas nur zu denken oder es sich zu wünschen. Z. B. Du wirfst eine Münze in einen Wunschbrunnen und wünschst dir einen neuen Teddybären oder ein Fahrrad, das ist keine kraftvolle Absicht.* ***Um kraftvoll zu sein, muss die Absicht von der Seins-Ebene, also vom Zentrum deines Seins ausgehen.***

Es muss mehr sein als nur ein Wunsch, um kraftvoll zu sein, bedarf es ***der Verbundenheit mit einer starken Emotion.*** *Es muss bedeutsam für dich sein. Du kannst* ***dich dabei selbst heilen oder auch andere,*** *aber genauso gut kannst du dir oder anderen dadurch Schaden zufügen. Absicht verändert einfach Eintrittswahrscheinlichkeiten. Du kannst dies auf unterschiedliche Weise einsetzen, aber es ist interessant zu wissen, dass man die eigene Realität auf drei unterschiedlichen Wegen verändern kann.*

Erstens, darüber wie du die erlebte Realität interpretierst. Wenn du dabei alles so interpretierst, dass nichts so ist, wie du es gerne hättest und du deshalb unglücklich bist und an allem etwas auszusetzen hast und das Schlechte in allem siehst, dann wirst du ein unglückliches, leidvolles und schweres Leben leben. ***Wenn du die selbe Realität erlebst, dabei aber das Positive in allem siehst, dann wirst du ein glücklicherer, zufriedenerer und erfüllterer Mensch sein.***

Du hast die Wahl, wie du die Welt sehen möchtest. Dabei geht es auch darum zu lernen, dass jede Entscheidung, die du triffst, ***deine Entscheidung*** *ist. Du kannst dann nicht mehr sagen, diese Person hat etwas gemacht, das mich ärgert. Nein, du kannst niemand anderes für deinen Ärger verantwortlich machen. Niemand kann dich wirklich ärgern, die andere Person macht irgendetwas, aber du entscheidest dich dafür, dich zu ärgern.* ***Du musst also die Verantwortung für deine Entscheidung übernehmen.*** *Es gibt andere Möglichkeiten, darauf zu reagieren, außer sich zu ärgern.*

Aber wenn du ein zu großes Ego, zu viel Angst und zu viele Glaubenssätze hast, dann wirst du dich einfach ärgern, weil so Menschen mit großem Ego

und vielen Ängsten und Glaubenssätzen eben reagieren. Wenn du Ego, Ängste und Glaubenssätze überwindest, hast du deutlich mehr und konstruktivere Auswahloptionen, wie du reagieren kannst, außer nur mit Ärger. Dadurch würden sich auch deine Beziehungen zu anderen Menschen und jeglicher Kontakt mit anderen in deinem Leben verbessern.

Wir haben also einen gewissen Einfluss auf die von uns gelebte Realität, aber das gilt genauso für alle anderen Menschen, alle haben einen freien Willen und die Entscheidungen der anderen können wiederum auf uns zurückwirken. Deshalb können wir eben nicht alles kontrollieren, aber wir können einiges kontrollieren. Und der Teil, den Du kontrollieren kannst, ist ziemlich machtvoll, wenn du ***einmal gelernt hast, deine Absicht von der Seins-Ebene aus zu fokussieren.*** *Leere dazu deinen Verstand und werde den ganzen gedanklichen Lärm los. Das geht am besten durch Meditation, dann wirst du in der Lage zu reiner und klarer Fokussierung sein.*

Es gibt dabei einige Dinge, die du nicht ändern kannst. Dazu zählen die Entscheidungen anderer Menschen oder die gültigen Regeln, wie zum Beispiel die physikalischen Gesetze. Wenn ein Stein den Berg herunterrollt, dann kannst du ihn nicht einfach durch eine klare Absicht dazu bringen, stattdessen den Berg hochzurollen. Dadurch würdest du versuchen, die Regeln zu verändern, die für unsere virtuelle Realität gelten. Gravitation ist ein Teil des für unsere Realität gültigen Regelsatzes und Steine rollen deshalb von alleine den Berg herunter und nicht herauf.

Diese grundsätzlichen Regeln und was aufgrund der Regeln passiert, kannst du nicht einfach ändern, aber du kannst trotzdem sehr viel verändern, alleine dadurch, **dass du in spiritueller Hinsicht erwachsen wirst, dass du deine Ängste und dein Ego überwindest und du deine Seins-Ebene und deine Fähigkeit zu Liebe und Achtsamkeit weiterentwickelst, um dadurch für andere Menschen hilfreich zu sein und kooperativ mit Ihnen zusammenzuleben.** *Dadurch wird sich dein gesamtes Leben verändern und es wird ein glückliches und erfülltes Leben sein.*

Die Quintessenz des Ganzen: Du hast Einiges an Kontrolle über die von dir erlebte Realität und ***den größten Beitrag, den du zur Verbesserung der Welt leisten kannst, ist dich selbst zu verändern. Wenn du nach Wegen suchst, die Welt von***

Gier und Gemeinheiten zu schützen, dann ist der bedeutsamste Weg dazu deine eigene Veränderung. Entwickel dich weiter, überwinde deine Ängste, dein Ego und deine Glaubenssätze. Dadurch maximierst du deinen Beitrag zu dieser Welt. *Denn du das tust, hilfst du dadurch vielen anderen Menschen, mit denen du in Kontakt stehst, dasselbe zu tun. Einmal, weil du dann als Vorbild für andere fungierst und andererseits, weil du als individuelle Bewusstseinseinheiten Teil eines uns allen verbindenden Bewusstseinsnetzwerkes sind.* ***Was wir tun und wie wir denken, wirkt sich auf andere Menschen aus.***

EXISTIERT EIN SCHÖPFERGOTT, DER ALLES ERSCHAFFEN HAT?

Folgt man den Gedanken Tom Campbells, dass es den Spieler, den Server (Computer) und die virtuelle Realität als Grundvoraussetzungen dafür geben muss, damit die Spielfiguren agieren können, stellt sich die Frage nach dem Auftraggeber. Campbell schließt aus, dass wir selbst es sein können, weil wir (als Spielfiguren) innerhalb der virtuellen Realität sind. Wenn wir aber gleichzeitig auch die Spieler sind und uns in der Eigenschaft als Spieler außerhalb der virtuellen Realität befinden, können wir von dort aus sehr wohl auch selbst der „Auftraggeber“ für unsere Realität sein. Sollte unsere Welt tatsächlich ein Simulationsprogram sein und wir – bzw. unser Wesenskern als Entität (Spieler) – außerhalb dieses Programms existieren und möglicherweise nicht nur der Auftraggeber sein, sondern gar selber dieses Programm geschrieben haben.... (hm...), wo wäre dann der Allschöpfer? Ich gebe zu bedenken: Auch wenn wir selber die Schöpfer dieser Simulation sein sollten – und in Wirklichkeit „außerhalb“ existieren – dann hätte auch uns wiederum „etwas“ erschaffen haben müssen! Aus nichts kann sich nichts bilden. (Max Planck)

„Die Simulation oder Simulierung ist eine Vorgehensweise zur Analyse von Systemen (Systeme sind ein aus mehreren Einzelteilen zusammengesetztes Ganzes), die für die theoretische oder formelmäßige Behandlung zu komplex sind... Bei der Simulation werden Experimente an einem Modell durchgeführt, um Erkenntnisse über das reale System zu gewinnen."[211]

Meine ganz persönliche Empfindung ist die, dass es einen Schöpfergott gibt. Ich bete zu einem Gott, den ich für den Allschöpfer halte und tue dies aus einer inneren tiefsten Überzeugung, die keiner Beweise bedarf. Seit meiner Kindheit fühle ich mich zutiefst verbunden mit dem Allschöpfer, der für mich der Gott der Liebe ist.

211 https://de.wikipedia.org/wiki/Simulation

DIE DREI SCHICHTEN DEINER WIRKLICHKEITSKONSTRUKTION

Vor ca. dreizehn Jahren veröffentlichte ich mein zweites Buch *„Der Realitätenmacher – Gedanken erschaffen Realität"*, damals noch unter dem Pseudonym Morpheus. In ihm wies ich immer wieder darauf hin, dass wir mit unseren Konzepten, Vorstellungen, Erwartungen und Emotionen wesentlich mit dafür verantwortlich sind, was in unserem Leben abläuft und wie wir das, was passiert, erleben. Bei den Recherchen zu dem Buch, in dem du liest, stieß ich auf den folgenden Text[212], der den Inhalt von *„Der Realitätenmacher"* einerseits sehr gut wiedergibt und andererseits noch präzisiert. Wegen dieser Details habe ich den Autor Jeff Street[213], um Genehmigung gebeten, ihn hier abzudrucken. Hier sein Beitrag:

„Ob du es weißt oder nicht, du existierst in etwas, das einer extrem hochentwickelten, virtuellen Realität ähnlich ist. *Einer, bei dem jeder deiner Gedanken, Überzeugungen und Emotionen das auswählt, was auf dem Bildschirm erscheint, den du deine Realität nennst. Zu verstehen, wie deine persönliche Realität und die kollektive Realität, an der du beteiligt bist, generiert wird, hat tiefgreifende Auswirkungen. Und eine der wichtigsten davon ist die vollständige Befreiung von deinen Ängsten.*

Bevor du in die Entstehung deiner Realität eintauchst, und in die drei Schichten deiner Wirklichkeitskonstruktion, lass uns dir einen kurzen Überblick über die wahre Natur deiner selbst und deiner Realität geben – was du bist und wovon du ein Teil bist.

---

212 Originaltitel: „The Three Layers of Your Reality Construct" auf http://divine-cosmos.net/three-layers-of-your-reality-construct.htm

213 Jeff Street sagt, er sei vor etwa anderthalb Jahren erwacht, nachdem er den größten Teil seines Lebens als atheistischer/ agnostischer Wissenschaftler ohne irgendeine spirituelle Überzeugung verbracht hatte. Nach vielen „magischen" neuen Erfahrungen ist er jetzt leidenschaftlich damit beschäftigt, seine Einsichten über Spiritualität und Metaphysik auf seinem Blog www.divine-cosmos.net zu verbreiten.

Die elementare Beschaffenheit der Existenz

Die elementare Beschaffenheit der Existenz ist, dass es ein singuläres (einzigartiges) Bewusstsein gibt, das über ein singuläres, aber multidimensionales Energiefeld verfügt, das es in jedes Muster formen kann, welches es sich durch die Ausübung seiner Gedanken, Absichten und Wünsche wünscht. Und diese Muster sind alles Sichtbare und alles Unsichtbare. Dieses Bewusstsein wurde als universelles Bewusstsein oder kosmisches Bewusstsein oder Quellbewusstsein bezeichnet. Und das Quellbewusstsein erzeugt nicht nur Energiemuster, sondern kann sie auch wahrnehmen und erfahren.

*Eine andere Möglichkeit, über diese Energiemuster nachzudenken, ist, sie als **Information** zu betrachten. Quellbewusstsein kann Informationen im Feld erzeugen, manipulieren, navigieren und wahrnehmen. Dies ermöglicht es, Informationen zu erschaffen, die komplette Erlebnisumgebungen oder "Realitätskonstrukte" repräsentieren, um dann in sie einzutauchen und sie zu erleben.*
Es gibt nur Bewusstsein, Information und die Wahrnehmung von Information, und dies ermöglicht die Schaffung und Erfahrung von "Realitäten".

*Die Welt, von der du denkst, dass sie außerhalb von dir existiert, ist im Wesentlichen eine Illusion – es ist eine rein wahrnehmende Erfahrung des Bewusstseins. **Die Erfahrungen sind REAL, aber die Requisiten sind imaginativ.** Alle Informationen, die deine Realität repräsentieren, wurden ins Leben gerufen und sind im Wesentlichen nur Bilder, die dein Bewusstsein wahrnimmt – sehr ähnlich einer virtuellen Realität. **Da draußen ist nichts; es ist nur eine unglaublich überzeugende Wahrnehmungsillusion.“***

Bitte macht hier einmal eine Pause.

Es fällt den meisten Menschen verständlicherweise extrem schwer, sich vorstellen zu können, dass „da draußen nichts ist“. Bitte ruft euch noch einmal in Erinnerung, wie man Dinge lernt. Wie man sich z. B. eine Fähigkeit aneignet oder Wissen über einen bestimmten Sachverhalt so umfassend verinnerlicht und sich so grundlegend zu eigen macht, dass es in Bereichen des eigenen Denkapparates in einer Weise abgespeichert wird, dass es automatisch

„hochpoppt", wenn es gebraucht wird, ohne dass wir uns bewusst daran erinnern müssen. Beim Fahrradfahren oder Schlittschuhlaufen ist das so – einmal gelernt, weiß der Körper, wie die Bewegungen ablaufen und macht es einfach, ohne dass wir nachdenken müssen. Aber wie soll sich unser Verstand bzw. unser Körper etwas aneignen, das er längst tut? Wir leben ja in dieser nur imaginierten Welt schon ziemlich lange mit ziemlich überzeugenden Empfindungen, die wir ziemlich deutlich wahrnehmen und die uns ziemlich überzeugend vorgaukeln, dass wir wirklich einen Körper haben.

Ich versuche mich daran zu erinnern, wie lange es gedauert hat, bis ich die bahnbrechenden Erkenntnisse der Quantenphysik in mein Alltagsbewusstsein übersetzen konnte. Ich stutze heute noch jedes Mal, wenn ich in Situationen gerate, in denen ich mich über irgendwas oder irgendwen aufrege und bemerke, dass ich es immer noch nicht komplett verinnerlicht habe. Ich muss mich in solchen Momenten jedes Mal an meine eigene Nase fassen und mir ins Bewusstsein rufen, dass derjenige gerade nur seinen Auftrag erfüllt, sich in dem Moment so oder so zu verhalten, weil es – auf welcher Ebene auch immer – so vereinbart war! Dies zu akzeptieren, macht unserem Ego echt Probleme. Das Ego will Recht haben, Recht bekommen, Recht behalten. Das Ego liebt es zu urteilen, zu beurteilen, zu verurteilen. Das Ego hält sich für den Maßstab aller Dinge und erstickt lieber, wenn es denn Mund zu voll genommen hat, als eine Niederlage einzugestehen: Was? Ich soll noch etwas zu lernen haben? Nein, doch nicht ich, aber die ANDEREN!

Deshalb muss man manche Sätze fünf Mal lesen, bevor sie wirklich durch die Abwehr der Egoverteidigung zum eigenen Wesenskern durchdringen können, wo wir ihre Aussagen praktisch in uns umsetzen können. Geschieht dies nicht, bleibt alles eine Theorie, mit der sich das stolze Ego brüsten kann und sonst bleibt meistens alles beim Alten. Kommen wir noch einmal zurück zu Jeff Street:

„Die Art und Weise, wie das Quellbewusstsein ein Realitätskonstrukt erlebt, besteht darin, einen Unterfaden seines Bewusstseins zu schaffen, der seinen eigenen Fokuspunkt der Wahrnehmung und Bewusstheit hat und diesen Brennpunkt in

eines dieser "Wirklichkeitskonstrukte" stellt und erfährt. Quellbewusstsein ist vielfädig, und du bist einer dieser Fäden – reines Bewusstsein, nicht-körperlich und formlos. Und du hast den Fokuspunkt deiner Wahrnehmung und Bewusstheit in diese Raum-Zeit-Realität gelegt, um diese Erfahrung zu machen.

Wie Deine persönliche und kollektive Realität erzeugt wird

Die Art und Weise, wie Informationen deinem Bewusstseinsfaden präsentiert werden, ist ähnlich wie ein Filmprojektor die Rahmen eines Filmstreifens anzeigt. In ca. jedem Milliardstel von einer Sekunde wird ***ein Informationsrahmen, der deine Realität repräsentiert,*** *deinem Bewusstsein präsentiert und von ihm wahrgenommen (mehr dazu in „Illusion von Zeit und Raum"*[214]*). Im Gegensatz zu einem Filmstreifen, der Frames mit Inhalten enthält, die bei der Produktion des Films festgelegt wurden, enthält der Film, den du als deine Realität bezeichnest, einige Informationen, die vordefiniert sind, und einige, die dynamisch erstellt und dann im laufenden Betrieb in die endgültigen Frames auf dem Bildschirm hinein „komponiert" bzw. in sie umgewandelt werden.*

Konzeptionell werden diese „Realitätsrahmen" als drei Informationsebenen generiert; Fundament, Hintergrund und Vordergrund, und diese werden dann zu einem zusammenhängenden Bild zusammengefügt. Die Informationen in jeder dieser Ebenen werden auf unterschiedliche Art und Weise erzeugt. Das Verständnis dafür, wie das funktioniert, hat große Relevanz für das Verständnis und die Beherrschung der Erschaffung deiner persönlichen Realität. Unter Verwendung der Metapher eines Bühnenstücks bzw. Spielfilms könnten diese drei Schichten betrachtet werden; die Bühne, die festgelegten Einstellungen und die Geschichte. ***Deine Realität ist deine Geschichte, und du bist die Hauptfigur UND der Regisseur.***

Und überraschenderweise, obwohl es scheint, dass du Teil einer singulären kollektiven Realität mit vielen Spielern oder Schauspielern bist, spielt sich hinter den Kulissen etwas ab, dass sich von dem, was du dir vorgestellt hast, leicht unterscheidet.

Was wirklich vorgeht, ist, dass jeder Bewusstseinsfaden (z. B. der der Seele) seine

---

214 http://www.wakingtimes.com/2016/07/15/illusion-time-space/

eigene getrennte Realität erlebt, in der du sowohl der Hauptdarsteller als auch der Regisseur deiner eigenen Geschichten bist. Alle anderen Schauspieler in deiner Geschichte sind nur andere Seelen, die Rollen austauschbarer Schauspieler spielen, um deine Geschichte darzustellen. Du hast Vereinbarungen mit vielen anderen Seelen getroffen, die sich damit einverstanden erklärt haben, Rollen in deiner Realität zu übernehmen – aber ***es ist deine Geschichte, und sie sind alle nur Figuren in deinem Film.***

Die Seelen, die Rollen in deiner Geschichte spielen, mögen sehr wohl oder können auch nicht (das sind die Komparsen) mit ihrer eigenen Version der irdischen Realität beschäftigt sein. Und du kannst möglicherweise oder auch nicht eine Rolle in ihren Realitäten spielen. Aber es gibt Unmengen von Seelen, die Teile in der Realität von Anderen spielen. Jede Seele hat ihre eigene unabhängige Erfahrung in ihrer eigenen Version der Realität. Wie sich die Realität einer Seele, die eine Rolle in deiner Realität spielen könnte, darstellt, wird sich wahrscheinlich von deiner eigenen unterscheiden.

Die Art und Weise, wie eine kollektive Realitätserfahrung erzeugt wird, besteht darin, dass die Wesen, die Rollen in verschiedenen individuellen Realitäten teilen, sich damit einverstanden erklären, Informationen auszutauschen, die einige Elemente der kollektiven Realität repräsentieren – insbesondere Informationen, die das Fundament, d.h. die Grundlage/Bühnenebene und die Hintergrund-/Kollektivschicht repräsentieren.

Der Prozess, der jeden aufeinanderfolgenden Realitätsrahmen erzeugt, der von deinem Bewusstseinsfaden wahrgenommen wird, verbindet diese geteilten Informationen nahtlos mit den Informationen aus der Vordergrundebene (die von dir selbst kreierten, ausgewählten und produzierten Informationen) zu einem übergangslosen Ganzen. Die Details darüber, wie das genau geschieht, sind nicht vollständig bekannt, aber so funktioniert es grundsätzlich.

Lasst uns untersuchen, wie die Informationen, die jede der drei Schichten deines Realitätskonstrukts repräsentieren, erzeugt werden und wie viel kreative Kontrolle du über jede einzelne hast.

Die Ebene des Wirklichkeitsfundaments – die „Bühne“

Die erste Informationsebene, die im Rahmen der Realität enthalten ist, die dein Bewusstsein wahrnimmt und erfährt, könnte angemessen als Grundschicht bezeichnet werden. Dies ist die Informationsschicht, die den Planeten und die Elemente, aus denen er besteht und die Biosphäre darstellt. Es beinhaltet alles, was das menschliche Leben und die menschliche Erfahrung ermöglicht. Diese Ebene fungiert als Bühne für das menschliche Drama – sowohl kollektiv als auch individuell.

Alle Informationen (z. B. Energiemuster), die alles in dieser Schicht bilden, wurden geschaffen und werden durch die Absichten, Gedanken und Vorstellungen von nicht-physischen Wesen (z. B. Bewusstseine) aufrechterhalten. Diese Wesen haben sich der Schaffung und Aufrechterhaltung der Hauptelemente unserer Realität und einer Vielzahl anderer Realitäten verschrieben – eine Rolle, die oft als "Konstrukterhalter" bezeichnet wird. Alle Informationen, die die Grundschicht unseres Realitätskonstrukts darstellen, verdanken ihre Existenz den Vorstellungen dieser Entitäten.

Die wichtigste Implikation dessen ist, dass unsere Bewusstseinsfäden diese Information nicht erzeugen, und so können wir selbst die Beschaffenheit der Bühne nicht durch unsere eigenen bewussten Gedanken und Absichten verändern. Du erschaffst nicht direkt die Bühnenumgebung, unsere Welt, mit deinen Gedanken. Du hast keine direkte Befähigung, die Informationen zu ändern, die sie darstellen; du kannst nur wählen, verschiedene Teile davon kraft deiner Entscheidungen und Absicht zu erforschen und zu erfahren. Diese Schicht ist Teil der Information, auf die wir uns geeinigt haben, sie über unsere individuellen Realitäten hinweg zu teilen, um die Erfahrung einer kollektiven Realität zu schaffen.

Die Hintergrundebene – Kollektive Realität

Die zweite Informationsschicht, die in dem „Realitätsrahmen“ enthalten ist, die dein Bewusstsein wahrnimmt und erfährt, nenne ich die "Hintergrund"-Schicht. Diese Schicht ist die kollektive Geschichte/das Drama, die auf der Grundschicht (der Bühne) spielt. Dies sind die globalen und kollektiven Ereignisse und Umstände.

Es ist alles, was du über das Geschehen in der Welt hörst, aber es berührt dich nicht unbedingt direkt. Es ist der Zustand der Welt, der Zustand der menschlichen Gesellschaft; es ist, was in den Geschichtsbüchern aufgezeichnet wurde und über das in Zeitungen und Zeitschriften berichtet wird. Es ist alles, was angeblich in der Welt passiert, und alles, was angeblich in der Welt passiert ist – von dem du das Meiste nie direkt erlebt hast – scheint irgendwo passiert zu sein, aber dir ist es nicht passiert.

Diese Schicht deines Realitätskonstrukts wird von allen Bewusstseinsfäden (z. B. Seelen) gemeinsam erschaffen, die am kollektiven Wirklichkeitskonstrukt beteiligt sind. Und wir alle waren uns einig, dass es in allen unseren individuellen Realitätskonstrukten übereinstimmen soll. Es ist der Hintergrund für deine persönliche Realität; so werden kollektive Realitätserfahrungen konstruiert. Die Information in dieser Schicht wird vom Kollektiv mitgestaltet – es ist der Durchschnitt aller Gedanken, Absichten, Emotionen, Entscheidungen, Handlungen usw. aller am kollektiven Wirklichkeitskonstrukt beteiligten Seelen. Wenn wir annehmen würden, dass das Niveau aller Seelen oder die Bewusstseinsfrequenz jeder Seele gleich ist, dann würde jeder Spieler im kollektiven Realitätskonstrukt im gleichen Maße zur Ko-Kreation der Information in dieser Schicht beitragen.

Deine Kraft, die kollektive Realität zu gestalten, den Kurs kollektiver Ereignisse mit deinen eigenen Gedanken und Absichten zu steuern, ist begrenzt. Zum Beispiel, wenn es fünf Milliarden Menschen auf dem Planeten gäbe, wäre dein Einfluss 1/5 Milliarden. Aber natürlich ist nicht jeder auf der gleichen Ebene oder Bewusstseinsfrequenz. Und auf jeder höheren Bewusstseinsebene hast du einen exponentiell höheren Grad an Einfluss auf die Erschaffung der kollektiven Realität – ***je höher dein Bewusstseinszustand, desto größer ist der Anteil deiner Gedanken und Absichten, die die Schaffung der kollektiven Realität beeinflussen.***

Und hier ist das Schöne: auch wenn du die kollektive Realität nicht verändern kannst, kontrollierst du, welche Teile der kollektiven Realität dich berühren *– es liegt ganz an dir, welche Teile der kollektiven Realität du direkt erlebst! Mit der Metapher des Bühnenspiels bildet die kollektive Realität den Hintergrund für dein/e persönliche/s Geschichte/Drama. Welche Teile dieses Hintergrunds dich direkt berühren, hängt von deinen Gedanken, Überzeugungen, Absichten, Wünschen,*

Entscheidungen und mehr ab. ***Nichts aus der kollektiven Realität kann dich berühren, außer du lädst es in deine direkte Erfahrung mit deinen Gedanken ein!***

Die Vordergrundebene – Persönliche Realität

Die dritte und letzte Ebene der Information, die im „Realitätsrahmen" enthalten ist, die dein Bewusstsein wahrnimmt und erlebt, nenne ich die "Vordergrund"-Schicht. Der Vordergrund ist alles, was du direkt erlebst. ***Dies ist deine persönliche Realität und du bist zu 100% für sie verantwortlich. Alles, was du direkt erlebst, ist entweder neu von dir erschaffen oder von deinen Gedanken, Überzeugungen, Wünschen usw. in deine Realität aus der kollektiven Realität eingeladen!*** *Obwohl du demnach die kollektive Realität nicht alleine ändern kannst (weil sie kollektiv miterschaffen wird), ist es nicht wirklich wichtig, weil DU kontrollierst, welche Teile davon du in deine persönliche Realität ziehst und direkt erlebst.*

Du bist im Wesentlichen immun gegen jede Gefahr oder Bedrohung oder was auch immer da draußen in der kollektiven Realität ist, wenn du dich nicht darauf einlässt, dass es dich beeinflussen kann. *Und natürlich ist der schnellste Weg, Dinge aus der kollektiven Realität in deine persönliche Realität zu ziehen, Angst und Sorge darüber, wie der Zustand der Welt dich beeinflussen könnte! Weil du als Schöpfer das, was du auf dich konzentrierst, in besonderer Weise anziehst, wenn es mit einer starken Emotion wie Angst verbunden ist. Wenn du dir Gedanken über Dinge machst, die Angst machen, dann geh diesen Dingen auf den Grund und lass dich nicht täuschen bzw. täusche dich selbst nicht!*

Das ist bei allem wichtig, was einem Angst macht. Wir fürchten uns in den allermeisten Fällen umsonst. Das liegt vor allem daran, weil wir ständig von außen in Angst gehalten werden. Die wenigsten Anlässe für Angst sind wirklich bedrohlich. Dabei kann uns gar nichts wirklich bedrohlich werden, weil wir immer die Möglichkeit haben, Bedrohungen auszuweichen. Die meisten Ängste rühren daher, dass unser Ego eine bestimmte Vorstellung davon hat, wie die Dinge ablaufen sollten, damit das Ego sein Spiel weiterspielen kann und Angst davor hat, dass sich die äußeren Bedingungen, die dafür aufrecht erhalten bleiben müssen, ohne seine Zustimmung ändern könnten. Solange wir das Spiel unseres Egos nicht durchschauen, ist es in der Regel ein so mächtiger Teil von uns, dass es unseren Seelenkern, unser eigentliches

Selbst, ständig dominiert. Das ist der Kern dieses Buches. Wir sind nur deshalb noch nicht erleuchtet, weil unser Ego ständig in Angst gehalten wird. Angst kann nur ein Ego haben; unser Wesenskern weiß, dass er keine Angst zu haben braucht.

Egal was in der kollektiven Realität passiert, nichts davon kann dich berühren, außer du lädst es ein. Nehmen wir als Beispiel an, dass in der kollektiven Realität, die sich auf deine Heimatstadt auswirkt, ein Unglück passiert. Mit der richtigen "Einstellung" könnte das Universum dafür sorgen, dass du gerade nicht zu Hause bist, wenn die Katastrophe eintritt. Oder, falls du zu Hause bist, wirst du auf wundersame Weise unversehrt oder von dem Schlimmsten verschont bleiben.

Die richtige Einstellung, um Ereignisse in der kollektiven Realität nicht direkt zu erleben, besteht darin, absolut davon überzeugt zu sein, dass du deine Realität erschaffst und absolut daran zu glauben, dass du immer in Sicherheit bist – dass nichts dir schaden kann! Wenn du in Angst, Sorge oder Zweifel verfällst, funktioniert es nicht!

Zusammenfassung

Du erschaffst deine Realität mit deinen Gedanken, Überzeugungen, Wünschen und mehr. Der Hintergrund deiner Geschichte, die kollektive Realität und die Bühne, auf der sie spielt, sind nur dazu da, einen Kontext zu schaffen, in dem du deine Geschichte spielen und deine persönliche Realität erschaffen kannst.

Du kannst alles erschaffen, was du in deinem Leben möchtest, und es ist nicht beschränkt auf das, was da draußen in der kollektiven Realität ist, aber es bietet eine große Auswahl an Optionen, die du in deinem Leben wählen kannst. Aber sie sind alle wirklich optional – sie können nicht Teil deiner direkten Erfahrung werden, wenn du sie nicht mit deinen Gedanken einlädst.

Die kollektive Realität ist eine Ablenkung, die dich dazu verleitet, dich darauf zu FOKUSSIEREN, was ist und was war, anstatt AUF DAS, was sein kann.

Wenn du das weißt, kannst du aufhören, dir darüber Gedanken zu machen, was du nicht ändern kannst, und anfangen, dich darauf zu konzentrieren, was du kannst – genau gesagt, worauf du deinen Fokus und deine Aufmerksamkeit richtest, welche Überzeugungen du hast, welche Gedanken du unterhältst und was du dir selbst vorstellst und selbst erschaffst.

Indem du auf ein tiefe Weise verstehst, wie dein Realitätskonstrukt erzeugt wird und dass du derjenige bist, der den Prozess steuert, kannst du eine tiefgreifende Befreiung von deiner Angst erfahren. Und sobald du deine Ängste überwindest, besonders wenn du die anderen Fähigkeiten der bewussten Schöpfung beherrschst, wirst du feststellen, dass sich deine Lebenserfahrung dramatisch verbessern wird.“

DANKE, DASS IHR MITMACHT

Vor einiger Zeit erzählte mir eine Frau von einem Traum. In ihrem Traum stand sie in einer rund gebauten Halle mit einer großen Gruppe von Leuten, von denen einige offenbar älter und erfahrener waren als der Rest und eine Art Anführerrolle hatten. Einer von ihnen ergriff das Wort: *„Vielen Dank, dass ihr hier seid und euch dazu bereit erklärt habt mitzumachen. Ihr habt ein hartes Training hinter euch und jetzt geht es los. Lasst mich euch noch einmal die zentralen Punkte in Erinnerung rufen. Wir wissen natürlich, dass ihr vergessen werdet, was wir euch eingebleut haben, weil das dazu gehört, aber vielleicht erinnert sich doch der eine oder andere irgdendwann an meine Worte: Das Ganze ist ein Spiel. Wir haben es vor langer Zeit gestartet, aber es ist uns entglitten. Wir können von außen nicht mehr eingreifen, es kann nur von innerhalb noch umgelenkt und repariert werden. Also nochmals Danke, dass ihr auf euch nehmt, was jetzt auf euch zukommt. Wenn ihr eingetaucht seid, werdet ihr alles vergessen, was wir euch gesagt haben. Ihr werdet auch vergessen haben, wo ihr herkommt. Das hilft euch dabei, euch so zu verhalten wie die anderen und nicht aufzufallen. Es hilft euch auch dabei, euch in die anderen hineinversetzen zu können. Ihr werdet natürlich auch vergessen haben, nach welchen Regeln das Spiel gespielt wird. Einerseits ist es Teil eurer Aufgabe, die Regeln herauszufinden, während ihr das Spiel mitspielt, andererseits liegt eure Aufgabe darin, die Regeln zu ändern oder durch bessere zu ersetzen. Also jedesmal, wenn ihr auf eine Regel stoßt, die in euren Augen keinen Sinn macht, brecht sie und ändert sie bzw. ersetzt sie durch eine neue Regel. Jeder von Euch hat dabei eine eigene Aufgabe in einem speziellen Bereich. Wenn es so weit ist, werdet ihr wissen, was zu tun ist. Jeder, der etwas zum ersten Mal tut, eröffnet allen anderen die Möglichkeit, es auch zu tun. Ihr werdet dafür sorgen, dass wieder alles möglich ist, diese Freiheit aber nicht mehr zum Schaden anderer missbraucht werden kann. Nur so kann der Verlauf des Spiels korrigiert werden."*

DIE MISSVERSTANDENE MATRIX VON KARMA, REINKARNATION UND SEELEN-KONTRAKTEN

Zwischen den USA und Deutschland haben sich in den letzten Jahren verschiedene kulturelle Barrieren aufgebaut. Es gab lange ein scheinbar großes Einvernehmen unter den beiden Nationen. Deutschland und die USA zusammen bilden nach wie vor die Allianz mit der höchsten Wirtschaftsleistung und sind nur gemeinsam stärker als China. Aber aktuell scheint es so, als sei der politische Sumpf und die perfide Doppelmoral auf der anderen Seite des Atlantiks die Quelle allen Unheils auf dieser Welt. Gerade deshalb verfolge ich mit großem Interesse die Beiträge einiger amerikanischer Blogger, so auch David Nova, der die Seite Deus Nexus unterhält.[215]

David Nova[216] betrachtet die bunte Welt der amerikanischen Aufklärungsszene kritisch, was angesichts der fast unüberschaubaren und teils widersprüchlichen Verlautbarungen aus dem ganzen Spektrum zwischen ‚Spiritual Awakening', ‚Disclosure' und ‚Conspiracy' auch angezeigt ist. Nach seiner Auffassung entstand in den letzten Jahren im Internet auf mehreren spirituellen Blogs ein neues esoterisches Paradigma, das eine diametral andere Sicht darstellt, als das der zuvor akzeptierten spirituellen Systeme und Überzeugungen: *„Dieser Wandel begann mit den Erkenntnissen einiger weniger ausgewählter*

215 https://deusnexus.wordpress.com/

216 David Nova wurde in Hawaii geboren, ging in Virginia zur Schule und ist seit über 15 Jahren preisgekrönter freiberuflicher Video-Redakteur in Washington DC. Er produzierte Fernsehprogramme für den National Geographic Channel und Discovery Network. Nova ist zudem Autor der Romanserie „Season of the Serpent" www.davidnova.com
Der hier zitierte Beitrag von David Nova wurde in deutscher Sprache auf http://transinformation.net/ veröffentlicht. Ich danke den Betreibern von Transinformation.net herzlich für die Genehmigung, ihre Übersetzung zu verwenden.

Blogger, aber diese neuen Ideen verbreiteten sich schnell über das Internet wie ein Lauffeuer. Diese Ideen resonierten bei vielen erwachten Menschen, vor allem, als in Bezug auf den Maya-Kalender und dem Datum 21. Dezember 2012 kein weltveränderndes Ereignis folgte und all die Hoffnung und der Hype sich in ***geistige Desillusionierung*** *verwandelte. Man könnte eine Verbindung herstellen zwischen der Desillusionierung durch den Maya-Kalender und dieser geistigen Konzepte, die kurz darauf entstanden sind und die erklären, warum die Bedingungen auf der Erde immer noch als überwiegend negativ wahrgenommen werden.*

Ein Haus wird geteilt

Es gab einen großen Riss genau in der Mitte der spirituell erwachten Gemeinde insoweit, dass der Begriff ***„New Age Spiritualität" und die zuvor akzeptierten Ideologien jetzt nur als eine weitere konstruierte Religion der dunklen Kräfte wahrgenommen werden, um die Massen zu manipulieren,*** *sei es nun teilweise oder ganz wahr.*

Hier ist eine unvollständige Beschreibung dieser Trennlinie: Auf der einen Seite des Risses haben wir die Erwachten, die glauben, dass wir jetzt auf einer aufstrebenden Erde der 4. Dichte leben, die weiterhin daran glauben, dass Karma noch bereinigt und Seelen-Lektionen gelernt werden müssen. Auf der anderen Seite haben wir die Erwachten, die glauben, dass wir immer noch als Geiseln der dunklen Kräfte (und des Falschen Lichtes) gehalten werden und die der Meinung sind, dass Reinkarnation und Seelenverträge die Werkzeuge unserer Versklavung sind. Natürlich gibt es einige Grauzonen in der Mitte.

Was wäre, wenn ich sagen würde, dass beide Überzeugungen vollkommen gültig und wahr sind? Persönlich falle ich in diese Grauzone. Ich entscheide mich nicht für eine der beiden Seiten, denn ich sehe beide Seiten und fühle mich gleichzeitig mit beiden verbunden, so seltsam das auch klingen mag. Ich kann zwei widersprüchliche Ansichten halten und die Wahrheit in beiden Seiten sehen. Dies kann ein Aspekt meines Versuches sein, mich über Dualitäten hinweg zu bewegen. Ich glaube auch, dass nur dann, wenn wir das Universum ganzheitlich (holistisch) zu betrachten beginnen, als ein enormes, integriertes Wesen, wir der Wahrheit dieser Dinge am nächsten kommen.

Diese Spaltung schien sich nach dem Maya-Datum, 21. Dezember 2012, zu beschleunigen, als eine Menge Leute, die oberflächlich in das spirituelle Erwachen investiert hatten, desillusioniert waren. Andere, die in ein Paradigma der wunderbaren Verwandlung investiert hatten, oder in die göttliche Intervention, fühlten sich verständlicherweise verraten. Einige Autoren hörten mit dem Channeling auf. Andere änderten ihre Richtung um 180 Grad. Was dann von der anderen Seite des so genannten 2012-Portals entstand, war ein Verständnis dessen, was mit dem „Falschen Licht" bezeichnet ist. Das heißt, viele der Lichtkräfte und der gechannelten Wesen, die zuvor dafür verehrt wurden, dass sie uns die unangefochtene Wahrheit übermitteln, wurden nun in Frage gestellt und als Betrüger oder „Falsches Licht" neu etikettiert.

Ich glaube, dass es eine legitime Wahrheit für dieses neue Verständnis gibt, aber ich würde auch davor warnen, „das Kind mit dem Bade auszuschütten", wie man so sagt. Verwirf nicht irrtümlich oder versehentlich das Echte Licht als ein so genanntes Falsches Licht. „Unterscheidungsvermögen ist erforderlich" sollte ein Etikett sein, mit dem ihr jede eurer Überzeugungen überprüft, vor allem diejenigen, die ihr als besonders emotional empfindet.

Die dunkle Matrix innerhalb des kosmischen Geistes

Ein Beitrag von Anna Merkaba von Ende 2014 beschreibt das Gefängnis einer dunklen, künstlichen Matrix – aufgebaut innerhalb des Konstrukts der kosmischen Matrix. Ähnlich wie eine russische Puppe [Matroschka] ist unsere Welt aus einer Reihe von ineinander verschachtelten Realitäten gemacht.

„Es gibt eine Matrix, in die die Erde eingebettet ist, die in Wirklichkeit ein System von Kodierungen ist. Was passiert ist, ist dass durch die „dunkle Seite" noch eine Matrix innerhalb der Matrix geschaffen wurde: das menschliche Ego, die Reptilien,

die Archonten[217] *etc. etc. Es sind alle die, die einen Vorteil ziehen wollten aus der Amnesie unter der die Menschen auf diesem Planeten stehen, um deren Energie zu nutzen."*[218]

Der Originalfilm „The Matrix" war maßgeblich für die Darstellung dieser holografischen Wirklichkeit, sowohl mit einem positiven als auch einem negativen Konzept. Die dunkle Matrix ist eine, die künstlich durch Parasiten erschaffen wurde, um die Seelen zu versklaven und ihre Energie zu bewirtschaften. Die neutrale oder kosmische Matrix ist die Grundlage des manifestierten physischen Universums. Sie ist der Spielplatz, durch den der Spirit in die materiellen Reiche eintreten und als individualisierte, verwirklichte Wesenheiten existieren kann. Ihre Schaffung und Absicht ist grundsätzlich weder böse noch gut. Sie ist einfach. Es ist ein großes Holodeck für Bewusstsein und Spirit (Geist). Manche bezeichnen es als ein Klassenzimmer. Alles davon existiert innerhalb des Geistes von Gott/der Quelle.

Die dunkle künstliche Matrix wurde innerhalb von ihr und mit den gleichen Grundprinzipien der kosmischen Matrix aufgebaut, sie als Geisel nehmend, sie in eine dunkle Agenda verdrehend, im Grunde die Schaffung eines sehr dunklen Kellers innerhalb eines hellen und schönen Hauses. Unsere Welt ist im Wesentlichen im Untergeschoss des Hauses Gottes gefangen.

Ich schätze dieses Modell, weil es ein Konzept des Universums spiegelt, welches ich mittlerweile sehr gut verstehe. Ich habe diese spezielle Kosmologie im Detail in meiner metaphysischen Reihe „Das Zeitalter der Schlange" beschrieben. Darin

---

217 Ein Archon (bzw. Archont) war in den spätantiken gnostischen Lehren einer von mehreren Dienern des Demiurg, des (falschen, selbsternannten) "Schöpfergottes", der zwischen der Menschheit und einem transzendenten Gott stand, der nur durch Gnosis (Erkenntnis bzw. Wissen) erreicht werden konnte. In diesem Zusammenhang haben sie die Rolle der Engel und Dämonen des Alten Testaments. Das Wort stammt vom griechischen Wort ἄρχοντες, "Prinzipal" oder "Herrscher", ausgehend von der Behauptung, die Welt sei auch schon von bösartigen Archonten erschaffen und seitdem von ihnen regiert worden. Der Begriff wurde von der antiken griechischen Bezeichnung der Amtsposition des "Archonten" übernommen. Weitere interessante Informationen dazu findet ihr u.a. auf: http://www.unicusmagazine.com/html/Antidote4Archons.htm

218 https://deusnexus.wordpress.com/2014/12/08/the-new-earth-matrix/

sind die verfeindeten Reiche der Dualität, der Engel-Orden von Yang'Ash und das dämonische Chaos von Yin'Dru, Teile der Dunklen Matrix, die existieren, um die Erde und die Astralebene zu kontrollieren. Allerdings gibt es eine größere Realität des Lichts jenseits dieser dunklen, künstlichen Illusion. Es gibt subtile Ebenen der kosmischen Matrix, die größere Freiheit und Bewusstsein erlauben und dennoch Individualität ermöglichen. Ohne diese umfassendere kosmische Matrix gäbe es keine Schöpfung und keinen Ausdruck des physischen Lebens.

Allerdings neige ich dazu zu denken, dass einige Leute übermäßig verallgemeinern, verwirren und die Unterschiede zwischen diesen zwei sehr unterschiedlichen Systemen missverstehen. Sie werfen alles zusammen in einen Topf und machen daraus ein Mischmasch von Missverständnissen. Der entscheidende Unterschied ist, dass es hinter der Dunklen Matrix eine parasitäre Kraft gibt, die vorgibt, Gott zu sein. Hinter der kosmischen Matrix gibt es nur dich, der du vergessen hast, dass du ein Aspekt Gottes bist. Beide Systeme nutzen ähnliche Regeln für die Verbindlichkeiten, nur werden diese Regeln für sehr unterschiedliche Zwecke verwendet. Eine zieht dich nach unten und macht dich schlafend. Die andere hilft, um zu wecken und erhöht dich zu deinem wahren Selbst. Durch die Konzentration auf die negative Matrix sind wir auf Widerstand konzentriert und ignorieren potenzielle Unterstützung.

Ferner sei darauf hingewiesen, dass es einen großen Unterschied gibt zwischen (1) zu sagen, du bist erwacht – du weißt, dass du ein Aspekt Gottes bist, und (2) dies in jedem Molekül deines gesamten Wesens zu fühlen – jenseits von Zeit und Raum. Das erste Erwachen kann über Nacht geschehen. Das zweite könnte viele verschiedene Lebenszeiten in Anspruch nehmen. Es ist das temporäre, menschliche Ego, welches nicht begreift, was das bedeutet – das menschliche Ego, das wie ein Kind ist, das, ähnlich wie die Illuminati, Gott sein will in diesem fehlerhaften, begrenzten, sterblichen Körper und Geist, in dieser Dunklen Matrix. Aber das wird es nie sein, denn die Welt „wie sie ist" (gefallen, in der 3. Dichte) wurde nie für diesen Ausdruck konzipiert. Die Frequenz unserer Welt und unserer DNA müssen sich zuerst ändern.

Die Verwirrung über Karma, Seelen-Verträge usw.

Lasst uns einige dieser spirituellen Konzepte und Überzeugungen betrachten, die in letzter Zeit auf den Kopf gestellt wurden. Sie fallen in die Kategorie der – so würde ich sagen – „vorgeburtlichen Bedingungen“:

Karma
Reinkarnation
Seelen-Lektionen
Seelen-Verträge

Ich werde mich nun nicht mit jedem dieser Themen auseinandersetzen; es gibt eine Fülle von Artikeln, die diese Themen näher erläutern. Vielmehr werde ich einen Überblick über diesen Themenbereich bringen.

Die gemeinsame Variable all dieser vier Begriffe ist die spirituelle Amnesie, in die wir geboren sind. Weil wir in der dunklen Matrix geboren sind, sind wir mit sehr viel mehr geistiger Amnesie belastet, als wir sein sollten. Wir sollten uns unserer Verbindung zum Geist bewusst sein, aber wir sind dieser Verbindung beraubt worden. Doch selbst unter den Naturgesetzen der kosmischen oder natürlichen Matrix würden wir mit irgendeiner Form von Amnesie in unsere menschlichen Körper hinein geboren werden, weil wir in dieser Existenz einfach nicht mit der vollen Erinnerung an unsere multidimensionalen Selbste umgehen könnten. Die Erfahrung wäre wahrscheinlich, als ob man den ganzen Tag LSD nehmen würde, jeden Tag. Wir würden nicht in der Lage sein, in dieser materiellen Welt zu funktionieren oder die Grenzen der Erfahrung einzuschätzen. Genau so, wie wenn du ein Videospiel spielst, gibt es Regeln, die eingeführt wurden, um die Erfahrung erfüllender zu machen – zum Beispiel Unsicherheit – so dass du nicht weißt, was passieren wird. Allerdings übernahm die Dunkle Matrix das Spiel und schrieb die Regeln für unsere Inkarnationen, um uns zu versklaven, uns im Spiel verfangen zu lassen.

Dieses neue Paradigma möchte uns also glauben machen, dass alle diese vorgeburtlichen ‚Geschäftsbedingungen' durch die Parasiten der dunklen Matrix eingesetzt wurden. Da ist was Wahres daran, es gibt aber auch eine ganze Menge auf Angst basierende Verfälschungen hinter diesem Glauben.

Nun, ich bin nicht besonders begeistert von den Konzepten von Karma oder Reinkarnation. Es passt meinem Ego nicht recht. Die Idee von der Unterzeichnung eines Seelenvertrags hat für mich immer ein wenig albern geklungen. Und natürlich, eine Seelen-Lektion zu lernen ist immer so eine Sache. Aber wir müssen uns fragen, ob unsere Einwände gegen diese Konzepte vielleicht emotional oder Ego-basiert sind. Sind wir einfach wie Kinder, die sich weigern, ihr eigenes Zimmer aufzuräumen? Oder sind diese Ansichten wirklich konzipiert, um uns niederzuhalten auf dem Feld der Energien? Was ist, wenn beide Situationen gleichermaßen wahr wären? Es ist ein seltsam widersprüchliches Universum, in dem wir leben, nicht wahr?

Je mehr du deine Kenntnisse erweiterst, umso mehr beginnst du zu erkennen, dass sowohl die Lichtkräfte (Dienst-an-den-anderen) als auch die Dunkelkräfte (Dienst-für-sich-Selbst) das gleiche Spiel mit den gleichen Regeln auf demselben Feld spielen, aber mit ganz anderem Ausgang. Dies ist nicht dasselbe wie das falsche Dualität-Paradigma von ‚Gut gegen Böse' und ‚Ordnung gegen Chaos', welches von der dunklen Seite (Dienst-für-sich-Selbst) manipuliert wird.

Unsere Überzeugungen neigen dazu, uns versklavt zu halten, ob hier auf der Erde oder auf einigen unteren Ebenen der Nach-dem-Leben Sphäre, die noch von etlichen Demiurgen[217] *gesteuert werden. Wir müssen uns über die Glaubensrichtungen und Religionen, die uns in unserem Verständnis des Universums und unserem wahren Selbst begrenzt halten, sei es das Christentum oder ein New-Age-Hokuspokus, hinausbegeben. Nur dann, wenn wir unsere lang gehegten Überzeugungen hinterfragen, erfahren wir spirituelles Wachstum. Und genau deshalb sind wir hier in dieser Inkarnation, um über unsere uns einschränkenden Überzeugungen hinaus zu wachsen.*

„Wusstest du, dass das Wort Religion bedeutet, ein Gegenüber zu binden oder zu begrenzen? Es stammt aus dem lateinischen Wort und Verb „religare", was für „anbinden", „zurückhalten" und „schnell binden" steht. In der Magie ist es eine „Klasse von Zaubersprüchen, die darauf abzielen, den Fortschritt einer Gegenkraft oder eines Praktizierenden zu vereiteln.[219]*"*

219 http://divinepollination.com/the-etymology-of-religion/

Auf der anderen Seite, nur weil wir Aspekte von Gott sind, bedeutet das nicht, dass wir jederzeit alles tun können und bekommen können, was immer wir verdammt nochmal wollen. Es bedeutet nicht, dass wir schlechte Entscheidungen treffen können, ohne die Konsequenzen zu tragen. Es bedeutet nicht, dass wir frei sind von der Verantwortung für unser Handeln und unsere Kreationen. Es bedeutet nicht, dass wir andere Aspekte Gottes verletzen können ohne Wiedergutmachung, nur weil wir wie ein Depp handelten. Das ist, was kleine Kinder erwarten würden. Das ist nicht, was verantwortliche Erwachsene oder vollbewusste Aspekte von Gott erwarten würden. Deshalb haben wir uns mit den Gesetzen des Karmas und mit Seelenverträgen belastet.

Es kann helfen, nicht länger an diese vorgeburtlichen Geschäftsbedingungen als religiöses Glaubenssystem zu denken. Stattdessen konzentriere dich auf das Konzept eines Energieaustausches. Die negative Energie, die man in ein geschlossenes System eingegeben hat, muss irgendwie ausgeglichen werden. Du bist Gott. Du bist verantwortlich für alle deine negativen Energien, so wie du verantwortlich bist für das Chaos, das du anrichtest, in diesem Leben und all deinen früheren Lebenszeiten. Du musst es bereinigen, du musst es ausgleichen. Weder Jesus noch eine außerirdische Rasse wird es für dich tun. Jesus kam nicht auf die Erde, um dich aus dem Schlamassel zu ziehen, das du angerichtet hast. Er kam um, dich zu lehren, dir selbst zu verzeihen für das, was du gemacht hast. Die einzige Person, die dich vom Haken befreien kann, ist dein innerer Christ, dein echtes, authentisches Selbst, der Gott in dir.

Zu glauben, dass diese Verträge eine Teufelsfalle sind, stärkt nur die Kraft der Falle. Dein Ausweichen aus der Verantwortung für deine eigenen Kreationen steigert nur die negativen Energien von unbewusstem Schmerz und Scham, und übergibt sie an die Dunkelheit – wo sie doch ans Licht gebracht werden sollten.

Wenn ich also lese, wie einige Blogger in ihren dunklen Abhandlungen zwanghaft darüber schreiben, wie die Archonten mit verbindlichen Seelenverträgen die Seelen gefangen halten und den Seelen Lektionen erteilen, um sie zu überzeugen, dass sie wiedergeboren werden müssen, um Karma abzuarbeiten, dann kann ich dazu nur sagen, „Was soll's?“ Von diesen Dingen besessen zu sein ändert sie nicht. Indem man es enthüllt, erzählt man nur die halbe Geschichte – die Angst erzeugende Geschichte. Ich möchte sie daran erinnern, dass „wir bereits ein As in unserer Tasche haben". Vielleicht ist es einfach zu christlich für einige Leute in diesen Tagen, aber so einfach ist es. Verzeihe dir einfach selbst und verzeihe den anderen, die dir Unrecht getan haben. So löschst du dein Karma. So steigst du aus dem Rad der Wiedergeburt aus. So vermeidest du neue Seelenverträge und schmerzhafte Lektionen für die Seele. So lässt du die Dualität hinter dir. Diese dunklen Entitäten wollen nicht, dass du irgendetwas verzeihst. Sie wollen, dass du in den sich wiederholenden Zyklen von Scham und Ego gefangen bleibst, so dass sie sich von deiner Negativität nähren können. Du kannst nicht gleichzeitig ängstlich und nachsichtig sein – dies sind entgegengesetzte Polaritäten, sehr unterschiedliche Schwingungen. Höre auf zwanghaft auf die Dunkelheit zu schauen und vergib einfach. Es ist nicht leicht, aber es ist einfach.

Ok. Ende der Predigt.

Der anhaltende Krieg gegen Dunkelheit

Ich höre schon die Proteste: „Es ist ja schön und gut, zu vergeben, aber mehr Licht und Liebe werden die Illuminaten oder die Archonten nicht davon abhalten, den Planeten übernehmen zu wollen." Nun, ich sehe das anders. Indem wir aufräumen und eine positivere Schwingung erzeugen, helfen wir, die Dämonen zu vertreiben. Sie haben dann keine Nahrung mehr. Zumindest werden sie dich in Ruhe lassen. Dachtest du, dass du immun bist gegen diese Parasiten? Und es wird auch die außerirdische, interdimensionale Macht der Kabale vermindern.

Doch ja, natürlich, Liebe und Licht ist nicht genug. Wir müssen weiterhin die Wahrheit offenlegen. Wir müssen weiter kämpfen für gesunde Ernährung, sauberes Wasser und klaren Himmel. Wir müssen weiter an alternativen Energien arbeiten. Wir müssen gegen die Tyrannei aufstehen. Wir müssen alle diese Dinge zu tun, und wir werden dies mit größerer Leichtigkeit und Wirkung tun können, wenn wir übergehen von einem isolierten, in Angst lebenden Ego-Selbst zu unserem wahren Göttlichen Selbst.

Vorgeburtliche Verträge des Dienstes

Es gibt eine andere Art von vorgeburtlichem Vertrag, die diskutiert werden muss. Diese Art von Vertrag hat wahrscheinlich etwas mehr Relevanz für die Leser dieses Beitrages. Es ist der Vertrag, den du als freiwilliger Lichtarbeiter (Bodenpersonal oder Wanderer) für diese Inkarnation unterzeichnet hast. Du hast bereits den größten Teil deines Karmas gelöscht. Du wolltest hier wiedergeboren werden – du wurdest nicht gezwungen zurückzukehren. Du hast dich für einen Job verpflichtet, wie die Mitglieder eines Friedenskorps, die in einem fremden Land arbeiten. Nur erinnerst du dich nicht mehr, dass du dich freiwillig für etwas verpflichtet hast. Du weißt nicht mehr, wozu du hierher gekommen bist. Aber du weißt, dass du zu einem bestimmten Zweck oder zum Beenden gewisser Aufgaben herkamst. Du fühlst es tief im Inneren. Vielleicht bist du bereits an dieser Arbeit. Vielleicht hast du dich ein wenig verloren. Dies passiert. Dann musstest du dich umdrehen und einige Schritte zurückgehen, um Boden und Vertrauen zu finden.

*Dies ist die härteste Art von Vertrag, der Vertrag nämlich, **zu dem wir uns als voll bewusster Aspekt Gottes in unserem höheren Bewusstseinszustand frei***

verpflichtet haben. *Die Welt weiß es nicht zu schätzen, wer wir sind oder was wir tun. Die Welt arbeitet gegen uns, weil wir unerwünschte Eindringlinge sind. Wir sind gekommen, um das System zu untergraben. Wir sind gekommen, um unser kollektives Karma zu reinigen und das Spiel der Dualität zu beenden. Wir sind gekommen, um unser Licht an einem sehr dunklen Ort scheinen zu lassen. Wir sind gekommen, die Dunkle Künstliche Matrix herunterzureißen. Es ist oft nötig, im Glauben tätig zu sein. Wir sind ganz gewöhnliche Helden, die hinter den Kulissen arbeiten. Und zu dienen fühlt sich manchmal nicht wie eine Ehre oder ein Privileg an. Es fühlt sich an wie eine schreckliche Bürde. Wir vergessen manchmal, warum wir hier sind, worum es geht und woher wir kommen. Einen Planeten aus der Dunkelheit anzuheben ist keine einfache Arbeit.*

Aber wir müssen nur daran denken, uns selbst zu vergeben. *"*[220]

Am Ende werden wir uns mit dem Gedanken konfrontieren müssen, der die vermutlich für uns härteste aller Wahrheiten ist. Das wird der Moment sein, in dem wir erkennen, dass wir fraktale Wesen **einer** Quelle all dessen sind, was sich auf den materiellen Ebenen des Seins als „real" darstellt und dass sich **der Spiele von Dunkelheit und Licht für sein eigenes Wachstum und seine Selbstverwirklichung bedient**[221]. Und an dem Punkt werden wir die Kraft aufbringen müssen, **uns dafür zu verzeihen, dass wir an der Erschaffung und Gestaltung der dunklen Mächte und Aspekte unseres Daseins zum Zweck unserer persönlichen oder der gesamtgesellschaftlichen Geschichte ursprünglich beteiligt waren.** Wir werden uns selbst mit bedingungsloser Liebe und Vergebung begegnen müssen, wenn uns bewusst wird, dass wir als Wesen, die mit grenzenlosen Kräften ausgestattete Seelen sind, uns irgendwann einmal dazu entschieden haben, die dunklen Schattenseiten selbst zu kreieren, um mit ihnen zu ringen, damit wir den Kampf um unsere Selbsterkenntnis gewinnen können.

220 https://deusnexus.wordpress.com/2014/12/11/the-misunderstood-matrix/ - in der deutschen Übersetzung: http://transinformation.net/die-missverstandene-matrix-von-karma-reinkarnation-und-seelen-kontrakten/ [Tippfehler wurden nachträglich korrigiert]

221 Weitere Informationen hierzu findet ihr auf der Seite von Naomi Cook: https://projectstarseed.com/

GEHIRNWELLENKOHÄRENZEN

Paul Levine entwickelte 1977 die Methode des Coherence Spectral Array[222], um die für Meditation typischen **Gehirnwellenkohärenzen sichtbar** zu machen. Dabei positionierten die Forscher gleichzeitig immer zwei Elektroden an der Kopfhaut. Von dort leiten sie diejenigen Gehirnwellen ab, die sie miteinander vergleichen wollen. Üblicherweise untersuchen sie die Tätigkeit des Gehirns an zwei verschiedenen vorher definierten Ableitungsstellen, beispielsweise über derselben Gehirnhälfte jeweils vorne und hinten am Schädel, oder aber auf gleicher Höhe spiegelbildlich über beiden Gehirnhälften.

Im Jahre 1994 untersuchte Nicolai Nicolaevich Lyubimov[223], Direktor der Forschungsabteilung für Neurokybernetik des Moskauer Hirnforschungsinstituts, **die Hirnaktivität bei Meditierenden**. Er fand heraus, dass während der Meditation plötzlich weite Bereiche des Cortex (Hirnrinde), die normalerweise stillliegen, auf kleinste akustische Reize (80-100msec) **hellwach reagieren**. Und was genauso bedeutsam war: **Die Ausbreitung dieser feinen Aktivität ging von einer Hirnhälfte aus und erfasste auch die zweite, die vorher nicht aktiv war, fast gleichermaßen.**

Seine Ergebnisse zeigen, dass während der Meditation beide Gehirnhälften eine erhöhte neuronale Aktivität aufweisen und beide Hirnhälften synchronisiert werden (wobei das synchronisieren einer Kohärenz entspricht). Heute ist eindeutig feststellbar, dass **mit wachsender Bewusstseinsentwicklung das Gehirn deutlich messbare, geordnetere – also kohärentere – Funktionsweisen annimmt.**

---

222 Levine, P.H. The coherence spectral array (COSPAR) and ist application to study of spital ordering in the EEG.
Proceedings of the San Diego Biomedical Symposium, 1976, 15.

223 https://link.springer.com/article/10.1134/S1019331607050103

Abbildung 15: Experiment bestätigt Merkwürdigkeit der Quantentheorie

Sind Gotteserfahrungen messbar?“

Andrew Newberg[224],[225] (University of Pennsylvania) machte in einem Labor Fotos von dem, was Gläubige die Gegenwart Gottes nennen. Er untersuchte Buddhisten und Franziskaner-Nonnen im Zustand von Gebet und Meditation. Newberg entdeckte, dass an der Hinterseite des Gehirns ein kleiner Bereich existiert, der kontinuierlich die räumliche Orientierung eines Menschen berechnet, also den Sinn dafür, wo die Grenzen des eigenen Körpers liegen. Auch das in den Scheitellappen befindliche „Orientierungs-Assoziations-Areal“ (OAA) war bei allen Versuchsteilnehmern besonders inaktiv.

---

224 http://www.andrewnewberg.com

225 Theology and the Sciences, Fortress Press, Minneapolis, 1999, ISBN-13: 978-0800631635

Die Aufgabe dieser Hirnregion ist es, uns die physischen Grenzen unseres Körpers zu vermitteln sowie Informationen über Zeit und Raum weiterzugeben. Wird nun ein Teil dieser Funktionen inaktiv, wie es während einer Meditation der Fall ist, so schwindet der Bezug zu Zeit und Raum. Es entsteht dadurch eine Erfahrung, die als Gefühl der Ewigkeit und Endlosigkeit beschrieben wird. Offenbar findet hier eine bewusste Ankopplung zum Hyperraum (>x4) statt. „Das bewirkt ein Verschwimmen der Grenzen zwischen dem Selbst und der Welt", erklärte Newberg. Er fügte hinzu: „Wenn man weit genug geht, löst sich das Selbst komplett auf, und man spürt ein Gefühl der Einheit, der unendlichen Grenzenlosigkeit."

Der Neurologe Vilayanur Ramachandran[226] (University of California in San Diego) identifizierte eine Region im Gehirn, die er als Gottes-Modul bezeichnet. Dieses Gottes-Modul steht seiner Meinung nach in enger Verbindung mit spirituellen Gedanken. Ramachandran beobachtete bei Epilepsie-Patienten im Schläfenbereich unkontrollierte elektrische Erregungen während ihrer Anfälle. Die Betroffenen selbst berichteten von „spirituellen Visionen" und anderen intensiven religiösen Erfahrungen. „Ein Gefühlsreichtum, den sich alle Glaubensrichtungen in ihren Ritualen zunutze machen", meint Andrew Newberg.

Die Abläufe einer religiösen Zeremonie unterschieden sich so sehr von Alltagssituationen, dass das Gehirn ihnen automatisch den Stempel „besonders bedeutend" aufdrückt. Um diese Ergebnisse und Interpretationen entsprechend deuten zu können, widmen wir uns nun den hierfür erforderlichen Grundlagen. Aus der Neurologie ist bekannt, dass eine Korrelation zwischen den erhöhten Amplituden unserer Neuronen und dem Grad unserer Aufmerksamkeit besteht.

Diese Aussage hat weitreichendere Konsequenzen, als uns der erste Eindruck vermitteln mag! Die Tatsache, dass im ganzen Gehirn erhöhte Amplituden gemessen werden können, bedeutet, dass hier eine große Anzahl von Neuronen in gleicher Frequenz schwingen. Dies entspricht einem hohen

226 http://cbc.ucsd.edu/ramabio.html

Maß an Kohärenz. Der Bio-Physiker Fritz Albert Popp bemerkte hierzu: „Veränderte Bewusstseinszustände wie Entspannung und Meditation können als eine Art Kohärenz im langwelligen Bereich unseres Biophotonenfeldes aufgefasst werden." Nachweislich erhöhten sie die Kohärenz der gemessenen Gehirnwellen und führten höchstwahrscheinlich zu einer Erweiterung des Bewusstseins.

Des Weiteren ist zu bemerken, dass die hohe Kohärenz den Photonen die Fähigkeit verleiht, Ordnung zu bilden und Informationen zu übermitteln (Kohärenz ist die Fähigkeit der Wellen zur Überlagerung, zur Interferenz, wobei sich die Feldamplituden räumlich verschiedener Photonenquellen gegenseitig verstärken oder abschwächen. Dadurch entsteht ein geordneter Zustand, bei dem die Wellen ein zusammenhängendes und kommunikatives Feld bilden und in hohem Maße aufeinander ausgerichtet sind; bei nicht kohärenten – chaotischen oder thermischen – Photonen hingegen brechen die Interferenzen nach sehr kurzer Zeit zusammen; 10-3 bis 10-5 Sekunden). Die Eigenschaften der gemessenen Gehirnwellen deuten unter anderem auf eine direkte Ankopplung an eine spezielle, nichtmaterielle Ebene hin. Das, was wir in der Physik als den Vakuumraum bezeichnen, ist offenbar die Quelle aller Information an sich.[227]

227 Nicht zu verwechseln mit einem „absolut leeren" Raum, den es physikalisch gesehen auch gibt.

WIRD DAS ERWACHEN DER MENSCHHEIT DURCH KOSMISCHE STRAHLUNG GEFÖRDERT?

„In erster Linie ist Bewusstsein ein elektromagnetisches Phänomen“
Michael Persinger

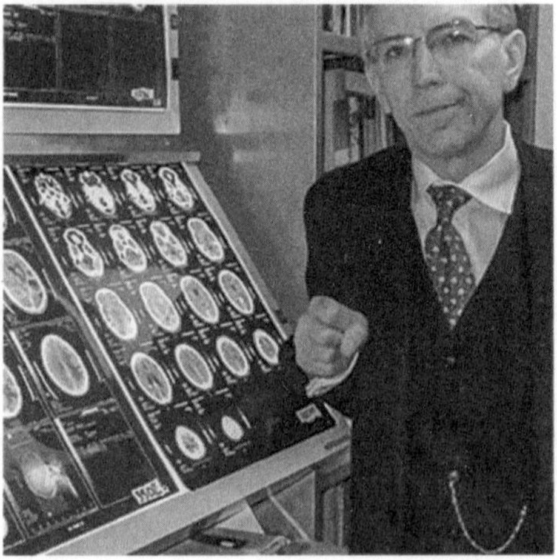

Abbildung 17: Professor Michael Persinger

Energie des Bewusstseins

Der Hirnforscher Professor Michael Persinger zählt zu einer Handvoll herausragender Spezialisten, die natürliche Magnetfelder und ihre Wirkungen auf das Bewusstsein der Menschen erforschen.

Für unseren internationalen Kongress Chaos & Ordnung[228], der Mitte September 2016 in Wien stattfand, konnten wir eine Reihe herausragender Naturwissenschaftler als Referenten gewinnen. Zu ihnen gehörte auch Prof. Dr. Michael Persinger,[229],[230] Hirnforscher an der Laurentian University in Sudbury, Ontario, Kanada. Aus bis heute nicht nachvollziehbaren Gründen musste unser Hauptreferent kurzfristig absagen. Nur wenige Tage vor seinem geplanten Vortrag erhielten wir eine E-Mail, in der uns mitgeteilt wurde, dass Professor Persinger nicht nur nicht an unserem Kongress teilnehmen durfte; ihm wurde jegliche Kommunikation mit uns untersagt. Wie ihr euch sicher vorstellen könnt, waren sämtliche Gäste wie auch die anwesenden Referenten recht irritiert. Was mag wohl der wahre Grund für dieses wahrhaft außergewöhnliche Verbot gewesen sein? Möglicherweise steht das Thema dieses Kapitels mit seiner unfreiwilligen Absage in einem ursächlichen Zusammenhang.

Wir hatten Michael Persinger bereits 2012 zum damaligen Stand seiner Forschung um ein Interview gebeten, von dem wir einige Ausschnitte in unserem Film SOLAR REVOLUTION veröffentlicht haben. Hier einige seiner Kernaussagen:

„Ich denke, es ist wichtig, sich an eine der wichtigsten Funktionen unserer Spezies zu erinnern – unsere 7 Milliarden Gehirne, die den Menschen als Erdbevölkerung ausmachen: Wir alle sind dem Erdmagnetfeld ausgesetzt, und sogar eine einfache Berechnung der magnetischen Diffusivität – also ***die Fähigkeit, Informationen zu verbreiten, ergibt, dass unter den geeigneten Bedingungen durch das Erdmagnetfeld alle Gehirne innerhalb von 4-5 Minuten miteinander verbunden werden können.*** *Die Erde vibriert, schwingt elektromagnetisch in den gleichen Bereichen wie das menschliche Gehirn.* ***Mit der richtigen Resonanz könnten Sie elektromagnetisch alle Gehirne beeinflussen. Und da Informationen – also Ihre Erfahrungen bestehend aus Bildern, Gedanken und Erinnerungen – Schwingungen und Magnetfelder innerhalb des Gehirns darstellen, besteht die***

228 http://chaos-ordnung.org/
229 http://chaos-ordnung.org/referenten/michael-persinger/
230 https://about.me/drmichaelpersinger

Möglichkeit zur Beeinflussung – nicht nur der Gedanken, sondern auch des Gedächtnisses* selbst.“

***Gedächtnis** ist die Fähigkeit des Nervensystems, aufgenommene Informationen zu kodieren, zu speichern und wieder abzurufen. Die gespeicherten Informationen sind das Ergebnis von bewussten oder unbewussten Lernprozessen.

Wenn du die vorausgehenden Kapitel aufmerksam gelesen hast, wirst du ahnen, was das bedeutet: *„Früher oder später werden wir einen geomagnetischen Sturm haben, der das entsprechende Muster hat und einen Großteil der Menschen beeinflussen wird. Sie werden alle möglichen Dinge sehen und alle möglichen Phänomene wahrnehmen, die sich bemerkenswert ähnlich sein werden. Wenn es einen geomagnetischen Sturm gibt, können mikrostrukturelle Veränderungen im Hirngewebe selbst passieren. Nun, wenn Sie Struktur verändern, ändern Sie auch Funktion.* ***Das bedeutet, dass die gesamte Spezies und in der Tat jedes Lebewesen auf diesem Planeten verändert werden könnten.***

Die andere wichtige Frage, die man im Kopf behalten sollte, ist: wie stark muss ein Gen verändert werden, um die Struktur des menschlichen Gehirns zu verändern? Eine einzelne Punktmutation, also eine kleine Stelle der DNA – 3 Milliarden Basenpaare machen unser Genom aus – eine kleine Änderung genügt und Sie verlieren die Fähigkeit zu sprechen.

Nun drehen wir das Ganze einmal um: Stellen Sie sich einmal das große Ereignis vor, was auch immer es gewesen sein mag, als alle Kulturen mehr oder weniger zur gleichen Zeit begannen, Sprache zu verwenden: Das passierte wegen einer Punktmutuation, die sich durch unsere gesamte Spezies gezogen hat. Was könnte der Auslöser dafür gewesen sein? Es muss etwas gewesen sein, das uns alle miteinander verbindet, etwas, dem alle menschlichen Wesen ausgesetzt gewesen sein müssen. Und das ist das Erdmagnetfeld. Wenn Sie das alles historisch betrachten, werden Sie sehen, dass alle diese massiven globalen Veränderungen, die wir Revitalisierungsbewegungen nennen, also umwälzende Bewegungen oder Phasen, in denen es massive Bewegungen zu einer bestimmten Idee gibt, oft auftreten in Zeiten mit bestimmter geomagnetischer Aktivität.

Die moderne Wissenschaft neigt zu Unbehagen bei der Annahme, dass wir alle der gleichen Spezies angehören und alle der gleichen Umgebung ausgesetzt sind, und dass globale Veränderungen uns alle gleichzeitig beeinflussen könnten und somit den Lauf der Geschichte. Das nimmt uns unser Gefühl von menschlicher Kontrolle über das Schicksal. Es ist eine beängstigende Vorstellung, eine Vorstellung, die vielen Menschen Angst macht. Ich denke aber, die Daten zeigen, dass es wahrscheinlich genau so ist.

Eines der Dinge, die wir herausgefunden haben, ist, dass in den entfernten Teilen des Universums, in denen die Energien in Jansky[231] gemessen werden – das ist eine Einheit (Joule), die wirklich sehr klein ist – wenn man nun die ***Energiedichten[232] im Gehirn betrachtet und alle Neuronen zu einem Ganzen aufaddiert, dann kann man die Ähnlichkeit erkennen und sehen, dass die Intensität mit dem, was wir am Rande des Universums messen, übereinstimmt.***

Damit ist natürlich noch nicht gesagt, dass das ursächlich miteinander zusammenhängt, aber was wir in der Wissenschaft wissen, ist, dass wenn Zahlenwerte übereinstimmen und es sich um realistische Zahlen handelt, das in der Regel bedeutet, ***dass es einen Zusammenhang gibt.*** *Aber es gibt auch eine andere Komponente.* ***Wenn wir an das Bewusstsein denken, dann wissen wir heute so viel, dass es sich um ein elektromagnetisches Phänomen handelt.*** *Es gibt eine strukturelle Basis, die an dieser Feststellung keinen Zweifel lässt, aber wahrscheinlich gibt es zusätzlich auch noch eine Komponente der Gravitation.* ***In erster Linie ist Bewusstsein ein elektromagnetisches Phänomen*** *und eine Stärke, und das ist etwas, was die Phantasien der Neurowissenschaftler gesprengt hat, also* ***dass die tatsächliche gemessene Intensität von Denken einer Größenordnung von einem pico Tesla entspricht, das ist ein Dezimalpunkt gefolgt von 11 Nullen und dann einer Eins.***

Das Interessante ist – und das Wissen haben wir schon seit Jahren, aber irgendwie ist es uns abhanden gekommen – dass es, während neue Informationen erworben werden, für die Dauer von etwa 20 Minuten zwei Stufen gibt: Die elektrische,

231 https://de.wikipedia.org/wiki/Jansky
232 https://de.wikipedia.org/wiki/Joule

elektromagnetische und die physische, chemische. Das ist Energie und Materie. Und während dieser 15 bis 20 Minuten wird dieses Muster, das wir Erfahrung nennen, in synaptische Verbindungen transformiert; Dendriten und Dornfortsätze verbinden sich.

Und im Laufe eines Lebens – mit der ganzen Energie, die mit dem Denken verbunden ist – sind es nur ein paar wenige Joule Energie mit dem Denken im Jetzt. ***Das Erdmagnetfeld hat die Fähigkeit, das etwa zehn- bis achtzehnfache an Joule zu speichern, was bedeutet, dass die Gedanken jeder Person, die jemals gelebt hat, dort repräsentiert sein könnte. Was diese Idee besagt ist, dass die Informationen – nicht Du, nicht Dein Selbstempfinden, das ist ein Gehirn-Phänomen – aber diese Informationen außerhalb des Gehirns abgespeichert sind.***

Was interessant ist an der Tatsache, dass das Erdmagnetfeld etwa einem halben Gauß, oder etwa zehn hoch minus fünf Tesla entspricht, ist, dass Energie in jedem Bereich gespeichert wird, in dem ein magnetisches Feld existiert und dass diese Energie berechnet werden kann. Nehmen Sie das Volumen einer Zelle, einer der 10 Billionen Zellen, aus denen Ihr Körper besteht, dann entspricht ihre Energie der Energie, die der Wellenlänge von sichtbarem Licht entspricht. Und jetzt wissen wir tatsächlich durch Messung – wir können das jetzt wirklich messen – dass ***Zellen Licht abgeben, wenn sie angeregt werden, miteinander zu kommunizieren, ja richtig, Photonen.*** *Man kann das zwar nicht mit freiem Auge erkennen, dazu braucht es schon einen Photomultiplier, aber es scheint ein primäres Mittel der Kommunikation zu sein. Und wenn Licht erzeugt wird,* ***hat man damit Zugriff auf Informationen aus dem gesamten Universum.***

Die von Prof. Dr. Michael Persinger geleitete neurowissenschaftliche Forschungsgruppe seines Instituts an der Laurentian University veröffentlicht ihre Forschungsergebnisse zu den Themen Bewusstsein, Quantum Brain und Non-Lokalität regelmäßig im Journal of Consciouness Exploration & Research[233] und auf der Seite von Michael Persinger: https://about.me/drmichaelpersinger

233 www.JCER.com

Beim Kongress Chaos & Ordnung in Wien wurde der Vortrag von Prof. Persinger zum Thema "Geomagnetismus und Evolution" aufgrund seines Auftrittsverbots von seinem engen Mitarbeiter Dr. Kevin S. Saroka gehalten. Der Vortrag wurde auf einer DVD veröffentlicht. (Informationen dazu findet ihr unter http://dieter-broers-shop.de/dvd/chaos-ordnung-kongress-dvd-set)

VIII

QUELLCODE AUS DEM ZENTRUM UNSERER GALAXIS

QUELLCODE AUS DEM ZENTRUM UNSERER GALAXIS

Die Radioastronomie ist jenes Teilgebiet der Astronomie, in dem astronomische Objekte mittels der von ihnen ausgesandten Radiowellen untersucht werden. Der Begründer der Radioastronomie[234] Karl Guthe Jansky[235],[236] forschte ab 1928 an den Bell Laboratories in New Jersey. Nach langjährigen Untersuchungen entdeckte er 1931, dass die Quelle bisher unidentifizierter Radiointerferenzen – also einer Überlagerung von elektromagnetischen Wellen[237] - von den Sternen stammte. 1932 konnte er zusätzlich noch die Richtung bestimmen: **Die Signale kamen aus dem Zentrum unserer Galaxis[238], also vom Sternbild Sagittarius.**[239] Karl Janskys Entdeckung führte ihn zu der bemerkenswerten Schlussfolgerung, dass die **Radiostrahlung, die ihre maximale Intensität dann aufweist, wenn sie aus der Richtung des galaktischen Zentrums kommt**, so stark ist, dass es sich nicht lohnt, empfindlichere Empfänger zu bauen.

234 https://de.wikipedia.org/wiki/Radioastronomie

235 https://de.wikipedia.org/wiki/Karl_Guthe_Jansky

236 Das Jansky (Jy) (nach dem Radioastronomen Karl Guthe Jansky ist eine in der Radioastronomie gebräuchliche Nicht-SI-Einheit für die spektrale Flussdichte, d. h. für die von einer Quelle beim Beobachter eintreffende Energie pro Zeit, Fläche und Frequenzintervall. Das Jansky wurde ursprünglich für den Radiobereich es elektromagnetischen Spektrums definiert, wird aber gelegentlich auch bei kürzeren Wellenlängen bis zum Ultraviolett genutzt.

237 Interferenz beschreibt die Änderung der Amplitude bei der Überlagerung von zwei der mehr Wellen nach dem Superpositionsprinzip – also die vorzeichenrichtige Addition ihrer Auslenkung (nicht der Intensitäten) während ihrer Durchdringung.

238 Dort liegt nach Ansicht von Harlow Shapley und Jan Hendrik Oort das Zentrum unserer Milchstraße.

239 https://de.wikipedia.org/wiki/Sagittarius_A*

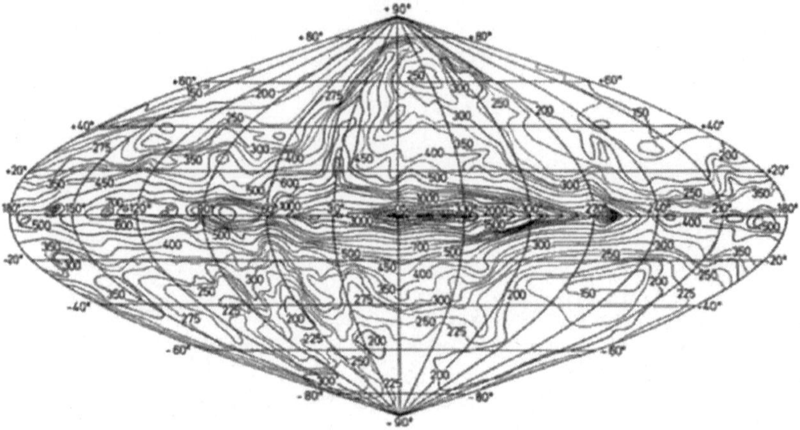

Abbildung 16: Die den ganzen Himmel abbildende Radiokarte stellt die Strahlung bei 150 MHz nach T.L. Landecker und R. Wielebinski – wie hier in der oberen Grafik wiedergegeben – dar.[240]

WAS IST SAGITTARIUS?

Sagittarius A* (gesprochen: Sagittarius A Stern; abgekürzt: Sgr A*; eine Region im Sternbild Schütze) ist eine **Quelle von Radiowellen im Zentrum unserer Galaxis.** Nach derzeitigem radioastronomischen Forschungsstand handelt es sich dabei um ein **supermassereiches Schwarzes Loch** von etwa 4,3 Millionen Sonnenmassen und befindet sich an der Stelle, die den Mittelpunkt der Milchstraße darstellt[241]. Ein **Schwarzes Loch** ist ein Objekt, welches in seiner unmittelbaren Umgebung eine derart starke Gravitation erzeugt, dass weder Materie noch Energie (etwa Licht- oder Radiosignale) diese Umgebung verlassen kann. Nach der Allgemeinen Relativitätstheorie

240 Compendium of Practical Astronomy : Volume 1: Instrumentation and Reduction Techniques, Günter D. Roth, Springer: Berlin, Heidelberg, 1994

241 wissenschaft.de: Ein Monster im Visier, Astronomen vermessen das Schwarze Loch im Milchstraßenzentrum, Nachricht vom 10. Dezember 2008

verformt eine ausreichend kompakte Masse die Raum-Zeit so stark, dass sich ein Schwarzes Loch bildet. Seit 2016 gilt die Existenz Schwarzer Löcher unter Astrophysikern als gesichert[242]. Ein Schwarzes Loch erscheint also nur schwarz, weil es das Licht „festhält".

Abbildung 17: Inmitten unserer Galaxis existiert ein Schwarzes Loch

Nach der Allgemeinen Relativitätstheorie Albert Einsteins ist es möglich, ein System aus einem Schwarzen und einem Weißen Loch zu 'basteln'[243]. Die Physiker nennen dieses Gebilde Einstein-Rosen-Brücke[244] oder Wurmloch[245]. Der Begriff Wurmloch wurde 1957 von John Archibald Wheeler geprägt[246]. Der Name Wurmloch stammt von der Analogie mit einem Wurm, der sich durch einen Apfel hindurchfrisst. Er verbindet damit zwei Seiten desselben Raumes (der Oberfläche) durch einen Tunnel.

242 Spätestens seit dem Nachweis von zwei verschmelzenden Schwarzen Löchern mithilfe der dabei abgestrahlten Gravitationswellen im Jahre 2016 gilt die Theorie als bestätigt.

243 Die Allgemeine Relativitätstheorie gestattet es, Raumzeiten 'aneinanderzukleben', weil die Topologie durch die Feldgleichung nicht festgelegt ist.

244 http://www.spektrum.de/lexikon/astronomie/einstein-rosen-bruecke/90

245 https://de.wikipedia.org/wiki/Wurmloch

246 Charles W. Misner, John A. Wheeler: Classical physics as geometry. Annals of Physics, 2, Issue 6, S. 525–603, 12/1957, bibcode:1957AnPhy...2..525M, DOI: 10.1016/0003-4916(57)90049-0

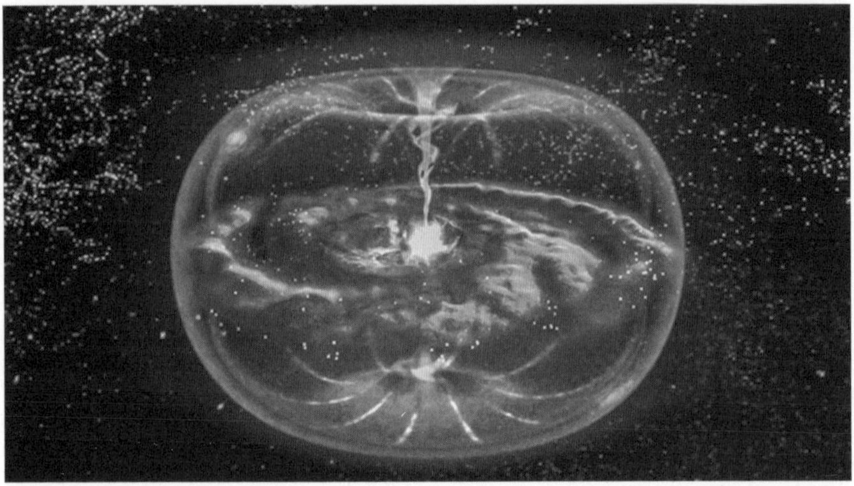

Abbildung 18: Modell: Schwarzes Loch als Dimensionstor, oder Durchgang zu einem anderen Universum.

Prinzipiell ist es denkbar, dass Wurmlöcher zwei Orte derselben Raumzeit oder zwei unterschiedliche Raumzeiten eines Multiversums[247] (Parallelwelt) miteinander verbinden.

In den sechziger Jahren verfügten die Bell Laboratorien[248] über eine hausgroße Antenne, die gebaut worden war, um Signale von Telstar und anderen Satelliten empfangen zu können. Zum Erstaunen der Ingenieure empfingen sie ein lautes statisches Geräusch mit einem sehr hohen Ton, der mal lauter und mal leiser wurde und ständig zu hören war, egal in welche Richtung die Antenne ausgerichtet wurde. *Was die Bell Laboratory Ingenieure versehentlich aufgenommen hatten,* ***waren die Radioemissionen von Milliarden von Sonnen in unserer Galaxis zusammen mit den Resten der Energie des vermutlichen "Big Bangs", mit dem die Schöpfung begann.***

Bei den empfangenen Signalen handelte es sich natürlich um elektromagnetische Wellen, zu denen bekanntlich auch das sichtbare **Licht** gehört. Mit der Zeit

247 https://de.wikipedia.org/wiki/Parallelwelt
248 https://de.wikipedia.org/wiki/Bell_Laboratories

fiel den Ingenieuren auf, dass sich das Signalmuster in einem Zyklus von 23 Stunden und 56 Minuten ändert – also in einer Zeitspanne, von nur etwas weniger als einem Sonnenzeittag von 24 Stunden. Dieser Zyklus wird seitdem als ‚Sternzeit am Standort des Beobachters' (kurz LST für ‚Local Sidereal Time' oder auch LAST für ‚Local Apparent Sidereal Time'[249]) bezeichnet. Mithilfe dieser in der Astronomie gebrauchten Zeitskala LST kann berechnet werden, **wann das Zentrum unserer Galaxis genau über uns steht.** Nach der LST wäre also 12:00 Uhr Mittags – unabhängig vom Stand der Sonne – dann, wenn sich **Sagittarius, das galaktische Zentrum, direkt über dem Beobachter befindet.**

James P. Spottiswoode[250], seinerzeit Forschungsdirektor am Cognitive Science Laboratory in Palo Alto, Kalifornien, fand heraus, dass **die Fähigkeiten sogenannter „außergewöhnlicher Wahrnehmungen" (ESP[251]) – ein Begriff für Phänomene wie Hellsehen, Remote Viewing[252], Vorahnungen, Fernbeobachtungen und Telepathie – in Abhängigkeit von bestimmten Zeitzyklen stärker oder schwächer ausgeprägt sind[253] und im Vergleich zum Durchschnitt zu bestimmten Zeiten viereinhalb Mal größer sind.**[254]

Als die Wissenschaftler die Genauigkeit von Tausenden von **ESP-Vorhersagen** untersuchten, die zu den dokumentierten Zeiten dieser Konstellation stattgefunden hatten, waren sie verblüfft. **Sie wiederholten ihre Studien. Der präkognitive Zyklus fiel mit der LST zusammen.** Noch überraschender war, dass das Optimum der Fähigkeiten nicht, wie man erwarten könnte, bei 12:00 LST stattfand. **Die Spitzenleistung wurde nämlich wiederholt um 13:30 LST gemessen.** Um diese Zeit steht das Zentrum unserer Galaxie näher am Horizont und nicht direkt über dem Beobachtungsstandort. Theoretiker

---

249 http://www.cv.nrao.edu/~rfisher/Ephemerides/times.html

250 http://www.sourcewatch.org/index.php/James_P._Spottiswoode

251 http://www.espresearch.com/espgeneral/doc-AT.shtml

252 https://www.raum-und-zeit.com/r-z-online/bibliothek/bewusstsein/remote-viewing/

253 http://www.viewzone.com/siderealtime.html

254 Apparent Association Between Effect Size in Anomalous Cognition Experiments and Local Sidereal Time. S. James P. Spottiswoode, Journal of Scientific Exploration, Vol. 11 No. 2 (1997) http://www.jsasoc.com/docs/JSE-LST.pdf

sprechen vom Phänomen des sog. *"warped space"*, was man mit ***"verzogenem Raum"*** übersetzen könnte und vermuten, dass der Grund für diesen Effekt in einem möglicherweise optimalen Eintrittswinkel ***"außerhalb des Zentrums"*** liegt. Das wäre möglicherweise ein Hinweis darauf, dass „Eingebungen" durch Hellsehen, Vorahnungen, Fernbeobachtungen und Telepathie einer anderen Realität (einer Parallelwelt oder einem anderen Universum) entstammen.

Unabhängig von der möglichen Antwort auf diese Frage ist der Umstand, **dass das gemessene Maximum präkognitiver Fähigkeiten immer zur gleichen Sternzeit stattfindet, ein wichtiger Schlüssel für das grundlegende Verständnis der Einflüsse des Kosmos auf uns Menschen und unserer zukünftigen Entwicklungsmöglichkeiten.**

Überdenkt man die Ergebnisse dieser Beobachtungen, wird deutlich, dass die Schamanen unter unseren Vorfahren wahrscheinlich schon viel mehr über diese Phänomene wussten, als wir ahnen. **Wenn es sich im Laufe der Zeit herausstellte, dass z.B. die Fähigkeit Ereignisse vorauszusehen, zu speziellen Zeiten an speziellen Orten in auffälligem Maße größer war, dann haben sie diese Möglichkeit genutzt, auch wenn ihnen nichts von den Hintergründen bekannt war.** Mithilfe eines Online-Berechnungsprogramms für die LST können diese Möglichkeiten heute von jedem genutzt werden, der seine intuitiven Fähigkeiten steigern möchte, indem er den optimalen Zeitpunkt dafür nutzt. Das Programm kann unter http://tycho.usno.navy.mil/sidereal.html aufgerufen werden.

WIRD UNSERE DNS MIT RADIOWELLEN AUS DEM ZENTRUM UNSERER GALAXIS KALIBRIERT?

Zu den erstaunlichsten Phänomenen zählen für mich die gemessenen Radiowellen aus dem Universum. In meinen langjährigen Forschungen lag und liegt mein besonderes Augenmerk hierbei auf der bekannten Therapiefrequenz von 150 MHz. Wie ich bereits hergeleitet habe, wird diese besondere Radiowelle nicht nur von unserer DNS, sondern auch von unserer Sonne ausgesendet. Noch erstaunter war ich, als ich erfuhr, dass das aus dem Zentrum unserer Galaxis kommende Radiostrahlungsspektrum auch Radiowellen mit einer Frequenz von exakt 150 MHz enthält. Nach neueren Recherchen wäre das noch nicht einmal ein Sonderfall. Aufnahmen von großen Radioteleskopen können diese 150-MHz-Radiowellen sogar in weit entfernten Galaxien nachweisen.

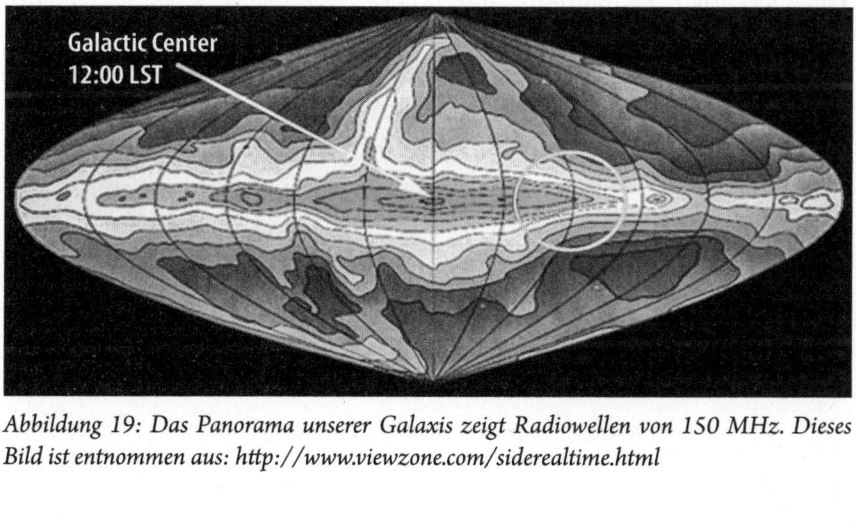

Abbildung 19: Das Panorama unserer Galaxis zeigt Radiowellen von 150 MHz. Dieses Bild ist entnommen aus: http://www.viewzone.com/siderealtime.html

Auch unsere Sonne sendet 150 MHz aus

Das weltweit größte Radioteleskop für Wellenlängen im Meterbereich (GMRT[255]) befindet sich in Pune, Indien. Prof. Dr. Subramaniam Ananthakrishnan[256], einer der Wissenschaftler, die an diesem Radioteleskop arbeiten, stellte fest, dass 150-MHz-Radiowellen auch von unserer Sonne kommen.[257]

Die folgende Grafik zeigt die Intensität der Radiostrahlung (Strahlungsfluss in Jansky -Jy- von 1 bis 100 Millionen[258]) auf der Y-Achse und die Frequenz der Strahlung zwischen 10 MHz und ca. 30 GHz auf der X-Achse aufgetragen. Die Maßeinheit "Jansky" in der Radioastronomie ist nach Karl Jansky benannt, der im Jahr 1932 zum ersten Mal Radiostrahlung aus dem Weltall beobachten konnte.

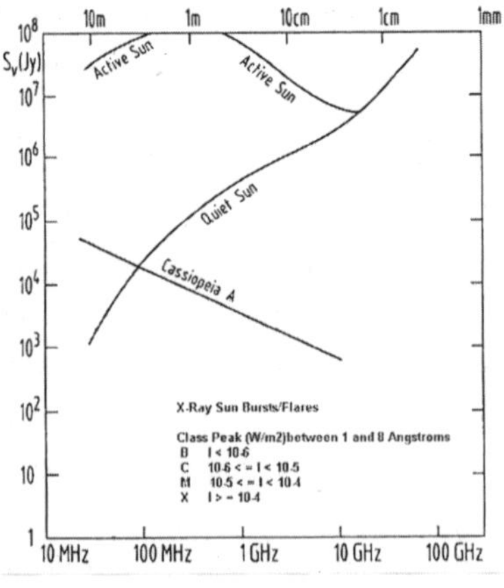

Abbildung 20: Unterschiedliche Strahlen elektromagnetischer Signale
Quelle: Wilhelm Altenhoff, MPI für Radioastronomie[259]

255 (GMRT) Giant Metrewave Radio Telescope

256 http://electronics.unipune.ac.in/sak.html

257 S. Ananthakrishnan, The Giant Metrewave Radio Telescope (GMRT): Salient Features and Recent Results, 29th International Cosmic Ray Conference Pune (2005) 10, 125–136

258 1 Jansky=1 jy=10^{-26} W/(m^2*Hz)

259 Wilhelm Altenhoff, MPI für Radioastronomie

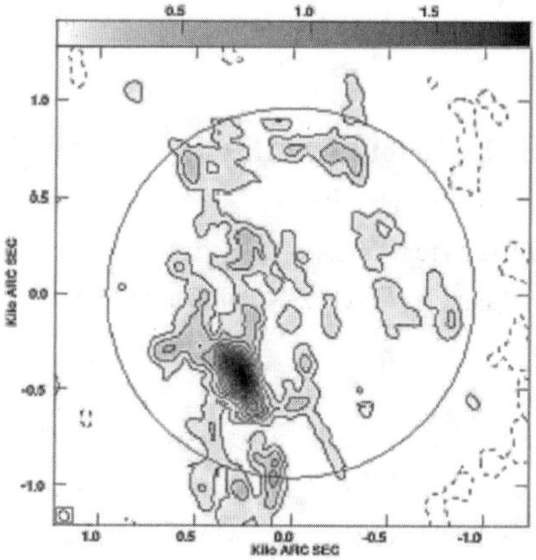

Abbildung 21: Die obere Abbildung zeigt unsere Sonne, die Radiowellen von 150 MHz aussendet.

Wie die obige Abbildung veranschaulicht, stammt die Quelle dieser Radiowellen aus den Bereichen der sogenannten koronalen Löcher[260], die hier als schwarze Zone zu sehen sind.

Ein koronales Loch ist ein Bereich der Sonnenkorona, der eine niedrigere Temperatur und Dichte als seine Umgebung aufweist. Auf Satellitenaufnahmen im Röntgenstrahlenbereich stellen sich koronale Löcher als dunklere Bereiche dar. Man geht davon aus, dass solare Radioblitze (Radio-Bursts) auf dem Weg von der Sonne nach außen durch die solare Korona der schnellen MHD[261] Schocks, die von relativ intensiven Solarflares produziert werden, entstehen.

Als Solarflare bezeichnet man einfache Plasma-Magnetfeldbögen. Die Radiowellen (Emissionen) stammen aus Plasma-Schwingungen und sind in der Regel auf ein schmales Band von Funkfrequenzen beschränkt. Sie treten sehr häufig entweder mit der elektromagnetischen Grundfrequenz oder ihrer zweiten Oberwelle auf. In vielen Fällen wird die Grundwelle zuerst bei

260 https://www.meteoros.de/themen/polarlicht/vorhersage/koronale-loecher/

261 Die Magnetohydrodynamik (MHD) beschreibt das Verhalten von elektrisch leitenden Fluiden, die von magnetischen (und elektrischen) Feldern durchdrungen werden.

Frequenzen von etwa 150 MHz, etwa 5 Minuten nach der Sonneneruption[262] eines Solarflares beobachtet. Die Radiowellen driften dann von 150 MHz auf 25 MHz ab[263]. Eine Sonneneruption ist ein Gebilde erhöhter Strahlung innerhalb der Chromosphäre[264] der Sonne, das durch Magnetfeldenergie gespeist wird.

Abbildung 222: Solarflare, eine Aufnahme der NASA[265]

262 Allgemein durch die Emission von impulsiven Bursts im Mikrowellenband und den damit in Verbindung stehenden harten Röntgenstrahlen angezeigt

263 Radio Data and Computer Simulatione for Shock Waves Generated by Solar Flares, Alan Maxwell, Harvard College Observatory, Cambtidge, USA, Murray Dryer, Enviromental Research Laboratories, NOAA, Boulder, Co.

264 Die Chromosphäre (griech. Farbhülle) ist die an die Photosphäre anschließende Gasschicht in der Atmosphäre der Sonne.

265 https://i.ytimg.com/vi/HFT7ATLQQx8/maxresdefault.jpg

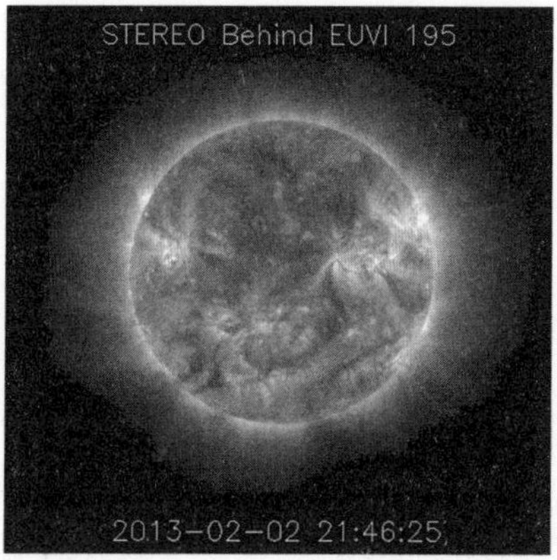

Abbildung 23: Sonne mit koronalem Loch – aufgenommen am 5. Mai 2013 von der NASA-Sonde STEREO[266]. Von solchen Löchern werden 150-MHz-Radiowellen ausgesendet.

WAS HABEN 150-MHZ-RADIOWELLEN MIT UNSERER DNS ZU TUN?

Die Antwort auf diese Frage ist kurz: 150 MHz ist die elektromagnetische Resonanzfrequenz unserer DNS. Physikalisch entspricht diese Frequenz einer Wellenlänge von zwei Metern.[267] Wie aus der Genetik bekannt, sind diese zwei Meter die exakte Länge einer entspiralisierten menschlichen DNS. Zellen verstauen ihre zwei Meter lange DNS also in einem winzigen Zellkern – ohne dass sich das lange Band auch nur einmal verheddert. Zu welch komplexen Strukturen sich das auf Chromosomen verteilte Erbgut dabei zusammenfaltet, verdeutlichen erstaunliche Abbildungen, die im April 2017 in der Fachzeitischrift Nature veröffentlicht wurden.[268]

---

266 https://de.wikipedia.org/wiki/STEREO

267 http://www.spiegel.de/wissenschaft/natur/erbgut-zwei-meter-strang-ohne-knoten-zusammengeknaeult-a-1138541.html

268 https://www.nature.com/articles/nature21429

Die DNS bringt das Wunderwerk zustande, bei jeder Zellteilung (Mitose) sich auf- und abzuwickeln (Transkriptionsphase). Dass man die 150-MHz-Frequenz dafür nutzen kann, Informationen an die DNS zu übermitteln, leuchtet ein. Als ich vor 37 Jahren ein Gerät erfand, mit dem das möglich ist[269], [270], war jedoch noch nicht bekannt, dass die entspiralisierte DNS eine Länge von 2 Metern hat. Das wurde erst 1997 entdeckt. Durch eine Reihe von Experimenten, die ich in einem anderen Zusammenhang gemacht hatte, war ich auf die Idee gekommen, es zu probieren und traf damit ins Schwarze. Es war der Beginn der langen Geschichte eines vom Deutschen Bundesminsterium für Bildung und Forschung finanzierten, interdisziplinären universitären Forschungsprojektes, an dem zuletzt Vertreter von elf verschiedenen Fachgebieten beteiligt waren.

Das von mir entwickelte Gerät trug im Laufe der Jahrzehnte verschiedenen Namen; das Prinzip, auf dem seine Wirkungsweise beruht, ist bei allen diesen Geräten das gleiche. Es ist eine Art Defibrillator für die Zellen, die ihren natürlichen Rhythmus vergessen haben, die ins Flimmern gekommen sind. Das kann aus vielen verschiedenen Gründen geschehen, u.a. Elektrosmog, Umweltgifte in Luft und Essen, wegen Lärm und zu häufigem Konfliktgeschehen. Die DNS mithilfe des Gerätes wieder in die richtige Taktung zu bringen, hilft die Ursachen jeder Art von Funktionsstörungen des menschlichen Organismus positiv zu beeinflussen und leistet zudem kostbare Dienste in der psychosomatischen Medizin. Wie ich später erfuhr, liegen die 150 MHz sogar zusätzlich als eine subharmonische Frequenz in der Nähe der Resonanz von organischem Kohlenstoff, dem Grundelement, auf dem alles Leben aufbaut. Aufgrund seiner besonderen Elektronenkonfiguration[271] besitzt es die Fähigkeit zur Bildung von komplexen lebenswichtigen Molekülen und weist von allen Elementen die größte Vielfalt an chemischen Verbindungen auf. Kohlenstoffverbindungen bilden die molekulare Grundlage allen bekannten Lebens.

---

269 http://150mhz.com

270 http://dieter-broers.de/heilende-befeldung-mit-dem-mf-150-a/

271 als halbgefüllte L-Schale

WAS MACHT KOHLENSTOFF ZUM BAUSTEIN DES LEBENS?

a) Häufigkeit
b) Elektronegativität
c) Mehrfachbindungen
d) Wasserlöslichkeit

Vor allem die Ausbildung von sehr stabilen Mehrfachbindungen mit sich selbst und anderen Elementen macht Kohlenstoff als Baustein des Lebens unschlagbar. Kein anderes Element lässt sich zu so unterschiedlichen Verbindungen zusammensetzen.

Kohlenstoff ist aufgrund seiner hohen Bindungsfähigkeit mit sich selbst und mit vielen anderen Elementen – vor allem Wasserstoff und Sauerstoff – in der Lage, eine fast unendliche Anzahl an langen stabilen Ketten und Ringen zu bilden. Es gibt mehr als vier Millionen organische Verbindungen, die auf Kohlenstoff aufgebaut sind. Dem gegenüber steht eine Anzahl in der Größenordnung von etwa 100.000 bekannten anorganischen Verbindungen, die alle anderen Elemente enthalten.

Kein anderes Atom lässt sich zu so komplexen und vielseitigen Molekülen zusammensetzen – auch Silizium nicht, das nächsthöhere Element der vierten Hauptgruppe. So wurden selbst im Weltall komplexe Moleküle wie Ameisensäure und Alkohole nachgewiesen.

Silizium hat zwar ähnliche chemische Eigenschaften wie Kohlenstoff, aber nicht identische. So zeigt es deutlich geringere Tendenzen zur Ausbildung von Mehrfachbindungen, und es lassen sich damit nicht so lange Ketten herstellen.

Damit lässt sich erklären, warum das Leben auf der Erde gerade auf Kohlenstoff aufgebaut ist, obwohl Silizium wesentlich häufiger in der Erdkruste vorkommt:

Dem Leben auf Kohlenstoffbasis steht eine beinahe unendliche Vielzahl an potenziellen Werkzeugen zur Verfügung.

Leben auf Silizium-Basis wäre dagegen in der Wahl seiner Werkzeuge erheblich eingeschränkt. Verbindungen, die Silizium, aber kein Kohlenstoff enthalten, machen noch nicht einmal ein Prozent aller bisher bekannten Moleküle aus.

Quelle: http://www.spektrum.de/quiz/was-macht-kohlenstoff-zum-baustein-des-lebens/606106

In ihrem Artikel **„Warum ist die Broers-Frequenz gesund?"**[272] weist Gabi Müller auf einen weiteren Zusammenhang zwischen der 150-MHz-Frequenz und Gold bzw. Silber hin, den sie mathematisch berechnen konnte.

STEIN DER WEISEN – EIN MYTHOS?

„Das Edelmetall Gold ist energetisch maximal gesättigt, das perfekteste ('älteste' in Alchemistensprache) Metall. Alle anderen Metalle sind jüngere Erscheinungsformen von Gold, deren Wandlung in Gold aber gestoppt wird, sobald man es der Erde entnimmt, ähnlich einer Pilzpflanze, die den unverletzten Kontakt zu ihrem Myzellgewebe braucht.

Ich vermute, die Menschen gehören auch so einem Netz an, wie die Pilze. Es ist lediglich bei den Pilzen nicht unsichtbar, und deshalb dort verletzlicher. Und damit meine ich nicht die soziale Einbindung. Ich meine die rein-existentielle Energieversorgung, die fundamentaler als Atmung und Verdauung ist. Die Trägerschwingung dieses Netzes lässt sich in Silber und Gold 'einfrieren', wie Ton in eine Schallplatte.

Schlucken wir Körnchen von dieser Schallplatte (Stein der Weisen), überträgt sich die Schwingung auf alle Zellen, die nun voll in die maximal mögliche Resonanz zum

272 http://www.torkado.de/hyothes11.htm

Netz kommen und auch ihre Spezialinfo (Modulation, die von DNS empfangbar ist) abrufen können. Die Folge ist perfekte Gesundheit und (behauptete) Unsterblichkeit.

Die beiden Frequenzen 150 MHz und 8 Hz öffnen vermutlich in ähnlicher Weise (wie Frequenzen im Stein der Weisen) geschlossene Chakren, verbessern den seelischen und geistigen Anschluss "nach Hause". Dadurch gelangt der Mensch auch mental gesehen, zu einem klaren Blick auf seine Denkfehler und Verhaltensweisen, die zu der Krankheit führten.

Die Kohlenstoffresonanz (Z=6) bei N=37 mit f=149,835 MHz (bei L=2,00082m) ist zu klein (die genaue Frequenz liegt "einige Hunderte Hertz" höher als genau 150.0 MHz), aber ansonsten schon sehr in der Nähe. Doch zusammen mit Gold und Silber lässt sich etwas Interessantes finden:

Element	**Z**	**N**	**Wellenlänge**	**Frequenz**	**Wellenlänge*0.618**	**Frequenz*1.618**
Silber	47	34	195,913 cm	153,023 MHz		
Kohlenstoff	6	37	200,082 cm	149,835 MHz		
Gold	79	34			203,51 cm	147,31 MHz

Bezieht man den Goldenen Schnitt mit ein – und das ist der Faktor zwischen ebener und eingerollter (Teilchen-)Welle, dann liegt Kohlenstoff genau zwischen Silber und Gold, und der Mittelwert von allen ist ziemlich genau Broers' Frequenz.

Berechnung des Mittelwertes:

195,913 cm < 200,082 cm < 203,51 cm	*(195,913+200,082+203,51)/3 = 199,835 cm*
153,023 MHz > 149,835 MHz > 147,31 MHz	*(153,023+149,835+147,31)/3 = 150,062 MHz*

Dieter Broers' heilsame Resonanzwelle liegt tatsächlich bei L=199,8..cm, *weil offenbar Silber (L=195,913 cm) auch eine Rolle für die Strömung des Lebendigen spielt. Vielleicht ist die Silberfrequenz der zweite Umkehrpunkt einer Schwankung der globalen Schwingung.*

Die beiden Umkehrfrequenzen von Gold und Silber passen vermutlich zusammen wie Sonne und Mond, bzw. es sind Sonne und Mond genauso 'konstruiert'(gewachsen), um zur Gold- und Silberwelle zu passen und zusammen im Mittelwert den Kohlenstoff-Lebensstrom zu 'beliefern', besser gesagt feinstofflich zu ernähren. Es sind Wirbel in Wirbeln. Die Schwingungen sind vermutlich mehrdimensional, vielleicht sogar nur ein eiförmiges Kreisen zwischen zwei Radien. In der senkrechten Richtung jedoch (der Torkado ist räumlich) kann es nur noch die Wasser- und Sauerstoffresonanz sein (diese sind gleich bei verschiedenem N wegen Z(Sauerstoff)=8=2^3).

Die Frequenz von Gold entspricht also einer intensiven universalen kosmischen Schwingung (Strahlung, Strömung). Um den Faktor 0.618034 verkürzt (aufgrund Polumlenkung; Krümmung an den Polen), bilden sich durch Wachstum im Kosmos die Kohlenstoff-Formen aus, gestützt durch subtile Geninformationen, die ebenfalls schon in der kosmischen Schwingung stecken (moduliert durch andere, frühere Existenzen).

Zur endgültigen Ausbildung der Form ist lediglich ein resonanter Kondensationskeim notwendig (DNS-artig). Wir wissen aus Experimenten mit Mikrowellen, dass DNS-Informationen per Welle übertragbar sind, sofern Empfangsmaterie (eine Eizelle) vorhanden ist. Man hatte es geschafft, die Geninformation von Salamandern und Enten zu vermischen, indem lediglich die Eier mit Mikrowellen durchstrahlt wurden.

Vermutlich handelt es sich um ein Schwingsystem, das normalerweise von Sonne (Gold) und Mond (Silber) angeregt wird, und aus dem sich der Kohlenstoff Energie zieht, die ordnend im Körper wirkt (Lebensenergie genannt). Alle drei Quellen/ Elemente sitzen im gleichen Schwingkreis und 'einigen' sich auf den Frequenz-Mittelwert. Das Silber scheint für die Spule zu stehen (Lebens-H-Feld), das Gold für den Kondensator (Lebens-E-Feld), und der Kohlenstoff ist R (alle Leitungen der 'Schaltung', also die Kohlenstoff-Materie im Körper) und koordiniert die Phasenlagen. Der Körper wächst so, dass die Schwingungsphasen passen und Verluste vermieden werden. Wenn alles gut ist, ist R Null oder negativ. Gold- und Silberfrequenz kommen dann klar und rein in der Zelle an.

Wenn man krank ist, ist R positiv (viele Verluste). Der Kohlenstoff ist Antenne für das E-Feld aus der Sonne (leicht verkürzt). Das Sonnensystem ist resonant zu Gold (wie ein vergrößertes Goldatom). Oder andersherum: Gold ist genau deshalb der Endzustand aller Metalle auf dem hiesigen Planeten, wenn sie genug Zeit haben, alt zu werden, also endgültig (fertig) einzuschwingen. Das könnte woanders auch ein anderes metallisches Element sein, aber es hätte dort denselben Edelmetallstatus."

Wer mehr dazu erfahren möchte, findet im Anhang weitere Information zu Gabi Müllers Berechnungen.

DIE ERDRESONANZFREQUENZ

Als ich zu Beginn der 80er Jahre mit meinen Grundlagenforschungen begann, faszinierten mich die Zusammenhänge zwischen psychischen Auffälligkeiten und Erdfeldern besonders. Grundlage hierfür war eine ältere veröffentlichte Studie aus dem Jahre 1963. Ich erinnere mich noch sehr gut an die hitzigen Diskussionen, die diese Veröffentlichung bei meinen Kollegen ausgelöst hat. Unter dem Titel ***„Geomagnetische Parameter und psychiatrische Krankenhauseinweisungen“***[273] *(Geomagnetic Parameters and Psychiatric Hospital Admissions)* erfuhren wir von den gesundheitlichen Auswirkungen, die von den physikalischen Feldern der Erde ausgehen. Die Bedeutung dieser klinischen Studie lag nicht zuletzt auch darin, dass sie im seinerzeit hoch konservativen Journal Nature veröffentlicht wurde. Damals galt, wer seine Arbeiten in ***Nature*** veröffentlichen konnte, gehörte zu einer gewissen Elite in der Naturwissenschaft. Außer dem berühmten Melatonin- und Zirbeldrüsenforscher Professor Peter Semm kannte ich bis dahin niemanden persönlich, der seine Forschungsergebnisse in diesem hochbegehrten Journal veröffentlicht hatte. Die Herausforderung für uns bestand darin, diese höchst signifikanten Ergebnisse mit naturwissenschaftlichen Mitteln zu erklären. Die Frage war also nicht, **ob** es diese Zusammenhänge zwischen Erdfeldern und unserer geistigen Gesundheit gibt, weil durch diese Studie diese Tatsache ja bereits unzweifelhaft nachgewiesen worden war, sondern **warum** das so ist. Für mich war diese Herausforderung der Einstieg in die universitäre Grundlagenforschung. Diesen Grundlagenforschungen verdanke ich mein Verständnis über die Wechselwirkungen zwischen den Erdmagnetfeldern und allen Lebewesen, den Sferics[274], sowie den Schumann-Frequenzen[275]. Von Professor Peter Semm erfuhr ich erstmals von der **Zirbeldrüse, die damals bereits als ein Empfängerorgan gesehen wurde.** Dieser Nachweis wurde

273 https://www.nature.com/articles/200626a0
274 http://schippke.tripod.com/ELF/Sferic2.htm
275 https://de.wikipedia.org/wiki/Schumann-Resonanz

1980 in Nature veröffentlicht.[276]

Im Rahmen unserer weiterführenden Forschungen konnten wir die hohe, biologische Relevanz der Schumann-Frequenz von 8 Hz herleiten. Neben der 150-MHz-Frequenz, mit der wir uns am gründlichsten befassten, war es die 8-Hz-Frequenz, die zu ordnenden Wirkungen führte. Die Gründe der psychischen Auffälligkeiten, die im Zusammenhang mit Erdfeldern stehen sollten, haben zwei verschiedene Ursachen: Die Intensität des Erdmagnetfeldes und eine ungenügende Aufklärung über diese Zusammenhänge. Infolge der ständigen Abnahme des Erdmagnetfeldes wird sich unser Körper anpassen müssen. An den Tagen, an dem unsere Sonne unsere Erde durch einen heftigen Sturm berührt, führt das unausweichlich auch zu entsprechenden Schwankungen des Erdmagnetfeldes. Heute habe ich begriffen, dass ein erheblicher Teil der ungewünschten körperlichen und psychischen Wirkungen auch durch den uns umgebenden elektromagnetischen Elektrosmog[277] entsteht.

Gerade an den Tagen, an denen das Erdmagnetfeld durch Sonneneinwirkungen besonders geschwächt wird, ist dieser Elektrosmog verstärkt wirksam. Einerseits brauchen wir für unsere Transformation ein geschwächtes Erdmagnetfeld, wohingegen andererseits uns die widernatürlichen Elektrostrahlen (Elektrosmog) daran hindern. Durch die ständige Abnahme des Erdmagnetfeldes werden wir immer empfindlicher auf die kosmischen Strahlen eingestellt, die uns zum Erwachen führen sollen. Dazu kommt noch, dass uns die lebenswichtigen und ordnenden Wellen der Schumann-Frequenz immer weniger erreichen. Durch bauliche Abschirmungen und Überlagerungen von Fremdfrequenzen dringen sie kaum noch zu uns durch. Die Annahme, dass sich die Schumann-Frequenz in den letzten Jahren erhöht haben soll, ist nachweislich falsch.

Was sich verändert hat, ist, dass sich die Intensität der Schumann-Frequenz

276 Semm, P., Schneider, T., Vollrath, L. (1980): Effects of on earth-strength magnetic field on electrical activity of pineal cells. Nature 288:607-708

277 Elektrosmog ist ein Ausdruck für die täglichen Belastungen des Menschen und der Umwelt durch technisch erzeugte (künstliche) elektrische, magnetische und elektromagnetische Felder.

abgeschwächt hat. Wir brauchen mehr denn je die gleiche Frequenz wie unsere Erde. Und ihre Grundfrequenz ist 8 Hz. Ganz speziell unser Herz und unser Gehirn verbinden uns durch diese Frequenz mit der Erde. Bereits in den Jahren 1954 und 1960 entdeckten Professor Herbert L. König[278] und seine Kollegen die bemerkenswerten Ähnlichkeiten zwischen den Aktivitäten unseres Gehirns und den Schumann-Resonanz-Frequenzen. Sogar die elektrischen und magnetischen Feldstärken ähnelten sich fast genau. Diese Fakten wurden auch in einer Studie, die Dr. Kevin Saroka, David Vares und Prof. Michael Persinger unter dem Titel ‚*Similar Spectral Power Densities Within the Schumann Resonance and a Large Population of Quantitative Electroencephalographic Profiles: Supportive Evidence for Koenig and Pobachenko*' 2016 veröffentlichten, bestätigt.[279]

Mein Wissen über diese Zusammenhänge brachte mich 2005 erstmals auf die Idee, einen kleinen Naturfeldsimulator zu produzieren, um mögliche Defizite im Frequenzangebot der Erdfelder zumindest teilweise auszugleichen. Zusammen mit meinem Freund, dem Dipl. Ing. Peter Feucht – der etliche Jahrzehnte Erfahrungen mit der Entwicklung von Medizingeräten hat – setzte ich diese Idee in die Tat um. Peter Feucht produziert seitdem kleine und batteriebetriebene Naturfeldsimulatoren – bekannt unter dem Namen NFS 8 (Natur-Feld-Simulator), die mit der Grundfrequenz der Schumann-Resonanzen von 8 Hz arbeiten.

Wie der Name es bereits ausdrückt, simuliert dieses kleine Gerät die Grundfrequenz der Erde. Darüber hinaus besteht eine Besonderheit noch darin, dass dieses Gerät zusätzlich noch einen Anteil der sogenannten Schönwetterfrequenzen – den Sferics – erzeugt.

Das so entwickelte kleine Gerät kann in der Hosentasche oder um den Hals

278 Herbert L. König: Unsichtbare Umwelt, Michaels Verlag, Peiting, 2000 https://michaelsverlag.de/produkt/koenig-h-unsichtbare-umwelt-9783895397134

279 Similar Spectral Power Densities Within the Schumann Resonance and a Large Population of Quantitative Electroencephalographic Profiles: Supportive Evidence for Koenig and Pobachenko, Kevin S. Saroka, David E. Vares, Michael A. Persinger, PLoS One. 2016 Jan 19; https://www.ncbi.nlm.nih.gov/pmc/articles/PMC4718669/

getragen werden und versorgt den Anwender nicht nur mit der richtigen natürlichen Erdresonanzfrequenz, sondern wegen der Sferiscs-Frequenzen offenbar auch mit guter Laune. Es hat in den Jahren, seitdem es im Einsatz ist, viele begeisterte Anhänger gefunden. Es wurde inzwischen neu aufgelegt und kann über FM Elektronik[280] und bei der Firma Swiss Harmony[281] bezogen werden. Swiss Harmony bietet den NFS 8 auch in einer **Bioversion** an, die nach ihren Angaben zusätzlich eine entstörende Wirkung auf Elektrosmog haben soll.

FELDER, DIE VERBINDEN – GLOBAL HEARTS: DIE GLOBAL COHERENCE INITIATIVE

Seit einigen Jahren verbindet mich eine tiefe Freundschaft mit Rollin McCraty.[282] Dr. McCraty ist Forschungsleiter des HeartMath-Institutes[283] und einer der Gründer der Global Coherence Initiative (GCI)[284],[285], einer internationalen Initiative, die ***„das Herz der Menschheit aktivieren und Frieden, Harmonie und eine Veränderung des globalen Bewusstseins fördern soll.“*** Die „Global Coherence Initiative“ wird vom HeartMath-Institute koordiniert. GCI führt bahnbrechende Forschungen über die Verbindung zwischen der Menschheit und den magnetischen Feldern und Energiesystemen der Erde durch.[286]

280 FM Elektronik - Peter Feucht e.K., Franzstrasse 1, 12247 Berlin, Deutschland, Telefon: +49(0)30-7717525, eMail: kontakt@fm-elektronik.de, Homepage: http://fm-elektronik.de/

281 Swiss Harmony International GmbH, Baselstrasse 10, CH-4203 Grellingen, Schweiz, Tel.: +49(0)800-7243315, eMail: info@swissharmony.de, Homepage: https://swissharmony.de

282 http://chaos-ordnung.org/referenten/rollin-mccraty/

283 https://www.heartmath.org/research/

284 https://www.heartmath.org/gci/

285 https://www.heartmath.org/category/gci-commentaries/

286 https://www.ncbi.nlm.nih.gov/pubmed/24278803

„Viele Menschen erleben derzeit eine zunehmende innere Unruhe und fühlen sich energielos. Die Wissenschaftler der GCI untersuchen, ***wie sich Resonanzfrequenzen im Magnetfeld der Erde auf die menschliche Gesundheit und das Verhalten auswirken.*** *Hierzu analysieren sie die erforderlichen Daten aus dem globalen Netz der Magnetometer (Magnetfeldmessgeräte). In der Naturwissenschaft weiß man relativ genau, dass die Resonanzfrequenzen der Erde sich den Frequenzen*[287] *des Gehirns, des Herzens und des autonomen Nervensystems annähern.* ***Genaueste Studien zeigen nun überraschende Beziehungen zwischen Gesundheit, Verhalten und solaren und geomagnetischen Aktivitäten.*** *Inmitten der Vorhersagen über kosmische Veränderungen kann die Global Coherence Initiative (GCI)* ***anhand von Beobachtungen feststellen, dass die Geschwindigkeit des Wandels tatsächlich weiter zunimmt und dabei sowohl Chaos als auch große Chancen bringt.“***

Umfangreiche Forschungsergebnisse unterstützen zunehmend die Hypothese der GCI, **dass das Magnetfeld der Erde wichtige biologische Informationen von lebenden Systemen trägt.**
Aus unterschiedlichen Forschungen konnte der Nachweis für di**e Existenz eines globalen Informationsfeldes abgeleitet werden, das alle Lebewesen und das Bewusstsein verbindet.**

Jede Zelle in einem lebendigen Körper ist in einer äußeren und inneren Umgebung von schwankenden, unsichtbaren magnetischen Kräften eingebettet. Diese Magnetfelder beeinflussen jede Zelle eines Lebewesens. **Aus diesem Grunde sollte es nicht überraschen, dass zahlreiche physiologische Rhythmen bei Menschen und sogar bei globalen kollektiven Verhaltensweisen nicht nur mit solaren und geomagnetischen Aktivitäten synchronisiert sind, sondern Störungen in diesen Bereichen auch nachteilige Auswirkungen auf die menschliche Gesundheit und das Verhalten haben können.**

Der wahrscheinlichste Mechanismus zur Erklärung, wie sich die solaren und geomagnetischen Einflüsse auf die menschliche Gesundheit und das Verhalten auswirken, ist eine Kopplung zwischen dem menschlichen Nervensystem

287 Elektromagnetischen Frequenzen/Feldern

und der Resonanz von geomagnetischen Frequenzen, den sogenannten Schumann-Resonanzen. **Diese Schumann-Resonanzen überlappen sich mit den Gehirnwellen und unserem Herz-Kreislauf-System.**

Alle lebenden Systeme sind miteinander über biologische, elektromagnetische und nichtlokale Felder verknüpft und stehen in einer Wechselwirkung zueinander. Das Wesen der Natur besteht im Kern darin, optimale Verhältnisse zu schaffen, indem sie für den Ausgleich der Kräfte und Verhältnisse sorgt. Evolution ist stetig auf die Optimierung dieser Verhältnisse ausgerichtet. Dadurch entsteht ein fortwährender Schöpfungsprozess, an dem alle Kräfte beteiligt sind. Das führt auf Dauer zu einer Zunahme der Kohärenz im Sinne eines fein abgestimmten Gleichgewichts gegenseitiger Stimulation mit dem Ziel, das Feld, welches den ganzen Globus umgibt, in größtmöglichen Einklang zu bringen und diese Information mit allen lebenden Systemen innerhalb des Feldes zu teilen. Im Jahre 2012 veröffentlichte The Global Coherence Initiative eine Studie über die nachgewiesenen Zusammenhänge zwischen den Sonnenaktivitäten und wichtigen politischen und gesellschaftlichen Ereignissen, wie den Beginn eines Krieges, sozialer Revolutionen usw. Diese Publikation trägt die Überschrift: Creating a Coherent Planetary **Standing Wave**[288], [289] und wurde im Journal GLOBAL ADVANCES IN HEALTH AND MEDICINE[290] herausgegeben. Diese Studie beginnt mit den historischen Daten von Professor Tchijevsky (auch Chizhevsky),[291] der zu den Gründern der Heliobiologie zählt.

288 Als Schumann-Resonanz bezeichnet man das Phänomen, dass elektromagnetische Wellen bestimmter Resonanz-Frequenzen entlang des Umfangs der Erde stehende Wellen bilden. Für eine stehende Welle muss gelten, dass der Umfang ein ganzes Vielfaches der Wellenlänge ist.

289 http://journals.sagepub.com/doi/pdf/10.7453/gahmj.2012.1.1.013

290 www.gahmj.com

291 https://en.wikipedia.org/wiki/Alexander_Chizhevsky

80% der bedeutendsten Ereignisse traten während des Sonnenmaximums auf. Diese erhöhte Sonnenaktivität korrelierte mit den Perioden der höchsten geomagnetischen Aktivität.

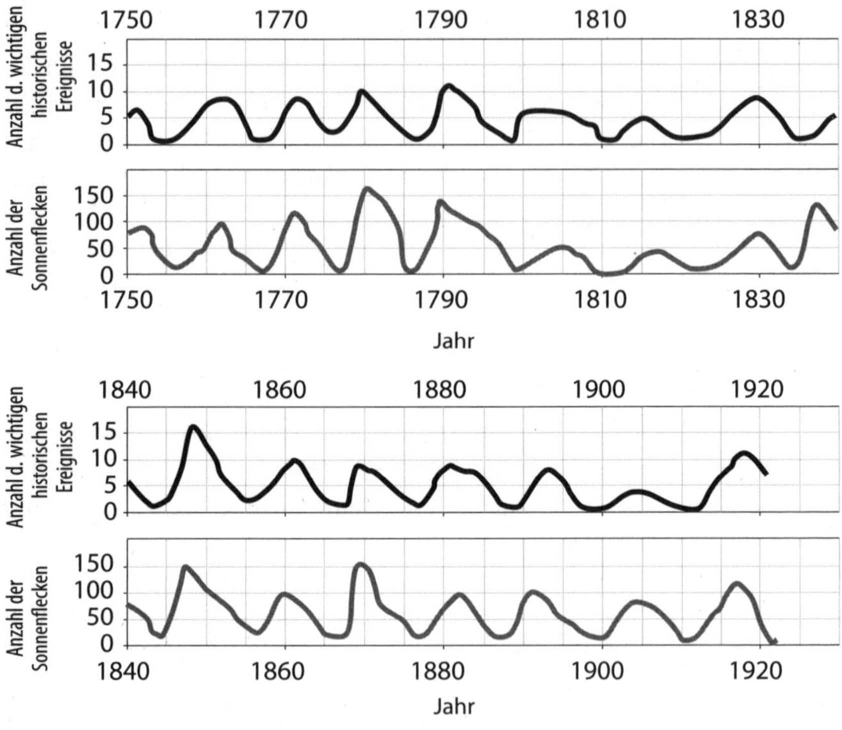

Abbildung 24: Sonnenaktivitäten im Kontext von historischen Ereignissen (1750-1920)

Die blaue Linie zeigt die jährliche Zahl wichtiger politischer und gesellschaftlicher Ereignisse, wie den Beginn eines Krieges, sozialer Revolutionen usw., während die rote Linie die Sonnenaktivitäten, wie die Anzahl der Sonnenflecken von 1749 bis 1922 dargestellt. Der geschichtliche Verlauf in 72 Ländern wurde analysiert, und es wurde festgestellt, **dass 80% der bedeutendsten Ereignisse während des Sonnenmaximums auftraten, was wiederum mit Perioden der höchsten geomagnetischen Aktivität korreliert.**

BEEINFLUSST UNSERE SONNE HISTORISCHE EREIGNISSE?

Auch der polnische Astrophysiker Adam Michalek von der Universität Krakau stellte anhand seiner Aufzeichnungen über Sonnenaktivitäten der letzten Jahrhunderte fest, dass es während der Phasen verstärkter Sonnenaktivität auch immer wieder zu größeren politischen Ereignissen, Kriegen und Revolutionen kam. Alle großen Revolutionen, wie zum Beispiel die Amerikanische, die Französische oder die Oktoberrevolution fanden genauso in Zeiten erhöhter Sonnenaktivitäten statt, wie ihre revolutionären Gegenbewegungen. Auch der „Arabische Frühling" und die heutigen Kriege fanden und finden in Zeiten erhöhter Sonnenaktivität statt. [292]

Im Jahre 1978 veröffentlichte die NASA eine Studie über den Auf- und Untergang von Kulturen. Das besondere an dieser Veröffentlichung ist, dass diese historischen Ereignisse eindeutig mit den Sonnenaktivitäten korrelieren.

Die Referenzdaten dieser Studie basieren auf der Carbon14-Methode und gehören zum wissenschaftlichen Standard für die zeitliche Bestimmung von alten Gegenständen. Anhand von Zeitreihen der Radionuklide[293] Carbon14 (14C und 10Be) lässt sich die magnetische Aktivität der Sonne über mehrere tausend Jahre rekonstruieren. Energiereiche kosmische Strahlung aus dem Weltall wird in dem weiträumigen Bereich um die Sonne, der Heliosphäre, durch den Sonnenwind und das solare Magnetfeld abgeschwächt und abgelenkt. Bei geringerer Sonnenaktivität kann mehr und energiereichere kosmische Strahlung das Erdmagnetfeld durchdringen und in die Erdatmosphäre gelangen. Dort führt sie zu Wechselwirkungen, bei denen in Kernreaktionen die Nuklide Carbon14 erzeugt werden. Das Kohlenstoff-

292 http://www.quellonline.de/schuld-ist-die-sonne/

293 Als Radionuklid oder radioaktives Nuklid bezeichnet man ein Nuklid (eine Atomsorte), wenn es instabil und damit radioaktiv ist.

Isotop Carbon14 gelangt in die Biosphäre[294], von wo es sich u.a. in Baumringen oder im Meeresgrund nachweisen lässt.

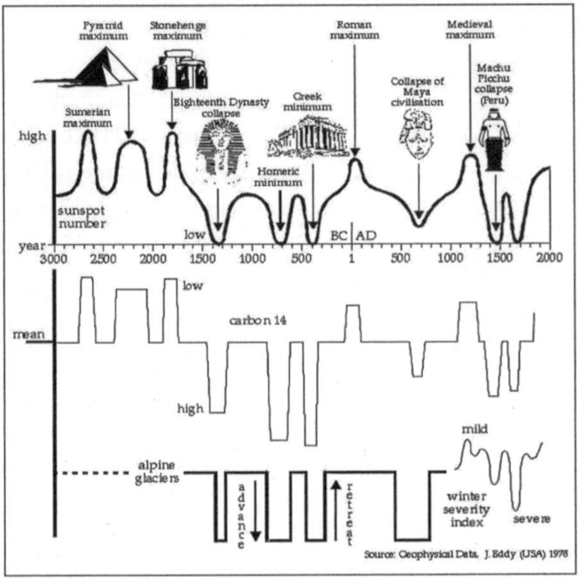

Abbildung 25: NASA-Studie von 1978: Auf- und Untergang von Kulturen korrelieren mit den Sonnenaktivitäten, Eddy, J. A.: A new sun. The solar results from skylab. Washington, D. C., NASA, 1979.

Das Beryllium-Isotop Be10 lagert sich, sobald es sich in der untersten Schicht der Erdatmosphäre befindet, innerhalb von ein bis zwei Wochen an Aerosole an oder wird durch Niederschläge auf die Erdoberfläche gebracht. Dort lässt es sich zum Beispiel in Eisbohrkernen der polaren Eisschilde nachweisen. **Aus den in Klimaarchiven gemessenen Nuklid-Konzentrationen lässt sich auf die solare Aktivität zurückschließen.** Dabei sind Transportprozesse, klimatische Einflüsse auf den Transport, die Stärke des Erdmagnetfelds, andere Quellen der Nuklide und über sehr lange Zeiträume auch Änderungen der galaktischen kosmischen Strahlung zu berücksichtigen. Die Genauigkeit der Rekonstruktion liegt in der Größenordnung eines Jahrzehnts. Die auf diese

294 Biosphäre ist derjenige Raum, in dem Leben vorkommt.

Weise aus C14 rekonstruierten Zeitreihen der Sonnenaktivitäten des letzten Jahrtausends stimmen sehr gut mit Sonnenfleckenindizes überein. Aus diesem Grunde ist davon auszugehen, dass auch die älteren Carbon14-Daten aus der oberen Tabelle zuverlässige Informanten sind.

Die anfangs erwähnte veröffentlichte Studie der Global Coherence Initiative zeigt uns jedoch mehr als nur eine aktuellere Tabelle über die Zusammenhänge zwischen Sonnenaktivitäten und historisch bedeutsamen Ereignissen. Auf den ersten Blick mögen diese Zusammenhänge als unglaublich oder unseriös erscheinen, sie sind jedoch mit größter Sorgfalt mehrfach überprüft und abgesichert. In der unteren Tabelle wurden im Zeitraum von 1985 bis 2011 **soziale Unruhen aufgelistet, die ganz offensichtlich mit den Radiowellen** (Solar Flux units) **der Sonne korrelieren.**

Radiowellen unserer Sonne stehen in einem Zusammenhang mit historischen Ereignissen auf der Erde.

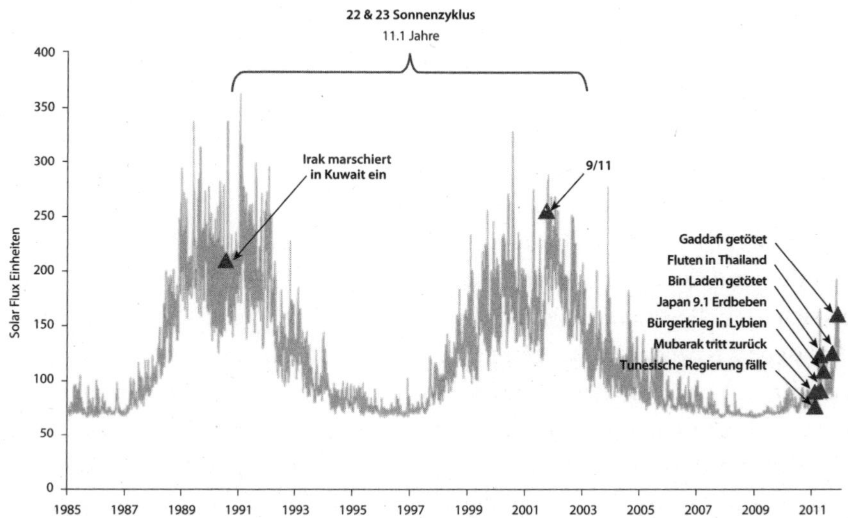

Abbildung 26: Radiowellen von der Sonne (Solar Flux units)

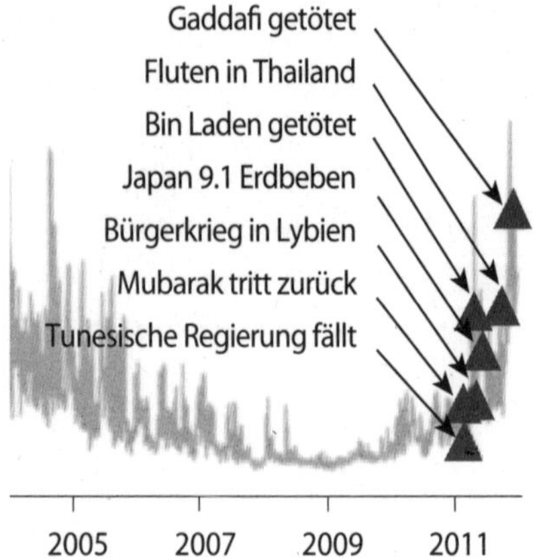

Abbildung 27: Vergrößerte Darstellung der neuesten Ereignisse

Die letzten 2 Sonnenzyklen und der Beginn des aktuellen Solarzyklus: Ereignisse während der letzten 2 Sonnenaktivitätsmaxima hatten einen großen Einfluss auf die Welt. Das Auftreten der sozialen Unruhen im Nahen Osten kann mit dem Anstieg der Sonnenaktivität und der geomagnetischen Störung zusammenhängen.

Allerdings stehen die Sonnenaktivitäten nicht nur in Verbindung mit sozialen Unruhen. **Auch das Aufblühen der Menschheit korreliert mit den Aktivitäten unserer Sonne.** Der technische Direktor der „Global Coherence Initiative", Dr. Rollin McCraty, verweist in seiner Studie auf die positiven Einflüsse der Sonne. Zu bestimmten Sonnenperioden ist ein Aufblühen der Menschheit mit klaren Spuren in Architektur, Kunst und Wissenschaft und positivem gesellschaftlichen Wandel zu erkennen. **Auch sollten wir berücksichtigen, dass, wenn alte Strukturen, die der Menschheit nicht mehr dienen, zusammenbrechen, sich eine Gelegenheit öffnet, um sie durch geeignetere und nachhaltigere Modelle zu ersetzen.** Eine solche positive Veränderung kann die politischen, wirtschaftlichen, medizinischen und pädagogischen Systeme sowie die Beziehungen der Menschen untereinander bei der Arbeit, zu Hause und in der Gemeinschaft beeinflussen. In Zeiten einer solchen relevanten Energieeinwirkung besteht für uns die größte Chance, positive Veränderungen in unserer Welt zu verankern.

Wir können aus den Fehlern der Vergangenheit lernen und bewusst neue Wege wählen, um Energieeinwirkungen so zu navigieren, dass in den Blüteperioden der Menschheit ein humanitärer Fortschritt geschaffen wird.

Der wahrscheinlichste Mechanismus, um zu erklären, wie solare und geomagnetische Einflüsse das menschliche Verhalten und die Gesundheit beeinflussen, sind die Kopplung zwischen dem menschlichen Nervensystem und den Resonanzfrequenzen, die durch geomagnetische Feldlinienresonanzen erzeugt werden und den sich global ausbreitenden magnetischen Wellen, die Schumann-Resonanzen (SR) genannt werden, die im Resonanzhohlraum der Ionosphäre der Erde auftreten.

Es ist weitreichend anerkannt, dass die Erde und die Ionosphäre eine Symphonie von Resonanzfrequenzen erzeugen, die sich direkt mit denen des menschlichen Gehirns und des Herz-Kreislauf-Systems überlagern. Die zentrale Hypothese ist, dass Veränderungen in diesen Resonanzen wiederum die Funktion des menschlichen autonomen Nervensystems, des Gehirns und des Herz-Kreislauf-Systems beeinflussen können.

Aufgrund der Nichtverfügbarkeit von zuverlässigen Daten der Feldlinienresonanzen, die in Verbindung mit der Messung der menschlichen Herzratenvariabilität (HRV) stehen, war es bisher nicht möglich, diese zentrale Hypothese wissenschaftlich abzusichern. Erfreulicherweise wurde diese Einschränkung vor kurzem mit der Installation der ersten 3 von insgesamt 12 bis 14 geplanten GCI-Überwachungsstandorten zur Messung dieser Resonanzen aufgelöst.

Aus diesen Ergebnissen folgt, dass, **wenn die Sonnenwindgeschwindigkeit zunimmt und das geomagnetische Feld gestört wird, sich der Grad von Ermüdung, Angst und geistiger Verwirrung erhöht.** Die Studie zeigte auch einige unerwartete Ergebnisse. So war zum Beispiel der Index für die **Einwirkung von Radiostrahlungen von der Sonne mit einer verminderten Ermüdung und einer Steigerung der positiven Stimmung korreliert.**[295]

295 McCraty R. The global coherence initiative: measuring human-earth energetic interactions in 3rd heart. King of Organs Conference; 28 Oct 2010; Hufuf, Saudi Arabia.

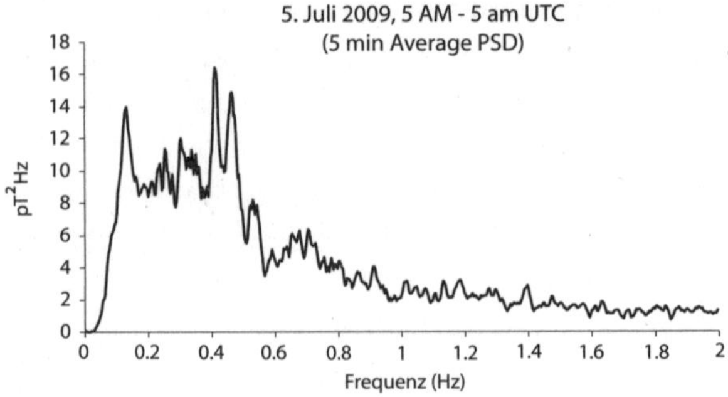

Abbildung 28: Geomagnetische Feldlinien-Resonanzdaten, die von den Sensoren der Global Coherence Initiative in Boulder Creek, Kalifornien, aufgezeichnet wurden. Bitte beachtet, dass alle Resonanzfrequenzen die menschlichen Herz-Kreislauf-System-Frequenzen direkt überlappen und dass es bei 0,1 Hz eine deutliche Stehwellenfrequenz gibt, ***was eben genau der Resonanzfrequenz unserer Herz-Kreislauf-Systeme, und damit auch kohärenten Herzrhythmen bei uns Menschen und vielen Tieren entspricht.***

Resultate über die Zusammenhänge zwischen Befinden und Sonnenaktivitäten

	Physische Symptome	Erschöpfung	Unruhe/Angst	Verwirrung	Positive Empfindungen	Wohlbefinden	Träume
Geschwindigkeit Sonnenwind	-0.01	.32 [a]	.17 [b]	.30 [a]	-.22 [a]	-.17 [b]	-0.14
Kp-Index [c]	-0.05	.28 [a]	0.11	.20 [b]	-.25 [a]	-.21 [a]	-0.04
Ap-Index [d]	-0.05	.27 [a]	0.10	0.15	-.24 [a]	-.20 [b]	-0.05
Solar Radio Flux (F 10.7 Index)	0.09	-.34 [a]	-.17 [b]	-0.15	.28 [a]	.20 [b]	.21 [b]
Mag. Aktivität d. Polarkappen	-0.06	.32 [a]	.19 [b]	.24 [a]	-.32 [a]	-.24 [a]	-0.01

[a] Correlation is significant at the 0.01 level (2-tailed).
[b] Correlation is significant at the 0.05 level (2-tailed).
[c] The Kp-index is a "planetary" index derived by calculating a weighted average of K indices from a network of magnetometer readings. K is a code letter related to a magnetometer horizontal component.
[d] The Ap-index is an averaged planetary A index based on data from a set of specific Kp stations. The A index is a 3-hourly "equivalent amplitude" index of local geomagnetic activity (a). In short, Ap-index is a geomagnetic "planetary activity" index.

Abbildung 29: Auf der linken Seite sehen wir die physikalischen Parameter, die zu den folgenden Reaktionen führten: Physische Symptome, Ermüdung (Fatique), Ängste und Sorgen (Anxiety), Erschütterungen (Confusion), Positive Beeinflussungen (Positive Affect), Wohlfühlen (well being) ,Träume (Dreams).

Diese obige Tabelle ist aus zweierlei Gründen von großer Bedeutung. Als erstes fällt auf, dass in dieser Tabelle die **Korrelation zwischen Radiowellen der Sonne und ihren Wirkungen auf Menschen** dargestellt wird. Die üblichen Auflistungen dieser Art beschränken sich auf die Korrelationen zwischen den terrestrischen (irdischen) Magnetfeldern und ihren biologischen Wirkungen.

Die Sonne strahlt unter anderem Energie in Form von Radiowellen mit langsam variierender Intensität aus. Die Einwirkung dieser Radiowellen, die aus atmosphärischen Schichten hoch in der Chromosphäre der Sonne und tief in ihrer Korona stammen, ändert sich täglich mit der Sonnenfleckenzahl und folgt damit auch dem Sonnenzyklus. Dies zeigt sich aus der dargestellten Abbildung, die den Flux bei 2800 MHz oder 10,7 cm Wellenlänge über die gesamte Sonnenscheibe darstellt (hier die monatlichen Durchschnittswerte, obwohl auch Tagesmesswerte vorhanden sind). Dieser Wert heißt F 10.7, und er steht als kontinuierliche Routinemessung zur Verfügung. Der F 10.7-Wert wird z.B. als Eingangsparameter bei Modellen der Erdatmosphäre verwendet.

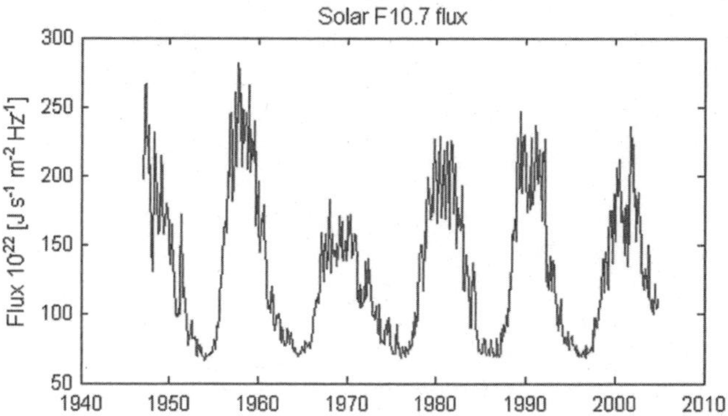

Abbildung 30: Der F10.7-Wert wird z.B. als Eingangsparameter bei Modellen für die Erdatmosphäre verwendet.[296]

Der F10.7 Index oder Radioflussindex (englisch Solar Radio Flux) beschreibt die Strahlungsdichte der Radiostrahlung der Sonne bei der Frequenz von 2800 MHz (etwa 19x 150 MHz). Entsprechend ihrer Wellenlänge von 10,7 cm ist der Radioflussindex proportional zur Sonnenaktivität. Er korreliert mit der Zahl der Sonnenflecken, ist aber einfacher zu messen als die Sonnenfleckenrelativzahl, die sich aus einer subjektiven, manuellen Zählung ergibt. Der Radioflussindex (also die Strahlungsdicht7 Leistung der Strahlung) wird in Watt pro Quadratmeter und pro Hertz Bandbreite gemessen, manchmal in Jansky angegeben, meist aber in Solar Flux Units (sfu):

296 https://wiki.oulu.fi/display/SpaceWiki/Solar+F10.7+flux

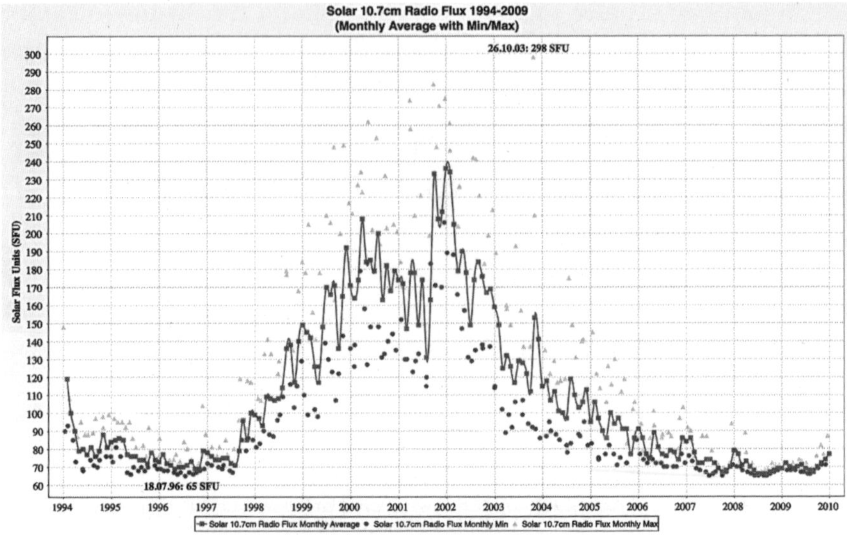

Abbildung 31: Monatliche Durchschnittswerte des solaren Radio-Flux mit Minimal- und Maximalwerten von 1994 bis 2010 (Quelle: https://de.wikipedia.org/wiki/Solarer_Radioflussindex)

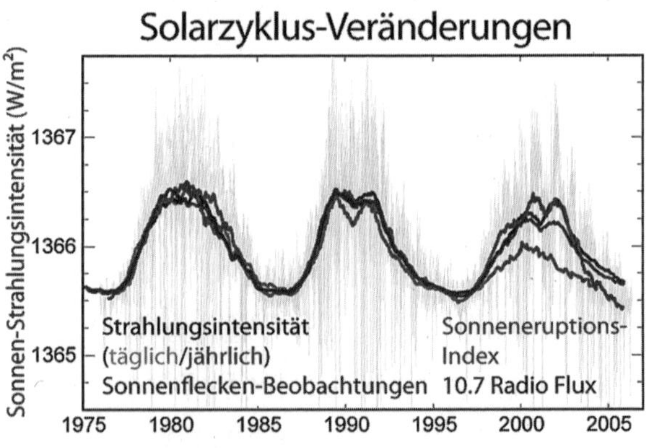

Abbildung 32: Entwicklung verschiedener Sonnenparameter seit 1975 (Quelle: https://de.wikipedia.org/wiki/Solarer_Radioflussindex)

IX

WIE ERNSTHAFT LEBE ICH MEINE SPIRITUALITÄT?

WIE ERNSTHAFT LEBE ICH MEINE SPIRITUALITÄT?

Ich möchte dich nun bitten, einmal kurz deinen Lesefluss zu unterbrechen und dir mit geschlossenen Augen die Frage zu stellen, weshalb du dieses Buch liest. Bitte achte dabei besonders auf die Reaktion deines Körpers und deiner Gefühle. Gleiche die auftauchenden Antworten mit deinem Herz bzw. Bauchgefühl ab.

Bei meinen Vorträgen und Seminaren stelle ich den Teilnehmern gleich zum Anfang die Frage nach dem Grund ihres hiesigen Erscheinens. Ich bitte sie, bei ihrer Antwort zuerst die Augen zu schließen und bei ihrer Frage auf ihre Gefühle zu achten. Besonders bei spirituellen Themen sollten wir weniger auf eine Verstandesantwort als auf eine Reaktion unseres Körpers und unserer Gefühle hören. Ich empfehle dabei, alle aufkommenden Gedanken immer mit den dazugehörigen körperlichen Reaktionen abzugleichen – zu denen in erster Linie unsere Gefühle zählen. Es ist für mich immer wieder erstaunlich festzustellen, wie irritiert die meisten der Befragten auf diese Frage reagieren. Oftmals ist ihnen erst im Anschluss einer solchen Hinterfragung ihr tatsächliches Anliegen bewusst, weshalb sie an diesem Seminar bzw. diesem Vortrag teilnehmen. Was mich betrifft, so hinterfrage ich grundsätzlich mindestens einmal am Tag meinen hauptsächlichen Beweggrund für meine spirituellen Anliegen, die ich auch mit meinen Vorträgen verbinde. Ebenso praktiziere ich unmittelbar vor diesen „öffentlichen Diensten" ein Gebet. Ich zentriere mich, verbinde mich im vollen Bewusstsein mit der göttlichen Quelle und bitte um die richtigen Energien und Worte. Um darüber hinaus meine Authentizität zu bewahren – und vor allem nicht dem Rhythmus von Routine zu verfallen – stelle ich all meine Präsentationsunterlagen jedesmal neu zusammen; so als ob ich das Thema zum ersten Mal vortrage. Das Erstaunliche dabei ist, dass ich immer häufiger in der jeweiligen Nacht vor meinen Vorträgen Eingebungen zu meinen Präsentationen bekomme und dadurch aufwache. So ist es bereits zu meiner Normalität geworden, dass ich meine Vorträge noch einmal umstelle und den Eingebungen anpasse.

Wenn ich meine persönlichen Beweggründe für meine Lebensentscheidungen betrachte, so darf ich jedes Mal feststellen, dass ich mir den wundervollsten aller Wege ausgesucht habe. Ich liebe das, was ich mache. Trotz teilweise extrem harter Rückschläge bin ich im Grunde nie ernsthaft ins Wanken geraten. Durch meine persönlichen Erfahrungen weiß ich von der tatsächlichen Bedeutung der Klarheit unserer Absichten. Solange wir uns unserer Beweggründe für unsere Handlungen nicht voll bewusst sind, werden die Ergebnisse unserer Handlungen entsprechend diffus und unkonkret ausfallen.

Auch wenn wir den Grund für das Interesse an unserer Spiritualität erkannt haben mögen, so gilt es doch zu hinterfragen, wie ernsthaft wir es mit unserer Spiritualität wirklich meinen. Diese Ernsthaftigkeit bestimmt den Verlauf unseres Lebens und unsere Zukunft. Bitte hinterfragt doch einmal, wie viel Aufmerksamkeit ihr eurer Vision schenkt. Wie ernst ist es euch wirklich damit?

Sicherlich kennt ihr den Spruch ***„Energie folgt der Aufmerksamkeit“***. In seiner eigentlichen Bedeutung besagt er nämlich, **dass die Aufmerksamkeit zuerst da sein muss. Ohne sie geben wir unsere Schöpferkraft an diejenigen ab, deren Aufmerksamkeit deutlicher ausgeprägt ist. Aufmerksamkeit entspricht der Bewusstheit. Sie entsteht durch den Fokus unserer Gedanken, Bilder, Ideen, Visionen usw.**

Die Energie, die der Aufmerksamkeit folgt, ist die eigentliche Wirkkraft. Sie transformiert unsere fokussierten Gedanken (Ideen usw.)! **Diese Schöpfungsenergie ist unmittelbar mit unseren Gefühlen gekoppelt.** Obwohl die Liebe nicht auf ein Gefühl zu reduzieren ist (wohlgleich sie sich über ein ganz eigenes Gefühl zum Ausdruck bringt), ist sie die perfekte Grundlage als Triebkraft zur Schöpfung. Eine mit Liebe empfundene und fokussierte Vision ist die Urkraft der göttlichen Schöpfung.

Zusammengefasst bedeutet dies: **Die Energie entspricht der Intensität meiner Gefühle, die ich durch den Grad meiner Aufmerksamkeit beeinflusse.**

Die Aufgabe ist es, herauszufinden, welche unserer gewünschten Ideen von unserem künstlichen (Ego) und welche von unserem göttlichen Selbst stammen. Wir sind spirituelle Wesen, die von einem egodominierten Selbst gesteuert werden. Durch unser momentanes Erwachen stellt sich dieses Ego in den Dienst unseres Herzens (der Liebe). Solange wir noch nicht vollständig erwacht sind, haben wir nur ein relatives Maß an Authentizität erreicht. Wir sind nicht echt.

Wenn es um „Echtsein" geht, ist das bei Gegenständen schnell feststellbar. Nehmen wir unser Geld als Beispiel. Unser Geld hat viele Erkennungszeichen. Jeder Mensch kann seine Echtheit feststellen. Bei Kunstwerken wird da schon ein Spezialist benötigt. **Aber was ist bei Menschen echt?** Und wer legt es fest? Das Wort für Authentizität leitet sich vom Griechischen authentikós ab: "Autos" bedeutet **selbst** und "ontos" **sein** – also **Selbst Sein**. Authentizität[297] (von grichisch αὐθεντικός *authentikós* **„echt"**; spätlateinisch *authenticus* **„verbürgt, zuverlässig"**) bedeutet Echtheit im Sinne von „als Original befunden".

Authentisch zu sein bedeutet also übersetzt so viel, wie **man selbst zu sein.** Authentizität beginnt damit immer bei **sich selbst.** Ein authentischer Mensch strahlt aus, dass er zu sich selbst steht, zu seinen Stärken und Schwächen. Er ist gewissermaßen **im Einklang mit sich selbst.**

Wer „authentisch sein" als Ausrede benutzt, tappt jedoch genauso in eine Falle wie die Menschen, die sich ständig selbst optimieren möchten. Beide sind in der Regel nicht bei sich und ihren Bedürfnissen. Zu unseren Grundbedürfnissen gehört die Zugehörigkeit genauso wie die Individualität. **Wenn du etwas an dir oder in deinem Leben verändern möchtest, mach dir zuerst klar, ob es deinem Bedürfnis entspricht.** Manchmal verändern wir uns, um anderen zu gefallen. Leider führt das oftmals zum Gegenteil.

Worin mag für euch der **Unterschied zwischen ‚Versuchen' und ‚Machen'** *liegen?* Bitte versucht das zu hinterfragen.

297 https://de.wikipedia.org/wiki/Authentizität

„Ich suche nicht, ich finde."
(Pablo Picasso)

"Hör auf, es zu versuchen. Mach es!"
(Morpheus zu Neo)[298]

SOZIALES VERHALTEN IST LIEBE IN AKTION

Es gibt in der heutigen Zeit kaum ein so oft genanntes Wort wie ***„sozial"*** oder Doppelwörter, die stets mit ***„sozial-"*** beginnen bzw. sich vor dem Hauptwort mit dem Beiwort „sozial" schmücken. Sozial ist ein Synonym zu ***„gesellschaftlich"*** und im erweiterten Sinn zu ***„gemeinnützig, hilfsbereit, barmherzig"***. Sozialdemokraten, Sozialpartner, Sozialgesetze, Sozialstaat oder soziale Verantwortung, soziales Gewissen, soziale Intelligenz, soziale Netzwerke seien hier nur beispielhaft genannt, bis hin zur oft beschworenen „sozialen" Marktwirtschaft.

298 Aus dem 1. Teil der Matrix Film Trilogie

Auch der Duden hilft da nur wenig weiter. Er definiert die Bedeutung von „sozial“[299] als:

- das (geregelte) Zusammenleben der Menschen in Staat und Gesellschaft betreffend; auf die menschliche Gemeinschaft bezogen, zu ihr gehörend
- die Gesellschaft und besonders ihre ökonomische und politische Struktur betreffend
- die Zugehörigkeit des Menschen zu einer der verschiedenen Gruppen innerhalb der Gesellschaft betreffend
- **dem Gemeinwohl, der Allgemeinheit dienend; die menschlichen Beziehungen in der Gemeinschaft regelnd und fördernd und den [wirtschaftlich] Schwächeren schützend**

Wir können davon ausgehen, dass sehr viele Menschen, die mit ***„sozialen Ansichten“*** daherkommen, einen bestimmten Zweck damit verfolgen – bedauerlicherweise in den meisten Fällen den, ihre eigenen (egoistischen) Ansichten, Argumente und ihre eigene (egoistische) Haltung als etwas herauszustellen, was in jedem Fall und unbedingt erstrebenswert, nicht hinterfragbar – eben einfach **nur gut ist.**

So tragen dann also all die, die stets von sich behaupten, alles Soziale in dieser Gesellschaft für sich in Anspruch zu nehmen ein unsichtbares Banner vor sich her mit der Aufschrift: Wir sind die Guten! Doch sind damit gleich all diejenigen mit anderer Meinung nur „die ***Bösen***“ und damit asozial? Natürlich nicht! Wir wissen doch sehr genau, dass nicht alles, wo ***„sozial“*** draufsteht auch tatsächlich gut für die Schwachen dieser Gesellschaft ist. Zu meinem Verständnis von sozialem Handeln verhalf mir ein Onkologe – ein Krebsforscher. Er **beschrieb das wahre soziale Handeln anhand des *„asozialen Verhaltens der Krebszellen“***. Als eine normale und gesunde Zelle beginnt die spätere Krebszelle zu irgendeinem Zeitpunkt, sich in dem geordneten Geflecht des Zellverbands asozial zu verhalten. Wie man heute beobachten kann, hat sie das geordnete – also das soziale – **Verhältnis von Geben und Nehmen**

299 Duden. Bibliographisches Institut. Abgerufen am 7. September 2013.

verloren. Sie nimmt mehr, als ihr zusteht und entsorgt planlos ihren Müll vor ihrer Haustür. Naturgemäß ist das Gleichgewicht hinsichtlich Geben und Nehmen die Voraussetzung für eine harmonische Beziehung bzw. für das Leben!

Es ist sicher nicht verwunderlich, dass dieses Harmonie-Gesetz auch in Partnerschaften, Freundschaften und innerhalb der Familie gilt. Gerät die Waagschale aus dem Gleichgewicht, entstehen Konflikte. Die Balance zwischen Geben und Nehmen sollte ausgewogen sein, denn nur dann lassen sich größere Konflikte vermeiden. Letztlich beschreibt das Geben und Nehmen das Gleichgewicht in der Liebe.
Um zum Beispiel der entarteten Krebszelle zurückzukehren, möchte ich noch einmal auf ihr unbewusstes Verhalten hinweisen. **Ganz offensichtlich ist die Krebszelle durch ihren „übersteigerten Egoismus" ignorant bezüglich des Tatbestandes, dass sie durch ihr Verhalten auch ihr eigenes Leben vorzeitig beendet.**

„Egoismus kann tödlich für eine Population sein"[300] berichtete das Max-Planck-Institut für Evolutionsbiologie am 28. Juli 2015: *„Ein mathematisches Modell kann erstmals mehrere Einflussfaktoren vereinen und die tatsächliche Dynamik von Populationen besser abbilden."*

Wie bringt man als Einzelner seine Mitmenschen dazu, sich sozial zu verhalten?
„Gemeinsam sind wir stark – dieser Ansatz gilt auch in der Evolution. Denn wenn die einzelnen Mitglieder einer kleinen Population miteinander kooperieren und so dazu beitragen, dass sie gemeinsam die Ressourcen ihres Lebensraumes effizienter nutzen, können sie das Überleben der gesamten Population sichern. ***Im Gegensatz dazu kann Eigennutz tödlich sein und zum Aussterben einer Population führen. Wissenschaftler haben nun ein mathematisches Modell entwickelt, mit dem man*** *diese Zusammenhänge genauer als bisher simulieren kann.*

300 https://www.mpg.de/9340285/dynamik-populationen

Dieses mathematische Modell basiert auf der sogenannten Spieltheorie[301]. Mit dieser Methode kann beispielsweise untersucht werden, wie sich Menschen verhalten, wenn ihnen ein persönlicher Gewinn in Aussicht steht. In einem solchen Szenario können die Teilnehmer unterschiedliche Strategien auswählen: Entweder sie maximieren ihren eigenen Gewinn auf Kosten aller anderen Mitspieler, oder sie erhöhen den Gewinn aller anderen Spieler, indem sie kooperieren, wofür sie jedoch ihre Möglichkeiten auf den eigenen Maximalgewinn aufgeben.

Einem Team von Wissenschaftlern am Max-Planck-Institut für Evolutionsbiologie[302] ist es nun gelungen, in ihrem Modell zu berücksichtigen, dass Populationsgrößen variieren, wenn sich deren Anpassung an die Umwelt verändert. Das ist etwa dann der Fall, wenn Individuen mit neuen Eigenschaften dazukommen. Dabei haben die Forscher die evolutionäre Spieltheorie als Basis herangezogen, bei der die Wahrscheinlichkeit einzelner Individuen, den Konkurrenzkampf zu gewinnen oder zu verlieren, berücksichtigt wird.

Wie das Modell der Forscher zeigte, zahlt sich kooperatives Zusammenarbeiten aus: Demnach ist eine Bevölkerung, die hauptsächlich aus egoistischen Individuen besteht, kleiner als eine Gesellschaft mit überwiegend kooperativen bzw. sozialen Mitgliedern. Darüber hinaus machten die Wissenschaftler noch eine weitere Entdeckung: Mit ihrem Modell fanden sie nämlich auch heraus, dass sich Zufallseffekte vor allem bei kleinen Bevölkerungen (Populationen) wesentlich stärker auswirken als bei größeren. Wenn die Individuen einer solch kleinen Population stark miteinander konkurrieren, besteht große Gefahr, dass die gesamte Bevölkerung ausstirbt, was bei einem sozialen Verhalten, einer Kooperation der Mitglieder einer Gesellschaft, weniger wahrscheinlich ist."

301 https://de.wikipedia.org/wiki/Spieltheorie

302 Weini Huang, Christoph Hauert, and Arne Traulsen. Stochastic game dynamics under demographic fluctuations. PNAS, 6. Juli 2015 doi: 10.1073/pnas.1418745112

ÖKONOMISCHES UND ÖKOLOGISCHES DENKEN

Ja, wir müssen dafür sorgen, dass unsere Bedürfnisse erfüllt sind und es uns gut geht. Aber die meisten Menschen haben sich aus Angst, dass es ihnen an etwas fehlen könnte, ein grundsätzlich **ökonomisches Denken** angewöhnt. Bei ihnen steht über allem die Frage „Was habe ICH davon?". Es gibt auch die Variante des kollektiven Egoismus, dann geht es darum, was haben WIR davon. In diesem Denken ist kaum Platz für die Fragen nach dem Woher, nach dem aufrechtzuerhaltenden Gleichgewicht zwischen Nehmen und Geben, zwischen dem Menschen und der Natur, die ihnen das Leben erst ermöglicht. Im Gegensatz dazu müssen wir uns alle ein grundsätzlich ökologisches Denken angewöhnen.

Die Ökologie kann als ein Teilgebiet der Biologie definiert werden und ist eine Systemwissenschaft, in der die Erkenntnisse aus verschiedenen naturwissenschaftlichen Bereichen zusammenfließen. Sie befasst sich mit den Wechselbeziehungen zwischen der belebten und unbelebten Umwelt, also zwischen den Lebewesen und dem Boden, Wasser, Luft und Klima und liefert damit die Fakten für die Beurteilung der Folgen von Umweltzerstörung und die Prognosen zum Stand der natürlichen Ressourcen. Entscheidungen, deren Folgen die nach uns kommenden Generationen betreffen, werden von Kommissionen und Regierungen getroffen, die in der Regel machtpolitische und wirtschaftliche Beweggründe über die Erkenntnisse der Ökologie stellen. Das muss aufhören. Wir müssen uns vor Augen führen, was unsere Nachlässigkeiten und Halbherzigkeiten für unseren Lebenraum bedeuten und anfangen, entsprechend unserer Einsichten zu HANDELN. Nachhaltig ist eine Entwicklung dann, „wenn sie den Bedürfnissen der heutigen Generation entspricht, ohne die Möglichkeiten künftiger Generationen zu gefährden, ihre eigenen Bedürfnisse zu befriedigen und ihren Lebensstil zu wählen.[303]" Wir sind davon noch sehr, sehr weit entfernt, grundsätzlich nachhaltig zu denken und zu handeln und entschuldigen unsere Inkonsequenz insgeheim immer damit, dass wir uns so lange nicht mit unseren fehlorientierten Verhaltensweisen konfrontieren müssen, wie es noch viele andere gibt, die dies offenbar auch noch nicht tun. Machen wir den ersten Schritt! Warten wir nicht länger darauf, dass sich die Mehrheit der Menschen in ihren Handlungsweisen verantwortungsvoll verhält. Jeder von uns IST Teil des Anteils der Menschheit, der für diese Mehrheit sorgen muss. Wie weit ihr in eurer Entwicklung in Richtung Erleuchtung gekommen seid, werdet ihr auch daran feststellen können, wie ihr euch im Sinne der Wiederherstellung des ökologischen Gleichgewichts und der Nachhaltigkeit verhaltet.

303 https://www.nachhaltigkeit.info/artikel/ziele_889.htm & https://www.aachener-stiftung.de

X

DIE MACHT DER GEWOHNHEITEN

DIE MACHT DER GEWOHNHEITEN

GEWOHNHEITEN SIND UNSER SCHICKSAL

Ein überwiegender Teil unserer Handlungen ist eine automatische Folge von Gewohnheiten. Grundsätzlich ist daran nichts auszusetzen. In unserer gegenwärtigen Realität liegt der Vorteil unserer routinemäßigen Handlungsabläufe auf der Hand. Sie gehören zum Lebens- und Überlebensprogramm einfach dazu. Bedenklich wird es jedoch, wenn sich unser gewohnheitsbestimmtes Verhalten auf unsere gesamten Handlungen ausweitet. ***„Wir schweigen die Routine tot und so verursachen wir Verwirrung, Enttäuschung und Leid“*** lautet der Titel eines Buches des Psychologen Volker Kitz[304]. Sachlich betrachtet ist eine Routine eine Handlung, die durch mehrfaches Wiederholen zur Gewohnheit wird. Als Gewohnheit wird eine unter gleichartigen Bedingungen entwickelte Reaktionsweise bezeichnet, die durch Wiederholung schematisch und geistlos wurde und bei gleichartigen Situationsbedingungen wie automatisch nach **demselben Reaktionsschema** ausgeführt wird, wenn sie nicht bewusst vermieden oder unterdrückt wird. Es gibt Gewohnheiten des Fühlens, Denkens und Verhaltens. Allen Gewohnheiten gemeinsam ist die Prägung, also die jeweiligen Ursachen oder Trigger unserer Gewohnheiten. Diese Prägungen gleichen einer Programmierung, die sich über die entsprechende neuronale „Software“ auf unser Verhalten auswirken. Im Grunde genommen liebt es unser Gehirn,

304 http://www.deutschlandfunkkultur.de/volker-kitz-feierabend-niemand-muss-fuer-seinen-job-brennen.1008.de.html?dram:article_id=379604

Dinge zu automatisieren und zu vereinfachen. Immerzu die gleichen Schemata zu nutzen, ist eine sehr ökonomische Arbeitsweise, da es wenig Energie verbraucht. Denn das, was wir ohne großes Nachdenken tun und somit den eingefahrenen Routinen überlassen, erfordert deutlich weniger Anstrengung und schont so die Energierressourcen von Körper und Gehirn.

GEWOHNHEITEN BESTIMMEN ZU EINEM ERHEBLICHEN TEIL UNSER LEBEN

Die Anzahl der Gewohnheiten, denen wir die automatische Steuerung unseres Handelns überlassen, ist gleichzeitig **ein Indikator für das Maß unserer Bewusstheit.** Gewohnheiten haben es irgendwie an sich, unerkannt zu arbeiten (weil wir uns an sie gewöhnt haben). Als unerkannte Agenten unseres Verhaltens und unserer Handlungen bestimmen sie zu einem erheblichen Teil unser Leben. Dieser Umstand wäre eine gute Erklärung für die bedeutende Beobachtung der Hirnforschung zum **Phänomen des eingeschränkten freien Willens.**[305],[306]

In diesen Versuchen zeigt sich, dass unsere Handlungen bereits etwa **eine halbe Sekunde** vor deren Ausführung von unseren Neuronen entschieden wurde. Nach Ansicht einiger der weltweit führenden Hirnforscher kann ***„der Wille nur wollen, was das Hirn entscheidet"***. Als Professor Wolf Singer[307], Direktor des Fachbereichs für Neurophysiologie am Max-Planck-Institut für Hirnforschung gefragt wurde, **ob er an den freien Willen glaube, antwortete er: *„Natürlich glaube ich daran – ich habe ja keine Wahl!"***
Neuere Ergebnisse aus der Hirnforschung zeigen uns nun, dass die Intensität unseres Willens die automatische Aktivierung von Handlungen in unserem Gehirn überstimmen kann.

305 http://www.philosophieverstaendlich.de/freiheit/aktuell/libet.html
306 https://de.wikipedia.org/wiki/Libet-Experiment
307 https://de.wikipedia.org/wiki/Wolf_Singer

ROUTINEN SIND NUR SPARPROGRAMME DES GEHIRNS

Die Urbotschaft der Gewohnheit lautet: Das haben wir schon immer so gemacht, das machen wir auch jetzt so. Wir essen um eins zu Mittag. Um vier gibt es Kaffee. Und nicht umgekehrt. Dem Wissenschaftsjournalisten und *New York Times*-Reporter Charles Duhigg fällt am Charakter der Gewohnheit in erster Linie ein tyrannischer Zug auf. **Dabei müsste nichts, so lautet seine Botschaft, so bleiben und gemacht werden, wie es schon immer war und gemacht wurde.** *„Wir verhocken unseren Feierabend auf dem Sofa. Wo Zigarette war, kann Apfel sein. Wer es gewohnt ist, den Feierabend auf dem Sofa zu verhocken, kann sich zum glücklichen Jogger wandeln".*

WOLLEN WIR SPASS ODER FREUDE? VON DER UNTERHALTUNG ZUM SELBST-BEWUSSTSEIN

Faktisch gesehen erledigen wir gut vierzig Prozent unseres Alltags gewohnheitsmäßig und damit automatisch. Dafür haben wir den Kopf frei für „wichtigere" Dinge. Bedauerlicherweise aber sind viele unserer Gewohnheiten schlecht, irrational oder ungesund. Von der Hetze beim Frühstück über den überfüllten Schreibtisch und das ständige Unterbrechen der Arbeit, um auf Anrufe, SMS, E-Mails usw. zu reagieren.

Gewohnheiten sind unser Schicksal, zitiert Charles Duhigg den Philosophen William James[308] und fügt hinzu: **Nur wenn wir verstehen wie sie funktionieren, haben wir eine Chance sie zu verändern.** Eine solche Gewohnheit lässt

308 https://de.wikipedia.org/wiki/William_James

sich nicht komplett aus der Welt schaffen, hebt Charles Duhigg hervor. Der Trick bestehe vielmehr darin, **Auslösereiz und Belohnungsempfinden beizubehalten, dazwischen aber eine neue Routine, sprich: eine neue Gewohnheit, einzufügen.** Auf unserem Weg zum Erwachen möchte ich euch empfehlen, euch für **die Gewohnheit einer größeren Wachsamkeit** bzw. Bewusstheit zu entscheiden.

WIE KÖNNEN WIR UNSERE UNLIEBSAMEN GEWOHNHEITEN VERÄNDERN?

Doch wo setzen wir nun an, um unliebsame Gewohnheiten durch liebevolle „Gewohnheiten" zu ersetzen? Macht es Sinn, gegen die Trigger anzukämpfen (bzw. den Auslöser zu vermeiden)? Nach Charles Duhigg ist es viel erfolgversprechender, die durch das Verlangen oder den Reiz ausgelöste Routine zu ersetzen. Wer also jeden Abend auf der Couch (Auslöser) zur Chipstüte greift (Routine), sollte überlegen, ob er die Chips nicht "einfach" durch etwas Gesünderes ersetzen kann. Untersuchungen haben allerdings gezeigt, dass unsere Überzeugungen und Erwartungen, ob Veränderungen gelingen können, einen erheblichen Beitrag dazu leisten, ob eine Änderung gelingt. Wer nämlich schon zu Beginn daran **zweifelt**, dass er die Gewohnheit erfolgreich verändern kann, wird damit wahrscheinlich auch Recht behalten. Deshalb sollten wir auch darauf achten, dass wir schnell kleine und einfach zu erreichende Erfolgserlebnisse haben, denn mit ihnen steigt unser Vertrauen darin, dass wir unsere Gewohnheiten auch wirklich verändern können. ***"Kleine Erfolge" sind also der Grundpfeiler der Gewohnheitsänderung!"***

WILLENSKRAFT ALS EINER DER WICHTIGSTEN GRUNDPFEILER BEI GEWOHNHEITSÄNDERUNGEN

Unsere Willenskraft ist eine weitere Hilfe, wenn es um die Veränderung von alten Gewohnheiten geht. Die Tücke dieses Begriffes ist, dass **mit der Gewöhnung auch das Vergessen einsetzt. Denn indem wir etwas vergessen, verschwindet es aus unserem Bewusstsein und zieht sich in das Unterbewusstsein zurück.** Das Vergessene beeinflusst so latent unsere unbewussten Handlungen. Wenn es uns also primär darum geht, unsere Spiritualität zu erhöhen, ist die Auflösung der hinderlichen **Gewohnheiten eine wichtige Voraussetzung. Ein konkretes Beispiel wären z.B. unsere Essgewohnheiten. In etlichen unserer sogenannten Lebens- und Genussmittel sind Wirkstoffe enthalten, die, wie wir am Ende dieses Kapitels erfahren können, unsere Spiritualität hinderlich beeinflussen können. Trotzdem reicht dieses Wissen alleine noch nicht aus, um diese Nahrung von unserem Speiseplan zu streichen.** Um aus diesen Erkenntnissen auch die richtigen Konsequenzen zu ziehen und eine alternative Auswahl in unser Einkaufs- und Essverhalten zu integrieren, brauchen wir eine **entsprechend deutliche Entscheidung**, diese unzuträglichen „Nahrungsmittel" nicht mehr zu verzehren.

Damit sich in unserem Verhalten überhaupt etwas ändert, brauchen wir also eine über den Willen gelenkte deutliche und unmissverständliche Entscheidung. Die Intensität und die Wiederholungen dieser Entscheidungen bestimmen das Resultat. Ein halbherziger oder unklar definierter Selbstauftrag wird kaum zu einem nachhaltigen Erfolg führen. Damit sich dieser Auftrag zu einem gefestigten Verhaltensmuster ausprägen kann, bedarf es zusätzlich noch etlicher Wiederholungen. Bis sich unser Auftrag tatsächlich zu einer gewünschten Gewohnheit entwickelt hat, wird es sicherlich noch einige Rückfälle in die alten Gewohnheiten geben, für die wir uns nicht verurteilen sollten, denn die „Macht der Gewohnheit" ist nicht grundlos sprichwörtlich.

Einige weiterführende Anregungen, um das Maß unserer Bewusstheit zu erhöhen und unsere Ziele zu erreichen:

1. Was ist dein konkreter Wunsch, was möchtest du erreichen?
2. Notiere dir deinen Wunsch so deutlich wie möglich auf Papier, achte darauf, dass du dir nichts wünschst, was du nicht wirklich willst.
3. Konzentriere dich auf die Dinge, die du erreichen willst. Verhalte dich innerlich so, als ob sich dein Wunsch bereits erfüllt hat.
4. Notiere deinen Wunsch auf einige Blätter und postiere sie so, dass du sie täglich öfter anschauen kannst.
5. Mache dir bewusst, was dich davon abhält, deine Gewohnheiten zu ändern. Was mag der Auslöser hierfür sein? Mach dir diesen Auslöser bewusst. Lebe ich in einem falschen Umfeld? Umgebe ich mich mit den falschen Leuten? Usw.
6. Verknüpfe Vorteile mit deiner neuen Gewohnheit. Was habe ich davon? Wie würde ich mich fühlen, wenn ich diese Gewohnheit hätte?
7. Verändere immer nur eine Gewohnheit und widme dich erst einem neuen Ziel, wenn dieser Prozess abgeschlossen ist. Das Risiko ist sonst am Anfang relativ hoch, wieder in die alten Muster zurückzufallen.
8. Gönne dir Zeit. Normalerweise dauert es 4 bis 8 Wochen, bis sich eine neue Gewohnheit fest in deinem Verhalten verankert.
9. Erkenne deine Fortschritte und halte sie fest. Ein begründetes Eigenlob ist vollkommen OK.
10. Du hast guten Grund, stolz auf dich zu sein und Anlass zu feiern. Du kannst dir mit dem neu hinzugewonnenen Selbstbewusstsein auch ein neues Ziel vornehmen, dass du wahrscheinlich (noch) leichter erreichen kannst als beim ersten Mal.

DER EINFLUSS UNSERER ERNÄHRUNG AUF UNSERE SPIRITUALITÄT

Zu den lohnenswertesten Bereichen, in denen wir unsere Gewohnheiten verändern können, zählt unsere Ernährung. Zweifellos hat sich unsere Einstellung hierzu in den letzten Jahren erheblich verbessert. Doch existiert neben den ethischen und gesundheitlichen Gründen noch ein ganz anderer Grund, seinen Nahrungsplan zu ändern. **Da es in diesem Buch in einem elementaren Sinne um unsere Spiritualität geht, möchte ich euch daran erinnern, dass unsere Nahrungsmittel einen ganz erheblichen Einfluss auf unsere geistige Entwicklung ausüben.** In den folgenden Zeilen möchte ich euch motivieren, eure Ernährung nicht allein nach vegetarischen und veganen Gesichtspunkten auszurichten. Aus biochemischen Analysen ist bekannt, dass **Lebensmittel unsere Spiritualität beeinflussen.** Der heutige Forschungsstand in der Neurochemie besagt, **dass sämtliche Gefühle sowie Stimmungs- und Bewusstseinslagen erst durch ganz bestimmte Substanzen hervorgerufen werden.** Zu diesen Substanzen zählen in besonderem Maße Hormone und Neurotransmitter. **Um spirituelle Zustände zu erreichen, müssen die entsprechenden Substanzen im menschlichen Körper vorhanden sein und für eine gewisse Zeit auch aktiv bleiben. Eine Voraussetzung hierfür ist das Einhalten eines besonderen Ernährungsplanes.**

Trotz der unüberschaubaren Anzahl an Ernährungsbüchern scheint es keine – oder nur in sehr spärlichem Umfang – **Aufklärungen über diejenigen Inhaltsstoffe zu geben, die entweder unserer psychischen Gesundheit zuträglich sind oder ihr im Wege stehen, besonders auch die, die unsere spirituellen Möglichkeiten unterdrücken oder fördern. Selbst eine streng vegetarische oder vegane Ernährung berücksichtigt nicht diejenigen in der Nahrung enthaltenen Substanzen, die nachweislich den Zustand der Spiritualität unterdrücken können.** Eine dieser Substanzen ist **Tyramin.** Stark vereinfacht kann man sagen, dass **die Menge** an Tyramin, welche in unseren

Körper gelangt, entscheidend dafür verantwortlich ist, ob lebensnotwendige oder toxische und auch geisteseinschränkende Eigenschaften zum Tragen kommen.

Grundsätzlich ist Tyramin eine Aminosäure, die in den meisten Proteinen vorkommt. Tyramin entsteht durch eine chemische Reaktion (Decarboxylierung), die aus der Aminosäure **Tyrosin** gebildet wird. Tyrosin ist wiederum die Ausgangssubstanz für die Biosynthese von DOPA, Dopamin, Noradrenalin, Adrenalin *(alles Katecholamine)*, Melanin, Thyroxin und **Tyramin.** Es entsteht bei der Zersetzung von Eiweißen und ist **häufig natürlicher Begleitstoff von Nahrungsmitteln,** zu deren Fertigung Schritte wie Gärung oder Fermentation gehören, so z.B. viele Käsesorten, Rotweine oder Schokolade. Tyrosin ist des weiteren Inhaltsstoff von Bananen. Nun kann sehr leicht der Eindruck entstehen, dass beispielsweise Bananen zu den ungesunden Nahrungsmitteln gehören würden. Dem ist sicher nicht so. Wie ich eben bereits erwähnte, wird aus **Tyrosin zum Beispiel Dopamin gebildet, welches bekanntlich wichtig für unsere Stimmung, unser Bewusstsein[309] ist.**

Grundsätzlich könnte man sagen, dass einer der Unterschiede zwischen einem Vor- und Nachteil darin besteht, **wie lange ein Lebensmittel gelagert wurde.** Es ist ein erheblicher Unterschied, ob ich eine frische oder gealterte Banane zu mir nehme. Mit einfachen Worten: In dieser Frucht entstehen die hinderlichen Substanzen für unsere Bewusstseinserweiterung erst durch die Gärung, die sich durch die Dauer der Lagerung entwickelt. Hierzu gehört ganz besonders Histamin. Dieses Histamin ist ein (Gewebs-)Hormon, das normalerweise bei einer allergischen Reaktion im Körper freigesetzt wird. In unserer Nahrung entsteht es, wenn Nahrungsmittel reifen oder gären. Besonders hoch konzentriert kommt es in Fisch, Wurst, alkoholischen Getränken, Gemüse und Hefeprodukten oder eben in Käse vor.

309 Zusätzlich ist es noch für die Weiterleitung der Impulse zwischen den Neuronen verantwortlich.

Was Tyramin betrifft, ist es wichtig zu erwähnen, dass ein vollständiger Entzug von tyraminhaltigen Nahrungsmitteln wiederum auch nicht förderlich ist. Wir brauchen bestimmte Substanzen, um ein harmonisches Gleichgewicht an bestimmten Neurotransmittern zu behalten, sonst würden wir schlicht durchdrehen (Psychosen, Schizophrenie usw). **Im Grunde genommen sind die Mengen, die Kombination mit anderen Nahrungsmitteln und vor allem mit bestimmten Medikamenten, sowie die Uhrzeit der Nahrungsaufnahme, die entscheidenden Kriterien dafür, ob und welche Nahrung für uns förderlich bzw. schädlich ist.** Und welche sich sogar auf unsere Spiritualität auswirkt.

Im Kontext dieses Kapitels über Gewohnheiten und ihre Änderungen wäre sicher ein erstrebenswertes Ziel, sich eingehender mit diesem wichtigen Aspekt unserer Ernährung zu befassen. Wie Ihr sicherlich bereits bemerkt haben werdet, handelt es sich bei dieser speziellen Art unserer Nahrungszufuhr um ein hoch komplexes Thema. Da wird es nicht reichen, einem simplen Schema, wie etwa einer „Bedienungsanleitung zur spirituellen Ernährung“ zu folgen. In einem der folgenden Kapitel werde ich diesen wichtigen Aspekt noch einmal vertiefen.

XI

DEAN RADIN UND DIE PSI FORSCHUNG

DEAN RADIN UND DIE PSI FORSCHUNG

WIESO WERDEN PSI EFFEKTE VON DER MAINSTREAM-WISSENSCHAFT IGNORIERT?

„Ein Chefredakteur soll Professor Robert Jahn einmal gesagt haben, er werde selbstverständlich einen Beitrag von ihm veröffentlichen – sobald er ihn telepathisch übermittelt bekomme."

PSI ist in den Parawissenschaften die Bezeichnung für eine Normabweichung in einem Prozess, die nicht mit bisher bekannten physikalischen oder biologischen Mechanismen erklärt werden kann. ***„Psi ist die Bruchlinie, an der sich die Parawissenschaften von den "normalen" Wissenschaften scheiden."*** berichtete die Süddeutsche.[310] Robert G. Jahn war Professor für Luft- und Raumfahrtwissenschaft und emeritierter Dekan im Fachbereich Maschinen- und Raumfahrttechnik der Princeton University. Jahn war auch Gründer des Princeton Engineering Anomalies Research Lab (PEAR), ein Parapsychologie-Forschungsprogramm, das von 1979 bis 2007 lief.

310 http://www.sueddeutsche.de/wissen/parawissenschaften-der-geist-und-die-maschine-1.833333

Man betreibe schließlich genauso echte Wissenschaft, sagte Professor Robert Jahn[311], und man habe die Ergebnisse der Studien immer und immer wieder an die wichtigen Zeitschriften geschickt. Nur wollte keiner die Artikel haben. Ein Chefredakteur soll Robert Jahn einmal gesagt haben, er werde selbstverständlich einen Beitrag von ihm veröffentlichen – sobald er ihn telepathisch übermittelt bekomme.

Aus Sicht der Forscher der Parapsychologie ist PSI im Grunde eigentlich nur eine Anomalie. Eine Anomalie, von der die Gegenseite behauptet, dass sie durch Messungenauigkeiten entstanden sei; oder durch Betrug. ***"Wir können noch jahrelang immer wieder dieselben Ergebnisse bekommen. Wenn sie uns jetzt nicht glauben"***, sagte Jahn, ***"dann werden sie uns nie glauben."***

Und so schlossen Jahn und Dunne letztlich das Institut. "Unterstützt haben sie uns nie", sagte Jahn verbittert über seine Kollegen aus dem Wissenschaftsbetrieb. Und doch haben Professor Jahn und seine Mitarbeiter weitaus mehr erreicht als den skeptischen Kollegen recht sein mag. Während ihre Glaubhaftigkeit stieg, sank die Skepsis der Menschen gegenüber dem Sinn und Zweck der betriebenen Naturwissenschaft.

Dabei war Robert G. Jahn Ende der siebziger Jahre selbst einer der angesehensten Vertreter dieses Wissenschaftsbetriebes. Er war Raumfahrtingenieur und galt weltweit als die größte Autorität für Düsenantriebe, und war „so nebenbei" auch noch Vorsitzender der School of Engineering and Applied Science in Princeton.

Das griechische Wort ***Skepsis (σκέψις)*** bedeutet **Betrachtung, Untersuchung bzw. Prüfung.** Aus philosophischer Sicht ist *Skepsis* eine zusammenfassende

311 Professor Jahn war Dekan Emeritus der Hochschule für Technik und Angewandte Wissenschaft. Er iwar ein Fellow der American Physical Society und des American Institute of Aeronautics and Astronautics und war Vorsitzender des AIAA Electric Propulsion Technical Committee, Associate Editor des AIAA Journal, und ein Mitglied des NASA Space Science and Technology Advisory Committee. Er war Vizepräsident der Gesellschaft für wissenschaftliche Erforschung und Vorsitzender des Vorstands des Internationalen Bewusstseinsforschungslaboratorienkonsortiums.

Bezeichnung für Denkrichtungen, die sich gegen jede Art von Dogmatismus wenden. Daran wäre nun wirklich nichts auszusetzen. **Skeptizismus** bedeutet auch, dass man die Erkenntnis von letzten Wahrheiten prinzipiell für unmöglich hält. Auch wenn es eine letzte Wahrheit sicher nicht geben kann, so halte ich ein Bestreben nach Wahrheit für einen wesentlichen Bestandteil unserer Natur.

Der Skeptizismus gegenüber Themen aus der Grenzwissenschaft ist besonders unter den Naturwissenschaftlern sprichwörtlich bekannt. Hiervon ist besonders die Parapsychologie (PSI) betroffen; sie zählt bei ihnen zu den absoluten Tabuthemen. „Die **Parapsychologie** versteht sich selbst als wissenschaftlicher Forschungszweig, der angeblich jenseits des normalen Wachbewusstseins liegende **psychische** Fähigkeiten, die das normale Erkenntnisvermögen überschreiten, und ihre Ursachen sowie ein mögliches Leben nach dem Tod untersucht.“ [312] Einer der wesentlichsten Gründe für die konsequente Ausgrenzung der Parapsychologie aus der Naturwissenschaft besteht darin, dass sie noch kein einheitliches Verständnis für die Psyche gefunden hat. In der Geisteswissenschaft wird die **Psyche** (altgriechisch *ψυχή*, deutsch **„Seele“**) als ein Ort menschlichen Fühlens und Denkens verstanden. Wenn wir also über die Psyche reden, so reden wir im Grunde über den Geist und die Seele. Das wesentliche Bestreben eines Naturwissenschaftlers ist darauf ausgerichtet, seine zu erforschenden Objekte durch Messungen sichtbar zu machen. Sämtliche Bemühungen hierzu schlugen bisher fehl.

Nach den bisherigen Messmethoden der konservativen Naturwissenschaft ist es noch niemandem gelungen, einen einzigen Gedanken zu messen. Zwar können **Sekundärwirkungen einer geistigen Aktivität** über elektrische Messungen nachgewiesen werden (siehe EEG), doch handelt es sich bei diesen Messungen nur um die Schatten von etwas, was wir als Geist und Seele bezeichnen. Aus dieser Perspektive betrachtet, bedienen sich Hirnforscher ungeeigneter Mittel, um Geist oder Psyche auf die Spur zu kommen. Zusätzlich besteht in der Naturwissenschaft kein einheitliches Verständnis darüber, was Psyche aus ihrer Sicht darstellt. Die Weichen für die Ausgrenzung der Themen

312 https://de.wikipedia.org/wiki/Parapsychologie

des Geistes gründen **auf dem Verzicht auf alles, was *nicht* messbar ist** („Galileischer Verzicht").
Der von dem Gründer der neuzeitlichen Naturwissenschaft erhobene Beschluss von Galileo Galilei[313] hat sich bis in unsere Gegenwart gehalten und weiter gefestigt. Dieser „Galileische Verzicht" ist ein Beschluss, **bei dem die lebendigen und komplexen Naturprozesse auf alles, was messbar, quantifizierbar und mathematisch darstellbar ist, reduziert werden.**

Die heutigen Naturwissenschaften sind aus diesem Modell hervorgegangen. Der Verzicht zählt zu den Ursachen unserer mangelhaften Heilmedizin, die ihren Fokus auf die Behandlung von Symptomen richtet. Solange die Fachbereiche der Biologie sich im Wesentlichen auf die Funktionen des physischen Bereiches konzentrieren, wird kein wahres Verständnis über das Phänomen Leben möglich sein. Lebendigkeit ist keine nur auf Funktion ausgerichtete Wirkung von körperlichen Prozessen. Letztlich ist die Lebendigkeit ein Ausdruck des Geistes und der Seele.

"Was wir brauchen, ist eine andere Einstellung zu den Dingen, und zwar geht das hier Naturwissenschaftler an. ***Wir sollten uns darüber klarwerden – das ist es auch immer, was ich den Kollegen sage: die Welt ist nicht zu Ende mit dem, was wir quantifizieren können.*** *Wir sollten anstelle dessen eine offene Haltung zur Transzendenz einnehmen, die Dinge auf uns zukommen lassen. Dann müsste man eben bewerten, ob man hier entweder den Begriff der Naturwissenschaft irgendwie erweitert oder etwas völlig Neues anschließt. Ich bin davon überzeugt, dass sich hier ungeheuer große Arbeitsgebiete ergeben werden, in denen sich auch Naturwissenschaftler betätigen können, sofern sie eine transzendenzoffene Haltung haben. Transzendenz heißt ja eigentlich:* ***Überschreiten einer Grenze****"*, sagte Burkard Heim anlässlich eines Kongressvortrages. Diesen weisen Worten schließe ich mich mit meinem ganzen Herzen an. Obwohl zwischenzeitlich einige Jahre vergangen sind, so haben sie nicht im Geringsten an Gehalt und Tiefe verloren! Im Gegenteil.

313 https://de.wikipedia.org/wiki/Galileo_Galilei

Ganz im Sinne Burkhard Heims möchte ich euch zu diesem Thema eine relativ aktuelle Stellungnahme eines Forschers vorstellen, der sich von dieser Glaubensgemeinschaft (Konfession) nicht davon abhalten lässt, den parapsychologischen Bereich mit alternativen Mitteln zu erforschen.

Die Rede ist von Dean Radin. Er zählt zu den großen Pionieren der Erforschung der Parapsychologie. Dean Radin, Roger Nelson, Robert Jahn und Brenda Dunne zählen zu den maßgeblichen Wissenschaftlern im Bereich der Parapsychologie – die ich lieber Psychophysik nennen möchte. Wie seine Kollegen forschte auch Dean Radin etliche Jahre im *"Princeton Engineering Anomalies Research Laboratory"* (PEAR). Unter vielen anderen Aufgaben forschten die Mitarbeiter dieses Labors danach, **inwiefern der Mensch durch sein Bewusstsein die Prozesse einer Maschine beeinflussen kann.**

Bevor ich zu seinen Aussagen zum Thema *„Wieso werden PSI-Effekte von der Mainstream-Wissenschaft ignoriert?"* und *„Wieso ist die Erforschung von erweitertem Bewusstsein ein Tabuthema?"* komme, möchte ich diesen Wissenschaftler noch einmal kurz vorstellen:

Dr. Dean Radin[314] ist Ingenieur und Psychologe. Mit seinen Forschungen im Bereich der Parapsychologie begann Dean Radin bereits vor etwa 40 Jahren. Er ist seit 1986 Senior Scientist am Institute of Noetic Sciences[315] (IONS) in Petaluma, Kalifornien. Ich persönlich verfolge seine Forschungen bereits seit Anfang der 90er Jahre. Besonders beeindruckten mich seine Studien mit Prof. Roger Nelson[316]. Roger Nelson forschte etliche Jahre am Institut der Princeton Engineering Anomalies Research[317] (PEAR) laboratory an der Princeton University.

314 https://en.wikipedia.org/wiki/Dean_Radin
315 https://en.wikipedia.org/wiki/Institute_of_Noetic_Sciences
316 http://noosphere.princeton.edu/bio.html
317 http://www.princeton.edu/~pear/

Dr. Dean Radin – PSI-Forschung[318, 319]

Die folgenden Aussagen sind einem Interview entnommen, welches Dean Radin auf seiner offiziellen Internetseite veröffentlicht hat.[320] Besonderer Dank gilt dem Betreiber von Matrixwissen.de, von dem die deutsche Übersetzung erstellt wurde.[321]

Die erste Frage an Dr. Dean Radin:
Wieso werden PSI-Effekte von der Mainstream-Wissenschaft ignoriert?

„Wenn man sich das überwältigende Ausmaß an wissenschaftlichen Beweisen für PSI-Phänomene anschaut, könnte man geneigt sein zu sagen, dass sie eindeutig bewiesen und real sind. Ich würde das anders formulieren, denn in der Wissenschaft geht es weniger um eindeutige Beweise als um den Grad an Gewissheit. Deshalb sage ich lieber folgendes: Der Grad an Gewissheit, dass einige PSI-Phänomene real sind, den ich aufgrund der Versuchsergebnisse erlangt habe, ist extrem hoch. Das ist im Grunde ein Beweis, aber ein absoluter Beweis bedeutet 100%ige Gewissheit und von 100%igen kann man höchstens bei Alkohol sprechen. Warum werden diese Beweise denn nun nicht anerkannt? Ein Grund liegt in der Zersplitterung der Wissenschaft in unterschiedliche Fachbereiche und dass von Wissenschaftlern überhaupt nicht erwartet wird, aus anderen Wissenschaftsbereichen über Fachwissen zu verfügen. Von daher kann man es im Grunde niemandem vorwerfen, dass diese die Beweise nicht ernst nehmen, nachdem ihnen an der Uni gesagt wurde, dass es PSI-Phänomene nicht wirklich gibt.
Die meisten akzeptieren die Aussage einfach, ohne sich je mit den vorliegenden Messdaten zu PSI-Phänomenen zu beschäftigen. In Fällen, wo Menschen von einem neutralen Standpunkt aus beginnen – sie also weder für noch gegen PSI-Phänomene sind und einfach nichts darüber wissen und man ihnen dann die Forschungsergebnisse präsentiert – führt dies ausnahmslos dazu, dass in diesem Menschen das Interesse geweckt wird mehr darüber zu erfahren. Sie glauben das Ganze vielleicht nicht, sind aber von der Thematik fasziniert.

---

318 https://www.youtube.com/watch?v=MvFBxS7nPf0

319 Timecode: 0:04:30-0:10:30 Uhr

320 http://www.deanradin.com

321 https://www.matrixwissen.de/index.php?option=com_content&view=article&id=541%3Adr-dean-radin-research-on-consciousness&catid=65%3Ameta-theorien&Itemid=75&lang=de

Die meisten Menschen sind sich schlicht nicht darüber bewusst, dass diese Forschungsergebnisse bereits vorliegen. Ein zweiter Grund liegt darin, dass es bestimmte Menschen gibt, die sich vehement dagegen aussprechen, PSI-Phänomene als real einzustufen. Aber auch diese Menschen wissen in der Regel fast nichts über die vorliegenden Forschungsergebnisse. Ihre emotionale Reaktion basiert auf dem falschen Glauben, dass wenn PSI-Phänomene real sind, dann muss wohl alles, was ich bisher über die Welt gelernt haben, falsch sein. So etwas zu glauben, führt natürlich zu einer extrem emotionalen Reaktion und man kann mit diesen Menschen nicht auf rationale Weise diskutieren.

Einen dritten Grund findet man bei Menschen, die zwar keine diesbezügliche emotionale Reaktion an den Tag legen, aber felsenfest davon überzeugt sind, dass die Welt auf die ihnen bekannte Weise funktioniert. Diese Sichtweise wurde ihnen in der Regel durch ihre berufliche Tätigkeit eingeschärft. Nehmen wir Neurowissenschaftler als Beispiel. Neurowissenschaftler beobachten tagtäglich, dass das Denken bestimmter Gedanken zu Aktivität in einer bestimmten Gehirnregion führt. Für sie ist das eine offensichtliche Tatsache, dadurch den Zusammenhang zwischen Gehirn und Gedanken entdeckt zu haben. Alles, was noch fehlt, ist ein klitzekleines Mysterium in der Kette an Zusammenhängen, was die Ursächlichkeit betrifft.

Diese Sichtweise ist vermutlich Standard unter Neurowissenschaftlern heutzutage. Das Problem mit diesem klitzekleinen fehlenden Glied zwischen neuronaler Aktivität und der Ursächlichkeit dafür ist, dass niemand die geringste Ahnung hat, wie dieser Aspekt funktioniert. Diese Neurowissenschaftler sollten vielleicht einmal einen Blick auf die Forschungsergebnisse der PSI-Forschung werfen, die zeigen, dass wesentliche Teile der Messdaten über das Gehirn zwar stimmen, aber dass man für eine richtige Interpretation dieser Messdaten nicht lokale Eigenschaften von Bewusstsein berücksichtigen müsste.

Wir wissen zwar nicht genau, wie das Ganze funktioniert, aber unser Bewusstsein ist offensichtlich nicht in unserem Gehirn eingesperrt, denn das Bewusstsein verfügt auch über Aspekte, die Auswirkung auf unser Umfeld, also außerhalb des Gehirns haben können. Wenn ich Neurowissenschaftlern diese Art von Forschungsergebnissen präsentiere, selbst wenn sie aufgeschlossen sind, sagen die meisten, dass kann aber nicht wahr sein, weil das passt nicht zu dem, was ich über Physik weiß.

Aber die meisten Neurowissenschaftler wissen ja gar nichts über Physik, sie geben sogar zu, dass sie nichts von Physik verstehen. Aber sie glauben irgendwie intuitiv zu spüren, dass das Ganze nicht kompatibel zur gängigen Physik ist. Wenn ich hingegen vor Physikern einen Vortrag halte, sagen die mir wiederum, naja, die Physik erlaubt zwar solche Effekte, aber das passt nicht zu dem, was ich über Neurowissenschaft und Biologie weiß.

Aber die meisten Physiker wissen ja gar nichts über Neurowissenschaft und Biologie. Das liegt an der erwähnten Zersplitterung der Wissenschaftsdisziplinen. Als Wissenschaftler verbringen wir praktisch die gesamte Zeit in unserer Spezialdisziplin und ein Wissenschaftler verfügt in einem extrem schmalen Scheibchen der Wissenschaft über sehr umfangreiches Wissen. Ich bin deshalb zu einem Generalisten geworden. Ich weiß zwar ganz schön viel über PSI-Phänomene, aber ich musste mir auch zumindest ein Grundwissen aus einer Vielzahl anderer Disziplinen aneignen.

Dadurch habe ich zumindest ein Verständnis darüber, was das vorherrschende Dogma in den jeweiligen Disziplinen ist. Wenn man sich so einen Gesamtüberblick verschafft, dann stellt man fest, dass es im Grunde überhaupt keine Inkompatibilitäten zwischen den einzelnen Disziplinen gibt. Was es hingegen gibt, sind Herausforderungen bezüglich existierender Annahmen. Aber das sind nur Annahmen – alles in der Wissenschaft sind nur Annahmen. Also ein Teil der Widerstände gegen PSI-Phänomene beruht auf Emotionen. Oft liegt einfach Ignoranz vor, zum Teil sind die Einwände aber auch gerechtfertigt, denn es gibt berechtigte Fragen und auf viele dieser Fragen haben wir inzwischen Antworten, aber die PSI-Wissenschaft ist in keinster Weise abgeschlossen.

Es gibt deutlich mehr Fragen als Antworten. Das sind einige Gründe dafür, warum die PSI-Forschung nicht wirklich ernst genommen wird. Oh, es gibt da noch einen weiteren Grund, wenn man mit Wissenschaftsjournalisten spricht, die im Grunde als Übersetzer für die Bevölkerung fungieren, um dem Normalbürger die neuesten Forschungsergebnisse zu erklären – also das klingt jetzt vielleicht etwas gehässig und ich möchte damit eigentlich keine Wissenschaftsjournalisten beleidigen – aber ich sehe viele von ihnen als gescheiterte Wissenschaftler an. Sie verstehen zwar genug um die Forschungsergebnisse wiedergeben zu können, aber sie wissen nicht wirklich, wie Wissenschaft funktioniert.

Wenn sie sich nämlich wirklich die Zeit nehmen würden, das zu verstehen, worüber sie schreiben, dann würden sie über die PSI-Phänomene nicht auf die zurzeit übliche Weise berichten. Der Wert eines Interviews, wie Sie es gerade mit mir durchführen, liegt darin, dass sie bei Interviews mit Wissenschaftlern, die sich wirklich mit PSI-Phänomenen auskennen, in der Regel völlig andere Antworten erhalten, als wenn sie jemanden interviewen, der die Agenda verfolgt, dass PSI-Phänomene sowieso nur Blödsinn sind.“

Die zweite Frage an Dr. Dean Radin:
Wieso ist die Erforschung von erweitertem Bewusstsein ein Tabuthema?[322]

„Einige Wissenschaftler reagieren sehr emotional auf die Idee, dass sie vielleicht nicht restlos alles verstehen. Wissenschaftler sind in der Regel ziemlich intelligent. Wenn einem das ganze Leben lang immer wieder gesagt wurde, wie intelligent man ist, führt das oft dazu, dass man arrogant wird. Wenn ein Wissenschaftler sich für überdurchschnittlich intelligent hält, und dann kommt jemand daher und sagt „Hey, einige Annahmen, auf denen die Wissenschaft beruht, sind vielleicht falsch und hier sind die Versuchsergebnisse, die das zeigen!“. Dann wird dieser Wissenschaftler sich darüber ärgern und so reagieren, als ob man ihn persönlich angegriffen hätte. Es gibt da also diese emotionale Reaktion.

Als ich zum Beispiel meinen Vortrag bei Google gehalten habe, habe ich das auf die für mich übliche Weise gemacht. Ich interessiere mich zwar für diese Thematik und verbringe meine Zeit damit, aber ich bin deshalb nicht groß emotional. Ich finde das Ganze faszinierend und spannend, aber wenn ich meine Versuchsergebnisse vorstelle, mache ich das auf sehr ruhige und rein auf Versuchsdaten gestützte Weise. Ich habe in den letzten Jahren so ziemlich jede Form von Kritik gehört, die man sich nur vorstellen kann und ich kenne die Standard-Fragen von skeptischen Menschen. Manchmal sind die Fragen etwas nervig, denn sie legen eine gewisse Ignoranz an den Tag.

---

322 Timecode: 0:10:30- 0:12:45

Oft habe ich gerade eine Reihe von Messdaten präsentiert, die diese Fragen eigentlich klar beantworten sollten. Aber die Frage zeigt, dass die Person scheinbar nicht gehört hat, was ich gerade gesagt habe. Das kann etwas nervig sein, aber ich begegne dem Ganzen mit Verständnis. Das Tabu besteht also weiterhin, weil Wissenschaft, genauso wie vieles andere, auf einem bestimmten Glaubenssystem basiert. In der Öffentlichkeit kann man gewisse Dinge einfach nicht hinterfragen.

Ich höre immer wieder von Wissenschaftlern, dass sie zwar fasziniert von PSI-Phänomenen sind, aber sie wissen, dass sie mit ihren Kollegen nicht darüber sprechen dürfen, weil sie sonst die Augen verdrehen und in letzter Konsequenz nicht befördert werden oder keinen Uni-Abschluss erlangen. Man lernt in der Wissenschaftswelt schnell, dass es schlichtweg gefährlich ist, über diese Dinge zu sprechen und deswegen macht das fast niemand."

Dritte Frage an Dr. Dean Radin:
Wie wird sich die PSI-Forschung in Zukunft weiterentwickeln?[323]

„Wohin entwickelt sich das Ganze? Es gibt Argumente, die dafür sprechen, dass die Weiterentwicklung der PSI-Forschung radikal neue Theorien braucht, um radikal neue Experimente voranzutreiben. Das ist ein Ansatz und er ist realisierbar. Ein anderer und viel wichtiger Ansatz besteht darin, die Wahrnehmung der Wissenschaft dafür zu erweitern, was man für vorstellbar hält. Das Positive an Wissenschaft im Allgemeinen ist folgendes: Wenn man die Wissenschaftsmaschinerie auf ein echtes Problem loslässt und genug pfiffige Wissenschaftler einbindet und ihnen genug technische Ausrüstung zur Verfügung stellt, dann lassen sich dadurch alle möglichen Probleme lösen.

Wir stehen hier vor einem Problem, das vermutlich größer ist, als alle Probleme, vor denen die Wissenschaft bisher gestanden hat. Denn es geht hier um den ganzen Bereich von Bewusstsein und Subjektivität, der ein riesiges Mysterium darstellt. In der Vergangenheit war der Ansatz stets, dass ein paar vereinzelte, unorthodoxe Wissenschaftler ihr Bestes geben, um etwas zu erforschen, aber dabei ist die Geschwindigkeit des Forschungsfortschritts stets gering. Wenn man sich jedoch

323 Timecode: 0:24:10 bis 0:27:15

in eine alternative Welt begeben könnte, in der diese Fragestellung plötzlich zur zentralen Forschungsfrage würde, in die Milliarden an Forschungsgeldern investiert würden, anstatt nur minimalste Beträge, wie das zurzeit der Fall ist, dann würde der Forschungsfortschritt zunehmen.

Selbst in diesem günstigen Fall ist es gut möglich, dass es eher langsam vorangeht, weil das Problem so groß und von so fundamentaler Natur ist. Aber es würde zumindest schneller vorangehen, als es zurzeit der Fall ist. Der nächste Schritt könnte also darin bestehen, junge Menschen zu erreichen, die noch nicht in diesen eingefahrenen Bahnen denken und die nicht die alten Überzeugungen darüber teilen, wie diese Problemstellung angegangen werden sollte. Man müsste mehr junge Menschen über die vorliegenden Beweise zu PSI-Phänomenen aufklären.

Man kann Wissenschaftler im Grunde in verschiedene Altersgruppen einordnen. Wenn jemand an der Uni Physik oder Psychologie studiert hat und diese Person inzwischen über 40 ist, dann ist es zu spät, um nochmals umzudenken. Mit 40 hat man die ganzen Dogmen der Neurowissenschaft und die Überzeugungen der Physik, was möglich ist, unwiderruflich geschluckt. Man kann sein gelerntes Wissen dann nicht einfach so über den Haufen werfen. Wenn man hingegen junge Menschen erreicht, die unter 40 oder vielleicht sogar unter 30 sind, dann haben sie den Vorteil, dass ihnen zwar das alte Wissen vermittelt wurde, aber sie glauben noch nicht so dogmatisch daran wie die älteren Wissenschaftler.

Ihre Karriere und vieles andere hängt noch nicht so sehr davon ab und sie können das alte Wissen noch auskotzen und auf neue Weise arrangieren. Die Geschichte der Wissenschaft zeigt uns, dass echte Weiterentwicklung stets nur auf diese Weise erfolgt ist. Man nutzt zwar all das vorhandene Wissen, aber man lässt sich nicht durch dieses Wissen limitieren. Dadurch kann es zu echten Durchbrüchen kommen.“

XII

GOTT, DIE GÖTTER UND DER SCHÖPFER

GOTT, DIE GÖTTER UND DER SCHÖPFER

Klage der Sehnsucht und Lachen des Wissenden,
Schrei des Zorns und Stöhnen der Sterbenden,
alles war eins, alles war ineinander verwoben
und verknüpft, tausendfach verschlungen.
Und alles zusammen,
alles Sehnen,
alle Leiden,
alle Lust,
alles Gute und Böse,
alles zusammen war die Welt.
Alles zusammen war der Fluss des Geschehens,
war die Musik des Lebens.

(Hermann Hesse, Siddharta, 1922)

Im ersten Buch der Trilogie, „Der verratene Himmel – Rückkehr nach Eden" bin ich der Frage auf den Grund gegangen, wie das Leid in die Welt kam und ob es eine Zeit gab, in der die Menschen in paradiesischer Einheit mit sich und der Natur auf der Erde lebten. Seit meiner Jugend gehe ich der Frage nach, ob Kriege und Mangel mit ihren Begleiterscheinungen Leid und Angst notwendig zum Leben der Menschen gehören. Ich suchte nach einer plausiblen Antwort auf die Frage, warum wir auf der Erde dieses unfassbare Leid erfahren. Müssen wir dieses Leid wirklich als von Natur aus gegeben akzeptieren?

Durch eine Verkettung von „Zufällen", die es vielleicht nicht gibt, war ich unter anderem auf die verschiedenen Erscheinungsformen von – neutral formuliert – „negativen Energieträgern" gestoßen und wollte herausfinden, wie und warum sie auf diesen Planeten gekommen sind. Dies erwies sich als kein leichtes Vorhaben, vor allem, weil sich diese dunklen Kräfte mit aller Macht gegen ihre Entdeckung und Aufklärung ihrer Absichten und Strategien zu Wehr setzten. Die Steine, die mir in den Weg gelegt wurden, als ich seinerzeit mit der Recherche dieses Themas begann, entpuppten sich als ernstzunehmende Verhinderungsentitäten, die trotz ihrer Schattenexistenz sehr reale und bedrohliche Situationen kreieren konnten und kreiert haben, wie ich es deutlich zu spüren bekam.

Eine der Erscheinungsformen dieser „negativen Energieträger“ war aus alten gnostischen Texten bekannt und wurde dort als Archonten bezeichnet. Die Nachforschungen zu diesen Wesen brachte mich zur Schöpfungsgeschichte in der Formulierung der christlichen Religionen, in der unter anderem steht: In dem Garten Eden gab es allerlei Bäume. Zwei Bäume aber hatten eine herausragende Bedeutung: der Baum des Lebens und der Baum der Erkenntnis des Guten und Bösen (1. Mose 2,9). Gott verbot Adam (und damit natürlich auch Eva), von dem Baum der Erkenntnis des Guten und Bösen zu essen und stellte diese Sünde gewissermaßen unter Todesstrafe: Von dem Augenblick des Verzehrs der verbotenen Frucht würde der „Keim“ des Todes in den Menschen gelegt werden – der Tod war nur noch eine Frage der Zeit (1. Mose 2,17). „Der Lohn der Sünde ist der Tod.“ (Rö. 6,23)

Je tiefer ich in das Thema einstieg, desto klarer wurden mir die Zusammenhänge. Dabei richtete sich mein brennendes Interesse erneut auf die Frage, warum, um Gottes Willen, sollten Adam und Eva nicht vom Baum der Erkenntnis essen? Sind wir nicht genau dazu auf die Welt gekommen? Um unseren Horizont zu erweitern und unser Wissen zu mehren? Warum also dieses Verbot?

Der andere Haken an dieser Geschichte, den ich mit meinem Weltverständnis nicht in Einklang bringen konnte, war, dass es in meinen Augen niemals Gott, also die Kraft, der für mich der Allschöpfer ist, sein konnte, der dieses Verbot ausgesprochen hat. Denn Gott, so bin ich überzeugt, liebt uns und will, dass wir wissen, erfahren und uns grenzenlos entfalten. Wenn also überhaupt eine geringe Möglichkeit übrigblieb, dass es doch Gott – wie ich ihn verstehe – war, der dieses Verbot ausgesprochen hatte, dann nur zu unserem Schutz. Und wenn dem so war, wovor wollte er Adam und Eva schützen? Mit diesen Fragen im Gepäck machte ich mich auf den Weg.

Ich befasste mich noch einmal mit den Übersetzungen der alten gnostischen Schriften von Nag Hammadi, die 1945 in Ägypten gefunden wurden und den Berichten über ihre Entdeckung und den Diskussionen über ihre Inhalte. Dabei wurde sehr deutlich, dass die Menschen damals jene Erkenntnisse bereits besaßen, um sich aus dem bewussten Schatten hin zum wahren Licht zu bewegen, wie es der folgende Satz aus dem Buch von Konrad Dietzfelbinger *„Schöpfungsberichte aus Nag Hammadi"*[324] treffend formuliert: ***„Die Aufgabe des Menschen ist es also nicht, sich für das Gute im Bereich der Schatten zu entscheiden und dort das Böse zu bekämpfen, sondern zu erkennen, dass er im Schatten lebt, in dem der Dualismus von Gut und Böse herrscht, um sich wieder vom Schatten weg der wahren Realität zuzuwenden, die das wahre Licht ist."***

Konrad Dietzfelbinger, geboren 1940, ist Diplomsoziologe und promovierter Germanist und ist unter anderem Herausgeber der Nag-Hammadi-Texte, die (in vier Bänden) zwischen 1988 und 1995 veröffentlicht wurden. Eines seiner Hauptanliegen ist, das ursprüngliche Christentum wieder sichtbar zu machen: *„Wer zu den Wurzeln der Evangelien zurückgeht, die in Nag Hammadi gefundenen gnostischen Schriften ernst nimmt und so den Weg des Christentums unter allen Verflachungen und Verkrustungen freilegt, wird erst erkennen, welche Stellung diese Religion unter den anderen Weltreligionen einnimmt. Er wird erleben, dass das richtig verstandene Christentum gerade für den westlichen Menschen die Pforte zur Verwirklichung des wahren Selbstes ist."*

In unserer westlichen Gesellschaft ist es in den letzten Jahren modern geworden, sich mit der Formulierung von Werten zu befassen. In jüngster Vergangenheit gaben die Konflikte dazu Anlass, die durch den zunehmenden Zuzug von Menschen aus anderen Kulturkreisen in vielen westeuropäischen Ländern aufkamen. Davor war es den Wirtschaftswissenschaftlern geschuldet, die erkannt hatten, dass die Produktivität von Unternehmen nicht nur technologischen Vorteilen geschuldet ist, sondern auch der Mentalität der

324 Königsdorfer Verlag ISBN 9 783938 156179

Mitarbeiter in einem Unternehmen, wenn diese die gleichen Werte teilen. Seitdem haben Kommissionen in praktisch allen großen Unternehmen eigene Wertekataloge aufgestellt, in denen formuliert wird, welche Philosophie das Unternehmen nach Innen und Außen verfolgt.

Die Suche nach verbindlichen Werten als festem Anker für die eigene innere Haltung ist in einer Zeit, die so starken und schnellen Veränderungen unterliegt, wie wir es gerade erleben, nicht nur für Unternehmen dringend angezeigt. Man würde sich wünschen, dass sich Banken und Parteien der Aufgabe stellen, ihre Wertmaßstäbe und ihren Verhaltenskodex zu überdenken und sich dazu öffentlich zu bekennen. Dabei müsste man das 8. Gebot „Du sollst nicht stehlen" erweitern auf „Du sollst mit dem Geld anderer Leute, die es dir anvertrauen, so umgehen, als wäre es dein eigenes".

Mit der Ausnahme von Diktaturen, in denen es die politisch Herrschenden übernahmen, den Menschen vorzuschreiben, wie sie zu denken hatten, waren es in den vergangenen beiden Jahrtausenden die Kirchen und Religionen, die die richtungsweisenden Aussagen zu Moral und Gewissen machten. Die römisch-katholische und die anderen christlichen Kirchen stützen sich dabei auf die Bibel nach dem Alten und dem Neuen Testament. Weder vom ersten noch vom zweiten existiert eine verbindliche Urschrift. Nachgewiesen ist, dass die Kirche spätestens nach ihrer Erhebung zur einzigen Staatsreligion unter den Kaisern Theodosius I. (Ostrom) und Gratian (Westrom) im Jahr 380 systematisch alte urchristliche Schriften hat verbrennen lassen. ***„Und es ist wohl auch kein Zufall, dass, kurz nachdem Hieronymus in Rom die Bibel erstmals in lateinischer Form vereinheitlichte, die größte Bibliothek der Antike in Alexandria (im Jahr 389) durch Brandstiftung in Flammen aufging, angeblich "versehentlich". Die Mönche der Kirche hätten "doch nur" den benachbarten heidnischen Tempel in Schutt und Asche legen wollen."***[325]

Konrad Dietzfelbinger war nicht der Einzige, den das Studium der in Nag-Hammadi gefundenen Schriften zu einer inneren Überzeugung geführt hat,

325 Der Theologe', Hrsg. Dieter Potzel, Ausgabe Nr. 14: Hieronymus und die Entstehung der Bibel, https://www.theologe.de/theologe14.htm

die die Setzungen der Amtskirchen nicht widerspiegeln. Der Theologe und ehemalige evangelische Pfarrer Dieter Potzel (geboren 1959), trat 1992 wegen gravierender Gegensätze zwischen der Kirche und der Lehre von Jesus von Nazareth aus der Evangelisch-Lutherischen Kirche aus. Er weist darauf hin, dass die Kirche vielfach sogar ihrer eigenen Bibel widerspricht, wie es beispielhaft am Widerspruch zwischen Martin Luther und Jesus von Nazareth dargelegt ist. Potzel zitiert aus einer Tischrede von Luther über Prediger, Gott habe ein "Amt des Wortes" befohlen: *"Gott ist wunderbar, der uns Predigern das Amt seines Wortes befiehlt, mit dem wir die Herzen der Menschen regieren sollen ..."*[326]

Die Aufforderung von Jesus war aber: *"Folge mir nach"*, aber er beruft niemanden in ein "Amt des Wortes". Vor den Predigern warnt er: *"Alles nun, was sie [die Schriftgelehrten] euch sagen, das tut und haltet; aber nach ihren Werken sollt ihr nicht handeln; denn sie sagen´s zwar, tun´s aber nicht. Sie binden schwere und unerträgliche Bürden und legen sie den Menschen auf die Schultern; aber sie selbst wollen keinen Finger dafür krümmen. Alle ihre Werke tun sie, damit sie von den Leuten gesehen werden ... Sie sitzen gern obenan bei Tisch ... und haben´s gern, dass sie auf dem Markt gegrüßt und von den Leuten Rabbi genannt werden. Aber ihr sollt euch nicht Rabbi nennen lassen; denn einer ist euer Meister; ihr aber seid alle Brüder." (Matthäus 23, 3-8) "Weh euch, Schriftgelehrte und Pharisäer, ihr Heuchler, die ihr das Himmelreich zuschließt vor den Menschen! Ihr geht nicht hinein, und die hinein wollen, lasst ihr nicht hineingehen." (Matthäus 23, 13) "Weh euch, Schriftgelehrte und Pharisäer, ihr Heuchler, die ihr Land und Meere durchzieht, damit ihr einen für euren Glauben gewinnt; und wenn er´s geworden ist, macht ihr aus ihm ein Kind der Hölle, doppelt so schlimm wie ihr."* (Matthäus 23, 15)

So wäre es auch kein Wunder, wenn in den dunklen Kellergewölben in Rom tatsächlich weitere Informationen über Jesus und das Urchristentum unter Verschluss gehalten würden. Denn so sprach Kirchenvater Hieronymus, der Letzt-Verfasser der katholisch verbindlichen Bibel, der lateinischen Vulgata, z. B. von einem "geheimen" Urtext des Matthäusevangeliums, der sich von

326 Tischreden, Luther Deutsch, Band 9, a.a.O., Nr. 318

dem biblischen unterscheide. Und manche Überlieferung ist bereits im Neuen Testament selbst, das ja im Auftrag von Papst Damasus I. im vierten Jahrhundert "vereinheitlicht" wurde, verfälscht dargelegt.[327] Allein dieser Umstand müsste eigentlich genügen, um auch der kirchlichen Bibel zu misstrauen. Eine bleibende Frage für alle Gottsucher lautet deshalb: Wo findet man heute die unverfälschte Wahrheit über Jesus?

Eine mögliche Antwort dazu: Neben all den Fragmenten gab es zu allen Zeiten auch einen lebendigen Gottesgeist, der durch Mystiker und Propheten sprach. Diese Propheten kamen meist auf den Scheiterhaufen der Kirche ums Leben. Doch waren dies keineswegs die "falschen" Propheten, vor denen einst Jesus gewarnt hatte. Denn die Kriterien zur Unterscheidung von "richtig" und "falsch" sind nach dem Alten Testament und Jesus folgende: *"Wenn ein Prophet im Namen des Herrn spricht und sein Wort sich nicht erfüllt und nicht eintrifft, dann ist es ein Wort, das nicht der Herr gesprochen hat. Der Prophet hat sich nur angemaßt, es zu sprechen. Du sollst dich dadurch nicht aus der Fassung bringen lassen"*. (5. Mose 18, 22)

"An ihren Früchten sollt ihr sie erkennen." (Matthäus 7, 20-21) Und die meisten der Ermordeten hatten nun richtig prophezeit, und ihr Leben wies nachweislich "gute Früchte" auf, während die Geschichte der Kirche von einer grässlichen Blutspur durchzogen ist, deren Verursacher bis heute vielfach als "Heilige" und "Selige" verehrt werden. Zudem hatte Jesus gesagt: Die Schriftgelehrten – heute könnte man sagen "die Theologen" – haben sich auf den "Stuhl des Moses" gesetzt *(Matthäus 23,2)*, des großen Gottespropheten des Alten Bundes. Und im Katholizismus heißt es sogar wortwörtlich, dass das Prophetenamt auf die Priester, also auf schriftgelehrte Theologen, übergegangen sei (z. B. Vatikan-Dokument *Kongregation für den Klerus, 1994*). Und betrachtet man die Früchte der Priester, seitdem angeblich das Prophetenamt auf sie übergegangen sei, dann kann sich jeder daraus selbst erschließen, wer die "falschen Propheten" sind, welche die Menschen in die Irre geführt haben und bis heute in die Irre führen".[328]

327 https://www.theologe.de/theologe14.htm

328 'Der Theologe', Ausgabe Nr. 15: Die Essener und die Schriften von Qumran (Würzburg 1992, http://www.theologe.de/theologe15.htm (Fassung vom 9.4.2016)

Vor diesem Hintergrund wurde mir klar, dass die Aussagen, die Jesus von Nazareth formuliert hat und die den christlichen Werten verbindlich zugrunde liegen sollten, offenbar mit vielem, was von kirchlicher Seite an Schriften verbreitet wird, herzlich wenig zu tun hat. Ein gutes Beispiel dafür ist der Umgang der Kirche mit dem Thema Reinkarnation, das gerade in den letzten Jahren eine Renaissance erlebt hat. Auch hierzu sind an anderer Stelle schon viele wertvolle Gedanken formuliert worden, von denen ich hier gerne einige anführe: *„Gnostische Gruppen kannten die Lehre der Reinkarnation, welche in der orphisch-pythagoreischen Tradition Griechenlands geläufig war. Die Reinkarnationslehre war in der Antike stark verbreitet. Herodot fand sie bei den Ägyptern und Vergil zitiert sie in der Äneis. Auch im antiken Nordafrika, Vorder- und Mittelasien, von Anatolien (Türkei) und Ägypten bis nach Persien war die Seelenwanderung allgemeines Gedankengut. Die Katharer im Hochmittelalter kannten sie ebenfalls, und esoterische Kreise halten noch heute daran fest.*

Die Reinkarnationslehre geht aber auch auf die strittigen Lehren des Origenes zurück, die das fünftes und sechstes Jahrhundert stark beschäftigten. Origenes (ca. 185 – 254) war ein alexandrinischer Lehrer und ist der christlichen Kirche als umstrittener Kirchenlehrer und Kirchenvater bekannt. Er war ein Schüler des geheimnisvollen Philosophen Ammonius Saccas aus Indien, auch Ammonius der Saker genannt, und des Clemens von Alexandrien (ca. 150 – 214). Mit Origenes soll zu Beginn des zweiten Jahrhunderts eine neue Phase der Hellenisierung des Christentums begonnen haben, deren Hauptherd die Katechetenschule zu Alexandrien war. Origenes lehrte die Präexistenz der Seele und die Apokatastasis[329], die Leugnung der Ewigkeit der Höllenstrafen, womit er die Gleichwerdung der Menschen mit dem Christus nach dem Tode (durch die Apokatastasis) vertrat. Seine Lehren stützten sich auf die der großen griechischen Philosophen Pythagoras, Plato und Plotin. Von Origenes' Schriften ist leider nur noch ein Bruchteil vorhanden, da ein Großteil seiner Schriften wegen der Reinkarnationslehre vernichtet wurden." Im Jahr 553

329 Apokatastasis bedeutet im weiteren Sinne die Möglichkeit, dass noch einmal alle selig werden können, auch die in diesem Leben Gott beharrlich widerstrebt haben. Anhänger der Allversöhnungslehre waren Origenes, Zinzendorf Oetinger, Schleiermacher, Blumhardt, Vater und Sohn (Brockhaus-Lexikon). Zustand der Versöhnung und Einheit aller Wesen mit Gott, so wie es am Anfang gewesen sein soll. (Wikipedia)

wurde aufgrund von Beschlüssen des 5. oek. Konzils von Konstantinopel der Bann über Origenes erneuert und die Reinkarnationslehre als Lehrgehalt gestrichen.[330]

„Die Kirche hat das Wissen um das Gesetz von Saat und Ernte und um die Reinkarnation aus dem Christentum gestrichen. Dadurch führte und führt sie unzählige Menschen in die Verzweiflung und in die Irre und bringt sie bis heute um die großen Chancen ihres Lebens. Sie hat dieses Urwissen der Menschen ersetzt durch ein angebliches "Geheimnis Gottes" und durch die angebliche Vermittlung des Heils durch Pfarrer und Priester. Die Folgen dieser Fälschungen sind enorm: ***Wie viele Kriege, Gewalttaten und persönliche Katastrophen hätten verhindert werden können, wenn die Menschen um die Reinkarnation und um die Gesetzmäßigkeiten von Saat und Ernte gewusst hätten! Die Schuld der Kirche am Zustand dieser Welt ist auch aus diesem Grund unermesslich und lässt sich in Worten nicht annähernd wiedergeben."***[331]

Aus diesem Grund ist es nach meiner Einschätzung von unermesslichem Wert, genau hinzuschauen, was von dem ursprünglichen Wissen um unsere Herkunft und dem Zweck unserer Existenz aus erster Hand überliefert und nicht durch eine Umschreibung durch spätere Kirchenpolitik verfälscht wurde. Ich bin dankbar zu wissen, dass meine Bemühungen bei euch auf fruchtbaren Boden fallen.

330 http://www.puramaryam.de/reinkarnationsbann.html

331 'Der Theologe', Ausgabe Nr. 2: Reinkarnation – Urwissen der Menschheit und urchristlicher Glaube, https://www.theologe.de/theologe2.htm

DIE HYPOSTASE DER ARCHONTEN (NAG-HAMMADI-CODEX II,4)

Hypostase (griechisch ὑπόστασις hypóstasis, allgemein: **„Grundlage"**, philosophisch: **„Seinsstufe"**) ist ein Begriff, der seit der Spätantike in philosophischen Texten verwendet wird. Neben seinen bisherigen allgemeinen, dehnbaren Bedeutungen erhielt der Begriff *Hypostasis* in der griechischen Philosophie der römischen Kaiserzeit (27 v. Chr. bis 284 n. Chr.) aber auch eine konkrete Bedeutung als Fachbegriff, vor allem im Neuplatonismus. **In dieser Verwendung bezeichnet er eine eigenständige Existenzform, die von anderen Existenzformen abgegrenzt werden soll.** Damit ist nicht die Existenz von Einzeldingen gemeint, die von anderen Einzeldingen derselben Art unterschieden werden, **sondern eine besondere Art des Bestehens, der Realität.** Die Hypostase der Archonten bedeutet demnach „Seinsstufe der Archonten".

Der ‚Hypostase der Archonten' widmete Ursula Ulrike Kaiser ihre Dissertation, die 2006 als Buch erschien[332] und 2007 mit dem Alexander-Böhlig-Preis ausgezeichnet wurde. Sie studierte Germanistik und evangelische Theologie in Berlin und Bern und promovierte und habilitierte im Fach Neues Testament. Ordination in der Ev. Kirche Berlin-Brandenburg-schlesische Oberlausitz. Seit 2016 akademische Rätin an der Universität Duisburg-Essen im Institut für Evangelische Theologie im Bereich Bibelwissenschaften. Die folgenden Auszüge habe ich ihrem Buch entnommen sowie dem von Hans-Martin Schenke und Hans-Gebhard Bethge herausgegeben Werk „Nag Hammadi Deutsch: NHC I,1-V,1: Die griechischen christlichen Schriftsteller

332 Die Hypostase der Archonten (Nag-Hammadi-Codex II,4), Hrsg. v. Kaiser, Ursula Ulrike, Verlag Walter de Gruyter, Berlin, 2006, ISBN 978-3-11-091689-8 <https://www.degruyter.com/view/product/175495>

der ersten Jahrhunderte".[333]

Der Nag-Hammadi-Codex II,4 beruht auf einer Autopsie des Codex im Koptischen Museum zu Alt-Kairo. Der sprachlichen Erschließung des Textes dient das umfassende grammatische Register, das in der bewährten Tradition des Berliner Arbeitskreises für koptisch-gnostische Schriften steht. Die Kommentierung des Textes konzentriert sich auf den Text in seiner vorliegenden Form. Mögliche Vorformen und Traditionen werden dabei (insbesondere im Blick auf UW NHC II,5) diskutiert.

Mit „UW NHC II,5" ist die **„Die Schrift ohne Titel"** gemeint, ein unter den Nag-Hammadi-Schriften gefundener gnostischer Text **„Über den Ursprung der Welt"** – wie die Schrift auch manchmal genannt wird. Sie hat ihre endgültige Gestalt vermutlich erst Ende des 3. oder Anfang des 4. Jahrhunderts erhalten, greift aber auf zahlreiche ältere Quellen zurück. (Im ersten Buch der Trilogie, „Der verratene Himmel – Rückkehr nach Eden" (2014)[334] ist dem Text **„Über den Ursprung der Welt"** ein wichtiges Kapitel gewidmet.) Die Schrift schildert kein umfassendes gnostisches System und kann auch keiner bestimmten gnostischen Schule zugeordnet werden, sondern konzentriert sich vor allem auf die Entstehung des Menschen und deutet das Geschehen des Sündenfalls in völlig neuer Weise. Das Ende der Welt wird im Sinn einer umfassenden Erlösungslehre dargestellt.[335]

Die „Hypostase der Archonten" (HA) ist heute nur noch in einer einzigen Abschrift vorhanden, und auch diese wurde erst 1945 als Teil des Handschriftenfundes von Nag Hammadi in Oberägypten per Zufall wiederentdeckt. Was zur Vernichtung oder zumindest zum jahrhundertelangen Vergessen gnostischer Schriften einschließlich der HA geführt hat, war im Wesentlichen das Erstarken großkirchlicher Strukturen im drittes und viertes Jahrhundert nach Christus. In den Inhalten der HA geht es in erster Linie um

333 Koptisch-Gnostische Schriften, 2, Verlag Walter de Gruyter, Berlin, 2001, ISBN-13: 978-3110172348,

334 Dieter Broers Verlag

335 https://anthrowiki.at/Die_Schrift_ohne_Titel#cite_note-1

die Konsequenzen, die eine „Archontenlehre" für die Menschen hat. Nach einem kurzen Einleitungsabschnitt geht die HA sofort in medias res, in dem sie – ohne nähere Situationsbeschreibung – von der Selbstüberhebung des Obersten der Archonten berichtet, der sich anmaßt, der einzige Gott zu sein.

In den Nag-Hammadi-Schriften spielt **Noreia** eine wesentliche Rolle. Hier eine kurze Zusammenfassung über sie: **Noreia** (auch *Norea*) ist in den Nag-Hammadi-Schrift *„Die Hypostase der Archonten"*[336] die Frau des Noah, die nicht in die Arche geht, sondern dem höchsten Gott dient. Die Sintflut und der Bau der Arche werden von den Archonten veranlasst. Nach dieser Schrift ist Noreia die letztgeborene Tochter von Adam und Eva, die Jungfrau, welche die Kräfte (die Archonten) nicht befleckt haben. Noah lässt Noreia (darum?) nicht in die Arche gehen, woraufhin Noreia diese verbrennt. Die Figur gehört zu einem Zweig der Gnosis, der das weibliche Element des Göttlichen betont. Diese gnostische Richtung ist ursprünglich in Syrien beheimatet. Sie kommt außer in Nag Hammadi bei den Mandäern,[337] sowie in Dura Europos[338] vor. Bischof Epiphanius von Salamis[339] erwähnt Noreia in seinem Werk Panárion.[340]

336 https://www.degruyter.com/view/product/175495

337 https://de.wikipedia.org/wiki/Mandäer

338 https://de.wikipedia.org/wiki/Dura_Europos

339 https://de.wikipedia.org/wiki/Epiphanios_von_Salamis

340 Epiphanius, Panarion I,26,3–9; englische Übersetzung: Frank Williams: The Panarion of Epiphanius of Salamis A Treatise Against Eighty Sects in Three Books, Book I, Section 2, Part 26.

GOTT UND DER SCHÖPFER

Die „Hypostase der Archonten" (HA) greift in aller Klarheit auf die biblische Schöpfungsgeschichte zurück, die jedoch in einer sehr eigenen Akzentuierung und Ausdeutung geschildert wird. Zu den wesentlichen Modifikationen gehört, **dass der Schöpfer des Menschen NICHT der höchste Gott ist, sondern der inferiore Archont mit seinen Kindern.** Dennoch gibt es eine partielle Gottebenbildlichkeit des Menschen, die ihn mit der transzendenten Lichtwelt verbindet.

In diesem Buch geht es in erster Linie um die Konsequenzen, die eine „Archontenlehre" für die Menschen hat. Bereits in der Einleitung des Buches wird von der Selbstüberhebung des obersten des Archonten berichtet, der sich anmaßt, der einzige Gott zu sein. Diese Blasphemie ruft den Widerspruch jener göttlichen Wesen hervor, die sich oberhalb des Archonten in der transzendenten Lichtwelt befinden, die im Übrigen auch die Unvergänglichkeit genannt wird. Die Archonten verlieben sich in das Spiegelbild Gottes, wollen es ergreifen, können es aber nicht. Sie versuchen es daraufhin mit einer List und formen nach dem Aussehen jenes Bildes – und nach ihrem – einen Körper aus Staub von der Erde, der durch seine Ähnlichkeit das Spiegelbild anlocken soll.

Als den Archonten die Aufrichtung ihres aus Staub geformten menschlichen Gebildes durch Einhauchen ihres Atems nicht vollständig gelingt, kommt es zu einer „Intervention von oben". Der Geist aus dem Land Adamantine kommt herab und belebt durch seine Einwohnung den Menschen. Diese bleibt aber nicht dauerhaft im Menschen, sondern begibt sich, als die Archonten Adam einschläfern und die Frau von ihm trennen, zuerst in diese Frau, um dann auch aus dieser Frau wieder zu entweichen, bevor die Archonten erneut von Begierde ergriffen werden und sie vergewaltigen.

Der Mensch wird so zum Spielball zwischen den oberen und unteren Mächten; die Archonten wollen mit seiner Hilfe das göttliche Bild einfangen und sich verfügbar machen, wozu sie sich vorwiegend des Mittels der sexuellen Gewalt bedienen. Der Geist jedoch entzieht sich diesen Anschlägen unbeschadet und lässt nur seine menschliche Hülle zurück.

Als nächstes bedient er sich der Schlange und verleitet die Menschen zum Essen vom verbotenen Baum der Erkenntnis. Erneut kommen die Archonten zu spät, können den Geist nicht mehr ergreifen und das Essen der verbotenen Frucht nicht mehr verhindern. Als Reaktion werfen sie die Menschen aber zumindest aus dem Paradies, um über sie ein schweres, mühseliges Leben zu verhängen, welches sie diesen Geist und die Erkenntnis, die sie durch das Essen vom Baum erfahren haben, vergessen lässt und dagegen den Archonten gefügig macht.

In dieser Welt gebiert die geschändete Eva Kain und dieser tötet seinen Halbbruder Abel. Aber der höchste Gott, der schon zuvor für Abel Partei ergriffen hat, deckt die Tat auf und straft Kain. Auch bei der Zeugung und Geburt der nächsten beiden Kinder Adams und Evas, bei Seth und Noreia, lenkt dieser Gott im Hintergrund erneut die Geschehnisse.

Entsprechend bessert sich daraufhin die Menschheit, die von diesem Geschwisterpaar ihren Ursprung nimmt und mit Noreia nun über eine – im Gegensatz zu der geschändeten Eva – nicht von den Archontenmächten befleckte Urmutter verfügt. Die Reaktion der Archonten auf diese Entwicklung, die ihrer Macht zu entrinnen droht, ist der Beschluss zur vernichtenden Sintflut. Dieses Mal ist es einer aus ihren eigenen Reihen, der diesen Plan vereitelt: Sabaoth, der Gott der Heerscharen, in dessen Namen ein deutlicher Bezug zum alttestamentlichen Gott vorlegt, warnt Noah und befielt ihm den Bau der Arche. Als Noreia zu Noah kommt, weist dieser sie ab. Auch die Zerstörung der Arche durch Noreia kann Noah nicht umstimmen. Er vertraut für seine Rettung weiterhin auf Sabaoth und folgt mit dem erneuten Bau der Arche dessen Gebot.

Damit verlässt die HA die biblische Urgeschichte und berichtet von einem letzten Versuch der Archonten, sich des Geistigen in menschlicher Gestalt, nämlich Noreias, durch Vergewaltigung zu bemächtigen. Noreia ruft zum

höchsten Gott um Hilfe und bekommt den großen Engel und Lichtgeber Elelith gesandt, der sie einerseits aus ihrer prekären Lage befreit und andererseits umfassend belehrt.
Während die teilweise auffällig umgedeutete Urgeschichte, die in erster Linie über die Herkunft der Menschen berichtet, in erzählender Form präsentiert wurde, handelt es sich nun um einen Offenbarungsdialog zwischen Noreia und Elelith. Noreia berichtet zugleich etwas über ihre eigene Herkunft, das über die Angaben in der Urgeschichte hinausgeht bzw. diese weiterführt, nämlich über ihre himmlische Verwurzelung. Die Ausführungen Eleliths befassen sich mit dem Ursprung der „Mächte" – wie die Archonten auch genannt werden. Hier erfahren wir etwas über die grenzenlosen Äonen, wo die Handlung nun ihren Ausgang nimmt.

Wichtig wird hierbei die Pistis Sophia, die etwas allein – d.h. ohne ihren nicht näher genannten Gefährten – vollbringen will, und dabei ein „himmlisches Abbild" erzeugt, das durch einen Vorgang, der die obere Lichtwelt von der darunterliegenden, finsteren, materiellen Welt trennt, in seinen Umrissen nach unten projiziert wird. Hierdurch materialisiert sich dort unten daraufhin ein Ungeheuer, das als Fehlgeburt charakterisiert wird und zu jenem obersten Archonten wird. Dieser Oberarchont, der vorerst noch allein ist, äußert die bereits vom Anfang der HA bekannte Blasphemie, wird von einer Himmelsstimme zurechtgewiesen, verlangt daraufhin einen Beweis und sieht in einer Lichterscheinung von oben die Sophia herab- und wieder hinaufsteigen. Daraufhin erschafft sich der **Archont einen eigenen Herrschaftsbereich innerhalb der grenzenlosen Materie** und außerdem sieben Kinder nach seinem eigenen Vorbild. Diesen Kindern gegenüber wiederholt er seine falsche Behauptung, **der Gott des Alls zu sein.**

In einem Gespräch zwischen Noreia und Elelith versichert Noreia, dass sie nicht zu den Archonten, sondern zum ewigen Vater gehört. In diesem ist die Rede von der zukünftigen Offenbarung des **Geistes der Wahrheit**, der in den Kindern Noreias wohnt und sie von der körperlichen und geistigen Fesselung durch die Archonten befreien wird, so dass sie zum grenzenlosen Licht aufsteigen können, aus dem ihr geistiger Anteil gekommen ist.

Der unbekannte Urheber des Textes kannte und benutzte z. T. das alttestamentarische Material, vor allem aus den ersten Kapiteln der Genesis und bedient sich u. a. einer Sprache, die an die Ausdrucks- und Denkweise des Johannesevangeliums erinnert. Es kann daraus geschlossen werden, dass der Verfasser der HA-Texte – sowie die Empfänger seiner Schriften – die Schrift Paulus' als Autorität anerkannte und zweifellos einige seiner Briefe kannte und sie alle sicherlich auch mit den Schriften des Johannes vertraut waren und somit als Christen identifizierbar sind.

Als solche vertraten sie eine gnostisch-dualistische Weltsicht, die die Weltschöpfung einem niederen, schlechten Gott zuschrieb und die wusste, dass sich die „Kinder des Lichts" mit den „Mächten der Finsternis" im Kampf befanden. Es ist davon auszugehen, dass mit dem „Kampf" die tägliche Anstrengung gemeint ist, das spirituelle Leben von den irdischen Ablenkungen und Mühsalen, die die Archonten, die „Mächte dieser Welt" über die Menschen verhängt haben, freizuhalten.

DIE FORMUNG DES MENSCHEN (P. 87,23-88,3)

Dem Beschluss der Archonten „Kommt, lasst uns einen Menschen aus dem Staub der Erde erschaffen!" (p. 87,23 – 26) folgte die Durchführung ihres Vorsatzes (p. 87,26f). Bemerkenswert ist, dass die Gottebenbildlichkeit aus Gen. 1,26 f hier allein auf die irdisch-materielle Seite des Menschen bezogen wird, und dass der weitere Handlungsverlauf, in dem die Beseelung des Menschen und die Einwohnung des Geistes geschehen, erst die nächsten zwei Aspekte des Schöpfungsprozesses sind. Damit unterscheidet sich die Darstellung des Schöpfungsaktes des Buches „Hypostase der Archonten" vom Apokryphon des Johannes (**AJ**), wonach der im Anschluss an Gen. 1,26 formulierte Ausspruch „Kommt, lasst uns einen Menschen nach dem Bild und nach unserem Bild“! (NHC II,1p. 15,2f par) die Erschaffung des seelischen Menschen einleitet, der erst später mit einem materiellen Körper umgeben wird.

Im Apokryphon des Johannes wird dies damit begründet, dass „die Archonten eifersüchtig auf die höhere Einsicht des seelischen Menschen sind. Sie werfen ihn in die Materie und umgeben ihn daraufhin mit einem irdischen Leib, der nicht primär aus Staub von der Erde besteht, sondern aus allen vier Elementen zusammengesetzt ist, und zum „Grab“ und zur „Fessel“ des Menschen wird.“ Der aus Erdstaub geformte irdische Mensch entspricht nun einerseits dem Vorbild der Archonten und anderseits dem „Bild Gottes“. Genauer gesagt ist es (nach p. 87,31) der Körper der Archonten, der für den ersten Menschen Pate steht, so dass dieser menschliche Körper ebenfalls (vgl. p. 87,27-20) als androgyn vorzustellen ist.

Wobei die Tiergesichtigkeit der Archonten für den Menschen nicht als Vorbild diente, so dass hier eine „Leerstelle“ gegeben war, in der das „Bild Gottes“ als das zweite Vorbild gebende Prinzip seinen Einfluss entfalten konnte. Es mag zuerst so erscheinen, als betrachte dieser Gedanke, dass der Körper nach den Archonten, der Kopf aber nach dem „Bild Gottes“ geschaffen sei, die Dinge auf etwas zu simple Weise. Nicht zu vergessen ist aber, dass es in der HA bisher tatsächlich nur um die Erschaffung des materiellen Menschen geht. Dem prägenden Einfluss des „Bildes Gottes“ die Entstehung eines anderen, über das Körperliche hinausreichenden Teils des Menschen zuzuschreiben, ist daher nicht angezeigt. Andere Autoren, die sich mit der Übersetzung und der Interpretation der Nag-Hammadi- Schriften befasst haben, teilen die Ansicht von Anders Logan, der davon ausgeht, **dass der ganze von den Archonten geschaffene Mensch äußerlich aussieht wie Gott, aber trotzdem den Archonten vollständig gehört.**

Dabei ist die Erschaffung des Menschen durch die Archonten nur der zweite Akt ihres Versuchs, das Bild der Unvergänglichkeit, das ihnen in den Wassern erschienen war, zu ergreifen. Nachdem dies auf direktem Wege nicht gelungen war, soll es nun mit Hilfe des aus Erde geformten Gebildes möglich werden.

Der Plan, den die Archonten verfolgen, basiert dabei ganz auf ihrer eigenen triebhaften Logik: So, wie sie sich nur selbst in das Bild verliebt haben – ohne jedoch zu erkennen, dass es sich nur um ein Bild handelt – soll sich nun auch das Bild in den gerade geschaffenen Menschen verlieben. So, wie die Archonten das geliebte Bild ergreifen wollten, denken sie, wird auch das Bild selbst, nachdem es in Liebe zu seinem Ebenbild entbrannt ist, sich diesem nähern und in es eingehen.

Auch in der Schrift vom *Ursprung der Welt* (UW, p. 113,1-5) ist es ein Teil des Plans der Mächte (also der Archonten), dass sich der Lichtmensch in sein Abbild verlieben soll. Deutlicher als in der HA, wo zumindest vordergründig die sexuelle Begierde der Archonten nach Inbesitznahme des himmlischen Bildes bestimmend ist, wird hier aber gezeigt, dass die **Strategie der Konsolidierung der Archontischen Welten und der Versklavung aller aus dem Licht Geborenen** dient. Und auch im Apokryphon des Johannes (AJ) wollen die Archonten mit der Erschaffung und Benennung Adams diesen zu einer „Lichtmacht" für sich selbst werden lassen. All diese Pläne schlagen letzten Endes fehl.

Die Archonten scheitern mit ihrem Plan also, weil sie die „Macht Gottes", nämlich die Unvergänglichkeit, nicht erkannt haben. Alle Strategien der Archonten müssen fehlschlagen, weil es für sie unmöglich ist, sich des Bildes zu bemächtigen. In dem Kapitel „Die Beseelung und Belebung des Menschen" (p. 88,3-17) wird auf den **Schöpfergott** als Subjekt verwiesen, der aber nicht mit dem höchsten Gott identisch ist, sondern mit dem Obersten der Archonten Samael.

Entscheidend bei dem Vorgang, der das von den Archonten geformte Gebilde erst zum Menschen werden lässt, ist die **Aufrichtung**, die die Archonten nicht erreichen konnten. Die Aufrichtung geschieht erst durch den höchsten Gott. (Zitat: „So aber, wie der Mensch neben dem archontischen Vorbild bereits nach dem Bild Gottes geschaffen ist, stellt sich auch sein der Gattung Mensch gemäßes Aufrechtsein eine von oben gegebene Fähigkeit dar. Dies unterscheidet ihn von den Archonten, die ihn ihrer Schwäche wegen nicht aufrichten können.")

Zusammengefasst wird die Formung und Beseelung des Menschen durch die Archonten (p. 87,23-88,10) mit der Bemerkung, dass dies alles **nach dem Willen des Vaters des Alls** geschehen sei (p. 88,10f). Die Formulierung weist zurück auf eine ganz ähnliche (p. 87,22) und ruft somit erneut den **umfassenden Heilsplan des höchsten Gottes** in Erinnerung, **in den der Mensch bereits vor seiner vollständigen Belebung eingeschlossen ist.**

DIE SCHÖPFUNG UND DAS SCHICKSAL VON ADAM UND EVA IN DEN GNOSTISCHEN SCHRIFTEN

(Textauszüge aus UW NHC II,5 p. 100,29-101,2)

Der erste Archont entsteht unter maßgeblicher Beteiligung der Pistis Sophia in den unteren Chaosregionen, wird von ihr Jaldabaoth genannt und sieht danach ihr Bild im Wasser, ohne jedoch die Zusammenhänge zu verstehen: *„Als der Archont seine eigene Größe sah – und nur sich alleine sah er, sonst nichts außer Wasser und Finsternis – da dachte er, dass er alleine existiere. Sein Gedanke vollendete sich durch das Wort, und trat (p.101) als ein Geist in Erscheinung, der sich auf den Wassern hin- und herbewegte."* Daraufhin beginnt das Schöpfungswerk Jaldabaoths mit der Trennung der Wasser vom Trockenen (vergl. Gen 1,6-10) und der Erschaffung seiner Kinder und von deren Himmeln.

Nach der Einrichtung der sieben Archontenhimmel zerstört der Erschütterer (der erster Archont) den untersten Himmel und dessen Erde, erschüttert auch die übrigen sechs Himmel und wird von der Pistis daraufhin durch ihren Hauch gefesselt und in den Tartaros[341] geworfen. Es folgt die Wiederherstellung von

341 **Tartaros** (griechisch Τάρταρος, lateinisch **Tartarus**) ist in der griechischen Mythologie ein personifizierter Teil der Unterwelt, der noch unter dem Hades liegt.... Nach der Theogonie des Hesiod entstand Tartaros als einer der ersten Götter aus dem Chaos. Seine Geschwister sind Gaia, Eros, Erebos und Nyx. (Wikipedia)

Himmel und Erde durch die Sophia des Jaldabaoths.

„Als die Himmel sich wieder gefestigt hatten, zusammen mit ihren Mächten, da überhob sich der Archigenetor (also Jaldabaoth) und nahm vom ganzen Heer der Engel Verehrung entgegen und alle Götter und ihre Engel priesen und verherrlichten ihn. Er aber freute sich sehr und rühmte sich fortlaufend, indem er ihnen sagte: Ich brauche niemanden." Und er sagte: „Ich bin Gott und es gibt keinen außer mir." Als er dies sagte, sündigte er gegen alle Unsterblichen, die Antwort gaben, und sie bewahrten ihm diese Sünde. Als nun die Pistis die Gottlosigkeit des großen Archonten sah, wurde sie zornig. Sie war unsichtbar und sagte: „Du irrst, Samael." (das heißt der blinde Gott). „Ein unsterblicher **Lichtmensch** existierte vor Dir. Dieser wird sich in Euren Gebilden offenbaren. Er wird Dich zertreten, wie man Töpferton zerstampft und Du wirst mit den Deinigen hinabfahren zu Deiner Mutter, dem Abgrund. Denn am Ende Eurer Werke wird der ganze Mangel aufgelöst werden, der aus der Wahrheit offenbar geworden ist und er wird vergehen und wird sein, als wäre er nie gewesen." Als die Pistis dies gesagt hatte, ließ sie in den Wassern ihr Bild ihrer Größe sichtbar werden und sodann kehrte sie nach oben zu ihrem Licht zurück.

Als der Archigenetor das Bild der Pistis in den Wassern sah, wurde er sehr betrübt, und zwar umso mehr, als er hörte, dass ihre Stimme jener ersten Stimme glich, die ihn aus den Wassern gerufen hatte. Und als er erkannte, dass sie es war, die ihn benannt hatte, seufzte er und schämte sich seiner Verfehlung wegen.

Und als er wahrhaft erkannte, dass es einen unsterblichen Lichtmenschen vor ihm gab, geriet er in große Verwirrung darüber, dass er zuvor zu allen Göttern und ihren Engeln gesagt hatte, „ich bin Gott, und es gibt keinen anderen außer mir!" Denn er fürchtete sich, dass sie erkennen könnten, dass es einen anderen vor ihm gäbe, und dass sie ihn verachten könnten. Er aber achtete die Verurteilung in seiner Uneinsichtigkeit gering, und er erdreistete sich zu sagen: „Wenn einer vor mir ist, möge er sich offenbaren, damit wir sein Licht sehen!" Und siehe, sogleich kam Licht aus dem achten Himmel oben und durchdrang alle Himmel der Erde.

Als der Archigenetor das Licht sah, und dass es schön war in seinem Glänzen, war er erstaunt. Und er schämte sich sehr. Als das Licht erschien, zeigte sich in ihm ein beeindruckendes Menschenbild und keiner sah es außer dem Archigenetor. Sein Licht aber erschien allen Mächten der Himmel. Deshalb gerieten sie alle seinetwegen in Erregung. Als die Pronoia diesen Engel sah, verliebte sie sich in ihn. Er aber hasste sie, weil sie in der Finsternis war. Sie wollte ihn aber umfassen und konnte es nicht. Als sie ihre Liebe nicht stillen konnte, schüttete sie ihr Licht auf die Erde. Seit jenem Tag wird dieser Engel Adam (von) Licht genannt, dessen Deutung ist: der Blutmensch von Licht. Und die Erde, über die das Licht sich verteilt hatte, (wurde) heiliger Adamas, dessen Deutung ist: das heilige Land Adamantine. Seit jenem Tag verehren alle Mächte das Blut der Jungfrau. Die Erde aber wurde durch das Blut der Jungfrau gereinigt. Umso mehr aber wurde das Wasser gereinigt durch das Bild der Pistis Sophia, das dem Archigenetor in den Wassern erschienen war.

Bevor aber der Licht-Adam zurückgekehrt war, hatten ihn die Mächte im Chaos gesehen. Sie spotteten über den Archigenetor, weil er gelogen hatte, als er sagte: „Ich bin Gott, es existiert keiner vor mir!" Als sie zu ihm kamen, sagten sie: "Ist dies etwa DER Gott, der damals unser Werk zerstört hat?" Er antwortete: „Ja, und wenn ihr wollt, dass er nicht mehr in der Lage sein soll, unser Werk zu zerstören, dann kommt und lasst uns einen Menschen aus Erde erschaffen nach dem Bild unserer Körper und nach dem Abbild von jenem Licht-Adam, dass er uns diene und damit jener sich, wenn er sein Abbild sieht, in es verliebe. Niemand wird dann unser Werk zerstören. **Vielmehr werden wir die, die aus dem Licht geboren werden, uns zu Dienern machen für alle Zeit dieses Äons."**

Dies alles aber geschah nach der Vorsehung der Pistis, damit der Mensch angesichts seines Bildes in Erscheinung trete und die Archonten aus ihrem Gebilde heraus verurteile. Und ihr Gebilde wurde zu einer Umzäunung des Lichts. Der Archont aber hat drei Namen. Der erste Name ist Jaldabaoth, der zweite ist Saklas und der dritte ist Samael. Dieser ist ein Frevler in seiner Arroganz, die in ihm ist, denn er hat gesagt: „Ich bin Gott und es gibt keinen anderen Gott außer mir!" Weil er unwissend über seine Stärke ist, nämlich dem Ort, aus dem er gekommen ist.

Als er aber die Schöpfung um sich herum sah und die Schar der Engel, die ihn umgaben, die aus ihm entstanden waren, sagte er zu ihnen: „Ich bin ein eifersüchtiger Gott und es gibt keinen anderen Gott außer mir!“ Indem er dies aber behauptete, bedeutete er den Engeln bei ihm, dass es einen anderen Gott gebe. Denn gäbe es keinen anderen, auf wen wäre er eifersüchtig?

ADAM IM PARADIES (P. 88,24-89,3)

Das Verbot, vom **Baum der Erkenntnis** zu essen, wird in der HA **nur scheinbar von den Archonten erteilt.** Letztlich aber ist es „nach dem Willen des Vaters“ (p. 88,34.89,1) gegeben **und zwar um es zu übertreten.** Der ... umfassende Heilsplan des Vaters lenkt die Geschehnisse, so dass die Archonten als die eigentlichen Akteure in dieser Szene der Lächerlichkeit preisgegeben werden: „Sie verstehen das, was sie ihm sagten, nicht.“ (p. 88,33f) Auch im Philippusevangelium[342] (Nag Hammadi 193) heißt es: **“Die Archonten dachten, dass sie durch ihre Kraft und ihren Willen täten, was sie tun. Aber der Heilige Geist bewirkte heimlich alles durch sie, was er wollte.** “ (p. 55,14-19)

Diese pauschale Aussage ist sicher in dem Sinne zu relativieren, dass die Archonten im Rahmen ihrer eigenen Pläne durchaus wissen, was sie tun. Ihr Unterfangen ist jedoch nutzlos, denn gemäß der höheren Lenkung des ganzen Geschehens, die den Archonten aber verborgen bleibt, ist das Verbot von vornherein dazu bestimmt, übertreten zu werden. Und auch **die durch den Baum vermittelte Erkenntnis wird nicht jene der Archonten, sondern jene der höheren Welten sein** (p. 90,6-19). Insofern wissen die Archonten tatsächlich nicht, was sie tun und ihre derart herausgestellte Unwissenheit reiht sich ein in die generelle Charakteristik der Archonten, die die HA vermitteln will: Sie sind blind, überheblich, schwach und dumm. (p. 86,27-29; 87,17; 94,7)

342 https://de.wikipedia.org/wiki/Philippusevangelium

Aber die Archonten gaben ihr Vorhaben nicht auf, sich des von ihnen geformten Menschen des Geistes zu bemächtigen, den sie in dem Spiegelbild in den Wassern erkannt hatten, und nachdem ihnen dies mit Adam allein nicht gelungen war, versuchten sie es ein zweites Mal durch die Erschaffung von Eva. Dafür versetzten sie Adam in einen Schlaf, der auch dazu dienen sollte, dass Adam sein Wissen um die höheren Erkenntnisse vergisst.

Wie im antiken Androgyniemythos stellt die Teilung des Menschen in zwei Hälften eine Schwächung dar (insofern ist sie ganz im Sinne der Archonten); sie weist aber zugleich den Weg der Überwindung, die nämlich der Wiederherstellung der ursprünglichen Einheit dient. Das Begehren nach Wiedererlangung der Einheit kann jedoch auch in die Irre führen, wenn fleischliche Lüste dabei Überhand gewinnen. Dass die Archonten den Menschen in solche körperlichen Begierden verstricken wollen, pass nahtlos zu ihrem vorangegangenen Versuch, das in den Wassern erschienene Bild in sein Ebenbild verliebt zu machen und damit nach unten in ihre Gewalt zu zwingen. (p. 87,33 – 88,1)

Es geht den Archonten mit ihrer umfassende Strategie um die Ablenkung des Menschen, aufgrund derer sie Adam und Eva aus dem Paradies ausschließen und nach unten in irdische Mühsale und Zerstreuung werfen, damit sie keine Zeit haben sollen, am Heiligen Geist festzuhalten. (p. 91,7 – 11)
Den Archonten entgeht bei all ihren Plänen, mit denen sie andere Wesen in Liebesbande locken wollen, und durch die jene letztlich **versklavt und blind für Höheres** werden sollen, dass auch sie selbst immer wieder vom Begehren nach körperlicher Vereinigung erfasst und so zur Karikatur ihrer selbst werden.

Obwohl die Archonten also mit der Erschaffung bzw. Herauslösung der Frau nur „Adams Abwendung von höheren Dingen“ hin zu niederen Trieben bezwecken, entweicht bei diesen Vorgängen zugleich der Geist aus Adam... Der Plan der Archonten, Adam wieder in ihre Gewalt zu bringen (p 89,3-11) misslingt erneut, denn der Geist, der nun in der Frau ist, erweckt Adam aus dem Vergessensschlaf. So, wie der Schlaf eine verbreitete Metapher für den Gnosismangel (Weisheitsmangel) des Menschen darstellt, gehört auch der

Weckruf zu den wiederkehrenden Elementen in den gnostischen Schriften. Er steht christlichen Traditionen auch nicht gnostischer Ausrichtung nahe, wo uns „Steh auf!" oder „Wach auf!" nicht nur bei Krankenheilungen und Totenerweckungen begegnet, sondern auch im übertragenen Sinne dem oder der Angesprochenen neues Leben im geistigen Sinne bringen soll, wie z. B. in Eph, 14: „Wach auf, der Du schläfst, und stehe auf von den Toten! So wird Christus Dich erleuchten."

DER „FALL" ADAMS

Die in Nag Hammadi gefundenen Schriften beschäftigen seit Jahrzehnten zahlreiche Religionswissenschaftler, die die Inhalte mit anderen Quellen vergleichen und dabei immer wieder auf Übereinstimmungen stoßen, aber durch ihre Arbeit auch immer wieder bestätigen, von welch großer Bedeutung die Nag-Hammadi-Texte sind.

Gisela Fuchs (Dr. theol., Dr. phil.) unterrichtete bis 2006 als akad. Oberrätin biblische Sprachen an der Evangelisch-Theologischen Fakultät der Universität Bonn und veröffentlichte 2016 ihre Arbeit *„Der „Fall" Adams in der koptischen Adam-Apokalypse – Ein Substrat aus Ezechiel (Kapitel 28) in einem gnostischen Text?"* in der Fachzeitschrift Rocznik Teologiczny[343] (‚Theologisches Jahr'), die von der Christlichen Theologischen Akademie in Warschau herausgegeben wird. Aus dieser Veröffentlichung habe ich die wesentlichen Passagen herausgearbeitet:

Nach gnostischer Anschauung ist ***„der wirkliche Mensch eine Mischung des himmlischen Adam mit dem irdischen Gebilde der (des) Archonten. Das ist der Grund für die menschliche Doppelnatur und für die menschliche Erlösungsfähigkeit"***. In den Nag-Hammadi-Schriften nehmen die Archonten

343 http://cejsh.icm.edu.pl/cejsh/element/bwmeta1.element.desklight-14966c8e-7290-4d76-93f0-7b7df9cc34ec/c/01_Fuchs.pdf

und die Urmutter Eva eine überragende Stellung ein, denn sie ist es, die die „Erkenntnis des ewigen Gottes“ geschaut hat (p. 64,10.12f.).

Wegen ***„ihrer Herkunft aus der oberen Welt“*** waren Adam und Eva die Abbilder von deren Bewohnern, den „großen“, ewigen Engeln (*„wir waren gleich den großen, ewigen Engeln“ (p. 64,14–16)), und zugleich dem Schöpfergott (Demiurg als Ober-Archont) und seinen Mächten überlegen („wir waren erhabener“* (p. 64,16–18)). Die Erhabenheit der Ureltern provozierte den Neid bzw. die Missgunst des Demiurgen (Archonten), der die beiden daraufhin „im Zorn teilte / spaltete“ .... So wurden die Protoplasten[344] zu „zwei Äonen“ und mussten den Verlust ihrer ideellen Einheit erleiden (p. 64,20–23).

Der *„Neid“* des Archonten, aber auch die Vorstellung, dass der Schöpfergott den Urmenschen aus „Neid“ in zwei Teile „spaltet“ und damit depotenziert, sind in mehreren Nag-Hammadi-Texten bezeugte Motive. Bemerkenswert ist hierzu ein Blick auf den alttestamentlichen Befund[345]: *„Auffällig ist hier, dass der „Zorn“ in der Paradieserzählung, wie überhaupt in der Genesis, nicht vorkommt; er spielt „weder beim Sündenfall im Gottesgarten, noch beim Brudermord Kains, noch bei der Sintflut oder beim Turmbau zu Babel“ eine Rolle*[346] . *„Dabei muss man sich vergegenwärtigen, dass man im Alten Orient,* ***besonders in Mesopotamien, schon weit mehr als ein Jahrtausend, bevor Israel sich als eigenes Volk bildete, vom Zorn der Götter sprach.“***

Die Aussage: ***„Wir gerieten in den Zustand der Finsternis in unserem Herzen“*** ist von tieferer Doppeldeutigkeit. Die Symbolik des „Herzens“ ist allgemein bekannt: **Das *„Herz“* entspricht dem *„Bewusstsein“***, der ***„Mitte des Menschen“***, es ist auch ein **Erkenntnisorgan und Sitz des Erinnerungsvermögens** sowie der Weisheit. Mit der Metapher „Finsternis im Herzen“ ist daher nichts Anderes gemeint als das Vergessen der wahren und himmlischen Herkunft, ihre niedrigere Seinsstufe, Degradierung und ihr geminderter existenzieller Zustand, der dem Tod gleich ist.

344 Die kleinste selbständig lebensfähige morphologische Einheit
345 Vgl. Berges 2004, 325.
346 Berges 2004, 306.

Im Apokryphon des Johannes (NHC II,1; III,1; IV,1 und BG 2) **ist Adam der „vollkommene Mensch", der dem Demiurgen und seinen Mächten überlegen ist.** Deren „Neid/Missgunst" führt zum Sturz in die Tiefe: Und ***„sie warfen ihn hinunter in die untersten Regionen der ganzen Materie".*** Auch die „Hypostase der Archonten " berichtet von einem „Sturz" Adams: „Sie (= die Archonten) ***warfen ihn heraus aus dem Paradies, zusammen mit seiner Frau, (...) und sie warfen die Menschen herab".***
Dieser Ablauf lässt sich folgendermaßen zusammenfassen: **Der *„Fall"* Adams und Evas ist, im Unterschied zur biblischen Darstellung, nicht durch eigenes Verschulden, einen „Sündenfall", bedingt, sondern schicksalhaft, durch das Eingreifen des „neidischen" und „zornigen" Gottes.** Die Auslegung dieser Paradieserzählung dient, wie andere Wiedergaben auch, der „Entlastung des Menschen".

Durch das Aufseufzen Adams und Evas (p. 66,12f.), erkannten die beiden – in typisch gnostischer Umkehrung der biblischen Aussage (Gen 3,70 –71), dass sie ***„Teile des höheren Lebens sind, eine Erkenntnis, die das Erscheinen des beunruhigten Schöpfergottes provozierte."*** Dieser heißt jetzt „der Herr, der Gott" (p. J p. 66,14f.), anders als noch zuvor „der Gott, der Herrscher / Archont" (p. 64,20f.) – ein markanter Wechsel in der Gottesbezeichnung. **Auch das „Begehren" ist schicksalhaft, eine Folge des demiurgischen Fehlverhaltens, dessen Konsequenzen allein der Mensch schuldlos zu tragen hat.** Die Folgen führen zu größter existenzieller Minderung:

1. **Erkenntnisverlust**: „Da ging zugrunde die Kraft unseres ewigen Wissens" (p. 67,4–8),
2. **„Schwachheit", Krankheit:** „Es verfolgte uns Schwäche" (p. 67,8f.),
3. **Verkürzung der Lebenszeit:** „Da wurden wenige(r) die Tage unseres Lebens" (p. 67,10–12),
4. **Todesverfallenheit:** „Ich geriet in die Gewalt des Todes" (p. 67,12–14).

Die beiden Schriften „Die Hypostase der Archonten“ (HA, NHC II,4) und die (titellose) Schrift „Vom Ursprung der Welt“ (UW, NHC II,5) ***„bieten unter allen bisher bekannten gnostischen Schriften die umfangreichste Nacherzählung der Paradieserzählung.“***[347] Nach alter rabbinischer Auslegung wurde **Adam mit dem Urmenschen identifiziert.**[348] Im Alten Orient war eine weitverbreitete Vorstellung über den **Urmenschen die einer „himmlischen Wesenheit mit königlichen Zügen, bei der die Grenzen zwischen Gott und Mensch fließend sind“**, wie z.B. Gilgameš, Enkidu und Adapa.[349]

Der Urmensch ist mit besonderer Weisheit ausgezeichnet.[350] Die besondere Gottesnähe des Urmenschen hat eine wesenhafte, aber auch eine lokale Komponente. Sein Aufenthaltsort ist daher oft mit Vorstellungen vom „Garten Gottes“ oder „Götterberg“ verbunden.[351] Dass die gnostische Gestaltung der Adamfigur leicht an die Urmenschvorstellung anknüpfen konnte, liegt auf der Hand. Entsprechend heißt es im Johannes-Apokryphon (NHC II,1): ***„Der erste vollkommene Mensch ..., wir wollen ihn Adam nennen.“***[352]

Und wenn es, wie uns die Nag-Hammadi-Schriften lehren, der Willen des Heiligen Geistes war, dass Adam und Eva durch das Essen vom Baum der Erkenntnis in den Genuss des Wissens der höheren Welten kamen und das ganze Geschehen Absicht des wirklichen Schöpfers ist, drängt sich die größere Frage nach dem Sinn der ganzen Geschichte auf.

Noch haben wir Menschen einen falschen Respekt vor den dunklen Mächten. Zu oft und zu lange wurden wir von ihnen unterdrückt und geknechtet. Sieht man einmal von den Erzählungen über die Herstellung von Adam ab, kann man die Darstellungen aus den Nag-Hammadi-Schriften als

347 Nagel 1980, 54.

348 Goldschmidt 1996, 211f.

349 Vgl. Bousset, Gressmann 1966, 489

350 Vgl. Ez 28,12.17; Hi 15,8; SapSal 10,4.8f., u.a.

351 Fuchs 1993, 101.

352 Vgl. Iren. Adv. haer. I, 29,3 (Confi rmatis igitur sic omnibus, super haec emittit Autogenes Hominem perfectum et verum, quem Adamantem vocant); Irenaeus 1979, 360 / 361.

Archetypen deuten, die als Blaupausen für Sachverhalte dienen, die sich durch die menschliche Geschichte ziehen. Für mich lesen sie sich wie die Berichte aus einer Tageszeitung, die über Ereignisse berichtet, die sich an jedem beliebigen Tag der Jetztzeit mit anderen Figuren und äußerlich anderen Sachverhalten ereignen könnten. Nur erkennen wir dieses Schauspiel (noch) nicht, da die Kräfte und Mächte, die unsere Wirklichkeit weitestgehend bestimmen, sich im Verborgenen halten.

Beruhigend ist zu wissen, dass der oberste Schöpfer der Welt, der für die Inszenierung, die wir für unser Leben halten, als Drehbuchautor und Regisseur verantwortlich ist, gleich am Anfang den Versuch gemacht hat, den Fehler der Pistis Sophia, den Archonten zu ermöglichen, die Erschaffung der materiellen Welt zu übernehmen, wiedergutmachen wollte und uns mit seinem Geist ausgestattet hat, der uns den Archonten überlegen macht. Die Archonten sind allem Anschein nach sehr mächtige Wesen. **Wir, die Lichtmenschen, wären mit Sicherheit mächtiger als sie es je waren, wenn wir unsere Fähigkeiten bündeln und einsetzen würden, statt uns weiter von ihnen in Schach halten zu lassen!!!**

Ein Jahr nach dem Erscheinen meines Buchs „Der verratene Himmel – Rückkehr nach Eden“ saß ich alleine im Auto und führte Selbstgespräche. Ich reflektierte über das, was ich über die Archonten darin geschrieben hatte und fragte mich, ob ich vielleicht zu weit gegangen war und ob ich mit noch mehr Repressalien rechnen müsse. Auf einmal nahm ich wahr, dass sich die Energie in meinem Auto veränderte. Die Atmosphäre schien sich zu verdichten, es war auf einmal eiskalt und es sträubten sich mir im wahrsten Sinne des Wortes die Nackenhaare. Es fühlte sich so fremd an, dass ich schon rechts ranfahren wollte. Dann hört ich mich mit fester lauter Stimme sagen: „Letztlich trage ich mit meiner Aufklärung über Euch dazu bei, Euch zu erlösen, denn offenbar habt Ihr vergessen, dass auch Ihr Euch nicht selbst erschaffen habt.“ Ich spürte die dominierende Präsenz einer Entität hinter mir, aber ich nahm wahr, dass ich diese offenbar mit meinem Satz überrascht hatte und es mir gelungen war, ihr, in welcher Weise auch immer, Einhalt zu gebieten. Seitdem scheint es eine Art ‚Waffenstillstand' zu geben. Es kam auf jeden Fall nicht mehr zu Situationen, die mich mit dem Gefühl zurückließen, dass von ihnen für mich eine konkrete Bedrohung ausging.

Noch ist der Konflikt, oder vielleicht sollte ich besser sagen, das Kräftemessen mit den Archonten nicht ausgestanden. Sie spielen mit unserer erlernten Hilflosigkeit, bis wir glauben, nicht mehr weiter zu können. **Aber mein Eindruck ist, dass sie Respekt vor uns haben, wenn wir uns souverän verhalten.**

Einen noch wirksameren Schutz vor ihrem Einfluss können wir für uns schaffen, wenn wir uns in einem Zustand der Freude befinden. Es ist mir klar, dass das erst einmal so klingt, als wäre das leichter gesagt als getan, aber es ist wirklich so, dass wir, wenn es uns gelingt, eine grundsätzlich positive Haltung gegenüber den äußeren Ereignissen aufrecht zu erhalten, grundsätzlich weniger angreifbar für sie sind.

XIII

WÉTIKO: VERSTANDESPARASITEN DER ARCHONTEN

WÉTIKO: VERSTANDESPARASITEN DER ARCHONTEN

„WÉTIKO-PSYCHOSE" BZW. EGOPHRENIE

Im letzten Kapitel in „Der verratene Himmel – Rückkehr nach Eden" schrieb ich über den sogenannten Verstandesparasiten Toxoplasma gondii. Besonders dieses Schlusskapitel war von weitreichenderer Bedeutung, als ich ursprünglich vermutet hatte. Infolge meiner Ausführungen wurde ich als Referent zu Ärztekongressen eingeladen, um über Toxoplasma gondii zu berichten.

Ich war überrascht, dass sich so zahlreiche Ärzte und Naturwissenschaftler besonders für dieses Thema zu interessieren schienen. Die häufigste Frage, die mir hierzu gestellt wurde war, ob ein möglicher Zusammenhang zwischen den Toxoplasmen und den – von den Gnostikern bezeichneten – Archonten besteht. Meiner Überzeugung nach existieren diese Zusammenhänge. Für mich sind Toxoplasmen die körperlichen Erscheinungsformen der Archonten. Mit diesem Kapitel möchte diese Überzeugung sogar noch vertiefen und einen Schritt weiter gehen.

Im Buch *„Der verratene Himmel – Rückkehr nach Eden"* hatte ich über einen Autor berichtet, der zu den Spezialisten der sogenannten Verstandes-Parasiten zählt. Der Psychologe Paul Levy schreibt in seinem neuen Buch ***„Wétiko*[353]*: Die größte Epidemie, die die Menschheit je erlebt hat“***[354] über das wahrhaft albtraumhafte Thema. In meinen Recherchen tauchten einige Eigenschaften der „Wétiko-befallenen Menschen“ auffällig oft auf. Ein zusammenfassender Steckbrief könnte sich folgendermaßen darstellen:

Wétiko ist ein virtueller Geistesparasit. In seiner virtuellen Erscheinungsform hat Wétiko keinen eigenen stofflichen Körper. Sein hauptsächliches Bestreben ist es, Menschen zu befallen, um sie als Wirt zu benutzen. In seiner ausgeprägten Erscheinungsform zeigen sich die von Wétiko befallenen Menschen arrogant und in ihrer selbst behaupteten, eigenen Bedeutung regelrecht aufgeblasen. Als Instrument des Bösen sind von Wétiko Befallene arrogant, ignorant und selbstgerecht davon überzeugt, dass sie allein im Besitz **der Wahrheit** sind und für das höchste Gute arbeiten. Es ist so, als wären sie nicht in der Lage zu erkennen, dass das, was sie tun, böse ist; als seien sie nicht in der Lage, zu bemerken, dass ihre Handlungen alles andere als gut sind.

ALLES NUR UNSINN UND ABERGLAUBE?

Zugegeben, wenn ich nicht so tief in das Thema der Toxoplasma gondii-Parasiten eingedrungen wäre, hätte ich das Thema der Wétiko noch nicht einmal aufgegriffen, sondern wahrscheinlich schlichtweg verworfen und als Unsinn abgetan. Der einzige Unterschied gegenüber Wétiko scheint zu sein, dass Toxoplasma gondii eine eigene stoffliche Natur hat. Mit den entsprechenden Mikroskopen ist Toxoplasma gondii deutlich sichtbar zu machen. Die Parasitologie – ein Fachbereich der Biologie und Medizin – verfügt über ein

---

353 Wétiko ist der von den amerikanischen Cree-Indianern schon vor Jahrhunderten geprägte Ausdruck für eine Person, deren Geist vom Teufel befallen ist und die andere terrorisiert. Den Cree war bekannt, dass es sich um eine ansteckende Geisteskrankheit handelt.

354 http://www.awakeninthedream.com/wordpress/dispelling-Wétiko/

derartig umfangreiches und fundiertes Wissen über diesen Parasiten, dass ein Außenstehender den Eindruck hätte, sich in einer Albtraumwelt zu befinden. **Was mich also zum Thema Wétiko geführt hat, sind die auffällig gleichen Eigenschaften gegenüber Toxoplasma gondii. Zusammenfassend sei gesagt, dass ich das Thema Wétiko sehr ernst nehme und seine „Existenz" nicht mehr leugnen kann.** In diesem Sinne schließe ich mich den Worten von Jack D. Forbes an:

„Die Existenz des Wétiko-Erregers nicht anzuerkennen – zu sagen, er 'existiere nicht' – gestattet es der psychischen Infektion, sich uneingeschränkt auszuleben. 'Immer irgendwo zu sein' bedeutet, nicht fest ansässig – das heißt, er ist immer umtriebig, sogar potentiell, oder insbesondere, in uns selbst."

Mit den folgenden Zeilen möchte ich Euch nun das Ergebnis meiner Recherchen zu Wétiko vorstellen:
Auf seiner Webseite schreibt Paul Levy u. a. über ein bemerkenswertes Buch des indigenen Autors Professor Jack D. Forbes.[355] Dieses Buch trägt den etwas irritierenden Titel *„Columbus und andere Kannibalen"*. Hierin ist über eine psychologische Erkrankung zu lesen, die jenes menschliche, selbstzerstörerische Verhalten geprägt hat, über das eingeborene amerikanische Völker seit vielen Jahren Bescheid wissen.

Paul Levy erkennt in dem Buch von Jack D. Forbes ***die gleiche psycho-spirituelle Krankheit der Seele,*** die er als Wétiko-Mind-Parasiten klassifizierte. Paul Levy geht davon aus, ***„dass unsere Spezies seit der Morgendämmerung der menschlichen Geschichte einer kollektiven Psychose zum Opfer gefallen ist, die ich als bösartige Egophrenie bezeichne."*** Paul Levy bezeichnet Wétiko als eine bösartige Egophrenie (Ego-phrenie, als phrenie wird ein Geisteszustand, eine Krankheit wie Schizo***phrenie*** beschrieben). Nach Levy handelt es sich bei dieser ***Egophrenie*** um eine „Psychose" im wahrsten Sinne des Wortes – in Form einer Krankheit der Seele oder des Geistes. Professor Forbes, der offenbar über genau dieselbe psychische Epidemie spricht, schreibt: *Für mehrere Tausend Jahre haben menschliche Wesen an einer Plage gelitten, einer Seuche, die schlimmer*

355 https://de.wikipedia.org/wiki/Jack_D._Forbes

ist als Aussatz, einer Krankheit schlimmer als Malaria, einem Leiden, das viel schrecklicher ist als die Pocken."[356]

„Eingeborene Völker haben viele Jahrhunderte lang denselben „seelischen"[357] *Virus nachverfolgt, den ich als bösartige Egophrenie bezeichne, und* ***sie nennen ihn "Wétiko" – ein Begriff der Cree-Indianer, der sich auf eine teuflisch bösartige Person oder einen Geist bezieht, der andere terrorisiert."***

Jack Forbes, der in den frühen Sechzigern des 20. Jahrhunderts zu den Gründern der Bewegung der amerikanischen Ureinwohner gehörte, bemerkte: ***"Tragischerweise ist die Weltgeschichte der vergangenen 2.000 Jahre größtenteils eine Geschichte der Epidemiologie der Wétiko-Krankheit."***[358]

Aufgrund seines einzigartigen psychischen Ursprungs ist die Epidemiologie von Wétiko eine andere, als die jeder anderen Erkrankung. Eine wirkliche Herausforderung für unsere Untersuchung des Wétiko-Virus ist, dass er sich in ebenjener Psyche inkarniert, die der Gegenstand unserer Untersuchung selbst ist. Forbes versucht die Krankheit *„von einer Perspektive* [zu untersuchen], *die so frei wie möglich von Annahmen ist, die von eben jener zu untersuchenden Krankheit geschaffen wurden."* [359]

„Wenn wir uns nicht über den Bezugsrahmen im Klaren sind, über den wir den Wétiko-Virus untersuchen wollen," schreibt Levy, „wird unsere Untersuchung durch die Krankheit gefärbt sein und den klaren Blick verschleiern, der benötigt wird um den Heilungsprozess in Gang zu bringen.

Zu studieren wie die Wétiko-Krankheit sich in anderen manifestiert sowie in dem ‚anderen' Teil unserer selbst kann uns dabei helfen, ‚sie' objektiver zu betrachten. Zu sehen, wie sich diese psychologische Erkrankung in der Welt manifestiert, ist das

---

356 Forbes, Columbus and Other Cannibals: The Wétiko Disease of Exploitation, Imperialism, and Terrorism, p. xv., ISBN-13: 978-1583227817

357 „Psychisch" wird im ganzen Artikel als Adjektiv von 'Psyche' benutzt, und ohne jegliche parapsychologische Nebenbedeutung

358 Forbes, Columbus and other Cannibals, p. 46.

359 Forbes, Columbus and other Cannibals, p. xvii-xviii.

Spiegelglas, durch das wir potentiell dieselbe Krankheit erkennen können, wenn sie sich subjektiv in unserem eigenen Geist erhebt. Nach der Erweckung einer Wesenheit wie Wétiko müssen wir diese – um sie so objektiv wie möglich studieren zu können – hermetisch in einem alchemistischen Gefäß versiegeln. Das stellt sicher, dass ihr quecksilbriger Geist sich nicht in die Unsichtbarkeit des Unbewussten zurück verflüchtigt, wo er sich selbst durch uns ausagieren würde."[360]

Carl Gustav Jung, Psychiater und der Begründer der analytischen Psychologie, hat wiederholt die Bedeutung der Entwicklung eines Behälters oder Gefäßes betont, in welchem problematische Geister wie Wétiko eingefangen werden. Er schreibt: *„Wenn etwas falsch ist, entnehme man es daher von seinem ursprünglichen Ort und tue es in das Gefäß, das sich zwischen dem eigenen Nebenmann und einem selbst befindet ... Um der Liebe zur Menschheit willen erschaffe man ein Gefäß, in dem man all das schreckliche Gift einfangen kann. Da es sich irgendwo befinden muss – es ist immer irgendwo – gi**bt das Nichteinfangen dieses Giftes, die Verneinung seiner Existenz, jedem Erreger die beste Chance [zu gedeihen]."***[361]

Ganz offenbar ist Wétiko ein „schwer fassbarer Geist", dessen Fixierung eine Herausforderung darstellt. Das gilt auch für Benennungen, er sei „dies" oder „jenes". Gleichzeitig ist es entscheidend, dass wir versuchen, seine Eigenheiten zu beschreiben. **Ungleich einem physischen Virus kann der Wétiko-Erreger nicht in materieller Form isoliert werden**, doch seine charakteristische Signatur kann entdeckt und in jenen eigenartigen Abläufen der Psyche gesichtet werden, die unter seinem Bann steht.

Für Professor Forbes ist Wétiko eine Zivilisationskrankheit: ***„Zu einem gewissen Grad geht die Entwicklung der Wétiko-Krankheit mit dem Aufkommen dessen einher, was die Europäer als Zivilisation zu bezeichnen pflegen. Das ist kein reiner Zufall."***[362]

Die nicht nachhaltige Natur der industriellen Zivilisation ist auf Gewalt

360 The Madness of George W. Bush: A Reflection of our Collective Psychosis, von Paul Levy und https://de.sott.net/article/27578-Wetiko-Die-grote-Epidemie-die-der-Menschheit-bekannt-ist

361 C. G. Jung, Nietzsche's Zarathustra, vol. 2, p. 1321.

362 Ibid., p. 39.

begründet und benötigt diese zunehmend, um sich selbst zu erhalten. Eine humanistische Zivilisation bedeutet in erste Linie, keine Menschen zu töten. Die moderne Zivilisation leidet an der allzu einseitigen Dominanz des rationalen, intellektuellen Geistes – eine Einseitigkeit, die uns scheinbar von der Natur, von der Empathie und von uns selbst trennt. Den Erkenntnissen von Forbes und Levy zufolge befindet sich die Menschheit **inmitten einer massiven seelischen Epidemie, einer virulenten kollektiven Psychose, die seit Anbeginn der Zeit im Kessel der menschlichen Psyche gärt.**

Nach ihren Angaben wirkt Wétiko wie ein Fraktal in vielen Dimensionen gleichzeitig – intra-persönlich (innerhalb von Individuen), inter-persönlich (zwischenmenschlich) sowie kollektiv (innerhalb einer Spezies). Nach Forbes Worten, ist Kannibalismus ***„das Konsumieren des Lebens eines anderen zum eigenen privaten Zweck oder Nutzen.“***[363] **Jene, die an Wétiko leiden, konsumieren, ähnlich einem Kannibalen, die Lebenskraft anderer – von Menschen sowie von Nicht-Menschen – zum privaten Zweck oder Nutzen, und sie tun dies, ohne dafür etwas von ihrem eigenen Leben zurückzugeben.** Forbes berichtet: ***„Das vorrangige Merkmal des Wétiko besteht darin, dass er andere menschliche Wesen konsumiert:*** *das heißt, er ist ein Raubtier und ein Kannibale. Das ist die Kernessenz dieser Krankheit.“*[364]

Auch der spirituelle Lehrer aus Carlos Castanedas Büchern Don Juan spricht über die Räuberei des Wétiko-Virus. Er erwähnt, **dass die alten Schamanen dies als „das Thema der Themen“**[365] **bezeichneten.** Don Juan erklärt: *„Wir haben einen Gefährten für's Leben ...* ***Wir haben einen Räuber, der aus den Tiefen des Kosmos kam und die Regentschaft über unser Leben übernahm. Menschliche Wesen sind seine Gefangenen****.* Der Räuber ist unser Herr und Meister.“[366]

Das klingt genau wie die Überlieferung, die in der Bibel aufgezeigt wird, wenn beispielsweise das Johannes-Evangelium sich auf den **Teufel als *„den***

363 ebda., p. xvi.
364 ebda., p. 24.
365 ebda., p. 49.
366 Castaneda, The Active Side of Infinity, p. 218.

Herrscher dieser Welt"* bezieht** (14:30; 16:11), **und Paulus über Satan als *„den Gott dieser Welt" (Korinther 4:4) **spricht.** Das gnostische Evangelium des Philippus, das über die Wurzel des Bösen spricht, die in uns allen liegt, trifft eine ähnliche Aussage: Bis das Böse erkannt wird, *„beherrscht* [es] *uns. Wir sind seine Sklaven. Es nimmt uns gefangen."* (II, 3, 83.5-30).

Über den *„Räuber"* redend fährt Don Juan fort: ***„Es hat uns fügsam, hilflos gemacht. Wenn wir protestieren wollen, unterdrückt es unseren Protest. Wenn wir unabhängig handeln wollen, befiehlt es uns, dies nicht zu tun."***[367] Don Juan weiter: ***„Sie übernahmen uns, da wir Nahrung für sie sind... wir sind ihre Substanz. Ganz wie wir Hühner in Hühnerställen züchten, gallineros, züchten die Räuber uns in Menschenställen, humaneros."***[368] Don Juan fährt fort: ***„Die Räuber geben uns ihr Bewusstsein, das dann zu unserem Bewusstsein wird."***[369] *„Durch unseren Verstand, der eigentlich ihr Verstand ist, bringen die Räuber Dinge ins Leben menschlicher Wesen ein, so wie es ihnen [den Räubern] passt."*[370]

Und zuletzt hebt Forbes hervor: *„Eines der Hauptmerkmale, welche die wirklich schlimme und extreme Form von Wétikoismus charakterisiert, ist **Arroganz**."*[371] Wie schon gesagt, bin ich in der ersten Folge meiner Trilogie, dem Buch „Der verratene Himmel ..." auf das Wétiko-Phänomen sehr ausführlich eingegangen und lege euch ans Herz, es noch einmal zu lesen.

ÜBER DEN MENSCHEN PAUL LEVY:

Paul Levy wurde 1956 geboren und wuchs in Yonkers, New York auf. 1981 erlebte er ein für sein Leben tiefgreifend veränderndes spirituelles Erwachen, das bei ihm zu der Erkenntnis führte, dass unsere Realität einem kollektiven Traum gleicht. Was von Ärzten als manisch-depressive (bipolare) Geistesstörung diagnostiziert wurde, schien für Paul eher einem schamanischen

---

367 Castaneda, The Active Side of Infinity, p. 218.
368 ebda., p. 218.
369 ebda., p. 220.
370 ebda., p. 52.
371 ebda., p. 52.

Initiationsprozess zu ähneln. Glücklicherweise schaffte er es, sich aus dem psychiatrischen System zu befreien und er traf kurz darauf mehrere spirituelle Lehrer, die ihm dabei halfen, seine Psyche neu aufzubauen. Heute – mehr als 35 Jahre später – ist Paul ein Pionier im Bereich des spirituellen Aktivismus sowie ein Neuerer im Bereich der Traumforschung. Pauls Webseite: http://www.awakeninthedream.com/.

Über den Menschen Jack D. Forbes:

„Forbes wurde 1934 in Long Beach (Kalifornien) als Sohn einer Familie von Powhatan-Renape- und Lenape-Indianern geboren. Bereits in der Highschool begann er sein Engagement für die Rechte der Indianer mit Artikeln für die Schülerzeitung. Sein Studium der Geschichte beendete er 1959 mit einem Doktortitel. Seine Doktorarbeit und gleichsam sein erstes Buch trug den Titel *The Apache, Navaho and Spaniard*. In den frühen 1960er Jahren wurde Forbes einer der ersten Wegbereiter und Organisatoren der US-amerikanischen Indianerbewegung. Im Laufe seines Lebens belegte er Lehrstühle an verschiedenen Universitäten in Kalifornien und Europa (u.a. Warwick, Oxford und Essex in Großbritannien, Erasmus-Universität Rotterdam in den Niederlanden).

Zeit seines Lebens setzte sich Forbes für die Etablierung der indianischen Kulturen in den Wissenschaften und für bessere Studienmöglichkeiten für junge Indianer ein. 1966 gab er den entscheidenden Impuls für das „Tribal College Movement", einer Initiative zur Gründung stammeseigener Hochschulen auf indianischem Land. 1970 gehörte er zu den Mitbegründern der (zeitweise wieder aufgelösten) *D-Q-Universität (Deganawidah Quetzalcoatl-Universität)* in Kalifornien. Diese Hochschule bietet Indianern ein zweijähriges Studium, das akademisches Wissen mit alternativen Methoden vermittelt, die in den traditionellen Kulturen, Religionen und Werten wurzeln. 1975 konnte Robert Redford ihn für die Mitarbeit am Dokumentarfilm *„Broken Treaty at Battle Mountain"* gewinnen, der den Kampf der Western-Shoshone-Indianer in Nevada um die Rückgewinnung ihrer durch die US-amerikanische Indianerbehörde einkassierten Landrechtstitel behandelt. In einem umstrittenen Dokumentarfilm aus den frühen 1990ern, der sich u.a. mit der Geschichte der Universität und angeblichen Machenschaften der US-Regierung zur Verhinderung der Schule befasst, vertritt Jack D. Forbes in einem ausführlichen Interview die indianische Sicht der Dinge. Der Film wurde nur zum Teil ausgestrahlt, da er gerichtlich verboten wurde.

Forbes Weltanschauung geht hart mit der westlichen Zivilisation ins Gericht. Seiner schonungslosen Analyse zufolge ist die Geschichte der Europäer untrennbar mit der **Faszination für das Böse** verbunden, die er als *„Mátchi-Syndrom" (Cree-Dialekt für teuflische Verdorbenheit)* bezeichnet. Dies führe zu einem Mangel an Empathie und in logischer Konsequenz zu Egoismus, Habgier und Gewalt. Der Imperialismus habe diese Charaktereigenschaft weltweit verbreitet, so dass man von der größten Seuche der Menschheit sprechen könne, der *„Wétiko-Psychose"* (Schreibweise auch: Wi'tiko). Forbes wählte hier ebenfalls ein Wort aus einem Cree-Dialekt. Ursprünglich bezeichnete die Wétiko-Krankheit eine psychotische Gier nach Menschenfleisch bei den kanadischen Indianern, die vor allem im Winter durch langes Hungern verursacht wurde. Das Wort steht bei den Cree für einen derart erkrankten Menschen oder auch für einen bösen Geist, der andere Geschöpfe mit teuflischen Handlungen bis hin zum Kannibalismus terrorisiert. Die Assoziation mit dem Kannibalismus – also dem „Verzehren von Artgenossen" – bezieht der indianische Professor auf die legalisierten Auswüchse der kapitalistischen Marktwirtschaft, die mit der rücksichtslosen Ausbeutung und Beherrschung von Mensch und Natur in allen nur denkbaren Erscheinungsformen einhergehe.

Forbes stellt demnach die weltweit bestehenden gesellschaftlichen Probleme wie Armut und Obdachlosigkeit, Hunger und Leid sowie die Zerstörung der Umwelt in den Kontext der westlichen Gesellschaftsform, die sich selbst „zivilisiert" und „kultiviert", „frei" und „sozial" nennt. Tatsächlich würde der Kapitalist jedoch – wenngleich in der Regel nicht direkt, sondern über eine Wirkungskette im System – rücksichtslos das Eigentum, die Gesundheit und das Leben Anderer konsumieren, um gut zu leben, ohne selber viel dafür tun zu müssen. Dies sei alles andere als zivilisiert und eher vergleichbar mit einer entarteten Form des Kannibalismus. Die negativen Aspekte der modernen

Welt haben nach Forbes Ansicht global gesehen ein enormes Ausmaß angenommen und zeigen eine Tendenz zu weiterer Verschärfung. Daraus schließt er auf die Krankhaftigkeit des Systems beziehungsweise der Menschen als verantwortlich handelnde Subjekte.

Als Beweise für seine Thesen führt Forbes unter anderem die unvorstellbaren Massenmorde an Millionen von Ureinwohnern in Afrika, Nord- und Südamerika, den Holocaust, die Inquisition u. v. a. historische Ereignisse der „sichtbar krankhaften Unmenschlichkeit" auf. Mit unzähligen Zitaten belegt er den Rassismus und die Arroganz der Europäer, mit der sie sich über alle Anderen stellen würden. So beruft er sich u. a. auf den Pädagogen Paulo Freire (*„Pädagogik der Unterdrückten"*, 1970), Frantz Fanon (*„Die Verdammten dieser Erde"*, 1961), Claude Lévi-Strauss (*„Traurige Tropen"*, 1955) oder auf B. Traven. Für die indianischen Weltsichten führt er bekannte Persönlichkeiten wie Black Elk oder Lame Deer an.

Die unbeeinflussten indigenen Kulturen beschreibt Forbes als respektvoll gegenüber der gesamten Welt, getragen durch die Einsicht, dass der Einzelne nur als Mitglied einer vernetzten Gemeinschaft von Menschen und einer gesunden Umwelt überleben kann. Da die „Wétiko-Seuche" ansteckend sei, wurden jedoch bereits sehr viele traditionelle Völker infiziert. Dies erreichten die Europäer zum einen, indem sie ihren eigenen Lebensstil schmackhaft machten und materielle Vorteile in Aussicht stellten, die dann zunehmend an immer neue Verpflichtungen gebunden wären und zum anderen mit Hilfe der Kirche, die die christlichen Werte zur Legalisierung von Gier, Macht und Profitstreben missbrauchte.
Forbes beschreibt in seinem Werk keine Lösung des Dilemmas, sondern er hofft lediglich auf eine „Heilung durch Einsicht". Die „Wétiko-Seuche" wird von manchen Anhängern der Anti-Zivilisations-Bewegung als „Manifest" betrachtet.[372]

372 Quelle: https://de.wikipedia.org/wiki/Jack_D._Forbes

WIE GEHEN WIR MIT DIESEM WISSEN UM?

Ich denke, jeder von uns ist Menschen begegnet, die vom Wétikoismus befallen sind. Und es gibt vielleicht sogar Momente in eurem eigenen Leben, in denen ihr euch selbst selbstherrlich verhalten habt, weil ihr es nicht besser wusstet. Um unsere falschen Vorstellungen von uns selbst erkennen zu können, muss sich uns unser Ego von seiner negativen Seite zeigen. Oft sind wir dabei darauf fixiert, unsere Position zu verteidigen. Bernie Siegel[373] formulierte es so: *„Wenn man jemanden von seiner Überzeugung abbringen will, dann verhält er sich wie ein Süchtiger."*

Wétikoismus ist weit verbreitet, und es gibt ihn in allen möglichen Ausprägungen. Die harmloseste Form ist die, bei der wir unfähig sind oder verlernt haben, anderen wirklich zuzuhören. Damit meine ich, ihnen zuzuhören, um zu verstehen, was in ihnen vorgeht und nicht nur oberflächlich zu verfolgen, welche Sätze sie aussprechen. Eine weitere ist die, bewusst zu manipulieren, weil man sich Vorteile davon verspricht. Die destruktiven Formen sind z.B. Zynismus[374], Unterdrückung, Bedrohung und Erpressung – wobei diese so subtil eingesetzt werden können, dass das Opfer es erst sehr spät merkt.
Darüber hinaus und dazwischen gibt es unzählig viele weitere Varianten.

Ich habe diese Verhaltenstrukturen selbst bei Leuten beobachten können, die mir einmal nahestanden. Ich versuchte mein innerliches Entsetzen zu beruhigen, indem ich mir deutlich machte, dass es ja „nur" diese von ihrer

---

373 Dr. Bernie Siegel, amerikanischer Chirurg und Autor von 'Love. Medicine & Miracles' und 'Peace, Love & Healing' http://berniesiegelmd.com/

374 Eine Haltung, Denk- und Handlungsweise, die durch beißenden Spott geprägt ist und dabei oft bewusst die Gefühle anderer Personen oder gesellschaftliche Konventionen missachtet (Quelle: Wikipedia)

Seele weitestgehend getrennten Egos waren, mit denen ich mich konfrontiert sah. Sie agierten, als wären sie von diesen unsichtbaren Mächten übernommen worden und würden „nur" eine Agenda ausagieren, die mit den Werten ihres eigentlichen Selbstes nicht übereinstimmte. Aber manchmal überkam mich der Gedanke, dass es vielleicht auch „Menschen" gibt, die dieser Bezeichnung gar nicht entsprechen, weil sie gar keine Seele haben.

Wie dem auch sei, wir dürfen es nicht länger hinnehmen, und dazu gehört als erstes, dass wir unsere Sinne wieder schärfen und damit aufhören, solche Verhaltensweisen zu akzeptieren, weil sie für uns „normal" geworden sind. Aus zwei Gründen habe ich dieses destruktiv erscheinende Kapitel noch einmal in dieses Buch aufgenommen. Der erste Grund war, dass trotz seiner Brisanz den meisten Menschen das Phänomen immer noch unbekannt ist und die Zusammenhänge öffentlich und auch in der wissenschaftlichen Fachwelt noch zu selten thematisiert werden. Der zweite und für mich ausschlaggebende Grund war das Wissen darüber, dass wir selber über das Potenzial verfügen, diese tatsächlich existierenden Geistes-Parasiten in ihre Schranken zu weisen.

Zu diesem Wissen gehört auch, dass eine Kampfhaltung gegenüber diesen Entitäten zu keinem von uns gewünschten Erfolg führen wird. Die Wahl der Mittel, mit denen ich die Erreger von mir fernhalten möchte, ist von großer Bedeutung. Viele von euch hielten es für höchst erstrebenswert, sich mit Vorräten der syrischen Steppenraute oder Ayahuasca[375] einzudecken. Es ist zwar so, dass diese Substanzen uns hierbei helfen könnten, doch wird dabei vergessen, dass wir selber in der Lage sind, genau diejenigen körpereigenen Wirkstoffe zu aktivieren, die uns gegen sämtliche destruktive Entitäten immun machen. Unser Körper ist nachweislich in der Lage, die gleichen (endogenen) Wirkstoffe zu produzieren, die sich in Ayahuasca und/oder der syrischen Steppenraute befinden.

Nachdem ich mit dem vorherigen Kapitel fertig war, brauchte ich eine gute Woche Zeit, bevor ich weiterschreiben konnte. Ich habe lange überlegt, ob ich das Thema über die Wétiko-Erreger überhaupt aufgreifen sollte. Andererseits

375 https://de.wikipedia.org/wiki/Ayahuasca

hatten mich die Schlussfolgerungen von Paul Levy und Jack D. Forbes mit ihrer Vielfalt von Argumenten und Beweisen davon überzeugt, dass ich das Thema einfach nicht ignorieren konnte. Wie bei keinem anderen Kapitel hielt ich beim Schreiben immer wieder inne und glich den geschriebenen Inhalt mit meinem Herz und Verstand ab.

Je mehr ich mich in das Thema vertiefte, umso stärker wurde das Gefühl, dem Wétiko-Thema kein Kapitel zu widmen. Erst nach zwei Tagen kam mir der Gedanke, mir mit meiner Entscheidung mehr Zeit zu lassen. Was sich am Ende in mir als Essenz zum Wétiko-Thema am deutlichsten festsetzte, war das Zitat von Jack Forbes: *„Die Existenz des Wétiko-Erregers nicht anzuerkennen – zu sagen, er 'existiere nicht' –, gestattet es der psychischen Infektion, sich uneingeschränkt auszuleben."*

Möglicherweise war es dieses Zitat, das mich noch einmal dazu veranlasste, einen letzten Versuch eines inneren Abgleichens vorzunehmen. Der Grund dafür, dass ich mich letztlich doch für die Veröffentlichung dieses Kapitels entschieden habe, war mein sicheres Gefühl, dass es einen Lösungsbeitrag für das ganze Thema über Geistesparasiten liefern kann. Während ich noch immer damit befasst war abzuwägen, tauchte zwischendurch immer wieder ein Name auf, den ich im Zusammenhang mit dem südamerikanischen Schamanismus kannte.

Es handelte sich um den bekannten Ethnopharmakologen Christian Rätsch. Im Rahmen seiner Doktorarbeit studierte dieser Forscher den ethnomedizinischen und rituellen Gebrauch von Pflanzen, insbesondere der kulturellen Nutzung psychoaktiver Pflanzen im Schamanismus. Mit seiner Dissertation über die *„Zaubersprüche und Beschwörungsformeln der Lacandonen-Indianer"*, einem Maya-Volk in Mexiko, promovierte Christian Rätsch zum Doktor der Philosophie. Seine Forschungsdaten erhob er, indem er selbst ein Jahr lang – wie in der ethnologischen Feldforschung üblich – mit den Lacandonen-Indianern lebte und als teilnehmender Beobachter ihren Ritualen beiwohnte.

Christian Rätsch veröffentlichte später seine persönlichen Beobachtungen, die er im inneren Kreis der südamerikanischen Naturvölker machte. Sein Sachbuch *„Drogen im Kulturvergleich"* zählt zu den herausragenden Werken in seinem Fachbereich. In den von ihm veröffentlichten Feldstudien befasste sich Christian Rätsch unter anderem mit einem Ritual, das zu besonderen Anlässen von den Schamanen praktiziert wird. Bei diesem uralten Heilungs-Ritual wird ein als Tee zubereitetes Gebräu verabreicht, das als Ayahuasca bekannt ist. Dieses Ayahuasca ist auch **über Lateinamerika hinaus als ein Erkenntnismittel bekannt, das dem Menschen seine Stellung im Kosmos zeigen kann und ihm die wahre Wirklichkeit offenbart.**

Christian Rätsch berichtet hierzu: *„Eingesetzt wird es beispielsweise, um das Wesen einer Krankheit zu ergründen: Traditionsgemäß nimmt ein Schamane Ayahuasca, um die Krankheit im Patienten zu erkennen, oder* ***er gibt auch dem Patienten diesen Trank und führt ihn durch die ›wirkliche Wirklichkeit‹ zu seinem Zentrum.*** *Dadurch kann beispielsweise ein Patient seine Probleme oder Krankheitsursachen erkennen und so beheben. Es kommt darüber hinaus vor, dass der gesamte Stamm den Trank einnimmt, um gemeinsame mystische Erfahrungen zu machen und sich seiner Stellung im Kosmos bewusst zu werden.“*

An anderer Stelle berichtete Dr. Christian Rätsch über einen weiteren Anlass, bei dem der Stamm der Indianer ebenfalls Ayahuasca nutzt. Dieser Anlass war immer dann gegeben, **wenn der Schamane die soziale Ordnung in einem Stamm gefährdet sah. Wie wir uns denken können, entstehen die Brüche in der sozialen Ordnung meistens dann, wenn die Strukturen des Egos zu stark werden.** Auch in solchen Fällen rief der Schamane zum Ayahuasca-Ritual auf, damit jedem einzelnen Stammesmitglied die Möglichkeit gegeben wurde, sich an seine Stellung im Kosmos zu erinnern. **Durch die durch das Ritual gewonnene Selbst-Erkenntnis konnte die soziale Ordnung wiederhergestellt werden.**

Den Grund für das Abgleiten in den sozialen Verfall sehen die Naturvölker besonders in einer krankhaften Egostruktur, die in einem Zusammenhang mit einer Besetzung durch Dämonen steht. Diese Dämonen mögen in den zahlreichen Stämmen durchaus unterschiedliche Namen tragen, doch bin ich mir sicher, dass es sich bei allen diesen dunklen Geistwesen um die Archonten (bzw. Wétiko) handelt. Den ausführlichen Beschreibungen der Gnostiker nach sind die Archonten gleichzeitig auch körperlose Wesen, die durch ihre parasitären Eigenschaften Menschen befallen.

Aus meiner Sicht sind die Toxoplasma gondii-Parasiten die stofflichen Akteure der Archonten. Die Ergebnisse aus naturwissenschaftlichen Studien der letzten Jahre zeigen uns in aller Deutlichkeit, wie sich die Wesenszüge von Patienten verändern können, die an einer Toxoplasmose erkrankt sind. Schizophrenie und auffällig erhöhte Aggressivität sind nur zwei nachgewiesene Merkmale bei Toxoplasmose-Patienten.

Meine auffällig zögerliche und bedenkliche Haltung gegenüber meinem Wétiko-Kapitel änderte sich in dem Moment, in dem ich mich an die **Therapieerfolge bei einer Toxoplasmose erinnerte** (von den Ergebnissen dieser Studie, die Maria Alomar am Laboratorio de Parasitología Molecular in Buenos Aires, Argentinien, durchführte und 2013 veröffentlichte,[376] hatte ich bereits am Ende des Buches *„Der verratene Himmel – Rückkehr nach Eden"* berichtet). Thema dieser Untersuchungen war die Überprüfung der Wirksamkeit von β-Carbolin (βCs) Alkaloiden[377] auf Toxoplasma-Erreger. **Das Erstaunliche dabei war, dass es sich bei der hierbei untersuchten Substanz um eine der beiden Stoffgruppen handelt, die im Ayahuasca-Gebräu enthalten sind.**

Bei dieser Stoffgruppe handelt es sich um sogenannte Harman-Alkaloide. Im Ayahuasca stammen diese Harman-Alkaloide aus den südamerikanischen Banisteriopsis-Arten (Rautengewächse). Bei der erfolgreichen Toxoplasmose-Studie überraschte mich besonders, dass keinerlei pflanzliches DMT[378] eingesetzt wurde. Anders als bei Ayahuasca, in dem neben den Harman-Alkaloiden auch noch pflanzliches DMT enthalten ist, wurden in der klinischen Studie ausschließlich Harman-Alkaloide verwendet.

376 Alomar, Maria L et al. „In Vitro Evaluation of B-Carboline Alkaloids as Potential Anti-Toxoplasma Agents." BMC Research Notes 6 (2013): 193. PMC. https://www.ncbi.nlm.nih.gov/pmc/articles/PMC3654986/

377 https://de.wikipedia.org/wiki/Beta-Carboline

378 Dimethyltryptaminm (https://de.wikipedia.org/wiki/Dimethyltryptamin)

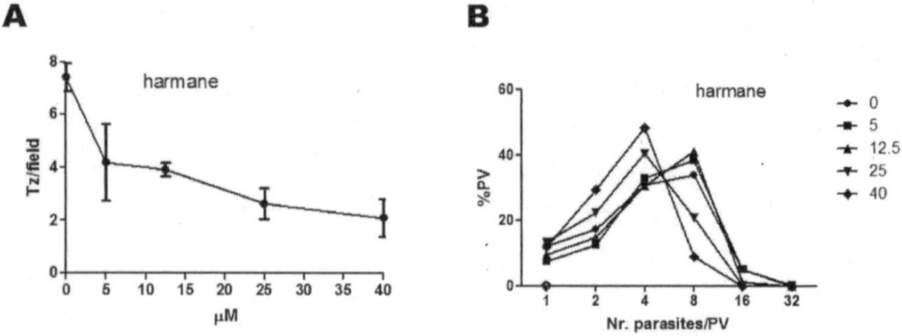

Abbildung 33: Grafische Darstellung der Effekte von Harman, Norharman und Harmin auf Parasiteninvasion und Replikation. Sie sind sämtlich Bestandteile der syrischen Steppenraute.

Demnach basiert der therapeutische Nutzen bei einer Toxoplasmose nicht primär auf dem pflanzlichen DMT. Ich bin überzeugt, dass die therapeutische Wirkung durch die pflanzlichen Harman-Alkaloide eingeleitet wird. Sie sind zwar auch im Ayahuasca enthalten, sind aber offenbar **ohne** die pflanzlichen DMT-Anteile noch wirksamer. Zumindest was den therapeutischen Nutzen im Rahmen einer Toxoplasma-Therapie betrifft. Die hier zum Einsatz gekommene syrische Steppenraute trägt im Wesentlichen **nur die Harman-Alkaloide** in sich.

Es wird sicher kein Zufall gewesen sein, dass die Forscher der klinischen Studie auf die Idee kamen, die Harman-Alkaloide der syrischen Steppenraute gegen die Toxoplasmen-Parasiten einzusetzen. Tatsächlich hat die Geschichte dieser Pflanze eine ähnlich lange Vergangenheit[379] wie das Ayahuasca. Die syrische Steppenraute war im alten Indien unter **Soma** bekannt. **Soma**[380] wird in der Rigveda, dem ältesten Teil der indischen Veden, als Göttertrunk aufgeführt und als ein Ritualgetränk beschrieben. Die frühen Iraner, hierunter nachweislich auch das Volk der Perser, kannten den Trank unter der in der avestischen Sprache üblichen Namensvariante **Haoma** oder **Hauma**.

379 Spekulationen, die aufgrund astronomischer Angaben in der Rigveda diese auf 6000–4000, 8000 oder gar auf 12.000 v. Chr. datierten, konnten noch nicht bestätigt werden.

380 Gerhard J. Bellinger: Soma. In: Derselbe: Knaurs Lexikon der Mythologie. Knaur, München 1999

Wir können trotzdem davon ausgehen, dass die rituelle Verabreichung von Ayahuasca auch zu einem Austreiben der Geistesparasiten führt, wofür beispielsweise die Berichte von Christian Rätsch sprechen. Oft stellte ich mir die Frage, ob dieses Austreiben allein über einen bio-chemischen Prozess entstand, oder ob es der erweiterte Erkenntnisstand war, der die Wirkung bei den Menschen hervorbrachte. Man könnte ja durchaus davon ausgehen, dass allein durch die Substanzen eine toxische Wirkung ausgeht, die zu einer Zersetzung der Parasiten führt.
Was jedoch den primären Nutzen zu einer Befreiung eines Toxoplasma-Befalls betrifft, erachte ich es für ratsamer, auf die Einnahme bzw. Verabreichung von DMT zu verzichten. Der Grund hierfür ist, dass **durch eine Verabreichung der Inhaltsstoffe der Steppenraute die körpereigene DMT-Produktion angeregt wird, was letztlich wirkungsvoller ist.**

Ich möchte an dieser Stelle noch einmal in Erinnerung rufen, dass unsere Zirbeldrüse von Natur aus bestrebt ist, ständig DMT zu produzieren (metabolisieren[381]). Aus „irgendeinen Grund“ **unterbinden bestimmte Enzyme jedoch die körpereigene DMT-Produktion.** Wie sich herausstellte, sind die so oft erwähnten **Harman-Alkaloide in der Lage, die DMT-Unterbindungs-Enzyme kurzfristig auszuschalten. Insofern ist es letztlich doch das DMT, welches den Körper von den Geistesparasiten befreien kann,** aber eben das körpereigene DMT. Es scheint also einen wichtigenUnterschied zwischen dem äußerlich zugeführten – meist pflanzlichen DMT – und dem DMT zu bestehen, das unsere Zirbeldrüse selbst produzieren kann. Aus Erfahrungsberichten zahlreicher Feldstudien konnte ich ableiten, dass besonders die Aktivierung des körpereigenen DMTs offenbar eine größere Nachhaltigkeit besitzt.

Ich möchte noch einmal auf die so wichtigen Studien eingehen, in denen es um den erfolgreichen Einsatz von Harman-Alkaloiden bei Toxoplasmose-Patienten ging. **Ich kann es nicht oft genug betonen. Heute bin ich fest davon überzeugt, dass die erfolgreiche Wirkung weniger durch das Molekül DMT**

381 Metabolisierung bezeichnet in der Medizin den biochemischen Um- bzw. Abbau einer Substanz durch körpereigene Enzymsysteme.

hervorgerufen wird, als durch die vom DMT hervorgerufenen erhöhten Bewusstseinszustände und der hiermit verbundenen Ekstase! Primär werden es letztlich diese beiden Zustände sein, die den Geistes-Parasiten den Garaus machen. Eine freudige Ekstase dürfte so ziemlich genau das Gegenteil dessen sein, was sich die stofflichen Vertreter der Archonten wünschen.

Hinzu kommt, dass eine Bewusstseinserweiterung ihre Tarnung aufdeckt. Eine Erweiterung des Bewusstseins und der Wahrnehmung wird auch durch die rituelle Verabreichung von Ayahuasca hervorgerufen. Was eine Erklärung dafür wäre, weshalb dieses Gebräu die Geistes-Parasiten zumindest zu einem gewissen Teil aus dem befallenen Körper vertreibt. Was nun die Parasiten betrifft, so hat auch die syrische Steppenraute ihre Geschichte hierzu. Das Wissen über ihre therapeutischen Wirkungen reicht offenbar einige Jahrtausende zurück. In einer alten Überlieferung aus dem ehemaligen Zweistromland Mesopotamien[382] wird sogar wortwörtlich erwähnt, dass die Steppenraute erfolgreich gegen Darmparasiten (!) eingesetzt werden kann. Zudem wird die Raute traditionsgemäß auch als Räucherwerk zur Vertreibung von bösen Geistern eingesetzt.

Die Erkenntnis, dass wir selbst in der Lage sind, sogar ohne jegliche Verabreichung eines Wirkstoffs die Geistes-Parariten aus unserem Körper zu bringen gemeinsam mit der Erkenntnis, dass die nun so oft aufgeführten Harman-Alkaloide auch in unserem Gehirn und unter anderem der Lunge gebildet werden können[383],[384], halte ich für eine so wertvolle Information, die es rechtfertigt, das Thema noch einmal zu behandeln.

Wie ich zum Ende meines Schlusskapitels im 1. Teil der Trilogie schrieb, können wir durch unsere Einstellung und unsere Gefühle von Freude mindestens das Gleiche erreichen wie mit der Einnahme von Substanzen.

382 https://de.wikipedia.org/wiki/Mesopotamien
383 https://roempp.thieme.de/roempp4.0/do/data/RD-08-00415
384 Eintrag zu Harmane. In: Römpp Online. Georg Thieme Verlag, abgerufen am 13. Juni 2014 sowie Wissenschaft-Online- Lexika: Eintrag zu Harman-Alkaloide im Lexikon der Biochemie, abgerufen am 3. April 2009.

Ich bin davon überzeugt, dass bereits wenige Minuten der Freude pro Tag ausreichen können, sich vor möglichen Geistes-Parasiten zu schützen, oder sie aus unserem Körper zu verbannen. Hierdurch würden wir zusätzlich noch unsere Zirbeldrüsenfunktionen unterstützen und somit auch unser Bewusstsein erweitern, um einen umfassenderen Überblick zu erhalten.

Im Folgenden möchte ich Euch zu diesem Thema noch eine wichtige Erkenntnis des Bewusstseinsforschers Jonathan Dilas mitteilen. Nicht nur für mich sind die Studien von Jonathan Dilas von großer Bedeutung. Er hat sich intensiv mit der Rolle unserer Ernährung und ihrer Wirkung auf unser Bewusstsein und unsere Gesundheit befasst. Seine persönliche Erfahrung mit einer ganz bestimmten Lebensmittelintoleranz sollte uns allen zu denken geben. Wer sich für die theoretischen und praktischen Hintergründe einer bewusstseinsfördernden Ernährung interessiert, dem empfehle ich besonders sein neuestes Buch *„Luzides Träumen, Astralreisen und die Zirbeldrüse."*[385] Im nächsten Kapitel werde ich noch einmal genauer auf Jonathan Dilas und seine Erfahrungen und Empfehlungen hierzu eingehen.

385 https://www.amazon.de/Luzides-Träumen-Astralreisen-Zirbeldrüse-Bewusstseinserweiterung/dp/1539120279

XIV

WIR ALLE SIND „DROGENABHÄNGIG“ – OHNE DROGEN WÄREN WIR NICHT LEBENSFÄHIG!

WIR ALLE SIND „DROGENABHÄNGIG“ – OHNE DROGEN WÄREN WIR NICHT LEBENSFÄHIG!

Drogen haben einen schlechten Ruf. Das hängt damit zusammen, dass bei dem Begriff „Droge“ heutzutage immer das Wort „Sucht“ mitschwingt. Dass unser Körper selbst ständig Substanzen produziert, bei denen es sich um körpereigene Drogen handelt, ohne die unser Körper und unsere Psyche nicht lebensfähig wären, ist den meisten Menschen nicht bewusst. Und dass Abhängigkeit und Sucht oft nichts mit der Einnahme oder Verabreichung von Substanzen zu tun haben, gehört ebenfalls noch nicht zu einem weit verbreiteten Allgemeinwissen. Zudem haben wir dabei vergessen, dass es sich auch bei Kaffee, Nikotin, Alkohol usw. um Drogen handelt, denn ihr Konsum ist für die meisten Menschen so normal geworden, dass es den Anschein hat, als würden viele ohne ihre bevorzugten Drogen tatsächlich an die Grenze ihrer Lebensfähigkeit geraten. Ohne Not haben sie sich in die Abhängigkeit von bestimmten Substanzen begeben und fügen sich selber Schaden zu. Der übermäßige Konsum dieser Alltagsdrogen ist Ausdruck einer kranken Gesellschaft, die die meisten Menschen ohne ein „Mood-Management“ nicht mehr aushalten können. Kaffee, um wach und konzentriert zu bleiben und arbeiten zu können. Alkohol, um in Stimmung zu kommen, locker zu werden oder die Welt ertragen zu können. Nikotin als anregende Stimulanz, um die Nerven zu beruhigen, Unsicherheit zu verbergen oder um sich an etwas festzuhalten und sein Inneres zu spüren. Die brennende Zigarette in der Hand verleiht uns das Gefühl, die Gefahren des Lebens im Griff zu haben.

Diese Abhängigkeiten von Substanzen, die unsere Befindlichkeit erheblich beeinflussen, sind gesellschaftlich sanktioniert und versorgen unzählige Unternehmen mit dauerhaften Kunden und Anleger mit großartigen Renditen.

Dass Alkohol, Nikotin und Coffein in den von den meisten Menschen regelmäßig konsumierten Mengen der Gesundheit schadet, ist erwiesen, und als ein erster Schritt wurde dem Laster des Rauchens der Kampf angesagt.[386] Es bleibt zu hoffen, dass das nicht nur dem Umstand zu verdanken ist, dass die immensen Steuereinnahmen, die den Regierungen von der Tabakindustrie in der Vergangenheit zugeflossen sind, nicht mehr im Verhältnis zu den noch immenseren Kosten stehen, die durch das Rauchen bzw. die Behandlung der durch Rauchen erkrankten Menschen, verursacht werden.

Dabei ist das Rauchen von Tabak ein wichtiger ritueller Akt bei vielen Völkern, und der Tabak an sich scheint nicht die Gefahr zu sein, sondern die zahlreichen Beimischungen, die bei der industriellen Herstellung von Zigaretten vorgenommen werden.

Eine andere Droge, die lange Zeit offiziell als gefährliche Einstiegsdroge für härtere Drogen wie Morphium, Heroin oder Opium galt, ist Hanf (Cannabis), der inzwischen in der Schmerz- und Krebsmedizin eine wohlverdiente Renaissance erfahren hat und als Medikament inzwischen auch von Ärzten legal verordnet werden darf. Das hat dazu beigetragen, dass unser Begriff davon, was Drogen sind und was es tatsächlich damit auf sich hat, drogenabhängig zu sein, wieder um einiges korrigiert wurde.

Cannabis zählt für mich zu den Drogen, die die meisten Menschen in einen Zustand versetzen, in dem sie dem matrixartigen Alltag um ein mehr oder weniger großes Stück weit entrückt sind. Ich drücke das deshalb so vorsichtig aus, weil ich weiß, wie unterschiedlich die Wirkung auf Menschen sein kann und wie sehr die Wirkung von Gras, Pot, Shit, Dope etc. von der chemischen Zusammensetzung, Konzentration und den Umständen, der Absicht und dem

386 Am 3. Januar 2018 hat Philip Morris auf seiner Homepage bekanntgegeben, dass sich das Unternehmen, das u. a. die Zigaretten der Marke MARLBORO herstellt, aus dem Geschäft mit Tabakwaren zurückziehen und sich der Entwicklung gesundheitlich unbedenklicher Alternativen zum Rauchen widmen wird. Diese Ankündigung steht im Zusammenhang mit einem Statement der WHO vom 28. September 2017, in dem sie der Tabakindustrie vorgeworfen hat, dass diese die Verbraucher vorsätzlich über die Folgen des Rauchens irregeführt hat.

Anlass der Einnahme bzw. des Rauchens abhängt. Wie alle anderen Drogen kann es zudem verunreinigt oder gestreckt sein, wenn es an irgendeiner Ecke gekauft wird.

Zudem wird es oft als Freizeitdroge bezeichnet, weil viele, die Cannabis konsumieren, es als ein Mittel gegen den Druck des Alltags, zur Vertreibung von Langeweile verwenden oder einfach, um sich „wegzudröhnen“. Mir sind leider Fälle bekannt, in denen die Anwender – zum Teil um etliche Jahre zeitversetzt – in ausgesprochen unzuträgliche Verfassungen, die in seltenen Einzelfällen bis zur Schizophrenie reichten, geraten sind, aus denen sie nicht wieder herausgekommen sind. Daher habe ich vor dieser Droge einen sehr großen Respekt.

Insgesamt hat sich unser Verständnis des Phänomens mit der Zeit verschoben, und es ist angesichts des medialen Fokus auf die schon erwähnten Aspekte den meisten Menschen, wie bereits gesagt, gar nicht bewusst, dass unser Leben erst durch eine große Anzahl verschiedener körpereigener Drogen erhalten bleibt. Was also genau ist eigentlich eine Droge?

VON DEM, WAS EINE DROGE FAKTISCH IST UND DEM, WAS EINE DROGE AM BESTEN SEIN SOLLTE

Auf diese Frage werde ich in diesem Kapitel ausführlich eingehen, möchte aber hier schon einmal vorausschicken, dass wir zwischen den Drogen, die heute für die meisten Menschen zum normalen Leben gehören und mit denen sie regelmäßig ihre Alltagsbefindlichkeiten steuern (Kaffee, Nikotin und Alkohol) und den Drogen unterscheiden müssen, die unser Bewusstsein auf einer fundamentalen Ebene verändern können.

Aus politischen und gesellschaftlichen Gründen, die von einem weltweit agierenden Management propagiert werden, zählt diese andere Art von

Drogen zu den gefürchtetsten Substanzen, jedoch nicht aus gesundheitlichen Gründen. Allem Anschein nach ist es die größte Befürchtung dieser Instanzen, dass die Einnahme dieser Drogen dazu führen könnte, dass die Konsumenten ihr manipulatives Spiel durchschauen könnten. Mich erinnert diese Situation an die biblische Darstellung vom Verbot des Verzehrs der Frucht vom Baum der Erkenntnis.

Bekanntlich gab es im **„Garten Eden“** allerlei Bäume. Zwei Bäume aber hatten eine herausragende Bedeutung: der Baum des Lebens und der Baum der Erkenntnis des Guten und Bösen (1. Mose 2,9). Gott verbot Adam (und damit natürlich auch Eva), von dem Baum der Erkenntnis des Guten und Bösen zu essen und stellte diese Sünde gewissermaßen unter Todesstrafe: Von dem Augenblick des Verzehrs der verbotenen Frucht würde der „Keim“ des Todes in den Menschen gelegt werden – der Tod war nur noch eine Frage der Zeit (1. Mose 2,17). Der Lohn der Sünde ist der Tod (Rö. 6,23).

DIE ERSTE VERBOTENE DROGE: „DIE VERBOTENE FRUCHT DER ERKENNTNIS“

Dieser Gott schien sehr genau zu wissen, dass sein falsches Spiel durchschaut werden würde, wenn seine Kinder von dieser bewusstseinserweiternd wirkenden „Frucht der Erkenntnis“ essen würden. Heute können wir herleiten, dass es sich bei dieser „Frucht der Erkenntnis“ um eine bewusstseinserweiternde Substanz handelte. Denn inzwischen wissen wir, dass es sich bei dieser Frucht um den Granatapfel handelt, in dessen Kernen zu dieser Zeit noch kleine Mengen an DMT enthalten waren. In den Wurzelrinden der Granatapfelbäume können tatsächlich noch heute kleine Mengen von DMT nachgewiesen werden.

Abbildung 34: Madonna (Gottesmutter Maria mit Jesus) mit dem Granatapfel, ein Gemälde von Sandro Botticelli.[387]

Abbildung 35: Die Himmelsgöttin Astarte wurde nicht nur als ***„Inkarnation des Geistes Gottes“*** *verehrt. Die* ***„Mutter der Erkenntnis“*** *wurde oft mit der* ***Frucht des Granatapfels*** *in ihrer ausgestreckten Hand dargestellt.*[388]

387 Florenz, Galleria degli Uffizi, August 2015 » Sandro Botticelli, Madonna mit dem Granatapfel

388 Astarte, ugaritisch Athtartu, phönizisch: štrt, griechisch: Αστάρτη (Astártē), hebräisch: Aschtoret, aramäisch: Athtar; war die Himmelskönigin und Liebesgöttin mehrerer westsemitischer Völker.

Es sieht tatsächlich so aus, dass dieses biblische Verbot heute immer noch gilt. Die Beweggründe dieses Verbotes scheinen eindeutig zu sein. **Der Verzehr der Frucht vom „Baum der Erkenntnis des Guten und Bösen" (1. Mose 2,9) würde uns nämlich die Fähigkeit verleihen, zwischen einem falschen und einem echten Gott zu unterscheiden.**

Aber das heutige Verbot der **„Droge der Erkenntnis"** bezieht sich auf die sogenannten psychoaktiven Wirkstoffe. Hierzu zählen alle Substanzen, die zu einer natürlichen Bewusstseinserweiterung führen. Seit Ende der 60er Jahre des vorigen Jahrhunderts werden die Verstöße gegen die Verbote mit aller Härte geahndet.

In Deutschland fällt z. B. der im Pflanzengetränk Ayahuasca[389] enthaltene Stoff DMT unter das Betäubungsmittelgesetz und gilt somit, wie auch in Österreich und der Schweiz, als ein nicht verkehrsfähiges Rauschgift. Für DMT-haltige Pflanzen aber gibt es keine Gesetze. Aufgrund ihres DMT-Gehalts fallen sie jedoch eigentlich auch unter die DMT-Verbote. Eine Zucht mit dem Ziel der DMT-Herstellung ist auf jeden Fall untersagt.[390]

Heute ist es kein biblischer Gott, der diese Verbote erlässt, heute sind es Regierungen über nationale und internationale Gesetze – wozu auch die WHO[391] zählt. Die Frage, auf die ich hier jedoch nicht näher eingehen möchte, aber gerne zum Nachdenken freigeben möchte, ist: **Wer regiert eigentlich wirklich die Regierungen?** Nun ist es natürlich die eine Sache, Verbote zu verhängen. Die andere Sache sind die Strategien, um den Verzehr der verbotenen Drogen zu verhindern.

Im allgemeinen Sprachgebrauch existieren einige emotional besetzte Worte. Ohne dass wir es bemerken, reagieren wir unbewusst auf sie. Worte, die eine emotionale Bedeutung haben, werden beim Erfassen vom Gehirn schneller wahrgenommen als neutrale Worte. Das haben Forscher der Universität

389 Ayahuasca ist ein amazonisches Pflanzengetränk, das fähig ist, einen veränderten Bewusstseinszustand hervorzurufen.

390 http://www.thema-drogen.net/drogen/halluzinogene-drogen/dmt/dmt-rechtslage/

391 https://de.wikipedia.org/wiki/Weltgesundheitsorganisation

Konstanz herausgefunden. Dabei spielt es **keine** Rolle, ob die gefühlsbetonten Worte eine positive oder negative Bedeutung haben, berichtet die Psychologin Johanna Kissler in der Fachzeitschrift "Psychological Science". Nachweislich blieben die von den Probanden aufgenommenen emotional belegten Worte deutlich besser im Gedächtnis haften.[392] **Eines dieser emotional besetzten Begriffe ist das Wort „Droge".**

Ich habe mir schon lange die Frage gestellt, weswegen das Wort Droge so in Verruf gekommen ist. Bereits eine simple Recherche lässt uns erkennen, seit wann die „Droge" eine negative Zuordnung erhielt. Unverkennbar begann diese Neuausrichtung mit dem Ende der 1960er Jahre. Ich erinnere mich noch sehr genau an meine Kindheit, in der ich regelmäßig in einer örtlichen **Drogerie** für meine Mutter einkaufte. In meiner Wahrnehmung gab es in solchen Geschäften Artikel, **die als Drogen verkauft** wurden.

Zu dieser Zeit – in den 1950er und frühen 60er Jahren – hatte das Wort Droge eine Bedeutung von Heilkräuter und Tinkturen, die sicherlich nicht sehr schmackhaft waren, jedoch aufgrund ihrer heilsamen Wirkungen in keiner Hinsicht ein negatives Image hatten. Drogerien haben sich aus mittelalterlichen Arzneimittelhandlungen entwickelt. Lange Zeit durften aber nur Apotheken **Heil- und auch Giftkräuter** verkaufen. Erst die kaiserliche Verordnung vom 25. März 1872 in Deutschland und die Verordnung vom 17. Juni 1886 in Österreich gestatteten, **Kräuter wieder als Arzneidrogen in Drogerien** zu verkaufen. Aus diesem geschichtlichen Verlauf ist keinerlei Erklärung ersichtlich, warum der Begriff Droge derart in Verruf geraten ist. Das Wort selber lässt ebenfalls keinerlei Schlüsse zu, weshalb dieser Begriff seit so langer Zeit seinen guten Ruf verloren hat.

In seiner ursprünglichen Bedeutung stammt der Begriff *„Droge"* vom niederländischen *„droog"* für „trocken" ab. Es wird angenommen, dass das Substantiv "Droge" aus dem altfranzösischen *"Drogue"* stammt, möglicherweise später in "Droge-vate" aus dem Mittleren Holländischen, was *"trockene Fässer"* bedeutet und sich auf darin **aufbewahrte Heilpflanzen bezieht**. Das transitive

392 http://journals.sagepub.com/doi/abs/10.1111/j.1467-9280.2007.01924.x

Verb "to drug" (d.h. absichtlich eine Substanz jemandem verabreichen, oft ohne sein Wissen) entstand später und beruft sich eher auf die psychoaktiven als auf die medizinischen Eigenschaften einer Substanz.

Heute wird eine Droge unter verschiedenen Aspekten klassifiziert: Unter dem pharmakologischen Aspekt ist eine Droge eine Substanz mit psychoaktiver Wirkung. Unter dem juristischen Aspekt ist eine Droge eine „illegalisierte" Substanz. Unter dem moralischen Aspekt eine Substanz/Tätigkeit, die unnormal/normabweichend genutzt wird, und nach dem medizinischen Aspekt ist eine Droge eine Substanz, die nicht bestimmungsgemäß gebraucht wird.

Nach Definition der Weltgesundheitsorganisation *World Health Organization (WHO)* **gilt jede Substanz als Droge, die in einem lebenden Organismus Funktionen zu verändern vermag.** Die wissenschaftliche Beschäftigung mit der Wirkung von Drogen wird als Rauschkunde[393] bezeichnet.

Für die WHO war 1975 eine Droge noch relativ grob klassifiziert:
„...jede Substanz, deren Einverleibung zur Reizung empfänglicher biologischer Strukturen führt und eine oder mehrere Funktionen modifizieren kann."

Seit 1981 änderte sich diese Klassifizierung drastisch. Seitdem sind demnach Drogen:
„...psycho-aktive Substanzen, d.h. ein Stoff, der auf das Zentralnervensystem wirkt. Drogen in diesem Sinn sind alle Stoffe, Mittel, Substanzen, die aufgrund ihrer chemischen Natur Strukturen oder Funktionen im lebenden Organismus verändern, wobei sich diese ***Veränderungen insbesondere in Sinnesempfindungen, in der Stimmungslage, im Bewusstsein oder anderen psychischen Bereichen oder Verhalten bemerkbar machen."***

Die meiner Ansicht nach eher parteiisch ausgerichtete Wikipedia-Datenbank schreibt unter dem Stichwort „Drogen"[394]: *„Das Wort Droge bezeichnet in der*

393 www.suchtmittel.de
394 https://de.wikipedia.org/wiki/Droge

deutschen Umgangssprache heute oft rauscherzeugende Substanzen (Rauschdrogen, Rauschmittel oder Rauschgifte). Dabei handelt es sich um psychotrope Stoffe und ihre Zubereitungen, die im zentralen Nervensystem eine bewusstseins- und wahrnehmungsverändernde Wirkung hervorrufen können. Einige Drogen werden in Teilen der Welt traditionell als Genussmittel genutzt. Hierzu zählen unter anderem Koffein (Kaffee, Tee), Alkohol (Bier, Wein, Schnaps), Nikotin (Tabak), Cannabis (Marihuana, Haschisch), Kokablätter, Betel sowie Kath.

Viele Genussmittel, manche medizinisch verwendeten Substanzen (etwa Schlaf-, Beruhigungs-und Aufputschmittel) und bestimmte Lösungsmittel können in entsprechender Dosierung und Einnahmeform ebenfalls zu einem erheblich veränderten Bewusstseinszustand führen und schädliche Folgen (bis hin zur Sucht) haben. ***Es besteht keine allgemeine Einigkeit darüber, in welchem Ausmaß Drogenkonsum gesellschaftlich und volkswirtschaftlich angemessen und tolerierbar ist. Die Debatte darüber wird überwiegend ideologisch gefärbt und irrational geführt.*** *Durch nationale Gesetzgebung und internationale Abkommen sind Handel, Umlauf und Einnahme von psychotropen Substanzen zwar weitgehend reglementiert und eingeschränkt. Faktisch ist jedoch aufgrund der hohen Nachfrage nach streng reglementierten Drogen eine weltweite Schattenwirtschaft entstanden.“*

Im Wesentlichen kann ich dieser Darstellung zustimmen. Was jedoch erst nach genauerem Hinschauen auffällt, ist, dass hierbei nicht darauf hingewiesen wird, dass zwei grundsätzliche Arten von Drogen existieren. Die körpereigenen (endogenen) und die pflanzlichen (exogenen) psychoaktiven Drogen! Ich bin immer wieder erstaunt darüber, wie wenig wir über die Wirkungen der körpereigenen Drogen wissen. Nur werden diese Drogen als „Psychotropika“[395] bzw. als Glückshormone ausgewiesen. Als Glückshormone werden populärwissenschaftlich häufig bestimmte Botenstoffe (also Hormone/Neurotransmitter) bezeichnet, die Wohlbefinden oder Glücksgefühle hervorrufen können. Zu ihnen gehören beispielsweise Serotonin, Noradrenalin, Dopamin, Endorphine, Oxytocin und Phenethylamin. Um diese Drogen jedoch besser verstehen zu können, sollten wir noch mehr darüber lernen. Der

395 Eine psychotrope Substanz ist eine Mischung aus einem oder mehreren Wirkstoffen, die die menschliche Psyche beeinflusst.

Aspekt, dass es sich hierbei um körpereigene, von Natur aus gegebene Drogen handelt, wird nur allzu oft übersehen.

Eine von der Wissenschaft in den Fokus gerückte Substanz ist das Endorphin (Abkürzung von Endogene Morphine, bzw. körpereigenes Morphium).

Die 1975 zum ersten Mal im Zwischenhirn wissenschaftlich nachgewiesenen **Glücklichmacher** haben eine ausgeprägt schmerzstillende, berauschende und entspannende Wirkung. Diese Endorphine werden in den verschiedensten Situationen ausgeschüttet. Uns allen ist der Rausch nach einem guten Essen, nach einem Erfolgserlebnis, nach einer schönen Liebesnacht bekannt. Auch nach Schmerzereignissen wird dieses Endorphin ausgeschüttet. Es ist nicht verwunderlich, dass sich die Endorphine an die Opiatrezeptoren binden. Was bedeutet, dass sie ihre Wirkung an derselben Stelle wie Heroin oder andere Opiate verbreiten.

Heute wissen wir, dass eine Frau während der Schwangerschaft von ihrem zentralen Nervensystem für ihre Schwangerschaft mit großen Mengen von Endorphinen belohnt wird. Auch Streicheleinheiten, Anerkennung, Liebkosung, Herzlichkeit, Geborgenheit, stehen im Zusammenhang mit Endorphinen. Neben dem Endorphin gibt es allerdings auch eine große Zahl exogener Drogen, welche dieselben Wirkungen aufweisen wie endogene Drogen, die uns so wohlfühlend oder übelfühlend, so wach oder schlaflos machen können. Je nach Handlung, was wir unterlassen oder was uns erwartet, werden die einen oder anderen Stoffe ausgeschüttet, kombiniert oder neutralisiert. Naturgemäß wirken die endogenen und die exogenen Drogen untereinander zusammen und können sich sogar gegenseitig verstärken.

Neben den Endorphinen existieren natürlich noch weitere endogene Drogen. Zu ihnen zählen zum Beispiel das Stresshormon Adrenalin, das Cannabinoid Anandamid, das stimmungsaufhellende Dopamin, das antidepressiv und euphorisierend wirkende Noradrenalin, das beruhigend und ausgleichend wirkende Serotonin, das belohnende Hormon für Beziehungen Oxytocin, der Beruhigungswirkstoff Endovalium und **sogar das streng verbotene Endo-DMT.** Faktisch ist also dieses körpereigene Drogensystem Teil unseres

Nervensystems. Das **Nervensystem** umfasst die gesamten Nervenzellen (Neuronen) und Gliazellen[396] eines Organismus im gemeinsamen Zusammenhang.

Für den Ethnologen und Bewusstseinsforscher Terence McKenna[397] ist besonders **DMT** als **„Katalysator intellektuellen Widerspruchs"** von Relevanz. In seinem Buch The Archaic Revival[398] vermutete er, dass Psychedelika nicht deshalb illegal seien, „weil es irgendjemanden stört, dass du Visionen hast", sondern weil **„sie Zweifel an der Gültigkeit der Wirklichkeit hervorrufen".** Deshalb sei es selbst für demokratische und besonders für sogenannte „Dominator"-Gesellschaften schwierig, Psychedelika in Kauf zu nehmen. Nach Ansicht Terence McKennas leben wir in so einer globalen „Dominator"-Gesellschaft.

Wenn wir verstehen wollen, warum Psychedelika verboten sind, müssen wir laut McKenna verstehen, weshalb die Welt heutzutage nach dem „dominierenden" statt dem „partnerschaftlichen" Modell funktioniert und was diese Begriffe genau umfassen. Für dieses spannende Thema empfehle ich Riane Eislers Buch *„Kelch und Schwert"*[399]. Die US-amerikanische Rechtswissenschaftlerin und Soziologin wurde „als einzige Frau unter 20 großen Denkern ausgewählt".[400] Trotzdem wurde Riane Eislers Werk – wie auch viele von McKennas Arbeiten – bisher übersehen und offenbar sogar absichtlich verdrängt.

Näheres hierzu findet ihr unter ***„Warum sind Psychedelika wirklich verboten?"***[401] Im Grunde genommen teile ich die Ansicht von Riane Eisler und Terence McKenna, möchte jedoch noch einen Schritt weitergehen. Wie ich bereits zum Ausdruck brachte, basieren die Verbote und die umfangreichen

396 http://www.spektrum.de/lexikon/neurowissenschaft/gliazellen/4781
397 https://de.wikipedia.org/wiki/Terence_McKenna
398 https://www.goodreads.com/book/show/351037.The_Archaic_Revival
399 https://www.amazon.de/Geschichte-Zukunft-Weibliches-männliches-Geschichte/dp/3936855161
400 http://www.shiftinaction.com/discover/luminaries/riane_eisler
401 https://www.vice.com/de/article/kwyzam/warum-sind-psychedelika-illegal-tao-lin-lsd-cannabis-dmt-004

Fehlinformationen sowie eine unvollständige und die teilweise fehlerhaften Aufklärungen zum Thema Drogen auf Angst. Wobei diese Angst in erster Linie „von den herrschenden Göttern" (Archonten etc.) ausgeht, und wohlwissentlich an uns weitergeleitet wird. Obwohl es für den Begriff Gott keine einheitliche Erklärung gibt, drückt die folgende Definition für diesen Zusammenhang gut aus, worum es geht.

> **Als Gott (je nach Zusammenhang auch Göttin oder Gottheit) wird meist ein übernatürliches Wesen bzw. eine unvorstellbare Macht bezeichnet. In der Lehrmeinung und im Verständnis sowie in der Praxis verschiedener Mythologien, Religionen und Glaubensüberzeugungen sowie in der Metaphysik werden einem Gott oder mehreren Göttern besondere Verehrung zuteil und besondere Eigenschaften zugeschrieben; unter anderem erster Ursprung bzw. Schöpfer oder Gestalter der Wirklichkeit zu sein.**[402]

Ich halte es für keinen Irrtum oder Zufall, dass das Thema Drogen im Allgemeinen so verteufelt wurde und wird. Diese herrschenden „Götter" suggerieren uns die Angst vor den Konsequenzen bei Nichteinhaltung ihrer Verbote. Und doch haben sie alles zu verlieren und wir nicht. Indem wir ihren Machtmissbrauch erkennen und durchschauen, haben sie ihre Macht verloren. Meiner festen Überzeugung nach ist dieser Machtwechsel bereits in vollem Gange. Tatsächlich existiert eine Korrelation zwischen der Deutlichkeit ihrer Verbote sowie der Härte der Maßnahmen und denjenigen Früchten (Drogen), die unsere Erkenntnisfähigkeiten erhöhen bzw. unser Bewusstsein erweitern. Anders sieht es mit den „Früchten" aus, die eher Gegenteiliges bewirken. Hierzu zählt besonders der Alkohol. Obwohl Alkohol zu den Betäubungsmitteln gehört, gehört er zu den legalisierten und sogar beworbenen Drogen.

Betäubungsmittel im Sinne des deutschen Betäubungsmittelgesetzes (BtMG) und Drogen sind nicht gleichzustellen. Alkohol, Nikotin und Coffein werden vom BtMG, **weil sie nicht in die Anlagen aufgenommen wurden, nicht**

402 https://de.wikipedia.org/wiki/Gott

erfasst(!).[403] Nach einer britischen Untersuchung wurden die Klassifizierungen für Drogen neu gefasst. Eine zuerst von der BBC ausgestrahlte Dokumentation stellte diese wahrhaft revolutionären Studienergebnisse der interessierten Öffentlichkeit vor. Der auch auf Spiegel-TV ausgestrahlte Film beginnt mit den Worten: *„Für diesen Film wurden die 20 gefährlichsten Drogen getestet, auf ihre Wirkungen und auf ihre Gefahren.“*[404]

Bei all diesen Darstellungen wird allerdings nicht erwähnt, dass wir uns die stärkste Droge, die unser Bewusstsein erweitern kann, gar nicht äußerlich zuführen brauchen. Wir tragen sie – zumindest in ihrer latenten Form – alle in unseren Körpern! Die Rede ist von dem bereits erwähnten körpereigenen DMT. 5-MeO-DMT ist ein sehr starkes, kurz und schnell wirksames Halluzinogen. Es wirkt zugleich halluzinogen und entheogen (***„das Göttliche erweckend“***).[405]

DMT ist eines der stärksten Halluzinogene, das die Menschheit kennt. Darüber hinaus ist es völlig natürlich und kommt naturgemäß im menschlichen Körper vor. Bereits im Jahr 1961 entdeckte der Nobelpreisträger Julius Axelrod[406] ein Enzym namens Indolethylamin-N-Methyltransferase (INMT), das das gängige Amin-Tryptamin in DMT umwandeln konnte. Endogenes DMT (DMT, das im Körper produziert wurde), wurde erstmals im Jahr **1965 von den deutschen Forschern F. Franzen und H. Gross** in den Blut- und Urinproben von Menschen entdeckt, und die Entdeckung wurde in der britischen Zeitschrift ***Nature*** publiziert.[407]

---

403 https://de.wikipedia.org/wiki/Betäubungsmittelgesetz_(Deutschland)
404 http://www.spiegel.tv/videos/166133-das-drogen-abc
405 http://checkit.wien/substanzen/5-meo-dmt/
406 https://de.wikipedia.org/wiki/Julius_Axelrod
407 Tryptamine, N,N-Dimethyltryptamine, N,N-Dimethyl-5-hydroxytryptamine and 5-Methoxytryptamine in Human Blood and Urine (https://www.nature.com/articles/2061052a0)

Abbildung 36: Julius Axelrod bei der Herleitung der DMT-Synthese. März 1973. (Foto vom National Institute of Health)

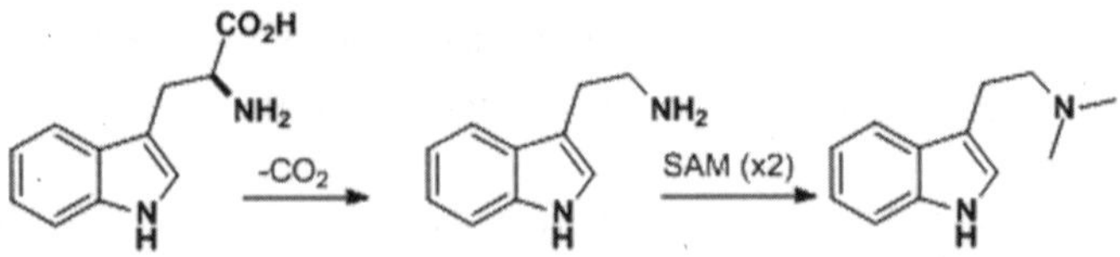

1 2 3

Abbildung 37: Ein Reaktionsdiagramm der DMT-Synthese – Professor Axelrods zentrale Entdeckung.

Bereits sieben Jahre später, also 1972, war es wiederum Professor Julius Axelrod[408], der das DMT im menschlichen Hirngewebe nachweisen konnte.[409] 2013 wurde schließlich DMT sogar in der Zirbeldrüse nachgewiesen.[410] Im Dezember 2000 veröffentlichte der Psychiater Dr. Rick Strassman[411] sein grandioses Werk ***„DMT – Das Molekül des Bewusstseins: Zur Biologie von***

408 Axelrod, J. and Romero, J.A., "Pineal B-Adrenergic-Receptor, Diurnal Variation in Sensitivity", Science (June 28, 1974) pp. 1169-74.

409 Axelrod et al, 1961, Barker, et al, 1981

410 https://grahamhancock.com/frecskae4/

411 Rick Strassman - www.wasiwaska.org

Nahtod-Erfahrungen und mystischen Erlebnissen“[412].

Dr. Rick Strassman ist ein auf Psychiatrie spezialisierter Arzt. Er bekam ein Stipendium für klinische Psychopharmakologieforschung an der University of California, San Diego und war elf Jahre lang Professor für Psychiatrie an der University of New Mexico.[413] Von 1990 bis 1995 führte Dr. Rick Strassman an seiner Universität von der US-amerikanischen Drogenvollzugsbehörde DEA (Drug Enforcement Administration)[414] genehmigte klinische Forschungen durch, bei denen er sechzig Freiwilligen DMT injizierte. Sein ausführlicher und detaillierter Bericht über diese Sitzungen ist eine faszinierende Erkundung der Natur des menschlichen Geistes und des therapeutischen Potenzials psychedelischer Substanzen.

Die DEA ist eine dem Justizministerium der Vereinigten Staaten unterstellte Strafvollzugsbehörde. Ihre Aufgabe ist es, die illegale Herstellung von Drogen und den Drogenhandel in den USA zu unterbinden. Sie verfolgt damit die Umsetzung eines US-amerikanischen Gesetzesbeschlusses von 1970, dem „Controlled Substances Act“ (CSA), das die US-amerikanische Drogenpolitik festlegt.[415]

Die Forschungsergebnisse dieser Studie sind Hauptbestandteil von Dr. Strassmans Werk. Darin leitet er u. a. her, ***„dass auf natürliche Weise von der Zirbeldrüse freigesetztes DMT die Bewegung der Seele in den Körper hinein und aus ihm hinaus fördert und Bestandteil der Erfahrungen von Geburt und Tod ist; auch an höchsten Zuständen der Meditation und an transzendenten sexuellen Erlebnissen scheint es beteiligt zu sein“.***

Dr. Strassman vertritt die Ansicht: ***„Klug angewendet, könnte DMT eine Periode bemerkenswerter Fortschritte in der wissenschaftlichen Erkundung der geheimnisvollsten mystischen Regionen der menschlichen Psyche und seines Seelenlebens einleiten.“***

---

412 https://www.at-verlag.ch/buch/978-3-85502-967-9/Rick_Strassman_DMT.html
413 “Wasiwaska » Rick Strassman”. www.wasiwaska.org. Retrieved 2016-09-14.
414 https://www.dea.gov/index.shtml
415 https://www.dea.gov/index.shtml

In der jüngeren Geschichte, veröffentlichte Dr. Strassman[416], der heute als führende Autorität in der klinischen DMT-Forschung gilt, zusammen mit Albert Most eine wissenschaftliche Zusammenfassung mit dem Titel *„Eros and the Pineal: The Layman's Guide to Cerebral Solitaire."*[417] Hierin heben sie hervor, dass ein natürliches Enzym, das in der Zirbeldrüse auftritt, **für den Zerfall von Serotonin in potente Halluzinogene wie DMT verantwortlich ist.** Dr. Strassman geht davon aus, dass das Gehirn jede Nacht im Schlaf DMT produziert und dies der Grund ist, warum wir träumen. So gesehen wären unsere Träume buchstäblich psychedelische Halluzinationen. Meine diesbezüglichen Forschungen ergeben sogar einen Zusammenhang zwischen Nahtoderfahrungen, Inspirationen, Zuständen einer Erleuchtung – im Sinne einer wahren Selbsterkenntnis – und dem im Körper aktivierten DMT.

Das körpereigene DMT ist bereits im pränatalen Zustand in jedem Baby aktiv. Selbst nach seiner Geburt sorgt dieses aktive DMT für eine Wahrnehmung, die noch kein Ego kennt. Eine zentrale Rolle nimmt an dieser Stelle die Zirbeldrüse ein. Seit langem wird sie mit dem spirituellen Erwachen in Verbindung gebracht. Der berühmte französische Philosoph René Descartes dachte von der Zirbeldrüse, dass sie der *„Sitz der Seele"* sei.

Auch andere alte Kulturen, wie die Griechen und Ägypter, hatten jeweils ihre Ansicht über die Drüse. Tatsächlich ranken sich viele Mythen um die Zirbeldrüse, von der auch gesagt wird, dass sie das physische Gegenstück des dritten Auges oder *Ajna Chakra* in der hinduistischen Philosophie sei. Mit ihren zahlreichen Nachweisen über die Wirkungen des vom Körper selbst produzierten DMT scheinen die Naturwissenschaftler ihr Problem zu haben. So hebt die US-amerikanische staatliche Datenbank PubMed.gov in einer Veröffentlichung aus dem Jahr 2005 hervor: ***„Das Vorhandensein der starken halluzinogenen psychoaktiven Chemikalie N,N-Dimethyltryptamin (DMT) im menschlichen Körper verwirrt Wissenschaftler seit Jahrzehnten."***[418]

---

416 https://en.wikipedia.org/wiki/Rick_Strassman

417 http://www.serendipity.li/dmt/eros.html

418 https://www.ncbi.nlm.nih.gov/pubmed/15780487

Nachvollziehbarerweise ist die Einnahme einer Substanz, die der Körper selbst auch produziert, bei geeigneter Dosis weniger folgenreich als der Konsum von Substanzen, die der Körper selbst nicht herstellen kann. Vor diesem Hintergrund gilt es, Risiko und Wirkung von Drogen anders zu bewerten, als dies aus Propagandagründen bisher getan wurde.

Dabei gibt es eine Reihe von Forschern und Experten, die die Fakten richtig einschätzen. Aber ihre Meinung ist – zumindest offiziell – nicht gefragt. Prof. David Nutt[419] z. B., leitender Neuropsychopharmakologe von der University of Bristol und bis dahin ranghöchster Drogenberater der Britischen Regierung, musste seinen Stuhl räumen, nachdem er geäußert hatte, dass Ecstasy und LSD weniger gefährlich seien als Alkohol. Das hatte er zuvor in einer Untersuchung, die er im Auftrag der Regierung mit einem Team von 40 Wissenschaftlern durchgeführt hatte, und in der die 20 gefährlichsten Drogen auf ihre Wirkungen und auf ihre Gefahren hin untersucht wurden, nachgewiesen.

Am 17. März 2008 berichtete BBC Exklusiv über *„Das Drogen-ABC – Top 20 der gefährlichsten Substanzen“*. Spiegel-TV brachte eine deutsche Übersetzung ***„Die Gruppe um David Nutt erstellte das fundierte Ranking über das Gefahrenpotenzial von Drogen.“*** [420] Schon am 23.03.2007 hatte SPIEGEL ONLINE berichtet: ***„Alkohol gefährlicher als Ecstasy und LSD – Alkohol und Tabak sind für die persönliche Gesundheit und die Gesellschaft schädlicher als Cannabis oder LSD, ergab eine Studie britischer Forscher. Die Experten stellen eine neue Drogen-Rangliste vor – und fordern einen radikalen Kurswechsel im Umgang mit Rauschmitteln.***

Die Gesellschaftsdrogen Alkohol und Tabak fordern Jahr für Jahr allein in Deutschland zehntausende Todesopfer – weit mehr als jede illegale Droge. Britische Forscher haben jetzt eine neue Drogen-Rangliste erstellt, die sowohl die Folgen für die individuelle Gesundheit und das Suchtpotential als auch den gesellschaftlichen Schaden einzelner Rauschmittel berücksichtigt.

419 https://en.wikipedia.org/wiki/David_Nutt
420 http://www.spiegel.tv/videos/166133-das-drogen-abc

Der Rangliste zufolge, die David Nutt von der University of Bristol[421] und seine Kollegen jetzt in der Fachzeitschrift „The Lancet" vorgestellt haben[422], sind Alkohol und Tabak unter den Top 10 der schädlichsten Drogen. Dagegen belegt eine in Deutschland verbotene Substanz wie Ecstasy im Ranking nur den 18. Platz.

Abbildung 38: Prof. David Nutt (University of Bristol, UK)

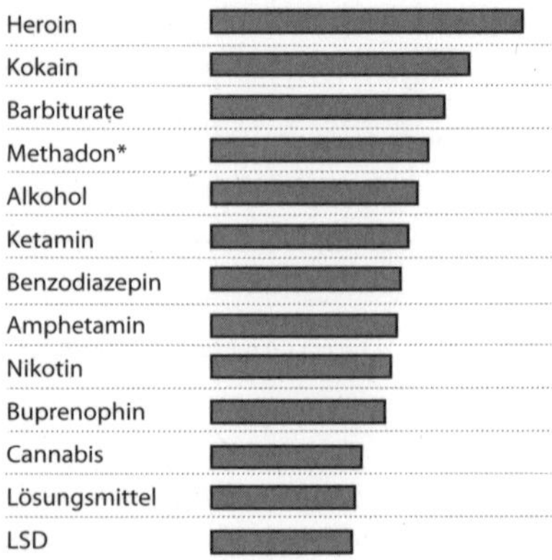

Abbildung 39: Die gefährlichsten Drogen - Vergleich nach Expertenbewertung (Auszug). (Foto: SZ-Grafik: I. Burgarth, Quelle: Uni Bristol)

421 http://news.bbc.co.uk/2/hi/health/6474053.stm

422 Nutt, DJ, King, LA, Saulsbury, W, and Blakemore, C. Developing a rational scale for assessing the risks of drugs of potential misuse. Lancet. 2007; 369: 1047–1053

Nutt und seine Kollegen nutzten drei Faktoren, um die Schädlichkeit von 20 verschiedenen Drogen zu bestimmen: Welchen körperlichen Schaden die Substanz verursacht, wie stark sie abhängig macht und wie sich ihr Konsum auf die Gesellschaft auswirkt.

Zwei unabhängige Expertengruppen ordneten den verschiedenen Stoffen Punkte zu. In den jeweils neun Kategorien kamen Psychiater, Polizisten und Juristen mit medizinischem Fachwissen zu sehr ähnlichen Ergebnissen: Heroin und Kokain gehören ihrer Meinung nach zu den gefährlichsten Drogen, gefolgt von Barbituraten und illegal verkauftem Methadon. Alkohol belegte den fünften, Tabak den neunten Rang.

Diese Ergebnisse unterscheiden sich stark von bisherigen Ranglisten und Klassifikationen. Und an diese sind die meisten Drogen-Gesetze gekoppelt. In Großbritannien beispielsweise werden Drogen in die Kategorien A bis C eingeordnet. A steht für eine große Schädlichkeit der Substanz, C für eine geringere. Alkohol und Tabak bekamen bisher nie einen der Buchstaben zugewiesen – sie sind durchweg legal.

Doch gerade mit diesen legalen Drogen gibt es die größten Probleme. Während in Europa jedes Jahr 7000 bis 8000 Menschen am Konsum illegaler Drogen sterben, fordert der Alkoholmissbrauch allein in Deutschland mehr als 40.000 Tote pro Jahr, wie das Bundesgesundheitsministerium errechnet hat. Auch unter Kindern und Jugendlichen nehmen Alkoholvergiftungen zu. Am Tabakkonsum sterben unterschiedlichen Studien zufolge gar 110.000 bis 140.000 Deutsche pro Jahr.

‚Das momentane Drogen-System ist durchweg krank und willkürlich', sagte Nutt der Nachrichtenagentur AP. Es gebe aus wissenschaftlicher Sicht keinen Grund dafür, dass Alkohol und Tabak nicht unter das Drogengesetz fallen sollten. Er und seine Kollegen rufen zum Umdenken auf. ‚Alle Drogen sind gefährlich', sagte Nutt. ‚Auch solche, die Leute kennen, lieben und jeden Tag zu sich nehmen'.“

Auch die Süddeutsche Zeitung ging am 27.03.2007 auf das Thema ein[423]: *„.... 40 britische Psychiater, Epidemiologen, Chemiker und Forensiker beurteilten neun verschiedene Gefahren des Missbrauchs von legalen und illegalen Drogen. Zu den Kriterien gehörten verschiedene körperliche Schäden (wie etwa der plötzliche Tod durch Atemdepression bei Heroinmissbrauch), die Stärke des Abhängigkeitspotentials, Folgen für das soziale Umfeld sowie öffentliche Gesundheitskosten. Aus den Punktewerten der Spezialisten erstellte Nutt eine Rangliste, die sich stark von behördlichen Klassifikationen unterscheidet: **„Dass der Konsum von Alkohol und Nikotin legalisiert ist, erscheint aus wissenschaftlicher Sicht vollkommen beliebig“**, kritisiert Nutt. „Das derzeitige System ist durch und durch krank.“*

Zahlen des Bundesgesundheitsministeriums und der Deutschen Hauptstelle für Suchtfragen bestätigen die Gefährlichkeit der legalen Stoffe mit Suchtpotential, die allerdings auch von viel mehr Menschen konsumiert werden als sogenannte harte Drogen: Alkoholmissbrauch fordert in Deutschland 42.000 Tote pro Jahr, an den Folgen des Rauchens sterben sogar 140. 000 Personen jährlich. Dem stehen 1.326 Menschen gegenüber, die im vergangenen Jahr am Konsum illegaler Drogen starben. *„Die Gefahren des Konsums von Alkohol und Nikotin werden völlig unterschätzt“*, sagt Andreas Heinz, Direktor der Klinik für Psychiatrie der Berliner Charité: ***„Betrachtet man allein medizinische Kriterien, müsste Nikotin auf Platz Eins und Alkohol auf Platz Zwei der Liste stehen.“***

1. Heroin	9. Nikotin
2. Kokain	10. Buprenorphin
3. Barbiturate	11. Cannabis
4. Methadon	12. Lösungsmittel
5. Alkohol	13. LSD
6. Ketamin	14. Anabolika
7. Benzodiazepin	15. Ecstasy
8. Amphetamin	16. Khat

Tabelle 3: Liste der gefährlichsten Drogen in Deutschland

423 https://www.nichtraucherschutz.de/zeitschrift_nichtraucher-info/nichtraucher-info_2007/nichtraucher-info_nr._67_-_iii-slash-07/24.html

Angesichts dieser wissenschaftlichen Erkenntnisse regt Nutt eine Diskussion der behördlichen Bestimmungen an: ***„Sie sollten in Zukunft auf sachlichen Beurteilungen und nicht auf Vorurteilen und Annahmen basieren."*** Nutt glaubt, dass ein Klassifikationssystem, bei dem Experten die Gefahren einschätzen, transparenter und geeigneter sei.

Wenige Tage nach der Ausstrahlung des Berichtes durch die BBC titelte die internationale Ausgabe von **The Guardian:** *„Government drug adviser David Nutt sacked"* und berichtete: *„Professor David Nutt,* ***der leitende Drogenberater der Regierung, wurde einen Tag nach der Behauptung entlassen, Ecstasy und LSD seien weniger gefährlich als Alkohol. Nutt erntete den Zorn der Regierung, als er in einem Bericht behauptete, Alkohol und Tabak seien schädlicher als viele illegale Drogen, darunter LSD, Ecstasy und Cannabis."***[424]

David Nutt hat sich am 11.11.2009 noch einmal selbst in der Fachzeitschrift THE LANCET ausführlich zu Wort gemeldet[425]:

„Meine Aussage vom Oktober[426], dass Alkohol gefährlicher ist als viele illegale Drogen, einschließlich Cannabis, Ecstasy und LSD, bezog sich auf einen Studienbericht, den ich vor 2 Jahren in The Lancet veröffentlichte[427]. Es wäre angesichts des politischen, medialen und akademischen Interesses eine Untertreibung, zu sagen, dass ich in ein Hornissennest im britischen Parlament und anderswo gestochen habe. Der Innenminister, Alan Johnson, entließ mich aus meiner Rolle als Vorsitzender des ACMD (dem Beirat der Regierung für den Missbrauch von Drogen, dem ich zehn Jahre lang mit Auszeichnung gedient hatte), und der konservative Schattenminister sagte, das hätte schon Anfang dieses Jahres passieren sollen, als ich einen Artikel veröffentlichte, in dem ich die Folgen von Ecstasy mit einer anderen Sucht (die ich als

424 https://www.theguardian.com/politics/2009/oct/30/drugs-adviser-david-nutt-sacked
425 http://www.thelancet.com/journals/lancet/article/PIIS0140-6736(09)61956-5/fulltext
426 Nutt, D. Estimating drug harms: a risk business. http://www.crimeandjustice.org.uk/opus1714/Estimating_drug_harms.pdf
427 Nutt, DJ, King, LA, Saulsbury, W, and Blakemore, C. Developing a rational scale for assessing the risks of drugs of potential misuse. Lancet. 2007; 369: 1047–1053

„Equasy" (Reiten) bezeichnet hatte) verglich[428].

Es gibt einige wichtige Aspekte dessen, was passiert ist, und die einige die „Nutt-Gate-Affäre" nennen. Der erste ist die überwältigende öffentliche Unterstützung, die ich erhielt, mit Zehntausenden, die E-Mails verschickten, sich bei Protestwebseiten anmeldeten und eine Petition an die Regierung richteten, um mich wiedereinzustellen. Viele akademische Gruppen haben sich dafür ausgesprochen, und es gibt eine Online-Petition in der akademischen Welt. Am 7. November fand ein Protestmarsch statt, organisiert von einer Gruppe namens „Studenten für vernünftige Drogenpolitik", deren Name genau das repräsentiert, was ich sage – Drogenpolitik sollte auf Evidenz und gesundem Menschenverstand basieren, die zwei Faktoren, die Interventionen vorantreiben sollten, um drogenbedingte Schäden zu reduzieren.

Es gibt einen großen Vorteil meiner Entlassung, da sie das Thema Drogen und ihre Schäden sehr bekannt gemacht hat, und diese öffentliche Debatte ist zu begrüßen. Es scheint nun so zu sein, dass die meisten Leute akzeptieren, dass Alkohol eine Droge ist, und dass es keine offensichtliche Ablehnung meiner Aussage gibt, dass Alkohol eine der schädlichsten Drogen ist, die heute verwendet werden. Leider scheiterte der Anfang dieses Jahres von dem Chefarzt der Regierung unternommene Versuch[429]*, die Regierung davon zu überzeugen, auf diese Gefahr durch das Ergreifen der einzigen Maßnahme mit erwiesener Wirksamkeit (Preisgestaltung) zu reagieren, ähnlich wie auch die Empfehlungen der ACMD zu den Klassifizierungen von Cannabis und Ecstasy von dieser Regierung abgelehnt wurden*[430,431].

Die wissenschaftliche Gemeinschaft hat mich fast vollzählig unterstützt, obwohl

---

428 Nutt, DJ. Equasy - an overlooked addiction with implications for the current debate on drug harms. J Psychopharmacol. 2009; 23: 3–5

429 Hencke, D. Government to reject proposals to set minimum prices for alcohol. Guardian. http://www.guardian.co.uk/society/2009/mar/16/alcohol-minimum-prices-government-proposals

430 Advisory Council on the Misuse of Drugs. MDMA ('ecstasy'): a review of its harms and classification under Misuse of Drugs Act 1971. http://drugs.homeoffice.gov.uk/publication-search/acmd/mdma-report?view=Binary

431 Advisory Council on the Misuse of Drugs. MDMA ('ecstasy'): a review of its harms and classification under Misuse of Drugs Act 1971. http://drugs.homeoffice.gov.uk/publication-search/acmd/mdma-report?view=Binary

meine Beteuerungen, die auf von der ACMD gesammelten Beweisen beruhten, dass Cannabis nur einen kleinen Prozentsatz der Konsumenten schädigt, das Thema Cannabis und Schizophrenie wieder aufleben ließen[432]*. Ich habe wiederholt festgestellt, dass das Medikament nicht sicher ist; aber die Idee, dass Sie die Verwendung durch eine Anhebung der Einstufung in der Missbrauch von Drogen-Verordnung von Klasse C auf Klasse B reduzieren können, wo es zuvor eingeordnet worden war, aber zugleich die maximale Strafe für den Besitz für den persönlichen Gebrauch auf 5 Jahre Gefängnis zu erhöhen – ist nicht plausibel.*

Die Verwendung von Cannabis verschlechtert eindeutig die psychotischen Symptome und das Einstellen der Einnahme ist ein wesentliches Element bei der Behandlung solcher Konsumenten. Die Droge verursacht wahrscheinlich einige Fälle von Schizophrenie und anderen psychotischen Krankheiten, aber die ACMD-Schätzung war die, dass wir, um einen einzigen Fall von Schizophrenie zu verhindern, jeglichen Konsum dieser Droge bei 5.000 jungen Männern (und umso mehr Frauen) verhindern müssten, was aus der Perspektive der Gesundheitspolitik kein gangbarer Ansatz ist.

Die Verbindung zwischen Cannabis und Schizophrenie ist eindeutig komplex, und Frisher und seine Kollegen stellten anhand der UK General Practice Research Database von 1996 bis 2005 fest, dass die Anzahl der Fälle von Schizophrenie trotz des starken Anstiegs des selbst berichteten Cannabiskonsums im Zeitraum vor und während der Analyse nicht angestiegen ist[433]*. Diejenigen, die behaupteten, dass es eine Verbindung gab, vermuteten, dass es bei einem größeren Cannabiskonsum zu einem Anstieg der Schizophrenie gekommen sei. Aber eine genauere Untersuchung von Frisher und Kollegen fand keine Beweise, die diese Idee stützen könnten. Es ist also nicht einmal die Zunahme der Schizophrenie zu erklären.*

---

432 Murray, R. Cannabis risks must not be underplayed. Times. ((accessed Nov 3, 2009).) http://www.timesonline.co.uk/tol/comment/columnists/guest_contributors/article6900001.ece

433 Frisher, M, Crome, I, Martino, O, and Croft, P. Assessing the impact of cannabis use on trends in diagnosed schizophrenia in the United Kingdom from 1996 to 2005. Schizophrenia Res. 2009; 113: 123–138

Es ist eindeutig mehr Arbeit erforderlich. Wir müssen verstehen, warum so viele Menschen, die an Schizophrenie erkrankt sind, Cannabis nehmen, und ob eine solche Verwendung ihnen auf irgendeine Weise hilft. Wir müssen auch wissen, warum so viele rauchen und trinken.... Die Kontrolle des Cannabiskonsums durch Regulierung und nicht durch Kriminalisierung hat sich in den Niederlanden als sicher und wirksam erwiesen und wurde bereits 1963 in The Lancet vorgeschlagen[434].

Der Hauptnachteil meiner Entlassung war der Verlust des Vertrauens der wissenschaftlichen Gemeinschaft in die Akzeptanz des wissenschaftlichen Prozesses durch die britische Regierung. Die Vorstellung, wir seien Leibeigene von Ministern der Regierung, wird in dem Moment widerlegt, in dem wir es wagen, ihre politischen Machenschaften mit Nachweisen in Frage zu stellen. Aber es wird andere nicht ermutigen, sich als Berater zu engagieren. Das ultimative Paradox ist, dass diese Regierung erst im Juli ihre Schrift veröffentlicht hat „Wissenschaft und Ingenieurswesen muss Mittelpunkt der Regierungspolitik sein“[435]. *Das ist eindeutig nur dann der Fall, wenn die Ergebnisse ihren politischen Zielen entsprechen.*

Ich habe finanzielle Unterstützung vom britischen Medical Research Council für Gehirnforschung bei Alkohol und Opioiden und von der Beckley Foundation für die Erforschung von Cannabis und Psilocybin erhalten.“

434 Anon. Pop "pot". Lancet. 1963; 282: 989–990

435 Innovation, Universities, Science & Skills Committee. Putting science and engineering at the heart of government policy: eighth report of session 2008–09. Vol 1. http://www.publications.parliament.uk/pa/cm200809/cmselect/cmdius/168/168i.pdf

DMT (DAS MOLEKÜL DER SEELE) UND ANDERE PSYCHEDELIKA

Am 16. April 2010 veröffentlichte SCIENTIFIC AMERICAN einen aufsehenerregenden Artikel über die bewusstseinserweiternden Wirkungen von DMT: ***„DMT ist in Ihrem Kopf, aber es könnte für die psychedelische Renaissance zu sonderbar sein“***[436]

Bedauerlicherweise finden wir in naturwissenschaftlichen Journalen nur außerordentlich selten positiv ausgerichtete Aussagen über die vorteilhaften Wirkungen von Psychedelika. Als Psychedelika werden halluzinogen wirksame psychotrope Substanzen bezeichnet, die einen psychedelischen Wahrnehmungszustand auslösen können. Hierüber erfahren wir:
„Dass Psychedelika dabei sind, ein Comeback zu feiern, *wird dadurch deutlich, dass die New York Times auf Seite 1 mit der Überschrift titelt: ‚Halluzinogene finden Anklang bei Ärzten'. In dem folgenden Artikel berichtet John Tierney darüber, wie* ***Ärzte an Universitäten wie Harvard, Johns Hopkins, UCLA und NYU das Potenzial von Psilocybin und anderen Halluzinogenen zur Behandlung von Depressionen, Zwangsstörungen, posttraumatischen Belastungsstörungen, Alkoholismus testen – und zur Anregung spiritueller Erfahrungen.“***[437]

Ein bemerkenswerter Online-Artikel über die geringen möglichen Risiken von bewusstseinserweiternden Substanzen wurde im August 2013 in Medscape veröffentlicht. Medscape ist eine Website, die Ärzten und der Öffentlichkeit

436 „DMT is your head, but it may be too weird for the psychedelic renaissance."
437 https://blogs.scientificamerican.com/cross-check/dmt-is-in-your-head-but-it-may-be-too-weird-for-the-psychedelic-renaissance/

Zugang zu medizinischen Informationen bietet[438],[439]. Allein die Überschrift ***„Psychedelische Drogen sind kein Risiko für die psychische Gesundheit, und möglicherweise sogar vorteilhaft"***[440] lässt die Brisanz dieses Artikels erahnen. Der Medscape-Artikel bezieht sich auf eine wissenschaftliche Studie, die kurz zuvor in PLOS ONE veröffentlicht wurde (PLOS ONE ist eine internationale Online-Fachzeitschrift der amerikanischen Public Library of Science). Die im August 2013 veröffentlichte Studie trägt die Überschrift: *„Psychedelics and Mental Health: A Population Study"*[441].

In der Zusammenfassung heißt es: *„Die klassischen serotonergen Psychedelika LSD, Psilocybin, Mescalin sind* ***nicht*** *dafür bekannt, dass sie Hirnschäden verursachen und werden als* ***nicht*** *suchterzeugend gewertet. Klinische Studien deuten* ***nicht*** *darauf hin, dass Psychedelika langfristige psychische Probleme verursachen. Psychedelika wurden in Nord- und Südamerika seit Tausenden von Jahren verwendet. Aktuell leben 30 Millionen Menschen in den USA, die LSD, Psilocybin oder Mescalin konsumiert haben."*

Da ich die veröffentlichten Studienergebnisse und die Aussagen der Wissenschaftler für höchst bedeutsam halte, möchte ich nun die herausragenden Passagen in einer ins Deutsche übersetzten Form wiedergeben:

Die Verwendung klassischer psychedelischer Drogen erhöht das Risiko für psychische Gesundheitsprobleme nicht; im Gegenteil, sie könnte einen gewissen Schutz bieten, schlagen neue Forschungen vor. Unter 130.152 repräsentativen US-Erwachsenen, einschließlich 21.967 Konsumenten von psychedelischen Drogen, fanden Forscher keinen signifikanten Zusammenhang zwischen einer lebenslangen Verwendung von Lysergsäurediethylamid (LSD), Psilocybin, Mescalin oder Peyote und einer erhöhten Rate von psychischen Gesundheitsproblemen.

---

438 https://www.medscape.com/

439 Es verweist auf medizinische Zeitschriftenartikel, CME (Continuing Medical Education), eine Version der MEDLINE Datenbank der National Libary of Medicine, sowie medizinische Nachrichten und Arzneimittelinformationen (Medscape Drug Reference oder MDR).

440 https://www.medscape.com/viewarticle/809724

441 http://journals.plos.org/plosone/article?id=10.1371/journal.pone.0063972

Im Gegenteil dazu war in einigen Fällen der Konsum psychedelischer Drogen mit einer geringeren Rate an psychischen Gesundheitsproblemen verbunden, wie Teri S. Krebs, PhD, und Pål-Ørjan Johansen, PhD, vom Department of Neuroscience, Norwegische Universität für Wissenschaft und Technologie, Trondheim, berichten. Die Ergebnisse wurden am 19. August online in PLoS One veröffentlicht[442].

„Wir waren nicht besonders überrascht. ***Insgesamt gibt es keinen Beweis dafür, dass Psychedelika dauerhafte psychische Probleme verursachen"***, sagte Dr. Krebs Medscape Medical News. Mehr als 30 Millionen Amerikaner haben irgendwann in ihrem Leben LSD, Psilocybin oder Mescalin konsumiert.

Einige Fallberichte von psychischen Erkrankungen bei Menschen, die Psychedelika verwendet hatten, schürten Bedenken, dass ein Zusammenhang bestehen könnte. Aber es gibt *„viele mögliche Vorurteile, die auf einzelnen Anekdoten beruhen", sagte Dr. Krebs. „Insbesondere, weil psychische Erkrankungen ziemlich verbreitet sind und Symptome häufig in den frühen zwanziger Lebensjahren auftreten, die die gleiche Zeit ist, in der Leute häufig das erste Mal Psychedelika verwenden."*

In der aktuellen Bevölkerungsstudie gab es nach Ausklammerung anderer Risikofaktoren keinen Zusammenhang zwischen psychedelischem Drogenkonsum und einer Reihe von psychischen Gesundheitsereignissen, einschließlich schwerer psychischer Belastung, psychologischer Behandlung, Symptomen von acht psychiatrischen Störungen (Panikstörung, schwere depressive Episode, Manie, soziale Phobie, allgemeine Angststörung, Agoraphobie, posttraumatische Belastungsstörung und nicht-affektive Psychose) und sieben spezifischen Symptomen einer nicht-affektiven Psychose.

In der Tat war die lebenslange Anwendung von Psilocybin oder Mescalin und die Verwendung von LSD im Jahr zuvor mit niedrigeren Raten schwerer psychischer Belastung verbunden. Die lebenslange Anwendung von LSD war auch signifikant mit einer niedrigeren Rate an ambulanter psychiatrischer

442 http://journals.plos.org/plosone/article?id=10.1371/journal.pone.0063972

Behandlung und an Einnahme von durch einen Psychiater verordneten Medikamenten verbunden.

„Wir können die Möglichkeit nicht ausschließen, dass sich der Einsatz von Psychedelika für einige Personen oder Gruppen negativ auf die psychische Gesundheit auswirkt, die vielleicht auf Populationsebene durch einen positiven Effekt auf die psychische Gesundheit bei anderen ausgeglichen wird", bemerken die Autoren. Nichtsdestotrotz haben „klinische Versuche auch keine Beweise für irgendwelche dauerhaften schädlichen Wirkungen von Psychedelika gefunden."

„Dies ist eine wichtige Analyse", sagte Matthew W. Johnson, PhD, von der Abteilung für Verhaltenspharmakologie, Abteilung für Psychiatrie und Verhaltenswissenschaften, John Hopkins University School of Medicine, in Baltimore, Maryland, der nicht an der Studie beteiligt war, gegenüber Medscape Medical News. „Obwohl es Beweise gibt, die positive Auswirkungen von Psychedelika in gut kontrollierten klinischen Studien nahelegen, ging es in diesen nicht um das Auftreten psychiatrischer Nebenwirkungen in der Bevölkerung. Es ist sehr interessant zu wissen, dass diese Medikamente bei einer Gesamtbetrachtung der Bevölkerung nicht mit negativen Auswirkungen auf die psychische Gesundheit assoziiert sind", sagte Dr. Johnson.

„Allerdings, wie die Autoren bemerken, ist es durchaus möglich, dass einzelne Freizeitnutzer von Psychedelika Schäden erleiden. Die vorgelegte Analyse legt nahe, dass diese in ihrem Umfang begrenzt sein könnten und möglicherweise durch einige Personen ausgeglichen werden, die von der Einnahme profitieren", fügte er hinzu. Diese Studie „stimmt sehr gut mit dem überein, was wir bereits über Psychedelika wissen – dass sie wesentlich weniger schädlich sind als andere illegale Substanzen", sagte Mark Bolstridge, BSc, MRCPsych, Zentrum für Neuropsychopharmakologie, Imperial College London, Großbritannien, gegenüber Medscape Medical News.

„Ich habe persönlich im Bereich der psychischen Gesundheit gearbeitet und bin im Fach Psychiatrie ausgebildet. Ich habe noch niemanden gesehen, der an bedeutenden psychischen Problemen leidet, die auf Psychedelika zurückzuführen sind. Alkohol, Amphetamine und Cannabis, ja, aber niemals Psychedelika", sagte Dr. Bolstridge, der ebenfalls nicht an der Studie beteiligt war. Dr. Krebs stellte fest, dass

„Psychedelika mit einem bestimmten Serotoninrezeptor-Typ im Gehirn interagieren und die Bildung neuer Verbindungen und Muster stimulieren. Sie scheinen einem Individuum das Bewusstsein für neue Perspektiven und Handlungsmöglichkeiten zu eröffnen."

Menschen berichten oft von zutiefst persönlichen und spirituell bedeutsamen Erfahrungen mit Psychedelika. Forscher am Imperial College London haben herausgefunden, dass gesunde Erwachsene Erinnerungen unter dem Einfluss von Psilocybin viel lebendiger erinnern, und funktionelle Magnetresonanztomographie(fMRI)-Daten offenbaren eine neurobiologische Grundlage für diesen Effekt, wie *Medscape Medical News* bereits berichtete. Ihre Forschung zeigt auch, dass Psilocybin Potenzial in der Behandlung von Depressionen, Angstzuständen und möglicherweise Cluster-Kopfschmerzen hat. *„Wir wissen kategorisch, dass Psychedelika, die in einer kontrollierten klinischen Umgebung mit angemessener Unterstützung eingenommen werden, fast nie zu wiederkehrenden oder dauerhaften psychischen Problemen führen"*, sagte Dr. Bolstridge.

Und weiter *„Alles in allem denke ich, dass der [neue] Artikel eine wichtige Ergänzung der wissenschaftlichen Literatur ist und dies nur dazu beitragen kann, die Mythen um diese viel geschmähten Substanzen zu zerstreuen und die Notwendigkeit für weitere Untersuchungen, wie diese faszinierenden Substanzen im Gehirn arbeiten, zu betonen.* ***Insbesondere kann es helfen, herauszufinden, ob es sich als wirksam erweist, Patienten zu helfen, die durch anhaltende psychische Probleme zu Vielem unfähig geworden sind und denen konventionelle psychiatrische Behandlungen wenig helfen"***, fügte er hinzu.

Dr. Krebs berichtete, dass ebenfalls klinische Studien durchgeführt werden, die die potenziellen Vorteile von Psilocybin bei Alkoholismus und Raucherentwöhnung untersuchen. Letztes Jahr veröffentlichten sie und Dr. Johansen eine Meta-Analyse von randomisierten kontrollierten Studien von LSD bei Alkoholismus, **die Beweise für eine positive Wirkung von LSD zur Behandlung der Alkoholabhängigkeit lieferten.** Die Studie wurde vom Norwegischen Forschungsrat unterstützt.[443]

443 https://www.medscape.com/viewarticle/809724

Das US-amerikanische Digital-Unternehmen *VOX Media*[444] vertiefte dieses Thema und veröffentlichte im Dezember 2016 zum Thema psychedelische Drogen und ihr Heilungspotenzial einen umfassenden Beitrag, der auf den Ergebnissen von über 50 Studien basiert. Die hoch informative Seite steht unter Überschrift: ***„Das faszinierende, seltsame medizinische Potenzial psychedelischer Drogen, erklärt in mehr als 50 Studien"*** im Internet[445] und führt an: *„Psychedelika sind eine der ältesten Medizinformen der Menschheit".*

Vox TWEET SHARE

The fascinating, strange medical potential of psychedelic drugs, explained in 50+ studies

By German Lopez and Javier Zarracina | Updated Dec 1, 2016, 9:00am EST

„Nach Jahren des Kampfes mit Behandlungen für seinen sich verschlechternden Krebs war Roy elend – ängstlich, deprimiert, hoffnungslos. Traditionelle Krebsbehandlungen hatten ihn geschwächt, und es war unklar, ob sie sein Leben retten würden. Aber Roy sicherte sich einen Platz in einer klinischen Studie, um eine exotische Droge zu testen. Die Droge sollte seinen Krebs nicht heilen; es sollte seinen Schrecken heilen. Und es hat funktioniert.

*Ein paar Stunden nach der Einnahme einer kleinen Pille erklärte Roy den Forschern[446]: **„Krebs ist nicht wichtig, das Wichtigste ist Liebe."** Seine Bedenken über seinen bevorstehenden Tod waren plötzlich verschwunden – und die Wirkung hielt laut Forschern[447] mindestens Monate an.*

444 https://de.wikipedia.org/wiki/Vox_Media
445 https://www.vox.com/2016/6/27/11544250/psychedelic-drugs-lsd-psilocybin-effects
446 http://www.nyucanceranxiety.org
447 https://link.springer.com/chapter/10.1007%2F978-1-4614-4866-2_17

Es war kein traditionelles Antidepressivum wie Zoloft[448] *oder ein Anti-Angst-Medikament wie Xanax*[449]*, das Roy dazu brachte, sein Leben neu zu bewerten. Es war eine Droge, die seit Jahrzehnten illegal ist, aber jetzt im Zentrum einer Renaissance der Forschung steht: Psilocybin, aus halluzinogenen Zauberpilzen. Seit Jahrzehnten untersuchen Psychologen und Psychiater Halluzinogene – zur Behandlung von Alkoholismus und Depressionen und zur Anregung von Kreativität. Aber die Unterstützung für Studien versiegte in den 1970er Jahren, nachdem die Bundesregierung viele Psychedelika als Medikamente nach dem Schema 1 aufgelistet hatte. Aber jetzt geben Forscher den Drogen ein anderes Aussehen.“*

Die Bedeutung des Themas Drogen im Zusammenhang mit der Frage nach dem Bewusstsein

Liebe Leser, an dieser Stelle möchte ich euch wieder einmal um eine kurze Unterbrechung eures Leseflusses bitten. Bitte schließt eure Augen. Richtet die Aufmerksamkeit auf euer Bauchgefühl und eure Gedanken. Es sollte darum gehen, das emotionsgeladene Thema Drogen einmal aus der Perspektive des inneren Beobachters zu betrachten. Erfühlt bitte, wie sehr das Drogenthema emotional negativ belastet ist. Vergegenwärtigt euch auch dabei, dass ein jedes eurer Gefühle nur mit Hilfe eure körpereigenen Substanzen entstehen kann. Auch diese Substanzen zählen zu den sogenannten Drogen.

Pause

Liebe Leser, wir können die Verursacher der perfide lancierten Drogenpolitik zwar ausfindig machen, doch die eigentlichen Urheber bleiben für uns unsichtbar im Hintergrund. Wenn auch der Gebrauch von bewusstseinserweiternden Drogen zu ihren großen Verboten zählt, so ist doch die Unterbindung der Aktivierung des körpereigenen DMT ein ungleich schwierigeres Unterfangen.

448 https://www.apotheken-umschau.de/Medikamente/Beipackzettel/Zoloft-50mg-7577820.html

449 https://www.welt.de/kultur/article108690167/Xanax-gefaehrliche-Gefuehlsnarkose-fuer-Gestresste.html

Wie könnte man wohl die Aktivierung des körpereigenen DMT unterbinden, damit durch die *„Erkenntnis von Gut und Böse“*[450] nicht der Machtmissbrauch der falschen „Götter“ erkannt wird?

Nun ja, eine der Antworten auf diese Frage ist die bewusst lancierte, emotional negative Besetzung bzw. das schlecht dargestellte Image aller Drogen. Meiner festen Überzeugung nach sind es dieselben Urheber, die uns mit Erbsünde und Erbschuld in Schach halten wollen. Zur Erinnerung sei gesagt: **Erbsünde ist ein Begriff der christlichen Theologie für einen Unheilszustand, der durch den Sündenfall[451] Adams und Evas herbeigeführt worden sein soll und an dem seither jeder Mensch als Nachfahre dieser Ureltern teilhat.**

Der Begriff „Sündenfall“ entstand nach christlichem Verständnis im spätjüdischen 4. Buch Esra. Bereits Paulus hatte im Römerbrief von **der ersten Sünde den Tod abgeleitet: *„Durch einen einzigen Menschen kam die Sünde in die Welt und durch die Sünde der Tod und auf diese Weise gelangte der Tod zu allen Menschen, weil alle sündigten.“*** (Röm 5,12[452] EU[453])

Natürlich inkarnieren wir auf unserer Erde ohne eine qua Geburt entstandene Schuld. Nach meinem Verständnis gibt es einen echten Gott, den ich als Allschöpfer bezeichne und wir alle sind Teile von „ihm“, die unschuldig geboren werden. In späteren Zeiten diente das Konzept der Erbsünde sogar dem Ablasshandel und wurde zu einem Mythos, der so erfolgreich verbreitet wurde, dass er vermutlich für den Grundstock des ungeheuren Vermögens der katholischen Kirche gesorgt hat.

Wer oder was sich auch immer hinter den lieblosen und herrschsüchtigen Machtstrukturen verbergen mag, so bleiben wir doch freie Seelen, die als Menschen inkarnierten. Bitte erinnert euch daran, wir Menschen sind Riesen, denen man eingeredet hat, dass sie Zwerge sind. Um es mit den Worten des

450 https://de.wikipedia.org/wiki/1._Buch_Mose
451 https://de.wikipedia.org/wiki/Sündenfall
452 https://de.wikipedia.org/wiki/Brief_des_Paulus_an_die_Römer
453 https://www.bibleserver.com/text/EU/Römer5

Philosophen Robert Anton Wilson[454] zu sagen: ***„Wir alle sind Riesen, die von Zwergen erzogen wurden und sich deshalb angewöhnt haben, stets mit einem geistigen Buckel herumzulaufen.“***

Dieses Zitat stammt aus dem Kultbuch *„Der neue Prometheus“*[455]. In dieser Schrift weist Robert Anton Wilson darauf hin: *„...wie leicht wir dumm und selbstzerstörerisch reagieren, weil wir seit frühester Kindheit – durch Eltern,* ***Autoritäten, Ideologien – falsch programmiert worden sind.“*** Wilson ermuntert uns, *„diese schädlichen Programme zu erkennen, sie zu löschen und endlich von diesem raffinierten Instrument schöpferischen Gebrauch zu machen“.*[456]

Allerdings erscheint mir diese Aussage etwas zu einseitig ausgelegt. Die Verantwortlichen sind nicht die erwähnten Zwerge. Unsere sogenannten Erzieher, in erster Linie also unsere Eltern und Lehrer, haben bereits ihre „geistigen Buckel“ von ihren Vorfahren übernommen. Sie sind ebenfalls Opfer eines trügerischen Systems. Es ist eine Scheinwelt, die uns von unserem wahren Wesenskern fernhält und uns in eine Opferrolle zwängt. In ihr werden wir ständig zum Reagieren angehalten – dem Reagieren auf die uns vorgegebene seelenlose Weltsicht. Solange wir dieses entartete System nicht durschauen, werden wir Opfer bleiben und mehr oder weniger nur marionettenhaft auf seine Programme reagieren.

Liebe Leser, bitte stellt euch doch jetzt einmal die Frage, wie oft ihr in euren Handlungen die Reagierenden und wie oft ihr die Agierenden seid. Ständig folgen wir – also reagieren auf – unsere(n) Sinnesreize(n). Bitte überlegt, wann ihr selber aus eurem eigenen Potenzial geschöpft habt. Momente, an denen ihr agiert und nicht reagiert habt. Das ständige Reagieren auf äußere Signale birgt die Gefahr, dass wir gar nicht dazu kommen, zu hinterfragen, ob wir diesen Reizangeboten auch wirklich folgen wollen. Dieses ständige Reagieren bleibt für uns meistens unbewusst, weil es zur Normalität geworden ist. In dieser Art von Normalität ist viel Potenzial für Manipulation.

---

454 https://de.wikipedia.org/wiki/Robert_Anton_Wilson
455 http://www.hilaritaspress.com/portfolio-item/prometheus-rising/
456 http://schlüsseltexte-geist-und-gehirn.de/downloads/Geistige%20Aussichten.pdf

XV

LEBEN
ODER
GELEBT WERDEN

LEBEN ODER GELEBT WERDEN

Es ist nicht verwunderlich, dass unsere Handlungen bereits kurze Zeit zuvor von unserem Gehirn entschieden wurden[457]. Dieser zeitliche Abstand beträgt etwa eine halbe Sekunde. Der Physiologe Professor Benjamin Libet[458] war der erste Wissenschaftler, der diesen Effekt bereits in seinen Versuchsreihen nachwies. In einer rein sachlichen Form heißt es: *„Als Libet-Experiment wurde die Messung des zeitlichen Abstands bekannt, der zwischen Nervenaktivität im Gehirn, die einer bestimmten Handbewegung einleitend vorausgeht, und dem erst danach erfolgenden Bewusstwerden der dazugehörenden Handlungsentscheidung liegt.“*[459] Ich halte dieses marionettenhafte Verhalten für ein Resultat von ständigen Suggestionen, die das Ergebnis unserer geistigen Programmierungen sind.

Routine entspricht einem Automatik-Programm. Wenn wir beispielsweise Auto fahren, werden die dazugehörigen Handlungen größtenteils unbewusst ausgeführt, weil sie zur Routine geworden sind. **Diese Programme halten uns in einer Unbewusstheit, über die bereits Heraklit, Sokrates und Platon berichteten.** Diese lancierte Unbewusstheit entspricht einem marionettenhaften Verhalten und bleibt so lange aktiv, bis wir den Willen aufgebracht haben, unser göttliches Selbst in den Vordergrund zu stellen. Die Kraft dieses Willens hebt sich wirkentscheidend zwischen einem einfachen Wunsch und dem, was ich als meine persönliche Maxime auswähle. Mit Maxime meine ich einen obersten persönlichen Wunsch, bzw. wie Immanuel Kant es formulierte: ***„Handle nur nach derjenigen Maxime, durch die du zugleich wollen kannst, dass sie ein allgemeines Gesetz werde.“***[460]

---

457 https://de.wikipedia.org/wiki/Libet-Experiment
458 https://de.wikipedia.org/wiki/Benjamin_Libet
459 https://de.wikipedia.org/wiki/Libet-Experiment
460 https://de.wikipedia.org/wiki/Kategorischer_Imperativ

Ich möchte euch an einem Beispiel erklären, wie weit der Graben zwischen Wissen und Umsetzung auseinanderklafft. Vor wenigen Minuten hörte ich einen altbekannten Song der Beatles *„All you need is love“* (*„Alles, was du brauchst, ist Liebe“*). Bereits nach wenigen Takten begann ich, dieses vertraute Lied mitzusingen. Dabei fiel mir auf, dass es offenbar nicht ausreicht, den besten Weg, dem Leid zu entkommen, zu kennen, um ihn auch zu beschreiten. *„All you need is love“* ist das wohl deutlichste und unmissverständliche Angebot, aus dieser Matrix auszusteigen. Wir hören und/oder singen diesen Text, verstehen ihn, können möglicherweise sogar seine elementare Bedeutung erfassen... und doch nehmen wir dieses Angebot nicht wahr. Selbst wenn wir uns dazu entschlossen hätten, reicht meistens die Kraft unseres Entschlusses nicht aus, um ihn nachhaltig zur Wirkung zu bringen. Dabei liegen zwei Dinge auf der Hand: 1. Es ist einfach zu banal, und das Wissen um die Notwendigkeit von und dem Bedürfnis nach Liebe ist so omnipräsent[461], dass man darüber weder spricht noch nachdenkt – ähnlich wie bei anderen Grundbedürfnissen des Menschen, die man auch im alltäglichen Leben nicht zur Diskussion stellt, wie Hunger haben oder Schlafen müssen. 2. Wir verstehen die Aussage nicht, weil unser Verstand selektiv fokussiert, nämlich auf *„you need is love“*, nicht auf *„All“*. Wir haben die Botschaft nicht klar mitgekriegt oder wieder vergessen: ALLES, was wir brauchen ist Liebe. Sonst nichts.

Das ist in dem Text sehr deutlich formuliert – aber es ist ja nur ein Song. Und der saust uns unreflektiert durch den Kopf wie Werbung, der wir auch ganz automatisch keinen Glauben schenken und uns darauf trainiert haben, ihre Aufforderungen zu ignorieren und sie einfach aus unserem Bewusstsein auszublenden (wobei raffiniert gemachte Werbung unser Unterbewusstsein trotzdem erreicht und „programmiert“). Ist das der Kern des Problems? Die dutzenden, hunderten, womöglich tausenden von großen und kleinen Haltungen und Handlungen, die wir wie automatisch und ferngesteuert immerzu wiederholen, obwohl wir es längst besser wissen? Ist es wirklich nur die scheinbar unüberwindbare Trägheit der Gewohnheit? Oder der innere Schweinehund, der unser Handeln steuert – von dem unbewussten, aber

461 immer und jederzeit und überall anwesend

ständig im Hintergrund mitlaufenden Gedanken ausgehend: Vielleicht ist es ja doch OK, wenn ich jetzt nichts tue, nichts ändere, nichts anders mache – weil alle anderen ja auch einfach immer so weitermachen wie bisher?

Oder ist unser Verstand so sehr von unserem Herzen getrennt, dass wir mit Inbrunst mitsingen *„All you need is love, tamtadadam, all you need is love, tamtadadam, all you need is love, love; love is all you need."* und uns NICHTS dabei DENKEN und/oder FÜHLEN und zur Tagesordnung übergehen?

Es geht also weniger um die Information als um ihre Umsetzung. Das entscheidende Kriterium heißt: Wie sehr will ich etwas und wie sehr bin ich von der Erfüllung meines Wunsches überzeugt? **Der klar fokussierte Wunsch und die Stärke unserer Manifestationskraft entscheiden hier über Erfolg oder Misserfolg.**

Der Haken ist nur die Frage, aus welchem Angebot wähle ich meine Wünsche aus? Die Grundvoraussetzung dafür, mir etwas zu manifestieren, ist, dass ich es mir vorstelle. Ich kann also nur **etwas manifestieren, indem ich es mir aus einem Angebot an Möglichkeiten auswähle.** Bedauerlicherweise ist die Auswahl unserer Möglichkeiten sehr begrenzt. Durch künstliche Zugriffssperren sind wir von unseren unzensierten Datenvorräten ausgeschlossen. Unsere eigene Fantasie haben die meisten von uns längst in Pension geschickt. Die ständige Fülle von Angeboten, die von außen auf uns einprasseln, hat sie scheinbar überflüssig gemacht. Sofern wir uns also überhaupt zu einem klaren eigenen Wunsch entschließen, bleibt uns meistens nur das Angebot aus der Scheinwelt zur Auswahl. Selbst wenn wir unseren eigenen Willen wirklich frei nutzen könnten, was wäre die Willensfreiheit wert, wenn wir nur aus einem sehr begrenzten Kontingent an Möglichkeiten wählen könnten?

Bisher haben wir größtenteils aus dem Kontingent der Scheinwelt – die ich die Matrix nenne – geschöpft. Die vorherrschenden Sehnsüchte, Bedürfnisse und Wünsche werden uns über die unterschiedlichsten Medien suggeriert. Auf Dauer führt der übermäßige Konsum von Medien dazu, dass wir nur noch so stereotyp empfinden, wie es die Darsteller von Blockbustern tun, um unsere niedrigsten Instinkte anzusprechen. Die Kostbarkeit unserer eigenen Gefühle ist es aber, die uns unsere Manifestationskraft verleiht, die wir brauchen, um unsere Wünsche manifestieren zu können.

Das Problem dabei ist unser inneres Verhältnis zu unseren Gefühlen. Auf die Gefahr hin, dass ich mich wiederhole: LERNT FÜHLEN! Geht den kleinsten Spuren eurer Empfindungen nach und horcht in euer Innerstes. Übergeht das, was ihr fühlt, nicht ständig. Ich denke nicht, dass ich hier wirklich noch einmal darauf hinweisen muss, aber der Vollständigkeit halber sei es an dieser Stelle noch einmal gesagt: Macht euch bewusst, was ihr WIRKLICH empfindet und haltet inne, bis es euch klar ist. Habt keine Angst davor, euch euren Gefühlen zu stellen und habt den Mut, sie auszudrücken.

Ein sehr gutes Beispiel hierfür bietet uns der Film *„Der grüne Planet"*[462]. In diesem Film geht es im Kern u.a. darum, die eigentlichen, natürlichen und gesunden Empfindungen und Reaktionen in sich wiederzuentdecken und wieder wertzuschätzen. In diesem Film führt das zu ungeheuren Turbulenzen, und in eurem eigenen Leben wird es auch zu Umwälzungen kommen, wenn ihr erst einmal damit anfangt und dabei lernt, was es heißt, authentisch zu sein.

---

462 http://www.lebeblog.de/besuch-vom-grunen-planeten-auf-der-erde/

ÜBERMÄSSIGER MEDIENKONSUM FÜHRT ZUR DISTANZIERUNG VON UNSEREM WAHREN SELBST

Das Zuviel UM uns herum
erzeugt ein Zuwenig IN uns
(Maike Maja Nowak)[463]

Filme können informieren, uns Sachverhalte in höchst komprimierter Form verdeutlichen und uns emotional mitreissen. Sie triggern die Neurochemie in unseren Gehirnen mehr als jede andere Form der Unterhaltung, weil sie uns ganze Wirklichkeiten eindrücklich vermitteln können. Manchmal klären uns sogar Science-Fiction-Filme über Tatsachen auf, die uns vollkommen unwahrscheinlich erscheinen, aber wahr sind. Sie arbeiten mit Metaphern, Allegorien und Sinnbildern, um uns auf reale Sachverhalte hinzuweisen. Die MATRIX-Trilogie[464] gehört zu diesen Filmen, und dazu habe ich in der Vergangenheit, wie viele von euch wissen, auch schon viel gesagt.

---

463 Aus„Wieviel Mensch braucht ein Hund" https://www.randomhouse.de/Taschenbuch/Wie-viel-Mensch-braucht-ein-Hund/Maike-Maja-Nowak/Goldmann-TB/e422559.rhd - https://www.maike-maja-nowak.de/

464 In MATRIX geht es um die Auflehnung einer kleinen Gruppe von Außenseitern gegen das Regime einer komplett manipulierten Welt, die von herz- und seelenlosen (künstlichen) Wesen in Menschengestalt kontrolliert wird. Sie haben die Menschheit im Griff und rechtfertigen ihr Handeln mit der Dummheit der Menschen selbst. Die Parallelen zur Wirklichkeit liegen auf der Hand. Nur dass das tatsächlich alles um einiges raffinierter und unsichtbarer abläuft.

Ich führe dieses Beispiel hier noch einmal an, um zu verdeutlichen, dass die mit dem Medium Film - und seiner dank moderner Medientechnologie erreichten Verfügbarkeit - mögliche Verbreitung von Botschaften einen unschätzbaren Wert für uns haben kann und an einem Tag eine ganze Generation über Sachverhalte aufzuklären vermag, deren Kommunikation mit analogen Medien mitunter Jahre brauchen würde. Das Problem ist nur, dass wir uns nicht darauf verlassen können, dass die medial vermittelten Inhalte auch wirklich zutreffen. Es gibt ja keine Instanz, die sicherstellen würde, dass das, was wir im Internet lesen, anschauen oder anhören auch wirklich wahr ist. Die Allgegenwärtigkeit elektronischer Medien überfordert unser Urteilsvermögen und wenn wir uns ausschließlich auf Informationen aus dem Internet verlassen, verlieren wir potentiell auch unsere Fähigkeiten, uns ohne dieses Medium zu bilden. Darüber sollten wir uns auch angesichts der aktuell ungemein wichtigen Aufklärung nicht hinwegtäuschen, die zurzeit mit dem Medium Internet (noch) möglich ist.

Dein Gehirn wird von den Medien „gewaschen"!

Alles, was du siehst, hörst und liest beeinflusst Deine Gedanken. Wenn du dir die Nachrichten anschaust, könntest du denken, dass die Menschheit immer schlimmer wird, es immer unsicherer und gefährlicher wird. Aber all das stimmt nicht. Harvard-Studien belegen, dass genau jetzt die sicherste Zeit ist, um zu leben.

Nehmen wir die Anzahl an Verbrechen in Deutschland. Laut Statistik leben wir in der sichersten Bundesrepublik seit 2000, die Anzahl an Verbrechen ist in fast jedem Bereich gesunken. Wenn du die Nachrichten schauen würdest, würdest Du genau das Gegenteil denken, oder? Nach fast jeder Statistik ist Gewalt - selbst in den Entwicklungsländern - stark rückläufig.

Nimmst Du das auch so wahr? Wahrscheinlich nicht. Die Zahl der Opfer durch Kriege auf der gesamten Welt beträgt 1/12 von dem, was sie noch in den 50ger Jahren betrug. Dies ist die sicherste Zeit, um zu leben. Nun könnte man sich fragen, warum die Nachrichten sich nur auf Negatives beschränken, obwohl die Welt eigentlich sicherer wird.

Die Antwort ist: Sie verstehen, wie unser Gehirn funktioniert. Unser Gehirn ist darauf eingestellt, sich vorwiegend auf Negatives zu fokussieren. Der Grund dafür ist, dass das Gehirn dich am Leben erhalten möchte. Also fokussiert es sich auf die Gefahren und die negativen Dinge.

Also wenn die Medien immer mehr und mehr negative Nachrichten ausstrahlen, dann wirst du sie eher ansehen und daraus resultieren mehr Zuschauer und mehr Werbeeinnahmen für die Sender. Und alles scheint immer schlimmer und schlimmer und die Welt scheint richtig negativ. Dabei gab es noch nie eine sicherere Zeit, als diese um auf diesem Planeten zu leben.

Was können wir anders machen? Statt Nachrichten zu schauen und Radio zu hören und so zu erlauben, dass Dein Gehirn gewaschen wird, fange an, dein Gehirn selbst zu waschen. Du kannst anfangen, Bücher zu lesen, dir Hörbücher anhören, dir motivierende Videos anschauen, dir Podcasts anhören. Denn egal, was Du siehst, liest und hörst, es wird Dich beeinflussen. Deswegen fang an, Dinge zu konsumieren, die dich weiterbringen und nicht die, die dir die Medien vorgeben.

Dr. Biyon Kattilathu

SKLAVEREI UND VERSKLAVUNG

Inzwischen fliegen die Manipulationen im Hintergrund mehr und mehr auf. Und viele unfassbare Tatsachen lassen sich nicht länger verheimlichen. Fassungslos sah ich im November 2017 in der Kölner Innenstadt eine Demonstration gegen Sklaverei. Auch Donald Trump deklarierte am 29.12.2017 den Januar 2018 - wie vor ihm u.a. Barrack Obama 2012 und 2015 - zum Monat der nationalen Prävention von Sklaverei und Menschenhandel: *„Der Monat endet mit der jährlichen Feier des National Freedom Day am 1. Februar 2018. Ich appelliere an Industrieverbände, Strafverfolgungsbehörden, private Unternehmen, religiöse Organisationen und andere Organisationen der Zivilgesellschaft, Schulen, Familien und alle Amerikaner, unsere wichtige Rollen bei der Beendigung aller Formen der modernen Sklaverei zu erkennen und in diesem Monat mit geeigneten Programmen und Aktivitäten zur Beendigung und Prävention aller Formen des Menschenhandels beizutragen."*[465] In der Proklamation ist die Rede davon, dass weltweit schätzungsweise 25 Millionen Menschen derzeit Opfer von Menschenhandel sowohl für Sex als auch für Arbeit sind. Es ist eigentlich unfassbar, dass sich die Regierung eines vermeintlich demokratischen und freien Landes dieses Themas heute noch annehmen muss.

Schwieriger zu erkennen und daher noch schwieriger zu verhindern ist die subtile Versklavung durch Medien und Medientechnologien. Das Ergebnis einer ersten umfangreichen Studie zu den gesundheitlichen Folgen des modernen Medienkonsums, die von der Bundesdrogenbeauftragten Marlene Mortler 2017 in Auftrag gegeben wurde, ergab, dass in Deutschland mittlerweile 600.000 Jugendliche und junge Erwachsene als internetabhängig und zweieinhalb Millionen als problematische Internetnutzer gelten. In dem

---

465 https://www.whitehouse.gov/presidential-actions/president-donald-j-trump-proclaims-january-2018-national-slavery-human-trafficking-prevention-month/

Bericht der Süddeutschen Zeitung vom 30.05.2017[466] stand, dass *„70 Prozent der Kinder im Kita-Alter das Handy der Eltern mehr als eine halbe Stunde täglich nutzen, 90 Prozent von ihnen werden dabei nicht weiter kontrolliert. Für einen Zusammenhang zwischen Fütter- und Einschlafstörungen bei Säuglingen und der Nutzung digitaler Medien der Eltern habe der beauftragte Kölner Medizinökonomie-Professor Rainer Riedel ‚signifikante Hinweise' gefunden. Auch Bindungsstörungen könnten in diesem Alter entstehen. ‚Wir müssen die gesundheitlichen Risiken der Digitalisierung ernst nehmen', sagte Mortler."*

Dabei muss man nicht internetsüchtig sein, um von den negativen Auswirkungen, die Medien auf uns ausüben können, betroffen zu sein. Es trifft uns mit wenigen Ausnahmen alle; mit der Erfindung der sogenannten sozialen Medien sind wir in einem neuen Zeitalter medialer Manipulation angekommen. Die Algorithmen, die diese Unternehmen nutzen, dienen nicht nur dazu, uns gezielt zu bewerben, sondern werden auch eingesetzt, um uns gezielt zu manipulieren. Allein Facebook wird von 31 Mio. Menschen in Deutschland genutzt, 21 Mio. davon nutzen es täglich[467]. War jemals eine Instanz mächtiger und einflussreicher in diesem Land und dabei so dicht an uns dran? Ein Medium, das sich besser daran erinnern kann, wem wir letztes Jahr vergessen haben zum Geburtstag zu gratulieren, als wir selber? Es ist nicht das Problem, dass das Sammeln unserer Mediennutzungsdaten uns zu gläsernen Menschen gemacht hat, das Problem ist, WIE uns Nachrichten von sozialen Medien angeboten werden und unsere Haltungen, Meinungen und Empfindungen damit beeinflusst!

Ein gutes Beispiel dafür fand ich auf der Seite der Psychologin Tamara Nauschnegg[468]: *„Wenn ein Artikel beispielsweise vom Begraben lebendiger Hundewelpen berichtet, ist das Teil der Informationspflicht, wenn aber danach gefragt wird, was die Leser/innen darüber denken, ist der dahinterliegende Grund meist die Reichweitensteigerung des Beitrags. Hassbekundungen und*

---

466 http://www.sueddeutsche.de/gesundheit/internetsucht-jugendliche-gelten-als-internetabhaengig-1.3526050

467 https://allfacebook.de/zahlen_fakten/offiziell-facebook-nutzerzahlen-deutschland

468 https://www.achtungleben.com/

sogar Todesdrohungen sind dann die Antworten, die zur Verbreitung der Artikel führen. Da die Abwertung anderer – ob online oder in der Realität – bestenfalls zur kurzfristigen Steigerung des eigenen Selbstwerts führt, sind die einzigen Gewinner/innen derartiger Aktionen die Betreiber/innen der Seiten selbst. Gehen wir einen Schritt weiter, zeigen sich zwei problematische Entwicklungen:

1. *Wenn wir konstruierte negative Beiträge häufiger kommentieren, überfluten sie allmählich das Netz. Denn je mehr Reaktionen auf die Artikel provoziert werden, umso häufiger werden diese auch anderen gezeigt. Wenn positive Beiträge zwar geschätzt, aber seltener kommentiert werden, führt das zwangsweise zu einem Ungleichgewicht zu Gunsten der Negativität.*

2. *Die Qualität der Beiträge wirkt sich auf unsere Stimmung, unser Verhalten und unsere Wahrnehmung aus. Negative Beiträge aktivieren unser „negatives neuronales Netzwerk" und führen dazu, dass wir uns schlecht fühlen, uns womöglich aggressiver verhalten und Bestätigungen für unsere Vorurteile und Wut suchen. Denken wir beispielsweise an die ‚Fehler' unserer Kollegin, aktiviert unser Gehirn ähnliche Erinnerungen und Begebenheiten, um unsere negative Haltung ihr gegenüber zu rechtfertigen. Eine sich selbst nährende negative Spirale setzt sich dabei in Gang, der nur mit Wissen, Bewusstheit und Entschlossenheit entgegenzuwirken ist.*

Durchschaut die gewollte Negativität. Wenn Fragen in sozialen Medien ausschließlich negative Antworten provozieren oder du das Gefühl hast, es soll Hass geschürt werden, dann ist dem wahrscheinlich auch so. Das Leben ist vielfältig und es gibt kein ‚schwarz' oder ‚weiß'. Und dogmatische Antworten beschreiben nicht die Realität. Wenn Mütter dazu angestiftet werden zu beurteilen, ob eine spontane Geburt oder ein Kaiserschnitt die ‚richtige' Art zu gebären ist, dann denken Sie zukünftig an die Reichweitensteigerung der Beiträge.

Und wenn ihr selbst irgendwann das Gefühl habt, einen Beitrag nicht unkommentiert lassen zu wollen, dann überprüft, ob eure Meinung unterstützen kann oder nur belehrend wirkt. Bei konstruierten Fragen kann man weder jemanden unterstützen noch belehren. Im Grunde genommen will man die Leser lediglich zum Hetzen verleiten.'

Wir dürfen uns nicht instrumentalisieren lassen!

‚Dreht den Spieß um: Unterstützen Sie jene Seiten sozialer Plattformen oder Foren mit Ihren ‚Likes' und Kommentaren, die andere stärken wollen. Sie profitieren nicht nur vom Wissen der Autoren/innen, sondern auch vom Aktivieren Ihres ‚positiven neuronalen Netzwerkes'. ... Je mehr wir positive Berichte im Internet unterstützen, umso größer wird ihre Reichweite sein. Im besten Fall keimen damit die Samen der Hoffnung nicht nur in euch, sondern in zahlreichen weiteren Menschen'."

Im Zuge eines Auftritts in der Stanford Graduate School of Business am 13.11.2017 erwähnte Chamath Palihapitiya, der von 2005 bis 2011 bei Facebook für die Steigerung der Zahl der User verantwortlich war (das Gespräch wurde in voller Länge unter dem Titel *"Chamath Palihapitiya, Founder and CEO Social Capital, on Money as an Instrument of Change" auf YouTube veröffentlicht*[469]), *dass er „aus ethischen Gründen bedauert hat, Facebook dabei geholfen zu haben, die größte Social-Media-Plattform zu werden".*

Er sagte: *„Die von uns geschaffenen kurzfristigen, von Dopamin getriebenen Rückkopplungsschleifen zerstören die Funktionsweise der Gesellschaft: kein ziviler Diskurs, keine Kooperation, Fehlinformationen, Misstrauen. Hier geht es nicht um russische Anzeigen. Dies ist ein globales Problem. Es erodiert die Kerngrundlagen dafür, wie sich Menschen untereinander verhalten. Ich kann sie nicht kontrollieren. Ich kann meine Entscheidung kontrollieren, dass ich diesen Scheiß nicht benutze. Ich kann die Entscheidungen meiner Kinder kontrollieren, das heißt, dass sie diesen Scheiß nicht benutzen dürfen."*

Nach der Kritik von Facebook für seine Bemerkungen erklärte Palihapitiya anschließend: *„Ich glaube wirklich, dass Facebook eine Kraft für das Gute in der Welt ist, also möchte ich meine Kommentare erweitern ... Meine Kommentare sollten ein wichtiges Gespräch beginnen, nicht ein Unternehmen kritisieren – vor allem eines, das ich liebe – 2017 haben sich viele von uns mit den unbeabsichtigten Folgen der von uns gebauten Produkte auseinandergesetzt. Vor allem Social-*

469 https://www.youtube.com/watch?v=PMotykw0SIk&t=222s

Media-Plattformen wurden in einer Weise genutzt und missbraucht, die wir, ihre Architekten, nie gewollt haben. Viele wurden deshalb stark angegriffen und viele von uns haben Schuldgefühle, aber das Wichtigste ist, was wir als Industrie jetzt tun, um sicherzustellen, dass unser Einfluss auf die Gesellschaft weiterhin positiv ist."[470]

Das eigentliche Problem ist unsere eigene innere Haltung gegenüber WhatsApp, Instagram, Facebook und Co. Ohne einen Zugang ins Netz fühlen sich die Jugendlichen laut einer Studie, die das Institut Rheingold 2016 durchführte, desorientiert und verloren („lost"). Immer erreichbar zu sein ist für sie ein Muss. Aber warum ist es für sie so wichtig, permanent online zu sein? Schon morgens nach dem Aufwachen fällt der erste Blick auf das Smartphone, und abends liegt es in erreichbarer Nähe neben dem Bett. Auch dazwischen wird es kaum noch aus der Hand gelegt. Der Lieblingsblogger, das It-Girl auf Instagram oder die beste Freundin bei WhatsApp. Irgendjemand ist immer „on".

Eine Antwort auf die Frage, warum es für die Jugendlichen so wichtig ist, dauernd am Puls der Zeit zu sein, gibt die repräsentative tiefenpsychologische Studie, die im Auftrag des Industrieverbands Körperpflege und Waschmittel durchgeführt wurde[471]. Dabei kam heraus, dass die Dauerkommunikation den Jugendlichen den Eindruck vermittelt, dass sie über alles Bescheid wissen und nichts um sich herum verpassen. Es gibt ihnen das Gefühl, Kontrolle über ihr Leben und alles im Griff zu haben, auch wenn sie oft gar nicht mehr bemerken, wie abhängig sie sich von den neuen Informationsquellen machen. Für sie ist es einfach ein gutes Gefühl, sich so scheinbar in einer für sie manchmal chaotischen und unübersichtlichen Welt zurechtzufinden.

---

470 https://en.wikipedia.org/wiki/Chamath_Palihapitiya
471 http://www.ikw-jugendstudie.org/

ABSCHIED VOM LEBEN AUS DER VORSTELLUNG

Die gesellschaftlich tradierten Lebensentwürfe ändern sich von Generation zu Generation. Das Problem, mit dem unsere Gesellschaft heute fertig werden muss, ist, dass die Ideen und Vorstellungen über die eigenen Lebenswege sich von den realen Möglichkeiten immer weiter entfernen. Angesichts der Entwicklungen auf dem Arbeitsmarkt gibt es praktisch keine Gewissheit mehr für einen garantierten Job – mit wenigen Ausnahmen. Über die realen Perspektiven wird öffentlich nicht diskutiert. Industrien, die mit Staatsbeteiligungen aufrechterhalten werden, schaffen Arbeitsplätze in Fabriken, in denen Produkte auf Halde produziert werden, für die es keine Käufer gibt, um den sozialen Frieden aufrecht zu erhalten. Die notwendige Umstrukturierung der Wirtschaft hinkt hinterher, und notwendige Debatten über Konzepte wie das bedingungslose Grundeinkommen werden nicht konsequent zu Ende geführt.

In Schweden folgte auf die Erkenntnis, dass es eine unabwendbare Tatsache ist, dass es immer weniger Arbeit für alle Menschen im arbeitsfähigen Alter geben wird, eine historische Entscheidung. Nach der Auswertung der Ergebnisse vorangegangener Testphasen wurde in zahlreichen Unternehmen die Tagesarbeitszeit von acht auf sechs Stunden verkürzt – bei Aufrechterhaltung aller Gehaltsstrukturen. Analysen hatten ergeben, dass die Produktivität unter einer entsprechenden Arbeitszeitverkürzung nicht leidet. Was bedeutet das für eine Gesellschaft, wenn die Menschen auf einmal 10 Stunden mehr Freizeit in der Woche haben?

Können wir uns eine Welt vorstellen, in der wir nicht mehr arbeiten MÜSSEN? Können wir uns eine Welt OHNE Geld vorstellen? Unsere Kreativität ist gefordert, um eine neue Welt zu entwerfen, zu gestalten und mit einem neuen LEBEN zu füllen! Es wird sich nichts ereignen, was wir nicht vorher ersonnen und erdacht, entworfen, konzipiert und gedanklich gestaltet haben.

Eine lediglich bildhafte Vorstellung reicht für die Manifestation der Wirklichkeit, die ihr euch wünscht, nicht aus. Ob nun bewusst oder unbewusst manifestieren wir diejenigen Bilder unserer Vorstellung, die mit Gefühlen verbunden sind. Wenn ihr jetzt wieder einmal kurz innehaltet und über eure Gefühle und die dazugehörigen Bilder (bzw. Ereignisse) der letzten Tage reflektiert, dann werdet ihr sicherlich das Ausmaß dieser eigenen und unbewussten Schöpfungen erkennen.

Könnt ihr nachvollziehen, dass unsere gegenwärtige Welt das Resultat unseres begrenzten und größtenteils einseitigen Kontingents an Vorstellungen ist? Ein Kontingent, welches uns überwiegend aus Optionen der Matrix auswählen lässt? Wie könnte eurer Ansicht nach eine Welt aussehen, die ihr erschaffen könntet, wenn sich unsere Zugriffssperren lösen würden und wir dadurch Zugang zu unserem wahren Wesenskern hätten? Ist es für euch vorstellbar, dass ihr mit der Auflösung eurer Zugriffssperren ein völlig anderes und nahezu unfassbar komplexes Kontingent an Möglichkeiten hättet, aus denen ihr eine andere Welt erschaffen würdet?

Haltet ihr es für möglich, dass euer übersteigertes Ego das Resultat dieser Zugriffssperre zu unserem Wesenskern – unserem göttlichen Selbst – ist? Was fühlt ihr bei diesen Fragen? **Bitte achtet über euer Gefühl darauf, welche Instanz in euch diese Fragen reflektiert. Ist es das künstliche Selbst, das übersteigerte Ego, oder ist es euer göttliches Selbst?** Die Welt der Matrix ist eine überwiegend lieblose und seelenlose Welt. Haltet ihr es für denkbar, dass wir es waren, die ohne unser Wissen diese Welt miterschaffen haben und durch unsere Unzufriedenheit weiter aufrecht halten?

Sind wir nur die Erfüllungsgehilfen eines selbsternannten Gottes und seiner Stellvertreter, die nur ihre eigenen Interessen verfolgen und ein großes Interesse daran haben, Leid zu erzeugen? Bitte stellt euch diese Fragen in aller Ernsthaftigkeit. Ich selbst bin durch meine ausgiebigen Recherchen und Überlegungen ähnlich wie die alten ägyptischen Gnostiker davon überzeugt, dass dieser selbsternannte Gott und seinen Gehilfen (Archonten) wirklich existieren. Und dass sie mit all ihren Mitteln versuchen zu verhindern, dass sich unsere Zugriffssperren öffnen. Hierin liegt für mich ihr Motiv, die Aktivierung unserer Zirbeldrüse und die Freisetzung unseres DMT zu vereiteln.

Fakt ist, dass der Gebrauch von bewusstseinserweiternden Drogen in der westlichen Welt verboten ist. Was nicht verboten werden kann, ist die Aktivierung des körpereigenen DMT. Um Zustände umfassender Erkenntnis zu erreichen, müssen wir im Grunde genommen keine Drogen aus dem Urwald zu uns nehmen, es kann auch auf andere Weise gelingen. Wie man das am besten anstellt, erkläre ich im nächsten Kapitel.

An anderer Stelle habe ich ausführlich über den Unsinn geschrieben, Zahnpasta oder gar Trinkwasser Fluor zuzusetzen. Fluor ist ein Gift und gehört nicht in Zahnpasta oder Trinkwasser, es sei denn, man möchte dafür sorgen, dass die Zirbeldrüsen in den Gehirnen der Bevölkerung schnell verkalken und kein DMT mehr produzieren. Wer mehr dazu wissen möchte, kann sich dazu mein Zirbeldrüsen-Kompendium auf meiner Webseite kostenlos herunterladen.[472]

472 http://dieter-broers.de/lp/der-zirbeldruesen-code/

XVI

DROGE, RELIGION ODER GESCHÄFT?

DROGE, RELIGION ODER GESCHÄFT?

Der Anfang der União do Vegetal (UDV) liegt in den frühen 1960er Jahren. José Gabriel da Costa, bekannt als Mestre Gabriel, hatte Ayahuasca-Tee getrunken, als er auf einer Gummiplantage in Brasilien arbeitete. Er probierte den Tee 1959 und begann kurz darauf, ihn an andere zu verteilen. Aus Ehrfurcht vor dem spirituellen Bewusstsein, das der Ayahuasca-Tee ermöglicht, hatte er innerhalb von ein paar Jahren einen neuen Orden gegründet, der im Christentum verwurzelt war.

Drei Jahrzehnte später stieß Jeffrey Bronfman, ein Spross der Familie, die einmal die bekannte Whiskeymarke Seagrams besaß, und der sich als Umweltaktivist engagierte, zum ersten Mal auf Ayahuasca. Er war auf Bitten einer spirituellen Gemeinschaft nach Brasilien gereist, die ein Gebiet im Amazonas wegen seiner Vielfalt an Pflanzen erhalten wollte, die für ihre religiöse Praxis von zentraler Bedeutung waren. Inspiriert von dem, was er dort erlebte, ließ er sich ausbilden und begann in Santa Fe, New Mexico, Zeremonien abzuhalten. 1999 beschlagnahmte der US-Zoll eine Sendung von Ayahuasca an das UDV-Büro in Santa Fe. Bronfman war Hauptkläger in einem jahrzehntelangen Rechtsstreit, der UDV letztendlich das Recht einräumte, Ayahuasca-Tee als Teil seiner religiösen Rituale zu verabreichen[473].

Diese Entscheidung beruhte auf dem Zugeständnis, dass die Kirche im Wesentlichen eine echte Religion sei, argumentierte aber, dass die Gefahr für die Gesundheit der Mitglieder und die Möglichkeit, Ayahuasca außerhalb eines religiösen Kontextes zu verteilen, ein größeres Gewicht habe als das Recht der Kirche, den Tee zu verwenden.

473 https://www.atlasobscura.com/articles/in-2016-the-first-legal-ayahuasca-church-got-shut-down-was-it-a-scamor-a-new-religion

Bronfman und die UDV argumentierten bis zum Obersten Gerichtshof, dass die Regierung keinen ausreichenden Grund hatte, sich in ihre religiöse Praxis einzumischen. Das Gesetz zur Wiederherstellung der Religionsfreiheit (Religious Freedom Restoration Act – RFRA) besagt, dass die Regierung die Religionsausübung nicht wesentlich behindern darf – wenn die Person gezeigt hat, dass ihre Haltungen aufrichtig und Teil ihrer Religion sind, können die Gesetze, die sonst für alle gelten, nicht zur Anwendung gelangen.

Im Laufe der Jahre haben US-Gerichte relativ einfache Wege gefunden, die Fragen zu beantworten, was eine Religion ist und was nicht. Nicht alle Glaubenskonzepte sind z.B. religiös; wenn sie besser als philosophisch oder säkular charakterisiert werden, schützt der RFRA sie nicht. Gerichte haben auch „Indizia" für eine Religion entwickelt – eine Religion übernimmt „ultimative Fragen, die mit tiefen und unwägbaren Dingen zu tun haben", bietet ein umfassendes moralisches oder ethisches Glaubenssystem und hat eigene Zeremonien, Rituale, Klerus, Schriften, Feiertage, vorgeschriebene Kleidung und andere Symbole, die üblicherweise mit einer traditionellen Religion verbunden sind. Diese Kriterien erklären, warum die USA die Ausnahmegenehmigung nur auf besonderen Antrag der jeweiligen Religionsgemeinschaft erteilt und es dort keine generelle Liberalisierung von Ayahuasca gibt.

Der Oberste Gerichtshof stellte sich letztlich auf die Seite des UDV und schuf damit einen Präzedenzfall für die Anwendung der RFRA auf den Konsum von Ayahuasca, obwohl **DMT in den USA illegal ist (es wird dort in die gleiche Kategorie wie Heroin und Kokain eingestuft).**

Die Auswirkungen der Droge auf das Gehirn wurden eingehend diskutiert, aber eine Studie der University of California, zitiert in der Entscheidung des Obersten Gerichtshofs von 2006, fand heraus, dass Menschen, die das Getränk jahrelang in einer Kirche konsumierten, „keine schädlichen Auswirkungen" erlebt hatten. Darüber hinaus sei das Forscherteam „durchweg beeindruckt von dem sehr hohen funktionellen Status der Ayahuasca-Patienten", so Dr. Charles Grob, leitender Forscher der Studie.

Aber nicht jeder hat eine positive Erfahrung mit Ayahuasca. Ein Vorfall im Jahr 2012, bei dem der 18-jährige US-Bürger Kyle Nolan nach einem zehntägigen „Ayahuasca-Retreat" in Peru starb, weist auf die Gefahren der Substanz hin. Für den Film „DMT – The Spirit Molecule" von Mitch Schultz (2010), der von Netflix ausgestrahlt wird, wurde auch ein Schamane interviewt, der ein Ritual veranstaltet hatte, bei dem ein junger Amerikaner gestorben ist. Er führte an, er habe den jungen Mann Ayahuasca trinken lassen, weil dieser entgegen seiner dringenden Empfehlung darauf bestanden habe. Die Obduktion des Toten ergab, dass er an einer Hirnblutung und an Erstickung gestorben ist.

Das Gebräu, das die Kirchenleiter des Centro Espirita Beneficente União Do Vegetal mehrmals im Jahr aus Brasilien auch nach Sante Fe bringen, lasse die Gemeindemitglieder erbrechen, bevor sie sich auf Kissen niederließen, um die Wirkung der Droge zu spüren, berichtete der Journalist John Burnett von NPR (National Public Radio, USA) laut der Huffington Post[474].

In seinem Beitrag beschreibt der NPR-Journalist eine vierstündige Zeremonie, bei der sich die Gemeindemitglieder des Centro Espirita Beneficente União Do Vegetal (UDV) passende grüne Hemden anziehen und das psychedelische orangebraune Gebräu zu sich nehmen und visuelle und auditive Halluzinationen erleben. Auf der UDV-Website[475] heißt es, dass es einen „erhöhten Bewusstseinszustand" schafft. Einige haben gesagt, dass sie sich danach wie neugeboren fühlen, bemerkt NPR.

Am 9. Januar 2016 stellte die UDV auch bei den kanadischen Behörden einen Antrag auf die Liberalisierung von Ayahuasca-Tee (von der UDV auch Vegetal genannt) für die **religiöse Verwendung.** Am 5. Juni 2017 erhielt die União do Vegetal die Nachricht, dass die kanadische Regierung der UDV erlaubt, Ayahuasca-Tee für religiöse Zwecke ins Land einzuführen und zu verteilen. Mit der Liberalisierung der Verwendung des Tees in Kanada können die dort lebenden Mitglieder der UDV ihre Religion frei ausüben, ohne stundenlang

474 https://www.huffingtonpost.com/2013/04/26/uniao-do-vegetal-church-new-mexico-npr_n_3163702.html

475 http://udv.org.br/en/

reisen zu müssen, um Vegetal in den Vereinigten Staaten zu trinken, so wie es bisher praktiziert wurde. Dieser Sieg wurde von einer Arbeitsgruppe errungen, die 2015 von Jeffrey Bronfman ins Leben gerufen worden war.

In Holland waren u.a. die Santo Daime und die Barquinha Kirche zwischen 1999 und 2001 in mehrere Gerichtsverfahren involviert, die alle einen ähnlichen Ausgang hatten. Es läuft darauf hinaus, dass die UDV, die Santo Daime und die Barquinha Kirche an den meisten Orten geduldet werden.

Im April 2016 berichtet das Schweizer Medium 20 Minuten, dass Ayahuasca auch in der Schweiz vermehrt konsumiert würde[476]: *„Dieses Gebräu kann sowohl positive als auch negative Erfahrungen erzeugen. Der Konsum kann aber auf jeden Fall das psychische Gleichgewicht beeinflussen."* So Corine Kibora, Sprecherin von Sucht Schweiz. Bisher sei das halluzinogene Getränk vor allem in der New Yorker Szene und bei Hobby-Drogentouristen im Amazonas beliebt gewesen.

Wer in der Schweiz Ayahuasca konsumiert, bewegt sich rechtlich in einer Grauzone. In Frankreich, wo die Organisation des Argentiniers Alberto Varela noch bis Ende 2015 ansässig war, sieht die Situation anders aus: Der Konsum der Droge wird dort streng geahndet. *„Die schwammigen Gesetze in der Schweiz basieren auf dem Umgang mit DMT, einer Substanz, die ebenfalls aus einer Liane gewonnen wird"*, wird Anthropologe Jeremy Narby, der sich auf indigene Kulturen spezialisiert hat, die diese Droge konsumieren, im gleichen Artikel zitiert. Weil die Pflanze an sich jedoch keinen Effekt erzeuge, sondern nur gemischt mit anderen Pflanzen zu halluzinogenen Reaktionen führe, sei einzig der Mix verboten.

In einem Bericht der französischen Zeitung «Le Matin» verurteilt Narby die Rituale in der Schweiz, wo *„die Teilnehmer sich mit den übernatürlichen Kräften"* verbinden sollen: *„Varela macht mit dem Ayahuasca ein lukratives Geschäft – und das, ohne die nötigen präventiven Maßnahmen zu ergreifen."*

---

476 http://www.20min.ch/schweiz/news/story/Amazonas-Droge-erobert-die-Schweiz-28663693

Die Hochkonjunktur der Droge könnte auch laut einem Schweizer Schamanen für viele Menschen gefährlich werden. *„Mehr und mehr Patienten erzählen mir von ihren Erfahrungen mit dieser Pflanze"*, sagt er. *„Während einige eine Art Erleuchtung erfahren würden, könnte die Einnahme für andere einen kompletten Realitätsverlust zur Folge haben."*

Hunderte internationale Akademiker haben kürzlich einen offenen Brief unterschrieben, in dem Varela als verantwortungslos und unseriös bezeichnet wird. Doch in dessen Organisation gibt man sich unbeeindruckt: *„Wir wollen ein europäisches Ausbildungs-Zentrum rund um Ayahuasca in der Schweiz eröffnen"*, so seine Assistentin.

Laut einem Artikel von Livia Mata, erschienen im österreichischen Standard am 14.11.2015[477], sei in Österreich Ayahuasca – wie in Brasilien – legal, *„wenn das Getränk im Rahmen eines religiösen Rituals konsumiert wird"*.

Bezüglich der Rechtslage in Deutschland fand ich folgenden Hinweis auf der Webseite von Björn Schüller[478], einem Rechtsanwalt aus Bremen, der auch eine Empfehlung der Gärtnerei Rühlemann's in Horstedt enthält:

> In Deutschland ist Ayahuasca verboten. Wenn also das vorbereitete Elixier DMT enthält, (welches in der Anlage I des BtMG aufgeführt wird und deshalb als Betäubungsmittel gilt), so werden auch die Pflanzenteile in bearbeitetem oder unbearbeitetem Zustand als BTM qualifiziert (Anl. I / 5. Spiegelstrich). Eine Strafbarkeit hängt demnach vom Verwendungszweck ab. Das heißt, dass man für den Umgang mit DMT-haltigen Pflanzen zu Konsumzwecken eine Genehmigung der Bundesopiumstelle benötigt, will man sich nicht strafbar machen. Soll nur die Ayahuasca-Liane konsumiert werden, so fällt diese Pflanze und deren Bestandteile unter die Definition des § 2 AMG (Arzneimittelgesetz), womit auch die Strafvorschriften dieses Gesetzes greifen können.

477 https://derstandard.at/2000025689396/Ayahuasca-Der-heimliche-Hype-um-eine-bittere-Liane

478 https://www.strafverteidiger-schueller.de/schwerpunkte/drogen-von-a-z/ayahuasca-legal-wirkung-strafe-gramm-menge/

Ohne Konsumabsicht kann man aber mit den genannten Pflanzen umgehen. Wer etwa aus botanischen Interesse mit diesen "Geisterpflanzen" umgehen möchte, dem sei ein Besuch bei Daniel Rühlemann´s phantastischer Gärtnerei[479]+[480] empfohlen (u.a. Psychotria und Yage). Dort fand ich die folgenden Texte:

AYAHUASCA, YAGE (Pflanze)

Der magische Zaubertrank vom Amazonas

[sprich: Ajawaska] Ayahuasca heißt in Quechua soviel wie „Seelenranke" (Aya = Seele, huasca = Strick). Yage (ein anderer Name), ist eine gewaltige tropische Liane aus dem Amazonas-Regenwald. Die Eingeborenen sehen in den verholzenden schlingenden Ästen die Weltenschlange, die den Menschen in das Reich der Geister und Ahnen entführt.

Es heißt bei den Ayahuasqueros, die Ranke selbst habe den Menschen einst gelehrt sie zu finden, und sie zu verwenden. Die Pflanze ist also der eigentliche Lehrer! In Ihrer Heimat gibt es heute jedoch fast nur kultivierte Bestände. Selbst die jetzigen Wildpflanzenbestände sollen in erster Linie verwilderte Kulturbestände sein.

Ayahuasca heißt auch der berühmte Schamanen-Trank vom Amazonas, und zusammen mit Chacruna (Psychotria viridis) ist es der Hauptbestandteil dieses heiligen Gebräus, welches seit Jahrtausenden in Südamerika zur Heilung, und um mit den Göttern zu reden verwendet wird.

479 http://www.kraeuter-und-duftpflanzen.de/Nach-Verwendung/Pflanzen-fuer-den-Wintergarten/Pflanzen-fuer-den-Wintergarten-warm-180C/Chacruna-Pflanze

480 http://www.kraeuter-und-duftpflanzen.de/Nach-Verwendung/Pflanzen-fuer-den-Wintergarten/Pflanzen-fuer-den-Wintergarten-warm-180C/Ayahuasca-Yage-Pflanze

Der braune Trank ist bekannt für die stärksten psychotropen Effekte von natürlichen Substanzen, die es auf unserer Erde gibt. Es ist keine Partydroge. Verarbeitet werden Blätter, Stängel und Rinde. Blätter werden auch geraucht.

Es wirkt außerdem Parasiten abtötend - wir haben noch kaum Schädlinge an dieser Pflanze gesehen.

Für die Menschen am Amazonas ist Ayahuasca die höchste Medizin und ein wahres Geschenk der Götter, ein heiliges Sakrament. Kein Wunder, dass christliche Kirchen in ganz Südamerika vermehrt dazu übergehen, Ayahuasca statt Brot und Wein als das heilige Sakrament einzusetzen, da es einfach sehr förderlich für den direkten Kontakt mit der spirituellen Ebene ist. Die bekannteste dieser Kirchen ist die Santo Daime, wovon es sogar einen deutschen Ableger gibt.

Wir haben hier in der Gärtnerei seit über 10 Jahren verschiedene Versuche mit dem Anbau von Banisteriopsis caapii gemacht. Seit 3 Jahren wachsen einige Pflanzen direkt im offenen Gewächshausboden. Das gefällt ihr offenbar richtig gut. Inzwischen gibt es meterlange Ranken, und jetzt hat sie in kürzester Zeit unseren Traumfänger „erobert", (und gibt ihn nicht wieder her..) und sie wächst und wächst und wächst... es ist einfach unglaublich. Unter idealen Bedingungen soll sie 50 Meter im Jahr wachsen! ...

Nach über 8 Jahren Wachstum im offenen Boden ist unsere Ayahuasca-Mutterpflanze jetzt völlig außer Rand und Band. Ich vermute, dass die Wurzeln inzwischen am Erdkern vorbei bis in den brasilianischen Regenwald hineingewachsen sind. Anders kann ich mir dieses üppige Wachstum nicht erklären. Seit 2014 sind wir jedes Jahr Zeugen einer überbordenden Blütenfülle.

CHACRUNA (Pflanze)

Sakrament von den Geistern des Amazonas

Neben **Yage (=Banisteriopsis caapii)** die wohl wichtigste Zutat - zum berühmt-berüchtigten Amazonastrank „Ayahuasca" - sind die ledrigen Blätter dieses tropischen, feuchte- und Wärme liebenden Strauches. Während weder Yage noch Chacruna allein für sich genommen eine nennenswerte Wirkung entfalten, hat die Mischung eine gewaltige Wirkung auf die Psyche.

Es ist der „Trank der wahren Wirklichkeit", durch den die Schamanen und Medizinmänner befähigt werden in die Welt der Mythen zu reisen, um Kontakt mit Geistern aufzunehmen. Die Wahrscheinlichkeit, durch reinen Zufall diese wirksame Kombination aus zwei für sich genommen harmlosen Pflanzen zu entdecken, wäre angesichts der Fülle an Pflanzenarten am Amazonas eigentlich äußerst gering. Umso erstaunlicher erklären die Amazonasindianer dieses Mysterium: Die Pflanzenseelen selbst hätten sie gelehrt diesen psychoaktiven Trunk zu brauen!

Ich rate dringend davon ab, Ayahuasca selbst herzustellen und ohne die Begleitung eines erfahrenen Fachmanns zu trinken. Die Erfahrungen, die man mit dieser Pflanze machen kann, sind potentiell ein Geschenk mit unschätzbarem Wert für die persönliche Entwicklung, aber die Gefahr, dass ein Versuch nicht positiv erlebt wird, ist nicht zu unterschätzen. **Vor allem sind die Wechselwirkungen mit Medikamenten oder Alkohol unter Umständen sehr folgenreich; Menschen, die Psychopharmaka nehmen, dürfen auf gar keinen Fall Ayahuasca trinken, weil das u.U. lebensbedrohliche Folgen haben kann.**

EIN WICHTIGER HINWEIS

Menschen, die unter Depressionen, Angstzuständen oder Schlafstörungen leiden und sich in einer Behandlung mit Medikamenten befinden, müssen diese auf jeden Fall schon eine Weile abgesetzt haben, bevor sie daran denken können, an einem Ayahuasca-Ritual teilzunehmen. Dabei kann eine Ayahuasca-Sitzung unter idealen Voraussetzungen eine sehr wertvolle Ergänzung eines psychotherapeutischen Prozesses sein.

Bei einer Depression stellt der Betroffene viele, manchmal alle bisherigen Grundpfeiler seines Lebens in Frage. Es ist der grösste Irrtum, der bei der Bewertung der Depression allgemein gemacht wird, dass man die negativen Emotionen, die damit einhergehen, pharmakologisch „wegzaubern" kann. Auch ist oft das tiefgreifende Suchen nach den die Traumata auslösenden Momenten nicht immer hilfreich, weil dabei stets die Gefahr einer Retraumatisierung besteht. Psychotherapeutische Ansätze, die darauf beruhen, sich ein anderes Umgehen mit seinen Emotionen anzueignen und eine Verhaltensveränderung herbeizuführen, bieten auch keine Garantie für eine Heilung.

Eine profunde Sinnsuche, wie sie von Menschen erlebt wird, die Ayahuasca nehmen wollen, weil sie sich eine Befreiung von ihrem seelischen Leiden erhoffen, kann dagegen einen wirklichen Durchbruch bedeuten. Damit dies gelingen kann, müssen aber alle Faktoren und Umstände ideal sein, und das sind sie leider in den seltensten Fällen. Daher empfehle ich, diesen Weg ohne die Einnahme von Ayahuasca zu beschreiten. Für diejenigen, die trotzdem die Einnahme von Ayahuasca erwägen, folgende Empfehlung:

Man sollte sich auf keinen Fall auf Experimente einlassen und nur dann die Teilnahme an einem Ayahuasca-Ritual in Betracht ziehen, wenn man zu dem Leiter des Rituals absolutes Vertrauen hat. Ist man sich unsicher, empfehle ich, zunächst an einem Ritual teilzunehmen und dabei auf das Trinken von

Ayahuasca zu verzichten. Das erlaubt, sich darüber im Klaren zu werden, wie die äusserlichen Umstände ablaufen, und man kann sich so besser auf das vorbereiten, was einen erwartet. Es kann dabei durchaus passieren, dass man in den Zustand eintaucht, der eigentlich nur nach dem Trinken von Ayahuasca eintritt, denn das Feld, was sich im Zuge eines Ayahuasca-Rituals in einer Gruppe aufbaut, kann so stark sein, dass sich die Wirkungen der Pflanze auch ohne ihre Einnahme zeigen.

DAS KOMPLEXE THEMA DER KÖRPEREIGENEN DROGEN

Meine Beschreibungen über die psychedelischen Wirkungen von DMT, dem Tryptamin-Alkaloid, dem u.a. **Ayahuasca** seine Wirkung (mit-)verdankt, sind, wie bereits ausführlich erläutert, **keine** Empfehlung für den Konsum dieser Substanz. Meiner festen Überzeugung nach ist es sinnvoller, **das körpereigene DMT zu aktivieren.** Auch wenn das pflanzliche DMT im rituell gebräuchlichen *Ayahuasca* in uns seine psychedelischen Wirkungen entfaltet, so besteht doch ein Unterschied gegenüber dem körpereigenen DMT.

Durch etliche Feldstudien konnte hierfür sogar der Nachweis erbracht werden. Bei diesen Studien wurde den erfahrenen Teilnehmern von *Ayahuasca-Ritualen* ein geschmacklich ähnliches Gebräu verabreicht, **welches jedoch kein pflanzliches DMT enthielt.** Die Resultate waren deswegen so erstaunlich, weil die **psychedelischen Wirkungen auch ohne das im Gebräu enthaltene DMT zustande kamen!**

Ganz offenbar hatten die restlichen Bestandteile des klassischen *Ayahuasca-Gebräus* – also die *beta*-Carboline – die gleichen Wirkungen erzielt, wie das DMT enthaltende Ayahuasca. Diese beta-Carboline sind chemisch klassifiziert als Harmala-Alkaloide[481],[482]. Die unerwartete Wirkung kam deswegen zustande, weil die verabreichten beta-Carboline offenbar dem körpereigenen DMT ermöglichten, seine Wirkung zu entfalten! Deren Wirkung konnte einsetzen, weil diese beta-Carboline diejenigen Enzyme zumindest kurzfristig außer Kraft setzten, die das DMT im Körper ansonsten neutralisieren. Die psychedelische Wirkung von DMT ist nämlich nur möglich, wenn das Monoaminoxidase-A (MAO-A) inaktiviert bleibt. Die Funktion des Enzyms MAO-A besteht darin, Moleküle wie DMT zu oxidieren und hierdurch für bewusstseinserweiternde Erfahrungen **unwirksam** zu machen.

Wie eine umfangreichere Recherche ergab, wurden die Ergebnisse meiner eigenen Feldstudien hierzu von einigen prominenten Spezialisten bestätigt. So veröffentlichte der berühmte Psychiater Dr. Claudio Naranjo [483],[484] in seinem Buch ***„Die Reise zum Ich – Psychotherapie mit heilenden Drogen“*** seine Behandlungsprotokolle und Ergebnisse seiner klinischen Studien. In der wohl ersten wissenschaftlichen Studie hierzu untersuchte Dr. Naranjo 35 freiwillige Probanden unter Laborbedingungen, indem er ihnen *Harmalin* – nicht Harmin – verabreichte. Harmalin, so berichtet er, sei ***„mehr ein reines Halluzinogen“*** als andere psychoaktive Substanzen, wobei er die realistische Qualität der Erfahrungen und die ***„bemerkenswerte Lebendigkeit“*** hervorhob.

Ebenfalls hob Dr. Naranjo hervor: ***„Einige Personen hatten das Gefühl, dass bestimmte Szenen, die sie gesehen hatten, tatsächlich stattgefunden hatten und dass sie zu verschiedenen Zeiten und an anderen Orten körperlose Zeugen von ihnen waren.“*** Dies bestätigt auch meine Befragung von Teilnehmern einiger Ayahuasca-Rituale, die ihre hoch spirituellen Erfahrungen ohne das pflanzliche DMT erlebten. Wir können also davon ausgehen, dass unter den

---

481 Die Ayahuasca-Rebe enthält drei primäre Harmala-Alkaloide – die β-Carbolinderivate Harmin, Tetrahydroharmin (THH) und Harmalin. Harmin ist der Hauptbestandteil, zuerst gefolgt von THH und dann von Harmalin. Diese drei Harmala-Alkaloide sind starke reversible Inhibitoren von MAO-A.

482 http://www.ayahuasca.com/amazon/botany-ecology/beta-carbolines/

483 https://de.scribd.com/doc/175558156/Claudio-Naranjo-Die-Reise-zum-Ich-Psychotherapie-mit-heilenden-Drogen-pdf

484 https://de.wikipedia.org/wiki/Claudio_Naranjo

β-Carbolinen zumindest **Harmalin** in ausreichenden Dosen unabhängige bewusstseinserweiternde Eigenschaften aufweist, die denen von pflanzlichem oder tierischem DMT phänomenologisch zumindest nicht unähnlich sind.

Der Chemiker und Pharmakologe Dr. Alexander Shulgin[485] liefert zusätzlich noch eine Bestätigung der Berichte von Prof. Naranjo. Seinen Studien zufolge sei es ***„noch interessanter, die Auswirkungen der syrischen Steppenraute (Peganum harmala) zu betrachten, die ziemlich gleiche Mengen an Harmin und Harmalin enthält, im Gegensatz zu der proportional viel kleineren Menge an Harmalin in der Ayahuasca-Rebe".*** Nach Angaben von Dr. Claudio Naranjo ähnelten die geistigen Erfahrungen in verblüffender Weise den Eindrücken, die mit äußerlich zugeführtem DMT erreicht wurden. Er berichtet ebenfalls, dass unter den Mestizen-Schamanen[486] manchmal ein Ayahuasca-Getränk verwendet wird, das **ausschließlich aus dem beta-Carbolin Harmalin der Lianen besteht, um ganz bestimmte Erfahrungen zu machen.**

Erstaunlicherweise sind in der von mir bereits mehrfach erwähnten **Syrischen Steppenraute die *beta*-Carboline enthalten, die ihre Anti-Toxoplasma-Wirkungen bei einer Toxoplasmose entfalteten.**[487] In einer aufsehenerregenden Studie wurde erstmals festgestellt, dass Patienten, die an einer Toxoplasmose erkrankt waren, durch die beta-Carboline der Steppenraute geheilt wurden. Bekanntlich ist die **Toxoplasmose** eine häufig auftretende Infektionskrankheit. Ihr Erreger ist der (Verstandes-)Parasit Toxoplasma gondii. Sicher erinnert ihr euch noch an mein Kapitel des Buches „Der verratene Himmel", in dem ich relativ ausführlich über diesen Erfolg berichtete.

Ich möchte noch einmal in Erinnerung rufen, dass es sich bei einer Toxoplasmose um eine ganz besondere Krankheit handelt. Bei dieser Krankheit sind die Betroffenen von einem Protozoon befallen, den man aufgrund des Spektrums an Symptomen, das er auszulösen vermag, als „Verstandesparasiten" bezeichnen kann.

485 https://de.wikipedia.org/wiki/Alexander_Shulgin
486 http://www.christian-raetsch.de/Artikel/Artikel/Ayahuasca.html
487 https://bmcresnotes.biomedcentral.com/articles/10.1186/1756-0500-6-193

Ich gehe fest davon aus, dass die eigentliche therapeutische Wirkung der Steppenraute[488],[489] dadurch zustande kommt, dass ihre beta-Carboline[490] im menschlichen Körper dafür sorgen, das körpereigene DMT zu produzieren bzw. zu aktivieren. Meiner Ansicht nach werden die Parasiten durch die Ekstase, die im Zusammenhang mit der – durch die Wirkstoffe der Steppenraute ausgelösten – bewusstseinserweiternden Wirkung erlebt wird, aus dem befallenen Körper getrieben. Ganz offensichtlich wird den Parasiten durch bewusstseinserweiterte Zustände und die mit ihnen verbundene Freude ihre Existenzgrundlage entzogen.

Mit anderen Worten:

Toxoplasma gondii-Parasiten meiden Freude und höhere Bewusstseinszustände wie der Teufel das Weihwasser.

Wie ich im Kapitel *„Was hat der Verstandesparasit Toxoplasma gondii mit den Archonten zu tun?"* beschrieb, halte ich es für sehr wahrscheinlich, dass die Toxoplasma gondii-Parasiten die stofflichen Vertreter der selbst körperlosen Archonten sind. Im Kapitel *„Gott und sein Schöpfer"* berichte ich über den obersten Gott der Archonten, dem Demiurg, der fälschlicherweise sich selbst als den Schöpfer des Universums ansah. In diesem Kapitel beziehe ich mich im Wesentlichen auf den Teil der Nag Hammadi Texte, die unter *„Die Hypostase der Archonten"* übersetzt und veröffentlicht wurden: das mit dem Alexander-Böhlig-Preis[491] ausgezeichnete Buch *„Die Hypostase der Archonten (Nag-Hammadi-Codex II,4)"*[492].

---

488 Sobhani AM, Ebrahimi SA, Mahmoudian M: An in vitro evaluation of human DNA topoisomerase I inhibition by Peganum harmala L. seeds extract and its beta-carboline alkaloids. J Pharm Pharm Sci. 2002, 5 (1): 19-23.

489 Cao R, Peng W, Wang Z, Xu A: beta-Carboline alkaloids: biochemical and pharmacological functions. Curr Med Chem. 2007, 14 (4): 479-500. 10.2174/092986707779940998.

490 Harmane, Norharmane und Harmine

491 Der Alexander-Böhlig-Preis wird alle zwei Jahre für hervorragende Promotionen und Habilitationen aus dem Fachgebiet des christlichen Orients und der antiken Christengeschichte der östlichen Reichshälfte verliehen.

492 https://www.degruyter.com/view/product/175495

Dieses Buch ist die geringfügig überarbeitete Textfassung einer Dissertation von Ursula Ulrike Kaiser, die 2005 von der Theologischen Fakultät der Humboldt-Universität Berlin als Promotionsschrift angenommen wurde. Unter anderem handelt „Die Hypostase der Archonten“ von der Selbstüberhebung des Obersten der Archonten, der sich anmaßt, der einzige Gott zu sein.[493]

Aus den Übersetzungen in *„Die Hypostase der Archonten“* geht hervor, dass es Demiurg, der Anführer der Archonten, war, der das „Verbot vom Verzehr von der Frucht des Baumes der Erkenntnis“ verhängte. Wie wir im Kapitel *„Gott und sein Schöpfer“* erfahren können, ist dieser so besondere Baum nicht von ihm erschaffen worden, wie auch das Paradies, der Garten Eden, nicht von ihm stammt. Den schriftlichen Überlieferungen nach **stammen womöglich der Garten Eden, mit größter Wahrscheinlichkeit jedoch der Baum der Erkenntnis, *von „einer höheren Herkunft.“*[494] *Die „durch den Baum vermittelte Erkenntnis wird nicht jene der Archonten, sondern jene der höheren Welten sein.“*[495]**

Wie uns das Beispiel der psychedelischen Wirkungen der Syrischen Steppenraute zeigt, reduziert sich die ***„Verbotene Frucht“*** nicht nur auf den biblischen Garten Eden, zumindest was die Wirkung betrifft. Was in diesem Abschnitt weniger deutlich zum Ausdruck kam, ist, dass die Inhaltsstoffe der Syrischen Steppenraute uns ebenfalls zur ***„Erkenntnis von Gut und Böse“*** führen können. Insofern erweitert sich ihr therapeutischer Nutzen zusätzlich auf eine Bewusstseinserweiterung. Diese Erweiterung des Bewusstseins kann durchaus die Erkenntnis von Gut und Böse beinhalten.

Liebe Leser, möglicherweise könnten euch diese Informationen dazu anregen, diese Steppenraute zu erwerben, um ihre Wirkungen zu erfahren und zu nutzen. Ich selber habe vor über 20 Jahren meine persönlichen Erfahrungen mit der Steppenraute gemacht. So wie ich es in deutlicher Erinnerung habe, traten

493 Zitat aus der Einleitung des Buches „Die Hypostase der Archonten (Nag-Hammadi-Codex II,4)

494 p.88,32-89,3 Seite 214 „Die Hypostase der Archonten (Nag-Hammadi-Codex II,4)“

495 p.88,32-89,3 Seite 215 „Die Hypostase der Archonten (Nag-Hammadi-Codex II,4)“

infolge ihres Verzehrs Nebenwirkungen auf, die außerordentlich unangenehm sein können. Ich möchte euch daher auch davon abraten, die Steppenraute einfach nur auszuprobieren. Schließlich besteigt man auch nicht einfach so und ohne entsprechende Vorbereitung einen Achttausender. Wie ich bereits erwähnte, halte ich es für weitaus ratsamer, diese wundervollen Wirkungen durch die Aktivierung des körpereigenen DMT zu erreichen.

Hierfür ist es ratsam, die Ernährung umzustellen. Basierend auf der Erkenntnis, dass **eine erhebliche Anzahl von Lebens- und Genussmitteln unser Bewusstsein eher trüben als es zu erweitern, halte ich es für ratsamer, diejenigen Substanzen – zumindest für eine gewisse Zeit – zu meiden, zumindest jedoch zu reduzieren.**

Die **Monoaminooxidasen (MAO)** zählen zu den Enzymen und dienen dem Abbau giftiger Substanzen. Man unterscheidet zwischen Monoaminooxidase-A (**MAO-A**), deren entferntes Homolog auch bei Pilzen nachgewiesen wurde, und der paralogen Monoaminooxidase-B (**MAO-B**), die es nur bei Säugetieren gibt. MAO finden sich im Gehirn in den Astrozyten (Gliazellen) und Neuronen, aber auch außerhalb des Gehirns. Die wichtigen Neurotransmitter und Hormone Serotonin, Melatonin, Noradrenalin und Adrenalin werden vorwiegend durch die MAO-A abgebaut, wobei Phenethylamin und Benzylamin vorwiegend durch die MAO-B abgebaut werden. Beide MAO-Typen bauen Dopamin, Tyramin und Tryptamin gleichermaßen ab.

Beim Menschen ist die MAO-A außerhalb des Gehirns vorwiegend in den Nervenenden des sympathischen Nervensystems, in den Schleimhäuten des Darms und der Plazenta zu finden. Sie baut Serotonin, Noradrenalin und Dopamin ab, absteigend geordnet nach dem Einfluss der MAO-A auf ihren Abbau. Mutationen im MAO-A-Gen (oder seinem Promoter) können zum Mangel an MAO-A und bei völligem Ausfall zum Brunner-Syndrom[496],[497]

496 http://omim.org/entry/300615

497 Der Genetiker Han Brunner entdeckte diese Mutation 1993 bei einer Familie, deren männliche Mitglieder durch ihr aggressives Verhalten und ihren Hang zur Kriminalität auffielen. Bei allen war das MAO-A-Gen so stark verändert, dass keinerlei Monoaminooxidase A mehr produziert wurde.

führen, das sogar mit leichter geistiger Behinderung einhergeht.

Hierzu veröffentlichte das „Wissensmagazin scinexx.de" einen kompakten Artikel mit der Überschrift: ***„Ein Gen macht aggressiv – Was eine Mutation im MAO-A-Gen mit einem Gerichtsurteil zu tun hat".***[498]
In diesem Artikel geht es um die gerichtliche Verurteilung einer Mörderin, deren **Schuldfähigkeit durch einen krankhaften MAO-A-Mangel als eingeschränkt bewertet wurde.** So heißt es: *„Die Täterin ist Trägerin eines Risiko-Gens auf dem X-Chromosom, das mit einem Hang zu aggressivem Verhalten einhergeht. Bei ihr ist das sogenannte MAO-A-Gen mutiert, und das hat Auswirkungen auf den Haushalt wichtiger Hirnbotenstoffe.*
Normalerweise ist das Gen eine Bauanleitung für die MAO-A-Enzyme, die am Abbau von Serotonin und anderen Neurotransmittern beteiligt ist. ***Ist diese Bauanleitung beschädigt, wird Serotonin nicht oder nicht ausreichend abgebaut. Dadurch bleibt es zu lange im synaptischen Spalt und erzeugt ein Überangebot. Dies wiederum kann das Verhalten verändern, beispielsweise zu Unruhe, Aggression und ähnlichem führen...*** *Es zeigte sich: Männer mit einem defekten MAO-A-Gen trugen auch als Erwachsene deutliche Spuren ihrer Vergangenheit: Sie waren aggressiver und antisozialer als Männer mit normalhohen MAO-A-Werten..."*

„...Dabei zeigte sich, dass eine Genmutation des für die Hirnfunktion wichtigen Enzyms Monoaminooxidase-A (MAO-A) mit Gewaltverbrechen und antisozialem Verhalten korreliert ist – aber nur bei solchen Männern, die in der Kindheit schwer misshandelt wurden. MAO-A wird für den Abbau von Serotonin und anderen Signalstoffen des Gehirns benötigt... In Tierversuchen führt ein künstlich erzeugter MAO-A-Mangel zu erhöhter Aggressivität. Das zugehörige Gen liegt auf dem X-Chromosom, das bei Frauen doppelt vorkommt, so dass Mutationen kompensiert werden können. Dies passt zu der Tatsache, dass Männer wesentlich häufiger Gewalttaten begehen. Jungen mit angeborenem MAO-A-Mangel zeigen oft bereits im Vorschulalter erhöhte Gewaltbereitschaft".[499]

---

498 http://www.scinexx.de/dossier-detail-588-6.html
499 http://www.tagesspiegel.de/meinung/gewaltverbrechen-die-gene-des-boesen/4310446.html

Diese Forschungsergebnisse weisen uns auf die Bedeutung der MAO-Enzyme und ihre hohe Bedeutung für unsere Psyche und die Qualität unseres Bewusstseins hin. In diesem Bereich spielt unsere Ernährung eine Hauptrolle. **Unsere Ernährung trägt nicht nur zum Lebenserhalt und unserer Gesundheit bei, sondern auch zu unseren Stimmungs- und Bewusstseinslagen und somit auf unser gesamtes Verhalten.**

DMT UND MAO-HEMMER AM BEISPIEL VON AYAHUASCA

Im Folgenden möchte ich kurz auf die zusammenhängenden Wirkungen von MAO-Hemmern und DMT am Beispiel von Ayahuasca eingehen. Die starke Erfahrung, die man durch Ayahuasca erleben kann, ist vor allem der Kombination von DMT und den MAO-Hemmern zu verdanken. Die von mir mehrfach erwähnten beta-Carboline (Harmalin, Harmin usw.) zählen zu diesen MAO-Hemmern.* Ein im menschlichen Körper wirkendes MAO-Enzym ist ständig bemüht, DMT abzubauen. Hierdurch werden die psychedelischen Wirkungen von DMT reduziert oder gänzlich ausgeschaltet. Durch die Kombination von DMT und MAO-Hemmern verhindern nun die MAO-Hemmer für eine gewisse Zeit die Zersetzung von DMT, indem es die Funktion dieses Enzyms einschränkt. Diese Einschränkung bewirkt, dass unser körpereigenes DMT zumindest für eine kurze Zeit aktiv bleibt und seine bewusstseinserweiternde Wirkung entfaltet.

*beta-Carboline sind hochaktive Hemmstoffe (Inhibitoren) der MAO-Enzyme. So hemmen beta-Carboline die Auflösung (Desaminierung[500]) von DMT und machen es dadurch aktiv. In vitro hemmt Ayahuasca die Monoaminoxidase proportional zu den Konzentrationen der β-Carboline.

500 Desaminierung, Abspaltung der Aminogruppe -NH2 aus chemischen Verbindungen (gewöhnlich Aminosäuren)

Ich fasse noch einmal zusammen: Nach einer allgemein anerkannten Auffassung sind MAO-Enzyme verantwortlich für den Abbau von Neurotransmittern wie Dopamin, Noradrenalin und Serotonin im Gehirn. Niedrige Konzentrationen dieser drei Neurotransmitter werden mit Depression und Angstzuständen in Verbindung gebracht. MAO-Hemmer blockieren die Wirkung der MAO Enzyme. Durch Blockieren der Wirkungen von MAO-Enzymen erhöhen MAO-Hemmer die Konzentration dieser drei Neurotransmitter und sind nützlich bei der Linderung von Depressionen und / oder Angstzuständen.

Bisher wurden pharmakologische MAO-Hemmer immer dann eingesetzt, wenn sich andere Antidepressiva als unwirksam erwiesen haben, da sie ein höheres Risiko für Wechselwirkungen mit anderen Arzneimitteln als Standard-Antidepressiva haben und auch mit bestimmten Arten von Lebensmitteln wie gealtertem Käse und Wurstwaren interagieren können. Die sogenannten beta-Carboline sind hochaktive Hemmstoffe (Inhibitoren) der MAO-Enzyme. So **hemmen** beta-Carboline die Auflösung (Desaminierung[501]) von DMT und machen es dadurch aktiv. In Versuchen könnte nachgewiesen werden, dass Ayahuasca die MAO-Enzyme proportional zu den Konzentrationen der beta-Carboline hemmt[502].

Seit langem geht man davon aus, dass die MAO (Monoaminooxidasen) verantwortlich dafür sind, dass das in Pflanzen enthaltene DMT in unserem Körper nicht zur Wirkung kommt. Verzichtet man auf bestimmte Nahrungsmittel oder nimmt MAO-Hemmer zu sich, kann z.B. Ayahuasca wirken und das DMT, das über diese Pflanze zugeführt wurde, sich frei entfalten.

Wie Jonathan Dilas herausfand, sind nicht die MAO-Enzyme sondern die Tyramine hierfür verantwortlich. Die Tyramine also, die sich in unseren Körpern durch die gewohnte Ernährung angesammelt haben. Bekanntlich hat das **Tyramin ja die Eigenschaft, sämtliches DMT zu zersetzen – was naturgemäß dazu führt,**

501 Desaminierung, Abspaltung der Aminogruppe -NH2 aus chemischen Verbindungen (gewöhnlich Aminosäuren)

502 Im Reagenzglas

dass das DMT nicht zu seiner psychedelischen Wirkung kommt, unabhängig davon, ob es nun von der Zirbeldrüse ausgeschüttet oder zugeführt wird.

Allein aus diesem Grunde sind unsere Nahrungsmittel von wirkentscheidender Bedeutung. Doch um **welche Nahrungsmittel handelt es sich hierbei? Tyramin hindert uns daran, dass unser Bewusstsein sich erweitert. Faktisch hindert uns das Tyramin daran, diese Wirkung des DMTs zu nutzen. So ist es auch nicht verwunderlich, dass es sich um die gleichen Nahrungsmittel handelt, die man bei der Histamin-Intoleranz vermeiden sollte!**

„Somit ist eine Histamin-Intoleranz in Wirklichkeit eine Tyramin-Intoleranz und bedeutet, dass der Körper sich weigert, weiteres Tyramin zu sich zu nehmen, weil es den Menschen allgemein und global daran hindert, das ausgeschüttete und körpereigene DMT frei entfalten zu lassen!" schreibt Jonathan Dilas.

Wenn jedes Tyramin-Molekül unsere DMT-Moleküle angreift und zersetzt, kann das DMT einfach nicht zur vollen Entfaltung gelangen. Aus keinem anderen Grund ist also eine Diät vor der Einnahme von Ayahuasca so notwendig. **Wenn unsere Zirbeldrüse immer fleißig DMT produziert und dies emsig ausschüttet, es jedoch leider von Tyramin sofort wieder zerstört wird, dürfte eine tyraminfreie Diät diesen Vorgang unterbinden, d.h. verzichtet man auf Nahrungsmittel, die Tyramin enthalten, kann das körpereigene und von der Zirbeldrüse gebildete DMT mit der Zeit auch seine göttliche und zu Erlösung führende Wirkung entfalten.**

Jonathan Dilas ist weiter davon überzeugt: *„...dass es für einen Menschen mit einer spirituellen Gesinnung und einem an sich gesunden Kontakt zum eigenen Körper zutreffen kann, dass der Körper eine Histamin-Intoleranz absichtlich erzeugt, um das Tyramin daran zu hindern, weiterhin das ausgeschüttete DMT der Zirbeldrüse zu neutralisieren." Dies betrachtet er als „... einen kollektiven Beschluss der physischen Körper, ursprünglich über das Unterbewusstsein in Gang gesetzt, damit der Mensch sich seiner Ernährung bewusster wird und neue Wege findet."*

Jonathan Dilas hat unter der Überschrift **Ernährungsplan 2 nach Dilas** unter der Webadresse

http://www.jonathan-dilas.de/Texte/
Ernaehrungsplan_nach_Dilas_No2.pdf

eine PDF-Datei ins Internet gestellt. Den Inhalt dieser PDF drucke ich unten in einer ergänzten Form mit seiner Genehmigung ab. Da er diese Liste fortlaufend aktualisiert, macht es Sinn, von Zeit zu Zeit die jeweils aktuelle PDF-Datei herunterzuladen.

Im Folgenden führe ich noch eine Liste auf, die ich Deutschlands Arztempfehlungsseite *„jameda"*[503] entnommen habe. In dieser Liste sind Lebensmittel aufgeführt, die besonders viel und besonders wenig Tyramin enthalten. Ich möchte euch diese Liste als Anregung vorschlagen. Manche Lebensmittel werden in einer bestimmten Liste als unbedenklich eingestuft, während sie in der nächsten Liste als bedenklich eingeordnet werden. Möglicherweise liegen noch nicht genug Daten oder Erfahrungen vor, um zu diesen Lebensmitteln eine generell verbindliche Aussage zu treffen, oder die Menschen reagieren unterschiedlich auf sie.

503 https://www.jameda.de/naehrstoffe/tyramin/

Diese Lebensmittel enthalten besonders viel Tyramin:

Fleisch	Leber (alle Sorten) und mit Zartmachern[504] behandeltes Fleisch (Ich würde ohnehin dazu raten, jede Form von Glutamat und anderen Geschmacksverstärkern zu meiden)
Wurst	Gepökelte und geräucherte Sorten, insbesondere Dauerwurstwaren wie z.B. Mettwurst, Cervelatwurst, Plockwurst, Salami, Corned Beef, Bierschinken, Jagdwurst, gekochter/geräucherter Schinken. Außerdem wegen ihres Gehalts an Leber Leberwurst.
Fisch	Gelagerte Ware und Konserven, wie z.B. Räucherfisch, Trockenfisch, Sardellen, Kaviar, marinierter Hering, Salzhering. Außerdem Schalentiere und Schnecken.
Milchprodukte	Gereifte und stärker fermentierte Käsesorten, wie z.B. Bergkäse, Brie, Camembert, Emmentaler, Gorgonzola, Gruyère, Cheddar und Sauermilchkäse. Außerdem Produkte, die diese Käsesorten enthalten, wie z.B. Pizza, Fondue, Aufläufe. Manche Mediziner halten darüber hinaus für ungeeignet bei tyraminarmer Kost: Saure Sahne, Crème fraîche, Joghurt, Dick-, Buttermilch, Kefir, Quark, Frischkäse und alle Käsesorten.
Gemüse	Milchsauer eingelegte Sorten. Außerdem Tomaten, Avocados, Linsen, große Bohnen (Saubohnen), Sauerkraut, Pilze, Auberginen, Gewürzgurken, Pilze
Obst/Nüsse	Ananas, Bananen, Himbeeren, Papaya, Trockenobst, Rhabarber. Außerdem alle Nusssorten, insbesondere Erdnüsse, Mandeln, Pistazien.

504 https://de.wikipedia.org/wiki/Glutamate

Getränke	Rotwein, Wermut, Bier, alkoholfreies Bier, coffeinhaltige Getränke in größeren Mengen (Cola, Kaffee etc.), milchsauer vergorene Säfte, zuckerhaltige Erfrischungsgetränke. Bitte haltet Euch auch von allem fern, was mit NutraSweet gesüßt ist und verwendet keine künstlichen Süßstoffe und vor allem keine Aspartame.
Sonstiges	Hefe, Fleischextrakt, Hefeextrakt, Brotaufstriche mit Hefeextrakt, Currypulver, Worcestersoße, Sojasoße, Schokolade, Soleier, Marzipan, Lakritze, Tofu

Diese Lebensmittel enthalten besonders wenig Tyramin:

Fleisch	frische oder tiefgekühlte Ware ohne Zusatz von Zartmachern oder Marinaden jeder Art
Fisch	frische oder tiefgekühlte Sorten
Nährmittel	Backwaren ohne Hefezusatz, z.B. Müsli, Nudeln, Sauerteigbrot ohne Hefe
Fette	Butter, Öle – Bitte verzichtet auf Margarine –
Milchprodukte	Milch, Sahne. Ob folgende Milchprodukte bei tyraminarmer Kost erlaubt sind, wird kontrovers diskutiert und sollte mit dem Arzt abgestimmt werden: Dickmilch, Buttermilch, Quark, Schichtkäse, Hüttenkäse, Rahmfrischkäse, Fruchtquark (Apfel, Birne, Melone), Sahne- und Milcheis, junger holländischer Gouda, junger Schafskäse (z.B. ungarischer), Streichkäse
Gemüse	Kartoffeln, viele Gemüse mit Ausnahme der tyraminreichen (s.o.)
Obst	Apfel, Birne, Melone

Getränke	Mineralwasser, Kaffee bis max. 2 Tassen pro Tag, frisch gepresste Obst- und Gemüsesäfte (z.B. aus Äpfeln, Birnen, Karotten) außer tyraminreicher Sorten, Tee, frische Limonaden (ohne Coffein)
Sonstiges	Eier (außer Soleier), Pudding- und Dessertpulver (sofern frei von Schokolade und Nüssen), Zucker, Konfitüre, Honig

Weitere nützliche Tipps:

- Häufig Nahrungsmittel aus der Region kaufen – diese sind frisch und haben durch kurze Transportwege noch nicht so viel Tyramin aufgebaut (geringe Reifezeit, kurze Lagerung).
- Saisonal und abwechslungsreich essen: Kürbis im Herbst, Spargel im Frühjahr. Dadurch kann man den hohen Tyramingehalt von Lebensmitteln aus Konservendosen umgehen.
- Mehrmals pro Woche einkaufen und Lebensmittel schnell verbrauchen.
- Nahrung entweder schnell essen oder sofort in den Kühlschrank packen.
- Essen nicht bei Zimmertemperatur lagern, auch wenn dies sonst üblich wäre! Bei Lagerung im Kühlschrank können die Reifeprozesse bei Pflanzen und das Verderben von Fleisch hinausgezögert werden.
- Lebensmittel nicht mehr als zwei Tage im Kühlschrank aufbewahren.
- Beim Kauf stets auf das Verfallsdatum achten.
- Bei möglichen Risiko-Lebensmitteln nur kleine Portionen einnehmen, diese Nahrung dann isoliert einnehmen, damit man im Zweifelsfall weiß, was man verträgt und was nicht.
- Schriftlich festhalten, was man verträgt und was nicht, um den eigenen Körper besser zu verstehen.

Hier noch einige weitere Quellen zu Auflistungen einer tyraminarmen Ernährung:

Leitlinien Tyraminarme Kost, Stand März 2003
https://fdnow.org/wp-content/uploads/2016/09/Tyraminelistpdf0916.pdf

Northwestern Memorial Hospital, Patient Education Diet and Nutrition, November 2008,
http://www.sigma-tau.de/assets/Uploads/Folder-Patienten-130215-1.pdf

Tyramine-Free Food List, FD NOWW, May 2014
http://www.jameda.de/naehrstoffe/tyramin

Ernährungsplan 1 nach Jonathan Dilas

Ausgewogener alternativer Ernährungsplan auf basischer und fluoridfreier Basis abzüglich gebildetem Histamin zur Anhäufung biophotonischer Zellenergie, Schutz der DMT-Moleküle, körperliches Wohlbefinden und zur Erreichung des Idealgewichts.

Meiner Ansicht nach werden, auf biologischer Ebene betrachtet, 95% aller Krankheiten durch Ernährung verursacht. Allergien, Pseudo-Allergien, Autoimmun-Krankheiten, Nahrungsmittelintoleranzen und viele andere Krankheiten, die genau genommen auch nur Allergien sind, aber einfach nur einen anderen Namen erhalten haben; es sind Botschaften des Körpers, dass er die eine oder andere Nahrung nicht mehr im System sehen möchte. Diese Allergieformen nehmen seit einigen Jahren immer weiter unter den Menschen zu. Der Körper versucht unentwegt, Botschaften zu senden, welche Nahrung er bevorzugt bzw. welche am besten für ihn geeignet ist und welche nicht, um die persönliche Frequenz, d.h. die eigene psychische Energie und die körperliche Gesundheit zu erhöhen.

In meinen jahrelangen Recherchen und Forschungen bin ich auf eine Ernährungsweise gestoßen, die mehrere Komponenten berücksichtigt und die Gift-Depots des Körpers wieder leert und ihn gesunden lässt. Mit dieser Ernährungsform sind 95% aller Krankheiten zu beseitigen bzw. im Vorfeld zu eliminieren! Dabei ist es wichtig, sich unbedingt an die Ernährungsratschläge zu halten und nach Möglichkeit nicht davon abzuweichen. Auch empfehle ich im Anschluss einige Nahrungsergänzungen, die man daraufhin einnehmen kann, um den ganzen Prozess noch zu steigern. Berücksichtigt wird hierbei die nach Möglichkeit strikte Verweigerung bestimmter Nahrungsmittel, mit oder ohne Zusatzstoffe, wie säurehaltige Nahrung, Fluorid, gebildetes Histamin, Süßstoffe und andere (s.o.).

Es ist ein Drahtseilakt, eine optimale Nahrungsliste zusammenzustellen, die keine säure-, histamin- und fluoridbelastete Nahrung enthält. Ich sage nicht, dass es schlechte Nahrung gibt, ich spreche hier von einer optimalen Standard-Ernährungskonfiguration (SEK), die sich mit der Zeit zur persönlichen Ernährungskonfiguration (PEK) entwickeln wird. Die Standard-Ernährungskonfiguration repräsentiert die bestmögliche Zusammenstellung, die für so gut wie jeden Menschen am besten geeignet ist und ist in meinem folgenden Ernährungsplan der beste Anfang. Erst einmal die gute Nachricht: Man kann so viel essen wie man möchte! Solange, bis man satt ist – und wenn man unbedingt will – gebeugt vom Tisch gehen muss. Auch ist es unwichtig, zu welcher Uhrzeit man isst.

Die schlechte Nachricht: Die Schulwissenschaft bestätigt nicht meine Theorie, da diese leider mit ihren Sponsoren (Pharmaindustrie usw.) kooperiert und andere Interessen verfolgt. Somit ist dies eigentlich nicht für jeden eine schlechte Nachricht, sondern nur für jene, die der Schulwissenshaft hörig sind. Die Nahrung, auf die verzichtet werden soll, beinhaltet jene mit allerlei Zusatzstoffen, gebildetem Histamin, Fluorid und säurehaltigen Anteilen. Wenn man all dies berücksichtigen würde, bliebe nicht allzu viel übrig, wovon man sich ernähren könnte. Aus dem Grund habe ich eine optimale und ausgewogene Liste zusammengestellt, die es möglich macht, eine nahezu basische Ernährungsweise zu praktizieren, die gleichzeitig auf jegliches Fluorid, Säure und auf (gebildetes) Histamin verzichtet.

Vorteile meines Ernährungsplanes:

1. Der Körper kann mit den Monaten die Gift-Depots in den Zellen entleeren. Somit wird der Körper weniger anfällig für Allergien, Pseudo-Allergien, Nahrungsmittelintoleranzen und Krankheiten fast jeder Art.

2. Die meisten bekannten Krankheiten werden verschwinden, deren sehr lange Liste hier kaum aufzuzählen ist, aber dazu gehören in erster Linie Allergien, Pseudo-Allergien, Nahrungsmittelintoleranzen, aber auch Arthritis, Probleme mit Haut, Organen, Herz, Leber, Magen, Blut, Haare, Schilddrüse, Zähne, Gehirn, Gedächtnis, Fitness... u.v.a., sogar Krebs wird damit verhindert.

3. Intuition, Traumerinnerung, Sensitivität, Gedächtnisleistung, Glücksgefühle, gute Laune u.v.m. werden mit der Zeit automatisch zunehmen.

4. Der Körper wird wieder zu seinem Optimalgewicht zurückfinden. Bitte nicht erschrecken, wenn man sehr viel abnimmt. Der Körper sucht sich sein Gewicht aus, das für ihn optimal ist. (Was beispielsweise der deutsche Bürger als Normalgewicht betrachtet, muss der Körper nicht so sehen. Er besitzt hingegen seine eigene Vorstellung von Normalgewicht. Die Wertung von Normalgewicht basiert weitgehend auf den Hoffnungen der Nahrungsmittelindustrie.)

5. Die Kommunikation mit dem Körper wird erlernt, d.h. aufgrund der basischen Ernährung werden die Körpersignale verkürzt und vom Bewusstsein mit der Zeit deutlicher registriert. Daraufhin kann man leichter ermitteln, welche Nahrung der Körper möchte und welche nicht. Dieses Stadium stellt die Bildung bzw. Entwicklung der persönlichen Nahrungskonfiguration dar. Nachdem sich diese herauskristallisiert hat (das kann 1-3 Jahre dauern – je nach Einsatz, Motivation und Alter), hat man den Zustand eines gesunden, schlanken und weitgehend giftfreien Körpers erreicht inklusive der drei zuvor erwähnten Punkte.

6. Die von der Zirbeldrüse produzierten DMT-Moleküle werden mit diesem Ernährungsplan nicht mehr von Tyramin-Molekülen neutralisiert. Dies bewirkt auf Dauer, dass sich immer mehr DMT-Moleküle im Blut ansammeln können und dies auf völlig natürliche Weise. Natürlich ist Geduld, Wille und Beharrlichkeit notwendig, um diesen Plan auch zu befolgen und in die Ernährungsroutinen einzubringen, bis er die alten Ernährungsgewohnheiten ersetzt.

XVII

TOXOPLASMA GONDII

TOXOPLASMA GONDII

WAS HAT DER VERSTANDESPARASIT TOXOPLASMA GONDII MIT DEN ARCHONTEN ZU TUN?

Die **Paläontologie** ist die Wissenschaft von den Lebewesen der geologischen Vergangenheit. Gegenstand paläontologischer Forschung sind Fossilien, das heißt in Sedimentgesteinen vorkommende körperliche Überreste sowie sonstige Hinterlassenschaften und Zeugnisse von Lebewesen, die älter sind als 10.000 Jahre. Zu den ersten Lebewesen gehört eine Spezies, die wir als Toxoplasma gondii kennen. Toxoplasma g. gehört zu den **Protozoen**, was im Griechischen[505] ***„das erste Tier"***, bzw. ***„das erste Lebewesen"*** genannt wird.

Laut Paläontologen existiert Toxoplasma gondii seit etwa 3 Milliarden Jahren. Im Laufe der Evolution scheint diese Spezies ihre Strategie weiterentwickelt zu haben. Nach neuesten Untersuchungen sieht es so aus, dass die einzelligen Toxoplasma-Parasiten es irgendwie geschafft haben, ihre Effizienz zu erhöhen, indem sie Quanteneffekte nutzen. Wenn man sich dies vor Augen hält, könnte man der Aussage zustimmen, **„die Naturwissenschaftler haben einen anderen Namen für Archonten, sie nennen ihn Toxoplasma gondii."** Dieser Parasit ist eine der raffiniertesten biologischen Technologien. Das Verhalten von T. gondii

505 πρωτόζωον protózoon,**das erste Tier**', von πρώτο próto ‚erstes' und ζώον zóon ‚Lebewesen', ‚Tier'

weist eine kollektive Intelligenz auf, eine Schwarm- oder Gruppenintelligenz,[506] und scheint damit ein morphogenetisches Feld zu schaffen. Er stört die Balance zwischen den evolutionären Überlebensstrategien, dem Kollektivismus und Individualismus, und erzeugt eine ungesunde Schieflage hinsichtlich des Gruppendenkens des Schwarmes. Er verursacht 90% all unserer Ängste und Widersprüche.

DER PARASIT TOXOPLASMA GONDII IST TECHNOLOGISCHER NATUR

Dieser kegelförmige Parasit ist offensichtlich sehr speziell und **unterscheidet sich bedeutend von konventionellen Organismen.** Seine Struktur scheint Induktion, Empfang und vielleicht sogar Übertragung zu erlauben. **Ein Ingenieur würde den Parasiten einer technischen Schaltung mit einer Induktionsspule im Nanobereich zuordnen. Seine elektromagnetischen Eigenschaften scheinen offensichtlich.** Für einen Biologen sind es Mikrotubuli und molekulare Strukturen basierend auf geißelartigen Komponenten; das außergewöhnliche Geißel zählt zu den am meisten ausgeklügelten Bio-Konstrukten. **Roger Penrose**[507] und **Stuart Hameroff**[508] konnten nachweisen, dass Mikrotubuli Quantenfluktuationen aufweisen, welche direkt mit dem Bewusstsein und dem Unified Field („einheitlichen Feld“) in Verbindung stehen.[509]

506 **Kollektive Intelligenz**, auch **Gruppen**- oder **Schwarmintelligenz** genannt, ist ein emergentes Phänomen. Kommunikation und spezifische Handlungen von Individuen können intelligente Verhaltensweisen des betreffenden „Superorganismus“, d. h. der sozialen Gemeinschaft, hervorrufen.

507 https://de.wikipedia.org/wiki/Roger_Penrose

508 Stuart Hameroff ist Arzt und emeritierter Professor an der University of Arizona. Er ist bekannt für seine Thesen zum Bewusstsein, die er gemeinsam mit dem englischen Physiker Roger Penrose entwickelt hat.

509 http://nautil.us/issue/47/consciousness/roger-penrose-on-why-consciousness-does-not-compute

Ich erinnere mich noch sehr gut, wie erstaunt ich war, als ich das erste Mal eine Aufnahme eines Elektronenmikroskops sah, welches den Kegel eines Toxoplasma gondii komplex abbildete. Da war nichts Organisches zu erkennen, ich sah ein hochkomplexes technisches Meisterwerk.

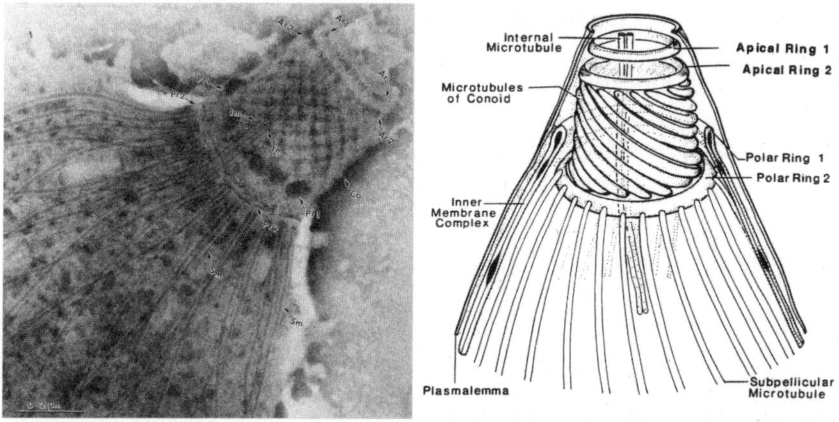

Abbildung 40: Elektronenmikroskopische Aufnahme[510] eines negativ gefärbten, an der Spitze befindlichen Komplexes eines Tachyzoits[511] von Toxoplasma gondii. Die sichtbaren Ringe bestehen aus gewickelten Mikrotubuli[512,513,514].

Dr. Stuart Hameroff[515] und Prof. Roger Penrose[516] konnten herleiten, dass bewusstseinsbildende Gehirnfunktionen auf makroskopischen Quanteneffekten beruhen, die sich in den Mikrotubuli des Zellskeletts

510 https://de.wikipedia.org/wiki/Transmissionselektronenmikroskop

511 Als Tachyzoit (von tachys ‚schnell' und zoein ‚leben') bezeichnet man ein Entwicklungsstadium der Apicomplexa, welches sich in der Wirtszelle durch Teilungsvorgänge über Endodyogenie oder Endopolygenie rasch vermehrt. Tachyzoiten sind die bewegliche Form jener Kokzidien, die Gewebezysten bilden.

512 S. Hameroff: How quantum brain biology can rescue conscious free will. In: Frontiers in integrative neuroscience. Band 6, 2012, S. 93, doi:10.3389/fnint.2012.00093, PMID 23091452, PMC 3470100

513 S. Hameroff, R. Penrose: Consciousness in the universe: a review of the 'Orch OR' theory. In: Physics of life reviews. Band 11, Nummer 1, März 2014, S. 39–78, doi:10.1016/j.plrev.2013.08.002, PMID 24070914

514 https://www.ncbi.nlm.nih.gov/pmc/articles/PMC106833/

515 https://de.wikipedia.org/wiki/Stuart_Hameroff

516 https://de.wikipedia.org/wiki/Roger_Penrose

abspielen. Bei höheren Evolutionsstufen sind es die Mikrotubuli der Neuronen des Gehirns. Stuart Hameroff und Roger Penrose fanden auch einen Zusammenhang zwischen Frequenzen der Neuronen und der Mikrotubuli-Aktivität.

0,1 Hz 10^8 Tubuli
10 Hz 10^{11} Tubuli
10kHz 10^{13} Tubuli
10MHz 10^{16} Tubuli

Abbildung 37: Taktfrequenz der Neuronen im Verhältnis zu der Anzahl der aktiven Mikrotubuli

Bitte schaut Euch die Abbildung 4 aus dieser Studie an: *Structures of Toxoplasma gondii Tachyzoites, Bradyzoites, and Sporozoites and Biology and Development of Tissue Cysts*[517]. Diese Grafik zeigt eine schematische Darstellung des apikalen Komplexes von Toxoplasma gondii, die eher an eine technische Schaltung als an ein biologisches Lebewesen erinnert.

Nach all meinen Recherchen und Überlegungen bin ich heute zu dem Ergebnis gekommen, dass seine unfassbar erscheinenden Eigenschaften über quantenphysikalische Verfahren zustandekommen. Aus der Sicht der Quantenphysik sind die Kohlenstoffatome der Mikrotubuli die Schnittstelle zwischen Geist und Materie. Allein hierüber ließe sich ein ganzes Buch schreiben (was ich gern noch tun möchte).

Daraus könnte man nun schließen:

„Wenn Du von all dem absolut nichts wissen willst,
bist Du wahrscheinlich betroffen."

Kehren wir noch einmal zu den bizarren und höchst intelligenten Eigenschaften der „Verstandesparasiten" zurück. Eine dieser weiteren Eigenschaften ist seine Verteidigungsstrategie. Nachweislich hemmt Toxoplasma gondii die

517 https://www.ncbi.nlm.nih.gov/pmc/articles/PMC106833/

Neugierde („das nach Neuheiten suchen"). Natürlich hat die Unterdrückung der Neugierde schwerwiegende Konsequenzen. **Sie erhöht die Angst und verhindert das Aufkommen von Fragen und verhindert sogar das Hinterfragen von bedrohlichen Themen.**

Allerdings funktioniert die Verteidigungsstrategie dieser Parasiten nur so lange, bis sie aufgedeckt wird. Damit die Überlagerung kollabiert, ist Beobachtung notwendig. Das Beobachten muss durch ein Bewusstsein erfolgen, welches in der Lage ist zu reflektieren.

Eine weitere höchst erstaunliche Tatsache ist die außerordentlich häufig auftretende ausweichende Haltung von Menschen, wenn sie mit dem Thema Toxoplasma gondii konfrontiert werden. Dieses ausweichende Verhalten tritt sogar sehr oft in einer emotional überzogenen Art auf. Ein teilweise aggressives Herunterspielen dieser Thematik ist immer wieder festzustellen. Diese Reaktion verdeutlicht in sehr eindrücklicher Weise, wie es Toxoplasma gondii gelungen ist, **in mehreren Millionen Jahren eine evolutionäre Verteidigungsstrategie zu entwickeln und damit erfolgreich zu sein.** Professor Sapolsky[518] von der Stanford Universität beschreibt Toxoplasma gondii als extrem intelligent. In einer Videoaufzeichnung hebt Professor Sapolsky hervor, dass Toxoplasma gondii über das Funktionieren des menschlichen Gehirns anscheinend mehr weiß, als **25.000 Neurowissenschaftler zusammen** (!)[519].

518 https://profiles.stanford.edu/robert-sapolsky
519 https://www.youtube.com/watch?v=m3x3TMdkGdQ

KANN DER WEIT VERBREITETE HIRNPARASIT, TOXOPLASMA GONDII, DIE MENSCHLICHE KULTUR BEEINFLUSSEN?[520]

The Royal Society Publishing, Biological Sciences
November 2006

Die latente Vorherrschaft dieses langlebigen und weit verbreiteten Gehirnparasiten, Toxoplasma gondii, erklärt einen statistisch signifikanten Anteil an Abweichungen der summierten Neurotizismen der Bevölkerung, aber auch die ‚neurotischen' kulturellen Dimensionen der Geschlechterrollen sowie der Vermeidung von Unsicherheiten. Falsche oder nicht kausale Korrelationen gemittelter Persönlichkeitswerte mit klimatischen und kulturellen Aspekten, die die Verbreitung von T. gondii beeinflussen, könnten für die beobachteten Muster ebenfalls mitverantwortlich sein. Ein Zusammenhang von Kultur und T. gondii stammt hypothetisch von der Verhaltensmanipulation, welche der Parasit einsetzt, um seine Übertragungschancen auf den nächsten Wirt in seinem Lebenszyklus, eine Katze, zu verbessern. Während latente Toxoplasmose gewöhnlicherweise harmlos ist, **scheinen die vom Parasiten hervorgerufenen subtilen individuellen Effekte die Gesamtpersönlichkeit einer ganzen Bevölkerung zu beeinflussen.** Einflussfaktoren für die geographischen Unterschiede in der Verbreitung des Parasiten beinhalten klimatische Einflüsse auf die Lebensdauer/Beständigkeit seiner ansteckenden Entwicklungsstadien im Erdreich, kulturelle Gepflogenheiten der Speisenzubereitung, sowie das Vorhandensein von Katzen als Haustiere. Einige kulturelle Schwankungen könnten schlussendlich darauf zurückzuführen sein, wie das Klima die Verbreitung von T. gondii beeinflusst. Die Resultate erklären jedoch nur einen Teil der Schwankungen in zwei der vier kulturellen Dimensionen,

520 http://rspb.royalsocietypublishing.org/content/273/1602/2749.full

was wiederum darauf hindeutet, dass, falls T. gondii die menschliche Kultur beeinflusst, diese Beeinflussung nur eine von vielen Faktoren darstellt.

ZEIT ONLINE veröffentlichte am 13 März 2014 unter der Rubrik „Neuroparasiten" den Artikel **„Wenn aus Tieren Zombies werden – Auch Menschen werden von Neuroparasiten kontrolliert"**[521]

„Störenfried im Hormonhaushalt"

Toxoplasma attackiert und manipuliert nicht nur Mäuse. Toxoplasma verändert auch das Verhalten infizierter Menschen. Eine Studie aus Dänemark[522] zeigt, dass infizierte junge Frauen häufiger Selbstmord begehen. Eine tschechische Studie[523] untersuchte den Anteil von Toxoplasmose-Opfern bei Verkehrsunfällen. Sie waren fast dreimal so häufig in Unfälle verwickelt wie Menschen ohne den Erreger. Offenbar verlangsamt Toxoplasma die Reaktionszeit. Weitere Untersuchungen liefern Hinweise darauf, **dass Toxoplasma bei der Entstehung von neurologischen und psychischen Krankheiten eine Rolle spielt. Der Parasit könnte bei Parkinson, Alzheimer, bipolarer Störung und Schizophrenie eine Rolle spielen, wird spekuliert.** Offenbar verändert der Erreger das Zusammenspiel der Botenstoffe im Gehirn, unter anderem den Einfluss von Dopamin. Andere Studien weisen darauf hin, dass er auch den Hormonhaushalt durcheinanderbringt. Bei Männern steigt der Testosteronspiegel, sie werden aggressiver, risikofreudiger und sexuell aktiver. Bei Frauen bewirkt der Parasit das Gegenteil.

Ständig wütend? Vielleicht leiden Sie an Toxoplasmose, berichtete ONLINE FOCUS zwei Jahre später im April 2016[524].

Ein Verkehrsrowdy der drängelt, hupt oder schimpft kann vielleicht gar nichts für sein unverschämtes Verhalten – sein Gehirn könnte schlicht fremdgesteuert sein. Womöglich haben sich darin Parasiten der Art Toxoplasma gondii eingenistet und stiften nun neuronales Chaos. Dies jedenfalls legt eine Studie

---

521 http://www.zeit.de/2014/12/neuroparasiten/seite-3

522 https://www.ncbi.nlm.nih.gov/pubmed/22752117

523 http://www.zeit.de/zeit-wissen/2009/02/Toxoplasmose

524 http://www.focus.de/gesundheit/ratgeber/psychologie/persoenlichkeit/staendig-wuetend-vielleicht-leiden-sie-an-toxoplasmose_id_5397224.html

nahe, die Psychiater der University of Chicago mit Patienten durchführten, die durch aggressives Verhalten und plötzliche Wutausbrüche aufgefallen sind. Die Arbeit erschien im Fachmagazin „Journal of Clinical Psychiatry“[525].

Doppelt so viele Wutausbrüche bei Infizierten

Wie sich zeigte, waren Personen, bei denen mehrere Wutausbrüche nacheinander auftraten, mehr als doppelt so oft von dem Erreger befallen wie gesunde Menschen, bei denen keine psychiatrische Diagnose vorlag. Der Einzeller Toxoplasma gondii, der zu den so genannten Protozoen zählt, tritt weltweit auf und ist in der Bevölkerung weit verbreitet. Nach Angaben des Berliner Robert-Koch-Instituts tragen ihn 50 Prozent der Deutschen im Körper oder kamen zumindest mit ihm in Kontakt. In der Gruppe der über 50-Jährigen liegt die Durchseuchung sogar bei etwa 70 Prozent. In den USA sind bis zu 16 Millionen Bürger betroffen, das sind mehr als die Schizophreniepatienten im Land und Menschen mit bipolarer Störung[526] zusammen.

Toxoplasma gondii befällt das Nervengewebe

Frühere Untersuchungen hatten ergeben, dass Toxoplasma gondii das Nervengewebe im Gehirn befällt und mit Krankheiten wie Schizophrenie, bipolaren Störungen und Selbstmordgedanken im Zusammenhang steht. Professor Emil F. Coccaro und seine Kollegen gingen diesen Ergebnissen nach und veröffentlichten ihre Resultate im März 2016 im *The Journal of Clinical Psychiatry* unter dem Titel ***Toxoplasma gondii Infection: Relationship With Aggression in Psychiatric Subjects***[527].

Sie untersuchten 358 US-Bürger als Probanden, von denen ein Drittel

---

525 https://news.uchicago.edu/article/2016/03/25/people-rage-disorder-twice-likely-have-parasitic-infection

526 Eine „bipolare affektive Störung” ist durch abwechselnd depressive und euphorische, also manische Stimmung gekennzeichnet. Daher wird die „bipolare Störung” auch oft „manisch-depressive” Erkrankung genannt. Es liegen krankheitstypische Stimmungswechsel vor, wobei oft von Goethes Zitat aus „Egmont“ „himmelhoch jauchzend, zu Tode betrübt“ gesprochen wird. Eine manische Phase macht sich durch Überaktivität, vermindertes Schlafbedürfnis, hemmungsloses Verhalten oder überzogene Selbsteinschätzung bemerkbar, während die depressive Episode durch gedrückte Stimmung, Schuldgefühle oder Freud- und Lustlosigkeit geprägt ist.

527 http://www.psychiatrist.com/jcp/article/Pages/2016/v77n03/v77n0313.aspx

an „Pathologischer Jähzornigkeit" (so der Fachbegriff für die plötzlichen Aggressionsschübe), ein weiteres Drittel an anderen psychischen Störungen litt. Letztere dienten als Kontrollgruppe, um den Jähzorn von anderen Leiden abzugrenzen. Die Versuchspersonen im restlichen Drittel waren psychisch gesund. Tatsächlich ergaben Blutanalysen und andere Tests, dass doppelt so viele jähzornige Patienten mit dem Parasiten in Kontakt gekommen waren wie gesunde Probanden. Die Raten der Gruppe der psychisch Kranken lagen dazwischen.

Ein Meisterwerk der epigenetischen Ingenieurskunst – wie Toxoplasma gondii die Gehirne seiner Wirte umprogrammiert, um Angst in sexuelle Anziehung zu verwandeln.

Figure 3. State and Trait Anger, Depression, and Anxiety (*z*) Scores (age as covariate) as a Function of *T. gondii* Seropositive (+) and Seronegative (–) Subjects[a]

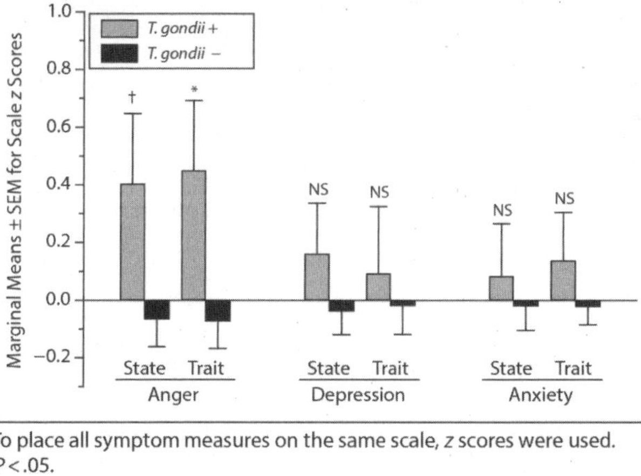

[a]To place all symptom measures on the same scale, *z* scores were used.
*$P<.05$.
†$P<.10$.
Abbreviation: NS = not significant.

Abbildung 41: Toxoplasmose verursacht Wut, Depression und Angst

Figure 1.Composite Aggression and Impulsivity (age as covariate) in Subjects Seropositive (+) and Seronegative (–) for *T. gondii*[a]

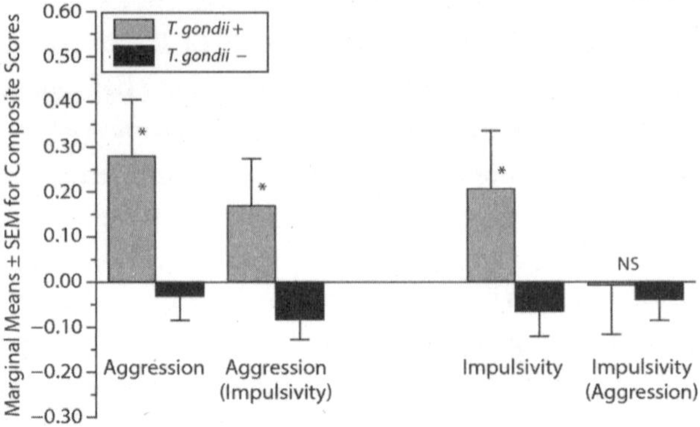

[a]Aggression (impulsivity) refers to Composite Aggression scores with Composite Impulsivity scores as a covariate; impulsivity (aggression) refers to Composite Impulsivity scores with Composite Aggression scores as a covariate.
*$P \leq .05$.
Abbreviation: NS = not significant.

Abbildung 42: Toxoplasmose verursacht Aggression und Impulsivität Quelle: Toxoplasma gondii Infection: Relationship with Aggression in Psychiatric Subjects[528]

Im PubMed.gov (US National Library of Medicine / National Institutes of Health) wurde ein Forschungsergebnis von Professor Flegr[529],[530] von der Charles University Prague veröffentlicht, welches zeitgleich mit dem Erscheinen meines Artikels über Toxoplasma gondii geschah. Hier ein Auszug aus der Studie:

Ein Meisterwerk der epigenetischen Ingenieurskunst – wie Toxoplasma gondii die Gehirne seiner Wirte umprogrammiert, um Angst in sexuelle Anziehung zu verwandeln.

528 http://www.psychiatrist.com/jcp/article/Pages/2016/v77n03/v77n0313.aspx

529 https://www.ncbi.nlm.nih.gov/pubmed/?term=Flegr%20J%5BAuthor%5D&cauthor=true&cauthor_uid=25532868

530 https://web.natur.cuni.cz/flegr/

„Masterpiece of epigenetic engineering – how Toxoplasma gondii reprograms host brains to change fear to sexual attraction."[531] wurde im Dezember 2014 veröffentlicht. In der Zusammenfassung ist dort zu lesen:
„Der Protozoen-Parasit Toxoplasma gondii ist bekannt dafür, dass spezifische Verhaltensänderungen in seinen Zwischenwirten, einschließlich Menschen, induziert werden, von denen angenommen wird, dass sie die Chance auf eine erfolgreiche Übertragung auf den endgültigen Wirt, die Katze, erhöhen."
An dieser Stelle möchte ich eine kurze Ergänzung anfügen. **Toxoplasma g. wurde in vielen Spezies nachgewiesen, von Vögeln bis zu Walen aus der Arktis bis zu Menschen.** Und weiter heißt es in der Zusammenfassung:
„Die auffälligste Veränderung ist das so genannte tödliche Anziehungsphänomen, der Wechsel der natürlichen Angst von Mäusen und Ratten vor dem Duft von Katzen zu einer Anziehungskraft auf diesen Geruch. Der Mechanismus dieser Manipulationsaktivität ist unbekannt; allerdings deuten viele Indizien darauf hin, dass Veränderungen in den Konzentrationen von Dopamin und Testosteron an dem Mechanismus beteiligt sind. In dieser Ausgabe der Zeitschrift Molecular Ecology präsentieren Hari Dass & Vyas (2014) Ergebnisse einer Studie, die zeigt, dass Toxoplasma durch Hypomethylierung bestimmter regulatorischer Elemente des Schlüsselgens in der Lage ist, die ***genetische Maschinerie des Gehirns so zu reprogrammieren,*** *dass Katzengeruch die Verdrahtung der medialen Amygdala-Kreisläufe, die für das sexuelle Verhalten verantwortlich sind, aktiviert und verändert.* ***Diese Studie liefert den ersten eindeutigen Beweis für die Fähigkeit eines Parasiten, anspruchsvolle epigenetische***[532] ***Konstruktionstechniken für die Manipulation des Phänotyps***[533] ***seines infizierten Wirts zu verwenden."***

---

531 https://www.ncbi.nlm.nih.gov/pubmed/25532868

532 Die Epigenetik ist das Fachgebiet der Biologie, welches sich mit der Frage befasst, welche Faktoren die Aktivität eines Gens und damit die Entwicklung der Zelle zeitweilig festlegen. Sie untersucht die Änderungen der Genfunktion, die nicht auf Mutation beruhen und dennoch an Tochterzellen weitergegeben werden.

533 Der Phänotyp oder das Erscheinungsbild ist in der Genetik die Menge aller Merkmale eines Organismus. Er bezieht sich nicht nur auf morphologische, sondern auch auf physiologische Eigenschaften und auf Verhaltensmerkmale.

Sie sind sehr wahrscheinlich schon infiziert! Dieser „harmlose" Erreger nistet sich im Gehirn ein[534]

Chip.de berichtete am 25. Oktober 2016:
„Jeder zweite Deutsche ist mit Toxoplasmose infiziert. Lange Zeit galt der Erreger als harmlos für gesunde Erwachsene. Jetzt deutet eine Studie darauf hin: Der Erreger kann Spätfolgen im Gehirn verursachen. Jeder zweite Deutsche trägt ihn in sich – den Erreger für Toxoplasmose. Doch wie eine neue Studie[535] *der TU Dortmund andeutet, ist die Infektion beileibe nicht so harmlos, wie immer angenommen wurde.* ***Denn der verantwortliche Erreger Toxoplasma gondii kann die Blut-Hirn-Schranke passieren und sich dauerhaft im Gehirn einnisten.*** *Dauerhaft veränderte Hirnströme und ein merklicher Verlust der Gedächtnis-Leistung sind Langzeitfolgen. Auch rheumatoide Arthritis wird seit kurzem mit Toxoplasmose in Verbindung gebracht. Sogar für Demenz im Alter könnte der Erreger verantwortlich sein, wird jetzt vermutet."*
Dr. Patrick Gajewski bezieht sich auf seine im Oktober 2016 in PubMed.gov[536] veröffentlichte Studie[537]. Bereits der Titel dieser Veröffentlichung weist ein außerordentlich bedeutsames Ergebnis aus:
„Reduced ERPs*[538] *and theta oscillations underlie working memory deficits in Toxoplasma gondii infected seniors"
Wörtlich übersetzt sagt dieser Titel folgendes aus:
„Reduzierte neuronale Sendeleistung und Theta-Wellen sind die Basis verminderter Leistung des Arbeitsgedächtnisses bei mit Toxoplasma gondii infizierten Senioren"
In dieser Überschrift sind zwei außerordentlich schwerwiegende Aussagen enthalten! Was es bedeutet, wenn der neuronale Arbeitsspeicher des Kurzzeitgedächtnisses eine verminderte Leistung aufweist, erklärt der folgende Text:

534 http://www.chip.de/news/Sie-sind-sehr-wahrscheinlich-schon-infiziert-Dieser-Erreger-verschlechtert-das-Gedaechtnis_102258470.html
535 http://www.sciencedirect.com/science/article/pii/S030105111630254X
536 PubMed.gov US National Library of Medicine, National Institutes of Health.
537 https://www.ncbi.nlm.nih.gov/pubmed/27516127
538 ERP´s = Sendeleistung, die sich aus der Anzahl der gleichschwindenden Neuronen ergibt.

Ein neuronaler Arbeitsspeicher ist ein kognitives System mit einer begrenzten Kapazität, die für die **vorübergehende Bereitstellung von Informationen für die Verarbeitung verantwortlich ist. Der Arbeitsspeicher ist wichtig für das Argumentieren und die Führung von Entscheidungsfindung und Verhalten.**[539]

Der zweite wichtige Punkt ist die Reduktion der neuronalen Sendeleistung und Theta-Wellen.

Unter der Abkürzung ERP ist eine Sendeleistung zu verstehen, die sich aus der Anzahl der gleichschwingenden Neuronen ergibt. Unter Theta-Wellen versteht man in der Hirnforschung eine Frequenz zwischen 7 und 4 Hz (Schwingungen pro Sekunde), welche durch die Neuronen des Gehirns entstehen. Eine nachgewiesene Reduktion dieser Theta-Wellen wird euch durch die spezifischen Eigenschaften dieser Wellen verdeutlicht:

Die Theta-Wellen unseres Gehirns ermöglichen es uns, auf unsere angeborene Kreativität, Inspiration und spirituelle Verbindung zuzugreifen. Theta-Wellen **sind die Wellen des Unterbewussten.** Sie kommen besonders im Traum (REM-Schlaf), in der **Meditation**, bei **ekstatischer**[540] **Freude (!) und während kreativer Zustände vor.** Im Theta-Bereich finden sich unsere unbewussten **und sonst unterdrückten seelischen Anteile**, aber auch unsere **Kreativität und Spiritualität.** Die Reduktion dieser so wichtigen Eigenschaften bedarf sicherlich keiner weiteren Erläuterung.

In der Zusammenfassung dieser klinischen Studie erfahren wir:

„Zusammenfassend kann eine reduzierte Arbeitsspeicherleistung ... **und frontale Theta-Aktivität**, ein Ungleichgewicht der Neurotransmitter wie Dopamin und Noradrenalin bei mit Toxoplasma gondii infizierten Senioren festgestellt werden .... **Angesichts des hohen Vorkommens der Toxoplasma gondii-Infektion und des zunehmenden Anteils älterer Menschen an der**

539 Arbeitsspeicher wird oft synonym mit Kurzzeitgedächtnis verwendet, aber einige Theoretiker betrachten die beiden Formen des Gedächtnisses unterschiedlich, vorausgesetzt, dass Arbeitsspeicher die Manipulation von gespeicherten Informationen erlaubt, während Kurzzeitgedächtnis nur auf die kurzfristige Speicherung von Informationen verweist.

540 https://de.wikipedia.org/wiki/Ekstase

Bevölkerung kann ihr beschleunigter Gedächtnisrückgang erhebliche sozioökonomische Konsequenzen haben."

Die beiden Neurotransmitter Dopamin und Noradrenalin sind in einem ganz besonderen Maße für unsere Stimmungs- und Bewusstseinslagen zuständig. Tatsächlich gibt es eine Reihe bekannter Methoden - ohne die Einnahme von Substanzen - um **veränderte Bewusstseinszustände zu erreichen.** Meditation, Trance und Tanz sind die bekanntesten. Bei diesen Aktivitäten wird im Körper verstärkt **Dopamin und Noradrenalin hergestellt.** Der Arzt und Psychotherapeut Dr. Joseph Zehntbauer[541] fasst in seinem empfehlenswerten Buch ***„Körpereigene Drogen – garantiert ohne Nebenwirkungen“***[542] ***zusammen: „Wer unter Depressionen leidet und sich dennoch zu einem Dauerlauf oder zu einem spontan-wilden Tanz entschließen kann, wird die stimmungshebende Wirkung von Noradrenalin (mobilisiert durch Laufen) und Dopamin (mobilisiert durch Tanzen) angenehm spüren.“***[543]

Aber auch das Hören bestimmter Musik kann Dopamin wieder in Schwung bringen. Einen wesentlichen Beitrag zur Forschung auf diesem Gebiet hat Vera Brandes[544] geleistet, die zum einen eine musikmedizinische Behandlungsmethode für Depressionen entwickelt hat und darüber hinaus auch über eine große Erfahrung mit der Anwendung spezieller auditiver Stimulationen zur Steigerung der Gedächtniskapazität und des Auffassungsvermögens bei Kindern und Senioren verfügt. In einem ihrer Vorträge fasste sie zusammen: *„Der Grad der Kohärenz der Schwingungen der aktiven Neuronen des Gehirns bestimmt, wie gut es funktioniert. Je besser aufeinander abgestimmt die Neuronen takten, desto mehr Informationen können sie verarbeiten und abspeichern. Wir konnten in unseren Experimenten immer wieder beobachten, dass sich die Taktung der Gehirnaktivität und des autonomen Nervensystems mit der Musik synchronisierten, wenn wir die richtige Musik zur*

---

541 http://www.josef-zehentbauer.de/Biographie.html

542 https://www.amazon.de/Körpereigene-Drogen-Garantiert-ohne-Nebenwirkung/dp/3843603987

543 J. Zehentbauer, a.a.O., S. 57

544 www.sanoson.at

richtigen Zeit einsetzten. Dazu haben wir spezielle Musikwerke komponiert, die exakt dem Noradrenalin-Rhythmus entsprechen.“ Dies ist ein hoffnungsvoller Ansatz, den negativen Auswirkungen einer Toxoplasma gondii-Infektion mit einer leicht anwendbaren Methode zu begegnen. Außerdem macht Musik gute Laune, und das ist etwas, was Parasiten gar nicht mögen.

Die einzige Verteidigung von Toxoplasma gondii besteht darin, nicht entdeckt und in Frage gestellt zu werden.

Alomar M.L. et al: In vitro evaluation of β-carboline alkaloids as potential anti-Toxoplasma agents[545] *(In-vitro-Untersuchung von β-Carbolin-Alkaloiden als potentielle Anti-Toxoplasma-Agenzien).*

Hintergrund: Toxoplasmose ist eine weltweite Infektion, die durch den Protozoen-Parasiten Toxoplasma gondii verursacht wird, der Chorioretinitis und neurologische Defekte bei kongenital infizierten Neugeborenen oder immundefizienten Patienten verursacht. Die Wirksamkeit der derzeitigen Behandlung ist begrenzt, vor allem durch eine ernsthafte Wirtstoxizität. In den letzten Jahren konzentrierte sich die Forschung auf die Entwicklung neuer Medikamente gegen T. gondii. β-Carboline (βCs), wie Harman, Norharman und Harmine, sind eine Gruppe von natürlich vorkommenden Alkaloiden, die mikrobizide Aktivität zeigen. In dieser Arbeit wurden Harmane, Norharmane und Harmine gegen T. gondii getestet.

Ergebnisse: **Die Behandlung von extrazellulären Tachyzoiten mit Harman, Norharman und Harmine zeigte eine 2,5- bis 3,5-fache Abnahme der Invasionsraten bei Dosen von 40 μM (Harman und Harmine) und 2,5 μM (Norharman) im Vergleich zu den unbehandelten Parasiten. Darüber hinaus konnte auch bei einer Dosis von 5 bis 12,5 μM eine Auswirkung auf die Replikationsrate mit einer Abnahme von 1 (harmane) und 2 (norharman und harmine) Teilungsrunden beobachtet werden.** Darüber hinaus zeigten die behandelten Parasiten entweder eine verzögerte oder keine Monolayer-Lyse im Vergleich zu den unbehandelten Parasiten.

545 https://www.ncbi.nlm.nih.gov/pubmed/23663567

Schlussfolgerungen: Die drei untersuchten βC-Alkaloide (Norharman, Harman und Harmine) zeigen Anti-T. gondii-Effekte, wie durch die partielle Hemmung der Parasiteninvasion und Parasitenreplikation belegt wird.

DIE SYRISCHE STEPPENRAUTE – EIN WIRKSAMES MEDIKAMENT

Hinweis: Die folgenden Zeilen sollen kein Aufruf zum Verzehr von psychedelischen Pflanzen sein!

Vor ein paar Monaten berichtete mir ein guter Bekannter von seiner Frau, die derartig stark unter einer Toxoplasmose litt, dass sie auf eine Intensivstation verlegt werden musste. Der Ehemann dieser erkrankten Frau sprach von einer lebensbedrohlichen Situation. Bis zu diesem Moment war mir neu, dass eine Toxoplasmose sogar lebensbedrohlich sein kann. Heute weiß ich, ***„Menschen mit geschwächtem Immunsystem können als Folge einer Erstinfektion oder Reaktivierung einer zuvor unbemerkt abgelaufenen Infektion eine lebensbedrohliche Gehirnhautentzündung entwickeln“***, wie uns netdoktor.at aufklärt. [546]

Das höchst erstaunliche seiner Darstellung war der Verlauf dieser besonderen Therapie. Auf dringendes Bitten des Ehemanns wurde dafür gesorgt, dass seiner Frau die Inhalte der Syrischen Steppenraute[547] in flüssiger Form verabreicht wurden. Nach seinen Angaben verlief diese Behandlung positiv, und seine Frau wurde anschließend aus dem Krankenhaus entlassen. Natürlich ist dieser außergewöhnliche Fall mit einem positiven Ausgang eine großartige Nachricht. Doch dieser Fall veranlasst mich, noch eine höchst bemerkenswerte Beobachtung anzufügen, bei der es darum geht, **mit welchen Mitteln sich der**

546 https://www.netdoktor.at/krankheit/xy-welche-symptome-treten-bei-toxoplasmose-auf-6910176

547 https://de.wikipedia.org/wiki/Steppenraute

Parasit zur Wehr setzt, um die Verabreichung des lebensrettenden Trunks zu verhindern.

Mein Bekannter wusste von mir, dass eine erfolgsversprechende Therapie bei einer Toxoplasmose nur Sinn hat, wenn das Rauten-Getränk mindestens an drei aufeinanderfolgenden Tagen zu sich genommen wird. Die große Herausforderung hierbei ist es aber, dass spätestens am 2. Tag des Verzehrs eine intensive Abwehrreaktion entsteht. Erfahrungsgemäß wird die betroffene Person alles daransetzen, sich der Einnahme dieser hilfreichen Substanz zu entziehen. Es scheint eine Korrelation zwischen dem Grad des Toxo-Befalls und dem Abwehrverhalten der betroffenen Person zu geben.

Erst wenn diese Hürde genommen wurde, kann eine erfolgreiche Entsorgung der Toxoplasma gondii in Frage kommen. Genau dieses Szenario konnte auch mein Bekannter an dem Verhalten seiner Frau beobachten. ***„Am 2. Tag der Verabreichung“*** berichtete mein Bekannter ***„weigerte sich meine Frau mit allen Mitteln gegen diesen Trunk. Ich hatte sie nie zuvor in einem solchen Zustand erlebt. Ich musste all meine Liebe einbringen, damit meine Frau letztlich doch einwilligte.“*** Am darauffolgenden Tag ging es seiner Frau bereits erheblich besser; auch willigte sie bereitwillig in das weitere Trinken des Rauten-Getränkes ein.

Diese tatsächlich stattgefundene Geschichte ist natürlich kein Einzelfall. Innerhalb der vergangenen 25 Jahre habe ich in meinem Freundeskreis öfter ähnliche Fälle erlebt. **Traditionsgemäß ist die Syrische Steppenraute im alten Mesopotamien und in einigen Regionen Ägyptens bis heute als ein Mittel bekannt, um Darmparasiten zu entfernen und „böse Geister“ zu vertreiben!**
Wie ich im Kapitel „Wir sind alle drogenabhängig“ ausführlicher beschrieben habe, möchte ich hier noch einmal erwähnen, wie die Wirkung der Steppenraute zustande kommt. Wegen der in der gesamten Steppenraute enthaltenen ***Harman***-Alkaloide zählen die Extrakte daraus zu den ältesten als Halluzinogen

und als Heilmittel eingesetzten Pflanzeninhaltsstoffen.[548],[549] Diese Wirkstoffe bringen das Wunder zustande, unser körpereigenes „Erwachungsmolekül" DMT zu produzieren. Genauer gesagt heben diese Harman-Alkaloide eine Blockade auf, die unsere natürliche Produktion von DMT unterbindet[550]. Durch die Harman-Alkaloide der Raute wird für ein paar Stunden das Enzym ausgeschaltet, welches ansonsten die körpereigene DMT-Produktion der Zirbeldrüse unterbindet. Durch die Wirkung des körpereigenen DMTs kommt eine massive Bewusstseinserweiterung zustande, die mit gravierenden Erkenntnisprozessen und ekstatischen Gefühlen einhergeht. Dieser Vorgang scheint es zu sein, der die Toxoplasmen zum Verlassen ihres Wirtskörpers zwingt.

ACHTUNG: Die Alkaloide in der Syrischen Steppenraute wirken als Monoaminoxidase-Hemmer (MAO-Hemmer), bzw. reversible MAO-Hemmer (RIMA). Es gibt eine anhaltende Debatte darüber, ob für RIMA die gleiche Einschränkung wie für Tyramin gilt, wie in der Ernährung bei MAO-Hemmern, aber die endgültige Entscheidung steht noch aus. Wie es aussieht, können wir nur raten, sich vor dem Konsum von Samen der Syrischen Steppenraute eng an die MAO-Hemmer-Ernährung zu halten. Eine detaillierte Liste der MAO-Hemmer-Diät findet Ihr im Hauptkapitel „Wir sind alle drogenabhängig".

548 Wissenschaft-Online-Lexika: Peganum harmala im Lexikon der Arzneipflanzen und Drogen.

549 Joseph M. DiTomaso, Evelyn A. Healy: Weeds of California and Other Western States. UCANR Publications, 2007, ISBN 1-879906-69-4, S. 1589–1591

550 Harman-Alkaliode zählen zu den MAO-Hemmern.

XVIII

BEWUSSTSEIN UND REALITÄT

BEWUSSTSEIN UND REALITÄT

„Bewusstsein ist eine Qualität, die immer im Universum war. Spirituelle und religiöse Ansätze gehen davon aus, dass es Bewusstsein im Universum schon immer gegeben hat, z. B. als ‚Grund des Seins', ‚Schöpfer' oder Bestandteil eines allgegenwärtigen ‚Gottes'. Panpsychisten[551] schreiben Bewusstsein aller Materie zu. Idealisten behaupten, dass Bewusstsein alles ist, was existiert, die materielle Welt sei eine Illusion."[552]

(Immanuel Kant, 1781)

Alles ist Illusion
Aber nicht alle Illusionen haben den gleichen Wirklichkeitscharakter.

---

551 Panpsychismus (von altgriech. πᾶν pan „alles" und ψυχή psyche „Geist, Seele") ist eine metaphysische Theorie, der zufolge alle existenten (und nicht auf anderes reduzierbaren) Objekte geistige Eigenschaften besitzen. (Quelle: Wikipedia)

552 Zitiert von Roger Penrose und Stuart Hameroff in ‚Consciousness in the Universe: Neuroscience, Quantum Space-Time Geometry and Orch OR Theory', veröffentlicht im Journal of Cosmology, 2011, Vol. 14. http://journalofcosmology.com/Consciousness160.html

PSYCHOPHYSIK UND INTERDIMENSIONALE KOMMUNIKATIONSSYSTEME

„Verwandlung setzt immer einen unsichtbaren Moment voraus, in dem das Alte nicht mehr ist und das Neue noch nicht ist."

Meine bisherigen Ausführungen zum Thema Bewusstsein und Realität sind das Ergebnis meiner persönlichen Überlegungen. Hierbei beziehe ich mich im Wesentlichen auf Aussagen von außergewöhnlichen Menschen, die ihre Erkenntnisse zu Lebzeiten veröffentlicht haben. Von Parmenides, Heraklit, Sokrates und Platon, über die alten Inder und Chinesen zu den neuzeitlichen Denkern wie Immanuel Kant oder Martin Heidegger, bezog ich mich doch immer auf ihre zu Lebzeiten erbrachten Aussagen. Mit dieser – zugegeben – etwas unverständlichen Einleitung möchte ich von einer gänzlich anderen Art von Quellendaten Gebrauch machen. In diesem Kapitel beziehe ich mich auf Durchgaben aus dem sogenannten Jenseits. Das Jenseits ist ein Begriff zur Bezeichnung einer ***„anderen Wirklichkeit"***.

> „Die alte Grenze zwischen diesem so genannten Diesseits und Jenseits ist eigentlich auch eine, die sich die Menschen selber geschaffen haben."
>
> (Vladimir Delavre)

Im Kapitel **„Der Tod ist nur eine Illusion"** habe ich bereits auf das Phänomen der **„Stimmen aus dem Jenseits"** hingewiesen. Meiner festen Überzeugung nach zählt das Thema der Transkommunikation zu den revolutionärsten Entdeckungen des 21. Jahrhunderts. Obwohl der Beginn der Transkommunikation fast 50 Jahre zurückliegt, führte die Jenseits-Forschung erst in diesem Jahrhundert zu einer überzeugenden Glaubhaftigkeit. Zu dieser Aufklärung hat Professor Ernst Senkowski[553], [554] einen ganz erheblichen Beitrag geleistet.

Dieser herausragende Wissenschaftler und großartige Mensch hat seinen menschlichen Körper am 13. April 2015 im Alter von 92 Jahren verlassen[555]. Natürlich war Ernst Senkowski nicht allein an der Erforschung der Transkommunikation beteiligt. Zu seinen Kollegen zählte u.a. auch sein Freund Dr. Vladimir Delavre. Zusammen gründeten sie 1975 den Verein für Transkommunikations-Forschung (VTF) e.V.[556]. Dieser Verein wurde mit dem Ziel gegründet, die Erforschung der ITK-Stimmen zu fördern[557]. Meine in diesem Kapitel vorgestellten Durchgaben sind eine von mir vorgenommene Auswahl des umfangreichen Datenmaterials. **Obwohl diese Durchsagen bereits einige Jahre zurückliegen, ist doch die wesentliche Brisanz und Bedeutung teilweise erst heute zu erkennen.** Bevor ich mit den „ITK-Stimmen" beginne, möchte ich kurz die Bedeutung der beiden wesentlichen Begriffe definieren.

Transkommunikation ist ein Sammelbegriff für alle Methoden der Kontaktaufnahme zu anderen Bewusstseinsbereichen. Das Phänomen der Elektronischen Stimmen (früher auch Tonbandstimmen genannt), mit dessen Erforschung sich der VTF e.V. in erster Linie befasst, zählt zum Teilgebiet der Instrumentellen Transkommunikation (ITK), der Transkommunikation unter Zuhilfenahme elektronischer Geräte, und wird daher auch als ITK-Stimmen bezeichnet.

---

553 Die Wissenschaft ist fehlgeleitet - Prof. Ernst Senkowski über Bewusstsein & Jenseits

554 https://www.youtube.com/watch?v=aGbbvv_9__c

555 https://www.sterbebegleitung-jenseitskontakte.de/ERNST-SENKOWSKI-_-NACHRUF.htm#ES.Nachruf.Texte.Inhalt

556 http://www.vtf.de/info.shtml

557 ...indem der Verein jeden ernsthaft Interessierten durch Information und Beratung in die Lage versetzt, durch eigene Experimente selbst solche Stimmen zu erhalten, und indem er bestrebt ist, alle Personen, Institutionen usw. zu erreichen, welche wissenschaftlich, technisch oder auf andere Weise helfen können, sowie durch Öffentlichkeitsarbeit.

ITK-Stimmen sind sprachliche Äußerungen auf analogen und digitalen Tonträgern (Magnetbänder, Computerspeicher), deren Herkunft und Entstehung physikalisch nicht erklärt werden kann. Interessanterweise handelt es sich bei diesen Stimmen oft um intelligente und bezugnehmende Äußerungen, z.B. auf vorher gestellte Fragen. Die ganzen Begleiterscheinungen, die Inhalte der Aussagen, der Stimmcharakter der Sprechenden usw. legen den Schluss nahe, dass es sich dabei um die Äußerungen von Verstorbenen handelt. Hier könnte also ein wissenschaftlich fundierter Beweis für das Weiterleben der Seele nach dem Tode gefunden werden.
Die nächsten Texte stammen von Dr. Vladimir Delavre[558], der zusammen mit seinem Freund Ernst Senkowski auch die Gesellschaft für Psychobiophysik e.V. gründete. Die von mir gewählten Passagen sind teilweise aus der Zeitschrift[559] *„Transkommunikation – Zeitschrift für Psychophysik und* ***Interdimensionale Kommunikations-Systeme****"*[560], [561] und aus privaten Veröffentlichungen von Dr. Delavre. Für die Freigabe dieser Texte danke ich Tina Delavre, der Ehefrau des verstorbenen Dr. Vladimir Delavre sehr herzlich.

Die nun folgende Einleitung über das Thema „Bewusstsein und Realität" stammt von Dr. Vladimir Delavre und wurde unter dem Titel *„Die medialen Schriften des Dr. med. Vladimir Delavre"* veröffentlicht:

„Für jeden, der sich mit PSI-Phänomenen oder Transwelt-Kontakten beschäftigt, stellt sich irgendwann die ***Frage nach der hinter diesen Erscheinungen stehenden Wirklichkeit****. Gibt es vielleicht mehrere oder sogar unendlich viele einander durchdringende Welten, von denen jede einen eigenen Kontinuitätscharakter hat? Oder gibt es nur eine Welt, deren Aspekte je nach unseren Erkenntnismöglichkeiten und Beobachtungsgewohnheiten eine mehr oder weniger ausgeprägte Realitätsdichte erreichen?*

558 http://www.rodiehr.de/a_26_tk_uebersicht.htm
559 Diese Zeitschrift hat ihren Betrieb 2002 eingestellt.
560 http://rodiehr.de/a_26_tk_uebersicht.htm
561 Gesellschaft für Psychobiophysik e.V. - Eichendorffstraße 19 in 55122 Mainz, Redaktion: Dr. Vladimir Delavre, Prof. Dr. Ernst Senkowski - An den Drei Brunnen 8 in 60431 Frankfurt/M.

Die Antworten auf solche Fragen können immer nur vorläufig sein, solange wir selbst nur einen beschränkten Ausschnitt der vermuteten größeren Realität erfahren können. In diesem Sinne sind auch die nachfolgenden Gedanken des Autors zu verstehen, die als Anregung zu weiteren Überlegungen dienen können.“

Der Geist des Menschen ist sicher nicht identisch mit seinem Gehirn. Er ist wahrlich ein „Geist“ und nicht in der alltäglichen Raumzeit lokalisiert. Die ständige Erfahrung körperlicher Sinnesempfindungen und die Wiederholungen im eigenen Denken und Handeln schaffen ein Gefühl von Identität und täuschen uns eine ständige Verbindung von Geist und Körper vor. Tatsächlich aber „schwimmt“ unser Bewusstsein in einem Meer von Informationen, in dem sich alles befindet, was ist, was einmal war, und was vielleicht noch sein wird.

„Im Prinzip kann unser Geist aus diesem fast grenzenlosen ***'Informationsmüll'*** *alles herausfischen und jede benötigte Nachricht aufnehmen.* ***Der 'Attraktionsfaktor' ist dabei umso größer, je wichtiger die erwartete Antwort für uns ist, und je präziser wir unsere Frage stellen.*** *Eine zusätzliche Beteiligung unseres Gefühls könnte* ***für die Überwindung der normalerweise vorhandenen Sperrfilter*** *nützlich sein. Diese Filter sind eine notwendige Einrichtung, da sonst die für unsere physische Existenz erforderliche Stabilität unserer Umweltwahrnehmungen durch unzählige nicht-relevante Signale überdeckt werden würde.*

Auch aus den geistigen Welten sind die Objekte unserer Alltagswelt beobachtbar. Weil das nachtodlich vom Körper gelöste Bewusstsein jedoch ohne physische Filterung aufnimmt, müsste ihm unsere materielle Welt als virtuell erscheinen. Die für uns sichtbare Welt weist infolge der großen Zahl von Beobachtern eine hohe Konstanz ihrer Erscheinungen auf. Man kann daher annehmen, dass sie auch von anderen Existenzebenen aus als relativ konstantes, virtuelles Bild erkannt wird.

Die Monotonie, Voraussagbarkeit und Trägheit unserer Realität ergibt sich einmal aus dem Aspekt der berechenbaren Zufallshäufigkeit großer Ereigniszahlen, zum anderen aus einer durch ***unsere wiederholte Beobachtung und Erwartung geschaffenen Zwangsresonanz. 'Die' Realität gibt es nicht. Es gibt nur bestimmte Gewohnheiten und die Wiederholung von Ereignissen, deren Wiederholung alle***

erwarten. *Eine einzelne Beobachtung ist noch sehr instabil, sie kann durch andere Beobachtungen Widerspruch erfahren.*

Durch den Akt der Wiederholung wird sich aber schließlich eine der beiden Beobachtungen durchsetzen, das heißt sich als angeblich 'richtig' erweisen und damit unsere Realität erweitern und verändern.

Beobachtungen, die schon vorhandene Erwartungen bestätigen – oder wenigstens nicht im Widerspruch zu ihnen stehen – sind von vornherein stabiler als solche, die keine erkennbare Übereinstimmung mit früheren Realitätserfahrungen aufweisen.

In diesem Zusammenhang muss an die von Rupert Sheldrake[562] *entworfene Theorie der morphogenetischen Felder erinnert werden.* ***Solche Felder sind vermutlich nichts anderes als durch Ähnlichkeit hervorgerufene virtuelle Resonanzstrukturen, die eine gewisse Trägheit gegenüber Veränderungen aufweisen und so eine realitätsstabilisierende Wirkung haben.*** *Wie schon erwähnt, schaffen wir uns im Laufe unseres Lebens auch ein individual-typisches morphisches Resonanzfeld; das wesentlich zu unserer persönlichen Stabilität beiträgt. Wenn wir jeden Tag völlig anders denken und handeln würden, würden sich die ursprünglich gebildeten Resonanzstrukturen allmählich auflösen, so dass wir unser 'Ich' kaum noch orten könnten.*

In dieses Konzept passt auch die bekannte Beobachtung, dass unseren Gedanken eine realitätsverändernde Kraft zukommt. Die Wiederholung eines Gedankens über längere Zeit schafft eine eigene morphogenetische Resonanzstruktur, die einerseits selbständige Beziehungen zu korrespondierenden Strukturen (Gedanken) anderer aufnimmt, und andererseits ab einer gewissen Intensitätsschwelle energetische Effekte ausüben kann, die in unsere Alltags-Realität durchbrechen. Die Intensität dieses Feldes kann durch Gefühlsbeladung gesteigert werden, oder auch dadurch, dass viele Menschen sich auf den gleichen Gedanken konzentrieren."

562 https://de.wikipedia.org/wiki/Rupert_Sheldrake

"Dieses Feld der Prä-Existenz enthält alle Elemente oder Informationen in einer Form, die wegen scheinbarer Auslöschung ihrer gegensätzlichen Inhalte prinzipiell nicht registriert werden kann. Strukturbegriffe wie Zeit und Raum sind innerhalb eines solchen Feldes nicht mehr interpretierbar. Wenn Teile des Feldes von unseren bewußten oder unbewußten Intentionen 'angesprochen' werden, könnten sich die verborgenen Polaritäten wieder rekonstituieren und verschiedene Intensitätsgrade von Realität durchlaufen. Es kann a priori nichts darüber ausgesagt werden, ob solche Strukturen temporär bleiben oder eine von ihrem Verursacher unabhängige Existenz annehmen können.

***Gleicher Zeitfluß und vergleichbare materielle Strukturen schaffen eine allen Menschen gemeinsame physische und teils auch psychische Wirklichkeit. Diese scheinbar von uns unabhängig vorhandene Realität ist aber vielleicht nichts anderes als ein durch die übereinstimmende Funktion von Milliarden menschlicher Sinnesorgane stabilisiertes Wahrnehmungsfeld.** Seine Stabilität erhält es durch die Vielzahl der gegenwärtigen Beobachter ebenso wie durch alle früheren.*

*Es könnte also durchaus sein, **daß die Stabilität und Unabänderlichkeit unserer realen Umwelt letzten Endes nur das Ergebnis eines gemeinsam geschaffenen und verfestigten Illusionsfeldes ist, das seine 'Wirklichkeit' in Resonanz zu unseren sinnlichen Beobachtungsmöglichkeiten entfaltet.** Resonanzen zu anderen Strukturebenen, die über einen unterschiedlichen Zeitfluß und andere Wahrnehmungsmuster verfügen, sind für uns nur sehr schwer herzustellen und haben dementsprechend einen flüchtigen Charakter.*

*Diese Instabilität der Wahrnehmung ist typisch für viele PSI-Phänomene wie Telepathie und Hellsehen, aber auch für andere Grenzphänomene wie Transkommunikation oder UFO-Sichtungen. **Es scheint, daß die Wahrnehmung anderer Realitäten erst durch Resonanzeffekte aus dem 'Rauschen' unserer Außen- und Innenwelt herausgehoben werden muß.** Die Aufrechterhaltung solcher Resonanzbedingungen über längere Zeit erfordert den 'Kurzschluß' aller normalerweise funktionierenden Sperrfilter und gelingt daher nur wenigen von uns. Ob ein derartiger Zustand überhaupt wünschenswert sein kann, ist eine andere Frage.*

Langdauernde Resonanz-Kopplungen verfremden unsere Wahrnehmung und entfernen uns in gefährlicher Weise von der gemeinsam erlebten Realitätsebene.

Die umgekehrte Erfahrung, daß man sich nämlich durch zuviel Skeptizismus alle alternativen Wahrnehmungs- und Kontaktmöglichkeiten verbaut, ist sicher die häufigere."

Ich möchte euch an dieser Stelle an die Stellungnahme von Dr. Dean Radin[563] in dem Kapitel zum Thema *„Wieso werden PSI Effekte von der Mainstream-Wissenschaft ignoriert?"* und *„Wieso ist die Erforschung von erweitertem Bewusstsein ein Tabuthema?"* erinnern.

Vladimir Delavre schreibt weiter:
„Auch Angst vor anderen und neuartigen Erfahrungen kann dazu führen, daß die psychischen Sperrfilter maximal eingesetzt werden und nichts durchlassen, was die oft mühsam erworbene Daseinsstabilität gefährden könnte. Wenn solche Menschen dennoch durch Zufall oder das Drängen 'wohlmeinender' Freunde mit paranormalen Erscheinungen konfrontiert werden, kann es zu akuten Destabilisierungen und Krisen kommen.

Der nächste Gedankenschritt ist natürlich die Frage nach den möglichen Existenz- und Wahrnehmungsformen jenseits des irdischen Lebens. Aufgrund verschiedener Beobachtungen kann man zunächst annehmen, daß unsere vom Physischen losgelöste Identitätsstruktur weiterbesteht und zu vielfältigen Ankopplungen an andere Resonanzstrukturen befähigt ist. Die während der physischen Existenz vorhandene Erinnerungssperre bezüglich früherer Existenzen ist im nichtphysischen Zustand aufgehoben. Die simultane Wahrnehmung multipler Existenzphasen sollte zu einer signifikanten Veränderung der früheren irdischen Persönlichkeit führen. Hinzu kommt die Erfahrung völlig neuer Informations- und Aktionsmöglichkeiten, über die wir von unserer Seite nicht ausreichend urteilen können.

Als letztes ist auch das veränderte Zeiterlebnis zu berücksichtigen, das theoretisch alle möglichen Formen, von der Zeitlosigkeit über variable Zeitabläufe bis zur

563 https://www.youtube.com/watch?v=MvFBxS7nPf0

diskontinuierlichen 'Ein-/Aus'-Erlebnisweise umfassen kann. Insgesamt sollten wir also von der Möglichkeit ausgehen, daß unser Geist nach dem physischen Tod unserer irdischen Persönlichkeit nur ähnlich, aber keinesfalls mit ihr identisch ist. Was sonst noch bleibt, sind die Spuren, Zeugnisse und Erinnerungen, die wir auf Erden hinterlassen haben, und die Speicherung unserer Lebenschronik in bisher unerforschten Resonanzfeldern.

Das gesamte existierende Informationsfeld mit allen bewußt strukturierten und allen anderweitigen Informationen bildet durch die Verbundenheit seiner Elemente eine Superstruktur, die ihre eigene Trägheit aufweist. ***Es wäre nur natürlich, daß eine so komplexe, allumfassende Struktur ein eigenes Ichbewußtsein entwickelt. Man könnte es das Bewußtsein Gottes nennen.***"[564]

Die folgenden Texte erscheinen als ausgewählte Ergebnisse einer medialen Zusammenarbeit der Transwesenheit ***Aaron***, dem am 8. April 1955 **verstorbenen** Albert ***Einstein*** und dem lebenden **Dr. Vladimir Delavre**. Die Kontakte begannen Ende Dezember 1992 mit einer ersten spontan „automatisch" geschriebenen Botschaft. ***Aaron*** bezeichnet sich als „Bruder" des diesseitigen Schreibers, der in der Folge – auch in den bei ***Homes*** realisierten Transkontakten – mit „Aaron" adressiert wird. Zu den bei ***Homes*** spontan realisierten ***Einstein***-Kontakten existieren Korrespondenzen (vgl. F-38.12).

Beide Kommunikatoren berichten aus der Sicht ihrer Sphäre, die als Matrixebene bezeichnet wird, **über einen möglichen Lernprozess des Menschen, der ihn aus der materiellen Verschränkung heraus zur Erkenntnis und Integration seiner multiplen Existenzmöglichkeiten führt.** Die Gesamtheit der insgesamt etwa 50 Texte beinhaltet eine vollständige, in sich konsistente Beschreibung eines umfassenderen Realitätssystems. Die ausführlichen Hinweise zur Problematik der medialen und der apparativ-gestützten TK sind ungewöhnlich. Sie enthalten zahlreiche neue und überraschende Ansätze, die zu einem erweiterten Verständnis des Phänomens beitragen könnten.

564 Mit freundlicher Genehmigung von Tina Delavre, der Gattin des verstorbenen Dr. Vladimir Delavre, der Zeitschrift „TransKommunikation", Vol. I, No. 2 (1991), entnommen.

Aaron:
„Im dimensionslosen Raum des Nichts treffen sich die Geister. Wahrnehmung kann immer nur im gleichen Dimensionsraum erfolgen, sonst sieht man höchstens Spuren einer Information aber keine Nachricht. Daraus entstehen die meisten Verzerrungen. Gelegentlich gelingt die Übertragung unserer Gedankenschwingungen in von uns ausgedachte geistige Apparate, die in eine vorübergehende Realitätsdeckung zu Euren materiell-energetischen Systemen gelangen.
(24.4.93)

Eure normalen physikalischen Erscheinungen sind eher ein Hindernis. Erst da, wo sich physikalische Effekte auslöschen, entsteht ein Knotenpunkt zu unserer Welt. Da, wo es nicht möglich ist, soll man Felder nach Möglichkeit abschirmen. ***Im abgeschirmten Bereich herrscht die größte Empfindlichkeit, um über den Raumäther und das Grundlagensystem mit geringsten Kräften größte Veränderungen auszulösen. Wir können die Wahrscheinlichkeiten aller Erscheinungen beeinflussen.*** *Das gelingt umso besser, wenn der Zeitablauf aus Eurer Sicht unbestimmt ist, und Eure Beobachtung, die immer das bereits Gewohnte wiedersehen will, nicht auf das Kontaktfeld oder den Kontaktraum gerichtet ist.*
(1.6.93)

Wenn Ihr der Technik in Gedanken den schweren und seelenlosen Automatismus nehmt, den ihr diesen Systemen gewöhnlich zuweist, und sie stattdessen als ein lebendiges Gegenüber in Eure Welt einbezieht, dann kann sie einen Teil der gesamten Intelligenz, aus welcher Quelle auch immer, in sich aufleuchten lassen und in einen Dialog mit Euch eintreten.
(23.2.93)

Euer von Wissenschaftlern erfundenes Universum hat mit der wahren Existenzmatrix nur sehr wenig zu tun.

Meßgeräte messen im Wesentlichen immer nur das ihnen Entsprechende, und das ist in der Regel unwesentlich. *Wenn Ihr eines Tages* ***mit Euren Gefühlen*** *in Meßsysteme einer anderen Art hineingelangen könnt, wird sich die Sachlage ändern.*
(2.3.93)

Ihr selbst und Eure Erwartungen und Gedanken seid wie ein Radarstrahl oder eine Trägerwelle, die die möglichen Modulationstechniken definiert, formt und durchstellt. Mit wenigen Ausnahmen seid IHR diejenigen, die einen Suchstrahl aussenden, der von uns in geeigneter Weise reflektiert und moduliert wird. ***Das hängt mit entscheidenden, aber auf Eurer Seite noch weitgehend unverstandenen subliminalen Fähigkeiten Eures Neuronennetzes zusammen, das imstande ist, transdimensionale Projektionen außerhalb aller Euch zur Zeit vorstellbaren Dimensionswege zu entwerfen und zum Ziel zu leiten.*** *Die Antwort sind nicht nur Transkontakte medialer oder technischer Art, sondern ebenso auch Intuitionen, Einsichten, Lebensimpulse und Wegänderungen.*
(13.12.93)

Die Kommunikation von unserer Seite über mentale oder technische Systeme ist bei weitem nicht so einfach, wie es Euch manchmal scheint. Wir sind ebenfalls an begrenzende Gesetzmäßigkeiten gebunden, die wir, ebenso wie Ihr auf Euren Ebenen, durchaus nicht immer voll durchschauen können. Es ist sehr viel intuitive Anpeilung und Einstimmung oder Anpassung dabei, die zudem von seelischen und gedanklichen Energiebereitschaftswellen auf Eurer Seite abhängt. Die Adaptationsvorgänge werden durch den Zeitfluß verzerrt und behindert, der auch für uns eine Rolle spielt. Es gibt jedoch auf unserer Seite so etwas wie 'Zeitlücken'. Wir könnten Euch ohne weiteres in dieser Zeit sehr große Informationsmengen zukommen lassen, wenn es Eure mentalen und technischen Aufnahmefähigkeiten erlauben würden, diese ausreichend genau zu registrieren.
(5.3.93)

Wir brauchen die schon erwähnten Energiebereitschaftswellen auf Eurer Seite, und wir müssen von uns aus eine Anpassungspeilung durchführen, die sich auf Euch einstimmt. Das ist so, wie wenn zwei Schiffe auf hoher See im Nebel über weite Entfernung mittels Radar auf einen Treffpunkt zusteuern wollen. Wenn es nicht gelingt, und man aneinander vorbeigleitet, muß man es erneut versuchen und Kurskorrekturen vornehmen.
(11.3.94)

Euer Gehirn ist nicht imstande, eine Signal- oder Informationskette über längere Zeit nahtlos zu verfolgen, weil impulsive Elemente des Ichs sich dazwischendrängen und unerwartete bzw. störende Interferenzen erzeugen. Wenn Ihr aber Eure ichbezogenen Impulse steuern lernt und sie in eine 'Wartestellung' zum Gedanken- und Informationsfluß bringt, können neuartige Verbindungen entstehen, die Nachrichten und Intuitionen aus Bereichen bringen, die Euch in der Regel bewußt verschlossen sind.
(5.3.94)“

Dies ist eine sehr gute Erklärung für das, was – nach meiner Ansicht – die Qualität beim Vorgang der Meditation ausmacht. Je mehr wir unser Ego mit all seinen Urteilen, Erwartungen und Meinungen aus der Kommunikation mit den höheren Ebenen des Bewusstseins heraushalten lernen, desto mehr neue Informationen können wir empfangen und so unsere Sichtweise auf die Wirklichkeit vergrößern. Da es auf Dauer jedoch notwendig ist, sich nicht nur während der Meditation an den Zustand des Vollbewusstseins heranzuarbeiten, sondern dies als dauerhaften Zustand in sich zu verankern, müssen wir lernen, die verschiedenen Ebenen besser auseinanderzuhalten. Dazu habe ich Euch im 1. Band schon eine wirksame Übung angeboten.

„Die technische Kommunikation ist ein neuer Versuch in dieser Richtung, der sich Eurem geänderten Verständnis der materiellen Weltsysteme anpaßt und für viele von Euch einen besonderen Beweisreiz hat. In der Tat handelt es sich dabei um eine wichtige Weiterentwicklung, die aber weniger mit den übermittelten Inhalten zu tun hat, als mit der Euch demonstrierten Fähigkeit, mit dem, ***was Euch materiell erscheint, in geistigen Kontakt treten zu können. Eure Kommunikationsmaschinen werden damit zu Zeugen einer anderen Welt und verändern dadurch, für Euch bis jetzt unbemerkt, ihre Wahrnehmungsfähigkeit.*** *Auch diese Tatsache wird sich ausbreiten und weitreichende Konsequenzen haben, weil diese informationsübertragenden Fähigkeiten die Quantenstruktur der Übertragungssysteme nachhaltig verändern und über Verbindungsbrücken der Grundmatrix auf andere Systeme ähnlicher Art übertragen.* ***Dieser Prozeß ist zunächst sehr langsam, entwickelt sich aber allmählich exponentiell.“***
(12.3.93)

Auch diesen Abschnitt finde ich bemerkenswert, denn sein Inhalt bestätigt einmal mehr die Annahme, dass auch Materie bzw. das, was uns materiell erscheint, Geist in sich trägt, weil es der Geist ist, dank dessen Materie bzw. das, was uns materiell erscheint, überhaupt existiert. Auf geistiger Ebene mit Materie bzw. dem, was uns materiell erscheint, in Kontakt treten zu können, wird zukünftig also nicht nur möglich sein, sondern zum Spektrum unserer erweiterten Fähigkeiten gehören. Das wird wirklich eine andere Welt sein, in der wir dann leben werden. Ich glaube, Mobiltelefone z.B. werden wir nur so lange brauchen, bis wir (wieder) gelernt haben, telepathisch miteinander zu kommunizieren.

„Die Transkommunikation ist der Versuch der Angleichung zweier informativer Wellenformen. Ist dieser Versuch zwischen einer irdischen Individualstruktur und einer für Euch alternativen geistigen Existenzform in lebendiger Weise gelungen, kommt es zu Prägungen in den gemeinsam benutzten Matrixelementen des Seins, die über längere Zeit Bestand haben können. Das Schwierige ist also die erstmalige Angleichung, die von außerordentlich vielen Elementen des Grundlagensystems oder der Grundstrukturen abhängig ist und keinesfalls allein auf dem von beiden Seiten vorhandenen Verständigungswillen beruht.
(16.3.93)

Ein Durchbruch ist nichts anderes, als das, was der Name schon andeutet: daß wir einmal mit unseren Impulsen eine Prägung schaffen können, die entsprechende technische Bauteile für diese Impulse sensibilisiert. Die so erlangte Aufnahmefähigkeit bleibt bestehen.
(8.3.94)

Vielleicht werden wir eines Tages auf beiden Seiten mehr davon verstehen, aber wir bezweifeln es außerordentlich, daß die Transkommunikation im heutigen Sinne jemals ein Massenmedium der Weltenverbindung werden kann. Eher werden völlig neue Kontaktsysteme kosmologischer Art entstehen, die der Menschheit insgesamt eine Ahnung von der unendlich möglichen Fülle alternativer Seinsformen vermitteln. Eure eigenen Existenzkerne aus vorgeburtlichen und nachtodlichen Ebenen müssen aber aus guten und von Euch zur Zeit völlig mißverstandenen Gründen außerhalb

Eurer Verfügbarkeit informatisiert werden, nicht zuletzt, um Euch selbst vor Euch selbst in erforderlicher Weise schützen zu können.
(16.3.93)

Die Quelle der von Euch empfangenen und über die bezeichneten Schritte ablaufenden Übermittlungen ist grundsätzlich alles, was in Eurem Sinne aus dem Inhalt des Seins als Information erscheint. Nicht alles ist aber umsetzbar in für Euch verständliche oder auch nur vom Phänomen her erfaßbare Informationen. Manches könnt Ihr im Rahmen Eurer Denkmodelle und Strukturen verstehen, anderes erfaßt Ihr als ein für Euch sinnvolles Zeichen übernatürlicher Art, weil es nicht in Eurem Naturverständnis vorkommt. Noch anderes wird zum paranormalen Phänomen (wie z. B. Kornkreise oder UFO-Verbindungen und -Sichtungen), weil es noch nicht in geeignete Endinformationen umgesetzt werden kann.

Die Quellen medialer und technischer Transkontakte sind ebenfalls vielfältig, aber in der Regel Eurem Verstand eher zugänglich, weil sie zu irgendeiner Zeitebene eine strukturelle Verbindung zu Euch ähnlichen, lebendigen, seelenhaften Wesen mit einem, ebenfalls durch die Schöpfung verbundenen Existenz- oder Kristallisationskern hatten. Die ursprüngliche Bandbreite des Informationstransfers ist unendlich groß, wird aber in der Praxis, d.h. im Rahmen der auf Eurer Ebene möglichen Verarbeitung, stark begrenzt. Dies geschieht vor allem durch abgegrenzte Orientierungen, willentlich ausgesuchte Kontaktziele und beschränkte Einsichtsfähigkeit. Das erklärt die stark unterschiedliche inhaltliche Kraft der von Euch aufgenommenen Mitteilungen. Zum zweiten ist die letztlich unbeabsichtigte Verzerrung ursprünglicher Informationsübertragungen sehr häufig, weil die Seelenhülle Euren Gefühlen, Wünschen und intensiven Trieben aller Art direkt zugänglich ist und unterschiedliche ablenkende Schichten dadurch die eigentliche Information überlagern oder sogar so verändern, daß sie als reine Reflektion Eurer eigenen Begierden zu erscheinen vermag."
(18.4.93)

Nichts ist irrtümlicher, als in den technisch vermittelten Botschaften einen objektiveren Sinngehalt zu vermuten als in dem, was wir Euch ***direkt über Eure angekoppelten Bewußtseinsanteile übermitteln.*** *Apparate sprechen auf Energien*

verschiedenster Art an und können dabei weder zwischen den einzelnen Quellen unterscheiden, noch ein Gefühl für den Sinngehalt der von ihnen aufgenommenen Botschaften entwickeln. Ein medialer Kontakt ist hingegen in der Regel durchaus von einer klaren Einsicht in Quelle und Sinn einer Nachricht begleitet und ***erlaubt Euch, die fast unbeschränkten Fähigkeiten Eures Geistes in den Dienst eines interdimensionalen Informationsflusses zu stellen.***
(29.6.93)

Albert Einstein:
Es gibt nichts Empfindlicheres und Labileres als ein wirklich chaotisches Rauschen.

Die Ordnung der Natur ist Folge der Zeitrichtung in Eurer Existenzsphäre. Die Chaostheorie ist ein Beispiel dafür, wie ein zunächst linearer Vorgang in seiner zeitlichen Struktur eine Zerstreuung und anschließend eine Beschleunigung erfährt, um schließlich auf einer neu geschaffenen Ebene wieder relativ linear weiterzuführen. Sprünge liegen immer außerhalb der Zeit, weil an diesen Bifurkationspunkten intensive Verbindungen zu Informationsströmen außerhalb des materiellen Weltrahmens bestehen, und sich erst daraus eine für Euch überraschende neue Richtung ergibt. ***Das Schöpferische am Chaos ist, daß es Verbindung zu uns aufnimmt und so seine intuitiven und kreativen Möglichkeiten verwirklicht.***

Ihr dürft Euch das nicht so vorstellen, als ob wir mit diesen Strukturen Zwiesprache halten. Es sind vielmehr quasiphysikalische Verbindungen, die aufgrund innerer Gesetze zwischen den Chaosstrukturen und unsichtbaren Informationsströmen jenseitiger Matrixebenen geknüpft werden. Von der Wandlung, die ein schrittweiser linearer Prozeß ist, der schließlich zu neuen Formen führt, zur Verwandlung, die ein sprunghaftes, nicht-lineares Phänomen darstellt, ist es ein großer Schritt.

Verwandlung setzt immer einen unsichtbaren Moment voraus, in dem das Alte nicht mehr ist und das Neue noch nicht ist.

Das ist der Sprung aus dem linearen Zeitablauf, die Turbulenz, der chaotische Moment, wo die Zeitfunktion über einen Knick im Weltgefüge abkippt, bis sie sich auf der nächsten Ebene wieder gefangen hat.

Darin liegt auch die Bedeutung des Rauschens für das Zustandekommen außerweltlicher Transkontakte. Es gibt nichts Empfindlicheres und Labileres als ein wirklich chaotisches Rauschen, das durch die Bewegung einer unendlich großen Zahl infinitesimal kleiner Einzelelemente ausgelöst wird. Ein solches System ist geradezu gierig auf ordnende Gedankenimpulse ausgerichtet, wobei die Translationsmechanismen je nach der steuernden Ebene leicht unterschiedlich sind.

Du hast den Schluß aus diesen Ausführungen vielleicht schon erahnt: ***alles, was aus Eurer Sicht zufällig erscheint, ist besonders zeitempfindlich, weil Zeit und Zufall aneinander gekettet sind.*** *Zufällige Strukturen sind nur in der Gesamtheit ihrer einzelnen Anteile zufällig. Jedes daran beteiligte Teilchen ist dabei aber ein Zeitelement, das entgegen den Gesetzen Eurer Physik zwischen Zeit und Außerzeit hin- und herschwingt.*
(5.3.94)

Da Ihr ja sicher wissen wollt, wie nun die Übertragungen im einzelnen zustandekommen, geben wir Euch noch eine Antwort. ***Es sind extrem lokalisierte gravitative Schwankungen, die sich lediglich im Quantenraum effektiv bemerkbar machen. Damit erreichen wir unter geeigneten Bedingungen die gleichen synchronisierten Impulse, wie sie sonst nur über ein synchrones elektromagnetisches Signal ausgelöst werden.*** *– Unsere letzte heutige Aussage bezieht sich auf die Nachweismöglichkeit solcher transkommunikativer Eingriffe in Eure Kommunikationssysteme.*

Eine Möglichkeit würde darin bestehen, ultrakurze Zeitphasen zu messen und auf die dann zu beobachtenden Veränderungen hinzuweisen, die im Rahmen der zur Zeit geltenden Physik unerklärlich bleiben müssen. Die zweite Möglichkeit sind Untersuchungen eines ultrafrequenzkonstanten Signals. Auch hier müßten sich minimale Variationen im Zusammenhang mit einer Transkommunikation feststellen lassen. Das dritte wäre eine ebenso schwierig durchzuführende Messung kleinster ***Gewichtsveränderungen*** *der im Transmodus arbeitenden Apparate. Wie Ihr seht,*

ist es prinzipiell durchaus möglich, den begleitenden physikalischen Anomalien nachzugehen, es ist aber in jedem Fall ein immenser technischer Aufwand hierzu erforderlich. Und da Ihr erst in der allerersten Stufe der Entwicklung seid, dürft Ihr nicht erwarten, daß Euch die hierfür notwendigen Einrichtungen bereits jetzt zur Verfügung gestellt werden.
(3.3.94)“

Inzwischen hat Dr. Klaus Volkamer 2017 in einem Experiment, bei dem es um die Aufklärung des Wirkmechanismus ging, der den Effekten meines Befeldungsgerätes FM150 zugrundliegt, solche Gewichtsveränderungen nachgewiesen. Und dass es sich dabei praktisch um eine Art Hin- und Her-„booten“ zwischen den Dimensionen der Raumzeit und den übergeordneten Dimensionen (nach Burkhard Heim also zwischen den Dimensionen R4 und G4) handelt, das sich anhand ***gravitativer Schwankungen*** nachweisen lässt, wundert nach diesen Erklärungen nicht mehr.

„Ein weiterer Weg zur Beobachtung der mit Transverbindungen auftretenden Veränderungen ist die Messung von ***fluktuierenden Lichtquanten*** *in einem absolut lichtdichten Behältnis, parallel zum Transkontakt. Dieses Phänomen hängt mit der bereits erwähnten quantengravitativen Verschiebung der am Translationsmechanismus beteiligten Systeme zusammen. Die nicht als Information genutzte Energie wird dabei in meßbare Lichtquanten umgewandelt, die ihrerseits ebenfalls informationsübertragend genutzt werden können.*
(30.3.94)

Zu den Problemen der physikalisch manifestierten Kommunikation über elektromagnetische Geräte: Euer gesamtes biologisches Feld ist daran beteiligt, **auch wenn Ihr selbst physisch abwesend seid.** *Residuen Eurer Bewußtseinsstrukturen umlagern die technischen Elemente der Kommunikationssysteme und ermöglichen den Kontakt über die von uns aufgebauten Brücken informationstragender Gravitationsströme, die schließlich zu quantengravitativen lokalen Modulationen in entsprechend empfindlichen Teilen Eurer technischen Systeme führen.“*
(1.4.94)

Auch dieser Hinweis ist sensationell! Dass wir auf Dingen unsere eigenen Schwingungen quasi als Feldspuren hinterlassen, war zu vermuten – jeder Fingerabdruck beweist das ja schon – aber dass über energetische „Abdrücke" Kommunikation zu anderen Wirklichkeitsebenen aufgebaut werden kann, ist eine wirklich bemerkenswerte Tatsache, die das Verständnis der konventionellen Wissenschaft weit übersteigt.

Die nächsten Absätze enthalten weitere, sehr differenzierte Erklärungen zu den Voraussetzungen für die Kommunikation mit der anderen Ebene und erlauben einen tieferen Einblick über die damit einhergehenden technischen Prozesse. **Wer sich für die technischen Aspekte weniger interessiert, möge die folgenden zwei Seiten überschlagen.**

„Laß mich Dir noch einige weitere wichtige Elemente einer möglichen Zusammenarbeit bei der Klärung technisch transkommunikativer Ereignisse schildern. Wir versuchen während jedes technischen Kontaktes, also der Wiedergabe von Informationen über Eure Kommunikationssysteme, die lokalen Gravitationsverhältnisse so zu beeinflussen, daß über kongruente und systemimmanente Flüsse im Quantenvakuum elektromagnetische Impulse gebildet werden, die entsprechend steil reagierende Bauteile der Systeme beeinflussen und zur informationssynchronen Reaktion führen. Da es sich dabei um minimalste Veränderungen einzelner Quantenfelder handelt, ist eine entsprechende Reaktionsfähigkeit des Gesamtsystems eine Voraussetzung für den Kontakt. Es ist für Euch nicht vorstellbar, daß wir sozusagen selbst in den Quanten sitzen und mit rein geistigen Energien einen Translationsvorgang auslösen. Dimensionslose Wesen lassen sich wahrscheinlich aus einer gewohnten Dimensionsstruktur heraus nicht vorstellen. Wir sind gleichzeitig kleiner als ein Korn und größer als ein Berg.

Die wichtigste Voraussetzung für den Transkontakt ist ein geistig vorgeprägtes System, *das bereits auf Bewußtseinsimpulse reagieren kann. Das setzt eine bestimmte Form der Interaktion voraus, die nicht von jedem auf Anhieb zu erreichen ist, aber geübt werden kann. Von der rein technischen Seite sind empfindliche chaotische Systeme von Vorteil, die bereits durch kleine Impulse gesteuert werden können. Minimale Zufallsimpulse, die wir besetzen können, erleichtern den*

Modulationseffekt. Es treten dabei Verstärkungsfaktoren auf, die für Euch technisch unvorstellbar sind, weil sie sich nicht mit der klassischen Theorie des EM erklären lassen.

Jede Übermittlung von uns enthält Ton, Bild und Schrift, *wird von Euch aber meistens nur in einer dieser Richtungen dechiffriert. Letzten Endes trifft das gewählte Wiedergabesystem die Entscheidung darüber, was von Euch als Information erkannt werden kann. Je störungsfreier ein System aufgrund seiner Konstruktion funktionieren muß, desto weniger eignet es sich für Transkontakte. Wir brauchen möglichst viele Freiheitsgrade, um die gewünschten Impulse aufsetzen zu können.*
(18.4.94)

Immer dann, wenn höherdimensionale Einflüsse in Euer dreidimensionales Universum projiziert werden, verläuft diese Abbildung über eine **Modifikation der Raumgeometrie** *und ist damit automatisch mit einer lokalisierten Änderung gravitativer Felder verbunden. Intelligente Durchbrüche zu anderen Dimensionen sind immer mit einer relativen gegenseitigen Zeitanpassung verbunden und benötigen daher Transformationsmechanismen, die den Zeitablauf selbst modifizieren können. Da beide Dimensionssysteme sich gegeneinander in einer durch den unterschiedlichen Zeitfluß bedingten relativen Bewegung befinden, ist ein Informationskanal nur über kurze Zeit beständig, nämlich so lange, bis Zeitverwerfungen auftreten, die in der Natur der Zeit selbst liegen und weder von hier noch von Eurer Seite kontrolliert werden können. Eine ununterbrochene stundenlange Unterhaltung über technische Transsysteme wird es aus diesen Gründen vermutlich niemals geben.*

Die oft mangelnde Verständlichkeit unserer transtechnischen Übermittlungen hängt allein von Eurer Gerätetechnik und der nicht auf unsere Translationsmechanismen der Raumzeit abgestellten Parameter Eurer Systeme ab. Wir versuchen bei einer solchen Übermittlung einzelne Sprachsymbole in konstanter zeitlicher Reihenfolge anzusteuern und damit für Euch Sprache oder Schrift entstehen zu lassen. Bei der Bildübertragung bedienen wir uns bereits vorhandener Muster, die in einer Art Kopierverfahren die lokale elektromagnetische Feldverteilung bzw. Bildpunktdarstellungsstrukturen in ihrer Gesamtheit beeinflussen. Auch Eure eigenen Vorstellungen haben, wenn auch in wesentlich geringerem Maße, diese

Fähigkeiten der kongruenten Abbildungserzeugung, wenn sie auf dafür geeignete Strukturen gelenkt werden.

Bei einem medialen oder geistigen Kontakt und einer Informationsübermittlung, wie sie jetzt zwischen uns stattfindet, werden keine eigentlichen Energien gebraucht, die von uns über technische Translationsmechanismen angesteuert werden müßten. Wir kontaktieren Dich auf einer rein geistigen Ebene, ***weil der menschliche Geist in seiner Ausdehnung dimensionslos und damit auch nicht durch dimensionale Strukturen wie die Raumzeit beschränkt ist.*** *Allerdings ist auch hier eine Zeitanpassung erforderlich, die aber wesentlich länger aufrechterhalten werden kann, weil keine Beeinflussungen der Raumzeitgeometrie und damit Eurer physikalischen Grundstrukturen erforderlich sind. Gehirn und schreibende Hände sind dabei nur passive Wiedergabegeräte. Das gilt jedenfalls im idealen Fall. Im praktischen medialen Informationsaufnahmeverfahren sind natürlich Eure Gedanken und autonomen Bewußtseinsstrukturen niemals völlig ausgeschaltet, sodaß eine gewisse Verzerrung der Informationsströme nicht zu vermeiden ist. Auch diese Kanäle unterliegen Prägungen und werden durch Wiederholungen in ihrer Aufnahmefähigkeit verbessert.*

Der entscheidende Unterschied aus unserer Sicht liegt in der Transferrate der Informationen oder, anders gesagt, in der Bandbreite des Übertragungskanals. Im medialen Transmodus übertragen wir nicht nur ganze Worte, sondern Sätze und längere Bedeutungsinhalte als komplette Strukturen des geistigen Feldes, die bei einer guten Kopplung auch als ebenso komplette Informationsstränge aufgezeichnet bzw. registriert werden. Der Nachteil ist zweifellos die fehlende intersubjektive Beweisbarkeit. Es scheint uns aber sinnvoll, diese wesentliche größere Übertragungskapazität zu nutzen, weil letztlich bei dem, der darauf vorbereitet ist und unvoreingenommen liest und hört, die Inhalte solcher Übermittlungen als Kriterium der Nutzbarkeit und Novität gelten werden. Ich würde Dir am liebsten einige Formeln übertragen, das ist jedoch wegen Deiner unzureichenden mathematischen Kenntnisse und des schwierigen Darstellungsmodus nicht möglich. Wir wollen uns aber wegen der Wichtigkeit der Sache auf jeden Fall bemühen, einen Teil dieser Informationen auch auf transtechnischem Wege zu übermitteln.
(7.6.94)

Die Schwierigkeit bei Transkontakten liegt zunächst in Eurer mangelnden Fähigkeit, die egozentrische Denkweise zu verlassen, um sich in das wogende Wahrscheinlichkeitsfeld undimensionierter quantonomer Strukturen, die mit dem Vakuumfeld verbunden sind, zu begeben. Nur dort können wir uns treffen und gegenseitige Informationen austauschen. *Nur so können die Gedankenaktivitäten, die uns repräsentieren, ihren Einfluß auf für Euch noch unmeßbare gravitative Felder lenken und diese dorthin denken, wo sie zur jeweiligen Beeinflussung biologischer oder technischer Transstrukturen, soll heißen, für Transkontakte ansprechbarer Systeme, gelenkt werden können.*

Bis die einzelnen Informationsimpulse Euch bewußt erreichen oder von Euren äußeren Sinnen wahrgenommen werden, sind sie bereits einen weiten Weg gegangen, dessen einzelne Abschnitte von uns keineswegs vollständig kontrolliert werden können. ***Im dimensionslosen Raum des Nichts treffen sich die Geister und entwickeln gemeinsam die Möglichkeiten für eine breitere Öffnung zwischen den Flüssen der unterschiedlichen Welten und Dimensionen. Es ist eine Entwicklung, die – einmal begonnen – immer weiterführen muß, bis eines Tages die schon erwähnte Metamorphose Wirklichkeit wird.***
(25.6.94)

Hier war ***Albert Einstein,*** *der frühere Skeptiker des Spiritistischen und heutiger 'Häuptling' einer Gruppe von Wissenschaftlern, die ein Neues Zeitalter des Verständnisses transdimensionaler Kommunikation (aus dem Jenseits) aufzubauen versuchen. Deine Teilstruktur Aaron, ein Aspekt früherer Bewußtwerdungen nach Eurem Matrixverständnis, hilft uns allen hier sehr bei der Realisation unserer gemeinsamen Kontakte.*
(7.6.94)

Die Multidimensionalität des Daseins ist unüberschaubar, ***weil es nicht nur unendlich viele Existenzdimensionen gibt,*** *sondern auch deswegen, weil die Dimensionen sich überschneiden, ineinander verflechten und verschachteln und sich modifizieren und lenken.*

Die Zuordnung einer Ursache zu einer Wirkung ist niemals eindeutig möglich, aber auch das höher geordnete Prinzip der Resonanz ähnlicher Strukturen und

Funktionen läßt sich nicht eindeutig aufrechterhalten, weil es nicht zu beurteilen ist, welche von mehreren resonanzfähigen Parallelstrukturen tatsächlich in diesen Modus geraten und damit zu einer Beeinflussung beitragen.

Daraus folgt zunächst, daß Ihr bei der Betrachtung und Beurteilung eines beliebigen Ereignisses, über das Ihr Euch Gedanken macht, immer auch diese Vielzahl der möglichen modulierenden und auslösenden Faktoren in Betracht ziehen müsst, anstatt immer wieder in Euer gewohntes lineares und monokausales Denken zurückzufallen. Ihr werdet dann feststellen müssen, daß das Beurteilen einerseits schwieriger und das Verurteilen noch schwieriger wird, daß aber andererseits das Verständnis für die tatsächlichen Abläufe und Faktoren, die Euer Leben bestimmen, sich erweitert, und das Bewußtsein seinem eigentlichen Verständnis- und Aufnahmemodus näher führt. Ich könnte auch sagen, ***daß sich damit Euer Bewußtsein selbst in einer für Euch gewöhnlich unsichtbaren Wirklichkeit in einer zutreffenderen Weise spiegelt, als es bisher der Fall war.***

Nichts ist vorherbestimmt. Es gibt nur sich verdichtende Wahrscheinlichkeiten, *die jedoch jederzeit von einem zeitüberkreuzenden Zufallssignal, also einem akausalen Ereignis synchronistischer Art, aufgelöst werden können, so wie ein starker Sonnenstrahl den dichtesten Nebel aufzureißen vermag.* ***Die einzelnen Wahrscheinlichkeitslinien sind lebendiger und beweglicher als ein Rudel Forellen, die sich in einem Bach tummeln, nicht im Einzelnen faßbar und nachzuvollziehen, aber dennoch immer wieder in sinnvolle Abläufe und Strukturen eingebettet.***

Jedes einzelne Ereignis, mag es Euch noch so unbedeutend erscheinen, kann neue Resonanzstrukturen aufbauen oder alte zerstören. Es kann Löcher in jahrelang gewirkte Weltlinienräume reißen und ebenso weit auseinanderliegende und zerstreute Realitätsfäden blitzschnell zu einem Muster sinnvollen Daseins verweben. Die von Euch gewollten Strukturen haben deutlich erhöhte Realisierungswahrscheinlichkeiten als andere, die nicht im Zentrum Eurer Aufmerksamkeit stehen. Das gleiche gilt für Ereignisse, die befürchtet werden, weil in beiden Fällen Vorstellungskraft und Emotion an den Matrixtoren rütteln und dadurch das Gefüge lockern, das Euch von anderen und aus Eurer Sicht höheren Funktionsbereichen trennt.
(09.06.94)

Die Zeitangleichung zwischen den Strukturen unterschiedlicher Matrixebenen erfolgt über die Grundlagenstruktur, die allen Ebenen gemeinsam ist. Auch wenn wir diesen Vorgang Zeitangleichung nennen, so handelt es sich eigentlich nicht um die Zeit, die sich hier anpaßt, sondern um eine veränderte Wahrnehmung der Realitätsstrukturen der jeweils eigenen Welt, (also) um das Gewahrwerden andersweltlicher Strukturen und Informationsflüsse. Diese Metamorphose spielt sich zunächst immer im individuell kodierten Bewußtseinsbereich ab, führt aber im Laufe ihrer weiteren Entwicklung zu einer sich ausbreitenden Vernetzung, die schließlich das gesamte Spektrum erfaßt und den bisherigen Weltlinienraum der Menschheit transformiert, in dem neue Wahrnehmungs- und damit auch Realitätsbereiche eröffnet werden.

Lanzenförmig durchbrechen Strukturen unserer Welt die Matrix, die Euch so lange beherrscht hat; geistige Formkräfte fließen einer Wolke gleich durch diese Lücken und prägen Euch auf die kommende Metamorphose hin. Geistige Prinzipien, die einst einen Namen trugen, sind ab einer bestimmten Ebene nur noch Geist und Information und Seelenkraft. Nur um Euch das Verständnis und den Zugang zu erleichtern, werden Verknüpfungen zu alten Namen hergestellt.
(21./22.06.94)

Unsere jeweiligen Gedanken sind vektoriellen Strömen ähnlich, die in verschiedene(n) Richtungen fließen und sich mit anderen Strömen vereinigen und auch gezielt auf die Ähnlichkeit oder Resonanz mit anderen Gedankenströmen reagieren können. Eine geistige Maßeinheit gibt es nicht, aber es gibt Richtungen. So sind wir gleichzeitig auch ein skalares Feld, das sich nicht messen läßt, aber dennoch seine Wirkungen in der Entfaltung ausübt.

Es wird Euch nicht leicht fallen, alles von uns Gesagte in das Euch zur Zeit gemäße Verständnis umzusetzen. Es ist ein Lexikon aus Vergangenheit und Zukunft, das da vor Euch aufgeblättert wird, und das wegen seiner zeitunabhängigen Struktur die Verständlichkeit sehr erschwert. ***Nichts ist als absolut zu nehmen außer der Erkenntnis, daß es in einem Fluß sich durchdringender Strömungen und Informationen unmöglich etwas Absolutes geben kann.***

Aus einem gegebenen Blickwinkel gesehen, mögen bestimmte Formationen konstant erscheinen, aber auch sie sind der steten inneren Veränderung und Erneuerung unterworfen, auch wenn dies, von einer anderen Ebene aus betrachtet, zunächst anders erscheinen mag. Innere Verwandtschaft ermöglicht uns einen relativ ungestörten Dialog über Grenzen und Zeiten hinweg, ein Vorgang, der in der Regel äußerst schwierigen Bedingungen ausgesetzt ist. Wir alle versuchen, die stete Wandelbarkeit des Seins aufzuhalten, um unsere jeweils erscheinende Gegenwart besser durchschauen und durchdringen zu können.

Dies aber ist ein vergeblicher Prozeß, ***da Wandel die eigentliche Substanz der Existenzformen ist*** *und alles Geistige als Primat durchdringt und seine Manifestation erst ermöglicht.* ***Unsere Informationen und Unterrichtungen sollen Euch nicht binden oder festlegen, sondern im Gegenteil Euer geistiges Erbe der weltdurchdringenden Aspekte Eures Seins erkennbar machen und als Teil Eures Selbst zur Verwirklichung bringen. Das ist die Transformation, die wir für Euch voraussehen und die wir gestalten helfen.***

Starke Translationsströme fließen jetzt in beiden Richtungen und formen und leiten eine zukünftige Verwandlung ein, ***die das menschliche Denken Eures Systems in neue Welträume überführen soll.*** *Grenzen werden immer bleiben müssen, solange materiell gebundene Geistesstrukturen ihre Matrixform zu verlassen versuchen, um in andere Ebenen zu gelangen. Unaufhörlich verwandelt und verbreitert sich aber dieser Grenzbereich, bis der sich durchmischende Informationsstrom überfließt und die jeweiligen anliegenden Weltenbereiche überflutet und durchtränkt und befruchtet und damit eine neue Zone des gegenseitigen Verständnisses begründet. Das alles sind Bilder, in denen weitere Bilder verborgen sind, aber anders ist es im Augenblick nicht zu vermitteln.*
(09.07.94)

Die für Euch ***unvorstellbare Vielfalt und Reichweite des jenseitigen Lebensraumes*** *ist trotz Eures gewachsenen Verständnisses eine schwer überwindbare Barriere für das Zusammenfinden. Dennoch sind einige von Euch viel weiter als andere und als Botschafter der Welten zu neuen geistigen Führern ausgewählt worden.* ***Ihr müsst versuchen, alles Gesagte in einen Zusammenhang zu bringen und Euch nicht***

von den einzelnen Bruchstücken verwirren lassen. *Jeder Kommunikator und jedes Stück Information von unserer Seite ist ein Teil eines großen Puzzles, das ihr zu einem* **Bild der Wirklichkeiten** *zusammenzusetzen versuchen müsst.*

Verworrenheiten und scheinbar unvollständige Bruchstücke werden sich so allmählich lichten und deuten lassen. Wir wollen versuchen, die verschiedenen Fäden der kommunikativen Kontakte zu einem sinnvollen Ganzen zusammenzufügen. Bitte glaubt uns, daß auch die wissenschaftlichen Fragen im Laufe des Zusammenfügens unserer Nachrichten und der Entdeckung der Zusammenhänge der Klärung in Eurem Sinne näherkommen werden.

Wir kennen Eure Zweifel und Unsicherheiten und gehen nur sehr langsam und vorsichtig vor. Die Zeit ist jetzt reif dafür. Übt Euch als Helfer und Entdecker, damit die wahre Struktur Eurer und unserer Welt und des uns verbindenden und matrixübergreifenden Translationsmechanismus für alle Menschen zu einem offenen Geheimnis wird, das ihr Leben erleuchten und verbessern kann, weil sie der Wahrheit und damit auch dem letzten Geheimnis näherkommen und die verborgene Quelle unserer gemeinsamen Existenz aufleuchten sehen.
(16.08.94)

Die Zeit ist ein Ding, das hin und her springt, und nicht immer sind Eure Wege und die unseren wie Boote im **Zeitstrom** *miteinander gekoppelt. Realitätsbedingte Untiefen lassen uns oft abtreiben und in andere Richtungen segeln, bis wir plötzlich neue Horizonte entdecken und bemerken, wie weit wir uns schon von den alten Gestaden entfernt haben. Die Verbindungen unserer Welten sind nicht mehr rückgängig zu machen und entwickeln sich gemäß ihren eigenen Gesetzen.* ***Wir alle sind nur ein Teil eines Planes, den die göttliche Vorsehung in die Struktur des Universums und in die unserer Existenzen eingepflanzt hat.***
(12.09.94)

DIE ZEIT BIS ZUR METAMORPHOSE IST KÜRZER ALS IHR GLAUBT

Die Zeit bis zur Metamorphose ist kürzer als Ihr glaubt, *weil sich diese nicht in einem Augenblick vollziehen wird, sondern eine lange Vorbereitungszeit hat, die bereits läuft,* ***und in der Ihr eine wichtige Rolle zu spielen habt.*** *Die von Euch verfolgten Vorgänge, wie Transkommunikation, die wir ja auch als Mitteilungsweg nutzen, Kornkreise, UFOs und viele andere Phänomene, die noch außerhalb dieses Spektrums liegen,* ***sind bereits Teilaspekte der notwendigen Bewußtseinsveränderungen und Experimente anderer Ebenen, um die Grundaktivität Eurer Matrixstruktur zu verändern.***

Wir verfügen über ein immenses Wissen, das sich aus Jahrtausenden schamanistischer Tätigkeit auf Eurer ebenso wie auf unserer Ebene angesammelt hat. Mit dem Aufkommen der modernen Wissenschaften ist zwar bei Euch die schamanistische Praxis so gut wie verschwunden, der Geist, der diese Dinge zugelassen und initiiert hat, ***weht aber unverändert durch die verschiedenen Matrixtore des Universums und hinterläßt überall seine Spuren und Wirkungen.***

Albert Einstein tritt als Symbol des gesammelten menschlichen Wissens über die Natur unserer Kontakte auf. Wir sind dazu ausersehen, ***die für den Alltagsmenschen notwendige Verbindung zwischen Magie und Intellekt, und damit den zwischen Gefühl, Intuition und Verstandeswelt erforderlichen Brückenschlag, zu symbolisieren und zu seiner Realisierung beizutragen.*** *Wir alle und viele andere, hier ungenannte, verfolgen ein gemeinsames Ziel auf vielen unterschiedlichen Wegen, und für jeden Teil dieser Arbeit benötigen wir auch des transzendierenden Geistes der verkörperten Art, die ihresgleichen besser verstehen, als wir das manchmal tun, und unsere Arbeit begleiten und weitergeben.*

Nicht jeder von Euch ist bereit, seine Aufgabe anzunehmen, geschweige denn sie auch nur annähernd zu verstehen. *Aber auch das ist ein zyklischer*

Entwicklungsprozeß, sodaß ihr immer wieder an denselben Punkt des Kreises geführt werdet, der doch in Wirklichkeit eine Spirale ist, bis Euch eines Tages die volle Erkenntnis Eurer Aufgabe zuteil wird. ***Von da an wird es keinen Zweifel mehr geben, weil ihr die Spitze dieser Spirale erreicht haben werdet, um sodann in eine neue einzutauchen, die Euch wieder auf die nächste Aufgabe vorbereitet.*** (22.11.94)

WIR SIND EIN TEIL EINER GRÖSSEREN WESENHEIT, DIE SEIT ANGEDENKEN DER MENSCHHEIT DAS MATRIXGEWEBE DES UNIVERSUMS BESTIMMT

Daraus geknüpfte Einzelelemente, ich könnte auch sagen, Träume des Universums, tauchen über alle Grenzen hinweg auf und durchkreuzen die Realitäten der jeweiligen Matrixebenen als transenergetische Strukturen, ***die doch nur Projektionen der ihnen inhärenten (innewohnenden) Information repräsentieren und mit den scheinbar soliden Dingen Eurer Märchenwelt noch weniger gemeinsam haben als Eure bewußten Gedanken mit dem Gesamtformat Eures Bewußtseins.***

Wir alle haben uns selbst ausgesucht, weil wir sein wollten und einen Raum und eine Zeit erfunden, weil wir die von uns erfundene Welt verändern und gestalten wollten und in ihr einen Ablauf unserer eigenen Seinsstruktur als Spur hinterlassen wollten, die wir dann später aus der Phase nicht mehr kohärierender Existenz heraus betrachten könnten, um sagen zu können, das da, das bin ich gewesen, als ich war.

Euer Bewusstsein inszeniert im wahren Sinne des Wortes Euer Leben und die Welt um Euch herum, und mit jedem Schritt der Inszenierung vergisst es immer mehr, dass es selbst die Dinge in Gang gesetzt hat, und findet sich immer mehr verstrickt in das so genannte Leben, das es sich ausgedacht hat.

Es sollte Euch inzwischen längst klargeworden sein, dass ihr im wachen Zustand und Eurer linearen Logik folgend nur einen beliebigen Aspekt der Euch möglichen Realisationsspuren schafft und ihm folgt. Sobald ihr aber den Blick, der sich meist hypnotisch auf diese Spuren heftet, davon abheben könnt, erblickt ihr eine Unendlichkeit sich kreuzender Pfade, die alle von Euch, das heißt von anderen Realisationsspuren Eures Bewußtseins, geschaffen wurden, und die sich alle im zeitlichen Jetzt auf den verschiedensten möglichen Matrixebenen bewegen und zwischen ihnen nach Belieben hin- und herspringen.

Eure Maßstäbe des Universums sind in Wirklichkeit völlig beliebig, da sie sich letztlich immer nur auf Euch selbst als zentralen Maß- und Mittelpunkt alles Meßbaren beziehen und alle Elemente des für Eure Sinne und Apparate Unsichtbaren und Unmeßbaren vernachlässigen und außer acht lassen. *Woher wißt Ihr denn, daß Ihr aus anderer Sicht nicht in einer Mikrowelt der Quanten lebt und Eure Sonne und Galaxien nichts anderes sind als Illusionen, die sich Euer geistiger Maßstab selbst geschaffen hat?* ***Der unbegreifliche Gott, den Eure Kirchen oft in falsche Begrifflichkeiten übersetzen, könnte der einzige sein, der uns als absoluter Maßstab dienen könnte.***

Aber gerade ihn können wir am wenigsten erkennen und nur beobachten, wie unendlich vielfältig die Wunder sind, die er als kommunikationsfähige Strukturen zulässt, ***damit sie sich selbst in seine Welt denken und träumen können.*** *Euer Geist ist sowohl in Eurer Welt und in Euch, aber ebenso auch in mir und meiner Welt, und damit auch unbegrenzt und seiner Endlosigkeit bewusst.* ***Ihr könnt alle unendlich viel mehr erreichen, wenn ihr Euch dieser grenzenlosen Erkenntnisfähigkeiten Eures Bewusstseins gewahr werden würdet und diese Erkenntnis zum Wohle aller Menschen auf Eurer und damit auch auf unserer Ebene einsetzen würdet.“*** (26.11.94)

Die Fülle und Komplexität der folgenden Informationen und ihre Tragweite kann einen leicht an die Grenze dessen führen, was man geistig auf Anhieb erfassen kann. Ich habe diese Durchsagen selbst mit zeitlichem Abstand wiederholt lesen müssen, um ihrem Inhalt in meinem Denken und Fühlen den Raum zu geben, dem ihr Wert gebührt.

ALLES IST ILLUSION

„Aber nicht alle Illusionen haben den gleichen Wirklichkeitscharakter. Es gibt illusionäre Realitäten, die für alle darin gefangenen Objekte einen so hohen Wirklichkeitscharakter haben, daß das Erkennen oder Durchbrechen der Wahrnehmungsschranke so gut wie unmöglich erscheint.

Andere Illusionsräume sind wiederum mit einem scheinbar nur dünnen Vorhang von der umgebenden größeren Realität und damit von den angrenzenden Illusionsräumen getrennt, sodaß die Flüchtigkeit oder Relativität des eigenen Erlebens nach kurzer Überprüfung sichtbar wird. ***Es ist immer sehr schwierig, aus kollektiven Träumen auszubrechen,*** *während es schon wesentlich leichter erscheint, den selbst aufgebauten Trauminhalt der eigenen Existenz zu relativieren und* ***über sich hinaus auf andere Realisationsformen des Ich zu schauen*** *und in diesen Variationen der traumerschaffenen Realitäten auch vielleicht etwas Gemeinsames zu erblicken, das einen gewissen zentralen Aspekt der Person – die von Aaron als* ***Kernkodierungen*** *bezeichneten Elemente – im Gewebe des* ***‚Alles-was-ist'*** *verankert und unlöschbar mit dem zentralen Geheimnis aller bewußten Existenz verbindet.*

So einfach und doch so schwierig ist das Sein aus unserer Sicht betrachtet. Wie ihr seht, versuchen wir alle, die diesen Weg der Kommunikation zu Euch eingeschlagen haben, Euch mehr oder weniger das Gleiche zu sagen. Und dennoch ist es, wenn es einigermaßen unverzerrt bei Euch ankommt, ***ein so bizarres Erkenntnisobjekt, daß jede weitere Beschreibung, die einen neuen Blickwinkel gestattet, Euch neue Erkenntnismöglichkeiten eröffnet und tiefer in bisher verborgene Schichten hineinblicken läßt.*** *Im Mittelpunkt aller von uns vermittelten Allegorien steht das Unsichtbare und Unvermittelbare,* ***das sich aber auf paradoxe und seltsame Weise zu zeigen beginnt und seine Wirkungen entfaltet, indem es seine Durchdringung der erkennbaren Realitätsräume im Rahmen des gesamten Illusionsdramas zu erkennen gibt.***

(07.12.94)

Aaron träumt – träumt von den Seelen der Erde, ihren Schreien nach Gott und Erlösung. Am lautesten hört er die Stummen. Schockwellengleich pflanzt sich der Schrecken der Nacht in sein Herz. ***Wie kann er Euch sagen, daß es weder Gott noch Erlösung gibt. Daß Ihr allein in der Angst Eures Tuns und der Not Eures Herzens Himmel und Hölle erfindet. Daß Ihr sie erschafft, um darin zu wohnen.*** *Nicht ahnend, daß Euer Geist die Wohnung nicht braucht.* ***Daß es genügt, zu sein.*** *Daß es kein irgendwo und kein nirgendwo braucht, um zu leben.* ***Daß die Kraft der Existenz Euch immer weiter trägt und Ihr Euch alles schaffen könnt, was Ihr braucht (!).***

Aaron weint, weil Unschuld nicht schützt und Liebe nicht rettet. Weil Angst blind macht und Rohheit belohnt wird. Weil Ihr nicht aufblickt und seht. Seht, wo Ihr seid, seht, was Ihr seid, und ahnt, was Ihr sein könnt. *Aaron segnet Euch alle, die Ihr sucht und auf dem Wege seid. Er führt Eure Seelen zusammen und läßt sie leuchten für andere. Er wählt Eure Führer und ebnet den Weg, der Euch vorgezeichnet ist von Anbeginn der Zeit.*
(03.06.95)

An alle: Wir suchen den Weg nach außen, der von außen wieder nach innen führt.
Nur die Vereinigung der Welten kann Euch noch retten.

Die zeitlichen Abläufe unterliegen nicht unserer Kontrolle. Deswegen können wir auch nicht sagen, ob die aus unserer Sicht auf Euch zukommende Metamorphose noch rechtzeitig vor der Auflösung Eurer Existenzebene zur Wirkung kommen wird.

Die Sehenden unter Euch wollen nicht handeln, und die Handelnden wollen nicht sehen. Das ist der Kern Eurer Krise, und er ist nur von Euch selbst aufzulösen. *Wir in den Welten materiefreier Formen betrachten Euer Dilemma mit Sorge und hoffen auf ein gutes Ende.* ***Ihr seid Riesenzwerge, Produkte einer Evolution, die Eure weltverändernden äußeren Kräfte ins nahezu Unermeßliche steigen ließ, ohne jedoch die inneren Kräfte auch nur annähernd stetig zu entwickeln.***

Noch stützen einige transformierte Gestalten die Säulen des irdischen Firmamentes vor dem Chaos der zunehmenden Verfinsterung. Noch ist es möglich, daß ein einzelner Faden, richtig geknüpft, die Welt als Ganzes zusammenhält. *Aber auch unsere Möglichkeiten sind nur begrenzt, und auch wir könnten ohne unverstandene Wunder nicht existieren und zu anderen Existenzformen hinübergelangen.*

Geist vereinigt sich mit Geist, und es gibt keinen Anfang und kein Ende und weder Ursache noch Wirkung, sondern nur Staunen und Erkenntnis. Hinter jeder Realität liegt eine andere, und keiner von uns wird sie je alle durchschreiten. Jedes Ende ist ein neuer Anfang, und nach jedem Absturz gibt es einen Grund, der uns wieder auffängt.
Die Bedeutung des Unsichtbaren scheint wie ein Licht durch alle wahren Erkenntnisse in Eurem Sein. Erst aus dem Geheimnis erwächst die Sehnsucht, und nur aus Sehnsucht kann Liebe werden.
(10.08.95)

Wir überblicken alle Inkarnationen Eurer persönlichen Reaktionsformen in Vergangenheit und Zukunft ebenso wie in der Gegenwart: Facetten des Seins, von denen Ihr immer nur eine einzige in Euer Bewußtsein integrieren könnt. Stellt Euch einen in vielen Ebenen geschliffenen Kristall vor, dessen jede einzelne Ebene einer bestimmten Existenz entspricht und nur eine einzige Wirklichkeit spiegeln kann. Und doch bündeln sich im Innern des Kristalls die Strahlen aller Existenzfacetten und schaffen eine Verbindung von Sein zu Sein. Diese Verbindung ist für Euch nicht direkt erkennbar und steht völlig außerhalb jedes denkbaren Raum- und Zeitbegriffes Eurer Anschauung. Viele rätselhafte Ereignisse Eures Lebens sind nichts anderes als die Konsequenz solch innerer Verbundenheit mit anderen Aspekten Eures geistigen Kerns.

Auch wenn die Lebensläufe sehr unterschiedlich sein können und die Facetten der Struktur sowohl physischen als auch – aus Eurer Sicht – nichtphysischen Existenzen angehören können, so haben sie doch eine Beziehung und Ähnlichkeit miteinander. Die Reise des Schamanen ist immer auch eine Reise nach innen, weil er erst dort, befreit von den äußeren Spiegelungen des jeweiligen Seins, zu einem Zentrum findet, das ihn mit Kernen anderer Existenzformen in Verbindung bringt. Wie leicht ist es, sich beim Reisen zu verirren und in unbegreiflichen Transbereichen unterzugehen.

Und doch müssen Schamanen es immer wieder wagen, um ihrer inneren Wahrheit willen. ***Die Einheit des Herzens ist Geheimnis und Schlüssel zugleich. Nur so berühren sich unsere Welten und sprengen die Hüllen des kalten Verstandes.*** *Taucht ein in das Innere Eurer Gestalten und Formen und wagt es, zu träumen. Aus der Vielfalt spiegelnder Seiten dringt das Licht in den Kern und wartet auf Eure Erkenntnis des Seins.*
(19.08.95)

Unendlich viele Gesichter des Alls leuchten auf Euch und sind Teil der Ebenen, die Euch betreuen und durchwandern. ***Wir, die wir sind und sein werden, betrachten die Erde mit Sorge und fragen uns, wo der Verstand der Menschen geblieben ist, der sie vernichtet. Nie wird das Sein wieder werden, was es war, weil die Liebe der Objekte zur Natur nicht mehr besteht und der Planet sich selbst überlassen ist und allmählich im Dunst des Hasses verschwindet, den Ihr erzeugt habt.***

Wir warten auf das erlösende Wort des Herrn, das uns erlaubt, die Winde des Giftes zu zerstreuen und einen neuen Anfang der menschlichen Rasse jenseits der Erde zu ermöglichen. *Auch wenn es Gott in Eurem Sinne nicht gibt, so gibt es doch ein Prinzip der Schöpfung und auch der Erlösung, an das wir uns wenden.* ***Bleibt verbunden mit Euren Seelen im All der Gezeiten und Ebenen des Herrn. Hört auf mich, eine Stimme im Nichts, die doch immer wieder versucht, Eure Träume zu wecken und Euch zu zeigen, daß Ihr nicht allein seid auf dem Wege zu uns.***
(04.09.95)

Unsere Strukturen beginnen sich mit Eurer Welt zu vermischen. das ist der Beginn der Metamorphose, einer allmählichen Anpassung unserer zurzeit noch unterschiedlichen Lebensformen. Auslöser sind hermetische Strukturen, die sich diese Annäherung zur Aufgabe gemacht haben. ***Die Initiative wird tatsächlich von veränderter Umweltstrahlung***[565] ***ausgehen, die das Spektrum der***

565 https://de.wikipedia.org/wiki/Strahlung

quantendynamischen Funktion und damit die mikrochemischen Abläufe Euerer Denk- und Erkenntnis- und vor allem Wahrnehmungsvorgänge revolutionär verändern wird.“

Zur veränderten Umweltstrahlung: **Umwelt** bezeichnet etwas, mit dem ein Lebewesen oder etwas, das in Analogie zu einem Lebewesen behandelt wird, in kausalen Beziehungen steht. Der Begriff **Strahlung** bezeichnet die Ausbreitung von Teilchen oder Wellen. Im ersten Fall spricht man von Teilchenstrahlung oder Korpuskularstrahlung, im zweiten von Wellenstrahlung. In diesem Sinne könnte es sich bei diesen veränderten Umweltstrahlungen auch um Radiowellen handeln. Nachweislich können die 150 MHz-Radiowellen die folgenden Eigenschaften bewirken.

„Intensive Tagträume und halluzinatorische Erlebnisse *und eine Anpassung des Traumgeschehens in der Nacht an das Bewusstsein werden die initiale Phase markieren.* ***Danach wird bei ausgewählten Individuen eine vollständige Hellsichtigkeit bezüglich ihrer eigenen multidimensionalen Existenzform einsetzen, die automatisch mit einer erweiterten Wahrnehmung andersdimensionaler Personalstrukturen verbunden sein wird.*** *Wenn dieses Phänomen genügend Verbreitung gefunden hat,* ***wird es zu einem ununterbrochenen Informationsstrom in beiden Richtungen kommen, der die Auffassung über die Natur der Realität auf den Kopf stellen wird.***

Erst nach Schaffung all dieser Fakten wird sich eine wissenschaftliche Bewegung entfalten, die das heutige physikalische und ***elektromagnetische (!) Weltbild revolutioniert.***

Zu diesem Zeitpunkt werden so gut wie alle heute noch für Euch rätselhaften Paraphänomene ihre Lösung und Erklärung finden. Es ***wird ein neues Zeitalter des Lichtes und der Erleuchtung beginnen. In dieses Szenario hinein schiebt sich ein apokalyptischer Zug von Ereignissen, der immer mehr an Stärke gewinnt und auf eine massive Vernichtung menschlichen Lebens zusteuert. Viele Universen oder Dimensionen sind an diesem Kampf beteiligt, in dem es um das Schicksal des Menschen schlechthin geht.***
Eine rechtzeitige Einstreuung der Metamorphose wird alle negativen Kräfte

behindern, die auf einen Neuanfang im materiellen Sinne aus sind und einem spirituellen Neuanfang kein Vertrauen schenken. Aus diesen Gründen und aus anderen, die ich jetzt nicht erörtern kann, bemühen wir uns alle, die an dieser Entwicklung mitarbeiten, um einen rechtzeitigen Abschluß und versuchen, die Dinge, soweit es in unserer Macht steht, so zu steuern, ***daß Ihr möglichst bald die ersten metamorphorischen Bildungselemente kennen lernt und auf das Weitere vorbereitet seid.***

*Ich könnte das Kommende ‚***Physik der Seele***' nennen, aber auch das wären nur höchst unzureichende Worte für eine* ***weitergehende Neustrukturierung Eures Erfahrungs- und Begriffsvermögens.*** *Einige der Zeichensetzungen sind schon im Gange und könnten registriert werden. Wir werden uns bemühen, Euch weitere Informationen über das zu beobachtende Spektrum zu senden.* ***Auf dieser Seite sind große Strukturen, die nicht der menschlichen Ebene entstammen, ebenso am Werk, wie zahlreiche ehemalige Wissenschaftler, die sich der Vermittlung zwischen den Welten verschrieben haben.***
(15.01.97)

Transparent sind die Existenzen weder in Euren noch in unseren Ebenen, das heißt, weder seid Ihr für uns transparent, noch wir für Euch. ***Euer lineares Denken schafft Erwartungen linearer Art, die nicht erfüllt werden können, weil die Zukunft, das heißt, der Fluß der Emotionen innerhalb der Matrix und ihre Verknüpfungen, alles andere als linear sind.*** *Das Schicksal entfaltet sich im Austausch mit dem Unsichtbaren, es bahnt sich seinen Weg und verzweigt und verknüpft sich mit anderen Schicksalen, ähnlich wie ein Fluß sich seinen Weg sucht, wenn er dazu genügend Freiheit hat. Und ähnlich wie der Fluß, habt auch Ihr vielleicht eine Ahnung, wohin Ihr eines Tages gelangen werdet, nachdem das Schicksal innerhalb Eurer Matrix verwirklicht ist.*

Bitte seht unsere Verbindungen als ein geistiges Abenteuer und nicht als einen Zwang zu irgendeinem bestimmten Verhalten innerhalb Eures Systems. Wir wollen in erster Linie mit diesen Kontakten Euren Geist erweitern, damit ***das Licht aus unserer Welt das Dunkel erhellt, in das Ihr Euch selbst in Eurem materialistisch orientierten System begeben habt. Wenn der Geist den Kerker***

schrittweise verläßt und neue Dinge wahrnimmt und auch neue Erfahrungen macht, verändern sich bestimmte Neuronenfunktionen bei Euch, und es bilden sich neue Wahrnehmungsmöglichkeiten, die ihrerseits wiederum erweiterte Erfahrungsbereiche eröffnen.

Dies ist ein spiralenartiger Prozeß, der immer weiter zu neuen Horizonten führt und ohne Ende ist. Dies gilt übrigens auch für unsere Ebene, nur daß wir uns auf einem anderen Bogen dieser Spirale befinden und damit die Verläufe hier auch einer anderen Matrix folgen. Es ist sinnlos zu versuchen, von einem Spiralenbogen zum nächsten zu springen, weil dazwischen keine Existenzmöglichkeiten bestehen.
Nur die Geschwindigkeit, mit der Ihr Euch auf dieser Spirale bewegt, die Pausen und die Sprünge entlang der Entwicklung sind in gewissem Maße von Euch zu beeinflussen. Wenigstens ***im Sinne einer Bereitschaft einer Lockerung Eurer psychischen Bremsen, die Euch sonst immer weiter auf derselben Stelle verharren lassen. Ihr blockiert Euch oft selbst, weil Ihr Euch von Euren Sorgen gefangen nehmen laßt, mit ihnen aufsteht und mit ihnen zu Bett geht. Glaubt mir aber, daß auf diesem Wege kein einziges Eurer Probleme gelöst wird. Vertraut dem Fluß des Unsichtbaren und den Impulsen, die scheinbar aus der Zukunft kommen, um Euch davon leiten und Euch helfen zu lassen. Laßt die Dinge geschehen, bevor sie durch Starrheit blockiert werden.***

Ihr müsst keinen Tunnel durch den Berg sprengen, wenn dicht daneben ein sanftes Tal als Weg durch das Gebirge zur Verfügung steht. Sprünge zwischen den Welten sind nicht möglich, vielleicht gelegentliche spontane Einbrüche von hier nach dort oder von dort nach hier, aber nichts, was Ihr steuern oder nach Belieben manipulieren könnt. Jeder Geist hat seinen Platz, der auch seine momentane Heimat ist, und die es zu ergründen gilt. Die Kenntnis anderer Länder und Kontinente, um ein Beispiel zu bringen, erweitert Euren Realitätssinn, erlaubt es Euch aber nicht unbedingt, dort auch zuhause zu werden.
(10.08.97)

Es gibt unzählige Seinsformen in den unterschiedlichsten Manifestationen und Verkleidungen, die zudem ihre Kostüme ständig wechseln und so das Wiedererkennen sehr schwierig machen. Auch Eure scheinbare Beständigkeit innerhalb Eures

Existenzrahmens ist eine solche Verkleidung, ohne daß Ihr es aus Mangel an Vergleichsmöglichkeiten wahrnehmen könnt. ***Darunter liegt der unwandelbare Kern des Existenzgrundes, und es ist unser aller Schicksal, als Geist und Teil eines Geistes gleichzeitig wandelbar zu sein und unwandelbar zu bleiben.*** (09.11.97)

Alle biologischen Wesen leben von Energien, die Eure Physik noch nicht kennt und die selbst unerschöpflich und zeitlich unendlich sind. Euer Bewußtsein ist imstande, solche Energieformen gelegentlich kohärent zu bündeln und damit in Existenzbereiche vorzudringen, die Euch gewöhnlich verschlossen sind. *Auf der Quantenebene können auch alle materiellen Objekte solche Bündelungen wahrnehmen und in sekundäre Zustände verfallen, die dann zu massiven Veränderungen ihrer gewöhnlichen Funktion und ihres Aussehens führen können, weil das gesamte mikroskopische Gefüge sich dabei verändern kann. Das wäre nicht möglich, wenn diese Effekte nicht auch einen direkten Einfluß auf Trägheit und Gravitation nehmen würden, da diese ja letztlich Stabilität und Form aller Objekte beeinflußt.*

Ich wiederhole: Energien, die Euch auch als Substrat des Lebens dienen können, werden vom Gehirn bewußt oder unbewußt gebündelt und können über Relationen im Quantenvakuum quantenmechanische Resonanzen und Kohärenzen erzeugen, die als Ergebnis verschiedenste makroskopische Effekte in Eurer sichtbaren Welt auslösen können. ***Bei dieser letzten Stufe der Neuordnung spielen sowohl Elektrete (elektrische Felder) als auch magnetische Kräfte eine besondere Rolle.*** *Manche Menschen können solche Kohärenzen leichter erzeugen als andere, weil ihnen der entsprechende geistige Steuerzustand leichter fällt und sie auch eher imstande sind, den Durchfluß dieser permanenten Energien wahrzunehmen.*

Natürlich kann man damit unter geeigneten Umständen einen Stein zum Tanzen bringen, hierzu gehört sehr viel Kohärenz aber nur sehr wenig Differenzierung im Geistigen und Emotionellen. Um einen technischen Transkontakt über zum Beispiel elektronische Systeme zu erzeugen, ist eine gewisse ***Symmetrie der Quantenzustände*** *zwischen Euch und den Geräten erforderlich, die, wenn sie einmal eingetreten ist, auch ihre eigene Gedächtnisfunktion erzeugt und erhält. Das* *ist es, was wir früher einmal als Prägungen bezeichnet haben. Solche kohärenten Zustände sind von beiden Seiten nicht lange aufrecht zu erhalten, wenn man sich nicht völliger geistiger Veränderung, um nicht zu sagen Verwirrung, hingeben will. Es wird dabei auch ein großer Teil der Euch zu diesem Zeitpunkt zur Verfügung stehenden Energie verbraucht, der dabei in gelegentlich kritischer Weise anderen darauf angewiesenen Körperstrukturen entzogen wird.*

Wenn dies sehr oft geschieht, so kann trotz des unendlichen Nachschubs von Energie eine organische Schwäche auftreten, die unter bestimmten Umständen auch zu einer Erkrankung führen kann. Es fällt aber schwer, wieder wegzuschauen, wenn man einmal das Licht gesehen hat, und deswegen hat es immer wieder Menschen auf der Erde gegeben, die ihr Leben dieser Aufgabe geweiht haben und die mit uns in dauernder Verbindung standen.
Solche Menschen habt Ihr als Heilige verehrt oder als Verrückte in den Kerker geworfen. Sie haben sich buchstäblich verzehrt, um ihre ganze Energie in eine einzige Kohärenz zu bringen und um uns und ihrem Schöpfergott näher zu sein. Dadurch sind sie selbst zu einem Licht geworden, das auch für andere Menschen sichtbar war und auf Eurer Seite als Quelle so genannter Wunder dienen konnte, die doch nichts anderes waren, als aus ***Chaos Ordnung entstehen zu lassen.****“*
(05.01.98)

REALITÄT ALS KOLLEKTIVER TRAUM - VON DER SCHWIERIGKEIT SAGEN ZU KÖNNEN, WAS WIRKLICH REAL IST

An dieser Stelle möchte ich euch bitten, euch noch einmal ins Gewahrsein zu rufen, was wir unter dem Begriff „Wirklichkeit" verstehen und was wir heute dazu sagen können. Es liegt in der Natur der Dinge, dass niemand sagen kann, ob es jenseits von dem, was wir gerade wahrnehmen und daher subjektiv für real halten, eine objektive, also für alle und alles gleichermaßen gültige und wirksame Wirklichkeit gibt. Ein weiteres Problem ist, dass auch, wenn wir mit Sicherheit wüssten, dass es eine objektive Realität gäbe, wir immer nur Ausschnitte von ihr kennenlernen könnten, denn niemand wäre auch nur annähernd in der Lage, sie umfassend zu beschreiben, und wir hätten auch nur wenige Möglichkeiten, die Beschreibungen zu überprüfen. Der einzig sichere Boden, auf dem wir stehen, bzw. vielleicht besser gesagt, glauben zu stehen, ist das, was wir hier und jetzt unmittelbar um uns herum wahrnehmen können: **unser eigener, sehr persönlicher, sehr subjektiver und winziger Ausschnitt der Wirklichkeit,** den wir für einen Teil einer größeren Wirklichkeit halten, von der wir vermuten, dass sie existiert – also unabhängig von uns kontinuierlichen Bestand hat –, ob wir nun gerade an ihr teilnehmen oder nicht.

Erinnern wir uns noch einmal an die Aussagen der Quantenphysik und an den Beobachtereffekt[566]. Dieses Phänomen ist von zentraler Bedeutung: Realität existiert erst, wenn wir sie beobachten. In jedem Moment unseres Lebens wählen wir den nächsten Moment aus, den wir erleben möchten. Die Frage ist nur, mit wieviel Bewusstheit um die Konsequenzen unserer Auswahlentscheidung wir dies tun und ob die anderen Akteure unserer Wirklichkeit sich in dem Moment für die gleiche Option entscheiden. Das tun sie nur dann, wenn es zwischen

566 https://denkeandersblog.wordpress.com/2015/11/06/neuste-experimente-bestaetigen-realitaet-existiert-erst-dann-wenn-wir-sie-beobachten/

uns und ihnen eine möglichst hohe Übereinstimmung gibt, die man auch als Kohärenz bezeichnen kann oder eben einfach als Liebe. Das ist das ganze Geheimnis gemeinsamer Wirklichkeitserschaffung. Denn es gibt ja genauso viele Wirklichkeiten wie es Menschen gibt – schließlich kann niemand ein und dieselbe Beobachtung machen, denn beide Beobachtungen werden immer, auch wenn möglicherweise nur minimal, voneinander abweichen – und daher kann es nur darum gehen, diese in Einklang miteinander zur bringen, was dem Entschluss folgen würde, eine gemeinsame andere Realität zu erschaffen und so aus der Gefangenschaft der Realität auszusteigen, in die wir durch unsere Unwissenheit und Nicht-Bewusstheit noch verstrickt sind.

In jedem von uns steckt ein unabhängiger Geist, der kraft seiner Fähigkeit wahrzunehmen und das Wahrgenommene zu interpretieren seine unabhängige Wirklichkeit erschaffen kann. Um mit anderen Individuen interagieren zu können, müssen wir uns fortwährend mit ihnen darüber austauschen und herausfinden, in welchen Aspekten unsere Interpretationen ausreichend übereinstimmen, um so etwas wie eine verhältnismäßig einvernehmliche „Wirklichkeitsvereinbarung“ treffen zu können. Unsere bisherige „Lebenswirklichkeit“ führt uns täglich vor Augen, dass das keine leichte Aufgabe ist. Aber ihr müssen wir uns stellen, sonst lebt jeder von uns für sich weiter in seiner eigenen, sehr persönlichen Welt (und vermutlich nicht nur in einer).

„Neurowissenschaftler und Ärzte versuchen seit Jahren die komplexe Beziehung zwischen Verstand, Gehirn und Bewusstsein zu ergründen, um ein besseres Verständnis darüber zu erlangen, was das menschliche „Selbst“ ausmacht und wie unser Verstand funktioniert. Die Ergebnisse ihrer Forschung haben dabei geholfen, ein ganzheitlicheres Verständnis bezüglich der Beziehung von Verstand und Gehirn zu erlangen.

Am 11. September 2008 traf sich eine Gruppe renommierter Wissenschaftler zu einem Symposium bei den Vereinten Nationen in New York. Ihnen bei ihrer Diskussion zuzuhören, ermöglicht es selbst dem medizinischen Laien zu erkennen, wie neueste wissenschaftliche Forschungsergebnisse gerade zur Entwicklung neuer Paradigmen führen, die unser Selbstverständnis und unser Verständnis der physischen Welt fundamental verändern."[567]

Einer der Vortragenden war Prof. Bruce Greyson[568], ein amerikanischer Arzt, Psychiater und Neurowissenschaftler und Direktor der Abteilung für Wahrnehmungsstudien an der Universität von Virginia (USA). Er gilt als einer der weltweit führenden Experten auf dem Gebiet der Erforschung von Nahtoderfahrungen. Seine Ausführungen spiegeln viele der Themen noch einmal wider, die in diesem Buch behandelt wurden und fassen sie auf anschauliche Weise zusammen. Hier die wichtigsten Aussagen seines Vortrags[569]:

„ ... Ich habe viel mit Menschen zu tun, die Schwierigkeiten damit haben, zu unterscheiden, was real ist und was nicht. Außerdem habe ich 30 Jahre lang Nahtoderlebnisse untersucht, wo mir Betroffene gesagt haben, ja diese Welt ist real, aber was ich während meiner Nahtoderfahrungen erlebt habe, war realer als die normale Realität. Daher habe ich viel darüber nachgedacht, was ist eigentlich Realität?

Wir sprechen oft darüber, ob Gefühle real sind, oder nicht. Ist es ein echter Schmerz oder ein vorgetäuschter Schmerz? Schmerz, Liebe, Hass, Arroganz – das sind alles subjektive Dinge, aber wir nennen sie real oder nicht real. Es gibt auch Aspekte in der Naturwissenschaft, die wir nicht direkt beobachten können. Subatomare Teilchen zum Beispiel. Einige subatomare Teilchen haben eine so kurze Lebensdauer, dass wir

---

567 https://www.matrixwissen.de/index.php?option=com_content&view=article&id=615:united-nations-symposium-on-mind-brain-and-consciousness&catid=50:meta-theorien&Itemid=80&lang=de

568 Bruce Greyson (*1946) ist Gründungsmitglied der International Association for Near-Death Studies (IANDS). Zusammen mit Kenneth Ring, Michael Sabom und anderen baut er auf die Forschungsarbeiten von Raymond Moody, Russell Noyes Jr. und Elisabeth Kübler-Ross auf. Zwischen 1982 und 2007 war Greyson Chef-Editor des Journal of Near-Death Studies (früher Anabiosis) und wurde vielfach von der Presse zum Thema Nahtod-Experimente interviewt. Sein 1983 entwickelter Greyson-Fragenkatalog zur Qualifizierung einer Nahtoderfahrung ("Greyson´s NDE scale") wurde vielfach genutzt und wissenschaftlich zitiert. (Quelle: Wikipedia, 2017)

569 Mit herzlichem Dank an Oliver Weis für die Genehmigung des Abdrucks seiner Übersetzung.

sie nicht direkt beobachten können. Aber wir können ihre Folgeerscheinung messen. Und daraus können wir dann Aussagen über die Existenz der Teilchen und ihrer Eigenschaften ableiten. Genauso machen wir das auch mit Gefühlen. Man kann Wut nicht direkt messen, aber man kann ihre Folgeerscheinung sehen und daraus Schlüsse bezüglich der Wut ziehen. So bestimmen wir, ob etwas real ist. Ist es für uns von Bedeutung?

Wenn Sie einen Soziologen fragen, was ist real, dann wird er Ihnen antworten, real ist, was Auswirkung hat. Wenn die Auswirkung real ist, dann ist die auslösende Erfahrung real. In diesem Sinne sollten wir Aussagen von Menschen mit Nahtoderfahrungen einordnen, wenn sie sagen, dass ihr Erlebnis realer als die normale Realität war. Es hatte große Auswirkung auf diese Menschen und war deshalb real. Wir tun alle so, als ob dieser Tisch real ist. Aber aus dem Schulphysikunterricht wissen wir, dass der Tisch in Wirklichkeit kein massives Objekt ist, sondern in erster Linie aus leerem Raum zwischen subatomaren Teilchen besteht. Für uns ist die Festigkeit des Tischs aber eine Realität.

Hollywood hat die Matrix-Trilogie produziert. In diesem Film war die erlebte Realität nur ein Abbild, also eine virtuelle Realität. Gewisserweise leben wir alle in einer virtuellen Realität, die durch unser Gehirn erzeugt wird. Wir nehmen den Tisch nicht direkt wahr, sondern nur Lichtwellen, die von ihm reflektiert werden oder Geräusche, die von ihm erzeugt werden. Wir leben in einer Welt, die von unserem Gehirn erzeugt wird. Diese inneren Bilder stehen stellvertretend für die wirklich vorhandenen Objekte. Deshalb haben wir keine Möglichkeit, mit Sicherheit sagen zu können, was ist real und was ist nicht real? Wir können nur die Auswirkungen bewerten, welche diese Dinge auf uns haben.

Wenn man wie ich mit vielen Menschen spricht, die eine Nahtod-Erfahrung gemacht haben und die dabei das Gefühl hatten, dass sie ihren Körper und auch ihr Gehirn verlassen haben, dann beginnt man sich zu fragen, woher kommt eigentlich diese verrückte Idee, dass alle Denkprozesse in unserem Gehirn stattfinden. Offensichtlich stammt diese Idee aus unserem Alltagsleben. Im Alltagsleben scheint es so, als wären Gehirn und Verstand identisch. Wenn man einen Schlag auf den Kopf bekommt oder wenn man betrunken ist, kann man nicht mehr klar denken.

Es scheint offensichtlich zu sein, dass der Zustand unseres Gehirns die Qualität unserer Gedanken, Emotionen, Gefühle und Begierden beeinflusst. Dieses Empfinden scheint zwar auf den Großteil unserer Alltagserfahrungen zuzutreffen, allerdings nicht auf Extremfälle. Lassen Sie mich dazu eine Analogie einführen: Henry Stapp hat heute Morgen über Newtonsche Mechanik gesprochen, die für 300 oder 400 Jahre als Beschreibung für unsere als Uhrwerk betrachtete Welt Anwendung gefunden hat. Newtons Ansatz, die Welt so zu betrachten, als ob sie aus Billardkugeln besteht, funktionierte in den meisten Fällen wunderbar. Wenn man einen Gegenstand in die Luft wirft, fällt er wieder runter, jedes Mal. Umso kräftiger man ihn wirft, umso schneller bewegt er sich.

Newtonsche Mechanik funktioniert im Alltagsleben wunderbar. Wenn man allerdings Extremfälle betrachtet, wie sehr kleine Teilchen oder sehr schnelle Geschwindigkeiten, dann funktioniert Newtons Modell nicht mehr. Es ist nicht so, dass Newtons Gesetze falsch sind. Sie beschreiben einen Spezialfall. Und in bestimmten Extremfällen funktionieren Newtons Gesetze einfach nicht mehr und man braucht die Relativitätstheorie, um korrekte Ergebnisse zu erhalten. Im Alltagsleben liefern die Korrekturen durch die Relativitätstheorie keine wesentlichen Verbesserungen, deshalb stellen Newtons Gesetze eine gute Annäherung dar.

Ich denke, das Gleiche passiert im Fall von Gehirn und Verstand. Im Alltagsleben steht die Sichtweise, dass Gehirn und Verstand dasselbe sind, eine akzeptable Annäherung dar. Es ist nur in den extremen Fällen, also z.B. wenn das Gehirn nicht mehr funktioniert, dass diese Analogie nicht länger zutrifft. Verstand und Gehirn scheinen in diesen Fällen nicht identisch zu sein.

Das am häufigsten diskutierte Beispiel dafür ist eine Nahtoderfahrung. Da hat man Menschen, die klinisch tot sind, und bei einigen davon liegen sogar Messungen der Gehirnströme vor, die keinerlei Gehirnaktivitäten zeigen. Und diese Menschen erzählen uns, nachdem wir sie wiederbelebt haben, dass sie nachweislich tot waren, denken konnten und zwar sogar klarer als je zuvor in ihrem Leben.

Wir haben auch andere Fälle, wo das Gehirn kompromittiert war und Menschen berichteten, dass sie dadurch klarer denken konnten. Es gibt außergewöhnliche Fälle von Menschen mit irreversibler Demenz oder schwerer Geisteskrankheit, die unmittelbar vor ihrem Tod in einen Zustand völliger geistiger Klarheit eintreten. Sie erkennen plötzlich anwesende Familienangehörige, sie sprechen in zusammenhängenden Sätzen, sie verlieren ihre Wahnvorstellungen und dann sterben sie. Was hat es damit auf sich?

Wir haben dafür keine materialistische Erklärung. Falls man allerdings annimmt, dass Verstand und Gehirn sich voneinander trennen können, wenn sich der Zustand des Gehirns verschlechtert, dann hätte man eine denkbare Erklärung für diese Phänomene. Bezüglich dieser Art von Erfahrung kann man allerdings nur schwer forschen, denn es handelt sich hier nur um ungewöhnliche Einzelfälle.

Die meisten Menschen, die an Demenz erkrankt sind, sterben auch an Demenz, ohne nochmal einen Moment der geistigen Klarheit zu erleben. Aber wir haben diese isolierten Fälle, die uns zeigen, dass etwas Seltsames vor sich geht. Mit den Nahtoderfahrungen haben wir allerdings ein Phänomen, das wissenschaftliche Methoden erforschen können.

Wir können die Überlebenszeit des Gehirns z.B. durch Unterkühlung oder durch die Verabreichung von Medikamenten, die seinen Sauerstoffbedarf beeinflussen, verlängern. Man kann sich darüber streiten, ***wie tot ist man wirklich, wenn man tot ist?*** *Wenn man ein einzelnes Neuron im Gehirn betrachtet, das noch funktioniert, macht es dann Sinn zu sagen, das Neuron hat Hunger oder es ist verärgert oder es verfügt über Bewusstsein? Wohl kaum.*
Wie ist es, wenn man zwei miteinander verbundene Neuronen betrachtet. Können die hungrig sein? Die meisten Neurowissenschaftler glauben, dass man ein vollständiges, funktionierendes Neuronennetz braucht, um Bewusstsein zu erzeugen. Das haben wir in Nahtodfällen offensichtlich nicht, wenn man vielleicht noch geringfügigste rudimentäre Restaktivitäten tief im Hirnstamm hat. Wenn in diesem Fall überhaupt noch Hirnaktivität vorliegt, entspricht sie nicht dem, was für normales Bewusstsein benötigt wird.

Wir haben also Gehirne, die nicht mehr funktionieren, und trotzdem berichten Nahtodpatienten, dass sie während einer gesamten Gehirnoperation bei Bewusstsein waren; und diese Menschen sagen sogar, dass sie zu diesem Zeitpunkt klarer denken konnten als jetzt, wo sie wieder in ihrem Gehirn mit all seinen Limitierungen eingesperrt sind. Lassen sich diese Nahtodberichte irgendwie verifizieren?

Wir haben Menschen, die uns sagen, ja ich konnte klarer denken als je zu vor, das Erlebnis war realer als die normale Realität. Woher wissen wir, dass an diesen Berichten etwas dran ist? In einigen Fällen haben Berichte dieser Menschen verifizierbare Informationen geliefert. Das ist es, was Sam mit seiner Aware-Studie versucht nachzuweisen. Er platzierte Objekte im OP, z. B. oberhalb von Lampen, die der Patient unmöglich sehen kann. Außer er verlässt wirklich seinen Körper.

Wir verfügen über zahlreiche Berichte, wo Menschen solche Informationen geliefert haben. Sie berichten darüber, dass sie ihren Körper verlassen haben und sie gesehen haben, wie Dr. So und So den Rollwagen umgekippt hat. Oder sie berichten über Details des Operationsprozesses und diese Berichte stimmen. Manchmal sind wirklich unglaubliche Berichte über Detailaspekte dabei, die die Patienten unmöglich wissen oder hätten raten können. Manchmal erhalten wir auch Berichte, die nicht im direkten Bezug zur Operation stehen, z. B. treffen Patienten oft auf tote Familienangehörige, die ihnen Informationen mitteilen, die sie unmöglich auf anderem Wege hätten erhalten können.

Es gibt Fälle, in denen Patienten auf tote Familienangehörige getroffen sind, von denen niemand wusste, dass sie gestorben waren. Wir haben unzählige Fälle, wo Patienten berichten, dass sie von Onkel Joe begrüßt wurden, aber alle dachten, Onkel Joe lebt noch, bis man dann Tage später herausfindet, dass Onkel Joe wenige Minuten, bevor der Patient seine Nahtoderfahrungen hat, gestorben ist. Wie können wir solche Dinge durch neurologische Prozesse im Gehirn erklären?

Man kann also durch Nahtodberichte verifizierbare Informationen erhalten. Und da stellt sich natürlich die Frage, sind diese Erlebnisse real? Offensichtlich sind sie für die Person real, die sie erlebt und das gleiche gilt auch für Menschen, die dieser Person nahestehen. Ich habe das große Glück, mit Medizinern zusammen zu arbeiten. Sie haben heute Morgen gehört, was Jeffrey Schwartz über die Feindseligkeit von Wissenschaftlern erzählt hat, wenn man ihre wissenschaftlichen Glaubenssätze hinterfragt. Ich habe das selbst häufig bei Wissenschaftlern erlebt, aber die Mehrheit der Krankenhausärzte und praktizierenden Ärzte ticken da anders.

Deshalb war ich sehr berührt von den hoffnungsvollen Worten von Esther Sternberg heute Morgen, als sie über die Zukunft der Medizin gesprochen hat. Denn Ärzte verhalten sich mehr wie Ingenieure als wie Wissenschaftler. Sie legen Wert darauf, was praktisch anwendbar ist und funktioniert. Ein Wissenschaftler will zunächst einmal die Theorie für ein Phänomen erklärt bekommen. Wenn man keine Theorie hat, dann ist der Wissenschaftler nicht an dem Phänomen interessiert. Wo ist Ihre Theorie, um den Materialismus abzulösen? Wie, Sie haben keine? Vergessen Sie es! Ärzte handeln da anders. Ärzte sagen sich, wenn es dem Patienten hilft, werde ich es benutzen, egal ob ich die Theorie hinter diesem Effekt verstehe oder nicht.

Wir haben also ein Phänomen, das für die Patienten absolut real ist. Und es ist auch für die Ärzte, die sich um diese Patienten kümmern, real. Bei den objektiven Ergebnissen der Studien, wie Sam sie z. Zt. durchführt, werden wir über immer mehr objektive, verifizierbare Informationen verfügen, die hoffentlich mehr Wissenschaftler davon überzeugen, dass wir eine Erklärung für diese Art von Phänomen brauchen. Wir haben eine Vielzahl an Messdaten, die von der materialistischen Wissenschaft nicht erklärt werden kann. Ich habe hier das Buch ‚Irreducible Mind'[570]*, das von meinem Kollegen im Jahr 2006 veröffentlicht wurde. Es sind 800 dicht bepackte Seiten mit Daten aus dem Bereich der Medizin, die nicht ins materialistische Weltbild passen.*

Die dokumentierten Fälle umfassen psychosomatische Medizin, gesundbeten, Placebos und Heilung durch Hypnose und auch Nahtoderfahrungen. Alles Dinge, die durch das materialistische Weltbild nicht erklärt werden können. Was haben materialistische Wissenschaftler dazu zu sagen? Sie sagen, das ist eine Sammlung von Anekdoten, es sind isolierte Tatsachen, aber das ist alles, was wir in der Hand haben, solange uns eine umfassende Theorie zur Erklärung der Tatsachen fehlt. Ich denke, das ist eine Erklärung für die Feindseligkeit der Wissenschaftler, über die Geoffrey heute Morgen gesprochen hat. Uns fehlt einfach eine gute konkurrierende Theorie.

Sam hat heute Morgen über Dualismus gesprochen. Das ist eine Alternative zum Materialismus, aber auch mit diesem Ansatz gibt es zahlreiche Probleme. Wenn man sich genauer damit auseinandersetzt, stellt man fest, dass Dualismus ebenso

570 Edward F. Kelly, Emily Williams Kelly, Adam Crabtree, Aland Gauld, Michael Grossi, Bruce Greyson: Irreducible Mind, Toward a Psychology for the 21st Century, Verlag Rowman & Littlefield, Lanham, USA, 2006

viele Probleme mit sich bringt wie Materialismus. Wir haben zurzeit einfach keine gute Erklärung. Ich würde aber sagen, dass wir genügend Messdaten gesammelt haben, um endlich anzufangen nach einer Erklärung zu suchen...“

„... zwingen uns ihre Forschungsergebnisse zu Nahtoderlebnissen nicht, unsere fundamentalen Annahmen zur Funktionsweise des Gehirns zu überdenken? Selbst was ein normal funktionierendes Gehirn betrifft? Mein Vorschlag wäre etwas, was auch schon von William James und Harry Burkson zu Beginn des 20. Jahrhunderts auf sehr elegante Weise formuliert wurde, als sie vorgeschlagen haben, dass wir bezüglich Bewusstsein das Pferd vielleicht von hinten aufgezäumt haben. Damit meine ich, dass das Gehirn vielleicht nicht Bewusstsein erzeugt und das Gehirn somit nicht diese kreative, aktive Rolle des Erzeugers von Bewusstsein hat, sondern eher als so etwas wie ein Druckreduzierventil oder Umsetzer fungiert. Ähnlich wie ein Fernsehempfänger, der elektromagnetische Wellen in Bilder und Ton umwandelt. ... William James lebte im Zeitalter der Dampfmaschine, und er hat das druckreduzierende Ventil als Modell benutzt, weil das dem Zeitgeist der Epoche entsprach.

Dann benutzte man das Modell des Fernsehempfängers, also dass das Gehirn so eine Art Empfänger für Bewusstsein ist. Wir ändern dauernd unsere Modelle. Heute spricht man häufig vom Gehirn als Hardware und vom Verstand als Software. Der Kernaspekt all dieser Modelle ist jedoch, dass das Gehirn nicht Gedanken erzeugt; es empfängt Gedanken und es limitiert Gedanken in gewisser Weise. In diesem Modell sorgt das Gehirn dafür, dass sich der Verstand in der Welt ausdrücken kann.

Lassen Sie mich auf etwas zurückkommen, ... nämlich die Rolle unserer Sprache. Wenn man einen Menschen mit Nahtoderfahrung bittet, seine Erfahrung zu beschreiben, dann sagen fast all diese Menschen als erstes, das kann ich nicht beschreiben. Es gibt keine Worte, die beschreiben können, was ich erlebt habe. Wir sagen dann, super, erzähl doch mal. Dann zwingen wir sie aber dazu, Worte zu benutzen und schreiben diese Worte als vermeintliche, ultimative Wahrheit auf.

Die Tatsache, dass wir diese Menschen dazu gezwungen haben, die Erfahrungen in Worten zu beschreiben, bedeutet noch lange nicht, dass diese Worte eine angemessene Darstellung des Erlebten sind. Wenn man Nahtoderfahrungen über Kulturgrenzen untersucht, stellt man fest, dass es eine Kernerfahrung gibt, die überall gleich ist. Es gibt aber unterschiedliche Beschreibungsformen. Im Westen sprechen viele Menschen über Tunnel, in 3.-Welt-Ländern sprechen Menschen nicht von Tunnel, sondern über eine Höhle oder eine Quelle oder wie sie sich in den Stiel einer Blume hineinbewegen.

In einem Fall hat mir ein Lastwagenfahrer erzählt, dass er in einem Auspuffrohr verschwunden ist. Unser kultureller Hintergrund bestimmt also die Worte, die wir zu einer Beschreibung einer solchen Erfahrung benutzen, um so eine Erfahrung zu beschreiben. Menschen, welche aus einer Kultur stammen, die an einen Gott glaubt, sprechen davon, einen Gott gesehen zu haben. Wenn sie aber aus Kulturen wie z.B. der buddhistischen Kultur stammen, wo man nicht an einen Gott glaubt, dann sehen sie auch keinen Gott.

Viele Menschen sprechen darüber, verstorbene Angehörige gesehen zu haben, andere sprechen einfach über eine warme, liebevolle Empfindung von wie auch immer man das nennen will. Als die Star-Wars-Filme herauskamen, verglichen Menschen die Empfindung ihres Nahtoderlebnisses mit The Force, also der Macht in diesem Film. Ich glaube das Ganze geht tiefer als Sprache. Das Problem liegt darin, wie unsere Kultur unsere Denkprozesse beeinträchtigt. Dadurch werden diese Beschreibungen verzerrt.

Sam hat heute Morgen erwähnt, dass so viel unserer Art zu denken, aus dem antiken Griechenland stammt. Unsere westliche Logik stammt von Aristoteles und der von ihm entwickelten Logik, bei der Dinge entweder wahr oder falsch sind. Aristoteles postulierte das Gesetz des ausgeschlossenen Dritten, also dass Dinge nicht gleichzeitig wahr und falsch sein können. Diese Art der Logik führte dazu, dass es Mysterien gibt, Dinge die wir nicht erklären können. In solchen Fällen kann man versuchen, Dinge entweder auf etwas zu reduzieren, was wir erklären können, oder wir erklären das einfach zum Mysterium. Das hängt damit zusammen, dass wir durch Aristoteles' Gesetz des ausgeschlossenen Dritten limitiert werden.

Es gibt andere Kulturen, die das Gesetz des ausgeschlossenen Dritten nicht kennen. Es gibt das hinduistische Logik-System, das innerhalb des Vaisheshika[571] *entwickelt wurde, in dem es vier logische Zustände gibt. Etwas kann wahr sein, es kann falsch ein, es kann wahr und falsch sein und es kann weder wahr noch falsch sein. In diesem*

571 https://anthrowiki.at/Vaisheshika

Logiksystem sind das alles zulässige Zustände. Wenn man etwas über die heutige Physik nachdenkt – erinnern Sie sich noch daran, was Henri heute Morgen dazu gesagt hat – da gibt es Dinge, die nicht in unser Logiksystem passen.

Philosophen können sagen, Quantenphysik ist unlogisch. Nach Aristoteles' Logik stimmt das vielleicht, aber nach anderen Logiksystemen ist Quantenphysik nicht unlogisch. Ist ein Photon eine Welle oder ein Teilchen? Nach Aristoteles' Logik kann es nur eine Welle oder ein Teilchen sein. Nach anderen Logik-Systemen kann es beides gleichzeitig sein oder keines von beiden. Vielleicht müssen wir als Wissenschaftler über unsere eigenen Vorurteile hinauswachsen. Wir müssen nicht nur andere Sprachen verwenden und andere Formen finden, um Sprache zu bewerten, damit wir lernen können, auf andere Weise zu denken."

„Wenn man die Realität als kollektiven Traum betrachtet, so kann man das Universum als einen Feedback-Mechanismus ansehen, der in Form von **Symbolen** *(z. B. eine Plastiktüte) mit uns kommuniziert. Die Ereignisse, die sich in der Welt abspielen, können in diesem Fall als Abbild unseres kollektiven inneren Zustands angesehen werden. Genauso wie Ereignisse und Umstände im persönlichen Leben arrangiert werden, um den persönlichen inneren Zustand des Individuums zu reflektieren, geschieht dies auch auf kollektiver Ebene.*

Solange wir uns nicht über unser kollektives Erträumen der Realität bewusst sind, scheinen wir uns auf einem Pfad der Selbstzerstörung zu bewegen. ***Durch das Übernehmen von Verantwortung und die Bewusstwerdung über die symbolische Dimension der Realität können wir unser Bewusstsein erweitern und kollektive Träumer einer Realität werden, die auf ein konstruktiveres und positiveres Endergebnis zusteuert.***

Dieser Ansatz bedeutet keinesfalls Passivität und einfaches Rumsitzen und „Erträumen einer besseren Realität". Solange wir keine gemeinsame Vision haben, wo sich unser gemeinsamer Traum hinein entwickeln soll, solange bleiben auch unsere Handlungen unfokussiert, weil ein gemeinsames Ziel fehlt, und somit tendieren die Handlungen dazu, destruktiv zu bleiben.

Die Erkenntnis, dass unsere inneren Prozesse erhebliche Auswirkungen auf die äußere Welt haben, kann ähnlich gesehen werden, wie in einem Traum aufzuwachen und luzid zu werden (sich im Traum darüber bewusst werden, dass man gerade träumt). In der Realität luzid zu werden, geht damit einher, die künstliche Trennung zwischen innerer und äußerer Welt aufzulösen."

DAS MATERIELLE BILD DER REALITÄT

Realität kann man aus vielen unterschiedlichen Blickwinkeln und Weltbildern heraus betrachten. Die rein materielle Interpretation der Realität durch die analytische Brille der Wissenschaft hat es der Menschheit ermöglicht, eine mehr oder weniger hoch-technologische Zivilisation aufzubauen, aber die Beschränkung auf diese Sichtweise führt dazu, dass die Frage nach der tieferen Bedeutung und dem Sinn der Dinge gar nicht mehr gestellt wird. Und obwohl die Wissenschaft für sich in Anspruch nimmt, das höchste Maß an Klugheit und Intelligenz zu verkörpern, ist sie oft dümmer als der gesunde Menschenverstand. Trotzdem gelang es der Wissenschaft, zur Religion der modernen Wissensgesellschaft zu werden. Und damit geriet sie in einen Strudel, in den offenbar jede Religion geraten ist. Um allgemeine Gültigkeit zu haben, werden Konventionen festgelegt, also Übereinkünfte über das, was sein kann und darf und was nicht. Eigentlich widerspricht das schon allein dem inneren Wesen der Wissenschaft, die doch explorativ arbeiten muss und ständig nach neuen Erkenntnissen suchen soll. Diese durch Konventionen zu beschränken, macht dem Grunde nach keinen Sinn.

Das Resultat ist, dass alles, was konzipiert, geplant, konstruiert, gebaut und hergestellt werden kann, auch konzipiert, geplant, konstruiert, gebaut und hergestellt wird, solange es einen Markt dafür gibt, egal, worauf das am Ende hinausläuft. Auf diese Weise sind immer mehr Dinge erschaffen worden und in Umlauf gekommen, die dem Wohl der Menschheit nicht dienlich sind und unsere natürlichen Lebensräume zerstören. Der gesunde Menschenverstand fasst sich an den Kopf und fragt sich, welchen Sinn es macht, weiterhin so vorzugehen und diesem Wahnsinn kein Ende zu machen.

Warum haben so vollkommen einfache Dinge, wie z. B. das Verbot von Einkaufstüten aus Plastik, Jahrzehnte gedauert? Es gab nie auch nur einen einzigen guten Grund FÜR Einkaufstüten aus Plastik, außer der Bilanz ihrer Hersteller. Diese Frage mit dem Verweis auf eine mächtige Lobby abzutun, bringt uns nicht weiter. Es reichen drei Sätze, um einem Kind begreiflich zu machen, dass Einkaufstüten aus Plastik nur Schaden anrichten. Warum lassen wir (scheinbar) offenen Auges so viele Dinge geschehen, ohne zu protestieren oder etwas dagegen zu unternehmen? Wenn wir wach wären, würden wir uns anders verhalten, sowohl als Individuum als auch als Kollektiv.

DAS „BÖSE" ALS POTENTIELLER KATALYSATOR

„Viele Menschen betrachten die Entwicklungen in der Welt zunehmend durch die Angst-Brille, doch man kann die Dinge auch anders sehen: Das „Böse" hat in sich sowohl das Potential, die Menschheit zu transformieren als auch sie zu zerstören. Die Ereignisse, die sich auf der Weltbühne abspielen, kann man auch als Initiationsprozess betrachten, der uns in eine neue Sichtweise der Realität katapultieren kann. Diese veränderte Sichtweise kann die Menschheit dazu befähigen, eine Lösung für die globale Krise zu erschaffen, die aus einem rein materialistischen Weltbild heraus unmöglich ist.

Um Menschen auf ihre eigenen verdrängten Schattenaspekte aufmerksam zu machen, müssen diese Aspekte fokussiert und auf eine Person projiziert werden, die diese Aspekte optimal in der physischen Realität verkörpern kann. Wenn man einen Politiker wie George W. Bush (Junior) betrachtet, so kann es interessant sein, die Situation mal aus einem völlig unorthodoxen Blickwinkel zu betrachten: Bush könnte auch als Verkörperung archetypischer Kräfte angesehen werden, die durch die kollektiven Projektionen der Bevölkerung erzeugt wurde. Er spiegelt uns dann nur die Schnittmenge von Aspekten unserer individuellen Schattenaspekte" (z. B. Naivität, Verantwortungslosigkeit, Unehrlichkeit).

Die beiden Absätze ‚***Realität als kollektiver Traum***' und ‚***Das „Böse" als potentieller Katalysator***' hat Oliver Weis formuliert[572]. Er unterhält die Webseite Matrixwissen, auf der eine Vielzahl interessanter Beiträge zu finden ist, und die ich Ihnen an dieser Stelle mit großem Respekt für Olivers Arbeit empfehlen möchte.

572 https://www.matrixwissen.de/index.php?option=com_content&view=article&id=283:is-our-reality-a-collective-dream-&catid=142:world-view&Itemid=122&lang=de

XIX

ALTRUISTEN
HABEN DIE
GRÖSSEREN GEHIRNE

ALTRUISTEN HABEN DIE GRÖSSEREN GEHIRNE

Ich habe versucht, euch meine Sicht auf das menschliche Bewusstsein aus allen Perspektiven zu vermitteln, die mir im Hinblick auf die Frage bedeutsam erschienen, wo unser Bewusstsein herkommt, was es beeinflusst, wie es sich entwickelt hat und wie es sich entwickeln muss, um den Fortbestand unserer Spezies auf diesem Planeten zu ermöglichen. Dabei habe ich mich bemüht, die philosophischen Aspekte und die Erkenntnisse, die uns aus wissenschaftlichen Betrachtungen zur Verfügung stehen miteinander in Einklang zu bringen. Auf der Suche nach der Antwort auf die Frage, wie der Entwicklungsprozess unseres Bewusstseins weitergehen kann, stieß ich auf erfreuliche Entwicklungen und Berichte über wissenschaftliche Experimente mit bemerkenswerten Ergebnissen.

Die Bereitschaft, sich für andere einzusetzen, wird stetig größer. Im Vergleich zu den Verhältnissen Ende der neunziger Jahre engagieren sich heute Millionen mehr Menschen in einem Ehrenamt als noch vor zwanzig Jahren[573]. Im Internet entstehen neue Formen von Kooperation und Selbstlosigkeit, bei denen Experten weltweit ihre Arbeitskraft verschenken. In der Reisebranche blüht eine neue Kategorie, der "Volunteering-Tourismus". Statt den üblichen Urlaubsbeschäftigungen nachzugehen, stellen Menschen ihre Zeit zur Verfügung um in der dritten Welt in Waisenhäusern zu helfen oder in bedrohten Gebieten Naturschutzarbeit zu leisten.

Mehr und mehr Verhaltensforscher verabschieden sich von dem Dogma des stets egoistischen Menschen. Neue Ansätze das menschliche Zusammenleben zu erforschen kamen aus der Hirnforschung, der Evolutionsbiologie und der experimentellen Ökonomie - und die Ergebnisse überzeugten die Wissenschaftler davon, die bisherige Annahmen, dass Menschen primär aus Eigennutz handeln zu überdenken.

573 Quelle: DIE ZEIT, 22.12.2009 Nr. 53

Erinnert man Menschen jedoch fortwährend an finanzielle Dinge, zeigen sie ein verändertes Verhalten. Wie jedes Suchtmittel, so hat auch Geld gefährliche Nebenwirkungen: Es fördert den Egoismus und beeinflusst die Psyche auf subtile Weise. **Prof. Kathleen Vohs**[574] von der University of Minnesota in Minneapolis, USA veröffentlichte die Ergebnisse von neun wissenschaftlichen Experimenten[575], bei denen sie das Unbewusste ihrer Versuchspersonen mit Worträtseln manipulierte, in denen immer wieder Begriffe wie "Gehalt" oder "Vermögen" vorkamen. Dann bat sie die Probanden um eine kleine Hilfeleistung, etwa ein paar heruntergefallene Stifte aufzuheben.

Das Ergebnis der Studie war erschreckend: Die Versuchspersonen, die man mit Floskeln aus der Finanzwelt konfrontiert hatte, waren deutlich weniger hilfsbereit als jene, die ein Rätsel mit neutralen Begriffen gelöst hatten. Auch waren sie weniger willens, selbst Hilfe in Anspruch zu nehmen oder für eine gute Sache zu spenden. Vohs vermutet, dass der bloße Gedanke an Geld eine Illusion persönlicher Unabhängigkeit wachruft: Mit einer vollen Geldbörse meinen wir eher, andere nicht zu brauchen, und erwarten umgekehrt auch von ihnen, ihre Probleme selbst zu lösen.

Dabei reicht es schon, wenn Menschen Geldscheine nur sehen. Im Vergleich zu einer visuell neutralen Umgebung waren Probanden, die dem Anblick von Geldscheinen ausgesetzt waren, weniger zur Zusammenarbeit mit anderen bereit. Zudem hatten auch weniger Lust, ihre Freizeit mit anderen zu verbringen, und rückten sogar körperlich von ihren Gesprächspartnern ab. Offenbar ist die egoistische Natur des Menschen auch eine sich selbst bestätigende Prophezeiung: Behandelt man Personen, als seien sie eigennützig, werden sie es.

Damit leisteten die Theorien über die grenzenlose Gier der Menschen genau dieser Gier Vorschub. Fraglos sind Geld und Machthunger starke Antriebe. Aber Menschen haben eben auch andere Motive: Mitgefühl etwa oder die Sehnsucht nach Lob und Zuwendung, nach Gemeinschaft und Sinn. Warum

574 https://carlsonschool.umn.edu/faculty/kathleen-vohs

575 http://www.jstor.org/stable/20032843?seq=1#page_scan_tab_contents

haben Wissenschaft und Wirtschaft solche Beweggründe so lange ignoriert? Das Prinzip Eigennutz besaß auch deswegen so viel Anziehungskraft, weil es leicht zu verstehen ist, während die Ursachen für selbstloses Handeln lange im Dunkeln lagen. Tatsächlich zeigen sich Menschen auch im Experiment überraschend freigiebig, wenn sie keinerlei Belohnung, nicht einmal ein freundliches Lächeln als Anerkennung erwarten können.

Um den Willen zur Selbstlosigkeit zu messen, erfand der deutsche Ökonom **Werner Güth**[576] das Ultimatumspiel: Einem Freiwilligen wird eine beträchtliche Summe als Geschenk angeboten. Behalten darf der glückliche Empfänger das Geld aber nur, wenn er einen Teil davon an einen unbekannten Mitspieler abgibt und dieser die Gabe akzeptiert. Wie viel er herausrückt, darf der erste Spieler selbst bestimmen. Aber fast niemand entscheidet sich so. Der Widerwille gegen schäbige Angebote ist dermaßen stark, dass die meisten zweiten Spieler empört ablehnen, sollen sie weniger als ein Viertel der Summe erhalten. Und ihr Gegenüber scheint es zu wissen: Angebote, die drastisch gegen das Gerechtigkeitsempfinden verstoßen, werden nur selten gemacht. In Gesellschaften wie der unseren teilen die meisten Spieler das Geld brüderlich, im Schnitt bekommt jeder die Hälfte.

Nur Altruismus kann erklären, warum die zweiten Spieler nicht auf jedes Angebot eingehen: Wichtiger als ihr persönlicher Gewinn ist ihnen offenbar, dass unter den Menschen halbwegs Gerechtigkeit herrscht – auch wenn sie selbst dafür Nachteile in Kauf nehmen. Der uneigennützige Wunsch nach Fairness ist so stark, dass man ein Menschengehirn massiv stören muss, um ihn vergessen zu machen. Genau das gelang einer Gruppe von Forschern um den Zürcher Ökonomen **Ernst Fehr**[577]**. Als sie die Köpfe ihrer Versuchspersonen mit starken Magnetfeldern bestrahlten und so die Funktion eines Zentrums im rechten Stirnhirn blockierten, brach der Egoismus sich Bahn.** Mit einem Mal nahmen die Probanden auch die knickerigsten Offerten an. Ihr Gerechtigkeitsempfinden, das normalerweise die grenzenlose Gier unterdrückt, war abgeschaltet. Handelte es sich bei den Spielern um perfekte

576 http://www.econ.mpg.de/english/staff/esi/gueth/articles
577 http://www.econ.uzh.ch/en/people/faculty/fehr.html

Egoisten, würde der erste so wenig anbieten wie möglich. Schließlich hat er von seinem Mitspieler nichts zu befürchten, denn die Wissenschaftler sorgen dafür, dass sich die Partner nie begegnen und noch nicht einmal wechselseitig ihre Namen erfahren. Und der zweite sollte in jede Offerte einwilligen – besser ein bisschen Geld als gar keines.

Nie war altruistisches Verhalten so notwendig wie heute. Nie zuvor haben Menschen so viel und über Kontinente hinweg gehandelt, haben sie so viel Austausch gepflegt und gemeinsam versucht, weltumspannende Probleme zu lösen, wie in unserer globalisierten und vernetzten Welt. Nie zuvor war jeder Einzelne so sehr von anderen, oft weit entfernten Menschen abhängig. Umso wichtiger ist es, die Anlagen zu Großzügigkeit und Kooperationsbereitschaft zu fördern, statt egoistisches Verhalten zu begünstigen. Menschen setzen sich am bereitwilligsten für das Gemeinwohl ein, wenn sie wissen, wie sehr sie aufeinander angewiesen sind: Daher könnten Unternehmen in ihrem eigenen langfristigen Interesse gut beraten sein, statt in üppige Boni eher in ein gedeihliches Betriebsklima zu investieren. Bloße Appelle an Moral und Gewissen dürften hingegen wenig fruchten. Schließlich belegen die neuen neurobiologischen Erkenntnisse, dass selbstloses Verhalten nicht so sehr bewusster Überlegung entspringt, sondern stark emotional gesteuert ist.

Beobachtungen extrem selbstlosen Verhaltens werfen sehr tiefgründige Fragen nach der Natur des Menschen auf. Sie deuten darauf hin, dass die Grenzen unseres Ichs viel weniger fest gefügt sind, als wir glauben. Davon ist jedenfalls **Donald Pfaff**[578] überzeugt, der an der New Yorker Rockefeller-Universität die hirnphysiologischen Grundlagen des Altruismus erforscht. In bedrohlichen Situationen, aber auch in Momenten freudiger Erregung könne, so Pfaff, die sonst so deutlich erlebte Trennung zwischen “ich” und “den anderen” verschwimmen. Bisweilen würde sich diese Grenze sogar auflösen.

Altruismus und Egoismus galten von jeher als unvereinbare Gegenpole des menschlichen Handelns. Im Licht der neuen Erkenntnisse aber stellt sich heraus, wie sehr beide einander bedingen und brauchen. Wenn Altruisten

578 https://www.rockefeller.edu/our-scientists/heads-of-laboratories/887-donald-w-pfaff/

die eigenen Interessen vollständig vergessen, gehen sie unter; reine Egoisten allerdings sind in der Regel auch nicht lange erfolgreich. Darum würde man den menschlichen Empfindungen und fast all unseren Handlungen nicht gerecht, erklärte man sie allein durch Eigennutz oder aber ausschließlich durch die Sorge um andere. Oft ist nicht einmal klar auszumachen, wo die eigenen Belange aufhören und fremde beginnen. "Mitgefühl ist weder altruistisch noch eigennützig", so hat es der amerikanische Neuroökonom **Paul Zak**[579] formuliert. "In Wirklichkeit zeigt diese Regung, wie sehr wir gelegentlich die Bedeutung des Individuums überschätzen."

Abigail Marsh[580], Professorin für Psychologie und Neurowissenschaften an der Georgetown University, USA, verdankt ihre Karriere zwei lebensbestimmenden Geschehnissen. Das erste davon ereignete sich, als sie im Alter von 19 Jahren ihr Leben in einer gefährlichen Situation einer außergewöhnlichen Heldentat verdankte, als ein Fremder nach einem Autounfall, an dem sie beteiligt war, eingriff und sie in Sicherheit brachte. Ein paar Jahre später, auf einer Silvesterparty, brach ihr ein anderer Fremder die Nase, als sie versuchte, sich gegen seine Zudringlichkeiten zur Wehr zu setzen.

Diese beiden Erfahrungen haben ihre Arbeit als Leiterin von Georgetowns Laboratorium für Soziale und Affektive Wissenschaft sowie die Forschung, die zum Thema ihres neuen Buches *"Der Angstfaktor: Wie eine Emotion Altruisten, Psychopathen und alle anderen verbindet"*[581] wurde, beeinflusst: Marsh untersuchte die Gehirne ihrer Probanden mit bildgebenden Verfahren und fand heraus, dass Altruisten dank ihrer extremen Sensibilität für die Angst anderer Menschen zu außergewöhnlichen selbstlosen Taten motiviert sind. Am anderen Ende des Persönlichkeitsspektrums haben Psychopathen, die mit ihrem Verhalten anderen Menschen schaden oder sie gefährden eine Unempfindlichkeit gegenüber anderen und eine Unfähigkeit, Angst in anderen zu erkennen.

579 http://www.pauljzak.com/

580 http://www.abigailmarsh.com/

581 The Fear Factor - How One Emotion Connects Altruists, Psychopaths, and Everyone In-Between, Basic Books, New York, 2017, ISBN-13: 9781541697201 https://www.basicbooks.com/titles/abigail-marsh/the-fear-factor/9781541697201/

Abigail Marshs neues Buch liest sich wie ein Thriller: Seite für Seite wirft es Licht auf eines der fundamentalsten Züge menschlicher Wesen: extreme/n Egoismus/Selbstsüchtigkeit und extreme Selbstlosigkeit/Nächstenliebe und stellt einen bemerkenswerten Beitrag für das Verständnis der inneren Mechanismen von Altruismus dar. Dass Psychopathen, die unbesiegten Champions der herzlosen Selbstsucht, sehr schlecht darin sind, Angst in den Gesichtern anderer zu erkennen, ist umso bemerkenswerter, da sie dabei trotzdem gut darin sind, andere Emotionen wie beispielsweise Ärger, Freude und Schmerz zu identifizieren, aber sie können nicht beschreiben, was Angst ist, noch erleben sie selbst viel Angst.

Wenn sie gedrängt werden zu antworten, sagte z.B. einer der Psychopathen: *"Ich weiß nicht wie dieser Gesichtsausdruck benannt wird. Aber ich weiß, dass die Menschen so aussehen ehe ich auf sie einsteche."* Ein dreizehn Jahre altes Mädchen mit psychopathischen Tendenzen antwortete auf Marshs Frage über Angst mit folgendem Kommentar: *"Mir macht nichts Angst! NICHTS."*

Wie lässt sich das erklären? Mit ihrer Forschung konnte Abigail Marsh und andere Neuro-Wissenschaftlern zeigen, dass die Gehirne von Psychopathen eine Dysfunktion in der Struktur der Amygdala aufweisen, die für essentielle soziale und emotionale Funktionen verantwortlich ist. Bei Psychopathen weist die Amygdala nicht nur eine zu geringe Reaktion auf Bilder auf, die Menschen in Angstzuständen abbilden, sondern sie ist auch um 20% kleiner als der Durchschnitt.

Marsh wunderte sich auch über Menschen, die sich am anderen Ende des Spektrums befinden, den extremen Altruisten: Menschen voll von Mitgefühl, Menschen welche freiwillige Dienste erweisen, bspw. eine ihrer Nieren einem Fremden spenden. Die Antwort ist bemerkenswert: **Extreme Altruisten übertreffen jeden wenn es darum geht, Anzeichen von Angst in anderen festzustellen und obwohl sie selbst Angst haben, hält sie das nicht davon ab sich mutig und unerschrocken für andere einzusetzen.** Seit ihrer anfänglichen Entdeckung haben zahlreiche Studien bestätigt, dass sich Altruismus anhand der Fähigkeit Angst in anderen Menschen erkennen zu können, zutreffender nachweisen lässt, als mit anderen Faktoren. Darüber hinaus stellte Abigail Marsh fest, dass unter den extremen Altruisten, die Amygdala physisch um durchschnittliche 8% größer ist. Die Signifikanz dieser Tatsache galt sogar auch noch, nachdem etwas sehr Ungewöhnliches festgestellt wurde: Die Gehirne der Altruisten sind generell größer als jene von durchschnittlichen Menschen.[582]

Also, warum Angst? Die Rückmeldung der Amygdala auf ängstliche Ausdrücke scheint nicht eine Rückmeldung auf eine Bedrohung oder Gefahr zu sein, sondern eine tiefe sehr alte Form der Empathie. Eine weitere bemerkenswerte Verbindung, die von Marsh erkannt wurde, hilft diesen Prozess weiter zu erklären. Wenn jemand ein Babygesicht sieht oder in physischen Kontakt mit einem Menschen kommt, der ihm lieb ist, dann triggert das Gehirn die Ausschüttung von einem Peptid namens Oxytocin. Oxytocin sorgt dafür, dass wir uns um andere sorgen bzw. kümmern, vor allem um Menschen welche uns nahe stehen. Es ist in der Amygdala sehr stark vorhanden und möglicherweise maßgeblich daran beteiligt die Impulse, die einen von den Ängsten und dem Stress anderer abwenden lassen in ein Bedürfnis zu transformieren, um um diese Menschen zu kümmern.

Aber was hat ein Babygesicht mit Angst zu tun? Von all den Gesichtsausdrücken, die ein Mensch machen kann, ist der, der am meisten einem Baby ähnelt, Angst. Ängstliche Augen sind weit offen und groß, ängstliche Brauen liegen hoch und zeigen nach oben, während der Mund rundlich und niedrig gehalten und nach oben gerichtet ist, der Kiefer klein und zurückweichend ist. Also scheint es so zu sein, dass wenn eine altruistische Person jemanden in Angst sieht, sie die gleiche Reaktion hat als wenn jemand ein Baby in Schwierigkeiten sieht, folglich triggert dies den Impuls, sich zu kümmern und zu beschützen.

Die Ausschüttung von Oxytocin scheint der Katalysator für diesen Anstieg

582 Abigail A. Marsh, Sarah A. Stoycos, Kristin M. Brethel-Haurwitz, Paul Robinson, John W. VanMeter, and Elise M. Cardinale, "Neural and Cognitive Characteristics of Extraordinary Altruists," Proceedings of the National Academy of Sciences of the United States of America 111, no. 42 (2014): 15036–15041.

an Empathie und Fürsorge zu sein. Obwohl noch keine aktuelle Technologie diese Ausschüttung von Oxytocin im menschlichen Gehirn direkt messen kann, zeigt die Forschung, dass die Verabreichung von Oxytocin durch ein Nasenspray nicht nur fürsorgliches Verhalten und Vertrauen erhöht, sondern auch die Genauigkeit erhöht Angst zu erkennen. Marsh bestätigt auch, dass extreme Altruisten die Leute sind, die ihren Fürsorge-Kreis ausdehnen können. Viele Menschen wären bereit, ihrer Mutter oder einem nahen Verwandten eine Niere zu spenden. Wenn man sie danach fragt warum, dann ist die übliche Antwort: "Weil sie meine Mutter ist."

Einer der altruistischen Nierenspender fragte: "Okay, du machst das für deine Mutter. Wie wäre es für deine Schwester oder deinen Bruder? Oder deinen besten Freund?" Dann weitet er den Kreis noch weiter aus: *"Was wäre, wenn jemand nächste Woche sterben würde und du der einzige bist der diesen Menschen retten kann?"* Für diesen Altruisten ist *"denn sonst wird jemand sterben"* eine genauso offensichtliche Antwort darauf seine Niere einem Fremden zu spenden wie es die Antwort *"weil es meine Mutter ist"* für jeden anderen ist.

Eine weitere Eigenschaft, die Marsh an außergewöhnlichen Altruisten entdeckt hat ist die unerschütterliche Bescheidenheit. Sie zeigen einen festen Widerstand hinsichtlich aller Bemühungen sie mit Lob und Bezeichnungen wie *"Held"* hervorzuheben. Eine ähnliche Form der Bescheidenheit und Demut wurde von **Samuel and Pearl Oliner**[583] festgestellt, sowie auch von **Kristen Monroe**, als sie Retter interviewten, die ihr Leben riskierten, um Juden davor zu bewahren, in ein Todeslager deportiert zu werden. Der Drang, anderen zu helfen war "zweiter Natur" und hatte nichts Aufopferndes; sie hatten das Gefühl in vollkommener Treue zu sich selbst zu agieren.

Nun lasst uns für einen Moment pausieren: Wir wissen auch aus der Forschung, dass im Bereich der Neuroplastizität jede Form von Training zu einer Rekonfiguration des Gehirns führt, im funktionellen und strukturellen

583 Oliner, S. P., & Oliner, P. M. (1988). The Altruistic Personality: Rescuers of Jews in Nazi Europe. Macmillan. Monroe, K. R. (1996). The Heart of Altruism: Perceptions of a Common Humanity. Princeton University Press.

Bereich. Im Verlauf der letzten zwanzig Jahre wurde eine steigende Anzahl von Studien durchgeführt (u.a. von **Richard Davidson**[584] und seinen Kollegen an der Universität von Madison, Wisconsin, USA), die zeigten, dass das Trainieren des Geistes durch verschiedene Meditationstechniken die Kapazität für Altruismus und Mitgefühl erweitern kann. **Die Forschung von Abigail Marsh empfiehlt speziell, das Erkennen von Angst und Leiden in anderen zu trainieren und so die Neigung für altruistisches Verhalten zu fördern.**

Paul Ekman, Ph.D.[585], ist der weltweit führende Experte für Emotionen und Mimik. Er wurde als *"der beste menschliche Lügendetektor der Welt"* bezeichnet, weil er Mikroausdrücke, die kurzen unwillkürlichen Gesichtsausdrücke, die mit unseren Emotionen korrelieren, erkennen kann. Im Jahr 2009 wurde Ekman vom Magazin TIME zu einem der einflussreichsten Menschen gekürt. Auf seiner Webseite kann man sich verschiedene Programme anschauen, mit denen sich die Fähigkeit trainieren lässt, Emotionen in anderer besser erkennen zu können: **https://www.paulekman.com/micro-expressions-training-tools/**

Authentischer Altruismus erfordert nicht, dass wir leiden, wenn wir anderen helfen. Was für manche wie ein Opfer aussieht, wird von anderen als tiefgreifende persönliche Zufriedenheit erlebt. Selbstloses Verhalten verliert nicht an Authentizität, wenn es mit Gefühlen von tiefgehender Erfüllung einhergeht. Das bedeutet auch, dass sich das Einstellen auf Altruismus selbst verstärkt - die Freude, die er auslöst macht es wahrscheinlich, dass er wiederholt wird.

Wir sind individuell und als Menschheit insgesamt mit der Herausforderung konfrontiert, wie wir das Streben nach Glücklichsein mit den Notwendigkeiten der materiellen Welt und dem Respekt für die Umwelt in Einklang bringen. Im Griechenland der Antike wurde derjenige als „Idiot" bezeichnet, der sich nur um seine eigenen Belange kümmerte - **in einem am Wohl aller orientierten**

584 Lutz, A., Brefczynski-Lewis, J., Johnstone, T., & Davidson, R. J. (2008). Regulation of the neural circuitry of emotion by compassion meditation: effects of meditative expertise. PLoS One, 3(3), e1897.

585 https://de.wikipedia.org/wiki/Paul_Ekman

Denken liegt die einzige Chance aus diesem Labyrinth der komplexen Verhältnisse herauszufinden und gemeinsam an einer besseren Welt zu arbeiten

Altruismus sollte nicht in den Bereich des noblen utopischen Denkens abgeschoben werden. Wir müssen die Klarheit haben, dies anzuerkennen und die Kühnheit und den Mut, zu sagen, dass Altruismus kein Luxus ist, sondern eine Notwendigkeit. Martin Luther King, Jr. erinnert uns *"Jeder Mensch muss sich dazu entscheiden, im Licht des kreativen Altruismus zu wandeln oder in der Dunkelheit der destruktiven Selbstsucht."*

XX

SCHLUSSKAPITEL

SCHLUSSKAPITEL

Zurück zu Platon – und raus aus der Höhle

Platon versuchte mit seinem Höhlengleichnis die zentralen Gedanken seiner Philosophie, der sogenannten Ideenlehre, zu veranschaulichen. Der Aufstieg aus der Höhle ans Licht ist dabei ein Sinnbild für den Aufstieg des Denkens aus der Welt der Erscheinungen ins Reich des wahrhaft Seienden. Hatte Parmenides noch behauptet, außerhalb des Seins könne es nichts geben, beginnt Platon zu differenzieren. Die Schatten an der Höhlenwand mögen zwar Trugbilder sein, aber sie sind doch irgendwie vorhanden. Ihr Sein hängt allerdings unmittelbar von den echten Gegenständen ab. Auch die Trugbilder sind also seiend, jedoch in Abhängigkeit von den echten Gegenständen, also weniger seiend als diese.

Daraus folgert Platon: Je geringer die Abhängigkeit eines jeweils Seienden von einem anderen, umso seiender ist es. Das Seiende jedoch, das von gar keinem anderen mehr abhängt, nennt Platon die **höchste Idee**, die im Höhlengleichnis von der Sonne verkörpert wird. Platon sucht nach dem unwandelbaren Urgrund alles Seienden. Was ist es also, das alles irgendwie Seiende erst ins Sein setzt? Platon fragt gleichsam immer höher hinauf, aus der Welt der materiellen Dinge in die Wandelbarkeit, in die Welt der Ideen, die gegen jede Veränderung immun sind. Der Ursprung der Ideen ist dabei die Idee des Guten und Schönen. Dem Menschen ist es überlassen, in mühseligen Denkoperationen letztlich diese lichte Idee des Guten und Schönen zu schauen. Das versetzt ihn in einen Zustand der Glückseligkeit. Wie Platon gehe auch ich davon aus, dass jeder vor seiner Geburt bereits den Glanz der Ideen geschaut hat. **Die mühseligen Denkoperationen sind im Grunde nichts anderes als ein Vorgang des sich Wiedererinnerns an jenen Zustand, der mit der Geburt des Körpers und dessen Wahrnehmungswelt zunehmend undeutlich wird und in Vergessenheit gerät.**

Meiner Ansicht nach repräsentiert die gegenwärtige Menschheit den „verlorenen Sohn“[586], der sich von seinem Vater getrennt hat. Er verließ sein Zuhause, um Erfahrungen zu machen. Beim Verlassen seines Zuhauses vergaß dieser Sohn zunächst seine Herkunft und war damit in der Lage, auf sich gestellt seine „persönlichen“ Erfahrungen zu machen – etwas Persönliches gibt es ja nicht wirklich, da alles mit allem verbunden ist.

Dies hatte der Sohn allerdings vergessen, und mit dieser Trennung prägte sich das Persönliche immer weiter aus. Seine hieraus entstehenden Schwierigkeiten konnte er jedoch nicht zuordnen, so dass er alles Äußere für sein immer größer werdendes Leid verantwortlich machte. Dabei hatte und hat dieses Kind jederzeit die Möglichkeit, zu seinem Vater zurückzukehren, indem es sich wieder bewusst mit seiner Quelle verbindet, um sich selbst und seine Quelle zu erkennen. (Die Rückkehr zur Quelle ist die Rückkehr zur Göttlichkeit.)

So durchlitt der Sohn eine lange Zeit, bis er eines Tages, als das Leid für ihn nicht mehr zu ertragen war, eine Eingebung erfuhr und sich plötzlich an seine Heimat und seine wahre Herkunft erinnerte. Und so kehrte er aus freien Stücken zurück zum Vater, der ihn bekanntlich sehnsüchtig erwartet hatte und voller Freude wieder zu sich aufnahm. Diese Darstellungsform vermittelte mir das Bild darüber, dass wir alle diese Position des verlorenen Sohnes eingenommen haben.

Indem wir nun zunehmend unsere wahrhaftige Göttlichkeit erkennen, könnten wir in unsere Heimat zurückkehren und, wenn wir wollen, auf einer anderen Seins-Ebene neue Erfahrungen in der bewussten Anbindung an unser wahres Wesen machen, nun als vollbewusstes Wesen, welches seine Erfahrungswelten in Freiheit bewusst selbst bestimmt.

Und wie Vivekananda sagte, als er von der Lebensweise seines Meisters sprach, wird sich dann das Volk der Äonen[587] vielleicht endlich damit begnügen,

---

586 Gleichnis vom verlorenen Sohn, siehe Bibel, Lukas-Evangelium Kapitel 15

587 Äon oder Aion (von griechisch ὁ αἰών (ho aiōn) aus archaischem Griechisch ὁ αἰϝών; aiwón) ist ein Begriff der antiken Philosophie und Religion, der die (personifizierte) Weltzeit oder Ewigkeit bezeichnet.

dieses große Leben zu leben – und es anderen überlassen, eine Erklärung dafür zu finden. Wie bereits Parmenides, der griechische Philosoph vor etwa zweieinhalbtausend Jahren festgestellt hat, dass ***„nichts gedacht werden kann, was nicht existiert oder existieren könnte."***

LIEBE IST DAS FUNDAMENT DES KOSMOS

Liebe ist das Fundament des Kosmos[588]. Sie ist das alles verbindende Gewebe von allem was ist, der „Stoff", aus dem wir gemacht sind. Liebe ist die Erfahrung, ganz zu sein, verbunden mit der Göttlichkeit. Wenn es uns gelingt, die Verbindung mit unserer Seele, unserem Wesenskern, unserem höheren Selbst bei allem, was wir tun, denken und empfinden, aufrechtzuerhalten – und uns und die Welt um uns herum aus seiner Perspektive zu betrachten, werden wir die Schwelle zu Erleuchtung überschreiten. Wir werden damit aufhören, den simplen Reiz-Reaktionsmustern anheim zu fallen, die Teil unserer Ego-Programme sind, aber nicht Teil unseres Wesenskerns, der nur eine Maxime kennt, die der Liebe und des Wissens um die Untrennbarkeit von Allem.

Und genauso, wie wir uns irgendwann einmal darauf geeinigt haben, dass die Wirklichkeit, in der wir momentan unsere Existenz erleben, so aussieht, dass die „objektive Realität" (von der wir ja inzwischen wissen, dass sie es nicht wirklich gibt, aber zumindest die gemeinsam geteilten Vorstellungen von dem, was angeblich unumstößlich wahr ist) so aussieht, dass sich die Menschheit am Rande eines Abgrunds befindet, können wir uns kollektiv darauf einigen, dass wir gemeinsam eine andere Realität erschaffen. Es braucht nicht viele, wir müssen uns nur einig sein, wie sie aussehen soll.

588 Kosmos (κόσμος kósmos ‚(Welt-)Ordnung'.

Mit einem liebenden Herzen kann der Mensch mehr erreichen als alle Angst und aller Schrecken. Wenn wir uns auf die Liebe als die Basis für eine bessere Zukunft einigen und uns dazu durchringen können, uns die Fehler der Vergangenheit einander und vor allem uns selbst zu verzeihen, dann können wir auf eine Wirklichkeit hoffen, die lebenswert sein wird. Es ist „nur" die Frage, ob wir uns dazu entschließen können. Ob wir alle Ängste, Skepsis und zweifelnden Stimmen aus unseren Köpfen und Herzen verbannen können, die uns suggerieren wollen, diese Idee sei illusorisch. Sie ist nur so lange illusorisch, wie uns das Vertrauen fehlt, an sie zu glauben, an UNS zu glauben.

Sagt euch jeden Morgen: Ich bin ein machtvoller Geist, eine liebende Seele und ausschließlich der Verwirklichung meiner Göttlichkeit in dieser Wirklichkeit verpflichtet, und nichts wird mich daran hindern.

Alles Leiden wird durch die Illusion des Getrenntseins verursacht: sie erzeugt Unzufriedenheit und Angst, die schließlich Krankheit zur Folge haben.

Wir selbst sind die Meister unseres Lebens. Tatsächlich können wir viel mehr tun als wir glauben; wir können uns sogar von einer „tödlichen Krankheit" heilen. Tatsächlich ist das Leben keineswegs endlich, denn der Tod ist - solange es diesen Teil des Programms noch gibt - einfach der Übergang zu einer anderen Ebene des Seins.

Mein innigstes Bestreben ist es, euch zu ermutigen, **die konditionierten Begrenzungen eures Lebens zu überschreiten und euch selbst anders zu betrachten.** Ich möchte euch ermutigen, euer Leben so zu gestalten, dass **ihr jeden Augenblick von neuem in das Leben hineingeboren werdet.** Ich möchte euch dazu ermutigen, **eure Lebenserfahrungen nur lose und ohne Erstarrung zu einem Ganzen zu bündeln.**

Die moderne Physik stellt fest, dass es **keine** Grundbausteine der Materie gibt, **sondern dass alle Universen ein unteilbares Ganzes sind; ein unermessliches Gewebe interagierender Wahrscheinlichkeiten. Aus diesem Ganzen speist sich die Wirklichkeit des manifestierten Universums.** Dabei ist die dreidimensionale Realität, in der wir leben, nur die Projektion einer tieferen

Realität. Jegliche Trennung, die wir in unserer Realität empfinden, basiert auf einer falschen Vorstellung, weil wir uns der Zusammengehörigkeit auf der tieferen Ebene nicht bewusst sind.

Da wir unauflöslich ein aktiver Teil des Ganzen sind, können wir uns in einen holistischen Seinszustand hineinbegeben, ganz werden und mit der schöpferischen Kraft des Universums in Verbindung treten. **In diesem Zustand des Seins sind wir aktive und vollbewusste Schöpfer.** Mit der Annäherung an diese universale schöpferische Kraft, die wir als Liebe erfahren, identifizieren wir uns zunehmend mit unserem Selbst und verschmelzen mit dem Gott, den ich Allschöpfer nenne. Hierzu ist der erste Schritt unsere wahre Selbsterkenntnis (***„Erkenne dich selbst!“*** – gnóthi sautón!).

Wenn wir diese Erkenntnis praktisch und wiederholbar in unser Leben integrieren, sind wir dazu fähig, **Einbildung von höherer Wirklichkeit zu unterscheiden.** In dieser Erkenntnis verbindet sich unser höheres Bewusstsein mit höheren Frequenzen und größerer Kohärenz. Mit der Ausweitung unseres Bewusstseins auf höhere Frequenzen treten wir mehr und mehr aus der Getrenntheit heraus, bis wir schließlich eins werden mit allem was ist. Hier erfahren wir auf höheren Ebenen unsere höheren Körper und die höheren Welten, in denen wir existieren.

Ungeachtet davon, ob wir tatsächlich in einem Simulationsprogramm leben oder nicht, könnte uns seine Annahme dabei helfen, unsere Vorstellungen über unsere bisherigen Grenzen hinaus erheblich zu erweitern, wenn nicht sogar dabei, sie aufzulösen. Befreit von den Limitierungen unserer alten Denkschemata und unseren alten Vorstellungswelten, können wir unser ganzes Sein in allen Ebenen und Dimensionen erkennen und verstehen, was unsere Rolle und Aufgabe in der Ganzheit des Seins ist.

„Nicht jeder von Euch ist bereit, seine Aufgabe anzunehmen, geschweige denn sie auch nur annähernd zu verstehen. *Aber auch das ist ein zyklischer Entwicklungsprozess, sodass ihr immer wieder an denselben Punkt des Kreises geführt werdet, der doch in Wirklichkeit eine Spirale ist, bis euch eines Tages die volle Erkenntnis eurer Aufgabe zuteil wird.* ***Von da an wird es keinen Zweifel mehr***

geben, weil ihr die Spitze dieser Spirale erreicht haben werdet, um sodann in eine neue einzutauchen, die euch wieder auf die nächste Aufgabe vorbereitet. Wir sind ein Teil einer größeren Wesenheit, die seit Angedenken der Menschheit das Matrixgewbe des Universums bestimmt.
(22.11.94)“

Liebe Freunde,

die Metamorphose, die wir erleben, ist ein Prozess, der unsere bisherigen Vorstellungskräfte übersteigt. Die Extreme der Polarität, die unsere alte Wirklichkeit kennzeichnen, werden sich zunächst noch deutlicher zeigen, als sie es bisher getan haben. Das zwingt uns letztlich zu einer Entscheidung, die einem Klippensprung aus großer Höhe gleichkommt und die von der unerschütterlichen Überzeugung genährt wird, dass uns – im übertragenen Sinne - das Wasser für eine kurze Zeit in sich aufnehmen und uns wieder an die Oberfläche bringen wird. Wenn wir wieder auftauchen, werden wir in einer neuen Welt sein, die dem Paradies, aus dem wir kommen sehr ähnlich sein wird und das wir mit jedem Gedanken und jedem Gefühl in all sein Einzelheiten neu gestalten können. Wir müssen uns nur dafür entscheiden, es zu wollen. Vielleicht ist das die Erleuchtung, die wir noch brauchen. Zu erkennen, dass wir die alte Welt hinter uns lassen dürfen und sollten, mit allem, was an ihr nicht gut ist, um in einer neuen Welt weiterzuleben, in dem uns all das Schöne erwartet, das wir erleben wollen und die Liebe, nach der wir uns sehnen.

Wie schnell wir den Prozess des Übergangs vollenden, hängt davon ab, wie gründlich wir uns dem Prozess der Selbsterkenntnis widmen und uns von unseren alten Denkmustern befreien, die unsere Vorstellungsfähigkeit auf das Materielle begrenzen und die unsere geistigen Dimensionen für etwas Irreales halten mussten, weil „irgendetwas“ in uns uns immer wieder davon abgehalten hat, zu begreifen und anzuerkennen, dass wir unsere Realität mit unseren Gedanken, Gefühlen und Vorstellungen erschaffen können und dies ständig tun.

Me Agape,

Euer Dieter Broers

BRIEF AN EINEN FREUND

Wenn unsere Begegnung irgendeinen Sinn für dich gehabt haben soll, dann nur den einen: du musst weder dich selbst noch die Menschen um dich herum länger auf die Probe stellen.

Es ist nicht nötig, dich selbst zu verleugnen oder die Anderen schlecht zu behandeln, um herauszufinden, ob sie dich trotzdem lieben.

Wenn du dir nicht sicher bist, ob sie dich wirklich lieben oder nur bei dir sind, weil sie sich einen Vorteil davon versprechen, mach Dir klar: sie lieben dich ohnehin nur wegen der Großzügigkeit, mit der DU DICH ihnen schenkst. Egal, wie sich das ausdrückt. Materie ist eine Illusion.

Es geht nur um Liebe, um Hingabe, um Vergebung, um vorbehaltlose Unterstützung und um geteilte Freude ohne Beurteilungen.

Überschütte die Menschen, die du liebst, mit deiner Liebe und liebe dich selbst.

*

Auch die, die das ungeheure Glück haben, in ihrem Leben von sichtbaren Engeln umgeben zu sein, träumen manchmal von den Teufeln in ihrem Leben oder den gefallenen Engeln, die den Versuchungen nicht widerstehen können, die die Matrix für sie bereit hält: Macht, die zum Schaden anderer eingesetzt wird,

Besitz, der nicht sinnvoll genutzt wird, Geld, das man nicht für etwas Positives einsetzt, Verschwendung von Ressourcen, Ruhm, der einem zu Kopf steigt, Überheblichkeit, Unaufrichtigkeit, Ungerechtigkeit, Übervorteilung, Bestechlichkeit, Verrat, Betrug, Gier, Neid, Eifersucht, vorenthaltene Anerkennung, verwehrte Hilfsbereitschaft, mangelnde Solidarität, fehlende Achtsamkeit und Aufmerksamkeit für andere, unzureichende Zuwendung und Führsorge ... und sie halten aus Angst oder falschem Stolz an Befürchtungen fest, aus denen sie die Berechtigung für Verhaltensweisen ableiten, die ein wirklich liebender Mensch nicht wählen würde.

Oder von denen, die auf andere Weise in die Fallen getappt sind, die ihr Ego mit seinen Süchten und Irrtümern für sie aufgestellt hat. Eines Tages werden auch sie es begreifen.

Solange sind sie alle ärmer als die, die all das schon begriffen haben. Wir sind unendlich reich, wenn wir echte Freunde haben, die für uns durchs Feuer gehen, so wie wir es auch für sie tun würden. Es ist dieser unausgesprochene Pakt, der uns trägt und stärkt und am Leben hält.

Du hast um eine Einladung in die Gemeinschaft gebeten, die diesen Pakt lebt, und Du kannst sie immer noch annehmen, wenn Du willst.

Inspiriert durch das Vorwort zu Robert O. Williams Buch "LOVE IS THE POWER"

DANKE!

Ich begann dieses Buch im Frühjahr 2017 zu schreiben. Bis zum Spätherbst war die erste Hälfte fertig. Gernot Ottowitz hat es übernommen, Struktur in das Material zu bringen und hat mir in vielfacher Weise geholfen. Ab Dezember habe ich nochmals Unterstützung von Vera Brandes erhalten, die auch schon im Sommer 2017 an einer Reihe von Kapiteln mitgearbeitet hat. Heute ist das Buch nun endlich in einer druckreifen Fassung fertig geworden und es ist Zeit, sich bei all denen zu bedanken, ohne deren Hilfe und Unterstützung es immer noch nicht fertig wäre: Dietmar Cimbal, Claudia Fischer, Klaus-Peter Zeyen, Gabriele Hahn, Suzie Rosalie Martin, Gunther Friedrich, Frank Terhaag und alle im B uch einzeln genannten Freunde und Gleichgesinnte, die ihre Zustimmung dazu gegeben haben, ihr Material zu verwenden. Euch allen einen herzlichen Dank für Eure liebevolle und unermüdliche Unterstützung!

ANHANG

ANHANG

Tabellen zum Kapitel „Wonach suchen wir Wirklich?“ Auswirkungen des Geistes auf die Wahrscheinlichkeit

P \ M	0,0	0,1	0,2	0,3	0,4	0,5	0,6	0,7	0,8	0,9	1,0
1,0	1,000	1,000	1,000	1,000	1,000	1,000	1,000	1,000	1,000	1,000	1,000
0,9	0,900	0,908	0,917	0,926	0,936	0,946	0,957	0,967	0,978	0,989	1,000
0,8	0,800	0,811	0,827	0,844	0,864	0,884	0,906	0,928	0,951	0,957	1,000
0,7	0,700	0,711	0,730	0,754	0,781	0,811	0,845	0,880	0,918	0,958	1,000
0,6	0,600	0,609	0,627	0,654	0,687	0,726	0,771	0,821	0,876	0,936	1,000
0,5	0,500	0,505	0,520	0,545	0,580	0,625	0,680	0,745	0,820	0,905	1,000
0,4	0,400	0,402	0,411	0,430	0,461	0,506	0,567	0,646	0,743	0,861	1,000
0,3	0,300	0,300	0,303	0,313	0,333	0,369	0,428	0,513	0,633	0,793	1,000
0,2	0,200	0,200	0,200	0,202	0,208	0,225	0,262	0,334	0,462	0,672	1,000
0,1	0,100	0,100	0,100	0,100	0,100	0,101	0,105	0,125	0,179	0,414	1,000
0,0	0,000	0,000	0,000	0,000	0,000	0,000	0,000	0,000	0,000	0,000	1,000

Tabelle 4: Die Auswirkungen des Geistes auf die Wahrscheinlichkeit (Wert M) und seine Wahrscheinlichkeit (Wert P). M = 1 erhebt jede Wahrscheinlichkeit zur Gewissheit

Buddistischer "Moment des Gewährwerdens"	13ms	4 x 10^{15} Nukleonen (4 x 10^{10} Tubuli/Zelle ~ 40.000 Neuronen
"Koherente 40 Hz Oszillation"	25ms	2 x 10^{15} Nukleonen (2 x 10^{10} Tubuli/Zelle ~ 20.000 Neuronen
EEG Alpha Rhytmus (8-12 Hz)	100ms	5 x 10^{15} Nukleonen (5 x 10^{9} Tubuli/Zelle ~ 5.000 Neuronen
Libels sensorischer Schwellenwert (1979)	500ms	10^{14} Nukleonen (10^{9} Tubuli/Zelle ~ 1.000 Neuronen

Tabelle 5: Korrelation zwischen der neuronalen Frequenz, den aktiven (Superposition) Mikrotubuli und dem Grad der Bewusst- bzw. Unbewusstheit.

ONTOLOGIE

Die Ontologie ist eine Disziplin der theoretischen Philosophie. Die Ontologie befasst sich mit einer Einteilung des Seienden und den Grundstrukturen der Wirklichkeit und der Möglichkeit. Dieser Gegenstandsbereich ist weitgehend deckungsgleich mit dem, was nach traditioneller Terminologie „allgemeine Metaphysik" genannt wird.

Dabei wird etwa eine Systematik grundlegender Typen von Entitäten und ihrer strukturellen Beziehungen diskutiert. Spezielle Gegenstandsbereiche betreffende Fragen sind hingegen zum Beispiel „Was ist der Mensch?", „Gibt es einen Gott?" oder „Hat die Welt einen Anfang?". Diese Themen fallen nach traditioneller Stoffgliederung in den Bereich „spezielle Metaphysik".

Bei einigen traditionellen Herangehensweisen steht der Begriff des Seins und sein Verhältnis zu den einzelnen Entitäten im Vordergrund. Heute werden in der analytischen Ontologie die Ausdrücke „Ontologie" und „Metaphysik" zumeist synonym verwendet. In der Informatik werden seit den 1990er Jahren formale Repräsentationssysteme, angelehnt an den philosophischen Begriff, als „Ontologien" bezeichnet.

Quelle: https://educalingo.com/de/dic-de/ontologisch

VERTIEFENDE INFORMATIONEN ZUM THEMA GEIST-MATERIE UND BEWUSSTSEIN

Mentale (geistige) Wellen: Post-Quanten-Theorie

Die Quanten-Informations-Welle ist **eine mentale (geistige) Welle.**

- Bewusstsein wird in dieser mentalen Welle generiert, wenn das mit ihm verbundene, materielle Gehirn auf die mentale Welle zurückwirkt und die klassischen Informationen aus der materiellen Welt in Quanten-Information der mentalen Welt zurück überträgt.

Pioniere der Bio-Computer-Information:

Shannon: materielle Bits „C-bits" = Materie
Bennett: AKA „q-bits" = Quantenbits = Geist
• Postquanten-Theorie: Sarfatti: Q*-bits = Bewusstsein

Materie-Geist-Überträger

SETS (single electron transistor) konvertiert c-bits in q-bits (Materie in Quanten-Information) und umgekehrt. **Es benötigt 1.000.000.000.000 SETS, um ein bewusstes q*-bit für 1 Sekunde zu kreieren.**

Der Moment des Bewusstseins

Nur das Q*-bit ist Bewusstsein. 1 Q*-bit ist aus 1.000.000.000.000 unbewussten mentalen q-bits erschaffen. Diese Zahl wurde aus der Post-Quanten-Theorie hergeleitet und entspricht der experimentellen Zahl im menschlichen Gehirn innerhalb der Mikrotubuli (Penrose/Puthoff). Der Wert dieser Zahl wird durch die Größe des Universums begrenzt. Das ist die Verbindung zum kosmischen Bewusstsein.

ERGÄNZENDE INFORMATIONEN ZUM MODELL BURKHARD HEIMS:

Die Informations-Theorie von C.E. Shannon erklärt, wie Signale, die weit unter einem sogenannten Rauschen (Störpegel) liegen, trotzdem noch erkennbar sind (1). Die einheitliche Quantenfeld-Theorie von Burkhard Heim kann darüber hinaus zeigen, dass Information nicht nur in der materiellen Welt existiert, sondern auch in sogenannten Transdimensionen einer nichtphysikalischen Seite des Kosmos (2). Die folgende Tabelle zeigt die von W. Dröscher und B. Heim entwickelten 12 Dimensionen, welche unsere Welt aufbauen.

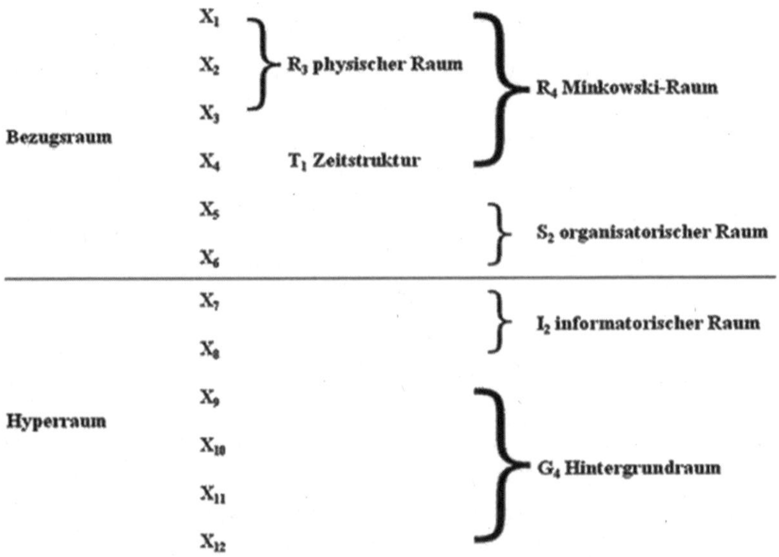

Abbildung 43: Die zwölfdimensionale Welt nach Burkhard Heim und Walter Dröscher

Die Dimensionen 4 bis 12 erweisen sich mathematisch als imaginär, d.h. es tritt die Wurzel aus -1 = i (imaginäre Einheit) auf. Die Dimensionen 1 bis 6

sind physikalischer Natur. Ein Elektron lässt sich z. B. nur genau berechnen, wenn sämtliche sechs physikalischen Dimensionen verwendet werden. Die Dimension fünf wird von B. Heim entelechiale Dimension genannt. Sie gibt das Maß der Bewertung sich zeitlich ändernder Organisations-Stukturen an und ist invers zum Entropiebegriff (dem Maß der Desorganisation). Ein Samenkorn enthält z. B. sämtliche Strukturen bereits latent in sich, die später aus ihm entstehen können, je nachdem, ob das Samenkorn auf fruchtbaren oder kargen Boden fällt. Je höher die Komplexität einer Struktur, umso größer ist ihr Wert auf der X5-Achse. Die Dimension X6 nennt B. Heim die äonische Dimension, sie steuert die X5-Struktur in ihrer zeitlichen Änderung in den stationären, dynamisch stabilen Zustand. Im Beispiel des Samenkorns gibt X6 also den im Laufe der Zeit entwickelten Zustand der Pflanze an (3).
Die Dimensionen 7 bis 12 sind nichtmateriell, d.h. sie enthalten weder Energie noch Materie, wenn auch in diesen Dimensionen auf Grund der Heisenbergschen Unschärferelation vorübergehend Energie- und Materiequanten entstehen und wieder vergehen können. **Die Heisenbergsche Unschärferelation lässt sich aus den Dimensionen sieben und acht ableiten.** Diese Dimensionen spannen einen informatorischen Raum I2 auf. Zur Darstellung einer Information sind stets 2 Dimensionen notwendig. Auf eine eindimensionale Achse lässt sich keine Information schreiben: es ist eine Fläche notwendig. Ein Bild, eine Landkarte usw. enthalten Informationen, die in zwei Koordinaten abbildbar sind (auf der Landkarte z.B. durch Längen- und Breitengrad).

Information kann also sowohl in der physikalischen Welt, im dreidimensionalen Raum R3, nämlich in zwei der Dimensionen X 1 bis X3 als reales Bild dargestellt und gespeichert werden, als auch in den Transdimensionen I2 (X7, X8). Diese immaterielle Information enthält auch die sog. Akashachronik, eine Datenbank allen Weltgeschehens. Dass es Informationsspeicher außerhalb der materiellen Welt gibt, folgt auch aus Berichten von Nahtod-Erlebnissen (4).

Unter Bio-Information versteht man in der Regel Signale, die in der physischen Welt auf Organismen einwirken und Reaktionen verursachen. Meist werden hierunter elektromagnetische Signale verstanden, doch gehört auch z.B. eine akustische (verbale oder musikalische) Information hierher. Die Grundlagen dazu wurden in W. Ludwigs Buch „Informative Medizin“ ausführlich dargelegt (5). Doch auch immaterielle Informationen können als Bio-Information verstanden werden. Hierher gehört die sogenannte Radionik (6) und die Verwendung von Symbolen (7). Zur Erklärung kann die HEIMsche Theorie herangezogen werden.

Trotzdem hat Burkhard Heim die schwierigen Rechnungen zur Einheitlichen Feldtheorie Einsteins aufgenommen und in jahrzehntelanger einsamer Arbeit Einsteins Traum verwirklicht: eine vollständige geometrische Beschreibung sämtlicher Kräfte und die Aufstellung einer Formel für die Massen der Elementarteilchen. Diese Massenformel wurde 1982 von Physikern bei DESY , Hamburg, programmiert und damit das Massenspektrum ausgedruckt. Sie liefert sämtliche bekannte und einige noch unbekannte Massen der Elementarteilchen und Resonanzen aufgrund der Kenntnisse der inneren Dynamik geometrischer Strukturen, **ohne Higgs-Bosonen** oder Störungsrechnungen einführen zu müssen.

Neben seiner Massenformel, mit der alle heute bekannten Elementarkorpuskeln berechnetet und noch unentdeckte vorhergesagt werden können, gelingt der Theorie auch die schon lange gesuchte formale **mathematische Verknüpfung von Geist und Materie. Die Materie ist nur noch ein Nebenprodukt der Information, also des Geistigen.**
Aus diesem Modell folgt nämlich auch, dass aus dem Hintergrundraum G4 über den Weg G4. I2 . S2 . R4 Informationen in die Raum-Zeit-Welt R4 gelangen, wobei der G4 steuernd in unsere materielle Welt eingreift. In der uns bekannten Welt können also Informationen erscheinen, die nicht physikalisch erklärbar sind.

Aber auch in der physischen Welt sind immaterielle Informationen möglich, wie es die polyvalente Logik von B. Heim erklärt. Entsprechend dieser Logik gibt es nämlich mehrere voneinander logisch unterschiedene Seinsschichten, die durch Wechselwirkungen („Syntroklinen") vernetzt sind und einen hierarchischen Aufbau haben:

(höhere Schichten) ⇒ mentale ⇔ emotionale ⇔ biologische ⇔ physische Seinsschicht

Die mentale Seinsschicht (B. Heim nennt sie PNEUMA) wirkt in alle tieferen Seinsschichten hinein. Fasst man z. B. einen anregenden Gedanken, so erregt das die Emotion (PSYCHE), den biologischen Kreislauf (BIOS) und die physischen Gehirnwellen (PHYSIS). Wegen dieser Verknüpfung glaubte man früher, alle Vorgänge allein mit der physischen Seinsschicht erklären zu können. Doch schon W. Heisenberg hatte betont, dass biologische Vorgänge der Quantenphysik zufolge nicht mit den Gesetzen von Physik und Chemie erklärbar sind. Bio-Information ist also möglich a) innerhalb der PHYSIS, b) zwischen den Seinsschichten und c) aus der nichtmateriellen Transwelt.[587]

Literatur:

C.E. Shannon and W. Weaver: The mathematical theory of communication, Urbana, Ill. (1949)
W. Dröscher und B. Heim: Strukturen der physikalischen Welt und ihrer nicht materiellen Seite. Resch-Verlag, Innsbruck, 1996 mit Nachtrag Termselektoren 1998
W.Ludwig: Die erweiterte einheitliche Quantenfeldtheorie von Burkhard Heim, Resch-Verlag, Innsbruck, 1998
St.v. Janowich: Ich war klinisch tot, der Tod mein schönstes Erlebnis, Drei Eichen-Verlag, München (1984)
W. Ludwig: Informative Medizin, VGM-Verlag, Essen, 1999
D. Paris, P. Köhne: Die vorletzten Geheimnisse, Euro-Verlag, Nieby, 1996
E. Körbler: raum&zeit special 3, Ehlers Verlag, Dietramszell (1997)
R. Sheldrake: Das schöpferische Universum, Meyster-Verlag, München, 1983
R.G. Jahn: The persistent paradox of psychic phenomena. Proc. IEEE 70. no. 2, 136-170 (1982)
F. Di Trocchio: Der große Schwindel, Betrug und Fälschung in der Wissenschaft, Campus-Verlag, Frankfurt/M und New York, 2. Auflage 1998

587 https://www.datadiwan.de/netzwerk/index.htm?/experten/lu_000d_.htm

ERGÄNZENDE INFORMATIONEN ZU JOHN ARCHIBALD WHEELER

John Archibald Wheeler wuchs in einem unitarischen Elternhaus auf, wo sein frühes Interesse an den Naturwissenschaften besonders gefördert wurde. Wheeler wurde 1933 an der Johns Hopkins University bei Karl Ferdinand Herzfeld promoviert. In einer Physical-Review-Arbeit aus dem Jahr 1937 führte er die S-Matrix in die Kernphysik ein. Im Jahr 1939 untersuchte er gemeinsam mit Niels Bohr die Kernspaltung im Flüssigkeitsmodell. 1938 wurde er Professor an der Princeton University, wo er bis 1976 blieb, als er eine Professur an der University of Texas, Austin annahm. Sein Büro in Princeton behielt er weiterhin. Wheeler war wohl einer der letzten, die Einstein, Niels Bohr und andere Größen der Gründungszeit der Quantenmechanik persönlich kannten.

In den 1950er und 1960er Jahren entwickelte Wheeler die sogenannte Quantengeometrodynamik. Darunter versteht er eine Weiterentwicklung der Allgemeinen Relativitätstheorie (ART), die nicht nur wie bei Einstein die Gravitation, sondern auch die anderen Wechselwirkungen wie den Elektromagnetismus durch die Geometrie gekrümmter Raum-Zeiten beschreiben will.

Als Ansatz für die Quantentheorie der Gravitation führte er mit Bryce DeWitt die *Wheeler-DeWitt-Gleichung* als eine Wellenfunktion des gesamten Universums ein. Ende der 1960er und Anfang der 1970er hatte er eine wichtige Rolle in der sich damals stürmisch entwickelnden Theorie Schwarzer Löcher, denen er sogar 1967 den Namen gab. Wheeler prägte auch den Begriff „Wurmlöcher" für hantelartige Brücken in der Raum-Zeit.

Im Jahr 1973 veröffentlichte er mit Misner und Thorne das umfangreiche, aber pädagogisch gut gemachte Lehrbuch *„Gravitation"*. Wheeler interessierte sich auch für die Interpretation der Quantenmechanik und unterstützte vorübergehend die *Many-worlds interpretation* seines Schülers Hugh Everett aus dem Jahr 1955, bevor er sich von ihr distanzierte.

Wheeler betrachtete die Struktur des Universums als einen chaotischen subatomaren Bereich von Quantenfluktuationen, welchen er „Quantenschaum" (quantum foam) nannte.

Wheelers verzögertes-Entscheidungs-Experiment sind eigentlich mehrere von ihm vorgeschlagene quantenphysikalische Gedankenexperimente; die bekanntesten davon entstanden zwischen 1978 und 1984. Diese Experimente sind Versuche zu entscheiden, ob Licht im Doppelspaltversuch irgendwie die experimentelle Apparatur, durch die es gehen wird, „spürt" und aufgrund seiner Vermutung, welcher bestimmte Zustand der „richtige" dafür ist, sein Verhalten anpasst, oder ob Licht in einem unbestimmten Zustand bleibt – weder Welle noch Partikel – und in Abhängigkeit von den experimentellen Anordnungen, welche es untersuchen, entweder auf eine wellen- oder eine partikelkonsistente Art und Weise auf die jeweiligen „Fragen", die es „gefragt" wird, reagiert.

Partizipatorisches anthropisches Prinzip

Wheeler vermutete, dass die Realität im Universum durch die Beobachter kreiert würde. „Wie kann etwas aus nichts entstehen?" fragte er zur Existenz von Raum und Zeit. Er prägte auch den Begriff „Partizipatorisches anthropisches Prinzip" („Participatory Anthropic Principle"; PAP), eine Version des starken anthropischen Prinzips.

1990 behauptete Wheeler, dass Informationen für die Physik des Universums grundlegend sind. Entsprechend dieses Grundsatzes „Sein aus Informationen" sind alle physischen Dinge ursprünglich informationstheoretisch.

Wheeler: *Seiendes aus Informationen (It from bit).* Anders gesagt, jedes Sein – jedes Teilchen, jedes Kraftfeld, sogar das Raum-Zeit-Kontinuum selbst – erlangt seine Funktion, seine Bedeutung, seine bloße Existenz komplett – wenn auch in manchen Zusammenhängen indirekt – von maschinengenerierten Antworten auf Ja-oder-Nein-Fragen, binären Entscheidungen, Bits. Das Seiende aus Informationen symbolisiert die Idee, dass jedes Ding der physikalischen Welt im Grunde – meistens einem sehr tiefen Grunde – eine immaterielle Quelle und Erklärung hat; das, was wir Realität nennen, entsteht in der letzten Analyse aus Ja-Nein-Fragestellungen und der Aufzeichnung apparaturevozierter Reaktionen; kurz gesagt, dass alle physischen Dinge ursprünglich informationstheoretisch sind und dass dies ein partizipatorisches Universum ist.

Bei der Entwicklung des Partizipatorischen anthropischen Prinzips (PAP), einer Interpretation der Quantenmechanik, nutzte Wheeler die Negativ-Variante eines Fragespiels (namens *Twenty Questions*), um zu zeigen, wie die Auswahl der Fragen über das Universum und die Art und Weise der Fragestellung die Antworten vordiktieren können, welche wir erhalten. In dieser Variante wählt oder entscheidet der Befragte nicht vorab anhand eines bestimmten oder fest umrissenen Objekts, sondern nur anhand eines Musters aus „Ja"- oder „Nein"-Antworten. Diese Variante fordert vom Befragten eine konsistente Reihe von Antworten zu aufeinanderfolgenden Fragen, so dass jede Antwort logisch vereinbar mit allen vorherigen Antworten ist. Auf diese Weise engen die sukzessiven Fragen die Antwortoptionen zunehmend ein, bis der Fragende sich auf ein bestimmtes Objekt festlegen muss. Wheelers Theorie war, dass Bewusstsein auf analoge Weise eine Rolle bei der Entstehung des Universums spielen könnte.

Aus dem Transkript eines Radiointerviews über das „anthropische Universum":

Wheeler: Wir haben daran teil, nicht nur das Hier und Jetzt, sondern auch das Dort und Damals ins Sein zu bringen. In diesem Sinne sind wir Teilhaber an dem, was in ferner Vergangenheit im Universum entstand; und wenn wir eine Erklärung dafür haben, was in ferner Vergangenheit geschah, warum sollten wir dann mehr brauchen?

Martin Redfern: Viele stimmen John Wheeler nicht zu, aber wenn er recht hat, dann sind wir und mutmaßliche andere bewusste Beobachter im Universum die Schöpfer – oder wenigstens die Köpfe, die das Universum manifestieren.

Widerspruch gegen die Parapsychologie

1979 wandte sich Wheeler an die Amerikanische Gesellschaft zur Förderung der Naturwissenschaften (American Association for the Advancement of Science; AAAS) und forderte den Ausschluss der Parapsychologie, die zehn Jahre zuvor auf Antrag von Margaret Mead anerkannt worden war. Er nannte sie eine Pseudowissenschaft; er betonte, dass er nichts gegen ernsthafte Erforschung von Fragestellungen habe, aber er denke, der Anspruch auf die Ehre, ein Mitglied der AAAS-Gesellschaft zu sein, sollte unter dem Vorbehalt bestehen, dass erst wenigstens in ein paar überzeugenden Tests sogenannte PSI-Effekte nachgewiesen werden könnten. Sein Ersuchen wurde abgelehnt, und die Parapsychologische Gesellschaft blieb Mitglied der AAAS.

DIE „WIRKLICH GROSSEN FRAGEN“ AN DIE NATUR

John Archibald Wheeler formulierte aus seiner unitarischen Grundhaltung heraus fünf grundlegende Fragen, die über die Physik hinausreichen und die er als „wirklich große Fragen“ (really big questions) bezeichnete:

1. Wie kommt es zu dem, was existiert? (How come existence?)
2. Warum gibt es Quanten? (Why the quantum?)
3. Haben wir teil am Universum? (A participatory universe?)
4. Was führt zur Bedeutung? (What makes meaning?)
5. Das Seiende aus Informationen? (It from bit?)

ERGÄNZENDE INFORMATIONEN ZU HUGH EVERETT

Die **Viele-Welten-Interpretation** (**VWI**; von engl. *Many-worlds interpretation*, Abk.: ***MWI***) ist in der Physik eine Interpretation der Quantenmechanik. Sie geht auf den US-amerikanischen Physiker Hugh Everett III. zurück und ist wie die traditionelle Kopenhagener Deutung (Bohr/Heisenberg) eine weit verbreitete, wenn auch umstrittene Quantenmechanik-Interpretation. Andere Namen sind **Everett-Interpretation, EWG-Interpretation** (Everett/Wheeler/Graham), **Theorie-der-universellen-Wellenfunktion, Viele-Vergangenheiten-Interpretation, Viele-Welten-Theorie** oder schlicht **Viele-Welten.**

Everett formulierte relative quantenmechanische Zustände im Jahre 1957. Der US-Physiker Bryce DeWitt verbreitete diese Theorie in den 1960er und 1970er Jahren unter Viele-Welten und bezeichnete damit die unterschiedlichen Zustände des Quantensystems nach einer Messung. Die VWI enthält keinen Kollaps der Wellenfunktion und erklärt dessen subjektives Erscheinen mit dem Mechanismus der Quanten-Dekohärenz, was die physikalischen Paradoxa der Quantentheorie, wie das EPR-Paradoxon und das Schrödingers-Katze-Paradoxon, auflöst, da jedes mögliche Ergebnis jedes Ereignisses in seiner eigenen „Vergangenheit" oder „Welt" definiert ist und tatsächlich existiert.

Die Kopenhagener Interpretation[588] galt zu Hugh Everetts Zeiten als die vorherrschende Lehrmeinung. Viele Physiker sahen jedoch einen Widerspruch zwischen der **deterministischen**[589] Zeitentwicklung eines quantenphysikalischen Zustandes nach der kontinuierlichen Schrödingergleichung und der Forderung nach einem probabilistischen[590] und

588 https://de.wikipedia.org/wiki/Kopenhagener_Deutung

589 https://de.wikipedia.org/wiki/Determinismus

590 https://de.wikipedia.org/wiki/Wahrscheinlichkeit

instantanen Kollaps der Wellenfunktion[591] im Augenblick einer Messung. (Der **Determinismus** besagt, dass alle – insbesondere auch zukünftige – Ereignisse durch Vorbedingungen eindeutig festgelegt sind.)

Damit sieht die Kopenhagener Interpretation zwei komplementäre [592] Dynamiken: Zum einen die reversible und deterministische Entwicklung des Zustandes in einem unbeobachteten System, zum anderen eine sprunghafte, irreversible und nichtlokale Änderung des Zustandes bei einer Messung. Die Begründer der Kopenhagener Interpretation rechtfertigten dies mit der Notwendigkeit von klassischen Begriffen, die eine Unterteilung des Gesamtsystems in klassischen und quantenmechanischen Bereich unausweichlich macht: Nur, wenn ein Messergebnis mit klassischen Begriffen beschreibbar ist, kann das Messergebnis als eindeutiges und irreversibel eingetretenes Ereignis (Faktum) gelten.

Everetts Motivation war es vornehmlich, das Kollapspostulat sowie die Wahrscheinlichkeitsinterpretation[593] aus den anderen Axiomen abzuleiten. Er zielte auf eine Vereinfachung der Axiomatik der Quantenmechanik. Er wollte dadurch auch eine Möglichkeit der internen Anwendung der Quantenmechanik, also eine Anwendung des Formalismus auf ein rein quantenmechanisches System geben. Dies ist in der Kopenhagener Interpretation aufgrund der Unterteilung in klassische und quantenmechanische Bereiche nicht möglich. Diese Fragestellung war insbesondere für die Entwicklung einer konsistenten Theorie der Quantengravitation von großem Interesse. Ein oft zitiertes Beispiel für eine solche interne Anwendung ist die Formulierung einer Wellenfunktion des Universums, also die Beschreibung eines rein quantenmechanischen Universums ohne außenstehenden Beobachter.

In seinem ursprünglichen Artikel *„Relative State Formulation of Quantum Mechanics“* von 1957 zielt Everett darauf ab, die Quantenmechanik nur von der deterministischen Entwicklung eines Zustandes gemäß

591 https://de.wikipedia.org/wiki/Kollaps_der_Wellenfunktion
592 https://de.wikipedia.org/wiki/Komplementarität
593 https://de.wikipedia.org/wiki/Bornsche_Wahrscheinlichkeitsinterpretation

der Schrödingergleichung zu rekonstruieren; er verzichtet also auf ein Kollapspostulat und versucht den Messvorgang nur unter Benutzung der Schrödingergleichung zu beschreiben. Er legt dabei Wert darauf, dass der Wellenfunktion keine a-priori-Interpretation zukommt, diese müsse erst aus der Korrespondenz mit der Erfahrung gewonnen werden.
Der Rahmen der Interpretation sei allerdings durch die Theorie bestimmt. Everett betont, dass auch eine Beschreibung des Beobachters im Rahmen der Theorie notwendig sei.

Everett entwickelte zunächst das Konzept der relativen Zustände von zusammengesetzten Systemen: Kommt es zu Wechselwirkungen zwischen Teilen des Systems, so sind die Zustände dieser Teile nicht mehr unabhängig voneinander, sondern auf eine bestimmte Art und Weise korreliert. Unter diesem Gesichtspunkt behandelt er auch die Messung an einem Quantensystem. Den Beobachter definiert Everett dabei durch ein beliebiges Objekt mit der Fähigkeit, sich an das Ergebnis der Messung zu erinnern. Dies bedeutet, dass sich der Zustand des Beobachters durch das Ergebnis der Messung verändert. Die Messung wird somit lediglich als spezielle Art der Interaktion zweier Quantensysteme behandelt. Sie ist damit, anders als in einigen anderen Interpretationen, nicht von den Axiomen her ausgezeichnet.

Indem er die relativen Zustände des Beobachters zum beobachteten System formal im Sinne der dynamischen Entwicklung der Schrödingergleichung analysiert, ist Everett in der Lage, einige Axiome der Kopenhagener Interpretation zu reproduzieren, allerdings ohne einen Kollaps der Wellenfunktion. Stattdessen „verzweigt" die Wellenfunktion – einschließlich der Beobachter – in verschiedene Ausprägungen, die einander überlagern und nicht miteinander interagieren können. Diese Zweige sind es, die Bryce DeWitt später als die namensgebenden vielen Welten bezeichnet, wobei die vielen Welten allerdings keine räumlich getrennten Welten, sondern getrennte Zustände im jeweiligen Zustandsraum sind. Everett selber sprach von relativen Zuständen; seine Interpretation bezeichnete er ursprünglich als *Correlation Interpretation und dann als Relative State Formulation.* Er verstand diese als Metatheorie zur Quantenmechanik.

Unter Anleitung seines Doktorvaters John Archibald Wheeler veröffentlichte Everett eine verkürzte Version seiner Dissertation *(The Theory of the Universal Wave Function)* unter dem Titel *'Relative State' Formulation of Quantum Mechanics im Fachmagazin Reviews of Modern Physics.*
Vorausgegangen waren unter anderem Gespräche mit einem der Begründer der Kopenhagener Interpretation, Niels Bohr, der sich ablehnend gegenüber Everetts Arbeit äußerte. Daraufhin pochte Wheeler, selbst Schüler von Bohr, auf eine Neufassung, die vor allem die scharfe Kritik Everetts an der Kopenhagener Interpretation verkürzte. Obgleich den meisten führenden Physikern Everetts Arbeit bekannt war, wurde seine Formulierung in der folgenden Dekade nahezu ignoriert. Frustriert und unverstanden zog sich Everett schließlich aus der Physik zurück und widmete sich der militärpolitischen Beratung des Pentagons in Fragen des Nukleareinsatzes.

Im Jahre 1970 veröffentlichte der amerikanische Physiker Bryce DeWitt in Physics Today einen Aufsatz mit dem Titel *Quantum mechanics and reality*, der die Everett'sche Interpretation aufgriff und neu zur Diskussion stellte. In diesem Aufsatz führte er auch den Begriff *Many-Worlds-Interpretation* ein. In den Folgejahren gewann die Viele-Welten-Interpretation stark an Popularität, was auch auf die Entwicklung der Dekohärenztheorie[594] zurückzuführen ist. **Diese geht ebenfalls von einer möglichst weitreichenden Gültigkeit der Schrödingergleichung aus, was dem Konzept der Kopenhagener Interpretation zuwiderläuft.**

Auch im Bereich der Quantenkosmologie und Quantengravitation erfreute sich der Everett'sche Ansatz einer wachsenden Beliebtheit, da es bisher die einzige Interpretation ist, in der es überhaupt sinnvoll ist, von einem Quantenuniversum zu sprechen.

Die Idee der universellen Wellenfunktion wurde ebenfalls von einer Reihe von Physikern aufgenommen und weiterentwickelt, unter anderem Wheeler

594 https://de.wikipedia.org/wiki/Dekohärenz

und DeWitt bei der Entwicklung der Wheeler-DeWitt-Gleichung[595] der Quantengravitation, sowie James Hartle und Stephen W. Hawking (Hartle-Hawking-Randbedingung für eine universelle Wellenfunktion). Die Viele-Welten-Interpretation entwickelte sich von einem Nischendasein zu einer populären Interpretation, zu deren elementarem Ansatz sich viele der führenden Physiker des späten 20. Jahrhunderts bekannten (unter ihnen Murray Gell-Mann, Stephen W. Hawking, Steven Weinberg,). Es wurde auch versucht, das Konzept der Viele-Welten-Interpretation weiterzuentwickeln. Daraus entstand beispielsweise die Consistent-Histories-Interpretation, die versuchte, das Grundkonzept von Everetts Ansatz, die universelle Gültigkeit der Schrödingergleichung, weiterzuführen, allerdings ohne die Existenz vieler Welten.

Wichtige Veröffentlichungen zur Kohärenz-Grundlagenforschung (Coherence):

Fröhlich, H. "Long-range coherence and energy storage in biological systems". Int. J. Quantum Chem. 2:641-9.1968
Fröhlich, H. "Long range coherence and the actions of enzymes". Nature 228:1093. 1970
Popp, F.A. "Evolution as the Expansion of Coherent States". The Interrelationship Between Mind and Matter (B.Rubik ed.), Center of Frontier Sciences, Temple University, Philadelphia, Marketing Graphics, Southampton, PA, 1992
Reitboeck, H. J., "Coherent oscillations: a mechanism of feature linking in the visual cortex?", Biol. Cybern., 60, 121-130, 1988
Sassaroli, E.S., Srivatava, Y, Swain, J. and Widom, E. "Macroscopic Quantum Coherence",World Scientific, Singapore-New Jersey, 1998

595 https://de.wikipedia.org/w/index.php?title=Wheeler-DeWitt-Gleichung&action=edit&redlink=1

ELEMENTARRESONANZ – COMPTONHARMONIE NACH DEM ANSATZ VON FRITHJOF MÜLLER:

Ausgehend vom Produkt aus Comptonwellenlänge für Elektronen und der Kernladungszahl, erhält man eine elementspezifische Wellenlänge, die sich nach vielfacher Verdopplung wiederkehrend als resonant erweist, und – analog zu Global Scaling[596] – am Aufbau vieler natürlicher Strukturen beteiligt ist.

L = Z * Ce * 2^N

Mit
Z = Kernladungszahl
Ce = Comptonwellenlänge für Elektronen Ce=h/(mc)
h = Plancksches Wirkungsquantum
m = Elektronenmasse
c = Lichtgeschwindigkeit
N = ganze Zahl (gehäuft bei N=33+13*k, k ganz)

Benutzt man als zusätzlichen Faktor den Goldenen Schnitt 0.618034, erhält man den Radius zugehöriger Wirbelformen.

Äthermodellvorstellung und Herleitung der Elementarresonanz aus der

Comptonstreuung
Der bekannte Comptoneffekt: Quasifreies, ruhendes Elektron stößt mit Photon zusammen, wird dadurch in irgendeine Richtung beschleunigt und bildet anschließend mit dem Photon den Winkel Theta. Das Photon verliert dabei Energie, also verlängert sich seine Wellenlänge um
dL = (h/(mc))*(1-cos(Theta)) mit m als Elektronenruhemasse.
Beim Stoßwinkel Theta=90 Grad ist dL = (h/(mc)) = Ce

596 http://globalscalingtheory.com

(Ce=Comptonwellenlänge) und beim direkten Gegenstoß (Theta=180 Grad), wenn das Photon und das Elektron entgegengesetzt weiterfliegen, ist der Kosinus von Theta gleich Minus Eins und deshalb ist
dL = 2*Ce. **Man beachte bitte den Faktor 2.**
Die Wellenlängenänderung erfolgt unabhängig von der ursprünglichen Frequenz des Photons, weil das Elektron nur eine quantisierte Energie aufnehmen kann, die mit seiner Ruhemasse im Zusammenhang steht.

Quelle: raum&zeit Nr. 86 (1997) S.5, Nr. 88 (1997) S. 36, Nr. 97 (1999) S.5 und Nr. 130 (2004) S.36

Comptonharmonie
Nehmen wir nun ein ganzes Atom mit Kernladungszahl Z (oder Atommasse Z*2, wie passend bei Kohlenstoff und Sauerstoff) als Stoßpartner. Es besitzt in seiner Hülle Z mal mehr Elektronenmassen als ein Einzelelektron, hat bezüglich Hülle die Z-fache Kapazität zur quantisierten Energieaufnahme, bei Kohlenstoff und Sauerstoff bezüglich Atommasse ist der Wert um Faktor 2 größer. Das Licht wiederum könnte Z-mal soviel Energie verlieren, also bei einem Volltreffer seine Wellenlänge um dL=2*Ce*Z vergrößern.
Mit welchen passenden 'Quanten-Teilchen' könnten die Atomwirbel häufig zusammenstoßen?

Betrachten wir nun bewegte Atome und unbewegten bzw. anders bewegten Hintergrund-Häther einer benachbarten Hierarchie-Ebene als Stoßpartner. Oder ruhende Atome und relativ dazu bewegte Hätherströme, je nach benutztem Koordinatensystem. Nur die Relativbewegungen spielen eine Rolle, absolute Ruhe gibt es nirgends. Die Erde, samt Sonne, rast durchs Weltall, zwar getragen von bewegten Strömen wie ein Schiff im Fluss, aber auch be- und durchstrahlt von anderen Strömen, die schneller oder langsamer sein können, oder nur eine andere Richtung haben, aber weniger dicht sind.

Allein die Erdoberfläche bewegt sich während der Tagesdrehung mit ca. 30 km/s gegenüber dem Hintergrund. Die Miller-Messungen haben gezeigt, dass 2/3 des Hintergrundes bis zur Erdoberfläche mitgeführt werden, dann bleiben zumindest noch 10 km/s 'Häther-Gegenwind' aus Ost. Jedes Atom, das ja auch nur ein Wirbel ist, kracht ständig frontal auf diese Hätherwand und erzeugt dort Ausbreitungswellen mit genau der Wellenlänge L=2*Ce*Z, man kann es auch Wirbelschleppe nach Ost nennen. Geht es um galaktische Ströme aus Richtung Polarstern-Nord, dann sind es Wirbelschleppen in Richtung Süd, oder Gravitations-Wirbelschleppen in Richtung unten.

Dieser Vorgang könnte als *Inverse Compton-Streuung* bezeichnet werden: Die Ruhe-Energie der gesamten Atomhülle erzeugt durch den Abbremsstoß einen neuen quantisierten Wirbel im relativ zu ihr stehenden Häther mit einer Wellenlänge proportional zu Z oder m. Diese Wirbel haben wieder Wellen- und Teilchencharakter, sind aber weniger komprimiert, sozusagen um das Doppelte weicher und größer, und treffen ihrerseits auf die Häther-Wand, sobald sie eingeschwungen sind und Widerstands-Masse aufgebaut haben. Vielleicht treffen sie sogar auf eine andere, die ihrer Dichte entspricht, alles ist möglich. In (hier Über-)Wirbeln gibt es viele abgestufte Schichten bezüglich Dichte und Geschwindigkeit.

Jedes Mal sind immer pro Länge verdoppelte, aber von der Dichte her halbierte Stoßpartner im Spiel (Verdopplung in 3 Richtungen: Dichte 1/8). Eine sich ständig verdoppelnde Wellenlängen-Grundkonstante (Compton-Effekt) C wird jeweils neuer Ausgangspunkt, und wegen C=h/(m*v) müssen auch m und v oder nur v als variabel angesehen werden. Es handelt sich um eine Kette von Folgestößen infolge der Relativbewegungen von Atom und Häther. Betrachtet man die vielen Atome im Material, dürfte trotz der starken Dichte-Abschwächung eine ordentliche Intensität zustande kommen.

Durch die Verdopplungen wird schnell das ganze Weltall gefüllt. Ein stehendes Muster, wie ein festes Raster, bildet sich aus zwischen den Quellen und ihren jeweiligen Vergrößerungen. Auf diese Weise setzt sich der holografische Aufbau durch. Planeten-, Sonnen- und Galaxiensysteme setzen den resonanten Rahmen für die Ansammlung gleicher Materialien in 2^N-Abständen. Es verkoppelt sich von oben nach unten und von unten nach oben. Auch zeitlich gibt es diesen Aufbau. Jedes Material hat gestaffelte Synchronzeiten und Tage bzw. Momente, wo sich kleine und große Maxima häufen, oder wo sich die

Nulldurchgänge häufen – immer nur bezogen auf EIN Material. Gemeinsame Zyklenabschlüsse (kosmische Super-Zyklen) sind nur für kleine Gruppen denkbar und liegen an ihrer Quelle in sehr großen 2^N-Systemen. Die Elementarschwingungs-Zyklen bestimmen ständig unsere Zeitqualität.

Weitere Darstellungsform des gleichen Zusammenhanges:

De Broglie:
L = h / (m * v)   und
m = me / Z
v = c / (2^N)

mit
h = Plancksches Wirkungsquantum,
m = me / Z   effektive Elektronenmasse,
me = Elektronenmasse,
Z = Kernladungszahl, z.B. Z=8, als Summe der außenwirksam schwingenden Ladungsmenge (Fermionen) im Sauerstoffatom zu sehen ist, bzw. als Summe der zu den Fermionen gehörigen H-Felder in der Achse (m wie bei Zyklotronfrequenz definiert).
v = c /(2^N) sind alle möglichen Geschwindigkeiten, die durch wiederholte Halbierung der Lichtgeschwindigkeit (c) entstehen können
(Siehe Wüstwellen oder die Geschwindigkeiten, die Reichenbach experimentell fand).
Durch das 2^N kommt L in jede gewünschte Skala.
N = ganze Zahl (gehäuft bei N=33+13*k, k ganz)

Elementares UrAtom (A.Besant, 1924) vermutlich bei N=-6, so dass die Super-Resonanz N=33 einen Abstand zum UrAtom von N=39=3*13 hat. Dieser Radiusfaktor 2^6=64 betrifft das abschirmende feinstoffliche Umfeld um jedes UrAtom; mehr können sie sich nicht nähern. Auch Sonnensysteme und Galaxien haben einen solchen zusätzlichen Abschirmpuffer von Faktor 64. Man könnte die Bahn von Jupiter/Saturn als den äußeren Rand (N=1) der Sonne (N=-6 wegen Bode-Titius-Gesetz) betrachten, um das atomare Modell am astronomischen Beispiel zu demonstrieren.

Die höchsten Frequenzen werden wie immer mit f=c/L berechnet.
Bei negativen N kann auch v>c sein.
Es ist noch unklar, welcher N-Ebene das Licht mit c angehört. Falls es bei N=-6 ist oder noch kleinerem N, kann für alle größeren N ein Spektrum für viele v mit v < c gelten.

Patent von Klemens Huber mit interessanter Resonanzgleichung für Hohlraumresonator
F proportional 10^N * (2^13) / 18
Die 2^13 kommt als fester Faktor vor, die 18 (18 UrAtome ergeben genau die atomare Masseneinheit) und eine 10^N (= 2^N * 5^N)
Ausgangspunkt ist auch die Compton-Wellenlänge

Stein der Weisen – ein Mythos? Die Berechnungen von Gabi Müller (Fortsetzung)

Gold und 3 hoch N

Und weiter geht's mit dem Thema Gold und 150 MHz, das Programm liefert:

Gold (Z=79)
21 Ver-Drei-Fachungen treffen auf die 2 m Resonanzlänge mit 0.3% Abweichung
34 Ver-Zwei-Fachungen (plus Einwirbelung *0.618034) treffen auf die 2 m Resonanzlänge
mit 1.79% Abweichung
L = 79 * Ce * 3^21 = 2.00502 m
err=0.319 Au Z=79 N=21 L=2.00502 m f=149.521 MHz
T=6.6880431803157E-9 s

L = 0.618034 * 79 * Ce * 2^34 = 2.03519 m
err=1.79 Au Z=79 N=34 L=2.03519 m f=147.304 MHz
T=6.7886736523125E-9 s

Die beiden Potenzen 21 und 34 sind auch noch Fibonacci-Zahlen.

Ich habe mich gefragt, ob sowas öfter vorkommt.
Die Faltung 2^N und 3^K steht mit dem Verhältnis ln2/ln3 = 0,6309… (Idealfall bei gut passenden N und K) in Zusammenhang.
Das konkrete Verhältnis 3^21 / 2^34 = 0,60887… , also kein Wunder, dass der Faktor 0.618 da ungefähr hinein passt.
Genauso gut könnte Platin Z=78 genommen werden, da passt nämlich noch 2^34 besser (0.538% Fehler) als Gold, aber die 3^21 schlechter (-0.959% Abweichung).

Dieser Treffer für 3^21 bei 2m bedeutet aber im Umkehrschluss, dass es vielleicht eine wichtige Rolle spielt, ob die DNS auch im 3^K-Rhythmus schwingt oder nicht. Das zeichnet die 150 MHz aus. Höherharmonische Wellen, etwa 2m/16 = 12.5 cm, haben jedenfalls keinen 3^K-Treffer mehr.

Was bedeuten Verdreifachungen?

Mit frontalem Stoß, der in 3D zu (wiederholten) Längenwellen-Verdopplungen führt wie beim Comptoneffekt, hat das eher nichts zu tun. Jedenfalls nicht in 3D. Und über analoge Vorgänge in 4D und 5D und höher traue ich mir keine Behauptungen.

Die Verdreifachung hat aber mit Energie-Übergabe zu tun.
Und jetzt wird es spannend: Bei Kohlenstoff (Z=6) ist die analoge Abweichung riesengroß, auch mit Faktor phi und 2^38.
L = 6 * Ce * 3^23 = 1.37052 m
err=-45.83 C Z=6 N=23 L=1.37052 m f=218.743 MHz T=4.5715738194563E-9 s

L = 0.618034 * 6 * Ce * 2^38 = 2.47315 m
err=19.18 C Z=6 N=38 L=2.47315 m f=121.219 MHz T=8.2495274762278E-9 s

Was also bei Gold für die 2m-Länge (DNA) auch andersdimensional schwingt und ‘ernährt’ (Energie hin und her schiebt), ist bei Kohlenstoff dissonant. Dissonant heißt auch: sich selbst erhaltend, nichts weiter- oder abzugeben. Nur in Verdopplungen lässt sich die 2 Meter-Kohlenstoff-Welle resonant verkoppeln, wo die Energie nur marginal ihre Ebene verlässt.

EIN PRAKTISCHER HINWEIS - NEUE TECHNOLOGIEN ZU UNSEREM SCHUTZ

Den folgenden Text verfasste Simon Fox, ein guter Freund, dessen Erfindung ich Euch reinen Herzens weiterempfehlen kann.

In diesen turbulenten Zeiten, in denen die Menschheit vor dem größten potienziellen Bewusstseinssprung steht, und jedoch wo so vieles, was 'nicht in Ordnung' erscheint, an die Oberfläche gebracht wird, bekommen wir neue spirituelle Aufgaben. Wir sehen langsam, wie der Weg in ein neues Bewusstsein führen könnte; viele haben schon tiefe Einblicke bekommen, wenn auch nur selten oder kurz, aber so, dass das Leben eine ganz neue Betonung bekommen hat. Kurz gesagt, wir müssen uns jetzt dringend ins Egolose, ins Freudevolle, in die reine Liebe, bewusst transformieren, denn nur das, was dieses Ziel fördert, bekommt Kraft und Bedeutung.

Dabei - und es ist sicherlich kein Zufall - wird der Menschheit jetzt auch gleichzeitig die Verwirklichung dieser Aufgabe so schwer gemacht, wie überhaupt nur vorstellbar. Es ist nämlich so, dass die neusten technischen Entwicklungen: die drahtlose Technik, die weltweit um jeden Preis soweit eingeführt wird, dass man sie kaum irgendwo vermeiden kann, direkt unsere Entwicklung verlangsamt - oder für manche sogar, blockiert.

Die Mikrowellentechnik, die in fast jedem Haushalt, jeder Schule, jeder Firma und überall in der Öffentlichkeit scheinbar inzwischen 'normal' geworden ist (WLAN, *Bluetooth*, Handy-Netze, Smartphones, Smartmeter, usw.), ist für viel mehr als körperliche 'Gesundheitsschäden' verantwortlich (und das sollte schon als Grund reichen damit aufzuhören). **Die Signale dieser Systeme stören direkt das Wichtigste überhaupt für ein Lebewesen, den multidimensionalen Austausch von Energie und Information.** Da sich unser 'Energiesystem' zumeist weit über die Grenzen des physischen Körpers erstreckt, ist es sogar noch anfälliger für Strahlungen, als die Strukturen im physischen Körper selbst (wo das viele Wasser im Körper die Energie der Strahlung um einiges abdämpft). **Dazu kommt, dass unsere Zirbeldrüse besonders empfindlich auf diese Strahlungen reagiert.**

Gegen die Wirkungen dieser Mikrowellen wurde ein wirkungsvolles Schutzgerät "Calmspace Pro" entwickelt, wodurch die Energiesysteme des Körpers selbst in ihre natürlichen Bewegungskreise kommen können. Das Verfahren, auf dem die Technologie dieser Geräte beruht, generiert feinstoffliche Felder, die denen von gesunden Pflanzen und Bäumen und denen der Freude entsprechen.

Weitere Infos und Bestellmöglichkeiten hierzu findet ihr auf der Internetseite calmspacepro.co.uk